日本思想大系16

中世禪家の思想

市川白弦
入矢義高
柳田聖山

岩波書店刊行

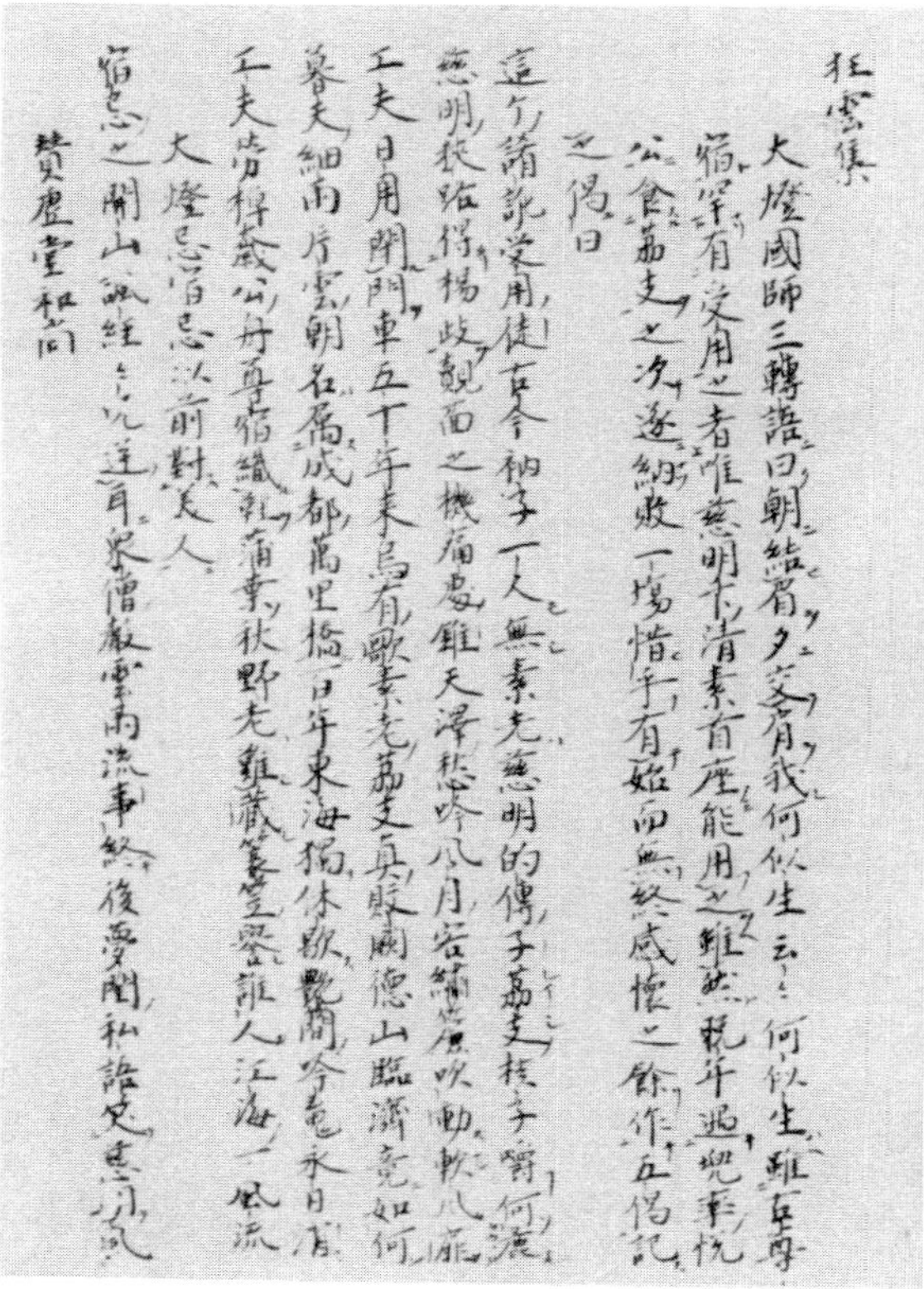
狂雲集
大燈國師三轉語曰朝結眉夕交肩我何似生云々何似生雖古尊
宿罕有受用之者唯慈明下清素首座能用之雖然晩年遇兜率悅
公食荔支之次遂納敗一場惜乎有始而無終感懷之餘作五偈記
之偈曰
這个話頭受用徒古今衲子一人無素老慈明的傳子荔支核子舊何濃
慈明我佑得楊岐覿面之機痛處雖天澤悲吟風月客繡簾吹動軟風流
工夫日用閙門東五十年來烏有歌素老荔支兵敗國德山臨濟竟如何
養夫細雨片雲朝名高成都萬里橋百年東海獨休歇艶簡吟亀永日消
工夫常得感公舟尊宿纖乳痛棄秋野老雖藏篷笠影誰人江海一風流
大燈忌宿忌以前對美人
宿忌之開山諷經々呪逆耳衆僧殿裏雨流事終後夢閨私語笑慈風
贊虛堂和尚

狂　雲　集

奥村重兵衛氏蔵

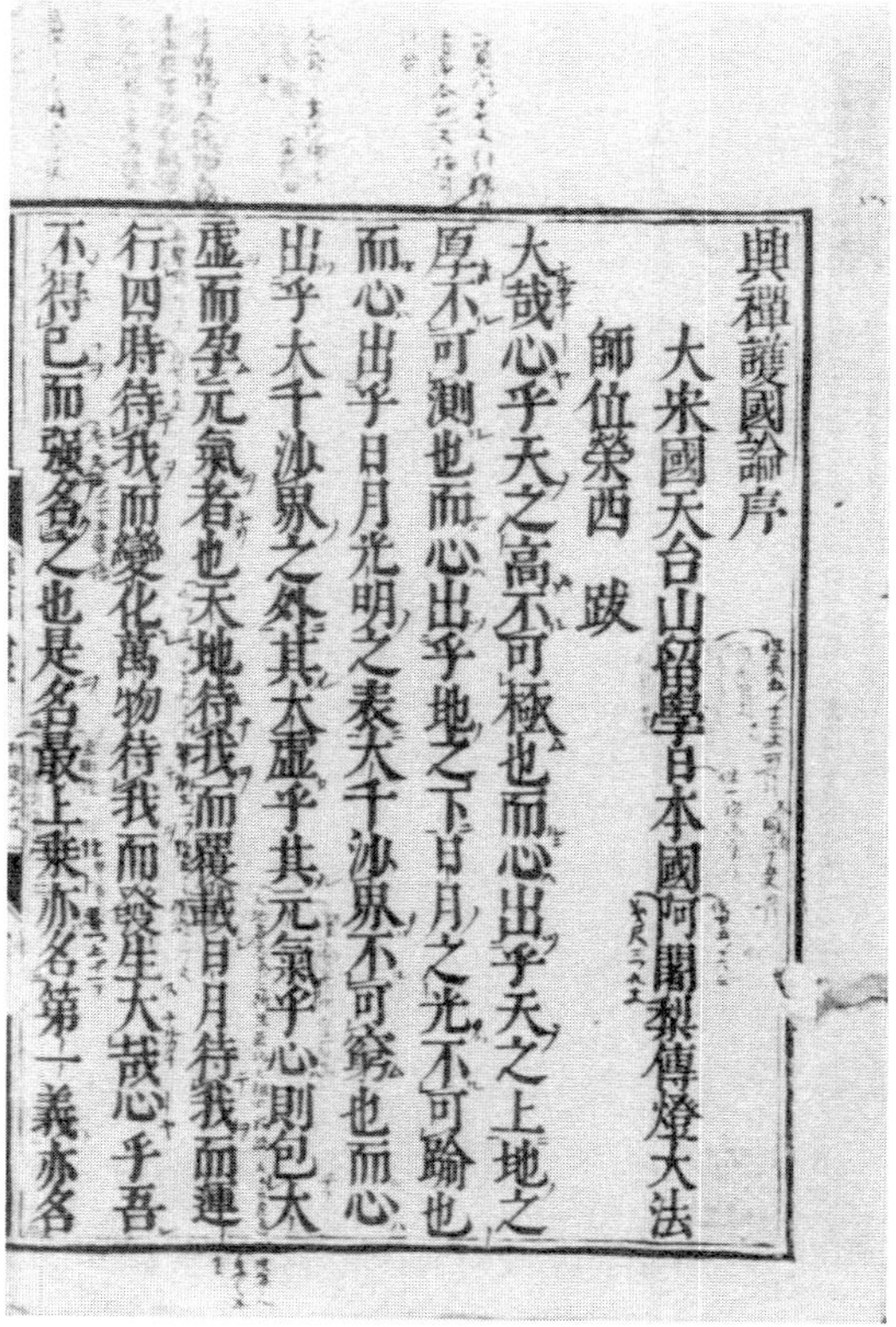
興禪護國論序
大宋國天台山留學日本國阿闍梨傳燈大法
師位榮西　跋
大哉心乎天之高不可極也而心出乎天之上地之
厚不可測也而心出乎地之下日月之光不可踰也
而心出乎日月光明之表大千沙界不可窮也而心
出乎大千沙界之外其太虛乎其元氣乎心則包太
虛而孕元氣者也天地待我而覆載日月待我而運
行四時待我而變化萬物待我而發生大哉心乎吾
不得已而强名之也是名最上乘亦名第一義亦名

興禅護国論　寛文六年版本

建仁寺両足院蔵

目次

補　注

解　説

凡例

一　底本

本書に収録したものの底本は次の通りである。

興禅護国論　　建仁寺両足院蔵　寛文六年版本（高峰東晙手沢本）

中　正　子　　東京大学史料編纂所蔵　写本（東海一漚集第三冊）

塩山和泥合水集　陽明文庫蔵　寛永三年版本

狂　雲　集　　奥村重兵衛氏蔵　写本

校合本については、それぞれの解説を参照されたい。

二　本文

本文の翻刻に当って、底本の形をできるだけ忠実に伝えることに留意したが、通読の便をはかり、次のような方針を採用した。

1　漢文で書かれた作品（興禅護国論・中正子・狂雲集）は訓読文を本文とし、原文は、狂雲集では各偈ごとに、他は作品ごとに、訓読文のあとに掲げた。

訓読に当って、底本に返り点・送りがなのある興禅護国論および狂雲集（数箇所）は、それを参考にした。

2　適宜、段落を設け、句読点・濁点・並列点（・）を施し、また、引用文などに「　」を付けた。
3　漢字は原則として新字体を用い、古字・俗字・略字などは概ね通行の字体に改めた。ただし、原文には底本の字体をそのまま用いたものもある。
4　かなづかいは、和文の作品では底本どおりとし、訓読文では歴史的かなづかいに拠った。
5　底本を訂した場合、必要に応じて頭注にその理由を記した。また、興禅護国論・狂雲集では、原文の該当する文字の右傍に。印を付して示した。
なお、明らかな誤記（誤字・衍字など）と認められるものは、校合本によって訂正し、いちいち断わらなかった。
6　脱字・脱文の補入については、他本によるものは〔　〕で、校注者によるものは（　）で示した。なお、漢文作品では、訓読文にはこの記号を用いず原文において示した。
7　振りがなは現代かなづかいに拠り、校注者が付けた。
8　底本の二行割注は〈　〉で括り、小字で一行に組んだ。
9　原文は、底本に返り点・送りがなのあるものも、これを省略し、句読点を校注者が付けた。ただし、狂雲集では、一詩偈ごとに各句を分ち書きした。
10　狂雲集の各偈の番号は校注者が付けた。

三　頭注・補注・解説

1　注は語釈のほか、引用文・故事などの注記に、とくに意を用いた。
2　引用文で、漢文のものを校注者が訓読にする場合、かなづかいは現代かなづかいに拠った。

3　出典名は概ね一般に通用しているものに従ったほか、次のような略号を用いた。

正蔵二五-一三〇b……大正新修大蔵経第二五巻一三〇頁中段（aは上段、bは中段、cは下段）

続蔵二乙-一〇-二二九a……大日本続蔵経第二編乙一〇套二二九丁オモテ上段（aはオモテ上段、bはオモテ下段、cはウラ上段、dはウラ下段）

日仏全……大日本仏教全書（旧版）

なお、全集・叢書などで巻数と頁数を示すときは、右例のように頁数を平体の数字で示し、巻・頁などの文字を省略した。

本書の成立に際して、種々御教示を賜わった方々、貴重な資料の閲読や複写の便を与えられた各所蔵家・研究機関、底本使用について格別の御配慮をいただいた、建仁寺両足院住職伊藤東慎氏・西宮市奥村重兵衛氏ならびに奥村本「狂雲集」の覆製本を編集された古田紹欽氏・陽明文庫・東京大学史料編纂所に深く感謝の意を表する。

興禅護国論（明菴栄西）

柳田聖山校注

興禅護国論の序

大宋国の天台山留学、日本国の*阿闍梨《あじゃり》、*伝燈大法師位　栄西《ようさい》跋*す

*大いなる哉、心や。天の高きは極むべからず、しかるに心は天の上に出づ。地の厚きは測るべからず、しかるに心は地の下に出づ。日月の光は踰《こ》ゆべからず、しかるに心は日月光明の表に出づ。*大千沙界《だいせんしゃかい》は窮むべからず、しかるに心は大千沙界の外に出づ。それ*太虚か、それ*元気か、心はすなわち太虚を包んで、元気を孕むものなり。天地は我れを待つて覆載《ふさい》し、日月は我れを待つて運行し、四時は我れを待つて変化し、万物は我れを待つて発《はっ》生《しょう》す。大いなる哉、心や。吾れ已むことを得ずして、*強ひてこれに名づく。これを*最上乗と名づけ、また第一義と名づけ、また*般若実相《はんにゃじっそう》と名づけ、また*一真法界《いっしんほっかい》と名づけ、また無《む》上菩提《じょうぼだい》と名づけ、また*楞厳三昧《りょうごんざんまい》と名づけ、また*正法眼蔵《しょうぼうげんぞう》と名づけ、また*涅槃妙心《ねはんみょうしん》と名づく。然ればすなはち*三輪八蔵《さんりんはちぞう》の文《もん》、*四樹五乗《しじゅごじょう》の旨、*打併《たへい》して*箇裏に在り。

*大雄氏《だいおうし》釈迦文《しゃかもん》は、この心法をもつてこれを*金色《こんじき》の頭陀《ずだ》に伝へて、教外別伝《きょうげべつでん》と号す。*鷲峰《じゅほう》の廻面《えめん》、*雞嶺《けいれい》の笑顔に泊《およ》んで、拈華《ねんげ》、千枝に開き、玄源《げんげん》、万派に注ぐ。竺天《じくてん》の継嗣《けいし》、晋地《しんじ》の法徒、束ねてもつて知るべし。寔《まこと》に*先仏弘宣《ぐぜん》の法、法衣《ほうえ》おのづから伝へ、*曩聖《のうしょう》修行の儀、儀則《ぎそく》すでに実なり。法の体相は師弟の編を全うし、行の軌儀《きぎ》は邪正の雑無し。ここに*西来大師、棹を南海に鼓《こ》し、錫を東川に杖してよりこのかた、*法眼《ほうげん》は高麗に逮《およ》び、*牛頭《ごず》は日域《にちいき》

阿闍梨　教団で公認された教師。
伝燈大法師位　桓武天皇の延暦七年(七八八)に制定された僧位六階の最上位。官の三位に当る。
跋　抄録の意。→補
大いなる哉…　→補
大千沙界　須弥山を中央に七山八海をめぐらし、鉄囲山でかこまれた空間が一小世界で、これを千合せて小千、小千を千合せて中千、中千を千合せて大千とし大千三千世界という。沙は無数の意。
太虚　宇宙空間。
元気　万物を生出す根本エネルギー。
強ひて…　老子二五章の語気による。
最上乗　大乗のその上。悟性論には大乗最上乗という。
般若実相　主体的な智慧によって見出された存在のすがた。
一真法界　華厳宗の説。→補
楞厳三昧　首楞厳三昧のこと。堅くて絶対的な禅定の意。
正法眼蔵　→補
涅槃妙心　→「正法眼蔵」補
三輪八蔵　すべての経典もしくは教法を輪と蔵にたとえる。→補
四樹五乗の旨　ブッダが入滅したとき、二対の沙羅双樹が一つは枯れ一つは栄えて、常と無常の理をあらわした故事。五乗は、三乗の他に、人乗と天乗を加える。
打併　ひっくるめること。かたづける意。俗語。

箇裏　ここ。俗語。さきの心を指す。
大雄氏…　ブッダ釈尊をいう。
金色の頭陀　禅宗の第一祖摩訶迦葉。前世の功徳により、誕生に際してその身が金色であったための称。頭陀は塵を払い落す意。衣食住への貪著を捨てて出家の生活を保つこと。
鷲峰の廻面　ブッダが霊鷲山で弟子たちを見まわした故事。→「正法眼蔵」補
雞嶺の笑顔に洎んで　雞嶺は摩訶迦葉を指す。→「正法眼蔵」補
先仏…、曩聖…　この二句、楞伽経序による(正蔵一六-五六七a)。
西来大師…　ダルマがインドより広州に来航し、洛陽に来たこと。
法眼は…　伝燈録二五に、高麗の道峯慧炬国師が、法眼文益の禅を伝えて、高麗にひろめたことを記す。
牛頭は…　→第三門(二〇頁)
外に涅槃の…　打は下句の併と合せて一語をなす。涅槃扶律と般若については→一三頁「扶律の…」注
雞貴象尊の国…　海外より人々が次々と来朝する意。→補
素臣　官吏。素は白衣で、出家の緇衣に対する。
四韋の法　四種の吠陀。奈良時代に伝わり、古くは韋陀と書く。
五家の禅　潙仰、臨済、曹洞、雲門、法眼の五派。→第五門(五六頁)
暗証の禅　→第三門(三九頁)
悪取空　→第三門(三九頁)

に迄《いた》る。これを学して諸乗は通達し、これを修《しゅ》して一生に発明す。*外に涅槃の扶律《ふりつ》を打《た》し、内に般若の智慧を併《へい》するは、けだし禅宗なり。

我が朝は、聖日昌明《しょうめい》にして、賢風遐《はる》かに暢ぶ。*雞貴象尊《けいきぞうそん》の国、首を丹墀《たんち》に頓《とん》し、金鄰玉嶺の郷、信を碧砌《へきせい》に投ず。*素臣は治世の経を行ひ、緇侶《しりょ》は出世の道を弘む。*四韋《しい》の法すら猶ほもつて焉《これ》を用ふ、*五家の禅、豈に敢へて諸《これ》を捨てんや。しかるにこれを謗《そし》るもの有り、謂ひて*暗証《あんしょう》の禅とす。これを疑ふもの有り、謂ひて*悪取空《あくしゅくう》とす。また謂ひて末世の法にあらずとし、また謂ひて我が国の要にあらずとす。或いは我れが*斗筲《としょう》を賤《さげす》みて、もつていまだ*力を罄《つく》さずとし、或いは我れが機根《きこん》を軽んじて、もつて廃せるを興し難しとす。これすなはち法を持するもの、法宝を滅す、*我れにあらざるもの、我が心を知らんや。啻《ひと》り禅関の宗門を塞ぐのみにあらず、*抑《はた》また叡岳《えいがく》の祖道を毀《そし》る。慨然たり悄然たり、是か非か。

仍つて*三箧《さんきょう》の大綱を蘊《あつ》めて、これを時哲に示し、一宗の要目を記して、これを後昆に貽《のこ》す。跋して三巻とし分つて十門を立て、これを興禅護国論と名づく、*法王・仁王の元意に称《かな》はんがための故なり。唯だ*狂語の実相に違はざらんことを恃んで、全く緇素の弄説を忘る。臨済の末代に潤《うるお》ふ有らんことを憶うて、翰墨の訛謬を恥ぢず。冀はくは、*伝燈の句の消ゆること無くして、*三会《さんえ》の暁を光照し、*涌泉の義の窮まらずして、*千聖の世に流注《るちゅう》せんことを。

凡そ厥《そ》の題門支目は後に列すと、爾《しか》いふ。

斗筲　器量の小さいこと。斗は一斗ます、筲は一斗二升入りの竹の器。
力を…　安永本は「文を徴せず」。
我に非ざるもの…　↓補
抑また叡岳の…　↓補
三篋　三蔵に同じ。
法王仁王…　仁王般若経の趣旨。
狂語　自説を謙遜していう。狂言綺語の略。
伝燈の句　以下、文末の「凡そ厥の題門支目は後に列すと爾いふ」まで、用語、構文の大半を新訳大乗入楞伽経序御製の文にならう(正蔵一六-五八七b)。
三会の暁　弥勒がこの世に現われて、三度目の説法を行うとき。
涌泉の義　↓補
千聖　未来星宿劫の一千仏をいう。

令法…　以下の目次を、安永本は巻上の題号の次に移している。
六波羅蜜経　唐の般若訳。一〇巻。
仏の言く…　巻一帰依三宝品の取意(正蔵八-八六八c)。
毘尼蔵　戒律の教え。仏滅後における教団維持のための自律的な規制で、流派によって異なる。
大論　大智度論。般若経の注釈書。秦の羅什訳。一〇〇巻。
仏弟子に…　巻一〇の菩薩来釈の文(正蔵二五-一三〇b)。
七衆　成年男女の出家、未成年男女の出家、および在家男女の信者の六

興禅護国論《こうぜんごこくろん》 巻の上

第一、令法久住門《りょうぼうくじゅうもん》とは、*六波羅蜜経《ろっぱらみつ》に云く、

*仏の言く、法を久住《くじゅう》せしめんがために、*毘尼蔵《びにぞう》を説く 文

*大論《だいろん》に云く、

*仏弟子に*七衆《しちしゅ》有り、一に比丘《びく》、二に比丘尼《びくに》、三に学戒尼《がくかいに》、四に沙弥《しゃみ》、五に沙弥尼《しゃみに》、六に優婆塞《うばそく》、七に優婆夷《うばい》。前の五はこれ出家、後の二はこれ居家《こけ》なり 文

と。この七衆*清浄《しょうじょう》なれば、すなはち仏法久住す。これによつて、禅宗の*禅苑清規《ぜんおんしんぎ》に云く、

*けだし毘尼を厳浄《ごんじょう》するをもつて、方《まさ》に能く三界に洪範たり。然ればすなはち、参禅問道は戒律を先《せん》とす。すでに過《とが》を離れ非を防ぐにあらずんば、何をもつてか成仏作祖《じょうぶつさそ》せん。この故に、*四分律《しぶりつ》の*四波羅夷《しはらい》・十三僧伽婆尸沙《そうぎゃばししゃ》・二不定法《ふじょうほう》・三十尼薩耆《にさつぎ》・九十波逸提《はいつだい》・四波羅提提舎尼《はらだいだいしゃに》・一百衆学《しゅがく》・七滅諍法《めつじょうほう》、*梵網経《ぼんもうきょう》の*三聚浄戒《さんじゅじょうかい》・*十重・四十八軽戒《きょうかい》のごとき、読誦通利して、善く*持犯開遮《じぼんかいしゃ》を知れ。但だ金口《こんく》の聖言に依り、擅《ほしいまま》に庸輩に随ふこと莫《なか》れ 文

*大経に云く、

*この経もし滅せば、仏法すなはち滅せん〈末世の*律儀《りつぎ》を説けばなり〉

に、沙弥尼となる前の準備期にある女子を特に学戒尼とよぶ七グループ。

清浄　戒律に従うこと。

禅苑清規　禅宗教団の規則。北宋の宗賾編。一〇巻。↓解説(二7)

けだし…　巻一護戒編の文(続蔵二一‐一六‐四三九a)。

四分律　法蔵部系の律蔵。秦の仏陀耶舎と竺仏念の共訳。六〇巻。中国では、もっともよく研究されて、道宣の四分律宗の所依となった。

四波羅夷…　二百五十戒の綱目。教団追放に当る四種の重罪、一定期間の資格停止により復帰する重罪十三、二つの未決罪、全財産の没収に当る三十項と、一部放棄を認める九十項、四種の懺悔相当の軽罪、百の予備罪、および紛争解決法七項よりなる。

梵網経　梵網菩薩戒経。羅什訳。二巻。ボサツの階位と戒律を説く。

三聚浄戒　伝統的な戒律を要約した摂律儀と、積極的な修善を勧める摂善法と、他への奉仕を説く摂衆生。

十重…　右の摂律儀の一部。

持犯開遮　行為者の側からの戒律の保持と違反、および戒律の側からの許容と制止。

大経　大般涅槃経の略。北涼の曇無讖訳四〇巻(北本)と、劉宋の慧観と謝霊運改編の三六巻(南本)がある。

この経…　北本一八の梵行品の取意(正蔵一二‐四七二b)。

律儀　律法による止悪の様式。

*僧祇律《そうぎりつ》に云く、
*仏の言く、諸仏、戒を結《けっ》せずんば、その正法は久住せず 文
*仏蔵経《ぶつぞう》に云く、
*仏の言く、舎利弗《しゃりほつ》よ、この人は無上の法宝を捨てて、邪見に堕在《だざい》す。これ沙門の*旃陀《せんだ》羅《ら》なり。舎利弗よ、我が清浄の法、この因縁をもつて、漸漸に滅尽せん。我れ久しく生死に在りて諸苦を受け、成ぜしところの菩提の法、この諸の悪人、そのときに毀壊《きえ》す。かくのごとき人は、我れすなはち一飲《いちおん》の水をも受くることを聴《ゆる》さじ 文
梵網菩薩戒経に云く、
*正戒《しょうかい》を犯《ぼん》するものは、一切檀越《だんおつ》の供養《くよう》を受くることを得ず、また国王の地上に行くことを得ず、国王の水を飲むことを得ず、五千の大鬼神《だいきじん》常にその前に遮《さえぎ》り、*鬼は大賊なりと云はん。もし、房舎・城邑・宅中に入らば、鬼はその脚跡を掃はん。乃至、犯戒《ぼんかい》の人は畜生と異なることなし 文
*仁王《にんのう》般若経に云く、
*大王よ、法末の世のとき、諸の比丘、*四部《しぶ》の弟子有らん。国王・大臣、多く非法の行を作《な》して、横《ほしいまま》に仏と法と衆僧との与《ため》に大非法を作し、諸の罪過を作し、非法非律にして比丘を繋縛《けばく》すること、獄囚の法のごとくならん。そのときに当つて、法滅久しからじ 文
*大般若経に云く、

僧祇律 大衆部系の律蔵。東晋の仏陀跋陀羅と法顕の共訳。四〇巻。
仏の言く諸仏… 巻一の取意(正蔵二二-二二七b)。
仏蔵経 羅什訳。三巻。
仏の言く舎利弗よ… 巻上念僧品の文(正蔵一五-七六七b・c)。往生要集上にも引く(本大系六-一〇三)。
旃陀羅 四姓の外にある最下賤者。
正戒を… 軽戒第四三の文(正蔵二四-一〇〇九a)。
鬼 おそらく「罵」の誤。
仁王般若経 羅什訳。二巻。国王の法と仏法の一致を説く。別に唐の不空訳仁王護国般若経があるが、用いられない。
大王よ… 巻下嘱累品の文(正蔵八-八三三b)。
四部の弟子 比丘・比丘尼・優婆塞・優婆夷の四。
大般若経 唐の玄奘訳。六〇〇巻。

*舍利子よ、我が涅槃ののち、*後時後分の後五百歳に、甚深《じんじん》般若相応の経典、東北方において大いに仏事を為《な》さん。何をもつての故に。一切如来のともに尊重したまふところ、ともに護念したまふところなれば、彼の方において久しきを経て滅せざらしめん 文

と。これは*扶律《ふりつ》の禅法によつて、法を久住せしむる義を明かせるなり。

*大法炬陀羅尼経《だいほうこだらにきょう》に云く、

*護法とは、いはゆる法の滅せんとするとき、菩薩、中において方便護持して、法を久住せしむ。この因縁をもつて、また*頂相《ちんぞう》を得《う》 文

と。仍《よ》つて令法久住門を立す。

第二、鎮護国家門《ちんごこつかもん》とは、仁王経《にんのうきょう》に云く、

*仏、般若をもつて現在・未来世の諸の小国王等に付嘱《ふぞく》して、もつて護国の秘宝とす 文

と。その般若とは禅宗なり。*謂く、境内にもし持戒の人有れば、すなはち諸天その国を守護すと云云。

*勝天王般若経《しょうてんのうはんにゃきょう》に云く、

*般若を学《がく》する菩薩、もし国王等と作《な》らんとき、貧賤の人有り、来つて罵詈《めり》恥辱《ちじょく》せん。ときに王は威刑を示さずして云はん、我れはこれ国王なり、法応《まさ》に治翦《ちせん》すべしと。すなはちこの念を作《な》さく、我れ往昔、諸仏世尊の前に大誓願を発《おこ》し、一切の衆生は、

舍利子よ… 巻三〇二難問功徳品の取意(正蔵六-五三九a)。元亨釈書三〇にも引く(日仏全一〇一-五〇三b)。

後時後分の… 単に五百年後の意。第五の五百年ではあるまい。

扶律の… 天台智顗の説による。滅後の弟子の持戒を助け、そのよりどころを示して、ブッダは常住であると教えたのが涅槃経だとするもの。栄西は大般若経によって、滅後五百年に東北方に興る甚深般若を禅宗だとし、禅宗こそ扶律であるとするのである。↓第三門(三六頁)

大法炬陀羅尼経 隋の闍那崛多訳。二〇巻。

護法とは… 巻四相好品の文(正蔵二一-六七a)。↓第三門(三八頁)

頂相 仏の三十二相のうち、頂上肉髻相。

仏… 巻下受持品の取意(正蔵八-八三二b)。

謂く… 以下は栄西の解説。ただし、拠るところ詳かならず。

勝天王般若経 陳の月婆首那訳。七巻。

般若を… 通達品第一の文(正蔵八-六八九a)。

我れみな済抜して阿耨菩提《あのくぼだい》を得せしめんと。今、瞋を起すときは、すなはち本願に違《い》すと 文

*四十二章経に云く、

悪人百に飯《ぼん》せんよりは、一の善人に飯するに如《し》かず。千の善人に飯せんよりは、一の*五戒を持《じ》するものに飯するに如かず。万の五戒を持するものに飯せんよりは、一の*須《しゅ》陀洹《だおん》に飯するに如かず。十万の須陀洹に飯せんよりは、一の斯陀含《しだごん》に飯するに如かず。百万の斯陀含に飯せんよりは、一の阿那含《あなごん》に飯するに如かず。千万の阿那含に飯せんよりは、一の阿羅漢《あらかん》に飯するに如かず。一億の阿羅漢に飯せんよりは、一の*辟支仏《びゃくしぶつ》に飯するに如かず。十億の辟支仏に飯せんよりは、一の三世の諸仏に飯するに如かず。百億の三世の諸仏に飯せんよりは、一の*無念無住・*無修無証《むしゅむしょう》のものに飯するに如かず 文

と。*いはゆる無念等とは、これこの宗の意なり。

*楞厳《りょうごん》経に云く、

*仏の言く、阿難よ、この*四種の律儀を持《じ》して、皎《こう》たること氷霜のごとく、一心に我が*般怛羅呪《はんたらじゅ》を誦せよ。当《まさ》に戒清浄のものを選択《せんちゃく》して、もつてその師とせんことを要す。新浄衣を著《つ》け、香を燃《もや》し、閑居《げんこ》してこの*心仏所説《しんぶつしょせつ》の神呪《じんじゅ》を誦すること一百八遍せよ。然して後に*結界《けっかい》して、道場を建立《こんりゅう》し、*悉地《しつじ》を求めば、速やかに現前することを得ん。道場の中において菩薩の願を発し、*出入澡浴《しゅつじゅそうよく》、*六時行道、かくのごとくにして寐《い》ねざ

四十二章経　後漢の迦葉摩騰、竺法蘭の共訳。一巻。引用は唐代の改編本による。↓補
五戒　在家信者の戒律。不殺生、不偸盗、不邪婬、不妄語、不飲酒の五。
須陀洹…　はじめて悟りの道に入った人。又その境地。以下、声聞の四果をあげたもので、斯陀含は、そこから一度だけ迷界に還るが、阿那含は、二度と還らず、阿羅漢は、迷いを完全に離れた人をいう。
辟支仏　独覚、または縁覚と訳す。
無念無住　六祖壇経の趣旨。↓補
無修無証　臨済録の趣旨。↓補
いはゆる無念…　↓第九門(九三頁)
楞厳経　唐の般刺蜜帝訳。一〇巻。
仏の言く…　巻七の取意(正蔵一九―一三三a)。
四種の…　四波羅夷を指す。
般怛羅呪　大白傘蓋神呪。↓補
心仏　↓補
結界　律蔵の規定通りに場所を選定すること。
悉地　真言の妙果。法の完成。
出入澡浴　不浄処に出入するとき、かならず澡浴すること。
六時行道　一昼夜毎に六回、仏像を礼拝し、その周囲をめぐること。

れ。三七日を経《へ》て、我れみづから身を現《げん》じてその人の前に至り、摩頂安慰《まちょうあんい》して、*其れを開悟せしめん。誦持の衆生は、火も焼くこと能はず、水も溺らすこと能はず。乃至、心に*正受を得ば、一切の呪詛《じゅそ》・一切の*悪星《あくせい》も、悪を起すこと能はず。阿難よ、当《まさ》に知るべし、この呪は常に*八万四千那由他《なゆた》等《とう》の*金剛蔵王菩薩の種族有り、一一にみな諸の金剛衆有りて眷属となり、昼夜に随侍す。設《も》し衆生有りて、散乱の心においても、心に念じ口に持《じ》せば、この金剛王常に随従せん。何《いか》に況んや、決定《けつじょう》菩提心のものをや。阿難よ、この*娑婆界《しゃばがい》に八万四千の災変の悪星、*二十八の大悪星有り、世に出現せんとき、能く災異を生ぜんも、この呪有る地は、悉くみな消滅せん。十二*由旬《ゆじゅん》に、結界《けっかい》の地と成りて、諸悪*災障、永く入ること能はず。この故に如来はこの呪を宣示し、未来世において、初学の諸の修行者を保護す 文

と。禅院に恒に修するは、これはこれ*白傘蓋《びゃくさんがい》の法なり。鎮護国家の儀明らかなり。

*智証《ちしょう》大師の*表《ひょう》に云く、

*慈覚《じかく》大師在唐の日、発願《ほつがん》して曰く、吾れ遙かに蒼波を渉つて遠く*白法《びゃくほう》を求む。儻《も》し本朝に帰ることを得ば、かならず*禅院を建立《こんりゅう》せん

と。その意、専ら国家を護《ご》し群生を利せんがための故なりと云云。愚《われ》もまた弘めんと欲するものは、けだしこれその聖行《せいぎょう》に従ふなり。

仍《よ》つて鎮護国家門を立す。

其れを…　「其開悟」の三字は経文によって補う。栄西は、この句なしに「誦持の衆生を火も焼く能はず、水も…能はざらしめん」と読んだらしい。
正受　三昧の訳。完全な身心の統一。
悪星　天災地変をおこす星宿。
八万四千…　無数の。那由他は億。
金剛蔵王…　首楞厳三昧の菩薩。→八頁「楞厳三昧」注
娑婆界　人々の生きている世界。娑婆は梵語の音写で、堪忍もしくは雑多の意。
二十八の大悪星　世界の四方に七星宿あり、人天の吉凶を支配する。法苑珠林四(正蔵五三-二九三a)をみよ。
由旬　帝王が一日に行軍する距離。約二〇―二五キロ。
災障　安永本は「災祥」とする。
白傘蓋の…　→「般怛羅呪」補
智証大師　円珍(八一四-八九一)。天台密教の大成者。園城寺を開いた。八五三年に入唐し、五カ年の滞在。
表　天子にさしだす文書。今のところ、この表の所在は不明。
慈覚大師　円仁(七九四-八六四)。天台第三世座主。八三八年に入唐。在留十年。入唐求法巡礼行記四巻あり。
白法　正法。白は善の意。
禅院　今、洛北の修学院に赤山禅院あり。

第三、*世人決疑門《けつぎもん》とは、二有り。一は知らずして迷惑《めいわく》する疑《ぎ》、二は学者偏執《へんしゅう》の疑《ぎ》なり。

*問うて曰く、「或る人の云く、*後五百歳《ごごひゃくさい》の人は、鈍根小智《どんこんしょうち》なり。誰れかこの宗を修せんや」。

答へて曰く、「大聖《だいしょう》、時を監《かんが》みて教を垂《た》る。何ぞ凡情を*持《も》つてこれを推すや。謂く、*仏は昔《むかし》、祇園《ぎおん》に住したまふこと二十五年、城中に九億の家有り。三億は眼に仏を見《み》、三億は耳に聞いて見ず、三億は聞かず見ずと云云。然れども、仏は*一分《いちぶん》の機《き》に就いて*八相《はっそう》を示し、或いは*舎利《しゃり》を遺《のこ》し、或いは*教跡《きょうしゃく》を留め、或いは*彼土《ひど》にして聞くことを得しめ、乃至*逆縁《ぎゃくえん》あり。*法住経《ほうじゅう》に云く、

仏の言く、阿難よ、吾れ今、久しからずして当《まさ》に*般涅槃《はつねはん》すべし。一切の仏事《ぶつじ》、みなすでに究竟《くぎょう》す。我が応《まさ》に度《ど》すべきものは、みなすでに度《ど》し訖《おわ》る。諸の未度《みど》のものも、*みな教へてために得度《とくど》の因縁を作《つく》らしむ。我れすでに外道《げどう》・魔軍《まぐん》らを降伏《ごうぶく》し、誓願を円満して、未来世の*無上の仏眼《ぶつげん》と為《な》る　文

と。仏すでに*現益《げんやく》を究めざるか。今この禅宗もまた爾《しか》り。もし縁有ればこれを修せん、もし縁無くんば楽《ねが》はず。設《たと》ひこれを修《しゅ》せずといへども、見聞触知《けんもんそくち》の縁、得脱《とくだつ》の因と為らん。然れば、西天にいまだかならずしも尽く修せず、中華にも行はざるもの有り、*東扶《とうふ》もまた応に爾るべし。もし万が一も能くこれを行ふ人有らば、豈に不可ならんや。もし諸人みな行ふべからずと言ひて勧めずんば、順逆の二縁、ともに闕くるものか。況んや、大般若経に云く、

世人決疑門　人々の疑問に答える形で、今、禅を興す理由を説く。
問うて曰く…　第一の問難。
後五百歳　大集経所説の第五の五百年をいう。先に引く大般若経とは別。
持　安永本は「恃」に改める。
仏は…　以下、大智度論九の説による(正蔵二五―一二五c)。往生要集上にも引く(本大系六―一七)。
一分の機　それぞれの相手。
八相　ブッダ生涯の八つの出来事。
舎利　骨。とくにブッダの遺骨。
教跡　経文。
彼土　西方浄土をいう。
逆縁　法華経常不軽品で常不軽菩薩が増上慢の四衆を教化せしことなど(正蔵九―五〇c)。
法住経　玄奘訳。一巻。涅槃経の一部(正蔵一二―一一二c)。
般涅槃　涅槃を完成すること。
みな…　安永本は「みな亦たために得度の因縁を作す」と改む。
無上の仏眼　人々の最上の拠り所。
現益　生前の教化。
東扶　日本のこと。東方扶桑国。

*復た次に、舎利子《しゃりし》よ、我れ涅槃し已《おわ》つて、後時後分の後五百歳に、かくのごときの般若波羅蜜多甚深の経典、東北方において大いに仏事を作さん、乃至無量の善男女ら、益を得ること難思なり〈略抄〉

また*中論に云く、

*問うて曰く、何が故にこの論を造るや。答へて曰く、仏滅度の後、後五百歳の中、人《にん》根《こん》鈍にして深く諸法に著《じゃく》し、決定の相を求む。仏意を知らずして但だ文字に著す。大乗法の中に畢竟空《ひっきょうくう》と説くを聞いて、何の因縁の故に空なるかを知らず、すなはち*見《けん》と疑《ぎ》とを生ず。何ぞ畢竟空の中において種種の過《とが》を生ぜんや。故にこの中論を造る 文

天台宗の*釈籤《しゃくせん》に云く、

*疑うて云く、*法華すでに実を顕はす、*涅槃何ぞ権《ごん》を施《ほどこ》すや。*釈して命を贖《あがな》ふ重宝と云ふは、*涅槃の十四に云く、人の*七宝を外に出《いだ》して用ひざる、これを名づけて蔵とするがごとし。この人この宝を蔵積《ぞうしゃく》する所以《ゆえん》は、未来のための故なり。いはゆる穀貴《たか》く、賊来つて国を侵《おか》し、悪王に値遇《ちぐう》するとき、用《もっ》て命を贖はんがためなり。財の得難きとき、すなはち当《まさ》に出し用ふべし。諸仏の秘蔵も亦復《また》かくのごとし。末世の諸の悪比丘の*不浄物を畜ふるがために、*四衆の、如来は畢竟《ひっきょう》して涅槃に入りたまふと説き、外典を読誦して仏経を敬せざるがために、かくのごとき等の悪、世に出現せんとき、諸悪を滅せんがために、ためにこの経を説く。この経もし滅せば、仏法すなはち滅せん、と。*今家《こんけ》の引く意、大経部《だいきょうぶ》を指《ゆびざ》してもつて重宝と為すは、*彼の経部の前後の諸文、み

復た次に… すでに第一門(一三頁)に引く。

中論 般若思想の綱要書。羅什訳。四巻。

問うて曰く… 巻一因縁品の取意(正蔵三〇―一b)。

見と疑と 空を理解できぬのが疑、これに偏するのが見。

釈籤 法華玄義の注釈書。六祖湛然の編。二〇巻。

疑うて云く… 巻六の文(正蔵三三―八五八b)。

法華すでに… 天台では、権を開いて実を顕わすのが法華であるとする。

何ぞ 安永本は「何ぞ復た」と改む。

釈して… 天台が玄義で釈したこと。「命を贖ふ」とは、財物を納めて刑罰を免れる意。

涅槃の十四 北本一八梵行品(正蔵一二―四七二b)。南本一六(正蔵一二―七一五a)で、十四は誤り。

七宝 七種の宝石。

不浄物 戒律で所持を禁ずる財物。

四衆の… 前の「諸の悪比丘…」とならぶ第二の理由。

今家… 天台智顗を指す。但し、引用はこの次に省略がある。

彼の経部… 涅槃部の経文。

な*扶律説常《ふりつせつじょう》するをもつてなり。もし末代の中に、諸の悪比丘の破戒し、乃至ならびに*乗戒無くんば、常住の命を失はん。頼《さいわい》にこの経の扶律説常するに由つて、乗戒具足す 文

天台宗の*弘決《ぐけつ》に云く、

*然して復た、涅槃は偏へに末代に被らしむる、*帯方便《たいほうべん》の説なり 文

また、*止観義例に云く、

*涅槃を用ふるは、法華に依つて咸《ことごと》く一実《いちじつ》に帰すといへども、末代は根鈍なり、もし扶助無くんば、すなはち正行傾覆《けいふく》す。正助相ひ添へて、方《まさ》に能く遠く*運《うん》す。*仏化すら涅槃をもつて寿《じゅ》とす。況んや末代の修行、助にあらざれば前《すす》まず。故に扶律説常して、もつて*実相を顕はす 文

法華経に云く、

*後の悪世において、乃至、閑処《げんじょ》に在りてその心を修摂《しゅせつ》し、一切の法は空なり、如実の相なりと観ぜよ。乃至、常に楽《ねが》つてかくのごときの法相《ほっそう》を観じ、安住不動にして*須弥《しゅみ》山《せん》の如くせよ 文

天台大師の云く、〈*安楽行品疏《あんらくぎょうぼんしょ》〉

観とは*中道観智なり、一切の法とは*十法界の境《きょう》なり、乃至凡そ*十九句有り。初の一句は惣、後の十八句は、*大品の十八空に対す 文

また、経に云く、

扶律説常 →一三頁「扶律の…」注

乗戒 実相を悟る智恵と戒律と。両者の関係については、第七門(七四頁)をみよ。

弘決 摩訶止観の注釈書。六祖湛然の編。一〇巻。

然して… 巻六之三の文(正蔵四六-三四五b)。

帯方便 法華の円の後、涅槃はさらに権を兼ねる意。

止観義例 摩訶止観の綱要書。湛然の撰。二巻。

涅槃を… 巻上第二所依正教例の文(正蔵四六-四四七b)。

運す 車がものを運載する意。

仏化… ブッダの教化でも、涅槃の説法が寿命の限界であった。

実相 湛然は「実相是安楽之法」(正蔵四六-四四七a)とする。

後の悪世に… 安楽行品第一四の取意(正蔵八-三七b)。

須弥山 →八頁「大千沙界」注

安楽行品疏 智顗の法華文句九上の文(正蔵三四-一二〇b)。右本文の釈。

中道観智 かたよらぬ観察の主体。

十法界 地獄より菩薩・仏にいたる十種の世界。六凡と四聖のすべて。

十九句 経の本文に、「一切の法は、空、如実相、不顚倒、不動、不退、不転、如虚空、無所有性、一切語言道断、不生、不出、不起、無名、無相、実無所有、無量、無辺、無碍、無障なりと観ぜよ」(正蔵九-三七b)と

*如来の滅後、末法の中において、この経を説かんと欲せば、応《まさ》に安楽行に住すべし。もしくは口に宣説し、もしくは経を読まんとき、人および経典の過《とが》を説くことを楽《ねが》はざれ、また諸余の法師を軽慢《きょうまん》せざれ、他人の好悪《こうお》・長短を説かざれ　文

また云く、

*後の末世に法滅せんとするときにおいて、法華経を受持《じゅじ》するもの有れば、在家・出家の人の中においては*大悲の心を生じ、菩薩にあらざる人の中においては大慈の心を生ぜん、乃至、我れ菩提を得んとき、随つて何れの地に在りとも、神通《じんづう》・智慧の力をもつて、これを引いてこの法中に住することを得しめん　文

と。この*四行の文、みな後の末世の時と言へり。然ればすなはち、般若・法華・涅槃の三経を案ずるに、みな末世の坐禅観行の法要を説きたまふ。もし末代に機縁無かるべくんば、仏はこれらを説きたまふべからず。ここをもつて、大宋国に盛《さか》んにこれを行ふ。これを知らざるもの、もつて仏法滅の相と為すは非なり。*巨細《こさい》は第九門に注せん。

*先の大般若経に東北方と説くは、これ震旦《しんたん》・高麗《こうらい》・日本なり。震旦はすでに流伝《るでん》し畢《おわ》る、*高麗は法眼宗《ほうげんじゅう》を伝ふ。唐の*徳韶《とくしょう》国師、天台宗の書籍の闕本《けつぽん》を高麗・日本の両国に求めしとき、高麗は禅宗興盛《こうじょう》なりと云云。韶《しょう》国師入滅してのち、三百年に及べり。また、日本国は天平年中、唐の*道璿《どうせん》、*大安寺に在りて、禅宗をもつて*行表和尚《ぎょうひょうわじょう》に授くと云云。*伝教大師の譜《ふ》の文に云く、

謹んで*某《それがし》の度縁《どえん》を按《あん》ずるに云く、師主は左京の大安寺伝燈法師位《でんとうほっしい》行表、と　文

あるのを指す。

大品の…　摩訶般若経一の序品に十八空を説く。↓補

如来の…　法華経安楽行品の口行の文(正蔵九-三七c)。

後の末世に…　同じく安楽行品の誓願行の文(正蔵九-三八c)。

大悲　安永本は「大慈」に改め、次句の「大慈」を「大悲」に改む。

四行の文　身・口・意・誓願の四行。引文は、身・口・誓願の三行に当る。

巨細は…　↓八六頁以下

先の大般若経…　一三頁および一七頁に引くもの。

高麗は…　↓八頁「法眼は…」注

徳韶国師　法眼文益の法嗣(八九一—九七二)。天台山に住し、教学の復興につとめた。伝燈録二五、仏祖統紀八義寂伝、同一〇法師諦観伝。

道璿　洛陽大福先寺の僧(七〇二—七六〇)。大仏開眼の導師として我が国に迎えられた。禅・律・天台・華厳を伝う。元亨釈書一六。

大安寺　奈良市南郊、聖徳太子開創の熊凝寺を移す。元亨釈書二八。

行表和尚　大和の人(七二三—七九七)。元亨釈書一六。ただし、その年寿には誤りあり。

伝教大師の譜　最澄が撰した内証仏法相承血脈譜のこと。↓補

某の度縁　最澄自身の出家許可証。度縁は、僧尼の得度を公認する公文書。元亨釈書二三。

その祖璿和上《せんわじよう》、大唐より持《じ》し来つて写し伝ふる*達磨《だるま》大師の法門、比叡山の蔵に在り。延暦《えんりやく》の末、*大唐国に向《おい》て*請益《しんえき》し、さらに達磨大師の付法を受く。大唐貞元二十年十月十三日、*天台山禅林寺〈今の*大慈寺〉の僧*翛然《ゆうねん》、*天竺・大唐二国の付法血脈《ふほうけちみやく》、ならびに達磨大師の付法、*牛頭山《ごずざん》の法門等を伝授す。頂戴し持《じ》し来つて叡山に安《お》く 文

と。その後、今は四百年に及べり。栄西《われ》はこの宗の絶えたるを慨き、且つ後五百歳の*誠《じよう》説《せつ》によつて、廃《はい》せるを興し絶えたるを継《つ》がんと欲す。*方と云ひ時と云ひ、すでに仏説に契《かな》ふ。何ぞ機縁《きえん》無しと言ふや。

また、彼の*如来の円寂《えんじやく》せる、周《しゆう》の穆王《ぼくおう》の五十三年壬申の歳より、*日本当今《とうきん》の建久九年戊午の歳に至つて、二千一百四十七年なり。然れば、今はこれ*後五百の中の第二の百年なり。

天台大師の云く、

*後五百歳にして、遠く妙道に沾《うるお》ふ 文

*妙楽《みようらく》大師の云く、

*末法の初め大教流行《るぎよう》す、故に五百と云ふ 文

と。今、汝すでに機縁無しと云ふは、すなはち*本師の教勅に違《い》す。また般若を謗《そし》り、また仏菩薩を謗るなり。大般若経に云く、

*我が*正法毘奈耶《しようぼうびなや》の中において、当《まさ》に愚癡《ぐち》の諸の出家のもの有るべし。彼れは我れを称してもつて大師《だいし》と為《な》すといへども、しかも我が説ける甚深般若を、誹謗《ひぼう》し毀壊《きえ》す。*善現《ぜんげん》よ、当に知るべし、もし般若を謗るときは、すなはち*仏菩薩を謗ると為《な》す。もし

達磨大師の法門　ダルマの語録。伝教は、譜の中に四行観として引く。
大唐国に向て　中国で。「向て」は「於」の意。
請益　師について個人指導を受ける。
天台山禅林寺　智顗が創した寺。唐の梁粛が撰した碑文あり。仏祖統紀五〇、全唐文五二〇。
大慈寺　宋代の改名。泉涌寺不可棄法師伝や常盤大定の支那仏教史蹟第四をみよ。
翛然　伝燈録六の目録に馬祖の法嗣として王姥山翛然あり。別に大義の弟子に同名の人あるも、確かならず。
天竺大唐二国…　伝教の譜の原型となったものらしい。血脈は血管のこと。法の通うすじに比す。
牛頭山の法門　↓補
誠説　ブッダの真説。誠は実の意。
方といひ…　方は東北方の日本。時は後五百歳の今。
如来の…　この仏滅年代は周書異記の説による。
日本当今　後鳥羽天皇を指す。
後五百の…　ここでは法華文句記によって五箇の五百年説をとる。
後五百歳にして…　法華文句一上の句(正蔵三四-二c)。
妙楽大師　天台六祖、荊渓湛然。
末法の初め…　右の天台の句を注する法華文句記一上の文(正蔵三四-一五七b)。
本師の…　ブッダ釈尊の教え。

菩提を謗るときは、すなはち諸仏の*一切相智《いっさいそうち》を謗ると為すことを　文

上《かみ》の文に云く、

*もし我れ具《つぶさ》に、正法を破《は》するものの当来《とうらい》に受くるところの*悪趣《あくしゅ》の形量*を説かば、彼れ聞いて驚怖し、当《まさ》に熱血を吐いて便ち命終を致し、毒箭に中《あた》るがごとくなるべし　文

と。謂く、仏法に在りて出家せる人、*下至《げし》一念も*我人《がにん》の見《けん》を起すは、これすなはち般若を謗るなり。仏蔵《ぶつぞう》経に云く、

*舎利弗《しゃりほつ》よ、正法の中において、一切諸見の根本を抜断し、悉く一切諸の語言の道を断じて、虚空の中に手に*触閡《そくがい》するもの無きがごとくせよ。諸の沙門の法、みな応《まさ》にかくのごとくなるべし　文

*楽瓔珞経《らくようらく》に云く、

*無心にして意識を離るる、これ沙門の法なり。*諸根《しょこん》を守護する、これ沙門の法なり　文

と。この故に、*設《たと》ひ韋陀《いだ》の典籍を弘むとも、智者は妨げず。*汝ら能く諸根を守つて、仏法の興隆を妨ぐること勿れ。法華経に云く、

*及以《およ》び世間の*資生産業《ししょうさんぎょう》も、みな実相と相ひ違背《いはい》せず　文

*真言宗《しんごんしゅう》に云く、

如来の*度人門中《どにんもんちゅう》において、誓願し修習して、乃至一切の三乗の経法《きょうぼう》を謗ることを得ざれ。もし謗ればすなはち仏法僧を謗り、大菩提心を謗るなり。*秘密蔵中《ひみつぞうちゅう》の一切の方便

我が…　巻四三五地獄品の取意(正蔵七-一八九b)。
正法毘奈耶　教法と戒律。
善現　仏弟子の一人。須菩提。
仏菩薩　安永本は「仏菩提」に改む。
一切相智　すべての現象を空と知る智。般若の智慧。
もし我れ…　右の大般若経のつづき(正蔵七-一八九a)。
悪趣　悪業によって赴くべき世界のすべて。地獄を最低として六道あり。
形量　身体に受ける苦の大きさ。
下至　多より少に至ることば。
我人の…　自他対立の意識。
舎利弗よ…　巻上念法品(正蔵一五-七八六a)。
触閡　あたる。ぶつかる。
楽瓔珞経　姚秦の曇摩耶舎訳。一巻。転女身菩薩問答経ともいう。
無心に…　沙門の法三十二条を説くうちの二つ(正蔵一四-九三二b・c)。
諸根を…　感官を清浄に保つ。
設ひ韋陀の…　外道の教えを説くものに対してさえ寛容である。韋陀はベーダの書。→九頁「四韋の法」注
汝ら…　「汝」は世人決疑門中の第一問難者。
及以び…　法師功徳品第一九の取意(正蔵九-五〇a)。
資生産業　生きるためのなりわい。
真言宗　真言の根本聖典、大日経義釈一三の取意(続蔵一-三六-四五九b)。
度人門　利他方便の説法。

は、みなこれ仏の方便なるをもつて、この故に一一の法を毀るは、すなはちこれ一切の法を謗るなり。乃至、世間の治生産業《ちしょうさんぎょう》・*芸術等の事も、*随つて正理有りてこの仏の所説に相ひ順ずるものは、また謗ることを得ざれ。何《いか》に況んや、三乗の法をや　文

また、*文殊問《もんじゅもん》経に云く、

*未来の我が弟子は、*二十部有らんも、能く法を住せしめて、ならびに*四果を得ん。*三蔵平等にして、下中上無し。譬へば海水の、味に異《い》有ること無きがごとし。人に二十子有るがごとく、真実如来の所説なり。文殊師利よ、根本の二部は大乗より出で、*般若波羅蜜より出づ　文

と。また、*善見律《ぜんげんりつ》等を按《あん》ずるに、云く、

*仏、何をもつての故に*女人を度《ど》せざるや、敬法《けいほう》のための故なり。正法はもと千年なるも、女人を度するをもつて、五百歳を減ず。*八敬法《はっけいほう》を修することを制して、還《ま》た千年を満ず。然して後に像法《ぞうぼう》千年・末法《まっぽう》万年なり。末法の中、五千年来は*三達智《さんだっち》を学して、ならびに四果を得るも、六千年の後は道果を得ず。万年以後は、仏法を行ずること無く、経典の文字、自然に滅尽せん　文

と。*汝かくのごときの文義に背き、妄《みだり》に論議を致して、流通《るづう》を妨げんと欲すること、すでに理に背けり。大論に云く、

*一切の論議は、みな過罪《かざい》有り。唯だ仏の智慧のみ諸の*戯論《けろん》を滅す　文

法華に云く、

秘密蔵　真言密教の教え。三蔵の教えに対していう。

芸術　卜祝箴匠の技。技術。

随つて…　それぞれすじが通っていて、仏の説に契うものは。

文殊問経　梁の僧伽婆羅訳。二巻。

未来の…　巻下分部品(正蔵一四-五〇一a)。

二十部　上座・大衆の根本二部と枝末一八部。→補

四果　→第二門(一四頁)

三蔵　経・律・論の三つ。

般若波羅蜜より…　金剛般若経に「一切諸仏および…の法は皆この経より出づ」とある意(正蔵八-七四九b)。

善見律　斉の僧伽跋陀羅訳。一八巻。

仏…　巻一八の取意(正蔵二四-七九六c)。他に摩訶摩耶経(正蔵一二-一〇一三b)、法住経(正蔵一二-一一一三a)にもこの意がある。

女人を…　仏成道ののち十四年までは女性の出家を認めず、阿難の請によってはじめてその母大愛道を出家せしめた。

八敬法　尼僧の規定八つ。→補

三達智　宿命・天眼・漏尽の三明を指す。

汝かくのごとき…　三達智を学して四果を得るという経説に反する。

一切の…　大智度論四九(正蔵二五-四二六a)。

戯論　無意味な議論。

如来の出でたまふ…　方便品第一の偈文(正蔵九―一〇a)。

今応に…　譬喩品第三の偈文(正蔵九―一五a)。

大般若無諍の心　次の弘決の文をみよ。

如来の教門は…　巻五下(正蔵四六―六三b)。
消する　こなれる。消化の意。
甘露　涅槃経八(正蔵一二―四〇九a・b)の説によるもの。

如来より…　巻五之五(正蔵四六―三一七a)。右の止観の文の注釈。

今…を説く　この十六字、大智度論一の文(正蔵二五―六三b)による。

没せしむ　安永本は「促せしむ」とす。


思益経　羅什訳。四巻。

諸仏の…　巻一分別品第三の文(正蔵一五―三六c)。

生死涅槃の…　維摩経弟子品の「不断煩悩而入涅槃」の意(正蔵一四―五三九c)。

*如来の出でたまふ所以《ゆえん》は、仏慧を説かんがための故なり
また云く、
今*、応《まさ》に作《な》すべきところは、唯だ仏の智慧のみ 文
と。凡そ如来出世の本意は、これ衆生をして邪見《じやけん》を破《は》し、*大般若無諍《むじよう》の心に任せしめんがためなり。天台宗の止観に云く、
*如来の教門は、人に無諍の法を示す。*消《しよう》するものは*甘露《かんろ》と成り、消せざるものは毒薬と成る 文
弘決に云く、
如来より下《しも》は、仏教の本意、人に無諍を示す。諍は人の過《とが》なり、何ぞ法の非に関《かか》はらん。今、人に無諍の法を示さんと欲す、故に摩訶般若波羅蜜を説く。乃至《ないし》、今はすなはち通じて、仏法は大小みな本より人に無諍の法を示すをもつての故なり。天の甘露は本より長生ならしむるも、愚《ぐ》は食《じき》して消せず、反《かえ》つて寿《いのち》を*没《もつ》せしむるがごとし。仏教もまた爾り。本より通じて常住涅槃《じようじゆうねはん》に至らしむるも、諍を生ずるをもつての故に、反つて三途《さんず》に入る 文
*思益経《しやくきよう》に云く、
諸*仏の出世は、衆生をして、生死を出で涅槃に入らしめんがためにはあらず、但だ生*死・涅槃の二見を度《ど》せんがためなるのみ 文
と。これらの文義に背く、故に般若を謗ると言ふなり」。

問＊うて曰く、「或る人の云く、禅宗、不＊立文字ならば、すなはち依憑《＊えひょう》無し。もし誠証《＊じょうしょう》無くんば、帝王、信容し難からん。また汝、不肖《＊ふしょう》の身をもつて、何ぞ輒《たやす》く天聴を驚かすや」。

答へて曰く、「仁王経に云く、

我＊れ今、五＊眼もて明らかに三世一切の国王を見るに、みな過去世に五百仏に侍するに由つて、帝王と為《な》ることを得たり、こ＊の故に、一切の聖人羅漢は、ために来つて彼の国土の中に生じて、大利益を作す。もし未来世に諸の国王の三宝を受持するもの有らば、我れ五＊大力菩薩をして往いて彼の国を護《ご》せしめん。この五大士、五千の大鬼神王、汝の国の中において大利益を作さん。大王よ、汝らみな応《まさ》に般若波羅蜜を受持《じゅじ》すべし

文

と。この故に、一切の国王、正法を聞くことを得れば、自然に信容す。況んやまた仏法を崇《たっと》ぶの君王、誰れかまづ証を得てのちに施行せんや。其《＊か》の暴秦《ぼうしん》は典籍を焚《や》き、会昌《＊かいしょう》は僧尼を害し、霊素《＊れいそ》は聖教を滅し、徽宗《きそう》は仏像を改む。ならびにこれ報＊得の王者にあらず、みなこれ悪願《＊あくがん》の流類《るるい》なり。謂ふこと莫れ、仏法幽微《ゆうみ》にして、国王信じ難しと。然れば、受禅《＊じゅぜん》の君王は、すでに五百仏に侍す、伝＊燈の乞士《こつし》もまた爾《しか》り。唯＊だ二三四五の如来の所《みもと》にして、久しく勝因《しょういん》を植うるのみにあらず、すでに曾て恒沙《ごうしゃ》の諸仏の所において、深く大＊般若の因を種《う》ゑて、方《まさ》に一句の妙法を解《げ》するなり。金剛般若経に云く、

仏＊の言く、当《まさ》に知るべし、こ＊の人は一仏二仏三四五仏において、善根を種《う》ゑしのみにあらず、すでに無量千万仏の所において、諸の善根を種ゑ、この章句を聞いて、乃至

問うて曰く…　第二の問難。
不立文字　吉蔵の浄名玄論に、この語あり(正蔵三八-八六二b)。
依憑　よりどころ。
誠証　経典による根拠。↓第四門(四八頁)
不肖　親に似ぬ子。後継者たりえぬこと。
我れ今…　巻下受持品の取意(正蔵八-八三三a)。
五眼　肉眼・天眼・慧眼・法眼・仏眼の五つ。
この故に　底本「是為」。安永本の注記により、高麗本の経文に従う。
五大力菩薩　金剛吼・竜王吼・無畏十力吼・雷電吼・無量力吼の五菩薩(正蔵八-八三三a)。
其の暴秦…　史記六の始皇本紀、三十四年の条。
会昌は…　旧唐書一八上、新唐書八の武宗本紀会昌五年の条。仏祖統紀四二(正蔵四九-三八六a)。
霊素は…　宋の徽宗政和七年に、道士林霊素が徽宗を説いて仏教を排した事件。宋史四六二。仏祖統紀四六(正蔵四九-四三〇b)。
報得の…　前生の善根に報いられて帝王となったものではない。
悪願の流類　世々生々の悪王。付法蔵経のミヒラクツ、蓮華面経の蓮華面のごときを指す。流類は、なかま、グループ。
受禅の君主　禅譲によって即位した

帝王。右に引く仁王経の説による。
伝燈の… 摩訶迦葉が前生に金工として貧女の施を助けたるがごとし。
唯だ二三四五… 次に引く金剛般若経の説による。
大般若 安永本は「広大般若」とす。
仏の言く… 正信希有分六(正蔵八―七四九a)。
この人… 如来滅後の後五百歳に持戒修福につとめる人。
窮民の… 次の西域記の例を指す。
度縁 →一九頁「某の度縁」注
法位 →八頁「伝燈大法師位」注
記 玄奘の大唐西域記。一二巻。
むかし… 巻七の戦主国不穿耳僧伽藍の条(正蔵五一―九〇七c)。
戦主国 中インド恒河の北岸にあった古代国家。今日のガージープル。
五印 東西南北および中部の五地方。
覩貨羅国 北インドの北部にあった古代都市国家。突厥の部属。
周旋 周遊。
点じて 指定すること。
白氎 白布の一種。
霊祐 不可思議な助け。冥加。
染衣 袈裟をつけた人。染は中間色の意。

一念に浄信を生ぜしものなり 文

と。君王、最も応《まさ》に随喜《ずいき》すべきか。仍《よ》つて天聴を驚かすに何の失か有らんや。凡そ*窮民《ぐみん》の愁《うれい》も、忝《かたじけ》なく叡聞に達す。況んや*度縁《どえん》を賜ふの僧をや。何《いか》に況んや栄西《われ》、*法位に登るをや。

玄奘《げんじよう》の*記《き》に云く、

*むかし、中印度の*戦主国に三人の比丘有り。北方より来つて、聖跡《しようせき》を巡礼す。ときに印度の諸寺は三僧を嫌ひ、辺鄙《へんぴ》の人なりと言ひて寺中に入宿せしめず。謂く、*五印《ごいん》の僧は耳を穿《うが》つて環を繋《か》くも、この三僧は耳を穿たずと。故に常に擯《ひん》せられ、雨露に侵《おか》されて、羸痩憔悴《るいそうしようすい》す。ときに国王出でて遊び、忽ち三僧を見て怪しみて問うて曰く、何れの乞士にしてか、かくのごとくなる。答へて曰く、我れはこれ北方*覩貨羅国《とからこく》の人なり。曾て二三の友、契《ちぎ》りて曰く、妙理幽玄にして、言談の究むべきにあらず。聖跡現存す、観礼《かんらい》せばすなはち罪を滅すべし。願はくは心を同じくして応《まさ》に巡礼すべしと云云。契《ちぎ》り了《おわ》つて*周旋《しゆうせん》してここに来れり。然るに印度の沙門は敢へて慈念《じねん》せず、恒《つね》に我れらを擯棄《ひんき》す。因つてもつてかくのごとしと云云。ときに王はその説を聞いて悲感を増し、勝地を*点《てん》じて伽藍《がらん》を建立す。*白氎《びやくじよう》の上に題して曰く、朕《わ》れ人中の至尊と為《な》るは、斯《こ》れみな三宝の*霊祐なり。すでに人王と為りて、仏の付嘱《ふぞく》を受く。凡そ厥《そ》の*染衣《ぜんえ》は、朕れ当に恵済《けいさい》すべし。この伽藍を建つることは、式《もつ》て旅衆を招かんがためなり。今より已後《のち》、諸の穿耳《せんじ》の僧は、朕《わ》が寺に止宿《ししゆく》することを得べからず 文

と。誠なる哉、この言や。仁王経に云く、

*この故に、諸の国王に付嘱す　文

また云く、

*五百仏に侍して、帝王と為《な》ることを得　文

また云く、

*大王よ、吾れ今、三宝を汝に付嘱す　文

また云く、

*大王よ、我が滅後、未来世の中に、四部の弟子、諸の小国王・太子は、すなはちこれ住持して三宝を護《ご》するものなり　文

と。厥《そ》の*北闕《ほっけつ》の至尊《しそん》は、みなこれ*南無《なむ》の仏子なり。東扶《とうふ》の王者は、*中天の苗裔《びょうえい》にあらずといへども、*月支《げっし》の大王、三僧の愁を聞いて、すでに一伽藍を建つ。日域の聖王、*一貧《いちひん》の訴へに応じて、盍《なん》ぞ*一紙《いっし》の宣《せん》を賜はらざらんや。汝が妨難《ぼうなん》はこれ仏法を破《は》する因縁、国土を破する因縁なり。かくのごとく説くこと莫れ。仁王般若経に云く、

*未来世の中に、諸の小国王・四部の弟子、みづからこの罪を作らん、国を破する因縁なり。身みづからこれを受く、*仏法僧にあらず。大王よ、未来世の中に、この経を流通せば、*七仏《しちぶつ》の法器、十方の諸仏、常に行道するところなり。諸の悪比丘は、多く名利を求めて、国王の前において、みづから仏法を破する因縁を説かん。その王別《わか》たずして、この語を信じ聴《ゆる》し、横《ほしいまま》に法制を作つて仏戒に依らず。これを仏法を破し国を破する因縁と為《な》す。爾《そ》のときに当《あた》つて、正法将《まさ》に滅せんこと久しからず、と。爾《そ》のと

この故に…　巻下嘱累品の句(正蔵八―八三三b)。

五百仏に…　既出。→二四頁

大王よ吾れ…　巻下受持品の句(正蔵八―八三三a)。

大王よ我が…　巻下嘱累品の文(正蔵八―八三三c)。

北闕　宮城。禁闕。

南無の仏子　仏法帰依の国王の子孫。

中天　中インド。戦主国を指す。

月支　ここでは、次の日域に対してインドを指す。西方の国の意。月氏。

一貧　一人の出家。貧は僧の自称。

一紙の宣　一通の禅宗弘通の宣詔。

未来世の…　巻下嘱累品の文(正蔵八―八三三c)。

仏法僧にあらず　破国は三宝のせいでない。

七仏の法器　七仏を七仏たらしめる道具。七仏については→第五門(五〇頁)

き、*十六大国王、仏の所説を聞いて、悲啼涕泣《ひたいていきゅう》して声三千を動かす。日月*五星、*二十八宿、光を失つて現ぜず。ときに諸の国王は、おのおの至心に仏語を受持《じゅじ》し、四部の弟子の出家行道を制せず、当《まさ》に仏の教へのごとくすべし、とす 文

大涅槃経に云く、

*如来、今、無上の正法をもつて諸王・大臣・宰相、および四部の衆に付嘱す。この諸の国王および四部の衆は、応当《まさ》に諸の学人らを勧励《かんれい》して、戒定智慧を*増上することを得しむべし。もしこの*三品《さんぼん》の法器を学せず、懈怠破戒《けたいはかい》して正法を毀《そし》るもの有らば、国王・大臣、四部の衆は、応当《まさ》に*苦治《くじ》すべし。善男子よ、この諸の国王は罪無し 文

と。仏すでに般若無上の正法を、諸の国王に付嘱す。君王みづから当《まさ》に*進止《しんし》すべし。何ぞ*姧心の妨げを致すや。予《われ》*陵遅《りょうち》の禅を興さんと欲するに、汝は強ひて短を求む。*縦《たと》ひ小比丘は不肖なりといへども、何ぞ禅法の非に関《かか》はらんや。これすなはち仏子還《かえ》つて仏法を毀《そし》るなり。大涅槃経に云く、

*法を毀《そし》るものにおいて、*駈遣羯磨《くけんかつま》・*呵責羯磨等《かしゃくかつまとう》を与へよ。乃至、善男子よ、如来の、法を謗《ぼう》ずるもののために、かくのごとき*降伏羯磨《ごうぶくかつま》を作《な》す所以《ゆえん》は、*諸の悪を行ずる人に果報《かほう》有ることを示さんと欲するがための故なり。我が涅槃ののち、*その方面に随つて持戒の比丘の威儀《いぎ》具足《ぐそく》し、正法を護持《ごじ》する有りて、法を壊《え》するものを見れば、すなはち能く駈遣し呵責して懲治《ちょうじ》せよ。当に知るべし、この人は福を得ること無量にして、称計《しょうけ》すべからざることを 文

十六大国王　ブッダの時、中インドにあった一六の強国の王。↓補

五星　木火土金水の五つの星。

二十八宿　↓一五頁「二十八の大悪星」注

如来…　北本巻三寿命品の文(正蔵一二―三八一a)。

増上　増進すること。

三品の法器　三学の法を指す。「器」の字は涅槃経の本文になし。

苦治　きびしく処分すること。

進止　選び定めること。

姧心の…　決断を誤ると、不心得ものの妨害をまねく。

陵遅　次第におとろえること。

縦ひ…　自分はおろかであっても、禅のおしえの否定に加担はせぬ。

法を毀る…　巻三寿命品(正蔵一二―三八〇c)。

駈遣羯磨　違犯者を教団より追放する判決。羯磨は会議の意。

呵責羯磨　大衆の面前で処罰を宣し、三十五種の権利を停止するもの。苦切羯磨。

降伏羯磨　処罰に関する判決。

諸の悪を…　悪行にはむくいがあることの警告。見せしめ。

その方面に…　いずれの地方にあっても、持戒の比丘は犯戒のものをきびしく裁くべしとする意。

と。この故に、君王は仏の嘱《ぞく》を念じて異念する莫れ」。
問*うて曰く、「或る人の云く、禅は諸宗通用の法なり。何ぞ別宗を建立するや」。
答ふ、「通用の法をもつて別称を立す。また、一法をもつて両分と為《な》す。その例は一ならず。いはゆる律儀《りつぎ》は通用の法とすといへども、しかも今、律*宗を立するか。比*丘戒《びくかい》は別途無しといへども、しかも五天に五部を分つ。三蔵は一途の法なりといへども、しかも十*八部を分つ。中*論は直《じき》に一実諦《いちじつたい》を談ずれども、しかも三論・天台二宗の依憑と為る。真言はひとへに秘*密乗なれども、しかも東*寺・天台の両門あり。何《いか》に況んや、禅宗は諸*教の極理、仏法の摠府なるをや。別に一宗を立すること、妨げ無からんか。これによつて、伝教大師の*内証仏法相承血脈譜《ないしょうぶっぽうそうじょうけちみゃくふ》に云く、
叙して曰く、譜図《ふず》の興るや、その来ること久し。それ仏法の源は中天より出で、大唐を過ぎ日本に流《つた》ふ。天竺の付法はすでに経*伝有り、震旦《しんたん》の相承もまた血*脈を造る。我が叡山の伝法はいまだ師師の譜有らず。謹んで三国の相承を纂《あつ》めて、もつて一家の後《こう》葉《よう》に示すと、爾《しか》いふ。
達磨《だるま》大師《だいし》付《ふ》法相承師師血脈《ほうそうじょうししけちみゃく》一首
天*台法華宗相承師師血脈一首
胎*蔵・金剛両曼荼羅相承師師血脈一首　文
智証大師《ちしょうだいし》の*教相同異《きょうそうどうい》に云く、
問ふ、*相伝《そうでん》に云く、仏弟子に三類有り、謂く、禅師・律師・法師なり。今、諸宗のう

問うて曰く…　第三の問難。

律宗　道宣の南山律宗。すでに道璿、鑑真が我が国に伝えた。

比丘戒は…　→補
十八部　→二二頁「二十部」注・補
中論は…　三論宗は、中論・百論・十二門論により、天台宗は、法華経・中論・大智度論等による。一実諦は、実相の理。

秘密乗　密教。乗はおしえ。

東寺・天台　教王護国寺と延暦寺。天台は叡山。

諸教の…　禅は仏語の神髄である。三学の禅以上の立場。

内証…　伝教大師全集一―一九九。

経伝　経論。伝は注釈書。

血脈　師より弟子への伝法のしるし。血管にたとえたもの。

天台…　久遠実成の釈迦より天台智顗を経て伝教に至る法華相承の系図。安永本は、このあとに「天台円教菩薩戒相承師師血脈一首」あり。

胎蔵…　→補
教相同異　天台宗中心の仏教概論。一巻(正蔵七四―三二c)。

相伝　像法決疑経(正蔵八五―一三三七a)、頓悟要門(続蔵二―一五―四二八d)など。

防法師…　釈門自鏡録上に、慈悲寺の神防が十輪経を学んだとある(正蔵五一―八〇六b)が、経疏のことは不明。

問ふ…　安永本はこれに答えて「そ

の宗は八宗の摂にあらず」とし、さらに「その宗の教相如何」と問うて、つぎにつづく。
即心是仏　最澄将来の曹渓大師伝に見える。
衣鉢…　六祖壇経に見える。
伝記　宝林伝・伝燈録など。
山上の先先　比叡山の先輩たち。先先は代々、歴代の意。
安然和上　台密の大成者。五大院大徳とよぶ。元亨釈書四。
教時諍論　仏教の歴史と教義の書。教時諍ともいう。一巻。引用は正蔵七五-三五五b。
九宗　華厳・律・法相・三論・成実・倶舎・天台・真言の八宗に禅宗を加える。ただし、インドで九宗が行われていたわけではない。
大日…　毘盧遮那仏。光明遍照の義。
秘密　言葉で表現できない奥義。
一代…　歴史的ブッダの意。
筌蹄　魚をとるやなと兎をとるわな。悟りの手段としての言語。
心処　心臓をいう。
倶舎　説一切有部系の学。玄奘訳倶舎論による。
大宋高僧伝　唐五代の代表的仏教者の伝記。宋の端拱元年に成る。三〇巻。
賛寧　大宋高僧伝の編者。律宗に属す。通慧大師(九一九—一〇〇一)。
顕…　巻三の訳経篇の後論(正蔵五〇-七二四b)。顕・密・心は教義と祈
ち、何れの宗をもつて何れの師とするや。

答ふ、禅宗・天台宗・真言宗を、悉く禅師とす。自余の諸宗はみな法師とするなり。

然してこの三類の師は、*防法師《ぼうほつし》の十輪経略疏《じゆうりんきようりやくしよ》に見ゆるものなり。

*問ふ、彼の禅宗は為《はた》これ何れの宗ぞ。

答ふ、禅宗は、金剛般若経・維摩経を所依とす。*即心是仏《そくしんぜぶつ》を宗《しゆう》とし、心に所著《しよじやく》無きを業《ごう》とし、諸法空を義とす。始めて仏世に*衣鉢授受《えはつじゆじゆ》してより、師資相承《ししそうじよう》して更に異途無し。具《つぶさ》に*伝記に出づるものなり。

問ふ、この宗は誰れか将来する。

答ふ、*山上の先先《せんぜん》、入唐求法《につとうぐほう》の大師ら、親しくこの道を承けて帰朝す　文

*安然和上《あんねんわじよう》の*教時諍論《きようじじようろん》に云く、

乃ち知る、三国の諸宗、興廃《こうはい》は時有れども、*九宗ならびに行はるることを。乃至、教理の浅深《せんじん》に依らば、初《はじめ》に真言宗は、*大日如来《だいにちによらい》、常住不変《じようじゆうふへん》にして、一切時処に一円《いちえん》の理を説きたまふ、諸仏の*秘密なり、最も第一とす。

次に禅宗は、*一代釈尊、多く*筌蹄《せんてい》を施す。最後に心を伝へて教文に滞《とどこお》らず、諸仏の*心処なり、故に第二とす。

乃至、*倶舎《くしや》を第九とす　文

*大宋高僧伝《だいそうこうそうでん》に云く、〈*賛寧《さんねい》、取意〉

*顕・密・心の三教有り。顕教は*摩騰を初祖とし、密教は*金剛智を初祖とし、心教は達

磨を初祖とす云云

と。然ればすなはち、唐土・日東、みなかくのごとくこれを釈す。ここに知んぬ、三国ともに九宗を行ふことを。然して、この宗は梁代《りょうだい》に起り、宋朝に熾《さか》んなり。陳《ちん》・隋《ずい》の明匠は*摠別を諍《あらそ》はず、唐《とう》・宋《そう》の賢皇ならびに施行《せぎょう》す。行表・伝教ともにこれを伝へ、智証・安然おなじくこれを行ふ。後生纔《わずか》に名字を聞いて俄《にわか》にこれを諍ふ、その恥、誰にか在る」。

*問うて曰く、「或る人の云く、宗を立するは*希代《けだい》の事なり。汝その人にあらず、何ぞ大事を成さんと欲する」。

答へて曰く、「釈尊の滅度は二千年の前なり、恒沙《ごうしゃ》の仏法とともに円寂《えんじゃく》したまふ。*商那《しょうな》和須《わしゅ》は第三の付法人《ふほうにん》なり、*三蔵おのおの八万と一時に滅亡す。爾《しか》してよりこのかた、教法は時を逐《お》うて減少し、戒行は人に随つて漏欠《ろけつ》す。然れども、*馬鳴《めみょう》・竜樹《りゅうじゅ》は一真《いっしん》を証し、*南岳・天台は三昧《さんまい》を発《ほっ》す。法燈《ほうとう》は四遠《しおん》に煥《かがや》き、*戒行は五百に及べり。もし凡卑《ぼんぴ》に依つて聖跡《しょうせき》を修せずんば、仏法豈に*今に継《つ》がんや。汝何ぞ禅法の絶えたるを悲しまずして、強ひて*人法の短を求むるや。法華経に云く、

*また仏道を学ぶものを軽罵《きょうめ》し、その長短を求むること勿れ　文

安然和尚の云く、

*己《おのれ》を揚げ他を貶《へん》するは、いまだ道を弘むといはず　文

大智度論に云く、

*自法愛染《じほうあいぜん》の故に、他の人法を毀呰《きし》せば、持戒の行人といへども、地獄の苦を免れず

禱儀礼、瞑想の三。

摩騰　西域の僧。後漢明帝のとき、四十二章経を訳した。高僧伝一。

金剛智　南インドの人。唐の開元中に来朝した。宋高僧伝一。

摠別を…　禅は諸宗通用の故に、別立不用という問難に答えるもの。

問うて曰く…　第四の問難。

希代　世に珍しい。例がすくない。

商那…　迦葉—阿難—商那と次第す。

三蔵おのおの…　商那和修のことばによる。→補

馬鳴竜樹は…　馬鳴は起信論、竜樹は中論を作って、仏教の根本真理を示した。

南岳天台は…　慧思と智顗は法華三昧を発得した。→第九門(九一頁)

戒行は…　五百歳の後に戒律をあらわす。

今に　安永本は「命を」とす。

人法　相手の人格。人がら。

また…　安楽行品第一四の文(正蔵九-三八b)。

己を…　教時諍の文(正蔵七五-三五五a)。

自法愛染…　巻一の偈(正蔵二五-六三c)。我が仏のみ尊しとする。往生要集中にも引く(本大系六-一七)。

文

真言宗の大日経に云く、

*云何が羅刹心《らせつしん》なる。善法《ぜんぽう》の中において不善を発起《ほつき》するを謂ふとは、もし人、仏語を信じて諸の塔廟《とうみょう》を造らんに、彼れ反つて謗りて云はん、無量の小虫を損し施主を擾《みだ》す、将《はた》何の益するところぞ、当に苦報《くほう》を受くべしと。かくのごときの不善心はこれ羅刹心なり。*但だ功徳利益を観じて、彼の短を求めざる、*これを対治とす 文

首楞厳経《しゅりょうごん》に云く、

*十方の如来、同一道なるが故に。生死を出離するは、みな*直心をもつてなり。*心と言と直きが故に 文

と。然ればすなはち、心と言と直からずして、人法の短を求めば、豈に道を知るものならんや。大智度論に云く、

*むかし、仏の滅後一百年に、*優波毱多《うばきくた》有りて*阿羅漢《あらかん》を得たり。ときに*閻浮提《えんぶだい》の大導師たり。彼のときに一比丘尼《いちびくに》有り、年百二十歳なり。年少のとき仏を見る。毱多来りて仏の容儀《ようぎ》を問はんと欲す。比丘尼は威儀を試みんがために、*油を盛れる鉢を扉の裏《うち》に著《お》く。毱多来つて入るとき、徐《おもむろ》に戸を排《はい》すれども油少しく棄《こぼ》る。すでに入り畢りて坐し、仏の*光明《こうみょう》を問ひ、乃至、比丘の威儀を問ふ。比丘尼答へて曰く、仏の在世には、*六群比丘《ろくぐん》は*弊悪《へいあく》の比丘なり、しかも*威儀法則は汝に勝れり。行住坐臥、法則を失はず。六群は戸に入るも油を棄さしめず。汝はこれ*六神通《ろくじんづう》の阿羅漢なりといへども、彼れに

云何が…　義釈二の取意(続蔵一―三六―二六c)。「不善を発起するを謂ふとは」までは経典の原文。大日如来が衆生の六十心をあげる中の第三十九に当る。羅刹は、悪鬼の総称。

但だ…　相手の努力の動機と他への影響だけを察して、短所を問題にしないこと。

これを…　羅刹の心の反対。

十方の…　巻一の文(正蔵一九―一〇七a)。

直心　維摩経弟子品、起信論などに説く。

心と言と…　内の心と外の言葉が、ともに真実なること。

むかし…　巻一〇の取意(正蔵二五―三九b)。

優波毱多　商那和修について第四代付法蔵の祖となる。大護と訳す。

阿羅漢　→一四頁「須陀洹…」注

閻浮提　古代インド人が考えた世界。ジャンブー樹の島の意。

油を…　おちつきをはかる尺度。→補

光明　仏の頂より発する光。智慧の象徴。

六群比丘　仏弟子のうち、悪行で知られる六人。→補

弊悪　軽薄で怒りやすいこと。

威儀法則　威容が規則にかなうこと。

六神通　瞑想にともなう智慧の力。天眼・天耳・他心・宿命・神足・漏尽の六つ。

如《し》かずと。聞いて大いにみづから慚愧《ざんき》す 文

と。然れども、仏の在世に六群のうちの*二人は竜趣に堕し、二人は天上に生ず。而今《いま》、優波毱多はすなはち*四果を得たり。然れば末代は一戒をも軽んずべからざるか。況んや*利生の心、仏意に背かずんば、すなはち仏と何ぞ別《わか》たん。大涅槃経に云く、

　*発心《ほっしん》と畢竟《ひっきょう》と、二は別つ無し、
　かくのごときの二心、先心は難し。
　自《おのれ》いまだ得度せずしてまづ他を度す、
　この故に我れ初発心《しょほっしん》を礼《らい》す 文

と。希代の事たりといへども、また不肖の身たりといへども、大悲の*行願をもつての故に、先聖の跡を逐《お》はんこと、妨げ無からんか。況んや*末代はその器《き》無しといへども、その名位《みょうい》を置くの例、一ならず。もし*太公《たいこう》を待つて卿相とせんと欲せば、しかも千載に太公無く、羅什《らじゅう》を得て師範とせんと要せば、しかも万代に羅什無けん。それ仏法は*半偈をも賤《かろ》んぜず、何ぞ強ひて人を嫌はんや。予《われ》、すでに伝燈の職位に登る、廃せるを興すの儀、何ぞ勅許無からん。庶幾《こいねが》はくは、熟察せよ」。

*問うて曰く、「或る人の云く、古代の祖師はおのおのみな*大権《だいごん》の薩埵《さった》なり。汝すでに異《い》徳《とく》無し、豈に廃せるを興すことを許さんや」。

答へて曰く、「*輝《き》暎《えい》いまだ現ぜずと言ひて、鉱中《こうちゅう》の宝を捐《す》てんや。*皮嚢《ひのう》臭しと言ひて、また金を捐つべからず。*蜀錦《しょくきん》は主《しゅ》を問はず、檳榔《ひんろう》は只だ味を取るのみ。*禅宗は独り法を説

二人は… 薩婆多毘尼毘婆沙四に見える。竜趣は畜生道の意。↓三一頁「六群比丘」補
四果 阿羅漢果のこと。
利生の心 衆生を利益しようというねがい。
発心と… 北本三八迦葉菩薩品の偈(正蔵一二-五九〇a)。往生要集上にも引く(本大系六-一〇八)。初発心の菩薩も極果に到った菩薩も、自利利他のねがいは一つ。
行願 身の行と心の願。
末代は… 十全な個人の才能よりも、体制と職位を尊ぶ意。
太公 周の呂尚のこと。文王を助けて殷を破り、天下を定めた。太公望とよばれる。↓補
半偈 涅槃経一四に見える雪山童子の故事。↓補
問うて曰く… 第五の問難。
大権の薩埵 聖者がかりに凡夫の姿を現じたもの。権は化、薩埵は菩薩。
輝暎いまだ… あらがねの中の宝石は、外に輝きを見せなくとも、宝石であることに変りはない。
皮嚢… 天台小止観の故事。↓補
蜀錦… 蜀錦は錦江の水でさらした糸で織った錦で、天下に名あり。檳榔は、南蛮の地に産するくだもの。いずれも、それ自らの価値で知られて、所有者に関係はない。
禅宗は… 原文は難解である。今、安永版によるも、なお疑いを残す。

密益　目に見えぬ功徳。現世利益の逆。
変通　神通変化の意。妖通。
世尊…　四分律一の取意(正蔵二二-五六八c)。神力をよしとせぬ例。
毘蘭若婆羅門　毘蘭若は地名。
弊　やられること。かくす。
夏すでに…　安居の時期になって。
波利国　波離、波羅とも書く。
馬師　馬を売買する人。
北倶盧洲…　北倶盧は、須弥山の北方で鬱多羅究留もしくは鬱単越ともいい、上作、高勝と訳す。自然の粳米は、栽植を仮らぬ天然の稲で、すこぶる美味という。
賓頭盧尊者　十六羅漢の一。白頭長眉の相あり。この話は、十誦律三七、四分律五一等に見え、経律異相一三、珠林四二にも引かれる。
福田　田を耕して食を得るように、供養して福報を得るもの。
彭城王…　僧の神通を試みんとして失敗した例。宗鏡録一五によるもの(正蔵四八-四九七a)。彭城王の伝記は不明であるが、法融は、四祖道信の法を受け、牛頭禅の初祖となった人。↓補
友　不明。あるいは「幻」字の誤か。

いて人を度するのみ。況んや末代の仏法、多くは*密益《みつやく》をもつて事とす、かならずしも*変通《へんづう》を求めず。今、難ずるところは予《われ》一人の恥にあらざるか。

いはゆる、*世尊むかし*毘蘭若婆羅門《びらんにゃばらもん》の請《しょう》を受けたるときのごとき、婆羅門は魔に*弊《へい》せられて、仏を請ぜし誠を忘れて終に供給《くぎゅう》せず。世尊は五百の比丘《びく》とともにその処において、*夏《げ》すでに至るが故に、王舎城《おうしゃじょう》に帰ること能はずして、その聚落《じゅらく》の林に留まる。ときに飢餓《きが》に遭うて乞食《こつじき》すること得難し。ときに*波利国《はりこく》の*馬師《めし》、百匹《ひき》の馬を将ゐ来たり、たまたま仏および弟子の飢饉したまふを見る。馬師すなはち馬麦《めばく》半分を駐《とど》めて五百の比丘に与へ、但だ仏に一斗を施す。そのとき、目連、仏に白《もう》して言く、我れ*北倶盧洲《ほくぐるしゅう》に往きて自然《じねん》の粳米《こうまい》を食はん。仏、目連に告げたまはく、汝は神力《じんりき》有り、爾《しか》すべし。凡夫の比丘、当《まさ》にこれを如何がすべき。目連白《もう》して言く、我れ神力をもつてこれを接して往かん。仏言く、止《や》みね止みね、汝は神力有り、将来の諸の凡夫の比丘は如何せん　文

また、*賓頭盧尊者《びんずるそんじゃ》、施主《せしゅ》のために神通《じんづう》を現ず。仏、賓頭盧を呵責《かしゃく》して言はく、

何すれぞ汝、一食の施主のために神通を現ずる。譬へば婬女《いんにょ》の、半銭の利のために、人に己《おのれ》が陰処《おんじょ》を示すがごとし。我れ汝を罰す、滅度を取ること勿れ。世間に住して応《まさ》に末世の*福田《ふくでん》と為《な》るべし〈取意〉

と。ならびにこれ如来、末世の比丘のためにこの制を作したまふのみ。むかし*彭城《ほうじょう》王の、牛頭山《ごずざん》の法融《ほうゆう》禅師〈伝教大師の祖師なり〉を責むるがごときんば、その王のちに*友を見て、還《かえ》つ

て、帰伏《きふく》す。凡そ*冥薫《みょうくん》の霊験《れいげん》、誰れか*先識有ることを知らんや」。
*問うて曰く、「或る人の云く、この宗に不立文字と言ふは、*懶惰《らんだ》の輩、聖教を学《がく》せずして、還つて仏法を滅せん、と」。
答へて曰く、「*観仏三昧経に云く、
*如来を見たてまつらんと欲せば、未来世の中、諸の弟子ら、応《まさ》に三法を修すべし。一には*修多羅《しゅたら》甚深《じんじん》の経典を誦せよ。二には禁戒を浄持して、威儀《いぎ》犯《ぼん》すること無かれ。三には*繫念《けねん》思惟《しゆい》して、心散乱《しんさんらん》せざれ　文
と。この故にこの宗は、学、*八蔵《はちぞう》に亙り、行、*六度《ろくど》を兼ぬるものなり。もし禅宗は即心是《そくしんぜ》仏《ぶつ》なりと言ひて、*教跡《きょうしゃく》を伺はずんば、何ぞ*夜の当《まさ》に暁《あ》けんとしていまだ明けざるとき、燭を除いて嶮岨に堕するに異ならんや」。
*問うて曰く、「或る人の云く、伝教大師の*末法燈明記《まっぽうとうみょうき》に云く、
末法には持戒の人無し。もし持戒のもの有りと言はばこれ怪《け》なり、*譬へば市中に虎有るがごとし　文
と」。
答へて曰く、「大般若経に云く、
*師子は人を咬《か》み、狂狗《きょうく》は塊《つちくれ》を逐《お》ふ
と。これこの謂ひか。汝は文字《もんじ》言語《ごんご》の塊を逐うて、永くみづから持戒修善の人有ることを忘れたるなり。広く聖教の*施設《せせつ》を見るに、遠く衆生の善業《ぜんごう》を鑒《かんが》みたまへり。大般若経に云

冥薫の霊験　暗黙のうちに通ずる神秘なあかし。
先識　はじめから証拠がある。識は験に同じ。
問うて曰く…　第六の問難。
懶惰の輩　なまけもの。
観仏三昧経　東晋の仏陀跋陀羅訳。一〇巻。
如来を…　巻一の序観地品(正蔵一五─六四八a)。
修多羅…　ブッダのことばをいう。契経、法本などと訳す。
繫念…　意識を集中し瞑想すること。
八蔵　→八頁「三輪八蔵」注
六度　布施・持戒・忍辱・精進・禅定・智慧の六つの徳目。→七一頁「施…」注
教跡　遺されたおしえ。経典。
夜の…　つぎに説く暗証の人を指す。
問うて曰く…　第七の問難。
末法燈明記　一巻。延暦二〇年、伝教の作というが、真偽未決。末世の比丘のあり方を説く(伝教大師全集一─四一八)。
譬へば…　信じられぬ話。韓非子九に見える。
師子は…　巻五六九法性品の文(正蔵七─九三九a)。
施設　相手に応じた手だて。方法。

く、

後*五百歳 文

大般涅槃経に云く、

末*法に命を贖ふ 文

法華経に云く、

*於後《おご》末世《まっせ》《後の末世に於て》 文

と。大*論・中*論・摩*訶止観もこれに同じ。金*剛般若経に云く、

後五百歳に、戒を持し福を修するもの有りて、この章句において能く信心を生ぜん。当に知るべし、この人は一仏二仏三四五仏において、善根を種ゑしのみにあらず、すでに無量千万仏の所《みもと》において、諸の善根を種ゑ、この章句を聞いて、乃至一念に浄信を生ぜしものなり 文

と。ならびに末世の戒行を勧むるなり。

凡そ、如来の*開口《かいく》はみな末世に冠《こうぶ》らしむるか。祖師の動舌《どうぜつ》、あはせて今後のためなり。伝*教大師の釈、意を得べし。或*いは、小乗の律儀《りつぎ》戒《かい》にして、大乗の菩薩戒を謂ふにあらざるか」。

問*うて曰く、「或る人は難じて云ふ、何が故ぞ、禅宗新たに令法久住《りょうぼうくじゅう》と称する、と」。

答へて曰く、「戒律はこれ令法久住の法なり。今この禅宗は戒律をもつて宗《しゅう》とす。故*に令法久住の儀なるのみ。天台宗の止観に云く、

後五百歳 →第一門(一三頁)

末法に… →第三門(一七頁)

於後末世 →第三門(一九頁)

大論 第一問答の「仏は…」の説(一六頁)、および第四問答の「優波毱多」の話(三一頁)などを指す。

中論 →第一問答(一七頁)

摩訶止観 第一問答の「天台大師…」(二〇頁)を指すらしい。摩訶止観ではない。

金剛般若経 →第二問答(二四頁)

開口 説法をいう。つぎの動舌も同じ。

伝教大師の釈 末法燈明記を指す。

或いは… 燈明記の説に対する別の解釈。安永本は「或いは彼れは…」とす。

問うて曰く… 第八の問難。

故に… 安永本は「故立令法久住義耳」。

*凡夫の*耽湎《たんめん》は、賢聖の呵《か》するところなり。*悪を破《は》するは浄慧に由り、浄慧は浄禅に由り、浄禅は浄戒に由る　文

と」。

*問うて曰く、「或る人は難じて云ふ、何ぞ禅宗独り鎮護国家の法とせん、と」。

答へて曰く、「*四十二章経に云く、

そのとき、世尊はすでに成道《じょうどう》し已《おわ》りて、この思惟《しゆい》を作《な》したまふ、離欲寂静《りよくじゃくじょう》、これを最も勝れたりとす。大禅定《だいぜんじょう》に住《じゅう》して諸の魔道《まどう》を降《くだ》せり。*今、法輪を転じて衆生を度《ど》せん、と　文

*遺教経《ゆいきょうぎょう》に云く、

この戒に依因《えいん》して、諸の禅定および滅苦《めっく》の智慧を生ずることを得　文

と。ここに知んぬ、禅力にあらずんば、一切の悪の破し難きことを。仍つてこの宗をもつて、*鎮護の大要とするのみ」。

*問うて曰く、「禅宗、何ぞ強ひて戒行を勧むるや」。

答へて曰く、「涅槃の扶律顕常《ふりつけんじょう》の意なり。遺教経に云く、

*戒に依つて禅を生じ、慧を生ず　文

天台の止観に云く、

*悪を破するは浄慧に由り、浄慧は浄禅に由り、浄禅は浄戒に由る　文

と」。


凡夫の…　巻一上の文(正蔵四六-四b)。宗鏡録三にも引く(正蔵四八-四二三b)。

耽湎　貪愛にふけりおぼれる。

悪を…　浄は三蔵のおしえに契う意。

問うて曰く或る…　第九の問難。

四十二章経　↓補
今　底本、安永本ともに「令」に誤る。

遺教経　羅什訳。一巻(正蔵一二-一一一a)。

鎮護の大要　鎮護国家の要因。

問うて曰く禅宗…　前問のつづき、その二。

戒に…　右に引くものの取意。

悪を…　本頁一行目に引くものの取意。

問うて曰くもし…　前問のつづき、その三。

懺悔を…　巻一九の梵行品の取意(正蔵一二-四七七c)。

修禅要決　北天竺の禅僧仏陀波利が西京禅林寺の明恂の問に答えたもの。慧智法師の訳。唐の儀鳳二年に成る。

もし…　浄戒によって三昧を得るなら、破戒の人はどうして修定を得るかの問に答えるもの(続蔵二-一五-四九b)。

普賢観に…　巻四上(正蔵四六-三九c)。普賢観は劉宋の曇摩蜜多訳、

問*うて曰く、「もし爾《しか》らば、破戒《はかい》の人、悔心《けしん》を生ぜば、後に還《ま》た禅を得んや」。

答へて曰く、「大涅槃経に云く、

*懺悔《さんげ》を名づけて第二の清浄とす　文

修*禅要決に云く、

*もし大乗の中には但だ能く心を息むる、即ち真の懺悔なるが故に。障滅し戒生ず、故に禅定を得　文

天台の止観に云く、

*普賢観《ふげんかん》に云く、*端坐《たんざ》して実相を念ずる、これを第一の懺と名づく。*妙勝定《みょうしょうじょう》に云く、四*重五逆、もし禅定を除けば、余は能く救ふこと無し。方*等に云く、三*帰五*戒、二*百五十戒、かくのごとく懺悔して、もし還《ま》た生*ぜずといはば、この処《ことわり》有ること無し、と　文

この故に、この宗は戒をもつて初《はじめ》とし、禅をもつて究《おわり》とす。もし破戒のものも、悔心もて悪を止めば、すなはち禅人と号せん。況んや、大悲心《だいひしん》に住《じゅう》せば、すなはち一切の戒品《かいぼん》・智慧、開発《かいほつ》せざること無し。この故に、この宗は大悲をもつて本とす。何の罪か滅せざらんや。*菩薩瓔珞経《ぼさつようらくきょう》に云く、

善*男子・善女人、初発意《しょぼっち》より菩薩の心を修《しゅ》し、禅*定の中において、復《ま》た当《まさ》に六度を具足すべし　文

*超日明三昧経《ちょうにちみょうざんまいきょう》に云く、

観普賢菩薩行法経、一巻。菩薩戒のよりどころ。但し、天台の引用は取意の文(正蔵九-三九三b)。

端坐して…　身儀を正して心に無相の理を思うこと。

妙勝定　最妙勝定経。六朝末期に中国で作られた偽経。さきごろ全文が敦煌より見出され、関口真大著「天台止観の研究」に附録される。

四重五逆　既出の四波羅夷(一一頁)、および父母・仏・羅漢を殺し、教団を分裂させる五つの重罪。逆は恩に背く意。

方等　大方等陀羅尼経。四巻。北涼の法衆訳。巻一の取意(正蔵二一-六四五c)。

三帰　仏法僧の三宝に帰依すること。もっとも一般的初歩的な戒律。

五戒　在家の戒律。↓一四頁注

二百五十戒　比丘の戒律。↓一一頁「四波羅夷」注

生ぜずと…　三帰にたがい、五戒もしくは二百五十戒を犯せば、仏法の死人である。懺悔の功徳を、死より生き還るにたとえる。

菩薩瓔珞経　秦の竺仏念訳。一三巻。

善男子…　巻九無断品の取意(正蔵一六-八七a)。

禅定の…　六度のおのおのに六度あり、禅定のうちに六度ありとするもの。

超日明三昧経　西晋の聶承遠訳。三巻。

*仏の言く、魔に*四事有り、乃至、*意止意断《いしいだん》すれば、魔すなはち降伏《ごうぶく》す。その四魔なるものはみな心より生ず、外より来るにあらず 文

と。この故に、大乗は*心《しん》息《や》めば戒生じて、禅定を得るなり」。

*問うて曰く、「何が故に、強ひて宣下を望むや」。

答へて曰く、「仏法はかならず応《まさ》に国王の施行《せぎょう》に依つて流通《るづう》せしむべし。この故に、仏は*慇懃《おんごん》に国王に付嘱《ふぞく》したまふ。また*王益《おうやく》も復た莫大なり。大法炬陀羅尼経《だいほうこだらにきょう》に、*頂上《ちょうじょう》の肉《にっ》髻《け》光明《こうみょう》の業因《ごういん》を説いて云く、

*過去放光仏《かこほうこうぶつ》みづから説いて言く、三善根《さんぜんごん》有り、一は嫉妬《しっと》を遠離《おんり》し、教示に随喜す。二は他のために作すとき、果報《かほう》を求めず。三は他を壊損《えそん》してもつて己《おのれ》が善を成《じょう》ぜず。復《ま》た二法有り、一は護法《ごほう》、二は善説《ぜんせつ》なり。護法とは、いはゆる法滅せんとするとき、菩薩は中において方便護持《ほうべんごじ》し、法を久住《くじゅう》せしむ。この因縁をもつて、復《ま》た頂相《ちんぞう》を得。善説とは、菩薩は四衆《ししゅ》のために説法するとき、もし一念も忘失するものには、随順し重説する、*等《とう》 文

大涅槃経に云く、

*我れ護法《ごほう》の故に、金剛身を得《う》、等 文

と。*覚徳比丘《かくとくびく》・有徳王《うとくおう》の因縁、この中に応《まさ》に具《つぶさ》に説くべし」。

興禅護国論 巻の上

仏の言く… 巻上の取意(正蔵一五-五三b・c)。
四事 身魔・欲塵魔・死魔・天魔の四つ。
意止意断 四魔の根元たる心意が止息すること。
心息めば… 無心こそ戒と禅定の本である。
問うて曰く… 前問のつづき、その四。
慇懃に くりかえして。
王益も… 国王もまた仏法によって保護される。
頂上の… 如来の三十二相のうち、頂上の肉髻より光明を放つ理由。肉髻は肉がもりあがって髻の形をなすもの。
過去放光仏… 巻四相好品の取意(正蔵二一-六七六c)。過去放光仏は同経巻一の縁起品に見える仏(正蔵二一-六六二a)。
等 以下の経文を略する意。
我れ… 巻三金剛身品の取意(正蔵一二-三八三b)。
覚徳比丘… 金剛身品に説かれる前生ものがたり。過去久遠の昔に拘尸城に出世した歓喜増益如来の遺法をのべて、多くの弟子を教化した覚徳比丘が破戒の比丘のために殺されようとしたとき、有徳王がこれを救って命終し、阿閦仏国に生まれて第一の弟子となり、覚徳もまたここに往生して第二の弟子となったといい、

興禅護国論 巻の中

大宋国の天台山留学、日本国の阿闍梨、伝燈大法師位　栄西跋す

第三門の余《よ》。

*問うて曰く、「或る人の云く、この宗すでに不立文字と言ふ。これ殆んど*悪取空《あくしゅくう》、ならびに*暗証《あんしょう》の類《たぐい》に同じ。もし爾《しか》らば、天台宗にこれを破す。いはゆる止観に*観不思議境《かんふしぎきょう》を釈して云く、

*暗証《あんしょう》の禅師、誦文《じゅもん》の法師の知るところにあらず 文

玄義《げんぎ》に云く、

*もし観心《かんじん》の人、即心《そくしん》にして是《ぜ》なり、已《おのれ》すなはち仏に均《ひと》しと謂ひて、都《すべ》て経論を尋ねずんば、*増上慢《ぞうじょうまん》に堕《だ》せん。これすなはち炬《こ》を抱いてみづから焼くなり云云

釈籤《しゃくせん》に云く、

*暗証の炬を把《と》つて、勝定《しょうじょう》の手を焼くなり 文

と。この禅宗に不立文字といふは、何ぞこの難を免れんや」。

答へて曰く、「この禅宗は、その暗証の師を悪《にく》み、悪取空《あくしゅくう》の人を嫌ふこと、宛《あたか》も*大海の底《そこ》に死屍《しし》を厭《いと》ふがごとし。但だ*円位《えんい》に依つて*円頓《えんどん》を修して、*外は律儀もて非を防ぎ、内は

迦葉は覚徳、釈尊は有徳の後身であるとするもの。

問うて曰く…　第十の問難。

悪取空　大乗の空理にとらわれたもの。空思想の誤解。↓序(九頁)

暗証　盲目的に坐禅するのみで、実相の理に昧きもの。

観不思議境　十乗観法の第一。一念にただちに三千の世界を観ずるもの。思議を絶した対象の分析。

暗証の…　巻五上(正蔵四六―五二b)。坐禅と教学のいずれに偏しても誤り。

もし…　巻一上(正蔵三三―六八六a)。

増上慢　いまだ得ざるを得たりとおもう自己満足。

暗証の炬…　巻二(正蔵三三―八二九c)。

大海の…　海に八種の奇特あるうちの一つ。華厳経、涅槃経その他。

円位　円教の位。任意の一点にすべてが含まれるような立場。

円頓　円は完全、頓は根元的。

外は…　外は小乗、内は大乗。さきに乗戒ならび具すべしとしたところ(一八頁)。

慈悲もて他を利す、これを禅宗と謂ひ、これを仏法と謂ふなり。*盲禅《もうぜん》悪取の輩は、この義無きのみ。すなはちこれ*仏法中の賊か。*宗鏡録《すぎようろく》に云く、

*理、実に縁に応ずれば、事を礙《さまた》ぐるの理無く、事、理に因つて立すれば、理を失するの事無し。如今《いま》、*円信《えんしん》に入らざるもの、みなみづから下凡《げぼん》なりと鄙《いや》しめて、遠く極聖《ごくしよう》を推《お》す。斯れ乃《すなわ》ち、唯だ事を失するのみにあらず、理もまた全く無し。但だ一心無礙《いっしんむげ》自在《じざい》の宗《しゆう》を悟らば、自然に理事《りじ》融通《ゆうづう》し、真俗交徹《しんぞくこうてつ》せん。もし*事に執して理に迷はば、永劫《ようごう》に沈淪《ちんりん》せん。或いは理を悟つて事を遣《や》れば、これ円証《えんしよう》にあらず。何《いか》となれば、理事は自心を出でず、*性相《しようそう》、寧《なん》ぞ一旨《いっし》に乖《そむ》かん。もし*宗鏡《すぎよう》に入りて、頓《とん》に真心を悟らば、*尚《な》ほ非理非事《ひりひじ》の文《もん》無し、豈に*若理若事《にやくりにやくじ》の執有らんや。但し本《も》を得るののち、また円修《えんしゆ》を廃せざれ。もし盲禅闇証《もうぜんあんしよう》の徒《と》ならば、焉《いずく》んぞ*六即《ろくそく》を知らん。*狂慧誦文《きようえじゆもん》の士は、奚《なん》すれぞ*一心を識らん。如今《いま》は但だまづ円信を無疑ならしめ、みづから観行《かんぎよう》の位に居《こ》せよ。*古人云く、一生、弁ずべしと。豈に虚言《こごん》ならんや 文

また云く、

*台教《たいきよう》に二種の止観を明かす。一には相待《そうだい》止観、二には絶待《ぜつたい》止観。*前はこれ拙度《せつと》、後はこれ*巧度《ぎようど》なり。

相待に、*三止三観有り。三止とは、一は止息《しそく》の止、二は停止《じようし》の止、三は不止の止なり。三観とは、一は観穿《かんせん》の観、二は観達《かんたつ》の観、三は不観の観なり。絶待に、三止三観有り。三止とは、一は*体真止《たいしんし》、二は*方便随縁止《ほうべんずいえんし》、三は*息二辺分別止《そくにへんふんべつし》なり。三観とは、一

盲禅　暗証に同じ。宗鏡録四四(正蔵四八–六七五b)にいう、「慧なくして定を修するは、盲禅にして目なし、なんぞ生死を出でん」。
仏法中の賊　→七七頁「賊住」注
宗鏡録　宋の永明延寿撰。一〇〇巻あり。→第七門(六二頁)
理…　巻一五の文(正蔵四八–四九六b)。理事不二、理事相入の意。
円信　円教の信。行の側からいう。
事に…　事に偏して理を見失う。
性相　本質的なものと現象的なもの。
宗鏡　鏡に譬えられる一心の立場。
尚ほ…　理事を超える教えすらない。
若理若事　理事の対立、分裂。
六即　円教の立場より菩薩の修行を理論づけたもの。→補
狂慧誦文　徒らに文字を追う教学者。安永本は「徇文」とす。
一心　先にいう一心無碍自在の宗。本来の禅の立場を指す。
古人　智顗を指す。止観六下に見える(正蔵四六–八〇c)。
台教に…　宗鏡録八二の文(正蔵四八–八六六b)。台教は止観を指す。巻三上(正蔵四六–二一b)。
前は…後はこれ　底本の脱文。宗鏡録によって補う。
巧度　完全な済度。大智度論六に、浮嚢草筏で人を渡すのと方舟を用いるのに比し、また薬針灸療で病を治するのと妙薬を用いるのに比する(正蔵二五–一〇七a)。

は*従仮入空観《じゅうけにっくうかん》、二は*従空入仮観《じゅうくうにっけかん》、三は*中道第一義観《ちゅうどうだいいちぎかん》なり。今、宗鏡は唯だ*一心円頓《いっしんえんどん》の旨を論ず。*円頓止観《えんどんしかん》のごときんば、*止をもつて諦《たい》を縁ずるときは、すなはち*一諦《いったい》にして*三諦《さんたい》。*諦をもつて止に繋《か》くるときは、すなはち一止《いっし》にして三止。*観をもつて境を観ずるときは、すなはち一境にして三境。境をもつて観を発するときは、すなはち一観にして三観。*摩醯首羅《まけいしゅら》の面上の三目のごとく、これ三目なりといへども、しかもこれ一面なり。一を挙《こ》ぐればすなはち三、三を全うしてこれ一。*縦《じゅう》ならず横《おう》ならず、並《へい》ならず別《べち》ならず、前《さき》の諸義を摠《す》べて、みな一心に在り。*その相《そう》は云何《いかん》、等 文

と。ここに知んぬ、*この宗は暗証にあらず、また悪取空にあらず、また仮名の法にあらざることを」。

*問うて曰く、「*或る人、妄《みだり》に禅宗を称して名づけて*達磨宗と曰ふ。しかしてみづから云く、*行無く修無し、*本より煩悩無く、元よりこれ菩提なり。この故に*事戒を用ひず、事行を用ひず、*只だ応《まさ》に偃臥《えんが》を用ふべし。何ぞ念仏《ねんぶつ》を修《しゅ》し、*舎利《しゃり》を供《く》し、*長斎節食《ちょうさいせつじき》することを労せんや、と云云

と。この義、如何」。

答へて曰く、「其《か》の、*悪として造《つく》らざること無きの類《たぐい》なり。*聖教の中に空見と言へるもののごとき、これなり。この人と共に語り、同座《どうざ》すべからず、応《まさ》に*百由旬《ひゃくゆじゅん》を避くべし。

*宝雲経《ほううんきょう》に云く、

*寧ろ我見を起して、積むこと須弥のごとくすとも、空見をもつて増上慢を起すこと莫

三止… 止息止は所止の止、停止止は能止の止、不止止は止と不止を超えた止。三観もまたこれに準ずる。
体真止 因縁空を体して真とする理論的な止。
方便随縁止 空を空としないで薬病を分別する現実の止。
息二辺分別止 真俗の二辺を超えて中道に会するもの。
従仮入空観 仮を空じて真空に入るもの。
従空入仮観 空を空じて仮空に入るもの。
中道第一義観 前の二を空じて中道に入るもの。
一心円頓の旨 順序段階を追わないで、ただちに一心無碍の立場に入る。
円頓止観 →補
止を… 止は能、諦は所。
一諦 中道実相の理。
三諦 三つの原理。空・仮・中。
諦を… 諦は能、止は所。
観を… 観は能、境は所。
摩醯首羅 大自在天。八つの手と三つの眼をもち、白牛にのる。
縦ならず… 摩醯の三目についていう。つぎの並と別も同じ。涅槃経二にあり(正蔵一二―三七六c)。
その相… ここまですべて止観の文である。等は、以下を略する意。
この宗 禅宗をいう。
問うて曰く… 第十一の問難。
或る人 大日能忍の一派であろう。

れ。所以《ゆえ》はいかん。一切の邪見は、空をもつて脱することを得。もし空見を起すときは、すなはち治すべからざればなり 文

*古徳の云く、

*邪見《じやけん》の禅師は、目無くして行きて火坑《かきよう》に陥墜《かんつい》するもののごとし。文字《もんじ》の法師は、鸚鵡《おうむ》の人語《にんご》を能くすれども、しかも人情《にんじよう》無きがごとし

と。然ればすなはち、禅宗は仏の法蔵を学し、仏の浄戒を持《じ》す、これを*仏禅と謂ふなり。

また、天台宗の止観に云く、

*淮北《わいほく》・河北《かほく》に*大乗空《だいじようくう》を行ずる人有り、*禁《きん》無くして蛇を*投ずるものなり。今、当《まさ》にこれを説くべし。その先師、善法《ぜんぼう》において観を作す、久しきを経《へ》て徹せず。心を放つて悪法に向《おい》て観を作す、少しく定心《じようしん》を獲《え》て、薄空解《はくくうげ》を生ず。根縁《こんえん》を識らず、仏意に達せず。純《もつぱ》らこの法を将《もつ》て一向に他に教ふ。他に教ふることすでに久しくして、或いは一両の益《やく》を得るものに逢ふ。*虫《ちゆう》の木を食《は》んで偶《たまたま》字を成《じよう》ずることを得たるがごとし。すなはちもつて証とし、これ実事なりと謂ひ、余は妄語なりとす。持戒修善《じかいしゆぜん》のものを笑ひ、謂ひて非道と言ひ、純《もつぱ》ら諸人をして遍ねく衆悪を造らしむ。盲にして無眼《むげん》のもの、是非を別《わか》たず、*神根《しんこん》また鈍く、煩悩復《ま》た重し。その所説を聞いてその欲情に順ず。みな信伏《しんぶく》し随従して、禁戒《きんかい》を放捨し、*罪として造《つく》らざること無く、罪は積んで山岳のごとし。遂に百姓《ひやくせい》の*これを忽《ゆるがせ》にすること草のごとく、*国王・大臣、因つて仏法を滅せしむ。毒気深く入りて、今にいまだ改めず。これすなはち仏法滅の妖怪《ようけ》、またこれ時代の妖

達磨宗　→補

行無く…　誤った修行。→補

本より…　理に偏したもの。→補

事戒　制止としての戒。二百五十戒。

只だ…　飢来れば飯を喫し、困じ来れば臥す。

舎利を…　当時、種々の舎利講式があり、その信仰は盛んであった。

長斎節食　つねに斎食をたもち、粗食に甘んずること。

悪として…　梵網経の四十八軽戒第一九(正蔵二四―一〇〇八b)。

聖教　次に引く宝雲経と止観を指す。

百由旬を…　→一五頁「由旬」注

宝雲経　梁の曼陀羅仙と僧伽波羅等が共訳した大乗宝雲経七巻。引文はその巻七(正蔵一六―二七八c)。別に曼陀羅仙単訳の宝雲経七巻あるも、相当句なし。

寧ろ…　どんなに我見を高く積んでも、空見の害よりは軽い。→補

古徳　不明。四教儀綱要鈔下の中に徳光論の文とする(鼇籢三―九b)。

邪見の…　一切皆空の邪解。

仏禅　仏教としての禅。如来清浄禅。正法眼蔵に同じ。

淮北…　巻二下の取意(正蔵四六―一六c)。淮北・河北は河南省の淮陽、および河北の地方。

大乗空　空思想の邪解。

禁　禽獣を飼うおり。

投　止観の原文では「捉」。

怪なり。何ぞ*随自意《ずいじい》の意に関《かか》はらん。何をもつての故ぞ。かくのごときの愚人は、心に慧解無くして、その本師を信じ、また前達を慕ひ、決してこれ道なりと謂《おも》へばなり。また情に順ずるを易とし、心を恣《ほしいまま》にし楽を取つて、迷を改めざればなり 文

と。これすなはち、淮北・河北にむかし狂人有り、僅《わずか》に禅法の殊勝《しゅしょう》なるを聞いて、その作法を知らず。只だ自恣《じし》に坐禅して、事理《じり》の行を廃し、もつて邪網《じゃもう》に繫《かか》るの人なり。この人を号して悪取空の師とす、これ仏法中の*死屍《しし》なり。

宗鏡録《すぎょうろく》に、*一百二十見《いっぴゃくにじゅうけん》を破《は》する中《うち》に云く、

*或いは*無礙《むげ》に効《なら》つて修行を放捨し、或いは*結使《けっし》に随つて本性空《ほんしょうくう》を恃む。ならびにこれ宗に迷ひ旨《し》を失ひ、*湛《たん》に背《そむ》き真《しん》に乖《そむ》き、*氷を敲《たた》いて火を索め、*木に縁《よ》つてもつて魚を求むるものなり 文

と。これはすなはち、無行の人を悪《にく》むなり。況んや、禅戒を捐《す》て真智を非とするの人をや。

*道宣律師《どうせんりつし》の云く、

*それおもんみるに、*禅那三昧《ぜんなざんまい》を修めざれば、長《とこしえ》に真智の心に乖《そむ》き、*諸善律儀を習はざれば、もつてその勝行を成じ難し。ここをもつて、古今の大徳、実に世の良田たり 文

と。しかのみならず、天台宗の弘決に云く、

*もし事戒《じかい》無くんば*世禅《せぜん》すら無し、況んや*三諦《さんたい》をや 文

と。この故に禅宗は戒をもつて先とす。禅苑清規《ぜんおんしんぎ》に云く、

*参禅問道は戒律を先とす云云

虫の…　その字の意味を虫は知らぬ。涅槃経二に見える句(正蔵一二-三六b)。

神根　意志の力。

罪　止観の原文では「非」。

これ　戒律を守ること。

国王大臣…　原文は北周破仏を指す。

随自意　非行非坐三昧をいう。

死屍　仏法の大海にとどむべからず。

一百二十見を…　宗鏡録と同じ編者による唯心決の引用(正蔵四八-九九五c)。今は、その二項のみ。

或いは…　巻四六(正蔵四八-六八b)。

無礙　先にいう一心無碍自在の意。

結使に…　煩悩をほしいままにして本来空だと言いはる。

湛に…　おちつきを失う意。安永本は「湛一作源」と注す。

氷を…　伝燈録一一国清奉の章(正蔵五一-二八七b)。

木に…　孟子梁恵王上。

道宣律師　四分律宗の祖(五九六-六六七)。宋高僧伝一四。

それ…　教誡律儀上の序(正蔵四五-八六九b)。

禅那三昧　禅定をいう。

諸善律儀　止悪即行善の意。

もし…　巻四之二(正蔵四六-二六二a)。

世禅　世間禅に同じ。四禅八定十二門禅等。

三諦　↓四一頁注

参禅問道…　↓第一門(一一頁)

と」。

問*うて曰く、「或る人の云く、*法橋上人位《ほっきょうしょうにんい》*奝然《ちょうねん》は入唐帰朝《にっとうきちょう》して*三学宗《さんがくしゅう》を建立《こんりゅう》せんと欲す。諸宗の訴へに依つて敗せられ已畢《おわ》る。この宗は、同異如何」。

答へて曰く、「名字すでに殊なる、*魚魯《ぎょろ》に及ばざるか。且つ奝然の意趣を知らず。今の禅宗は、*清浄如来禅《しょうじょうにょらいぜん》なり、三学の名字無し。*梁朝《りょうちょう》よりこのかた、只だ禅宗と号するのみ。さらに別号《べつごう》無く、*異轍《いてつ》無し」。

問*うて曰く、「或る人の云く、*念仏三昧《ねんぶつざんまい》は、勅無しといへども天下に流行《るぎょう》す。禅宗、何ぞかならずしも勅を望まん」。

答へて曰く、「仏法はみな国王に付属す。故にかならず応《まさ》に勅に依つて流通すべし。また念仏宗は、*先皇《せんこう》勅して天王寺《てんのうじ》を置くと云云。今、尊卑の念仏は、これその余薫《よくん》なり。禅宗、いかでか施行《せぎょう》の詔を蒙らざらん」。

問*うて曰く、「或る人の云く、天下、八*宗を流行《るぎょう》す。何ぞ九宗有らん」。

答へて曰く、「*安然和尚《あんねんわじょう》の教時諍論《きょうじじょうろん》に云く、

　三国の諸宗、興廃は時有れども、九宗ならびに行はる　文

*智証大師《ちしょうだいし》の云く、

　禅宗はこれ八宗の外なり

と。三国九宗の名字《みょうじ》、検《けん》してこれを知るべし」。

問*ふ、「この禅宗は、戒・定・慧のうちにおいて、何《いず》れぞや」。

問うて曰く…　第十二の問難。
法橋上人位　三綱中の律師の階。
奝然　東大寺の僧(九三八—一〇一六)。九八三年に入宋し、在留五年。大蔵経と栴檀瑞像を伝え、清涼寺を開く。↓補
三学宗　目下、他に資料の徴すべきなし。
魚魯に…　比較するまでもない。
清浄如来禅　楞伽経の説(正蔵一六-四九二a)。↓第七門(六八頁)
梁朝…　初祖達摩のとき以来。
異轍　異流。別派。
問うて曰く…　第十三の問難。
念仏三昧　天台僧の伝えた五台山の引声念仏。
先皇…　百錬抄七に、近衛院の久安五年(一一四九)十一月十二日、鳥羽法皇が天王寺の念仏堂に臨幸したと記す。(新訂増補国史大系一一-一六八)
問うて曰く…　第十四の問難。
八宗　↓二九頁「九宗」注
安然和尚　↓二九頁
智証大師　↓二八頁
問ふ…　第十四問の第二。

答へて曰く、「これはこれ如来禅なり。不立文字の宗なり。*与《あた》へてこれを言へば、諸大乗に通ず。奪《うば》つてこれを言へば、*心意識《しんいしき》を離れ、言説《ごんぜつ》の相を離る」。

*問うて曰く、「もし諸大乗に通ぜば、何ぞ別立《べつりゅう》するや」。

答ふ、「*仏の言く、

我は*異相《いそう》無し、衆生の*根性《こんじょう》に随つて、独り異相を為す 文

と。如来の方便、祖師の*意楽《いぎょう》、仰いでこれを信ずべし。

*円覚経《えんがくぎょう》の*序に云く、

*直道《じきどう》は二無し、学に殊《こと》なる有るが故のみ。*仏老《ぶつろう》、道を語るときはすなはち同じく、*術《じゅつ》を論ずるときはすなはち異なり 文

*三論宗の*吉蔵《きちぞう》の*中論疏《ちゅうろんしょ》に云く、

*諸大乗経は、道に異《い》無きことを顕はす。道すでに二無し、教豈に異《い》ならんや 文

と。異無しといへども、術をもつての故に、これを別立するも咎《とが》無からん。況んや、梁代《りょうだい》に起り宋朝に煽《さか》んなり。*後生の摠別を論ずることを能とせず」。

*問うて曰く、「もし爾《しか》らば、この宗は*所依《しょえ》の経論有りや」。

答へて曰く、「与《あた》へてこれを論ぜば、*一大蔵教みなこれ所依なり。奪《うば》つてこれを論ぜば、一言の依るべき無し」。

*問うて曰く、「或る人の云く、*千余巻の書籍有るは、如何」。

答へて曰く、「禅人《ぜんにん》の*語録《ごろく》なり、世間の*抄出《しょうしゅつ》のごとし。もし禅宗の*依憑なるもの有りと

与へて… 肯定的に言えば。
心意識を… →第六門(六〇頁)
問うて曰く… 第十四問の第三。
仏の言く 出所不明。
異相 差別の立場。
根性 素質。能力。
意楽 ねがい。
円覚経 唐の仏陀多羅訳。一巻。宗密の注によって知られる。
序 現存の序に見当らぬ。
直道 真理そのもの。
仏老 ブッダと老子。
術 道を得る方法。手段。
三論宗 →二八頁「中論は…」注
吉蔵 三論宗の大成者(五四九—六二三)。嘉祥大師という。
中論疏 中論の注釈書。十巻。
諸大乗経… じつは大乗玄論四、二智義の段、同異門第五の文(正蔵四五-五七a)。
後生… 強く相手の質問を退けることば。ただし、安永本は「何ぞ能く後生、総別を論ぜんや」とする。
問うて曰く… 第十四問の第四。
所依の… 教相のよりどころとなる経論。
一大蔵教 仏陀が一代に説いた経の意。教は「経」と書くのが正しい。
問うて曰く… 第十四問の第五。
千余巻… 大蔵経以外の典籍。
語録 問答や説法の記録。
抄出 かきぬき。法律用語。
依憑 よりどころ。

云はば、譬へば*亀毛兎角《きもうとかく》の常に無《む》なるがごとし。但し甚深《じんじん》の旨帰《しき》無きにはあらず。智者これを思へ」。

*問うて曰く、「もし爾《しか》らば、実相は凡夫の行業もて及び難し。何の方便をもつてか而《よ》く行じ而《よ》く得んや」。

答へて曰く、「遺教経《ゆいきょうぎょう》に云く、

*この戒に依因《えいん》して、諸の禅定および滅苦の智慧を生ずることを得。この故に比丘よ、当《まさ》に持戒清浄《じかいしょうじょう》にして、毀欠《きけつ》せしむること勿るべし。もし浄戒無くんば、諸善功徳《しょぜんくどく》みな生ずることを得ず。ここをもつて当に知るべし、戒を*第一安穏《だいいちあんのん》・功徳《くどく》の住処《じゅうしょ》とすることを　文

*梵網経《ぼんもうきょう》の序に云く、

*持戒を平地とし、禅定を屋宅《おくたく》として、能く智慧の光を生ず　文

法華経に云く、

*我れ*記《き》す、かくのごとき人は、浄戒を修持するが故に　文

天台宗の止観に云く、

*浄禅は浄戒に由る、等《とう》　文

また、*大経を引いて云く、

*尸羅《しら》不浄なれば、還つて*三途《さんず》に堕《だ》す。禅定・智慧、みな発することを得ず　文

首楞厳経に云く、

亀毛…　涅槃経一三の説(正蔵一二-四四三a)。

問うて曰く…　第十四問の第六。

この戒に…　前半は第九問(三六頁)の条に見える。

第一安穏…　最高の安楽行の意。

梵網経の序　大蔵経所収の序とは別。

持戒を…　臨済宗聖典所収の菩薩戒序に見える(一六五頁)。

我れ…　方便品第二の偈(正蔵九-八a)。

記す…　経文は、「かくのごとき人は、来世に仏道を成ぜん、深心に仏を念じ、浄戒を修持するを以ての故に」とある。記は予言の意で、保証すること。

浄禅は…　第八問(三六頁)に見える。

大経を…　止観四上(正蔵四六-三六a)に涅槃経聖行品の文(正蔵一二-四三三a)を引いて、智顗がこれを解説したもの。

尸羅　戒と訳す。毘尼の律に対す。

三途　地獄・餓鬼・畜生の三悪道。

*もし*婬《いん》を断《だん》ぜずして禅定を修するものは、砂石《させき》を蒸《む》してその飯と成らんことを欲すとも、百千劫を経《へ》て只だ熱砂《ねっさ》と名づくるのみなるがごとし。乃至《ないし》、三途に輪転《りんてん》して、かならず出《い》づること能はず。如来の涅槃、何れの路にか修証《しゅしょう》せん。我がこの説のごときは、名づけて仏説とす。この説のごとくならざるは、すなはち*波旬《はじゅん》の説なり 文

と。それ、仏法は持戒をもつて先《せん》とす。もし*仏戒を破《は》して*仏子《ぶつし》と号《ごう》するものは、譬へば国王の臣の王命に順はずして、しかも王臣と称するがごとし。大涅槃経に云く、

*阿難、仏に白《もう》して言く、仏滅度ののち、誰れをもつて師とせん。仏の言く、戒をもつて師とす 文

と。況んや、*三学《さんがく》・*五蘊《ごうん》、みな戒をもつて初首《はじめ》とするをや。この故に、この宗は仏戒をもつて師とす。*これを行じてこれを得るなり。要を取つてこれを言はば、一切の邪見ことごとく破《は》し、種種の*魔業《まごう》、兼ねて治《ち》する、これを禅人《ぜんにん》と謂ふなり。その魔業とは、*海慧経に云く、

そのとき、海慧菩薩、仏に白《もう》して言く、世尊よ、我れ今、十二の*魔鉤《まこう》を説かんと欲す。*一は、菩薩、愛するところを施さず。二は、破戒《はかい》の人を見て悪《にく》み賤《いや》しむ。三は、身口は忍ぶも意は忍ばずして高慢なり。四は、衆生を化して二乗道に入らしめ、舞伎《ぶぎ》を好む等《とう》。五は、四禅を起ちて還つて欲界を見、*長寿天《ちょうじゅてん》に生じて百千仏の出でたまふを見ず。六は、智いまだ熟せざるに、五波羅蜜を毀《そし》り、般若を讃じて還つて邪路に堕す。七は、阿蘭若《あらんにゃ》を好んで他を利せず。八は、衆生の授くるに堪へたるに法を授けず。九

もし… 巻六の取意(正蔵一九-一三一c)。
婬を… 欲界に禅なし。
波旬 梵語で悪魔をいう。
仏戒 大乗の戒。梵網戒。
仏子 梵網経の説法の相手。
阿難… 後分経上の取意(正蔵一二-九〇一b)。
三学 戒・定・慧。
五蘊 五分法身。三学に解脱と解脱知見を加える。
これを… 底本は「行得也」。安永本による。
魔業 邪見にもとづく行動。悪行。
海慧経 唐の智厳訳。大乗修行菩薩行門諸経要集の中巻に引く海慧菩薩所説経による(正蔵一七-九四八a)。
魔鉤 修行の障碍。邪魔波旬。央倶睒鉤、または邪魔障鉤ともいう。
一は… 一より六は六波羅蜜、七は自利、八は利他をさまたげる行為。九は外道、十は悪友をほめ、十一は貢高、十二は懈怠をよしとする心。
長寿天 色界・無色界の寿命長遠なるをいう。

は、外道の論を説いて仏法を覆蔵《ふぞう》す。十は、悪友をもつて善知識と謂ふ。十一は、貢高にして師僧・父母にも心の摧伏《さいぶく》する無し。十二は、富貴にして酔心怠慢《すいしんたいまん》す〈取意〉

*宝童子経《ほうどうじきょう》に云く、

仏の言く、修行の菩薩に三種の実語有り。一には、諸仏・如来を*誑《おう》せず。二には、一切衆生を誑せず。三には、自身を誑せず。謂く、*菩提心を発《ほっ》して復《ま》た小果を求めず、復た種種の苦悩《くのう》に値ふといへども、驚かず動ぜず、これを仏および衆生ならびに自身を誑せずと為《な》す。復た四法有りて如来を誑せず。一には堅固心《けんごしん》、二には威力心《いりきしん》、三には*勢力心《せいりきしん》、四には持戒精進なり。衆生を誑せざるに四法有り。一には堅牢修学、二には慈心もて楽《らく》を与ふ、三には悲心もて苦を愍《あわ》れむ、四には衆生を*摂取《せっしゅ》するなり。自身を誑せざるに四法有り。一には堅固心、二には*重復堅固心《じゅうふくけんごしん》、三には*無諂惑心《むてんわくしん》、四には*無誑心《むおうしん》なり 文

梵網経の序に云く、

*持戒《じかい》して*心に悔《け》せざれば、所願もまた成就《じょうじゅ》す 文

と。もし持戒清浄なれば、かならず一切の禅定・智慧、成就円満《じょうじゅえんまん》することを得ん。*この外の疑難は、尽《ことごと》く来問を説くに由《よし》無し。

仍つて世人決疑門を立す。

第四、古徳《ことく》*誠証門《じょうしょうもん》とは、謂く、古徳この宗を行ずるの誠証なり。十有り。

宝童子経　同じく大乗修行菩薩行門諸経要集の中巻による(正蔵一七ノ九五二c)。
誑　あざむく。まどわす。
菩提心を…　四弘誓願の意。

勢力心　経典には勢力無怠とあり。つとめて倦まぬこと。
摂取　ひきうける意。助けること。
重復堅固心　意志がどこまでも強固。
無諂惑心　他にへつらわぬこと。
無誑心　自己をいつわらぬこと。

持戒して…　臨済宗聖典所収の菩薩戒序に見える(一六五頁)。
心に悔せざれば　内にやましくなければ。
この外の…　以上、一四条の問難にすべての疑問を含める意。

誠証　→第三門の第二問(二四頁)

一には、聖徳太子の*伝ならびに伝教大師の*一心戒の中巻に云く、

陳《ちん》の*南岳思禅師、達磨大師に値遇して教示を蒙る云云

また、天台の*観心論《かんじんろん》の*奥批《おうひ》に云く、

嵩山少林寺の大師、禅法をもつて南岳の思禅師に伝授す。禅師、この禅法をもつて天台の智者禅師に伝授す云云

二には、*智者禅師、恒《つね》にこの禅を修し、法華経を誦す。*是真精進《ぜしんしょうじん》、是名真法供養如来《ぜみょうしんほうくようにょらい》《これ真の精進なり、これを真の法もて如来を供養すと名づく》に至つて忽然《こつねん》大悟、みづから*霊山《りょうぜん》の一会《いちえ》、儼然《げんねん》として未散《みさん》なることを見る云云。

三には、*二祖より已下、今に二十五代、天下にこれを行ふ。

四には、*後漢より唐に至つて一十八代、翻経の三蔵二百余人、*或いは道、或いは俗、多く禅要の法門を訳す云云。

五には、唐の*道璿《どうせん》、日本の南京《なんけい》に来り、この禅法をもつて行表和上《ぎょうひょうわじょう》に付属《ふぞく》すと云ふ。

六には、日本の伝教大師、南都において初めこの宗を聞き、終《つい》に海を渡つて天台山の修禅寺に到り、牛頭山の流《りゅう》を稟受《ひんじゅ》し、乃至、豁然《かつねん》大悟す云云。

七には、慈覚《じかく》大師、常にこの禅を修す。在唐の日、発願《ほつがん》すらく、帰朝せば禅院を建立せんと。

八には、智証大師、*宗体《しゅうたい》を択《えら》ぶ云云。

伝　平氏撰、聖徳太子伝暦下。日仏全一一二。続群書類従一八九。

一心戒　光定が編した伝述一心戒文に含まれる(正蔵七四‐六四五c)。

南岳…　釈思禅師七代記の説。

観心論　智顗晩年の口述を録したもの。一巻(正蔵四六‐五八四)。

奥批　あとがき。ただし、現存の観心論にはこの奥批なし。

智者…　第三門の南岳・天台(三〇頁)をみよ。ただし、今は大慧の正法眼蔵二による。↓補

是真…　薬王本事品(正蔵九‐五三b)。

霊山の…　霊鷲山の法華の説法がいまもおごそかにつづいていること。

二祖より…　↓第五門(五三頁)

後漢より…　大唐内典録一の首の目録による(正蔵五五‐二二九c)。

或いは…　出家・在家の禅経の訳者。例えば安世高は道、沮渠京声は俗。

唐の道璿…　以下すべて第二門(一五頁)、および第三門の第一問(一九頁)に見える。

宗体　宗と業と義。↓二九頁

九には、安然和尚《あんねんわじょう》、禅の旨帰《しき》を釈す云云。
十には、大宋に見行《げんぎょう》す、禅苑清規《ぜんおんしんぎ》一部十巻有り。
要を取りてこれを言はば、*一代五時の諸の経律論は、みなこれ仏禅の旨帰なり。仏の威儀は、行住坐臥あはせて禅意なり。*経に云く、

　常に禅定に在りて、衆生を悲愍《ひみん》す云云

と。これすなはち誠証なるのみ。

仍つて、古徳誠証門を立す。

第五、宗派血脈門《しゅうはけちみゃくもん》とは、今この*心印は過去七仏より相承し、*継脈密伝して心印は絶すること無し。*禅宗興由《ぜんしゅうこうゆ》に云く、

　式《も》つて禅宗を観るに、*先仏数周《すしゅう》の塵劫《じんごう》に肇《はじ》まる 文

*長阿含経《じょうあごんぎょう》を按《あん》ずるに、云く、

　*荘厳劫《しょうごんごう》中に、一千仏有りて世間に出現す、乃至、末後の三仏を*七仏の最初とす

と。七仏はおのおの付属《ふぞく》するに心印をもつてす。*口決《くけつ》は別に在り、血脈は後《しりえ》のごとし。

第一*毘婆尸仏《びばしぶつ》
第二*尸棄仏《しきぶつ》
第三*毘舎浮仏《びしゃふぶつ》
第四*拘留孫仏《くるそんぶつ》

一代五時　一切経を仏陀生涯の五期に配する天台の教判による。
経　不明。
心印　唯一の心のあかし。
継脈…　血脈をつぎ、親しく伝える。
禅宗興由　大蔵経綱目指要録八の末尾の一段を指す(昭和法宝総目録二―七七〇a)。
先仏…　過去の仏が、何度もくりかえし教化して以来。塵劫は法華経化城喩品の故事によることば(正蔵九―三a)。
長阿含経　秦の仏陀耶舎と竺仏念の共訳。二二巻。ただし、引用の句は見当らず。
荘厳劫　無限の過去。神話的時間。
七仏　↓補
口決　口伝。文字に表わさぬ教え。
毘婆尸　徧眼。すぐれた智慧ある意。
尸棄　頂髻。巻き髪をもつ意。
毘舎浮　遍一切自在。勝尊ともいう。
拘留孫　領持、滅累などと訳す。
拘那含牟尼　金色の聖者の意。
迦葉　仙人。修行者の意。
成道…　三〇歳で道を完成し、以後四九年の伝道。伝燈録一の説(正蔵五一―二〇五b)。
霊山…　王舎城の霊鷲山と多子塔前

第五拘那含牟尼仏《*くなごんむにぶつ》
第六迦葉仏《*かしようぶつ》
第七釈迦文仏《しやかもんぶつ》
成道《*じようどう》四十九年の後、霊山《*りようぜん》・多子塔前《たしとうぜん》、大衆会中《だいしゆえちゆう》において、摩訶迦葉《*まかかしよう》に半座《*はんざ》を推《お》して、告げて言く、
吾れ*清浄法眼《しようじようほうげん》、涅槃妙心《ねはんみようしん》、実相無相《じつそうむそう》、微妙《みみよう》の正法をもつて、汝に付属す。汝、当《まさ》に護持《ごじ》すべし
と。ならびに阿難《*あなん》に勅すらく、断絶《だんぜつ》せしむること莫れ。偈*に曰く云云。
華手経《*けしゆきよう》に曰く、
仏*、遙かにこれに命じて曰く、善来《*ぜんらい》、迦葉よ、久*しくしてすなはち相見《しようけん》す。汝、当にこの仏の半座に就くべし。仏、身を移したまふとき、三千*震動す。迦葉白《もう》して言く、敢へて仏*の衣鉢《えはつ》の坐処《ざしよ》に坐せず。仏はこれ大師、我れはこれ弟子なり。我れむかし仏に従つて僧伽梨《*そうぎやり》を受く。礼敬尊重《らいきようそんじゆう》して、いまだ曾て敢へて著《つ》けず。我れこれよりこのかた、欲覚《*よつかく》を生ぜず。我れ学地《*がくじ》において世尊の衣を受けて、もつて頂戴せしとき、すなはち無学《*むがく》を成《じよう》ぜり。我れ仏教に順《したが》ひ如来の衣を受けて、実に敢へて高下《*こうげ》の心を生ぜず。恒《つね》に手に執持《しゆうじ》して余身《*よしん》に儭《しん》せず。もしいまだ手を澡《あら》はざれば、また敢へて提《ささ》げず。豈に敢へて軽慢《きようまん》して頭下《*ずげ》に枕《まくら》せんや。法王*無師自然《*むしじねん》の逮覚《*だいがく》は、一切の声聞《しようもん》・辟支仏《びやくしぶつ》と共ならず、と。仏の言く、善哉善哉《*ぜんざいぜんざい》、汝が言ふところのごとし。仏*、迦葉に告げた

の二ヵ所。
摩訶迦葉　禅宗の第一祖。↓八頁「金色の頭陀」注
半座　法華経見宝塔品の説によるもの(正蔵九-三三c)。
吾れ…　↓補
阿難　禅宗の第二祖。
偈　伝法の偈を略したもの。
華手経　後秦の羅什訳。一〇巻。
仏…　巻一の序品と神力品の取意(正蔵一六-一二七b)。
善来　あいさつの語。
久しく…　前生で出あってから。
三千　↓八頁「大千沙界」注
仏の…　衣食住のすべてを仏と共にしない。つつしみ謙遜する意。
僧伽梨　公式の服。複衣、大衣。
欲覚　むさぼりの心。性欲をいう。
学地　修行のとき。
無学　阿羅漢の果。
高下　慢心と卑下の心。
余身に…　手以外の部分にふれぬ意。儭は藉くこと。
頭下に…　大衣を四つに折って枕とすること。
法王　ブッダを指す。
無師自然　師によらぬ、生地のままのブッダの悟り。法華経譬喩品にある語(正蔵九-一三b)。
逮覚　悟りを得た人。逮は及の意。
善哉　うけがう語。
仏…　以下は神力品(正蔵一六-一二六c)。

仏足を… 定められた仏弟子の礼法。

法鼓経 劉宋の求那跋陀羅訳。二巻。

迦葉… 巻上の取意(正蔵九―二九一c)。

敬待 相手を対等に尊敬する。

第一摩訶迦葉… 以下インドにおける二十八祖の列名は、宝林伝がはじめて主張し、祖堂集、宗鏡録、伝燈録、広燈録、伝法正宗記などに継承されて確定したもの。伝教の内証仏法相承師師血脈譜や宗密の円覚経大疏鈔三下などの説とは相違している。栄西は宋代の伝承に従ったのであり、この場合は伝教の血脈譜を無視しているのが注目される。

梁の… 伝燈録三の説による(正蔵五一―二一九a)。

迦葉大士 摩訶迦葉のこと。大士は菩薩の意。

展転属累 次々にたのみ及ぼす。属は嘱に同じ。

我が滅後… ↓補

潜符密証 人知れず法に契う。

まはく、汝且《しばら》らく座に就いて、所疑《しよぎ》を請問《しんもん》せよ。当に汝がために説くべし。迦葉すなはち座より起つて、*仏足を頂礼《ちようらい》し、次でに随つて坐す 文

*法鼓経《ほうくきよう》に云く、

*迦葉、仏に白《もう》して言く、如来は大いに*敬待を見《あら》はす、云何が敬を為さん。曾て我れに告げて言く、汝来つて共に坐せよ、と。この因縁をもつて、我れ応に恩を知るべし。仏の言く、善哉、この義をもつての故に、我れ汝を敬待す 文

*第一摩訶迦葉《まかかしよう》　第二阿難《あなん》　第三商那和修《しようなわしゆ》　第四優婆毱多《うばきくた》　第五提多迦《だいたか》
第六弥遮迦《みしやか》　第七婆須蜜《ばしゆみつ》　第八仏陀難提《ぶつだなんだい》　第九伏駄密多《ふくだみた》　第十脇尊者《きようそんじや》
第十一富那夜叉《ふなやしや》　第十二馬鳴《めみよう》　第十三迦毘摩羅《かびまら》　第十四竜樹《りゆうじゆ》　第十五迦那提婆《かなだいば》
第十六羅睺羅《らごら》　第十七僧伽難提《そうぎやなんだい》　第十八伽耶舎多《がやしやた》　第十九鳩摩羅多《くまらた》　第二十闍夜多《じややた》
第二十一婆修盤頭《ばしゆばんず》　第二十二摩拏羅《まぬら》　第二十三鶴勒那《かくろくな》　第二十四師子《しし》　第二十五婆舎斯多《ばしやした》
第二十六不如密多《ふによみた》　第二十七般若多羅《はんにやたら》　第二十八菩提達磨〈東土祖師、初祖〉円覚大師

大師はむかし*梁《りよう》の普通《ふつう》八年丁未の歳、南海を経て広府《こうふ》に到る。同年十一月、洛陽《らくよう》に届《いた》る、魏の太和十年なり。嵩山の少林寺に寓止す。乃至、慧可を顧みて告げて曰く、むかし如来、正法眼蔵《しようぼうげんぞう》をもつて*迦葉大士《かしようだいし》に付す、*展転属累《てんでんぞくるい》して我れに至る。我れ今この法をもつて汝に付す、汝、当に護持《ごじ》すべし。ならびに袈裟を授けて、もつて法信《ほうしん》とす。*我が滅後二百年、衣は止めて伝へず。法は沙界《しやかい》に周ねく、*潜符密証《せんぷみつしよう》、千万有余ならん。吾が

偈を聴け、曰く云云。

*第二十九可大師《かだいし》〈二祖〉　第三十璨大師《さん》〈三祖〉　第三十一信大師《しん》〈四祖〉　第三十二忍大師《にん》〈五祖〉
第三十三能大師《のう》〈六祖〉　第三十四譲大師《じょう》〈南岳〉　第三十五一大師《いち》〈馬祖〉
第三十六海禅師《かい》〈百丈〉　第三十七運禅師《うん》〈黄檗〉　第三十八玄禅師《げん》〈臨済〉
第三十九奨禅師《しょう》〈興化〉　第四十顒禅師《ぎょう》〈南院〉　第四十一沼禅師《しょう》〈風穴〉
第四十二念禅師《ねん》〈首山〉　第四十三昭禅師《しょう》〈汾陽〉　第四十四円禅師《えん》〈石霜慈明〉
第四十五南禅師《なん》〈黄竜〉　第四十六心禅師《しん》〈晦堂〉　第四十七清禅師《せい》〈霊源〉　第四十八卓禅師《たく》〈長霊〉
第四十九諶禅師《じん》〈無示〉　第五十賁禅師《ひ》〈心聞〉　第五十一瑾禅師《きん》〈雪菴〉　第五十二敞禅師《しょう》〈虚菴〉
第五十三栄西〈明菴〉千光祖師

予《われ》、日本*仁安《にんあん》三年戊子の春、渡海《とかい》の志有り、鎮西博多の津に到る。二月、*両朝の通事《つうじ》李徳昭《りとくしょう》に遇うて、伝え言ふを聞く、禅宗有りて宋朝に弘まると云云。四月、渡海して大宋の*明州《めいしゅう》に到る。初め*広恵寺《こうえじ》の*知客《しか》禅師に見《まみ》ゆ。問うて曰く、

我が国の祖師、禅を伝へて帰朝す。その宗、今遺欠《いけつ》す。予《われ》、廃せるを興さんと懐《おも》ふが故にここに到る。願はくは法旨を開示せよ。その禅宗の祖師達磨大師の*伝法の偈、如何。

知客答へて曰く、達磨大師、伝法の偈に曰く云云。

また問うて曰く、

我が日本国に、達磨大師の「*知死期《ちしご》の偈」有り、真偽、如何。

第二十九可大師…　以下栄西の師である敞禅師まで、すべて黄竜宗の系譜をかかげている。各祖師の伝については、祖堂集、伝燈録、広燈録、禅林僧宝伝、続燈録、聯燈会要等によるべきであり、黄竜以下については、日本で編せられた黄竜十世録がある(五山文学新集三―一九六)。なお、二祖・三祖以下の小字の注は、底本出版のときに加えられたもので、栄西の筆ではない。安永本はこれを省いている。

仁安三年　一一六八年。栄西第一回目の入宋。

両朝の…　日中の通訳者。李徳昭の伝は不明。

明州　浙江省鄞県。

広恵寺　明州にあり。

知客…　来客がかりの僧。禅院の三役の一。

伝法の偈　伝燈録三に「吾本来玆土、伝法救迷情、一花開五葉、結果自然成」(正蔵五一―二一九c)とあるのを指す。

知死期の偈　渓嵐拾葉集八六に見える。↓補

知客答へて曰く、

喩《しめ》すところの法は、乃《すなわ》ち小根《しょうこん》の魔子《ます》、妄《みだり》にその語を撰するなり。それ死生の道は、吾が宗に在りては、本より去来・生死平等なるをもつて、初めより生滅の理無し。もしその死期を知ると謂はば、これ吾が祖の道を欺《あざむ》くこと、小害にあらず。久しく聞く、日本国は仏法流通《るづう》すと。幸《さいわい》に*吾が師に逢ふ、*筆語《ひっご》を奉ずること無からんや。しかして、人は*華夷《かい》の異《い》有れども、仏法は摠《そう》にこれ*一心、一心纔《わず》かに悟れば、唯だこれ一門なるのみ。金剛経にいはゆる、*応無所住而生其心《おうむしょじゅうにしょうごしん》《応に所住無くして、その心を生ずべし》となり。源流を知らんと欲せば、請ふ*訪及《ほうぐ》を垂れよ。当に一一*相聞《そうもん》すべし。広く祖師の道を知ることは、小乗の知見もて能く測度するところにあらざるなり、と云云

ときに宋の*乾道《けんどう》四年戊子の歳なり。すなはち*秋に及んで帰朝す。しかして*安然《あんねん》の教時《きょうじ》諍論《じょうろん》を看《よ》みて、九宗の名字を知る。また、*智証《ちしょう》の教相同異《きょうそうどうい》を閲《えつ》して、山門相承の巨細《こさい》を知る。また次に、*伝教大師の仏法相承譜《ぶっぽうそうじょうふ》を見て、我が山に稟承《ひんしょう》有りしことを知る。*畜念《ちくねん》罷まず、二十年を経て、方今《いま》、予《われ》西天の*八塔《はっとう》を礼《らい》せんと懐《おも》ふ。日本*文治三年丁未の歳春三月、郷を辞し、諸宗の血脈、ならびに西域の*方誌《ほうし》を帯《たい》して、宋朝に至る。初め、*行在《あんざい》臨安府に到つて、*安撫侍郎《あんぶじろう》に謁し、*西乾経遊《せいけんけいゆう》の情を*覆《ふく》す。すなはち*下状《かじょう》に云く、

*半影を巇嶇《きく》たる桟道《さんどう》に曳《ひ》き、*全身を中平たる金場《きんじょう》に終《お》へん、と云云

然れども敢へて*執照《しっしょう》を与へず、只だ*案照《あんしょう》を与へて迺《すなわ》ち留む。独り想ひを竺天《じくてん》に労すらく、時いまだ有らざるや、*得《とく》、一に投ぜざるや、と。ときに*炎宋淳熙《えんそうじゅんき》十四年丁未の歳なり。

吾が師に…　相手を尊んでいう語。
筆語を…　安永本は「須らく筆語を奉ずべし」と改む。
華夷　中国と外国。
一心　↓八頁「大いなる哉…」補
応無所住…　其心を右の一心と見る。
訪及を…　どうかお訪ねください。
相聞　申しあげる。
乾道四年　南宋第二代孝宗の時。
秋に及んで…　九月である。
安然の…　↓第三門(一一九頁)
智証の…　↓第三門(一一八頁)
伝教大師の…　↓第三門(一一九頁)
畜念　つもる思い。畜は蓄に同じ。
八塔　釈尊を記念する八大霊場。↓補
文治三年　底本の「二年」は誤り。
方誌　地理書。道宣に釈迦方志あり。
行在…　南宋の首都杭州をいう。
安撫侍郎　各路の軍政と民政を統轄する長官。
西乾　インドを指す。
覆　上に申し出ること。法律用語。
下状　官よりの返書。ただし、ここに引くのは栄西の上書のみ。
半影を…　大唐西域求法高僧伝上の玄照伝の句による(正蔵五一-二a)。
全身を…　全身は半影に対し、中平は巇嶇に対する語。釈迦方志中辺篇三に見える(正蔵五一-九四九a)。金場は金剛道場で、ブッダ開悟の地。
執照　旅行許可書。
案照　調査書。

すなはち、天台山に登つて、*万年禅寺に憩ふ。*堂頭和尚《どうちょうおしょう》*敞禅師《しょうぜんじ》に投じて師とし、参禅《さんぜん》問道《もんどう》す。頗《すこぶ》る臨済の宗風を伝へ、*四分戒《しぶかい》を誦《じゅ》し、*菩薩戒《ぼさつかい》を誦し已畢《おわ》る。遂に宋の*紹熙《しょうき》二年〈辛亥〉の歳〈日本の建久二年〉秋七月帰国す。別に臨んで禅師は書を為《つく》つて曰く、

*日本国千光院の大法師〈西〉、*宿《つと》に霊骨有り、頓《とん》に世間深重の恩愛を捨て、仏に従ひ髪を剃り、*僧伽梨《そうぎゃり》を著けて、この法を*洪持《こうじ》す。万里を遠しとせず、海に航して我が炎宋《えんそう》に入り、宗旨を*探賾《たんさく》す。*乾道戊子の歳、天台に遊んで山川国土の勝妙、道場の清浄《しょうじょう》殊特《しゅどく》なるを見て、大歓喜を生ず。嘗て浄財を施して、*十方《じっぽう》の学般若《がくはんにゃ》の菩薩に供《ぐ》す。すでにして*石橋《しゃくきょう》に至り、香を拈じ茶を煎じて、*住世《じゅうせ》五百の大阿羅漢を敬礼《きょうらい》す。尋いで本国に復《かえ》り、*夢境恰恰《むきょうこうこう》たるもの二十年、音問相ひ聞かずといへども、しかも山中の老宿、*歴歴《れきれき》としてその事を記《き》す。今また旧遊を懐うて*これを復《ふく》す、宿縁浅からず*志慇《しいん》ますます深し、法旨《ほうし》を示さずんばあるべからず。

それ、むかし釈迦*老人《ろうにん》、将《まさ》に円寂《えんじゃく》せんとするとき、涅槃妙心《ねはんみょうしん》・正法眼蔵《しょうぼうげんぞう》をもつて、摩《ま》訶迦葉《かかしょう》に付属《ふぞく》し、乃至、*嫡嫡相承《ちゃくちゃくそうじょう》して予《われ》に至る。今この法をもつて汝に付属す。汝、当《まさ》に護持《ごじ》すべし。その祖印《そいん》を佩《お》びて国に帰り、化を末世に布き、衆生に開示《かいじ》して、もつて正法の命を継げ。また汝に袈裟《けさ》を授く。*大師むかし衣を伝へて法信《ほうしん》とし、*本来無物《ほんらいむもつ》なることを表はす。しかるに*六祖に至つて、衣は止めて伝へずと云云。その風は絶えたりといへども、今、*外国の法信として、汝に僧伽梨を授くるのみ。また菩薩戒を授く。拄杖《しゅじょう》・*応器《おうき》、*衲子《のっす》の道具、一を留めず付属し畢《おわ》る。*伝法の偈を聞け、と

得… 解しがたいが、自分の徳の意か。一に投せずとは道に合わぬこと。
炎宋… 一一八七年。炎宋は宋朝の別名。
万年禅寺 浙江省天台県の西北。唐の平田普岸の創建。
堂頭和尚 禅院の師主。
敞禅師 黄竜八世虚菴懐敞。↓補
四分戒 四分律によるインド伝統の戒。
菩薩戒 大乗の三聚浄戒その他。↓第一門(二一頁)
紹熙二年 一一九一年。
日本国… 以下、敞禅師の印可状。
宿に… 前世よりすぐれた素質あり。仏の骨相をうけつぐ意。
僧伽梨 ↓五一頁注
洪持 力強く受ける。洪は脈の大なるもの。
探賾 易の語。賾を探り隠を索む。
乾道戊子… 第一回目の入宋を指す。
十方の… 各地より集った修行者。
石橋 天台山の名勝の一。五百羅漢が出現するところ。
住世 現世の意。
夢境恰恰 夢に思うこと。恰恰は心が意識せずにはたらくさま。
歴歴として… はつきり記憶する。
これを… 以上の事をくりかえす。
志慇 意味未詳。元亨釈書の塔銘は「志操」と改む。
老人 おやじ。親しみいう語。
嫡嫡… 血すじただしく受けつぐ。

大師　ダルマを指す。
本来無物　→補
六祖に…　→五二頁「我が滅後」補
外国の…　外人のための真理のあかし。信は証拠。
応器　応量器の略。食器のこと。
衲子の…　衲子は衲衣の人。道具は弁道の具。
伝法の偈　→補

世は…　南岳懐譲より栄西まで二十代。世は世代の意。
公験　政府より出す証明書。出家許可証としての度牒とは別。
増信　信心を増長させること。底本は「信」を「進」に誤る。
不立文字　→第三門(一四頁)
心印　→第五門(五〇頁)
心源　本源清浄心。真実心。
初発心の…　晋訳華厳経の巻八梵行品(正蔵九―四四九c)。純粋なる意志の動きそのものが、すでに悟りの全体である。
一切の…　唐訳華厳経の巻一七梵行品(正蔵一〇―八八a)。あらゆる存在がそのまま心だと気づくまでで、差別智の完成以外に悟りはない。
宝積経　唐の菩提流志が前代の訳を編集し、後半を訳してまとめたもの。一二〇巻。

云云

この宗は六祖より以降《このかた》、漸く宗派を分ち、法は四海に周ねし。*世は二十に洎《およ》び、脈は五宗を注《そそ》ぐ。謂く、一に法眼《ほうげん》宗、二に臨済《りんざい》宗、三に潙仰《いぎょう》宗、四に雲門《うんもん》宗、五に曹洞《そうとう》宗なり。今、最も盛んなるは、これ臨済なり。七仏より栄西に至つて、凡そ六十代なり。嫡嫡相承継脈するは、寔に仏法の*公験《くげん》、以《ゆえ》有るものなり。これ只だ一轍を列するのみ、自余の支派は図に在り。

これを宗派血脈門と謂ふ。

第六、典拠*増信門とは、謂く、この禅宗は*不立文字《ふりゆうもんじ》・教外別伝《きょうげべつでん》なり。教文《きょうもん》に滞らず、只だ*心印《しんいん》を伝ふ。文字を離れ、言語を亡じて、直《じき》に*心源《しんげん》を指《ゆびさ》してもつて成仏《じょうぶつ》せしむ。その証拠《しょうこ》、諸の経論のうちに散在す。

且らく少分を出《いだ》して、もつて一宗の証と成《な》す。

華厳経に云く、

*初発心《しょほっしん》のとき、すなはち正覚を成《じょう》ず　文

また云く、

*一切の法はすなはち心の自性なりと知つて、慧身を成就す、他に由つて悟るにあらず　文

*宝積《ほうしゃく》経に云く、

心の本性は、水中の月のごとし 文

また云く、

諸法の自性不可得なるは、夢に欲《よく》を行ずるに、悉くみな虚なるがごとし。但だ想にしたがつて起るのみ、実有にあらず、世尊の知《し》ろしめす法もまたかくのごとし 文

浄名《じょうみょう》経に云く、

心浄ければ、仏土浄し 文

また云く、大般若経に云く、

色無《しきむ》所《しょ》有《う》不可得《ふかとく》、乃至《ないし》一切智智《いっさいちち》、無所有不可得《むしょうふかとく》《色は有るところ無く、得べからず、乃至、一切の智智も有るところ無く、得べからず》文

また云く、

言語有ること無きを、名づけて仏法とす 文

また云く、

第一義《だいいちぎ》諦《たい》は、文字有ること無し。一切の言語は、世俗に依りて説く 文

金剛般若経に云く、

応《まさ》に所住無くして、その心を生ずべし 文

また云く、

もし人、如来に所説の法有りと言はば、すなはち仏を謗《そし》るとす 文

また云く、

心の…　巻五二菩薩蔵会、般若波羅蜜多品の文(正蔵一一-三八c)。見えるだけで、把むことはできぬ。

諸法の…　巻六二菩薩見実会、阿修羅授記品の偈(正蔵一一-三六一b)。存在は実体をもたぬ。夢精のようにむなしい。

浄名経　秦の羅什訳。三巻。維摩経のこと。

心…　仏国品九(正蔵一四-五三八c)。

また云く　安永本は、この次に「浄名無言〈取意〉、楞伽経云、如来清浄禅文」の十六字あり。何によって補ったのか明らかでない。利峯の写本も底本と同じ。

色無所有…　巻四〇九勝軍品の文(正蔵七-四九a)。物もなく、一切智の智慧も実在ではない、把むことはできぬ。一切智智は、仏智をいう。

言語有ること…　言葉を絶対とせぬのが仏のおしえ。↓補
第一義諦　勝義諦、または真諦ともいう。ただし、玄奘訳の大般若経は、第一義諦の訳語を用いない。↓四一頁「中道第一義観」注
応に…　金剛般若経荘厳浄土分一〇(正蔵八-七四九c)。

もし人…　非説所説分二一(正蔵八-七五一c)。

*もし色をもつて我れを見れば、この人、邪道を行ず、等 文

法華経に云く、

*唯だ仏と仏とのみ、乃《すなわ》ち能く諸法実相を究尽《ぐうじん》す 文

また云く、

*如《にょ》にあらず、異《い》にあらず 文

また云く、

*言をもつて宣《の》ぶべからず 文

大涅槃経に云く、

*如来常住にして、変易《へんやく》有ること無し。乃至、かくのごとく説くものは、我が真の弟子なり 文

また云く、

*我れ一字を説かず 文

大智度論に云く、

*般若波羅蜜は、*実法にして顚倒せず。*念《ねん》・想《そう》・観《かん》すでに除き、言語の法もまた滅す。無量の衆罪除き、清浄にして心常に一なり。かくのごとき*尊妙の人は、すなはち能く*般若を見る。虚空の染無きがごとく、*戯無く文字無し、もし能くかくのごとく観ずれば、これをすなはち仏を見るとす。もし法のごとくに観ずれば、仏と般若とおよび涅槃と、この三すなはち一相にして、その実は異《い》有ること無し 文

もし色を… 法身非相分二六(正蔵八-七五二a)。

唯だ… 方便品の文(正蔵九-五c)。仏だけが仏に対してだけ、一切の存在そのままを残りなく知ったと説く。

如に… 寿量品(正蔵九-四二c)。一つでもなければ、二つでもない。

言を… 方便品の偈(正蔵九-一〇a)。「諸法寂滅相」につづく句。

如来常住… 北本七の如来性品(正蔵一二-四〇六b)。真実のままにある人は、生死せぬ意。変易は変易生死の意で、死んで他の形をとること。

我れ… 北本二六の高貴徳王品(正蔵一二-五二〇b)に「如来常不説法」とある。ただし、今は楞伽経三(正蔵一六-四九九a)の句。

般若波羅蜜… 巻一八の偈(正蔵二五-一九〇b)。

実法 真実の自己。

念想観 意識・思想・観念の三つ。

尊妙の人 尊は外、妙は内。

般若を… 智慧があらわれる。見は自覚の意。

戯無く… 戯論なく、言語表現を要しない。

我れ… 巻二具縁品の偈(正蔵一八-九b)。自己のもとより不生なることを知る意。

已に 安永本による。

第一実 第一義諦、諸法実相の意。

問ふ… →第三門(一七頁)

天台は… 巻一上(正蔵四六-一c・三

真言宗の大日経に云く、

*我れ本不生《ほんふしよう》なることを覚《かく》すれば、語言の道を出過《しゆつか》す。諸過《しよか》、解脱することを得、因縁を遠離《おんり》す。空にして虚空に等しと知れば、如実相《によじつそう》の智生ず。*已《すで》に一切の闇《あん》を離れて、*第一実にして垢《く》無し 文

中論に云く、

*問ふ、何が故にこの論を造るや。答へて曰く、後五百歳の人は鈍根にして文字に執し邪見を発す、故にこの論を造る、と 文

天台の止観に云く、

*天台は南岳の三種止観を伝ふ。〈乃至〉*三文有りといへども、文に執してみづから疣害《ゆうがい》するを得ること無かれ。*論に云く、もし般若を見れば、皆な縛みな脱す、と。*文もまた例して然り。*大経に云く、もし如来は常に説法したまはずと知らば、これすなはち多聞なり、と。*これは不説にしてしかもこれ説なることを指す 文

*解節《げせつ》経に云く、

*自証無相《じしようむそう》の法は、言説・四事を離る。*無諍《むじよう》の法通《ほうつう》の相は、諸の覚観《かくかん》の境を過ぐ 文

と。*四事とは、見聞覚知《けんもんかくち》なり。

*大薩遮《だいさつしや》経に云く、

*法界《ほつかい》の性は差別《しやべつ》無きをもつての故に 文

*月燈三昧《がつとうざんまい》経に云く、

a)。天台智顗が南岳慧思より漸次・不定・円頓という三種の止観の法を学んだこと。

三文有りと…　止観の三種の説明にとらわれてはならぬ。疣害は疣贅に同じ。むだなもの。

論に…　大智度論一八の偈。智慧があらわれるとき、すべての束縛が抜けおちる意。↓補

文も…　南岳の三文を指す。

大経　北本涅槃経二六(正蔵一二―五二〇b)。

これは…　前行「もし如来」以下を指す。

解節経　陳の真諦訳。一巻。解深密経の一部。

自証…　第二品の偈(正蔵一六―七一三c)。自からめざめた形のない自己は、言語と四事を超えている。ただし経の原文は、「離レ言絶二四事一」。

無諍の…　分別せず、真理そのものを体する立場。法通は、楞伽経にいう宗通、覚観は大小の分別意識。

四事とは…　解節経の本文に見える。

大薩遮経　魏の菩提留支訳。一〇巻。

法界の…　巻二の一乗品(正蔵九―三二六a)。存在の本質は同一で、相対的な区別をもたぬ。

月燈三昧経　北斉の那連提黎耶舎訳。一〇巻。

一切諸法…　巻二の句(正蔵一五―五五〇b)。すべての存在が本質的に同じ

*一切諸法体性《いっさいしょほうたいしょう》平等無戯論三昧《びょうどうむけろんざんまい》 文

文殊問経*に云く、

*この法は不思議にして、*心意識《しんいしき》を離る。一切の言語断ずる、これ般若を修行するなり

文

*占察経《せんさつ》に云く、

*地蔵《じぞう》菩薩の言く、*一実《いちじつ》の境界《きょうがい》とは、謂く、衆生の心体なり、本よりこのかた不生不滅にして自性清浄なり 文

金剛*三昧経に云く、

*法は本より有無無し、自他も亦復爾《またしか》なり。始めあらずまた終りあらず、成敗《じょうはい》はすなはち住せず 文

*長寿王経《ちょうじゅおう》に云く、

*自然にして師受《しじゅ》無く、我れ行くに師保《しほ》無し。志独《しどく》にして等侶無く、至道にして往反無く、玄微清妙真《げんみしょうみょうしん》 文

善*戒経に云く、

*菩薩、*道のために禅定を修し、現世に楽を受けしむ。身心寂静《しんじんじゃくじょう》なる、これを自利と名づく。身心静なるが故に、衆生を悩まさざる、これを利他と名づく 文

唯*識論に云く、

*法界唯識〈取意〉云云

で、分別を超えているという三昧。無戯論三昧は、論義の到らぬところを直接経験すること。

文殊問経 梁の僧伽婆羅訳。一巻。

この法は… 第六品の偈(正蔵一四-四九五c)。

心意識 心は第七識、意は第六識、識は前五識。

占察経 隋の菩提燈訳。二巻。巻下の文(正蔵一七-九〇七a)。

地蔵 釈迦と弥勒の中間時代の教化を付属された菩薩。

一実の… 根源的実在とは、人の心そのものである。本質として生滅せず、それ自ら空である。

金剛三昧経 涼代の訳というが、唐初の偽経らしい。一巻。

法は… 第八品の偈(正蔵九-三七三a)。存在は有無の分別を超えている。自ら在るのでもなければ、他によって在るのでもない。始終も生滅もない。成敗は、成立と敗壊。

長寿王経 西晋失訳。一巻。

自然にして… 偈文の部分(正蔵三-三八七c)。主語は仏。経文はこの句の前に、「愛尽きて欲網を破し」とある。師受も師保も同じく師匠の意。志独は意志の独立。往反は往返、玄微は玄妙、清妙は清浄に同じ。

善戒経 劉宋の求那跋摩訳。九巻。

菩薩… 巻二不可思議品(正蔵三〇-九七三b)。

道のために… 道は菩提の道。禅定

*起信論に云く、

*言説《ごんぜつ》の相を離る 文

と。乃至、一代所説の禅要の文、尽く応《まさ》にこの中に説くべけれども、今、少分を出す。余はならびに準じて知れ。

謂く、如来所説の諸経のうち、*もしくは権、もしくは実、みな衆生に*仏心不二の法門を受持せしめんがために、まづ筌蹄《せんてい》を作す、善巧方便なるのみ。

*安然和尚の云く、

この禅宗は、一代釈尊多く筌蹄を施す。最後に心を伝へて教文に滞らず、諸仏の心処なるが故に 文

*智証大師の云く、

即心是《そくしんぜ》仏《ぶつ》を宗とし、心、所著《しょじゃく》無きを業とす 文

と。庶幾《ねが》はくは、末代の学者、該《ひろ》く八蔵を学し、兼ねて万行を修して、偏心《へんしん》に惑はさるること莫く、この禅宗の力をもつて、応に重罪を滅すべし。*大日経疏に云く、

*禅定に拠らずして、般若を得ることは、*この処《ことわり》有ること無し 文

と。もし般若の意を得れば、*かならず滅罪の縁に応ぜん、*実相般若に過ぐるは無きが故なり。天台の止観に云く、

*もし*事の重罪を犯すとも、*四種三昧に依れば、すなはち懺法《せんぼう》有り。*普賢観《ふげんかん》に云く、端坐して実相を念ずる、これを第一の懺と名づく。妙勝定に云く、四重五逆、もし禅定

を修せしめる相手は衆生。

唯識論 玄奘訳。一〇巻。

法界唯識 巻七の頌に「一切唯識」とあるのによる(正蔵三一-三八c)。三界唯心、万法唯識ともいう。存在は意識の転変にすぎぬ意。伝燈録五(正蔵五一-二三九a)。

起信論 馬鳴菩薩造、梁の真諦訳。一巻。

言説の… 解釈分(正蔵三二-五七六a)の句。真如の絶対相をいったもの。

もしくは権… 相手の能力に応じて説くのが権。相手を意識せぬのが実。

仏心不二 絶対の悟り。

安然和尚の… ↓第三門(二一九頁)

智証大師の… ↓第三門(二一九頁)

大日経疏 唐の一行の編。二〇巻。

禅定に… 巻一の取意(正蔵三九-五八二b)。

この処… すじが通らぬ。

かならず… 次に引く止観の要約。安永本は「必応滅罪、滅罪之縁」。

実相般若 般若の実体そのもの。文字般若・観照般若に対していう。

もし… 巻四上(正蔵四六-三九c)。

事の… 心の罪に対して、具体的な犯罪行為の重きもの。小乗では許されぬ罪も、大乗の禅定によれば、懺悔滅罪を許す意。

四種三昧 行住坐臥のうち行坐の二つを常坐・常行・半行半坐・非行非坐の四つに分つもの。

普賢観に… ↓第三門(三一七頁)

を除けば、余は能く救ふこと無し　文

と。ならびにこれ禅宗の典拠とす。

仍つて典拠増信門を立す。

第七、*大綱勧参門《だいこうごんさんもん》とは、三有り。一に*約教分《やくきょう》、二に約禅分《やくぜん》、三に約摠相《やくそうそう》。

初めに約教分とは、謂く、諸教なり。*鈍根《どんこん》の人は、まづ諸教・諸宗の妙義を伺ひ、禅の旨帰《しいき》を学して、修入の方便とするなり。*宗鏡録《すぎょうろく》に、六十部*を引き、三宗*の妙義を蘊《あつ》め、三百余家の語句を注《ちゅう》して、もつて宗旨を釈する、これなり。

次に約禅分とは、謂く、*仏禅《ぶつぜん》なり。文字に拘はらず、心思を繋《か》けず。この故に心意識*を離れて参じ、*凡聖の路を出でて学す。これ*最上利根《さいじょうりこん》の人に約するなり。

三に約摠相とは、謂く、教と云ひ禅と云ふも、但だ名字有るのみ。参と云ひ学と云ふも、またこれ仮名のみ。我*・人・衆生、乃至、菩提・涅槃もみなまた名字、実に所有《しょう》無し。仏*の所説《しょせつ》の法も、またこれ名字にして、実に所説《しょせつ》無し。

この故に、禅宗は*文字の相を離れ、心縁の相を離れ、不可思議にして、畢竟不可得《ひっきょうふかとく》なり。いはゆる、仏法*は法の説くべき無き、これを仏法と名づく。今、禅と謂ふはすなはちその相なり。*前《さき》の三義も悉くこれ仮名《けみょう》なるをもつて、もし人*、仏禅に文字・言語有りと言はば、実にこれ仏を謗《そし》り法を謗るなり。この故に、祖師*は不立文字、直指人心、見性成仏せしむ、いはゆる禅門*なり。名字を取るものはすなはち法に迷ひ、相貌《そうみょう》を取るものもまたこれ顛倒《てんどう》

大綱勧参門　教義の要点をあげて、参禅をすすめる章。

約教分　教を立場として趣旨をまとめるもの。約は集約、分は分類。

鈍根　まず、一般人の立場よりいう。

宗鏡録　↓第三門(四〇頁)

六十部を…　林間録の説。↓補

三宗　華厳・法相・天台の三。

仏禅　仏教そのものとしての禅。

心意識を…　青林の語。↓六五頁

凡聖の…　凡夫と聖者という階級を超えた修行。

最上利根　原理的に仏の立場よりいう。

我…　はじめの三つは、主体的な迷い。あとの二つは、悟りの対象化。

仏の…　経典の言葉もすべて名字で、言葉どおりの実体はない。

文字の…　以下、起信論の語による(正蔵三二―五七六a)。

仏法は…　金剛般若経による語(正蔵八―七五二c)。

前の…　約教分・約禅分・約総分の三つ。

もし人…　右の金剛般若経による。

祖師　ダルマを指す。血脈論のはじめに、「前仏後仏、以心伝心、不立文字」とあり(正蔵四八―三七三b)。

禅門　↓補

仏法は…　魏府華厳長老の語。↓補

一糸毫を…　何人も仏法に対して。

恁麽に　そのように。

些児の…　わずかの精力。

なり。本来動ぜずして物の得べき無きを、仏法を見ると謂ふ。

*仏法は只だ行住坐臥《ぎょうじゅうざが》のところに在り。*一糸毫を添ふることもまた得ず、一糸毫を減ずることもまた得ず。すなはち*恁麼《いんも》に会《え》し去つて、さらに*些児《さじ》の気力を費さざれ。*纔《わずか》に奇特《きどく》玄妙《げんみょう》の商量《しょうりょう》を作《な》さば、すでに交渉《きょうしょう》無し。所以《このゆえ》に、*動《どう》はすなはち生死を起すの本、静《じょう》はすなはち*昏沈《こんちん》に酔ふの郷にして、動静双び忘ずるも、仏性を*顢頇《まんかん》す。摠《そう》に*不《ふ》恁麼《いんも》のとき、畢竟如何。もしこれ旨外《しげ》に宗を明らめば、終に言中に測《はか》るところならず。*直下《じきげ》にすなはち見、*撩起《りょうき》してすなはち行く。*箭すでに絃を離る、返廻《へんえ》の勢ひ無し。千聖もまた*摸《も》捺不著《さくふじゃく》ならん。或いは*いまだこの田地《でんじ》に到らずんば、*切に忌《い》む、*麁《そ》心大胆《しんだいたん》にして、*一向《いっこう》に掠虚《りゃっこ》なることを。*臘月《ろうげつ》三十日に到り得るも、*摠《そう》に用不著《ゆうふじゃく》ならん。

豈に見ずや、*太原《たいげん》の孚上座《ふじょうざ》、*一禅人に笑はれて、即時に禅を得て、名声《みょうしょう》を九州に留むることを。孚云く、

某甲《それがし》、*自来《じらい》、経を講ずる、*只だ父母《ぶも》生身《しょうじん》の鼻孔《びくう》をもつて扭捏《ちゅうねつ》せしのみ。今より已後《のち》、あへてかくのごとくならじ云云

と。*もし人、海に入りて宝を採らば、当《まさ》に如意《にょい》を求むべし。もし如意を得ずんば、その余はみな道《い》ふに足らず。

学道の人、一知半解《いっちはんげ》は誰れか無からん。*只だこれ*この大事《だいじ》を了《りょう》ずることを得ざる底、誠に憂ふべしとす。*古人のいはゆる、

大事いまだ明らめずんば、考妣《こうひ》を喪《も》するがごとくせよ

纔に… 一寸でも殊勝で神妙な計算をするやいなや、仏法と関係ない。

動は… 玄沙の語。↓補
昏沈に… 何の見分けもつかぬ。

顢頇 ぼやかす。ぼかす。

不恁麼 以上のようでないとき。

直下に… ずばりと。

撩起 すっくと立つ。

箭すでに… 玄沙の語。↓補
摸捺不著 手がかりがない。

いまだ… この境地に達せぬものは。田地は地点。

切に… 強く禁ずることば。

麁心大胆 疎略なること。場あたり。

一向に… 全くでたらめ。掠虚はごまかし、かたり。

臘月三十日 臨終に譬える。

摠に… ぜんぜん手がだせぬ。

太原の孚上座 唐末の禅僧。山西省太原県の出身。雪峯義存に嗣ぐ。伝燈録一九、碧巌録第四七則・九九則。

一禅人に… ↓補
自来 これまで。従来。

只だ父母… 物理的に嗅ぎまわすだけ。扭捏は、こねる意。

もし人… 大智度論一二の話による(正蔵二五―一五二a)。如意は摩尼宝珠。念ずれば思いのままに物を生みだす。

只だこれ しかし。但是に同じ。

この大事を… 仏法の究極目的を完成できぬ人。底は、関係代名詞で、上の一知半解の人を指す。

古人 唐の睦州道蹤。↓補

となり。

釈迦老人《しゃかろうにん》、*一大事因縁《いちだいじいんねん》のために、故に世に出現す。且《しば》らく道《い》へ、如何が大事なる。また作麼生《そもさん》か明らめん。*直《じき》に須らく当人《とうにん》大悟すること一回して、親しく見、親しく到つて、方《まさ》に*自家《じけ》の口を開き得て、自家の話を説き得《う》べし。若也《もし》いまだ悟らず、いまだ見ず、いまだ到らずんば、たとひ*五千四十八巻を説き得て、*水を盛つて漏らさざるも、また只だこれ*法《ほっ》身量辺《しんりょうへん》の事《じ》なるのみ、この大事において、遠うして遠し。

試みに古人の悟処《ごしょ》を挙《こ》せん、当《まさ》に*商量《しょうりょう》して看るべし。*羅山和尚《らざんおしょう》のごときは、一日、*石《せき》霜《そう》和尚に問ふらく、

*起滅《きめつ》して停《とど》まらざるとき、如何。

霜の云く、

直《じき》に須らく寒灰枯木《かんかいこもく》にし去り、*一念万年《いちねんまんねん》にし去り、*函蓋相応《かんがいそうおう》し去るべし。

山*、契《かな》はず。却つて*岩頭《がんとう》和尚のところに往きて、またかくのごとく問ふ。岩頭和尚、すなはち喝《かつ》して云く、

*これ誰れか起滅する。

山、言下《ごんか》において忽然大悟《こつねんだいご》す。

*且《しば》らく道《い》へ、箇《こ》の什麼《なに》をか悟る。*古人、*玆《これ》を念ふこと玆《ここ》に在り。十二時の中に向《おい》て、工《く》夫《ふう》を做《な》して、*直にこれ悟《ご》をもつて則《そく》とす。*只だ、心下《しんげ》の塵慮紛擾《じんりょふんじょう》として起滅し停まらざるに縁つて、所以《このゆえ》にこの一問を発して、この事を決明《けつみょう》せんとす。*尊宿《そんしゅく》、病に応じて薬を与ふ。


一大事因縁の…　法華経方便品の句（正蔵九―七a）。

直に…　どうしても…せねばならぬ。

自家の…　自分の口で個性あることばを吐く。

五千四十八巻　→補
水を…　宋の法雲円通の語。→補
法身量辺の…　単なる原理論。→六三頁「一禅人に…」補
商量　思量する。考える。

羅山　五代の禅僧。名は道閑。福州の羅山に住した。巌頭全奯の法嗣。祖堂集九、伝燈録一七。話は正法眼蔵巻五（続蔵二―二三―六三b）による。

石霜　名は慶諸（八〇七―八八八）。湖南の石霜山に住した。祖堂集六、宋高僧伝一二、伝燈録一五。

起滅して…　意識が動いてやまぬ。

一念万年　時間の推移がないこと。信心銘の句（正蔵四八―三七七a）。

函蓋相応　内部をうかがわせぬこと。蓋と中身がぴったりする意。

山…　羅山は石霜の答えに満足せぬ。

岩頭　名は全奯（八二八―八八七）。鄂州の巌頭山に住した。宋高僧伝二三、祖堂集七、伝燈録一六。

これ誰れか…　動いてやまぬのは汝自身だということ。

且らく…　以下、栄西の説明。

古人　羅山を指す。

玆を…　一つのことを思って忘れぬ。

直に…　ただ悟ることだけが問題。

潙山警策の語（正蔵四八―一〇四三c）。

或いは一服《いっぷく》にしてすなはち効《こう》するもの有り、或いは多方修合《たほうしゅごう》し、百般針艾《ひゃっぱんしんがい》して、方《まさ》に応ずるもの有り。唯だ病去り薬除き、全体軽清なるをもつて験《けん》とす。*後来《こうらい》の学者、本源に達せず、強ひて優劣《うれつ》を分つ。且《か》つ道《い》ふ、

*石霜が為人《いにん》の語は死す、岩頭が為人の語は活す

と。かくのごときの見解《けんげ》、*草鞋《そうあい》を買つて行脚《あんぎゃ》して始めて得ん。*鉤頭《こうとう》の意《い》を領《りょう》せず、錯つて定盤星《じょうばんじょう》を認む。いはゆる、*師子《しし》は人を咬み、狂狗は塊《つちくれ》を逐ふなり。

大凡《おおよそ》、尊宿は言《こと》虚しく発せず。須らくこれ学者、*択法眼《ちゃくほうげん》を具《ぐ》して、方《まさ》に能く*針芥《しんけ》相ひ投ずべし。若也《もし》好悪を識らずんば、正に*剡渓《えんけい》に船を撑《さお》さすがごとし。如何《いかん》が彼の岸に到ることを得ん。

また、*天皇《てんのう》和尚の云く、

*性に任せて逍遙《しょうよう》し、縁に随つて放曠《ほうこう》せよ。但《た》だ凡情《ぼんじょう》を尽せ、別に聖解《しょうげ》無し、と。

もし指示を要せば、尽くこれ蛇のために足を画くなり

*青林和尚の道《いわ》く、

*祖師門下、*鳥道玄微《ちょうどうげんみ》、功窮《こうきわま》つてみな転ず、究めざれば明らめ難し。*這裏《しゃり》に到つて直《じき》に須らく心意識を離れて参じ、凡聖の路を出でて学して、方《まさ》に*保任《ほうにん》すべし、と。

もしかくのごとくならずんば、宗門の子息《しそく》にあるべからず。乃至《ないし》、古徳の妙語、一代の幽旨《ゆうし》、このうちにおいて尽くこれを載《の》すべけんや云云。

*もし行人有りて、この法を修行せんと欲するものは、応《まさ》に学般若《がくはんにゃ》の菩薩《ぼさつ》なるべし。当《まさ》

只だ…　胸中のさわぎがおさまらぬというただそのことのために、それでかれは質問した。「只だ」、「縁つて」、「所以に」とつづく。

尊宿　老大家。ここでは巌頭。

後来の…　何人の語か不明。

石霜が…　石霜は羅山を殺し、巌頭は活かした。為人は、方便の意。

草鞋を…　修行をし直さねばならぬ。

鉤頭の…　釣針の目的に気づかないで餌にとびついたり、秤のめもりを読みちがえること。碧巌録第二則の評唱に見える語(正蔵四八-一四二c)。

師子は…　→第三門(三四頁)

択法眼　真実をみぬく力。

針芥…　機縁がかなうこと。→補

剡渓に…　王徽之の故事。→補

天皇和尚　中唐の禅僧。名は道悟(七四八-八〇七)。荊州の天皇寺に住した。祖堂集四、宋高僧伝一〇、伝燈録一四。

性に任せて…　→補

青林和尚　唐末の禅僧。名は師虔。良价の後をついで洞山に住した。祖堂集八、伝燈録一七。→補

祖師門下　禅を学ぶもの。

鳥道玄微　人跡の絶えたところ。視聴の及ばぬところ。→補

這裏　ここ。鳥道を指す。

保任　わが身にひきうける。

もし行人…　以下、坐禅儀の抄録。→補

に大悲心《だいひしん》を起し、弘誓願《ぐぜいがん》を発し、三昧《ざんまい》を精修《せいしゅ》し、*大菩薩《だいぼさつ》の清浄《しょうじょう》の妙戒《みょうかい》を具《ぐ》し、広く衆生を度して、一身のために独り解脱を求めざるべし。

爾して乃ち、*諸縁《しょえん》を放捨《ほうしゃ》し、万事を休息《くそく》し、*心身一如にして、動静《どうじょう》間《へだ》て無く、その飲《おん》食《じき》を量《はか》つて多からず少からず、その睡眠《すいめん》を調《ととの》へて節《せつ》せず恣《ほしいまま》にせず。*結跏趺坐《けっかふざ》して、目須らく微《すこ》しく開くべし。気息《きそく》すでに調うて、久久《きゅうきゅう》にして縁を忘《ぼう》ぜば、おのづから*一片と成らん。もしこの意を得ば、自然《じねん》に*四大《しだい》軽安《きょうあん》ならん。いはゆる*安楽の法門なり。

もしすでに発明するものは、*竜の水を得るがごとし。いまだ発明せざるものも、*但《た》だ肯心《こうしん》を弁《べん》ぜよ、かならず嫌退《けんたい》せざれ。*定《じょう》を出づるのときは、徐徐《じょじょ》に身を動かし、安《あん》詳《しょう》として起て。一切時中、定力《じょうりき》を護持《ごじ》すること、嬰児《えいじ》を護《ご》するがごとくならば、すなはち定力成《じょう》じ易《やす》からん。所以《このゆえ》に、*珠を採るは宜しく浪の静かなるを須《もち》ふべし、動水には取り難し。定水澄清《じょうすいちょうしょう》ならば、心珠《しんじゅ》おのづから現ぜん。

*円覚経《えんがくきょう》に云く、

無礙《むげ》清浄の慧《え》は、みな禅定に因つて生ず 文

と。ここに知んぬ、*凡《ぼん》を超え聖《しょう》に入ることは、かならず静縁《じょうえん》を仮《か》る。行住坐臥、須らく定力に憑《よ》るべし、最も急務とするなり。

もし定を成ぜんと欲せば、かならず戒行を須《もち》ひよ。もし*戒品無くして禅定を得るものは、この処《ことわり》有ること無し。

*禅法要《ぜんぼうよう》に云く、

大菩薩の… この句、坐禅儀になし。

諸縁を… 伝燈録六の百丈の語による(正蔵五一-二五〇a)。

心身一如 身心と書くのが正しい。

結跏趺坐 両足を組んで甲の裏を両腿の上に安ずる坐法。跏は足を交えること。趺は足のうら。

一片 一枚。一つのかたまり。

四大… 身体の調子がよい。四大は、地水火風。坐禅儀は、つぎに「精神爽利」とあり。

安楽の… 法華経安楽行品をうけることば。→第三門(一八頁)

竜の… 本来の力を完全に発揮する譬え。碧巌録第八則の垂示(正蔵四八-一四八a)。

但だ… 潙山警策の句によるもの(正蔵四八-一〇四三b)。

定を出づる… 禅定の姿勢を解く。

珠を採るは… 洞山良价の句による。→補
円覚経 唐の仏陀多羅訳。一巻。圭峰宗密の注釈各種あり。引用は弁音菩薩の偈(正蔵一七-九一九a)。

凡を超え… 悟りの力は誰でも平等に具えているが、その実現には禅定が条件となる。「最も急務とす」までが、ほぼ坐禅儀の取意で、つぎは栄西の補足。

戒品 戒律の規定。各条項。

禅法要 秦の羅什訳。禅法要解二巻。

譬へば… 上巻末尾の附記に見える(正蔵一五-二九二b)。

譬*へば獼猴《みこう》の繋がれて柱に在り、終日馳走《ちそう》すれども、鎖常に掣して還る、極まればすなはち休息《くそく》するがごとし。*所縁《しよえん》は柱に在り、*念はすなはち鎖のごとし、心は獼猴に喩ふ。行者の観心も亦復《また》かくのごとし。漸漸《ぜんぜん》に心を制して縁処《えんじよ》に住せしむ。もし心久しく住すれば、これ禅法に応ず。*この故に、この禅を成ぜんと欲せば、持戒清浄にして、瑕疵《かし》有ること無く、禁戒もて心を調ふること、彼の獼猴のごとくせよ 文

戒*経に云く、

心を繋《か》けて放逸《ほういつ》ならしめざること、また猴の鎖に著くがごとくせよ 文

と。

*予はこれ扶桑《ふそう》の野人、本より林麓の間に居す。*例に随つて遠く江海に遊び、*垢衣《くえ》を披《ひ》して日を度《わた》る。独り面壁してもつて言無く、甘んじてみづから守つて*聞《もん》する無し。深く平生《へいぜい》の百拙を媿《は》づ。比者《このごろ》、少しく古人の行履《あんり》に倣ひ、*漢家《かんけ》の道風《どうふう》を伺ひ、*しばしば慇にしばしば歇す。*纔《わずか》に香を炷《た》いて、当下《とうげ》にすなはち賓主《ひんじゆ》を分つ。幸《さいわい》に祖令《それい》を提げて、夙《はや》く発明すること有り、*出身入道《しゆつしんにゆうどう》の式《しき》、*打畳《たじよう》して帰る。すでに*打成一片《たじよういつぺん》なることを得たり。日本国において、祖道すなはち大いに興ることを得んと欲す。*保任罄祝《ほうにんけいしゆく》の情、只だここに在り。因つてもつて*都盧《とろ》に打畳《たじよう》して、還つてこれを祝す。一字の伝授し流行すべき無し。*いはゆる、*尼犍子《にけんし》の数貶《すへん》、*脩伽陀《しゆかだ》の一黙《いちもく》、ならびに応《まさ》に符合《ふごう》すべし。

それ、*宗底《しゆうてい》の浅深《せんじん》は、*情を得てこれを識れ。門を扣《たた》き空を操《と》つて疲労すること莫れ。

竜樹《りゆうじゆ》大聖の意に云く、

所縁は… 禅定の対象は柱に当る。

念は… 意識の集中は鎖に当る。

この故に… 以下の出典は不明。

戒経 一般に梵網経を指すが、引用の出所を明らかにし得ない。

予はこれ… 以下、栄西の述懐。

例に… 出家沙門の先例にならう。

垢衣 袈裟をいう。原色ならぬ意。

聞する無し あえて上奏しなかった。

漢家の… 虚庵の室に入ったこと。

しばしば… 不明。大いに努力し、大いに休歇を得る意か。安永本は「慇」を「勤」に改む。

纔に… 虚庵に参じて、たちまち許されたこと。香は相見のあいさつ。賓主は師弟の関係。

出身… 悟りをひらき道を得る方法。

打畳 つみあげる。くみしく。

打成一片 完全に一つになる。

保任罄祝 わが身にひきうけて、ひたすらに祈る。保任は→六五頁注。罄は無心の意。

都盧 すべて。みな。

いはゆる 以下の故事、目下のところ出所を知らない。

尼犍子の… 外道が仏陀をくりかえし非難したこと。尼犍子はジャイナ教の祖、ニガンタ。

修伽陀の… 仏陀は黙して何も答えぬ。修伽陀は仏の十号の一。善逝。

宗底 宗旨そのもの。

情を得て… 意を得て筌を忘るること。情はこころ。

*有もまた無、無もまた無、有無もまた無、非有非無《ひうひむ》もまた無、かくのごとく言説するもまた無 文

また云く、

*戯《け》無く文字《もんじ》無し、もし能くかくのごとく観ずれば、これをすなはち仏を見るとす 文

と。禅宗の大綱、かくのごとし。また、*楞伽経《りょうがきょう》に四種の禅有り、一に*愚夫所行禅《ぐふしょぎょうぜん》、二に*観察相義禅《かんさつそうぎぜん》、三に*攀縁如実禅《はんえんにょじつぜん》、四に*如来清浄禅《にょらいしょうじょうぜん》と。謂く、*如来地《にょらいじ》に入りて、*自覚聖智《じかくしょうち》の相《そう》を行ずる、これ禅の相なり。

寛文六丙午の年、林鍾《りんしょう》吉辰《きっしん》

八尾六兵衛 刊行

興禅護国論 巻の中

有もまた… 大智度論一一の文(正蔵二五-一三九c)。
戯無く… 大智度論一八(正蔵二五-一九〇b)。→第六門(五八頁)
楞伽経 引用は入楞伽経二の文による(正蔵一六-四九二a)。
愚夫所行禅 世間一般の禅。功利的な目的意識による瞑想。
観察相義禅 世間の無常、存在の空無なることを観ずるもの。
攀縁如実禅 真如実相の理にとどまるもの。
如来清浄禅 禅宗の立場。→清浄如来禅(四四頁)
如来地 仏位。
自覚聖智の相 自然智、無師智の立場。法界体性智、金剛智などという。

興禅護国論　巻の下

大宋国の天台山留学、日本国の阿闍梨、伝燈大法師位　栄西跋す

第七門の余。

方今《いま》、この禅をもつて、*末世の稚子《ちし》に勧《すす》めて、*直道《じきどう》の縁とせんと欲す。*少聞薄解《しょうもんはくげ》の輩と云ふといへども、*大鈍少智《だいどんしょうち》の類《たぐい》と云ふといへども、もし専心《せんしん》に坐禅せば、すなはちかならず道を得ん。*善戒経《ぜんかいきょう》に云く、

　禅を修すれば、現世に楽を受く。身心寂静《じゃくじょう》なるはこれ自利、身心静なるが故に、衆生を悩まさざるはこれ利他なり　文

*修禅要決《しゅぜんようけつ》に云く、

　*吾が和上闍梨《わじょうじゃり》の相承《そうじょう》のごときは、*一途直爾《いっとじきじ》に禅を学《がく》して、多聞少聞を問ふこと無し　文

と。然ればすなはち、鈍根《どんこん》の人といへども、心を仏戒《ぶっかい》に繋《か》けて、動静一如《どうじょういちにょ》にして念を衆生に存し、邪見を休息《くそく》して仏語を信受し、*心を一境に制して諸の*縁務《えんむ》を息む、これ真の修禅の人なり。*遺教経《ゆいきょうぎょう》に云く、

　この戒に依因《えいん》して、諸の禅定および滅苦の智慧を生ずることを得　文

末世の稚子　大乗の力いまだ微弱なる人々。稚子は法華経譬喩品の語気。

直道の縁　仏位に至る方法。直道は根元の道。

少聞…　無学小知。努力せぬ人。

大鈍…　生来の劣智。

善戒経　↓第六門(六〇頁)

修禅要決…　多聞を修禅の条件とするかどうかの答え(続蔵二―一五―四九a)。

吾が和上…　われらの法門では。和上、闍梨はいずれも師匠のこと。

一途直爾　ひたすら。もっぱら。

心を…　一つの対象に意識の動きをとどめる。制は制止。

縁務　生活・人事・伎能・学問の四つ。

遺教経　↓第三門(三六頁)

と。凡そ一句の仏説を信ずるは、これ万徳《まんとく》の直道《じきどう》なり。*調達《ちょうだつ》のごときは、阿難《あなん》に五神通の法要を受けて、一夏《いちげ》に修してすなはち得たり。*周梨《しゅり》般陀《はんだ》のごときは、只だ仏の一偈を受けて、阿羅漢を得たり。*有る偈に云く、

*もし人静坐すること一須臾《いちしゅゆ》なるも、恒沙の七宝の塔を造るに勝れり。
宝塔は畢竟して、化して塵と為《な》る、一念の静心は正覚を成《じょう》ず　文

また、*雑宝蔵経《ぞうほうぞうきょう》に云く、

*むかし、比丘《びく》有り、年老いて*昏塞《こんそく》なり。少比丘の*四果の法を説くを見て、心に*欣楽《ごんぎょう》を生じ、諸の少比丘に語《かた》る、願はくは四果をもつて我れに与へよ。諸の少比丘、嗤《わら》つて語りて曰く、我れに四果有り、須らく好食を得て、然るのちに相ひ与ふべし。ときに老比丘、歓喜《かんぎ》してすなはち餚饍《こうぜん》を弁《べん》じてこれを待《たい》す。諸の少比丘、老比丘を弄《ろう》して語りて曰く、汝この舎《しゃ》の一角に在りて坐せよ、当《まさ》に汝に果を与ふべし。ときに老比丘、歓喜して坐す。諸の少比丘、すなはち*皮毱《ひきく》をもつてその頭上を打つて語りて曰く、これはこれ須陀洹果《しゅだおんか》と。老比丘、聞き已つて、繋念《けねん》して散ぜず、すなはち初果を獲《え》たり。諸の少比丘、復たこれを弄して言ふ、汝いま初果を得るといへども、然れども*七生七死有り、さらに一角に移れ、と。乃至、復た毱《きく》をもつて打つ。老比丘、益加《ますます》専念してすなはち二果を証す。乃至、老比丘を将《ひき》ゐて次第に移り坐せしめ、四果を証し已る。心大いに歓喜し、諸の餚饍・種種の香華を設け、少比丘を請じてその恩徳に報じ、諸の少比丘と共に*道品《どうぼん》を論ず。諸の少比丘、言を発して*滞塞《たいそく》す。ときに老比丘、方《まさ》にこ

調達の…　大智度論一四に説く故事（正蔵二五-一六四c）。調達は提婆達多のことで、はじめは名利のために神通を求めたが、弟の阿難によって非を知ったという。五神通は、空中を走り、遠くの音を聞きわけ、他人の心を知り、前世および来世を見通す力をいい、禅定によって得られる能力。

周梨般陀　法句譬喩経二に説く話（正蔵四-五八八c）。周梨般陀は般特ともいい、仏弟子のうちもっとも愚昧とされる人。

有る偈に…　周梨般陀とは別の話。宋高僧伝二〇の無著章に、文殊の誦したものとする（正蔵五〇-八三七a）。

もし人…　一坐の禅定もその功徳は無数の造塔に勝る。一須臾は、もっとも短い時間の単位。恒沙はガンジス河の沙の数で、無限の意。七宝は金・銀・瑠璃・硨磲・瑪瑙・琥珀・真珠の七つ。ただし、異説あり。

雑宝蔵経　魏の吉迦夜と曇曜の共訳。一〇巻。

むかし…　巻九の老比丘得四果縁（正蔵四-四九四a）。

昏塞　おろかでふさがること。

四果　→第二門（一四頁）

欣楽　得たいとおもう心。欲望。

皮毱　毛皮製のまり。坐禅のとき睡気を払う禅毱であろう。

七生七死　小乗修道の階位で、初果は見惑を断じて思惑を断ぜず、なお

れに語りて言く、我れすでに阿羅漢果を証得す、と。諸の少比丘、ことごとくみな戯《げ》弄《ろう》の罪を懺悔《さんげ》す 文

また云く、

*むかし女人有り、深く三宝を信ず。一比丘を請じて供養《くよう》することすでに訖《おわ》る。女人、至心《ししん》に目を閉ぢて静坐し、説法を求請《ぐしょう》す。比丘、*解《よ》くせずして、身を潜めて寺に帰る。然るにこの女人、*有為《うい》の無常・苦・空にして、自在を得ざることを念じて、深心に観察して須陀洹果《しゅだおんか》を獲《え》たり。すでに果を証し已つて、寺に向つて求覓《ぐみゃく》して、もつてその恩に報ぜんとす。比丘、慙恥《ざんち》して一向に蔵《かく》れ避くるも、苦《ねんごろ》に求められて方《まさ》に出づ。この女、具《つぶさ》に*道果《どうか》の因縁を謝《しゃ》す。比丘はなはだ愧づ 文

と。ならびに*信心の徳なり。大智度論に云く、

*仏法の大海は、信を能入《のうにゅう》とす 文

と。*真言宗にこの文を引いて、釈して云く、

*梵天王《ぼんてんのう》、*転法輪《てんぼうりん》を請《しょう》ずるときのごとき、仏は偈を説いて言く、

我れ今、*甘露味門《かんろみもん》を開く、もし信有るものは歓喜を得ん

と。この偈のうち、*施・戒・多聞・忍・進・禅・慧の人の、能く歓喜を得ることを言はずして、独り信の人を説く。仏意《ぶっい》かくのごとし。乃至、故に信力をもつて初めとす、

*慧等に由つて能く初めて仏法に入るにあらず 文

金剛般若経に云く、

七たび生死を経て二果に至るとするもの。

道品 修道の段階。三十七道品。

滞塞 絶句する。つまること。

むかし女人… 同書九の女人至誠得道果縁(正蔵四-四九四c)。

解せずして 説法ができないこと。

有為の… 有為の法はすべて無常であり苦であり空であって。有為は意識的な存在。無常・苦・空は原始仏教の三綱要。

道果 さとりの果実。

信心の徳 真実だと考える力。以下鎌倉新仏教に共通する信の理解。

仏法の… 巻一の句(正蔵二五-六三a)。如是我聞の如是を分析する文。

能入 入る力。仏法の初門。智を能度とするのに対する。

真言宗に… 大日経義釈一を指す(続蔵一-三六-二六四b)。

梵天王 インド古代の民俗神の総称。

転法輪 仏陀が悟りの内容を公表すること。真理の輪を回転するのは、理によって人を伏する意。

甘露味門 涅槃への道。甘露は梵天の飲料で、天満と訳す。これを飲めば不死を得るといい、仏陀の教に譬える。

施… 六度(→三四頁)に多聞、すなわち経典の学習を加えた七つの功徳。

慧等によつて… 信を右の七つ以上の徳とするもの。

*信心清浄なれば、すなはち*実相を生ず　文

*法相宗の*慈恩の*釈に云く、

謂く、一念の信、*薫習《くんじゅう》して心に在れば、能く無辺広大の生死を破す　文

また、*淄州《ししゅう》の*釈に云く、

*無相真如《むそうしんにょ》を証すること能はずといへども、但《た》だ信解《しんげ》すれば、また能く悪を除く　文

と。この故にまづ師の片言を信解すれば、すなはち仏法の禅定海中に入る。只だ一切の仏法は信をもつて能く修入す。

*起信論に云く、

問うて曰く、諸仏無辺の方便、能く*十方において衆生を利益す。何の故にか衆生は常に仏を見、或いは*神変《じんぺん》を覩《み》、或いは説法を聞かざる。

答へて曰く、如来はかくのごときの方便有り、但《た》だ衆生がその心の清浄なることを要して、すなはちために身を現ず。鏡に垢《く》有れば*色像《しきぞう》現ぜず、垢除くときすなはち現ずるがごとし。衆生もまた爾《しか》り。心いまだ垢を離れざれば法身現ぜず、垢離るるときすなはち現ず　文

*入印法門経《にゅういんほうもんぎょう》に云く、

*仏、文殊に告げたまはく、譬へば日月輪《にちがつりん》の閻浮提《えんぶだい》におけるがごとし。一切の器水、清浄にして濁らざれば、障礙《しょうげ》を離れて、みな悉く現見すれども、しかも日月輪は本処に動ぜず。如来もまた爾《しか》なり。*化《け》すべき衆生、自心清浄なれば、みな如来を見れども、

信心…　離相寂滅分一四(正蔵八-七五〇b)。
実相　虚妄分別を離れた智慧。経文は続いて、「まさに知るべし、この人は第一希有の功徳を成就す」とあり。
法相宗　唯識宗。玄奘を祖とす。
慈恩　玄奘の高弟。法相宗の二祖。名は窺基(六三二—六八二)。長安の慈恩寺にいた。著書多し。
釈　窺基に金剛経賛述あるも、引用の句を見出し得ない。
薫習　衣服にたきこめた香のように、身口意の余習が心の奥底に善悪の働きを残すこと。
淄州　玄奘の弟子、名は慧沼(六五〇—七一四)。山東省の淄州大雲寺にいたらしい。
釈　不明。
無相真如　法性の理。真理そのもの。
起信論　唐の実叉難陀訳。二巻本の下(正蔵三二-五九〇a)。
十方　天地四方と四隅。
神変　奇蹟。十八種の神変あり。
色像　ものの形。すがた。
入印法門経　魏の曇摩流支訳。五巻。
仏…　巻四の取意(正蔵一〇-九五二b)。
化すべき衆生　教化される人々。
発起　信心を起すこと。
決択　ととのえる。
欻然として…　忽ち自心に覚める。
大経のうちの…　→第一門(一三頁)
四分…　→第一門(一一頁)
外に…　身口は仏弟子の形、その心

しかも諸の如来は、本のごとくに動ぜず。かくのごとく、十方一切世界の衆生は、*発《はっ》起《き》の心中に、みな悉く現前す 文

と。今、この禅宗の衲子《のっす》、身心を*決択《けっちゃく》し、戒律を守護し、心水澄浄《しんすいちょうじょう》ならば、*欻然《くつねん》として心を見て、念念に諸の波羅蜜に相応せん。鈍根小智といへども、持戒清浄ならば、業雲《ごううん》消除し、心月朗然たらん。*大経のうちの扶律説常のごとき、すなはちこの意なり。

問うて曰く、「爾《しか》らば応《まさ》に何の戒に依つて参禅すべきや」。

答へて曰く、「*四分《しぶ》・梵網等《ぼんもうとう》の戒、これ方《まさ》に宜しきところなり。*外に声聞《しょうもん》の威儀《いぎ》を学《がく》し、内に菩薩の慈心を持《じ》するが故なり」。

問うて曰く、「*五篇《ごひん》・*七聚《しちじゅ》はこれ小行《しょうぎょう》の意なり。*兼ね備ふること、何の要ぞや。謂く、*声聞の持戒はすなはち菩薩の破戒なり、と。*瑜伽《ゆが》の菩薩地《ぼさつじ》に、広く*持犯《じぼん》の不同を明かせるをや」。

答へて曰く、「*仏法の本意は、唯だ悪を避け非を防いで、もつて旨《むね》とするなり。その持犯*開遮は、*意に得てこれを修せば、ならびに妨げ無けんか。

*道宣律師《どうせんりつし》云く、

或るひとの云く、我れはこれ大乗の人、小乗の法を行ずることを要せず、と。これすなはち、内は菩薩の心に乖《そむ》き、外は声聞の行を闕く。法を知るの達士にあらざるよりは、孰《た》れか能くこれを鑒《かんが》みるものならんや 文

と。甚深《じんじん》なるかなこの言や、禅宗の要枢とするなり。

は菩薩の利他行。空の悟りを身心に具現する意。→三九頁「外は…」注

五篇 波羅夷・僧伽婆尸沙・波逸提・波羅提提舎尼・突吉羅の五で、それぞれの語義と数目については、すでに第一門(一一頁)に見える。ただし、突吉羅は軽犯罪の意で、四分律の二不定・一百衆学・七滅諍の三つを一括するもの。篇は、律蔵における罪の規定の区分をよぶ語。

七聚 五篇の第三に波羅夷と僧残の未遂に関する規定として、偸蘭遮を加え、第六の突吉羅のうちより言論に関するものを別出して第七悪説としたもの。

兼ね備ふる… 菩薩戒の前に小行をのこらず守ること。

声聞の持戒は… 戒律の形骸化を批判するもの。修禅要決(続蔵二-一五-四九b)、および大宝積経九〇(正蔵一一-五一六c)に見える。

瑜伽の菩薩地 玄奘訳、瑜伽師地論。一〇〇巻。瑜伽は修行の意。菩薩地は巻三五—五〇を指し、今はその戒品(正蔵三〇-五一〇c)の説。

持犯の… 持戒と破戒について、大小乗における考え方の相違。

仏法の… 諸悪莫作、衆善奉行、自浄其意、是諸仏教の意。

開遮 その行為を許すと制すると。

意に得て… 身口意三業のうちの意。

道宣律師云く 教戒律儀の序(正蔵四五-八六九b)。

天台宗の弘決に云く、
*問うて云く、今、*衍門《えんもん》を明かすに、何ぞ*小検《しょうけん》を須《もち》ひて*十種得戒《じっしゅとくかい》の人を明かすや。答ふ、*涅槃のうち、処処に律を扶《たす》く。今ここもまた爾《しか》なり、小を方便とするなり。故に知る、*出家の菩薩は、*六和・*十利、声聞と同じく、六度・四弘《しぐ》、小行に異なることを。もし在家の菩薩ならば、三帰・五戒、ことごとく菩提に趣く。況んや復た梵網の*八万の威儀は、*七衆ならびに*資《し》し、*五道通じて被《こおぶ》るをや。豈に破戒を容《ゆる》して、称して*仏乗とせんや。故に*乗戒《じょうかい》の四句をもつて*対簡《たいけん》す 文

*また云く、
*大経および*十住婆娑《じゅうじゅうばしゃ》は、みな篇聚《ひんじゅ》を指《ゆび》さして云ふ、菩薩摩訶薩はこの禁戒《きんかい》を持《じ》すと。当に知るべし、戒に大小無く、受者の心期《しんご》に由ることを。これすなはち、*中道あまねく空仮および事の律儀に入りて、方《まさ》に名づけて具足持戒とすることを得るなり 文

*次上《じじょう》の文に云く、
*涅槃のうちの五篇・七聚は、ならびにこれ出家菩薩の律儀なり 文と。これならびに大小の戒を、如来禅修入《にょらいぜんしゅにゅう》の方便とするの意なり」。

*或るひとの云く、
*戒緩乗急《かいかんじょうきゅう》の人、仏世に値ふ、何ぞかならずしも戒行を須ひん、と云云

この言はこの理無し。孰《た》れか戒緩を好まんや。戒緩の人の仏世に値ふと謂ふは、これ竜畜《りゅうちく》等《とう》の悪身をもつて長寿の報《ほう》を感じ、願力をもつての故に仏世に値ふなり。人中・天上にお

問うて… 巻四之一(正蔵四六‐二五四a)。
衍門 大乗の立場。摩訶衍の門。
小検 小乗戒。検は戒検。
十種得戒 出家受戒について十の別。→補
涅槃の… →第三門(三六頁)
出家の菩薩 次の在家の菩薩に対していう。大乗仏教の二つの構成者。
六和 仏教者はすべて身口意の三業と戒・見・学の六つにおいて、自ら卑しくして他に和し他を敬うこと。
十利 →補
八万の… 仏戒を受けたものに具する功徳。八万は無数の意。梵網経に八万威儀品あり。
七衆 →一一頁注
資し もちいる。
五道 天・人・地獄・餓鬼・畜生。
仏乗 三乗の外、四乗の最後。
乗戒の… 乗戒を緩急に配するもの。
対簡 大小乗の戒の相違を、その哲学との関連において明らかにする意。
また云く 弘決四之一(正蔵四六‐二三五a)。
大経 涅槃経一一聖行品(正蔵一二‐四三二b)。
十住婆沙 華厳十地品の注。竜樹造、羅什訳。一五巻。但し相当の句不明。
中道… 大小のない中道の智慧をもって、すべての戒律を持すること。空仮は真空と妙有。事の律儀は、戒の条項を一つ一つ守ってゆくこと。

いて仏に値はば、増《ますます》善をなすなり。天台宗の止観に云く、
*凡そかくのごときは、*因果《いんが》差降《さこう》し、昇沈《しょうちん》一にあらず。云何《いかん》ぞ難じて言はん、*理戒得道《りかいとくどう》す、何ぞ事戒を用ひんや、と。幸に人天において道を受く。何の意ぞ、苦しんで三途に入らん 文

と。今のこの文、妙なるかな。但だ、大経に云く、
*戒緩《かいかん》を緩《かん》と名づけず、乗緩《じょうかん》を名づけて緩とす 文

と。この文は四句のうち、*乗戒倶《じょうかいぐ》緩《かん》の人に約してかくのごとく云ふなり。好んで戒緩を可とするにあらず。また、止観に云く、
*また*経に云く、寧《むし》ろ*提婆達多《だいばだった》と作《な》るとも、*藍弗《らんほつ》と作らざれ 文

とは、これこの意なり。弘決に云く、
*豈に破戒を容《ゆる》して、称して仏乗とせんや 文

と。この文のごときは、乗もし急なりといへども、破戒ならば、すなはち名づけて仏乗とすべからざるを云ふなり。況んや、この禅宗は*始めより長遠《じょうおん》の果《か》を望まず、敢へて後日の益《やく》を期《ご》せず、浄戒をもつて方便として、*眼前《げんぜん》の毒箭《どくせん》を抜き、即生《そくしょう》の妙悟《ご》を期するをや。
*善戒経に云く、
菩薩、禅定を修《しゅ》すれば、現世に楽を受く。身心寂静《しんじんじゃくじょう》なる、これを自利と名づく。身心静なるが故に、衆生を悩まさざる、これを利他と名づく 文

と。*今、言ふところは、みな来世の報に約す。これみな大乗諸宗の旨なり。すなはちまた、

次上の文　弘決四之一(正蔵四六‐三五四c)。
涅槃　涅槃経一一聖行品(正蔵一二‐四三二c)。
或るひと　個人名を知り難い。
戒緩…　戒を欠くも空の理を把んでいたため三途の身をもって三蔵経を聞いて得道した例が、止観四上にある(正蔵四六‐三九a)。
凡そ…　巻四上(正蔵四六‐三九c)。
因果…　過去世の因に対し、現在の果が低くて、その昇沈が一定しない。差降はある犯罪に対し、身分によって罪の軽重あること。
理戒…　戒は教理によって定まり、形式的に一定せぬとする考え。
戒緩を…　巻六の四依品(正蔵一二‐四〇〇c)。菩薩には乗急あるも戒緩なし。
乗戒倶緩　↓補
また…　巻二下(正蔵四六‐二〇a)。
経　雑阿毘曇心論九(正蔵二八‐九四九c)。
提婆達多　↓補
藍弗　欝頭藍弗。欝陀羅伽とも書く。外道の禅定主義者。↓補
豈に…　前出(七四頁六行目)。
始めより　安永本は「必ずしも」。
眼前の…　箭喩経による語。↓補
善戒経　↓第六門(六〇頁)
今…　先の或るひとの言(七四頁)、および止観、大経などの説。

この宗の意に異なる、難とすべからず。この宗はこれ眼前に*魔羂《まけん》を割《さ》きて、如来の行と等しからんと欲するなり。善戒経に云く、

*仏、禅定に在れば、魔、*便《たより》を伺《うかが》ふことを得ず 文

と。それ、「*戒緩乗急、仏世に値ふ」の文に憑《よ》りて、好んで破戒するものは、*何ぞ金宝《きんぽう》を齎持《せいじ》して餓死《がし》するに異ならんや。況んや、*止観の「戒緩、仏に値ふ」の文、*大経の「戒緩を緩と名づけず」の説は、ならびにこれ*破戒毀禁《はかいききん》の輩を謂ふにあらざるをや。*重罪《じゅうざい》を犯《ぼん》するものは戒緩と謂はず、応《まさ》に破戒と云ふべきなり。いはゆる戒緩とは、軽罪《けいざい》を全うせざるものなり。もし四重・五逆のものは、かならず*無間地獄に入る。故に*忽《ゆるがせ》に仏の出世に値ふべからず。軽罪を犯するものは、竜畜等に堕《だ》し、長寿を感じて仏世に値ふべし。庶幾《こいねが》はくは、汝等、邪語《じゃご》を罷《や》め、身口《しんく》清妙《しょうみょう》にして聖教《しょうぎょう》の誠諦《じょうたい》に随ひ、意念浄潔《いねんじょうけつ》にして大悲の妙門に入り、親しく今世に禅を得ることを期《ご》せんことを、嗟呼《ああ》。楞厳経に云く、

*婬欲《いんよく》を断ぜずして禅定を修するは、砂石《させき》を蒸してかの美飯を成ぜんとするがごとし。

百千劫を経れども、只だ熱砂と名づくるのみ 文

と。

*或る人、難《なん》じて云く、

*法華経に云く、もしこの経を持《じ》せば、これを持戒と名づく。疾《すみや》かに仏道を得ん 文

と。この文はすなはち乗急の人、得道するものなり

と。この難《なん》は非《ひ》なり。乗急の義有れども、いまだ戒緩の義を聞かず。只だこれ*円融無《えんゆうむ》作《さ》本《ほん》

魔羂　魔網。魔軍の武器。

仏…　巻八の取意(正蔵三〇−一〇〇五c)。

便を…　つけこむすきがない。

戒緩…　或るひとの説(七四頁)。

何ぞ金宝を…　法華経五百弟子品に説く衣珠の譬え(正蔵九−二九a)。

止観の…　前出(七四頁)。

大経の…　前出(七五頁)。

破戒毀禁の…　完全に無戒なのではなくて、理戒としての乗急を会している人だということ。

重罪を…　重罪は懺悔を認めぬ。

無間地獄　地獄の最下底。阿鼻。

忽に…　かりそめにも。決して。

婬欲を…　→第三門(四七頁)

或る人　個人名は不明。

法華経　宝塔品偈の取意(正蔵九−三四b)。

円融無作…　平等で目に見えぬ戒の実体が誰にも具っていること。無作は無表、無教ともいい、大乗の戒の特色をなす。

事戒を…　形式的な戒の条項を守らないで、その精神のみを知ることはあり得ぬ。

豈に…　前出(七四頁)。

是名持戒　前出(七六頁一六行目)。

遠因　間接条件。

偏へに…　どこまでも事理の二門を双修せよということ。偏を遍に改める説あるも取らず。唯識の事と実相の理と、二つともに観察する。

有の戒もて、かねてこの経を持するの意なるのみ。それ、*事戒を破して理功徳を得るものは、この処《ことわり》有ること無し。天台宗の弘決に云く、

*豈に破戒を容《ゆる》して、称して仏乗とせんや　文

と。もし、「*是名持戒《ぜみょうじかい》《これを持戒と名づく》」の文《もん》に憑《よ》りて、しばしば事戒を犯せば、復《ま》た法華を読んで効有ること、この処《ことわり》有ること無し。只だこれ*遠因のみ。*偏《ひと》へに事理の観門ならび修し、*針芥《しんけ》相ひ投《とう》じて、方《まさ》に病を治す。

*玄義に云く、

*智目行足《ちもくぎょうそく》、*清涼池《しょうりょうち》に到る　文

唐の*義浄《ぎじょう》三蔵の云く、

*空門を直指《じきし》して、将《もっ》て仏意と為《な》す、寧《なん》ぞ知らん、*諸戒は仏意にあらざることを。*一貫一軽、臆断より出づ。*戒経《かいきょう》を看《み》ず、*両巻の空門を写し得て、すなはち謂ふ、*理、三蔵を包むと。思はざりき、*咽咽《いんいん》として当に*流漿《るしょう》の苦あるべきことを。誰れか知らん、歩歩現に*賊住《ぞくじゅう》の殃《むくい》を招けることを。*浮嚢《ふのう》洩《も》らさざるは、すなはちこれ菩薩の本心なり。*小愆《しょうけん》を軽んずること勿れ、還つて*最後の唱を成ず。理、合《まさ》に大小ならべ修して、方《まさ》に慈尊の訓に順《じゅん》ずべし。*小罪を防ぎ大空を観じ、*物を摂《せつ》し心を澄ましむ、何の過かこれ有らん。乃至、*聖教八万、要は唯だ一二のみ。*外は俗途に順じ、内は真智を凝らす。*西方の常理、戒浄を基とす。*嚢穿《のうせん》の小隙《しょうげき》を護《ご》し、針穴《しんけつ》の大非を慎しむ。大非の首《はじ》めは、衣食に咎多し。仏教を奉ずるときは、すなはち解脱《げだつ》遙かなるにあらず。尊言を慢《まん》ずれ

針芥　→六五頁注・補

玄義　法華玄義二上(正蔵三三-六八六b)。

智目…　智がなければ盲動、足がなければ無力。

清涼池　熱悩のない涅槃の境地を池水に譬える。大智度論二二(正蔵二五-二二一c)。

義浄三蔵　南海経由でインドにゆき、根本有部派の律を伝えた(六三五―七一三)。引用は、南海寄帰内法伝一の受斎軌則篇の取意(正蔵五四-二二一c)。

空門を…　以下、当時の中国仏教が偏空に傾いて、一切皆空の説だけを仏法の目的と考えたのを批判するもの。「寧ぞ」は反語。

諸戒は…　→補

一貫…　空門を貴び諸戒を賤しむ根拠は何もない。

戒経　戒本と経典。

両巻の空門　不明。掌珍論二巻を指すともいう。

理…　三蔵の原理を含む。

咽咽　のどの音。後悔の状。

流漿の…　熱鉄の汁を呑まされて、咽喉みな焦爛する地獄の苦しみ。

賊住　にせ坊主。僧中の賊。

浮嚢…　涅槃経一一の聖行品にある譬え。→補

小愆　ちょっとした過ち、軽犯罪。

最後の唱　涅槃経や遺教経に、戒律を本師とせよと説く。

小罪を…　どんな過ちも起さぬこと。

ば、乃《すなわ》ち沈淪《ちんりん》おのづから久しからん 文

と。末代の行者、これに倚《よ》りこれを行ふは、*甘露《かんろ》の遺訓《いくん》なり。もしこれに従はば、真の仏子なり。況んや、天台宗の弘決に云く、

*また世に愚者有り、心は無生なり、諸法もまた無なりと謂ひて、復《ま》た新罪を造る。それ、罪を造るは、かならず*三毒に依る。真の*無生の人は、*福すら作らず、豈に況んや罪をや。罪と福と、ともに*生死の流《る》に順ずるをもつての故なり 文

また、止観に云く、

*これを事理の両懺《りょうさん》と名づく。*障道の罪滅して、尸羅《しら》清浄に、三昧現前《さんまいげんぜん》し、止観開発《しかんかいはつ》す。事戒浄なるが故に、*根本三昧現前す。乃至、*即中《そくちゅう》の戒浄なるが故に、*王三昧《おうざんまい》現前す 文

弘決に云く、

*是名《ぜみょう》の下は、もし事戒無くんば、世禅すら無し、何《いか》に況んや三諦をや。有るひとの、大乗は何ぞ戒に執することを須ひん、と言ふは謬れり 文

また、上の文に云く、

*当に知るべし、*篇聚《ひんじゅ》は一も虧《か》くべからざることを。世人、事を懱《さげす》んで深理《じんり》を尚ばんと欲するものは、験《あきら》かに知る、この観の*孤虚《ここ》にして本《もと》無きことを。すでに*観境《かんきょう》を虧《か》く、観もまた従ふこと無し 文

大涅槃経に云く、

*もしこの経を持《じ》して破戒するものは、これ魔《ま》の眷属《けんぞく》なり、我が弟子にあらず。我れま

大空は、小乗の偏空を空じて、空も空とする立場。
物を… 衆生を受けいれ、自分の心を乱さぬ。
聖教八万 八万四千の法門。
外… 形は世俗、心は勝義。
西方の… インド仏教の正しい説。
嚢穿の… 先の浮嚢の譬え。

甘露の… ↓七一頁「甘露味門」注
また… 巻四之一(正蔵四六-二五九a)。
三毒 愛欲・怒り・無知。
無生の人 生死を脱した人。涅槃を得た人。
福 五戒十善を修して、楽報を得ること。逆に五逆十悪を犯して苦報を受けるのが罪。
生死の流 因果の循環。輪廻の定め。
これを… 巻四上(正蔵四六-四二b)。原文では、前文に順逆の十心を説くのを受けるが、ここでは前文の事理の二障を受ける。事理の両懺はすでに理の両懺とみてよい。
障道の罪 止観の慧を障える行為。
根本三昧 世間禅と出世間禅の根拠となるもの。
即中の戒 理戒を空仮中の三諦に配するうちの最後。
王三昧 三諦三観を具する意。
是名の… 巻四之二(正蔵四六-二六二a)。右の止観の文の注。「もし事戒…」以下は↓第三門(四三頁)
当に… 弘決四之一(正蔵四六-二五五

た受持《じゅじ》読誦《どくじゅ》することを聴《ゆる》さず　文

法華経に云く、

*戒において*欠漏《けつろ》有れば、この法を受くるに堪へず　文

また云く、

*一切の破戒、また親近《しんごん》せざれ〈取意〉

と。その破戒の人すら尚《な》ほ親近せず、況んやみづから「*是名持戒《ぜみょうじかい》《これを持戒と名づく》」の文に憑りて、還つて破戒するものをや。その「*是則精進《ぜそくしょうじん》《これすなはち精進なり》」の句に憑りて、空しく*四時《しじ》*六時《ろくじ》の禅を費し、「是名持戒」の文を仰いで、妄に*四重十重の戒を犯《ぼん》するは、これ大乗に背く、また小乗にもあらざるか。

菩薩善戒経に云く、

*そのとき、文殊は仏に白《もう》す、毘尼《びに》は*調伏《じょうぶく》の義なり。一切の法性《ほっしょう》は畢竟これ調なり。仏、何故に毘尼を説きたまふや。仏の言く、もし凡夫人にして能く諸法の畢竟調なることを知らば、仏は終に毘尼を説かじ。解《げ》せざるをもつての故に、仏はために毘尼を説く

文

また云く、

*愚痴の人、諸法は空なりと説かば、すなはち大罪を得ん。乃至、妄想思惟して人のために広く説くも、また大罪を得ん。すなはちこれ外道*富蘭那《ふらんな》等《とう》が真の弟子なり。富蘭那は謂ふ、諸法の性《しょう》は無なりと。しかるに、*仏法の中には亦有《やくう》亦無《やくむ》なり。もし人有り

b)。

篇聚　↓七三頁「五篇」「七聚」注

孤虚　孤高で空虚。無内容の意。

観境　観の対象。原文では十戒中の前四。

もしこの…　巻一七の梵行品(正蔵一二―四六七b)。涅槃経の説を恃んで、ことさらに破戒するもの。

戒に…　方便品の偈(正蔵九―七c)。

欠漏　↓浮嚢(七七頁)

一切の…　安楽行品の偈の取意(正蔵九―三七b)。

是名持戒　前引による(七六頁)。

是則精進　法華経宝塔品の句(正蔵九―三四b)。「是名持戒」の前にあり。

四時　↓八二頁注

六時　↓一六頁「六時行道」注

四重十重　四波羅夷と十重禁戒。↓第一門(一一頁)

そのとき…　巻一の序品(正蔵三〇―九六二a)。

調伏　折伏に同じ。義林章二本、探玄記一などに毘奈耶の訳語とする。三業を調練し、過非を制伏する意。

愚痴の人…　巻二の菩薩地真実義品(正蔵三〇―九六九c)。

富蘭那　六師外道の一。極端な虚無主義を主張した。

仏法の中には…　仏教は縁起説によって、有無にかたよらず。

て、一切の法は空なりと説かば、当に知るべし、この人は*不中《ふちゅう》なることを。*布薩《ふさつ》し、*共住《ぐうじゅう》せば、すなはち大罪を得ん。何をもつての故に。空の義を解《げ》せざるが故に、この人は自利し利他すること能はず 文

と。かくのごときの凡夫愚痴の人、妄に空の義を説いて、戒を持すること能はざるものは、これ外道の類《たぐい》、或いはこれ魔民なり。大涅槃経に云く、

*これ魔の眷属なり、我が弟子にあらず 文

と。この故に、この宗は強ひて持戒を勧む、*一生に弁じて*現益《げんやく》を期《ご》すべきなり、浅智をもつて長を説き短を説くこと莫れ。もし世間の談論は、実に益するところ無し。教法の諍論も、もしは大もしは小、みな益するところ無し。乃至、*円融無作も、口に説いて心に会せずんば、渇乏《かつぼう》のものの美味冷水を談ずれども、しかも口喉《こうこう》に入らざるがごとし。また、*長者の子の能く*船を刺《さお》すの経を読誦すといへども、船を刺すこと能はずして、進まずして没死するがごとし。

仍つて、大綱勧参門を立す。

第八、*建立支目門《こんりゅうしもくもん》とは、*禅苑清規《ぜんおんしんぎ》ならびに*大国見行《だいこくげんぎょう》の式《しき》を按《あん》ずるに、十有り。

一に寺院。謂く、寺は大小異なりといへども、みな一様に*祇園精舎《ぎおんしょうじゃ》の図《ず》〈寺の図、別に在り〉を模《も》す。四面に廊《ろう》有りて脇門《きょうもん》無く、只だ一門を開くのみ。しかして監門《かんもん》の人、薄暮《はくぼ》にこれを閉ぢ、天明にこれを開く。特《とく》に比丘尼《びくに》・女人《にょにん》・凶人《きょうじん》の夜宿するを制止す。仏法の滅亡は、

不中　正しくない。真理にあたらず。

布薩　毎月二回、全員が集って持戒を確認する行事。破戒者はこのとき処罰される。ウポサタ。浄住と訳す。

共住　仲間となる。

これ…　前出(七八頁)。

一生に…　死ぬまで努力して学ぶ。

現益　現生の悟り。

円融無作　↓七六頁注

長者の…　畳の上の水練をいったらしいが、出典を明らかにし得ない。

船を刺すの…　船をやるおしえ。船を刺すの語は荘子、漁夫篇に見える。

建立支目門　底本は「禅宗支目門」とあるが、総目によって改める。建立は、施設行事の意。入室の条に、「遇二和尚閑暇之日一建二立之一」とあり(八四頁)。支目は教団の式目をいう。

禅苑清規　↓一一頁注

大国…　インド・中国で現に実行している手本。式は規則。

祇園精舎　須達長者が仏に献じた寺。僧院の起りをなす。はじめ祇陀太子の屋敷で、別に祇樹給孤独園ともいう。精舎は、清浄な人のいるところ。図は、道宣の祇洹図経二巻を指す。

女事等…　戒律の制定はすべて婬戒にはじまる。

受戒　出家の式。

人の情　受ける側の心がけ次第。

戒の大小を…　百丈の語による。伝燈録六に、「吾が宗とする所は大小乗をかぎらず、大小乗に異ならず、

只だ*女事等より起るが故なり。

二に*受戒。謂く、大乗戒・小乗戒は*人の情に在り、但だ大悲利生の情を存するのみ。今、この宗は、*戒の大小を撰《えら》ばず、偏へに*梵行を持することを尚ぶ。

三に*護戒。謂く、戒を受くといへども、護せずして破せば、何ぞ*宝珠《ほうじゅ》を得て打破《たは》するに異《こと》ならんや。*この故に、*比丘の二百五十戒、*菩薩の三聚《さんじゅ》・十重・四十八軽戒、堅固に護持す。この故に*戒経の説に任せて、半月半月に布薩して徒衆に開示するのみ。もし犯戒のもの有らば、かならずこれを擯出《ひんしゅつ》す。*譬へば大海の底に死屍《しし》を留めざるがごとし。

四に学問。謂く、学は*八蔵《はちぞう》に亙《わた》り、行は*両戒を兼ね、外に比丘の威儀《いぎ》を備へて、人天《にんでん》の*福田と為《な》り、内に菩薩の大悲を存して、衆生の慈父と為る。然ればすなはち、*皇上の重宝、国土の良医、只だここに在りて因る。もつて興隆せんと欲す。

五に*行儀《ぎょうぎ》。謂く、僧は*長斎節食《ちょうさいせつじき》、持戒梵行《じかいぼんぎょう》、悉く*仏語《ぶつご》に順ぜんのみ。一日一夜の式《しき》、左のごとし。

*上燈《じょうとう》〈黄昏《こうこん》のときなり、諸僧、仏殿に詣《いた》りて焼香礼拝す〉。
*人定《じんてい》〈坐禅〉。
*三更《さんこう》〈眠臥〉。
四更〈眠臥〉。
五更〈坐禅〉。
*卯時《ぼうじ》〈黄昏の作法のごとし〉。

博約折中して宜しきを務む」(正蔵五一-三五一a)。
梵行　清浄なる生活。
護戒　戒律を維持すること。
宝珠を…　法華経序品の偈に、「精進して浄戒を持し、猶ほ明珠を護するがごとくす」とある(正蔵九-四c)。
この故に　この前に安永本は、「禅苑清規に云く、受戒の後は常に応に守護すべし、寧ろ法有りて死すとも、法無くして生きざれ」とある。
比丘の…　↓第一門(一一頁)
菩薩の…　↓第一門(一一頁)
戒経の…　戒律の書の通りに。
譬へば…　↓三九頁「大海の…」注
八蔵　↓八頁「三輪八蔵」注・補
両戒　大小乗の戒。
福田　福徳を生みだす良田。人々が福祉を受ける場所。
皇上の…　帝師、国宝の意。
行儀　行事威儀。生活のかたち。
長斎節食　↓四一頁注
仏語　遺教経を指す。
上燈　昼より夜に入る時刻、まず仏前に灯をささげる。
人定　午後八時。人が寝しずまる刻。
三更　夜間を五つに分つうちの第三時限。今日の十二時より午前二時。更は、夜警の交代をいう。
卯時　あけの六つ。夜間より昼に移る時刻。十二支による名。

*天明〈粥を食す〉。
*辰時《しんじ》〈読経・学問、*長老陞座《ちょうろうしんぞ》す〉。
*禺時《ぐうじ》〈坐禅〉。
*午《ご》時《じ》〈飯を食す〉。
*未《み》時《じ》〈沐浴等のこと〉。
*哺《ほ》時《じ》〈坐禅〉。
*酉時《ゆうじ》〈*放参《ほうさん》なり〉。

然ればすなはち、*四時の坐禅、懈怠《けたい》無く、念念に国恩を報じ、行行に宝算《ほうさん》を祝《しゅく》す。寔《まこと》に帝業久しく栄え、法燈遠く耀かんがための故なり。

六に*威儀《いぎ》。謂く、老少つねに*大衣《だいえ》を著《つ》く〈*七条・九条〉。互ひに相見《しょうけん》するごとに、まづ合掌《がっしょう》低頭《ていとう》して、深く*和敬《わきょう》の礼を致す。また飲食のとき、*経行《きんひん》のとき、坐禅のとき、学問のとき、読経のとき、眠臥のとき、衆会《しゅえ》を離れず。百千人集つて一堂の内に在れども、互ひに行儀を護《ご》す。もし座の闕《か》くこと有れば、すなはち*維那《いのう》これを撿して、乃至小罪をも恕《じょ》せず。

七に衣服《えぶく》。謂く、*上下表裏、全く*大国の法服を用ふべきか。これ*少欲小事《しょうよくしょうじ》の儀《ぎ》なり。万事を省くべきのみ。

八に徒衆《としゅう》。謂く、戒慧兼備して、初めより退心無きの人、衆に入るべし。かならず応に*目足円備すべし。

九に*利養《りよう》。謂く、*耕畝《こうほ》を勤《つと》めず、坐禅暇無きが故に。*財宝を畜へず、仏語信ずべきが故

天明　明相はじめてあらわれる時。
辰時　午前八時。十二支による。
長老陞座　師家が説法する。
禺時　禺中。十時。正中に近い意。
午時　正午。十二支による。
未時　午後二時。十二支による名。
哺時　夕方。午後四時。
酉時　午後五時。十二支による名。
放参　坐禅終了。休憩。
四時…　人定・五更・禺時・哺時。
威儀　立居ふるまい。すがた。
大衣　正式の服。僧伽梨(五一頁)。
七条…　横に割截の条が七つある袈裟、及び九つあるもの。ただし七条は中衣で、大衣は九条以上二十五条あるのが一般。↓九一頁「三衣」注
和敬　↓七四頁「六和」注
経行　歩くこと。元来は列をなして行く意。
維那　僧院の庶務係。悦衆と訳す。
上下…　肌着と上着。
大国の法服　三衣をいう。
少欲小事　最少限の服。四分律行事鈔下一の説(正蔵四〇－一〇五a)。
目足円備　智目行足(↓七七頁注)の意。
利養　福利更生。
耕畝を…　坐禅は最高の福田。
財宝を…　仏語は最大の財宝。
一次の…　午前に一度の食事。熟食は調理された食物。
少欲知足　涅槃経八(正蔵一二－四三三a)。

に。毎日*一次《いちじ》の熟食《じゅくじき》を除くの外、永く希望《けもう》を絶す。比丘の法は、*少欲知足をもつて事とするが故なり。

十に*夏冬《げとう》の安居《あんご》。謂く、四月十五日*結夏《けつげ》、七月十五日*解夏《げげ》。また、十月十五日*受歳《じゅすい》、正月十五日解歳《げすい》。*二時の安居は、ならびにこれ聖制《しょうせい》なり。信行せざるべからず。我が国はこの儀絶えたること久し。大宋国の比丘は、二時の安居、闕怠《けったい》すること無し。安居せずして*夏臘《げろう》の二名を称す、仏法のうちには笑ふべきなり。

已上の十箇条は、これ梗概《こうがい》なり、委曲《いきょく》は*式に在り。

また、禅院のうち、*一廻《いちえ》の行事、十六有り。

一に*聖節道場《しょうせつどうじょう》。謂く、今上《きんじょう》皇帝降誕の日以前三十日の間、毎日不断に*大般若・仁王・法華・最勝等《さいしょうとう》の経を読みたてまつつて、聖寿無疆を祈りたてまつる。

二に*念誦《ねんじゅ》。謂く、毎月初三・十三・二十三、初八・十八・二十八の六箇日、儀式有り。*十仏名《じゅうぶつみょう》を念じて、皇風《おうふう》遠く扇《し》き、帝道久しく潤ひ、仏法永く弘まり、利生広大ならんことを祝したてまつり、兼ねて一草一葉の施主の恩に報ず。

三に*土地《とち》の神事。謂く、毎月初二・十六の両日、諸神の法施《ほっせ》、処にしたがつて同じからず。

四に*報恩。謂く、毎月朔日《まいげつさくじつ》、今上《きんじょう》皇帝のためにしたてまつつて、般若経を講ず。十五日は、先皇のためにしたてまつつて、大涅槃経を講ず。*祈請《きしょう》の句有り。

五に年中月次の行事。謂く、正月は*羅漢会《らかんえ》、二月は*舎利会《しゃりえ》、三月は*大会《だいえ》、四月は仏生会《ぶつしょうえ》、

夏冬の安居　夏安居はインドの制、中国では冬安居を加える。安居は、雨期の乞食を避けて一所に籠る意。

結夏　夏安居の開始。夏は、もともと雨期をいう。

解夏　夏安居終了。解散。

受歳　冬安居の開始。夏安居を終ったものは、このとき一歳を数える。次の年中月次の行事によると、かねてこのときに受戒したらしい。

二時の…　夏と冬の二期。

夏臘の…　二期の安居を終って臘を加える。臘は僧としての年齢。法臘。

式　別に式目があったらしい。

一廻の…　一年間の定例行事。

聖節道場　天子の誕生日を祝う行事。節は祝日。道場は、特別に式場を設ける意。

大般若…　以下を四部護国の経とよぶ。最勝は最勝王金光明経。

念誦　念仏と誦経の行事。

十仏名　仏の三身、弥勒・弥陀・十方諸仏、および文殊・普賢・観音・勢至の四菩薩の名。↓補

土地の神事　土俗の神に僧院の守護を祈る行事。

報恩　国主の恩を謝する意。

祈請　勧請の意。

羅漢会　五百羅漢を講讃する法会。日と期間は不定。講式あり。

舎利会　仏舎利を供養する法会。慈覚大師にはじまる。

大会　諸種の法会。年により異なる。

ならびに結夏《けつげ》、五・六月は*最勝会《さいしょうえ》、七月・八月・九月は般若会《はんにゃえ》、十月は*受戒、十一月は*冬節、十二月は*仏名大会。みな儀式有るべし。

六に安居中の行事。謂く、毎日*楞厳会等《りょうごんえとう》。

七に*読経。謂く、毎日、一切経一巻を読みたてまつる。もし一寺に百僧有れば、すなはち一年の内に一切経六蔵を終ふと云云。或いは施主の寺に入るとき、功徳のため、或いは祈禱のためにこれを看読《かんどく》す。

八に*真言院《しんごんいん》の行事。謂く、常に*水陸供《すいりくぐ》を修《しゅ》す。〈*冥道の供《めいどうのく》なり〉施主、福を祈るがため、功徳のため、亡者《もうじゃ》のためにこれを修す。

九に*止観院《しかんいん》の行事。謂く、*法華三昧《ほっけざんまい》・弥陀三昧《みだざんまい》・観音三昧等《かんのんざんまいとう》を修す。

十に*入室《にっしつ》。謂く、和尚閑暇《おしょうかんか》の日に遇うて、これを建立《こんりゅう》す、この宗の一大事なり。*作法、問ふべし。

十一に布薩《ふさつ》。謂く、半月半月《はんげつはんげつ》に*説戒《せっかい》、常のごとし。

十二に*巡寮《じゅんりょう》。謂く、毎月五日に一度、*昇座教誡《しんぞきょうかい》、巡寮*問訊《もんじん》す。むかし如来、*五事をもつての故に、五日に一次、僧坊を巡ると云云。五事は*律文《りつもん》のごとし。

十三に*開浴《かいよく》。謂く、或いは*公事《くじ》、或いは施主*開浴して衆僧を浴せしむ。五日に一次、熱月には毎日と云云。

十四に*忌辰斎《きしんさい》。謂く、或いは先皇のためにし、或いは先師考妣のために斎を設く。法則有り。

最勝会　金光明経を講ずるもの。
受戒　→八三頁「受歳」注
冬節　冬至、冬夜の行事。
仏名大会　仏名経を読誦し、一年の罪過を懺悔するもの。
楞厳会　楞厳経を誦して安居の無事を祈るもの。
読経　「一日一夜の式」(八一頁)参照。
真言院　禅院のうちに併設された。
水陸供　水陸の生物に食を供養する行事。後には、懺法・施餓鬼・放生会などと併せ行う。
冥道の供　密教での呼称。唐の阿謨伽撰になる燄羅王供行法次第一巻あり(正蔵二一-三七四a)。
止観院　禅院の併設機関。
法華三昧…　天台遵式が創始したもの。法華・観無量寿・請観音の三経による。
入室　参禅をいう。
作法…　禅苑清規にあり。
説戒　戒経を読みあげて、犯あれば懺悔すること。
巡寮　長老が僧房を巡回する行事。寮は、禅堂以外の役職者の室。
昇座　陞座に同じ。説法のこと。
問訊　合掌し低頭して会釈する。
五事　弟子たちが無事であるか、世俗の議論、睡眠、病気に悩んでいないかを問い、新入の比丘をはげます。
律文　僧祇律五(正蔵二二-二六二b)、その他。
開浴　入浴。

十五に*官家《かんけ》の做斎《ささい》。謂く、大臣・公卿、僧斎《そうさい》を作す。その官人の寺に入るとき、儀式有り。

十六に*転蔵《てんぞう》。謂く、衆僧集会して*伎楽《ぎがく》を奏し、*八輻《はっぷく》の輪蔵《りんぞう》を転《てん》ず。

問うて曰く、「かくのごときの行儀、末世の機根は堪ふべからず。還って苦悩の因縁と為《な》り、また、退転の因縁と為らん、如何」。

答へて曰く、「仏法は極めて行じ易く成《じょう》じ易し。仏の言く、

*安楽の法門なり　文

*倶舎論頌《くしゃろんじゅ》に曰く、

*僧衆和合楽《そうしゅわごうらく》、同修勇進楽《どうしゅゆしんらく》《僧衆は和合の楽あり、同修して勇進の楽あり》　文

と。謂く、世間の人の男女、父母《ぶも》の能を学ぶ。只だ能を得んことを思つて、労倦を辞せず、かならずもつて*凨を継ぐ。これに因つて、*鐵師《せんし》・瓦師・織師・*幻師・農夫等は絶えず。しかるに彼れが所作はみなこれ辛苦艱難の業なり。但だ仏子の凨を継ぐは、これ安楽の法門なり。彼の世業の力《つと》めて骨を砕《くだ》くがごとくなるにあらず。*只だこれ偏へにこれを好めば、事互ひに執《しゅう》を成《じょう》ず。河に栖《す》んで力有るものは、陸に登つて悩む。*虚に在りて能有るものは、地に在りて力無し。この故に、仏家に生在《しょうざい》するものは在家に入りて苦悩し、悪行に染著する人は仏法をもつて難行とす。

*高野《こうや》大師の*三教指帰《さんごうしいき》に云く、

好むところに趣《おもむ》くは、石を水に投ずるがごとく、悪むところに趣くは、水を脂に沃《そそ》ぐ

公事　僧院はすべて国立が原則。
施主　信者、檀那。
忌辰斎　追善供養、追薦。
官家の做斎　国家主催の供養。做斎は祈禱、祭り。
転蔵　大蔵経の棚を廻転する意。
伎楽　祭りの音楽。元来はインドの音楽を奏したもの。
八輻の…　大蔵経の函は、経蔵の中央を心とする廻転軸を中心に八角八面の棚に収められて、廻転できるようになっている。梁の傅大士の創案になるという。輻は輪の矢。
安楽の…　坐禅儀の句。→第七門(六六頁)
倶舎論頌　玄奘訳、三〇巻。引用は巻一(正蔵二九-二c)。ただし、阿毘達磨倶舎論本頌にはこの句なし。
僧衆…　前に諸仏出現楽、演説正法楽とあり、三宝が世にあれば、すべて楽の因なる意。ともに修して勇猛精進するは楽しとして、末世退転の難を破す。
凨　おしえ、家風。
鐵師　鉄器をつくる職人。鍛冶屋。
幻師　魔法つかい。
只だこれ　然し。
虚　虚空、空中。
高野大師　弘法大師空海。元亨釈書一。
三教指帰　三巻。儒仏道の一体を説く。引用は巻上(日本古典文学大系七一-九〇)。

に似たり 文

と。愚迷《ぐめい》の衆生は、苦を謂ひて楽とす。*仏の言く、

*深く五欲に著すること、犛牛《りぎゅう》の尾を愛するがごとし。深く諸の邪見に入りて、苦をもつて苦を捨てんと欲す。この衆生のための故に、しかも大悲心を起す 文

と。*仏法は爾《しか》らず。持戒浄行のとき、身心極めて安楽なり。遺教経《ゆいきょうぎょう》に云く、

*身安ければ、すなはち道隆《さか》んなり、飲食《おんじき》するに節量を知れ 文

と。この旨を思ふべし。仏弟子すでに仏法を継がざること、あたかも師子の児の羊猫《ようみょう》と為《な》るがごとし。また農夫の児の狂児と為《な》るがごとく、また織女の児の遊女と為るがごときか。然るに、世法は能く継ぎて濃美《のうみ》なること、昔より過ぎたり。仏法はすでに絶《ぜっ》して懈怠すること、病児よりも超えたり。如今《いま》の仏子は、すなはち農夫等の家風を継がざるもののごとし。*飯《ぼん》を食はんと欲せば、応《まさ》に砂泥を喫すべし。衣《え》を著《つ》けんと欲せば、応に木皮を著くべし」。

第九、大国説話門《だいこくせつわもん》とは、謂く、西天・中華*見行《げんぎょう》の法式《ほっしき》を語つて、信行の人をして仏法大海のうちに入らしめんと欲す。

西天の事、*伝へ言ふに四有り。

一に、むかし鎮西《ちんぜい》筑前《ちくぜん》州《しゅう》博多《はかた》津《つ》の*両朝通事《りょうちょうつうじ》李徳昭《りとくしょう》、八十歳のとき語りて曰く、

余むかし二十有余歳にして、*東京《とうけい》において*梵僧《ぼんそう》を見る、下《しも》に*単裙《たんくん》を著《つ》け、上《かみ》に袈裟《けさ》を

仏の言く 法華経方便品の偈(正蔵九-九b)。

深く… 主語は六道の衆生。五欲は五官の欲望。犛牛はからうし。尾が美しいという。三教指帰の好むところに趣く例。邪見は因果の理を否定した考え方。この衆生以下の主語はブッダ。

仏法は… 苦行ならざること。

身安ければ… 遺教経にこの句は見出し得ない。天台小止観の調和第四に、「経に曰く」として引く(正蔵四六-四六五b)。

飯を… 農夫が家業をつがねば飯なし、織女が家業をつがねば衣なし。仏子が仏法をつがねば、砂を食い木皮を着るほかはない。

見行の… 実際に行われている制度。→第八門(八〇頁)

伝へ言ふ… いずれも伝聞である。

両朝… →第五門(五三頁)

東京 北宋の首都開封を指す。

梵僧 インド僧。

単裙 一枚の下着。

仏制 三衣以外の服を禁ずる意。

乾道四年 →第五門(五四頁)

成都府 四川省西川道成都県。

淳熙元年 一一七四年。

黎州 四川省建昌道清渓県。

意気… 誇らかに奇跡を現ずる。

神呪 不可思議な呪文。

口より… 呪文の功徳である。

披《ひ》す。冬、寒に苦しめども、余衣を著けず。明春、西土に帰らんとして云く、もしここに在らば、*仏制《ぶっせい》を犯《ぼん》せん、と〈宋の*乾道《けんどう》四年、日本の仁安三年戊子〉

二に、*成都府《せいとふ》の僧語りて曰く、

*淳熙《じゅんき》元年〈甲午〉、*黎州《れいしゅう》に梵僧の来る有り。*意気《いき》神通《じんづう》、*神呪《じんじゅ》を誦すれば、*口より光を放ち、聞くもの病を差《いや》す。下に単裙を著け、上に単衣を披す。冬月極寒、諸僧、綿衣を与ふるも、手を遮《さえぎ》つて著けず、*聖開《しょうかい》にあらずと謂ふ。明春、犯を恐れて西天に帰る、と云云〈ときに宋の*紹熙《しょうき》元年、日本の建久元年庚戌〉

三に、*広府《こうふ》の僧語りて曰く、

*崑崙《こんろん》五十余州、商舶、逐年に往来し、ときに僧来る。*耳を穿《うが》つて環《かん》を繋《か》け、下に単裙を著け、上に単衣を披すること、西天と大いに同じ。冬月も、綿衣を著けず。唐僧の威儀を見て讃嘆せず、と云云

四に、天台山の*修禅寺《しゅぜんじ》〈今の大慈寺〉の和尚*祖詠《そえい》語りて云く、

聞くならく、西土《さいど》の*毘耶里国《びやりこく》は、*維摩居士《ゆいまこじ》の方丈、今に見在《げんざい》す。南海の僧は常に*菩提《ぼだい》樹下《じゅげ》に到りて観音を礼す。*大那蘭陀寺《だいならんだじ》に、五千の僧有り、多く三蔵の典を誦す。また*仏鉢《ぶっぱつ》、*和修《わしゅ》の衣、みな見在す。*八塔の在るところ、諸人往返巡礼す、と。

これみな今時の事なり。

また、宋朝の奇特《きどく》、二十箇有り。

一に、*淮南《わいなん》の僧語りて云く、*清涼山《しょうりょうざん》に、文殊、師子に乗りて現ず、と云云

聖開　ブッダの許可。

紹熙元年　栄西が第二回目に入宋して帰朝する前年。

広府　広東省粤海道番禺県。

崑崙…　広く南海諸国の総称。狭義には今日のベトナムを指す。

耳を穿つて…　→第三門(一一五頁)

修禅寺　智顗の創建。隋の修禅道場の地。唐代に再興され、宋初に大慈寺と改名。天台山禅林寺(→一二〇頁)。

祖詠　他に伝記を知り得ぬ。

毘耶里国　古代、中インドにあった都市国家。

維摩居士の…　唐初、王玄策が勅を奉じて訪ねたことあり。

菩提樹下　中インド摩掲陀国にあり。ブッダ成道の地。西域記八に、諸国の君王が観音像を安置したことを記す。

大那蘭陀寺　菩提樹の東北方にあり。仏滅直後に建てられ、長くインド仏教の根本道場となった。

仏鉢　釈尊遺愛の鉢。石製という。

和修の衣　第三祖商那和修尊者が生れながら身に披していたという袈裟。西域記一(正蔵五一-八七三b)。

八塔　→五四頁注・補

淮南　安徽省一帯の総称。

清涼山　五台山。山西省北部と河北省にまたがる。華厳経に説く東北方の霊山として、生身の文殊菩薩が師子に乗って現ずると信ぜられた。各種の清涼伝に詳しい。

二に、天台山に*生身《しょうじん》の羅漢《らかん》現ず、足跡《そくせき》もまた光明あり、と云云

三に、*石橋《しゃくきょう》に青竜《せいりゅう》現ず、現ずればすなはち雨下《あめふ》る、と云云

四に、*国清寺《こくせいじ》等《とう》の聖跡、一一《いちいち》儼然《げんねん》たり、と云云

五に、*育王山《いおうざん》に、*舎利《しゃり》、光を放つ、と云云

六に、育王山に*鱺鰻《れいまん》現ず、現ずればすなはち雨下る、と云云

七に、僧は威儀乱れず。

八に、寺中寂静。

九に、多く*灰身《けしん》の人有り、*淳熙《じゅんき》十六年〈己酉〉の春、*象田《ぞうでん》寺の僧灰身す〈*今、十年に当る〉

十に、僧、多く*死期《しご》を知る。

十一に、*俗人、菩薩戒を持《じ》す。

十二に、*童子、五戒を持す。

十三に、道俗無我なり。

十四に、*東掖山《とうえきざん》に、普賢《ふげん》、光を放つ。

十五に、仏殿は生身の仏の住するがごとし。

十六に、*経蔵・僧堂は、*荘厳、浄土のごとし。

十七に、*帝王、かならず菩薩戒を受く。

十八に、僧の*田業を営むもの無し。

十九に、畜生、多く人情有り。

生身の羅漢　羅漢の霊異。仏祖統紀四六に蘇子瞻の例あり(正蔵四九‐四一八a)。
石橋に…　天台山記に見える(正蔵五一‐一〇五五a)。
国清寺　天台智顗の霊場。智顗はここで定光如来を感見したという。
育王山　浙江省会稽道鄞県にあり。晋代の創建で、歴代の崇信を得た。阿育王が各地に贈った仏舎利を祭るという。仏祖統紀五三(正蔵四九‐四六一a)。
舎利　遺骨。とくにブッダのそれ。
鱺鰻　うなぎ。仏祖統紀五四に記事あり(正蔵四九‐四六一b)。
灰身　入定をいう。灰身滅智の意。
淳熙十六年　第二回入宋の三年。一一八九年。
象田寺　浙江省紹興府歴山県。
今…　一一九八年、本書撰述の年。
死期を…　→第五門(五三頁)
俗人…　士大夫で参禅した人々。
童子…　年少の出家者、沙弥の持戒。
東掖山　天台山の一峰。浙江省会稽道天台県に能仁寺あり。普賢の霊場。
経蔵僧堂　経典の収蔵庫および修行者が集団で寝起きする建物。図書室と坐禅堂のこと。
荘厳　飾りつけ。設備。
帝王…　以下は古代インドの慣例であろう。宋朝にはその事例を求めがたい。
田業　田園の所有と耕作。戒律で禁

二十に、官法《かんぽう》、人民を邪枉《じゃおう》せず。

然るに、日本国《ごく》の人、*常の諺に云く、

天竺・唐土は仏法すでに滅す、我が国のみ独り盛んなり、と云云

しかるに、*如来の滅後、諸国の君王、金剛座《こんごうざ》の埋もれんことを恐れて、ために堺を記して、両軀の観自在の像を安ず。また、*商那和修《しょうなわしゅ》は第三付法の人にして、*自然の報得衣有り。法信のために、神力《じんりき》をもってこれを留む。*玄奘が拝見のとき、観音の像は半臆《はんおく》埋もれ、和修の衣は少しく爛ると云云。

玄奘が西天に遊ぶは、これ唐の*貞観年中にして、如来の*滅後一千六百年の中なり。然ればすなはち、すでに滅後千有余載を経れども、像は半臆埋もれ、衣は小分爛るるのみ。その後、纔《わずか》に四百有余歳なり、今豈にみな滅せんや。世人、商量《しょうりょう》すること無し、笑ふべし。

*本行経《ほんぎょうきょう》に言く、

*中国は、菩提樹下に仏出でたまはざるとき*聖人出で、聖人無きとき*大力《だいりき》の鬼神《きじん》住す

文

大般若経に云く、

*もしくは人《にん》、もしくは畜《ちく》、*菩提樹院に入れば、*鬼魅《きみ》も短を伺《うかが》はず　文

*経に云く、

不善の種族は、中国に生ぜず　文

本行経に云く、

ずる八不浄の一。

常の諺に…　出所を明らかにしがたい。

如来の…　西域記八の摩掲陀国の条に記すところ(正蔵五一―九一五b)。金剛座はブッダ成道の場所。

商那和修　→第三門(三〇頁)

自然の…　→補

玄奘が…　西域記一と八による。

貞観年中　六二七―四九年。

滅後…　周書異記による年代。→第三門(二〇頁)

本行経　仏伝経典としては、後漢もしくは東晋時代に訳された仏説菩薩本行経三巻、後漢の竺大力と康孟詳共訳の修行本起経二巻、隋の闍那崛多が訳した仏本行集経六〇巻などがあるが、いずれもここに引く句を見出し得ない。

中国　中インド。

聖人　聖天子。

大力の…　仏法の守護神。円覚経にも見える。

もしくは…　巻一〇三摂受品(正蔵五―五七〇b)。

菩提樹院　成道の地を僧院に比す。

鬼魅も…　悪魔もたたりをなし得ぬ。鬼魅は死霊。経典には人非人とす。

経　いずれの経か不明。

*仏は辺地に生ぜず、かならず中国に生ず 文

*瑞応経《ずいおうきょう》に云く、

*迦毘羅城《かびらじょう》は、*三千の日月、*万二千天地の中央なり。仏の威神、辺地に生ずべからざるが故に 文

と。*中天竺国は、如来成道樹下に、金剛座有り。かくのごときの勝地に、豈に今仏法無からんや。然らば栄西《われ》在唐の日、聞くところの口伝《くでん》、符合すべきか。

問うて曰く、「今言ふところのごとくならば、天竺・震旦は、仏法興盛《こうせい》なり。今、証果の人有りや」。

答へて曰く、「予が眼に見、耳に聞くがごとくならば、唐土に灰身の人有り。西天もまた爾《しか》なり。前にこれを説くがごとし」。

問うて曰く、「もし爾らば、日本もまた有るべしや」。

答へて曰く、「また応《まさ》に有るべし」。

難じて云く、「印度・*赤県《せきけん》はこれ殊勝《しゅしょう》の地なり、*果報純熟《かほうじゅんじゅく》の人その中に生ず。日本はこれ辺地なり、不善の種族ここに生ず、故に尤も有り難し。また戒行疎欠《かいぎょうそけつ》すれば、いよいよ有るべからず」。

答へて曰く、「大般若経に云く、

*我が涅槃ののち、後時後分の後五百歳に、かくのごときの経典、東北方において、大いに仏事を作さん 文

仏は… 出所明らかならず。

瑞応経 呉の支謙訳。二巻。太子瑞応本起経といい、仏陀出現の由来を説く仏伝経典の一つ。引用は巻上(正蔵三—四七三b)。

迦毘羅城 中インドの古代都市。釈尊誕生の地。古仙の名にちなむ。

三千の日月 三千大千世界にそれぞれ日月あり。

万二千… 万は大千、二千は小千。→八頁「大千沙界」注

中天竺国… 道宣の釈迦方志上の句(正蔵五一—九四八a)。底本は、誤って「金剛座あり」までを瑞応経の句とし、「文」の字を置く。

赤県 中国をいう。赤県神州。

果報… 仏果を得る条件が完全に充足した人。

我が… →第一門(一三頁)

付法蔵経 魏の吉迦夜と曇曜の共訳。六巻。仏滅後における法宝の伝承を説く。

年一百… 巻三(正蔵五〇—三〇六a)。

六群比丘と… 第三門(三一頁)に引く大智度論の話を前提する。

校量 くらべる。比較する。

非威儀 仏弟子としての威容を損ず

と。東北方とは、日本国これなり。いまだ辺地を嫌はざるか。また戒律は、仏の在世に二百五十戒を全うすると、滅後末世に只だ四重を持《じ》すると、応《まさ》に同等なるべし。*付法蔵経《ふほうぞうきょう》に云く、

*年一百二十の比丘尼、*六群比丘《ろくぐんびく》と優婆毱多《うばきくた》とを*校量《きょうりょう》す。ときに毱多は慚愧を懐く。比丘尼の言く、大徳よ、応にみづから恥恨《ちごん》を生ずべからず。仏の言ふがごときんば、我が滅度ののち、初日《しょにち》の衆生は二日のものに勝り、三日の人は、ますます復《ま》た卑劣ならん。かくのごとく展転《てんでん》して、福徳衰耗《ふくとくすいこう》し、愚痴闇鈍《ぐちあんどん》にして、善法羸損《ぜんぼうるいそん》せん、と。況んや今、大徳は仏を去ること百年なり。復《ま》た*非威儀《ひいぎ》の事を為作《いさ》すといへども、正にその宜しきを得たり、何ぞ怪《け》とするに足らん　文

と。然ればすなはち、*証果漏尽《しょうがろじん》はかならずしも威儀に藉《よ》らず、只だ応《まさ》に用《もっ》て慇懃《おんごん》に真修すべし。*謂く、中印度は単衣をもつて年を終ふるも、余方《よほう》は爾《しか》らず。唐土・日本は、*俗服《ぞくふく》を著くれども、*得《とく》はすなはち同じく、霊験《れいげん》は異ならず。*三衣を除くの余《ほか》は、これ俗服なり。謂《おも》ふに仏の俗服を制止するは、*連脊衣《れんせきえ》・*筒袖等《つつそでとう》、これなり。但だ寒郷には*立播衣《りゅうはえ》の聖開《しょうかい》有り、ここには裹《か》腹衣《ふくえ》と云ふ。我が国の寒、*雪山梵衍那《せっせんぼんえんな》国《ごく》に同じかるべからず。彼の国は六月も雪飛ぶ、然れども只だ裹腹衣を著《つ》くるのみ。玄奘・義浄みなこれを見知す、と云云。然れども、東土の南岳《なんがく》・天台《てんだい》は、*五品六根《ごほんろっこん》を証し、*皇慶《こうけい》・延殷《えんいん》は、天人地神を驚かす。これみな身に俗衣を著けて、*偏袒右肩《へんだんうけん》の威儀にあらざれども、しかも戒行全備なれば、かくのごときの勝利有り。今聞く、日本*伊賀《いが》の州山田の郡往生院《おうじょういん》の僧覚弁《かくべん》、高座に登つて涅

るような行動。不作法。

証果漏尽　悟りに伴って煩悩が完全に滅すること。漏尽は六通の一つ。仏のみがこれを得たという。

謂く　その理由をいえば。

俗服　戒律で認められぬ衣服。犯せば突吉羅罪に当る。

得は…　証果を得ることも、その霊験も中国の人に異ならず。安永本は「得法」に改む。

三衣　僧伽梨(五一頁)、鬱多羅僧(通常衣)、安陀会(下着)の三種。

連脊衣　両肩にかける服。南海寄帰伝二に、同袖と連脊を披するは律儀に称わないという(正蔵五四-二一四a)。

筒袖　胴衣の一種。寄帰伝の同袖。

立播衣　胴衣。立播は梵語レパの音写で、裹腹と訳す。寒地の僧に立播を認めたことは、寄帰伝二に見える(正蔵五四-二一四b)。

雪山梵衍那国　アフガニスタンのヒンヅウクシュ山中にあった古代国家。

五品六根　滅後の仏弟子が六根清浄の位を得、悟りに至るのを五段階に配するもの。↓補

皇慶…　皇慶は谷阿闍梨という(九七七—一〇四九)。延殷はその弟子(?—一〇五〇)。↓補

偏袒右肩　右の肩をはだぬぎ、右の膝を地につけて恭敬すること。仏陀の制したままの正しい礼法。

伊賀の州…　栄西と同世代の例。本朝高僧伝一二。↓補

槃経を講ず、*忍死菩薩《にんしぼさつ》の因縁を説きて、すなはち高座において入寂す、と云云。*人は知らずして奇異《きい》とせず。況んや、*一乗要決に云く、

*日本一州、*円機《えんき》純熟《じゅんじゅく》す。朝野遠近、同じく一乗に帰す　文

と。また、国の地勢、等倫《とうりん》無く、三宝熾盛《しじょう》なり。心を得て法戒を持《じ》し、信を致して仏儀《ぶつぎ》を修《しゅ》せば、豈に空しからんや。大宋の*峨嵋山《がびさん》居士文博《ぶんはく》、日本を賛《さん》して云く、

孰《た》れか彼土と此土を分たん、相ひ去ること纔《わずか》に咫尺なるのみ。

*鱗鱗《りんりん》たり六十六州、*渺渺《びょうびょう》たり三千余里。

*金剛無尽蔵《こんごうむじんぞう》の山、宝相《ほうそう》、荘厳《しょうごん》の地多し。

*四諦《したい》は凝《ぎょう》として流通《るづう》し、三尊は幽《ゆう》として安置《あんち》す。

*等閑《なおざり》に目を挙《こ》すれば便ち見る、何ぞ足もて行きて至ることを待たん。

*珍重《ちんちょう》珍重、と云云

然ればすなはち、この地はこれ勝境、仏法流布の方なり。慇懃鄭重《おんごんていちょう》に参禅せば、すなはち如来も当《まさ》に随喜《ずいき》したまふべし、*果証《かしょう》もまた応に至るべし。汝ら、天竺・唐土の仏法の興と廃とを論ずること莫れ。只だ能く*無我忍《むがにん》を修《しゅ》せば、また能く我が国の仏法を興さん。仏法とは、*施燈経《せとうきょう》に云く、

仏は*四種の勝妙善法《しょうみょうぜんぽう》有り。一は戒、二は禅、三は般若、四は無濁心《むじょくしん》なり　文

と。そのうち、禅定第一なるは、一切を包《こむ》るが故なり。天台宗の止観に云く、

*妙勝定《みょうしょうじょう》に云く、四重五逆、禅定を除けば、余は能く救ふこと無し、と　文

忍死菩薩　東晋の道生をいう。完全な涅槃経が知られる前に、一闡提に仏性ありと主張し、経典が伝えられるとただちに高座に上ってそのことを証明し、われ死を忍び来ること久し、今符契を得たりと言って遷化した。一乗要決下(正蔵七四-三六一a)。

人…　誰も日本にこの人あるを知らぬ。覚弁を指す。

一乗要決　源信の著。三巻。

日本…　巻中(正蔵七四-三五一a)。

円機　大乗の円教を学ぶ素質。

峨嵋山居士文博　伝記を明らかにし得ない。賛の出所も不明であるが、おそらく栄西帰朝に際して贈られたのであろう。

鱗鱗…　ぎっしりつらなる六十六の国々、畿内七道をいう。

渺渺…　三千余里まではるかにひかる国々。

金剛…　山々は限りなき金剛を生みだし、大地は無数の宝石で飾られている。仏典に説く浄土の形容。

四諦…　苦集滅道の教えは正しく行われ、三宝は奥深く祭られている。

等閑に…　何の気もなしに目をやればすぐに見える。

珍重…　お大事に、お大事に。別れの挨拶。

果証も…　安永本は「証果もまた応に有るべし」と改む。

無我忍　人法の空なるを知ること。

施燈経　斉の那連提黎耶舎訳。一巻

罪*を滅するは、かならず禅に藉《よ》る、善を生ずるも復《ま》た禅力《ぜんりき》を仮るべし。大智度論に云く、
三*乗は行処《ぎょうしょ》異なりといへども、証はかならず無*念禅定力に藉《よ》る〈取意〉
と。然ればすなはち、八*宗の行処は区別《くべつ》すといへども、証位に至るにはかならず応に禅を用ふべし。乃至、称*名念仏の行も、禅にあらずんば順次業《じゅんじごう》を成ぜざるなり。
茲《これ》に因つて地勢を思ひ、末世を慮《おもん》ぱかり、稚子《ちし》を憐れみ、祖道を懐うて、その廃亡を興さんと欲す。しかるに種種の魔縁《まえん》有りてこれを妨げ、或いは仏子有りて嫉妬心を起し、因つてもつて、これを廃せんとすと云云。
今は、只だこれこの地を避くべきか。*宝積経《ほうしゃくきょう》に云く、
*戯論諍論《けろんじょうろん》のところには、多く諸の煩悩を起す。智者は応《まさ》に遠離すべし、当《まさ》に百*由旬を去るべし　文
と。*西府《せいふ》に謗家《ぼうけ》有り、*東洛《とうらく》に障者《しょうしゃ》有り。避けんと欲するに百由旬の地無し、省*せんと欲するに躬《み》は智者にあらず。当にこれを如何《いかん》がすべき。須らく再び巨海を渡りて、跡を台岳《たいがく》の雲に晦《くら》ますべしといへども、唯だ恨むらくは吾が土の利を捨てて、異域の法水に潤《うるお》はんことを。*無諍三昧経《むじょうざんまいきょう》に云く、
もし人、我れは大慧有りと称して、一切の坐禅人《ざぜんにん》を軽毀《きょうき》せば、三千世界の人を殺すがごとく、その罪の甚重《じんじゅう》なること、これよりも過ぎたり　文
と。*奸人《かんじん》・妨者《ぼうしゃ》、みづからこの罪を得ん、また朝家のためにもつて益すること無からん。予《われ》悞《あやま》つてその根源と為《な》る、悲しむべきか」。

(正蔵一六-八〇三c)。

四種の…　三学と汚れのない意志によって第一解脱を得る意。

妙勝定に…　↓第六門(六一頁)

罪を…　諸悪莫作、衆善奉行は禅定力による。

三乗は…　出所確かならず。

無念…　↓一四頁「無念無住」注・補
八宗の…　修行の方法は異っていても、仏果を悟るのは禅による。

称名念仏の…　禅定によって、現世に往生の業を作り、次生にただちに果を得ること。順次業は現世で業の果を受けるのに対していうもの。

宝積経　巻九二に戯論の過二十種をあげるうちの一つ(正蔵一一-五三八a)。

戯論…　論争のための論争は、ただ妄想を増すのみ。この句、往生要集(本大系六-一四六)、七箇条制誡(同一〇-一二三)、歎異抄(日本古典文学大系八二-二〇三)等に引く。

百由旬　↓一五頁「由旬」注
西府に…　筥崎の良弁を指す。元亨釈書六。↓九頁「抑また…」補
東洛に…　叡山の弾圧を指す。百錬抄一〇(新修増補国史大系一一-一三五)。

省せんと…　反省したくても、自分は経にいう智者に当らぬ。

無諍三昧経　南岳慧思の諸法無諍三昧法門上の偈(正蔵四六-六三〇a)。経とするのは誤りであろう。

姧人　悪人。姧は姦に同じ。

仍つて大国説話門を立し畢んぬ。

第十、*回向発願門《えこうほつがんもん》とは、*大般若経に云く、

*善現《ぜんげん》、*慈氏《じし》に答へて言く、*菩薩乗《ぼさつじょう》に住《じゅう》する善男子《ぜんなんし》・善女人等《ぜんにょにんら》、*深般若波羅蜜多《じんはんにゃはらみた》を行じ、仏を誹《そし》らずして*回向心《えこうしん》を発《ほっ》せんと欲するものは、応《まさ》にこの念を作すべし。*諸の如来応《おう》正等覚《しょうとうがく》のごときは、無障《むしょう》の仏眼《ぶつげん》もて、功徳善根《くどくぜんごん》に*かくのごときの性《しょう》有り、かくのごときの相《そう》有り、かくのごときの法有りと通達遍知《つだつへんち》して、*随喜すべし。我れも今また応にかくのごとく随喜すべし。諸の如来応正等覚のごときは、無障の仏眼もて、応にかくのごとき諸の*福業《ふくごう》の事《じ》をもつて、無上正等菩提に回向すべしと通達遍知す、我れも今また応にかくのごとく回向すべし、と。仏、善哉と賛ず、乃至、*何をもつて回向し、何《いず》れのところにか回向せん。*三輪清浄《さんりんしょうじょう》にして希望《けもう》するところ無く、この善根を持《じ》して、諸の有情《うじょう》と平等に共に無上正等菩提に回向する有らん　文

また云く、

*菩薩摩訶薩、諸の*有情の一切の病苦を見ては、この願《がん》を作《な》して言はん、我れ当に*精進《しょうじん》して身命を顧みず、*六種の波羅蜜多を修行し、*有情を成就し、仏土を厳浄《ごんじょう》し、速かに無上正等菩提を円満疾証《えんまんしっしょう》せしめん。我が仏土の中の諸の有情の類《たぐい》は、身心清浄にして、諸の病苦無く、乃至、*病苦の名をも聞かず、この六種の波羅蜜多に由りて、無上正等菩提に隣近《りんごん》せん　文

回向発願門　以上の善行の目的を明らかにし、弘願を起すこと。本書全体の結論に当る。
大般若経　巻五四三回向品(正蔵七―七九四c)。
善現　→二〇頁注
慈氏　弥勒の訳語。
菩薩乗　普遍的な人間の立場。
深般若…　仏を誹らず仏を固定化せぬこと。後にいう三輪清浄の意。根底的で完全な智慧。
回向心　功徳を私せぬ心。
諸の…　たとえば諸仏如来は。如来応正等覚は仏の十号の第三。
かくのごときの…　どんな本質と形体、および道理があるかを知り尽す。
随喜　賛成する。仲間に入る。
福業の事　福徳の因となる所作。
何を…　何を、何に回向するのか。以下、経文の句ではないが、栄西の初期の文、たとえば、建久二年帰朝ののちに書写した法華経の末尾にも、すでにこの句を識していて、経文とみていたらしい(大泉坊文書)。また安永本はこの句の前に、「誰をもつて回向す」の一句を補う。
三輪清浄　右の、誰が何を何にの三つ。元来は、布施について施す人と、施す物と、施される者との三者に執着の念なきをいう語。
菩薩摩訶薩…　巻三三一の願行品の取意(正蔵六―六九五c)。
有情　心あるもの。迷えるもの。

精進　つとめはげむ。六波羅蜜の第四。

六種の…　↓三四頁「六度」注
有情を…　浄仏国土、成就衆生の意。

病苦の名をも…　病が完全になくなる形容。

我れ今…　回向品のように回向し、願行品のように発願する。

仏法不言　ブッダの悟った真理は、言語表現を超えている。↓補
禅那無意　禅の境地は意識分別を超えている。

体解　体も解も、ともに知る意。三帰依文に、「仏道を体解して無上意を発さん」。

亀毛…　非存在の譬え。称は表現。

難顕の…　表現できぬ真理を象徴化する。

無心…　意識を超えた自己。

一心の…　魂の奥院。唯一の心という宮殿。

経論…　経典と注釈。経と論、章と疏。

文義…　文章とその意味が、本来のものと異り、題名が間違うこともある。

啻だ…　文意がもとのものと変っているだけでなく、真理そのものと表現とが相応しない。

古徳　不明。

書に向つて…　先の暗引をいう。

首題の…　書名が違うことを、内容の誤りとしてはならぬ。


と。この故に*我れ今かくのごとく回向し、かくのごとく発願して、生生世世《しょうじょうせぜ》、般若に値《ち》遇《ぐう》し、最上如来の禅法を修行し、諸の衆生と同共《とも》に大悲方便を修習して、尽未来際《じんみらいさい》に、疲《ひ》倦《けん》すること無からん。

興禅護国論の十門、大概かくのごとし。

それ、*仏法不言《ぶっぽうふごん》、経巻に託してもつて教示し、*禅那無意《ぜんなむい》、三昧を仮りてもつて*体解《たいげ》す。ここをもつて、*亀毛兎角《きもうとかく》の称、おのづから*難顕《なんけん》の妙理を表はし、*無心無念の法、淵《ふか》く*一心の霊宮に符《かな》ふ。この論を製する所以は、これその意を述べて、仏法を興さんがためなり。但だ引くところの*経論章疏《きょうろんしょうしょ》、*文義《もんぎ》或いは本拠《ほんこ》に違し、或いは首題を謬らんこと、これ暗《あん》引《いん》の故なり。*啻《た》だ文義の訛謬《かびゅう》するのみにあらず、また恐らくは法譬の斉しからざらんことを。但だ*古徳の云く、

*書に向つて文を引かざるが故に、首題或いは悞る。*首題の悞りをもつて、豈に義理《ぎり》の疵《し》とせんや。

と。庶《ねが》はくは見んものこれを添削せよ。

興禅護国論　巻の下

未来記　将来の予言。記は記莂をいう。大般若経の東北方予言に比して、さらに具体的である。
建久八年　一一九七年。栄西五七歳。護国論撰述の前年に当る。
張国安　不明。
乾道九年　一一七三年。第一次入宋より六年目。
臨安府　浙江省銭塘道杭県。南宋の首府。
霊隠寺　杭州にあり。晋代の創建。五代に中興され、宋初に景徳の名を冠せられた。宋代五山十刹の一。
仏海禅師　圜悟克勤の法をつぐ(一一〇三―一一七六)。名は慧遠、号は瞎堂。わが入宋僧覚阿の師に当る。伝は普燈録一五、会元一九。
陞座　↓八四頁「昇座」注
日出でて…　中国では、日は山に入り、潮は東に去る。地勢として、自然の動向を言ったもの。↓補
東漸　東に進むこと。書経に見える。
恁麼に　そのように。
我れ明年…　仏海の入寂は淳熙三年正月十五日で、この予言より二年おくれる。次の国安の証言も事実に合せぬ。
記して…　記憶して忘れるな。
仏照禅師　大慧の法を嗣ぐ(一一二一―一二〇三)。名は徳光、拙庵と号す。わが大日能忍が嗣法した人。古尊宿語録四八に入内奏対録あり。伝は聯燈会要一八、会元二〇。

未*来記

*建久八年〈丁巳〉八月二十三日、鎮西博多の津の*張国安なるもの来りて語つて曰く、大宋の*乾道九年〈癸巳、日本の承安三年癸巳の歳に当る〉七月、*臨安府〈今の王都なり〉に到る。*霊《りん》隠《にん》寺に詣《けい》して、親しく堂頭《どうちょう》和尚*仏海禅師に見《まみ》ゆ。*陞座《しんぞ》説法して、国安がために示して曰く、我が滅度の後二十年、法は沙界に周ねからんと云云。いはゆる、*日出で西に往く、西に往けばかならず西山に入る。潮曳いて東に還る、東に還れば決して東海に漸す。然らば*東漸の仏法、日域に到らざらんや。茲に因つて、東海の上人有りて、西に来つて将に禅宗を伝ふべし、決して虚ならず。你、郷に帰らば*恁麼《いんも》に説け。我れ今、你を視る、你また我れを見る。*我れ明年正月十三日、当に世を避《さ》るべし。你再び来るも唯だ名を聞くのみならん、今日の事を憶《おく》せよ。我れ宿因多幸にして、汝を見てために日本仏法弘通《ぐづう》の事を説く。你、*記《き》して忘るる勿れと云云。国安《われ》、辞して郷に復《かえ》る。また明年四月、海を渡りて寺に到り、師の安否を問ふ。師は果然として遷化したまふこと去年の示のごとく、正月十三日、安然として遷化すと云云。*仏照禅師、*詔《しょう》を蒙つてその跡を継ぎ、*報恩《ほうおん》の斎席《さいせき》を修《しゅ》す。国安、会《え》に詣《けい》して復《ま》た報恩の志を陳ぶ。仏照禅師讃じて言く、*遠《えん》を凌《おか》して来り師恩を報ずと云云。

その仏海禅師は、*無生見諦《むしょうけんたい》の人なり、能く未来の事を識知《しきち》す。今すでに栄西《われ》、かしこに到

りて伝へ来る。その身は不肖《ふしよう》なりといへども、その事はすでに相ひ当る。予《われ》を除いて誰れぞや。好人は海を越えず、愚人は到れども*何ぞ要せん。智人察せよ。彼の仏海禅師の記《き》より、予が*蓬莱《ほうらい》の瀛《うみ》を越ゆるに至つて、*首尾一十八年、霊記《れいき》太《はな》はだ□かな。未来を追思するに、禅宗空しく墜ちじ。予《われ》世を去るの後五十年、この宗最も興るべし。すなはち栄西みづから記す。

詔を…　五山に住するのは勅詔による。

報恩の…　国恩を謝する法会。斎席は、供養を伴うもの。

遠を…　はるばる海をこえて来て、仏海の恩を謝する意。

無生見諦　無明を断じ真理にめざめること。無生法忍を得る意。

何ぞ要せん　何も期待できぬ。

蓬莱の瀛　元来は東海にあるという三神山。転じて海を指す。

首尾一十八年　仏海の予言より栄西の第一次入宋まで。

興禅護国論（原文）

興禅護国論序

大宋国天台山留学日本国阿闍梨伝燈大法師位栄西　跋

大哉心乎。天之高不可極也、而心出乎天之上。地之厚不可測也、而心出乎地之下。日月之光不可踰也、而心出乎日月光明之表。大千沙界不可窮也、而心出乎大千沙界之外。其大虚乎、其元気乎、心則包大虚、而孕元気者也。天地待我而覆載、日月待我而運行、四時待我而変化、万物待我而発生。大哉心乎。吾不得已、而強名之也。是名最上乗、亦名第一義、亦名般若実相、亦名一真法界、亦名無上菩提、亦名楞厳三昧、亦名正法眼蔵、亦名涅槃妙心。然則三輪八蔵之文、四樹五乗之旨、打併在箇裏。

大雄氏釈迦文、以是心法、伝之金色頭陀、号教外別伝。洎鷲峰廻面、雞嶺笑顔、拈華開千枝、玄源注万派。竺天継嗣、晋地法徒、束以可知矣。寔先仏弘宣之法、法衣自伝、曩聖修行之儀、儀則已実。法之躰相、呈師弟之徧、行之軌儀、無邪正之雑。爰西来大師、鼓棹南海、杖錫東門以降、法眼逮高麗、牛頭迄日域。学之諸乗道達、修之一生発明。外打涅槃扶律、内併般若智悲、蓋禅宗也。

我朝聖日昌明、賢風遐暢。雞貴象導之国、傾首丹墀、金憐玉嶺之郷、投信碧砌。素臣行治世之経、緇侶弘出世之道。四年之法猶以用焉、五家之禅豈敢捨諸。而有謗此之者、謂為暗証禅。有疑此之者、謂為悪取空。亦謂非末世法、亦謂非我国要。或賤我之斗筲、以為未罄力、或軽我之機根、以為難興廃。是則持法者滅法宝、非我者知我心也。非啻塞禅関之宗門、抑亦毀叡岳之祖道。慨然悄然、是耶非耶。仍蘊三篋之大綱、示之時哲、記一宗要目、貽之後昆。跋為三巻、分立十門也、名之興禅護国論、為称法王仁王元意之故也。唯恐恃狂語之不違于実相、今忘緇素之[口屏]説。憶臨済之有潤于末代、不恥翰墨之訛謬也。冀伝燈句無消、光照三会之暁、涌泉義不窮、流注千聖之世。凡厥題門支目、列於後云爾。

明菴栄西

興禅護国論 巻上

第一令法久住門者、六波羅蜜経云、仏言為令法久住、説毘尼蔵文。大論云、仏弟子有七衆、一比丘、二比丘尼、三学戒尼、四沙弥、五沙弥尼、六優婆塞、七優婆夷。前五是出家、後二是居家文。此七衆清浄、則仏法久住。因玆禅宗禅苑清規云、蓋以厳浄毘尼、方能洪軌三界。然則参禅問道、戒律為先。既非離過防非、何以成仏作祖。是故如四分律、四波羅夷、十三僧伽婆尸沙、二不定法、三十尼薩耆、九十波逸提、四波羅提〔提〕舎尼、一百衆学、七滅諍法、梵網経三聚浄戒、十重四十八軽戒、読誦通利、善知持犯開遮。但依金口聖言、莫擅随於庸輩文。大経云、此経若滅、仏法則滅〈説末世律儀也〉。僧祇律云、仏言諸仏不結戒、其正法不久住文。仏蔵経云、仏言舎利弗、是人捨於無上法宝、堕在邪見。是沙門旃陀羅。舎利弗、我清浄法、以是因縁、漸漸滅尽。我久在生死受諸苦、所成菩提法、是諸悪人爾時毀壊。如是之人、我則不聴受一飲水文。梵網菩薩戒経云、犯正戒者、不得受一切檀越供養、亦不得国王地上行、不得飲国王水、五千大鬼神、常遮其前、鬼云大賊。若入房舎城邑宅中、鬼掃其脚跡。乃至犯戒之人、畜生無異文。仁王般若経云、大王、法末世時、有諸比丘四部弟子。国王大臣各作非法之行、横興仏法衆僧、作大非法、作諸罪過、非法非律、繫縛比丘、如獄囚法。当爾之時、法滅不久文。大般若経云、舎利子、我涅槃後、後時後分〔後〕五百歳、甚深般若相応経典、於東北方、大為仏事。何以故。一切如来共所尊重、共所護念、令於彼方経久不滅文。此者明依扶律禅法、令法久住義矣。大法炬陀羅尼経云、護法者、所謂法欲滅時、菩薩於中方便護持、令法久住。以此因縁、復得頂相文。仍立令法久住門也。

第二鎮護国家門者、仁王経云、仏以般若付嘱現在未来世諸小国王等、以為護国秘宝文。其般若者禅宗也。謂境内若有持戒人、則諸天守護其国云云。勝天王般若経云、学般若菩薩、若作国王等、有貧賤人来罵詈恥辱。時王不示威形云云、我是国王、法応治剪。即作是念、我於往昔諸仏世尊前、発大誓願、一切衆生、我皆済抜、令得阿耨菩提。今起瞋則違本願文。四十二章経云、飯悪人百、不如飯一善人。飯千善人、不如飯一持五戒者。飯万持五戒者、不如飯一須陀洹。飯十万須陀洹、不如飯一斯陀含。飯百万斯陀含、不如飯一阿那含。飯千万阿那含、不如飲一阿羅漢。飯一億阿羅漢、不如飯一辟支仏。飯十億辟支仏、不如飯一三世諸仏。飯百億三世諸仏、不如飯一無念無住無修無証之者文。所謂無念等者、是此宗之意也。楞厳経云、仏言阿難、持此四種律儀、皎如氷霜、一心誦我般怛羅呪。要当選択戒清浄者、以為其師。著新浄衣、燃香閑居、誦此心仏所説神呪一百八遍。然後結界、建立道場、求於悉地、速得現前。於道場中、発菩提願、出入澡浴、六時行道、如是不寐。

経三七日、我自現身、至其人前、摩頂安慰、令〔其開悟〕。誦持衆生、火不能焼、水不能溺。乃至心得正受、一切呪詛、一切悪星、不能起悪。阿難、当知是呪常有八万四千那由佗等金剛蔵王菩薩種族、一一皆有諸金剛衆、而為眷属、昼夜随侍。設有衆生、於散乱心、心念口持、是金剛王常随従。何況決定菩提心者。阿難、是娑婆界、有八万四千災変悪星、二十八大悪星、出現世時、能生災異、有此呪地、悉皆消滅。十二由旬、成法戒地、諸悪災障、永不能入。是故如来宣示此呪、於未来世、保護初学諸修行者文。禅院恒修、此是白傘蓋法也。鎮護国家之儀明矣。智証大師表云、慈覚大師在唐之日、発願曰、吾遙渉蒼波、遠求白法。儻得帰本朝、必建立禅院。其意専為護国家利群生之故云云。愚亦欲弘者、蓋是従其聖行也。仍立鎮護国家門矣。

第三世人決疑門者、有二。一者不知迷惑疑。二者学者偏執疑。問曰、或人云、後五百歳人、鈍根小智。誰修此宗耶。答曰、大聖監時垂教。何持凡情推之哉。謂仏昔住祇園二十五年、城中有九億家。三億眼見仏、三億耳聞而不見、三億不聞不見云云。然而仏就一分機示八相、或遺舎利、或留教跡、或彼土得聞、乃至逆縁矣。法住経云、仏言阿難、吾今不久、当般涅槃。一切仏事、皆已究竟。我応度者、皆已度訖。諸未度者、皆教為作得度因縁。我已降伏外道魔軍等、円満誓願、為未来世無上仏眼文。仏既不究現益乎。今此禅宗亦爾。若有縁修之、若無縁不楽矣。設雖不修之、見聞触知之縁、為得脱之因。然者西天未必尽修也、中華有不行者、東扶亦応爾。若有万之一能行之人者、豈不可乎。若言諸人皆不可行、而不勧者、順逆二縁、倶闕者歟。況乎大般若経云、復次舎利子、我涅槃已、後時後分後五百歳、如是般若波羅蜜多甚深経典、於東北方、大作仏事、乃至無量善男女等、得益難思。〈略抄〉又中論云、問云、何故造此論。答曰、仏滅度後、後五百歳中、人根鈍深着諸法、求決定相。不知仏意、但着文字。聞大乗法中説畢竟空、不知何因縁故空、即生見疑。何於畢竟空中、生種種過。故造此中論文。天台宗釈籤云、疑云、法華既已顕実、涅槃何施権。釈云贖命重宝者、涅槃十四云、如人七宝不出外用、名之為蔵。是人所以蔵積此宝、為未来故。所謂穀貴、賊来侵国、値遇悪王、為用贖命。財難得時、乃当出用。諸仏秘蔵、亦復如是。為末世諸悪比丘畜不浄物、為四衆説如来畢竟入於涅槃、読誦外典不教仏経、如是等悪、出現世時、為滅諸悪、為説是経。是経若滅、仏法則滅。今家引意、指大経部、以為重宝、以彼経部前後諸文、皆扶律説常。若末代中、諸悪比丘破戒、乃至並無乗戒、失常住命。頼由此経扶律説常、乗戒具足文。天台宗弘決云、然復涅槃、偏被末代、帯方便説文。又止観義例云、用涅槃者、雖依法華咸帰一実、末代根鈍、若無扶助、則正法傾覆。正助相添、方能遠運。仏化尚以涅槃為寿。況末代修行、非助不前。故扶律説常、以顕実相文。法華経云、於後悪世、乃至在於閑処、修摂其心、観一切法空如実相。乃至常楽観如是法相、安住不動、如須弥山文。天台大師云〈安楽行品疏〉、観者中道観智也、一切法者、十法界境也、乃至凡有十九句。初一句惣、後十八句対大品十八空文。又経云、如来滅後、於末法中、欲説是経、応住安楽行。若口宣説、若読経時、不楽説人及経典過、亦不軽慢諸余法師、不説佗人好悪長短文。又云、於後末世法欲滅時、有受持法華経者、於在家出家人中、生大悲心、於非菩薩人中、生大慈心、乃至我得菩提時、随在何地、以神通智恵力、引之令得住是法中文。此四行文、皆言後末世時也。然則案般若法華涅槃三経、皆説末世坐禅観行之法要。若末代可無機縁者、仏不可説此等也。是以大宋国盛行之。不知之者、以為仏法滅相、非也。巨細注第九門。先大般若経説東北方者、是震旦高麗日本也。震旦已流伝畢、高麗伝法眼宗。唐徳韶国師、求天台宗書籍闕本於高麗日本両国之時、高麗禅宗興盛也云云。韶国師入滅後、及三百年。

又日本国天平年中、唐道璿在大安寺、以禅宗授行表和尚云云。伝教大師譜文云、謹安其度縁云、師主左京大安寺伝燈法師位行表文。其祖璿和上自大唐持来写伝達磨大師法門、在比叡山蔵。延暦末、向大唐国請益、更受達磨大師付法。大唐貞元廿年十月十三日、天台山禅林寺〈今大慈寺〉僧翛然、伝授天竺大唐二国付法血脉、幷達磨大師付法牛頭山法門等。頂戴持来、安叡山〔文〕。其後今及四百年也。栄西慨此宗絶、且憑後五百歳之誠説、欲興廃継絶也。云方云時、已契仏説。何言無機縁乎。又従彼如来円寂周穆王五十三年壬申歳、至于日本当今建久九年戊午歳、二千一百四十七年也。然者今是後五百中之第二百年也。天台大師云、後五百歳、遠治妙道文。妙楽大師云、末法之初、大教流行、故云五百文。今汝既云無機縁、則違本師教勅。亦謗般若、復謗仏菩薩也。大般若経云、於我正法毘奈耶中、当有愚癡諸出家者。彼雖称我以為大師、而於我説甚深般若、誹謗毀壊。善現当知、若謗般若、則為謗仏菩薩。若謗菩提、則為謗諸仏一切相智文。上文云、若我具説、破正法者、当来所受悪趣形量、彼聞驚怖、当吐熱血、便致命終、如中毒箭文。謂在仏云出家之人、下至一念起我人見、是則謗般若也。仏蔵経云、舎利弗、於正法中、抜断一切諸見根本、悉断一切諸語言道、如虚空中乎無触閡。諸沙門法、皆応如是文。楽瓔珞経云、無心離意識、是沙門法。守護諸根、是沙門法文。是故説弘韋陀典籍、智者不妨。汝等能守諸根、勿妨仏法興隆矣。法華経云、及以世間資生産業、皆与実相不相違背文。真言宗云、於如来度人門中、誓願修習、乃至不得謗一切三乗経法。若謗即謗仏法僧、謗大菩提心也。以秘密蔵中一切方便、皆是仏之方便、是故毀一一法、即是謗一切法也。乃至世間治生産業芸術等事、随有正理、相順是仏所説者、亦不得謗。何況三乗法耶文。又文殊問経云、未来我弟子有二十部、能令法住、並得四果。三蔵平等、無下中上。譬如海水、味無有異。如人有二十子、真実如来所説。文殊師利、根本二部従大乗出、〔従〕般若波羅蜜〔出〕文。又按善見律等云、仏何以故不度女人、為敬法故。正法本千年、以度女人、減五百歳。制修八敬法、還満千年。然後像法千年、末法万年也。末法中五千年来、覚三達智、并得四果、六千年後、不得道果。万年以後、無行仏法、経典文字、自然滅尽文。汝背如是文義、妄致論義、而欲妨流通、既背理矣。大論云、一切論義、皆有過罪。唯仏智恵、滅諸戯論文。法華云、如来所以出、為説仏慧故。又云、今所応作、唯仏智恵文。凡如来出世本意、是為令衆生破邪見、住大般若無諍心也。天台宗止観云、如来教門、示人無諍法。消者成甘露、不消成毒薬文。弘決云、如来下、仏教本意、示人無諍。諍者人過、何関法非。今欲示人無諍法、故説摩訶般若波羅蜜。乃至今則通以仏法大小、皆本示人無諍之法故。如天甘露本令長生、愚食不消、反令寿没。仏教亦爾。本令通至常住涅槃、以生諍故、反入三途文。思益経云、諸仏出世、不為令衆生出生死入涅槃、但為度生死涅槃之二見耳文。背此等文義、故言謗般若也。

問曰、或人云、禅宗不立文字、則無依憑。若無誠証者、帝王難信容。又汝以不肖身、何輙驚天聴耶。答曰、仁王経云、我今五眼、明見三世一切国王、皆由過去世侍五百仏、得為帝王、是為一切聖人羅漢、而為来生彼国土中、作大利益。若未来世、有諸国土、受持三宝者、我使五大力菩薩、往護彼国。是五大士五千大鬼神王、於汝国中、作大利益。大王、汝等皆応受持般若波羅蜜文。是故一切国王得聞正法、自然信容也。況又崇仏法之君子、誰先得証後施行耶。其暴秦焚典籍、会昌害僧尼、霊素滅聖教、徽宗改仏像。並是非報得王者、皆是悪願之流類也。莫謂仏法幽微国王難信矣。然者表禅君子、既侍五百仏乎、伝燈乞士亦爾。非唯二三四五如来所久植勝因、已曾於恒沙諸仏所、深種大般若之因、方解一句之妙法也。金剛般若経云、仏言、当知是人不於一仏二仏三四五仏、而種善根、已於無量千万仏所、種諸善根、聞是章句、乃至一念生浄信者文。君子最応随喜乎。仍驚天聴、有何失乎。凡窮民之愁、忝達叡聞。況賜度縁之僧哉。何況栄西登法位矣。玄奘記云、昔中印度戦主国、有三人比丘。従北方来、巡礼聖跡。時印度諸寺嫌三僧、言辺鄙人也、不令入宿寺中。謂五印僧穿耳繋環、此三僧不穿耳。故常被擯、為雨露侵、羸疲憔悴。時国王出遊、忽見三僧怪問曰、何乞士如是耶。答曰、我是北方覩貨羅国人也。曾二三友契曰、妙理幽玄、非言談可究。聖跡現存、見礼則可滅罪。願同心応遊礼云云。契了周旋来此也。然印度沙門不敢慈念、而恒擯弃我等。因以如此云云。時王聞其説増悲感、点勝地建立伽藍。白氎上題曰、朕為人中至尊、斯皆三宝之霊祐也。既為人王、受仏付嘱。凡厥染衣、朕当恵済。建此伽藍、或為招旅衆也。自今已後、諸穿耳僧、不可得止宿朕寺文。誠哉此言乎。仁王経云、是故付嘱諸国王文。又云、侍五百仏、得為帝王文。又云、大王吾令三宝付嘱汝文。又云、大王、我滅後未来世中、四部弟子、諸小国王太子、乃至住持護三宝者文。厥北闕至尊、皆是南無仏子。東扶王者、誰非中天苗裔、月支大王、聞三僧之愁、已建一伽藍。日域聖王、応一貧之訴、盍賜一紙宣乎。汝之妨難是破仏法因縁、破国土因縁也。莫如是説。仁王般若経云、未来世中、諸小国王、四部弟子、自作此罪、破国因縁。身自受之、非仏法僧。大王、未来世中、流通此経、七仏法器、十方諸仏、常所行道。諸悪比丘、多求名利、於国王前、自説破仏〔法〕因縁。其王不別、信聴此語、横作法制、不依仏戒。是為破仏法破国因縁。当爾之時、正法将滅不久。爾時十六大国王、聞仏所説、悲啼涕泣、声動三千。日月五星、二十八宿、失光不現。時諸国王、各各至心、受持仏語、不制四部弟子出家行道、当如仏教文。大涅槃経云、如来今以無上正法、付嘱諸王大臣宰相及四部衆。是諸国王及四部衆、応当勅励諸学人等、令得増上戒定智恵。若有所学是三品法器、懈怠破戒、毀正法者、国王大臣四部之衆、応当善治。善男子、是諸国王無罪文。仏已般若無上正法、付嘱諸国王。若王自当進止。何致奸心之妨哉。予欲興陵遅之禅、汝強求短。縦雖小比丘不肖、何関禅法之非哉。是則仏子還毀仏法也。大涅槃経云、於毀法者、与駈遣羯磨訶責羯磨等。乃至善男子、如来所以与謗法者、作如是降伏羯磨、為欲示諸行悪之人有果報故。我涅槃後、随其方面、有持戒比丘、威儀具足、護持正法、見壊法者、即能駈遣呵責懲治。当知是人得福無量、不可称計文。是故君子念仏嘱、莫異念矣。

問曰、或人云、禅者諸宗通用法也。何建立別宗耶。答、以通用法立別称。又以一法為両分。其例不一矣。所謂律儀者、雖為通用法、而今立律宗乎。比丘戒者、雖無別途、而五天分五部也。三蔵雖一途法、而分十八部。中論直談一実諦、而為三論天台二宗之依憑也。真言偏秘密乗、而東寺天台両門。何況禅宗諸教極理、仏法捴府。別立一宗、無妨歟。因玆伝教大師内証仏法相承血脈譜云、叙曰、譜図之興、其来久矣。夫仏法〔之〕源、出於中天、過於大唐、流於日本。天竺付法、已有経伝、震旦相承、非造血脈。我叡山伝法、未有師師譜。証纂三国之相承、以示一家之後葉云爾。達磨大師付法相承師師血脈一首、天台法華宗相承師師血脈一首、胎蔵金剛両曼荼羅相承師師血脈一首文。智証大師教相同異云、問、相伝云、仏弟子有三類、謂禅師律師法師也。今諸宗中、以何宗為何師。答、禅宗天台宗真言宗、悉為禅師也。自余諸宗、皆為法師也。然此三類師、見昉法師十輪経略疏者也。問、彼禅宗為是何家。答、禅宗、金剛般若経維摩経為所依。即心是仏為宗、心無所著為業、諸法空為義。始自仏世衣鉢授受、師資相承、更無異途。具出伝記者也。問、此宗誰将来耶。答、山上先先入唐求法大師等、親承此道而帰朝也文。安然和上教時諍論云、乃知三国諸宗、興廃有時、九宗並行。乃至依教理浅深、初真言宗、大日如来常住不変、一切時処、説一円理、諸仏秘密、最為第一。次禅宗、一代釈尊、多施筌蹄。最後伝心、不滞教文、諸仏心処、故為第二。乃至倶舎為第九文。大宋高僧伝云、〈賛寧、取意〉有顕密心三教。顕教摩騰為初祖、密教金剛智為初祖、心教達磨為初祖云云。然則唐土日東、皆如是釈之。是知三国倶行九宗乎。然此宗起於梁代、熾乎宋朝。陳隋明匠不諍揔別、唐宋賢皇並施行。行表伝教倶伝之、智証安然同行之。後生纔聞名字、俄諍之。其恥在誰耶。

問曰、或人云、立宗希代事也。汝非其人、何欲成於大事耶。答曰、釈尊滅度二千年前、与恒沙仏法倶円寂。商那和須第三付法人、与三蔵各八万、一時滅已。自爾已来、教法逐時減少、戒行随人漏欠。然而馬鳴竜樹証一真、南岳天台発三昧。法燈煥四遠、戒行及五百乎。若依凡[卑]不修聖跡者、仏法豈継今哉。汝何不悲禅法之絶、強求人法之短耶。法華経云、亦勿軽罵学仏道者、求其長短文。安然和尚云、揚己貶佗、未謂弘道文。大智度論云、自法愛染故、毀呰他人法、雖持戒行人、不免地獄苦文。真言宗大日経云、云何羅刹心、謂於善法中発起不善者、如人信仏語造諸塔廟、彼人謗云、損無量小虫擾施主、将何所益、当受苦報。如是不善心、是羅刹心也。但観功徳利益、不求彼短、是為対治文。首楞厳経云、十方如来、同一道故。出離生死、皆以直心。心言直故文。然則心言不直、求人法短、豈知於道者乎。大智度論云、昔仏滅後一百年、有優婆毱多得阿羅漢。時為閻浮提大導師。彼時有一比丘尼、年百二十歳。年少時見仏。毱多来欲問仏容儀。比丘尼為試威儀、盛油鉢着扉裏。毱多来入時、徐排戸、油少棄。既入畢坐、而問仏光明、乃至問比丘威儀。比丘尼答曰、仏在世、六群比丘弊悪比丘、而威儀法則勝汝。行住坐臥、不失法則。六群入戸、不令油棄。汝雖是六神通阿羅漢、不如彼也。聞而大自慚愧文。然(仏)在世六群中、二人堕竜趣、二人生天上、而今優婆毱多、則得四果矣。然者末代、一戒不可軽乎。況利生之心、不背仏意、則与仏何別。大涅槃経云、発心畢竟二無別、如是二心先心難。自未得度先度佗、是故我礼初発心文。雖為希代事、又雖為不肖身、以大悲行願故、逐先聖之跡、無妨歟。況末代雖無其器、而置其名記之例不一也。若待太公欲為卿相、而千載無太公、要得羅什為師範、而万代無羅什。其仏法半偈不賤、何強嫌人哉。予既登伝燈職位、興廃之儀何無勅許。庶幾熟察矣。

問曰、或人云、古代祖師、各皆大権薩埵也。汝既無異徳、豈許興廃耶。答曰、言輝瑛未現、而捐鉱中宝哉。言皮嚢臭、亦不可捐金也。蜀錦不問於主、檳榔只取於味而已。禅宗独詑伝度人。況末代仏法、多以密益為事、不必求反通。今所難、非予一人恥乎。所謂如世尊昔受毘蘭若波羅門請時、波羅門為魔弊、忘請仏誠、終不供給。世尊与五百比丘、倶於其処夏已至故、不能帰王舎城、留其聚落林。時遭飢餓、乞食難得。于時波利国馬師、将百疋馬来、偶見仏及弟子飢饉。馬師即駐馬麦半分、与五百比丘、但施仏一斗。爾時目連白仏言、我往北倶盧洲、食自然粳米。仏告目連、汝有神力可爾。凡夫比丘、当如之何。目連白言、我以神力接之往。仏言、止止、汝有神力、将来諸凡夫比丘如何文。又賓頭盧尊者、為施主現神通。仏呵責賓頭盧言、何汝為一食施主現神通。譬如婬女為半銭利、示人於己陰処。我罰汝、勿取滅度。住世間、応為末世之福田。〈取意〉并是如来為末世比丘、作此制耳。昔如彭城王、責牛頭山法融禅師〈伝教大師之祖師也〉者、其王後見友而還帰伏。凡冥薫之霊験、誰知有先識乎。

問曰、或人云、此宗言不立文字者、嬾墮輩不学聖教、而還滅仏法。答曰、観仏三昧経云、欲見如来、未来世中諸弟子等、応修三法。一者誦修多羅甚深経典。二者浄持禁戒、威儀無犯。三者繫念思惟、心不散乱文。是故此宗、学亙八蔵、行兼六度者也。若言禅宗即心是仏、而不伺教跡者、何異夜当暁而未明、除燭墮嶮岨乎。

問曰、或人云、伝教大師末法燈明記云、末法無持戒人。若言有持戒者是怪也、譬如市中有虎文。答曰、大般若経云、師子咬人、狂狗逐塊。是此謂歟。汝逐文字言語之塊、永忘自有持戒修善之人也。広見聖教之施設、遠監衆生之善業矣。大般若経云、後五百歳文。大般涅槃経云、末法贖命文。法華経云、於後末世文。大論中論摩訶止観同之。金剛般若経云、後五百歳、有持戒修福者、於此章句能生信心。当知是人不於一仏二仏三四五仏、而種善根、已於無量千万仏所、種諸善根、聞是章句、乃至一念生浄信者文。并勧末世之戒行也。凡如来開口、皆冠末世乎。祖師動舌、併為今後也。伝教大師釈、可得意矣。或小乗律儀戒、非謂大乗菩薩戒焉。

問曰、或人難云、何故禅宗、新称令法久住耶。答曰、戒律是令法久住之法也。今此禅宗、以戒律為宗。故令法久住儀目。天台宗止観云、凡夫耽湎、賢聖所呵。破悪由浄恵、浄恵由浄禅、浄禅由浄戒文。

問曰、或人難云、何禅宗独為鎮護国家法耶。答曰、四十二章経云、爾時世尊既成道已、作是思惟、離欲寂静、是最為勝。住大禅定、降諸魔道。令転法輪度衆生文。遺教経云、依因此戒、得生諸禅定、及滅苦智恵文。是知非禅力者、一切悪難破乎。仍以此宗為鎮護大要而已。

問曰、禅宗何強戒行勧耶。答曰、涅槃扶律顕常意也。遺教経云、依戒生禅生恵文。天台止観云、破悪由浄恵、浄恵由浄禅、浄禅由浄戒文。

問曰、若爾者、破戒人生悔心、後還得禅否。答曰、大涅槃経云、懺悔名為第二清浄文。修禅要決云、若大乗中、但能息心、即真懺悔故。障滅戒生、故得禅定文。天台止観云、普賢観云、端坐念実相、是名第一懺。妙勝定云、四重五逆、若除禅定、余無能救文。方等云、三帰五戒、二百五十戒、如是懺悔、若不還生、無有是処文。是故此宗、以戒為初、以禅為究。若破戒者、悔心止悪、則号禅人也。況住大悲心、則一切戒品智恵、無不開発。是故此宗、以大悲為事。何罪不滅乎。菩薩瓔珞経云、善男子善女人、従〔初〕発意修菩薩心、於禅定中、復当具足六度文。超日月三昧経云、仏言、魔有四事、乃至意止意断、魔則降伏。其四魔者、皆由心生、不従外来文。是故大乗、心息戒生、得禅定矣。

問、何故強望宣下耶。答曰、仏法必応依国王施行、令流通也。是故仏慇懃付嘱国王。又王益復莫大也。大法炬陀羅尼経説頂上肉髻光明業因云、過去放光仏自説言、有三善根、一遠離嫉妬、随喜教示。二為佗作〔時〕、不求果報。三不壊損佗、以成已善。復有二法、一護法、二善説。護法者、所謂法欲滅時、菩薩於中、方便護持、令法久住。以此因縁、後得頂相。善説者、菩薩為四衆説法時、若一念忘失者、随順重説等文。大涅槃経云、我護法故、得金剛身等文。覚徳比丘有徳王之因縁、此中応具説矣。

興禅護国論巻上

興禅護国論 巻中

大宋国天台山留学日本国阿闍梨伝燈大法師位栄西　跋

第三門之余。問曰、或人云、此宗既言不立文字。是殆同悪取空并暗証類。若爾者、天台宗破之。所謂止観釈観不思議境云、非暗証禅師誦文法師之所以文。玄義云、若観心人、謂即心而是、已則均仏、都不寧経論、堕増上慢。此則抱炬自焼云云。釈籤云、若暗証之炬、焼勝定乎文。此禅宗不立文字者、何免此難耶。答曰、此禅宗者、悪其暗証師、嫌悪取空人、宛如大海底厭死屍也。但依円位修円頓、而外律儀防非、内慈悲利他、謂之禅宗、謂之仏法也。盲禅悪取之輩、無此義耳。即是仏法中之賊乎。宗鏡録云、理実応縁、無碍事之理、事自理立、無失理之事。如今不入円位之者、皆自鄙下凡、遠推極聖。斯乃不唯失事、理亦全無。但悟一心無碍自在之宗、自然理事融通、真俗交徹。若執事而迷理、永劫沈淪。或悟理而遺事、此非円証。何者理事不出自心、性相寧乖一旨。若入宗鏡、頓悟真心、尚無非理非事之文、豈有若理若事之執。但得本之後、亦不廃円修。若盲禅闇証之徒、焉知六即。狂恵誦文之士、奚識一心。如今但先令円信無疑、自居観行之位。古人云、一生可弁。豈虚言哉文。又云、台教明二種止観。一相待止観、二絶待止観。〔前是拙度、後是〕巧度。相待有三止三観。三止者、一止息止、二停止止、三不止止。三観者、一観穿観、二観達観、三不観観。絶待有三止三観。三止者、一体真止、二方便随縁止、三息二辺分別止。三観者、一従仮入空観、二従空入仮観、三中道第一義観。今宗鏡唯論一心円頓之旨。如円頓止観者、以止縁於諦、則一諦而三諦。以諦繫於止、則一止而三止。以観観於境、即一境而三境。以境発於観、則一観而三観。如摩醯首羅面上三目、雖是三目、而是一面。挙一即三、合三是一、不縦不横、不並不別、捴前諸義、皆在一心。其相云何等文。是知此宗、非暗証、亦非悪取空、亦非仮名之法乎。

問曰、或人妄称禅宗、名曰達磨宗。而自云、無行無修、本無煩悩、元是菩提。是故不用事戒、不用事行、只応用偃臥。何労修念仏、供舎利、長斎節食耶云云。是義如何。答曰、其無悪不造之類也。如聖教中言空見者、是也。不可与此人共語同座、応避百由旬矣。宝雲経云、寧起我見積如須弥、莫以空見起増上慢。所以者何。一切邪見、以空得脱。若起空見、則不可治文。古徳云、邪見禅師者、〔如〕無目而行、陥墜火坑者也。文字法師者、如鸚鵡能於人語、而無人情也。然則禅宗、学仏法蔵、持仏浄戒也、謂之仏禅也。又天台宗止観云、淮地河北、有行大乗空人、無禁投蛇者。今当説之。其先師於善法作観、経久不徹。放心向悪法作観、獲少定心、薄生空解。不識根縁、不達仏意。純将此法、一向教他。教佗既久、或逢一両得益者。如虫食木、偶得成字。便以為証、謂是実事、余為妄語。笑持戒修善者、謂言非道、純教諸人、遍造衆悪。盲無眼者、不別是非、神根又鈍、煩悩復重。聞其所説、順其欲情。皆信伏随従、放捨禁戒、無罪不造、罪積如山岳。遂令百姓忽之如草、国王大臣、因滅仏法。毒気深入、于今未改。此乃仏法滅之妖怪、亦是時代妖怪。何関随自意意。何以故。如此愚人、心無恵解、信其本師、又慕前達、決謂是道。又順情為易、恣心取楽、而不改迷文。是則淮地河北、昔有狂人、僅聞禅法殊勝、不知其作法。只自恣坐禅、而廃事理行、以繫邪網之人也。此人号為悪取空師、是仏法中之死屍也。宗鏡録破一百二十見中云、或効無碍、放捨修行、或随結使、而恃本性空。並是迷宗失旨、背湛乖真、敲氷而索火、縁本以求魚者也文。此即悪於無行人也。況指禅戒非真智之人也。道宣律師云、夫以不修禅那三昧、長乖真智之心、不習諸善律儀、難以成其勝行。是以古今大徳、実為世之良田文。加之天台宗弘決云、若無事戒、世禅尚無、況三諦乎文。是故禅宗以戒為先。禅苑清規云、参禅問道、戒律為先云云。

問曰、或人云、法橋上人位奝然、入唐帰朝、欲建立三学宗。依諸宗訴、被敗已畢。此宗同異如何。答曰、名字已殊、不及魚魯歟。且不知奝然之意趣。今之禅宗者、清浄如来禅也、無三学名字。梁朝已来、只号禅宗而已。更無別号、無異轍矣。

問曰、或人云、念仏三昧、雖無勅流行天下。禅宗何必望勅耶。答曰、仏法皆付属国王。故必応依勅流通也。又念仏宗者、先皇勅置天王寺云云。今尊卑念仏、是其余薫也。禅宗争不蒙施行詔矣。

問曰、或人云、天下流行八宗也、何有九宗耶。答曰、安然和尚教時諍論云、三国諸宗、興廃時有、九宗並行文。智証大師云、禅宗是八宗之外也。三国九宗名字、撿可知之。

問、此禅宗、戒定恵中何耶。答曰、此是如来禅也。不立文字宗也。与而言之、通諸大乗。奪而言之、離心意識、離言説相矣。

問曰、若通諸大乗、何別立哉。答、仏言、我無異相、随衆生根性、独為異相文。如来方便、祖師意楽、仰可信之。円覚経序云、直道無二、学有殊故。仏老語道則同、論術則異文。三論宗吉蔵中論疏云、諸大乗経、顕道無異。道既無二、教豈異耶文。雖無異、以術故別立之、無咎。況起於梁代、煽於宋朝。不能後生論捴別矣。

問曰、若爾此宗、有所依経論耶。答曰、与而論之、一大蔵教、皆是所依也。奪而論之、無一言可依也。

問曰、或人云、有千余巻書籍、如何。答曰、禅人語録也、如世間之抄出也。若云有禅宗依憑者、譬如亀毛兎角常無矣。但非無甚深旨帰也。智者思之。

問曰、若爾実相、凡夫行業難及。以何方便而行而得耶。答曰、遺教経云、依因此戒、得生諸禅定及滅苦智恵。是故比丘、当持戒清浄、勿令毀欠。若無浄戒、諸善功徳、皆不得生。是以当知、戒為第一安穏功徳住処文。梵網経序云、持戒為平地、禅定為屋宅、能生智恵光文。法華経云、我記如是人、修持浄戒故文。天台宗止観云、浄禅由浄戒等文。又引大経云、尸羅不浄、還堕三途。禅定智恵、皆不得発文。首楞厳経云、若不断婬、修禅定者、如蒸砂石、欲其成飯、経百千劫、只名熱砂。乃至輪転三途、必不能出。如来涅槃、何路修証。如我此説、名為仏説。不如此説、即波旬説文。其仏法以持戒為先。若破仏戒而号仏子者、譬如国王之臣不順王命而称王臣也。大涅槃経云、阿難白仏言、仏滅度後、以誰為師。仏言、以戒為師文。況三学五蘊、皆以戒為初首者也。是故此宗、以仏戒為師。行〔之〕得〔之〕也。取要言之、一切邪見悉破、種種魔業兼治、謂之禅人也。其魔業者、海恵経云、爾時海恵菩薩白仏言、世尊我今、欲説十二魔鉤。一菩薩所愛不施。二見破戒人悪賤。三身口忍意不忍高慢。四化衆生令入二乗道、好舞伎等。五起四禅還見欲界、生長寿天、不見百千仏出。六智未熟而毀五波羅蜜、讃般若還堕邪路。七好阿蘭若不利他。八衆生堪〔授〕不校法。九説外道論、覆蔵仏法。十以悪友謂善知識。十一貢高師僧父母、心無摧伏。十二富貴而酔心怠慢。〈取意〉宝童子経云、仏言、修行菩薩有三種実語。一者不誑諸仏如来。二者不誑一切衆生。三者不誑自身。謂発菩薩心、復不求小果、復雖値種種苦悩、不驚不動、是為不誑仏及衆生幷自身。復有四法、不誑如来。一者堅固心、二者威力心、三者勢力心、四者持戒精進。不誑衆生有四法。一者堅牢修学、二者慈心与楽、三者悲心愍苦、四者摂取衆生。不誑自身有四法。一者堅固心、二者重復堅固心、三者無諂惑心、四者無誑心文。梵網経序云、持戒心不悔、所願亦成就文。若持戒清浄、必得一切禅定智恵成就円満矣。此外疑難、無由尽説来問。仍立世人決疑門矣。

第四古徳誠証門者、謂古徳行此宗之誠証也。有十也。一者聖徳太子伝、并伝教大師一心戒中巻云、陳南岳思禅師値遇達磨大師、蒙教示云云。又天台観心論奥批云、嵩山少林寺大師、以禅法伝授南岳思禅師。禅師以此禅法、伝授天台智者禅師云云。二者智者禅師、恒修此禅、誦法華経、至是真精進、是名真法供養如来、忽然大悟、自見霊山一会儼然未散云云。三者二祖已下、于今二十五代、天下行之。四者従後漢至唐一十八代、翻経三蔵二百余人、或道或俗、多訳禅要法門云云。五者唐道璿、来日本南京、以此禅法付属行表和上云。六者日本伝教大師、於南都初聞此宗、終渡海到天台山修禅寺、稟受牛頭山之流、乃至豁然大悟云云。七者慈覚大師常修此禅矣。在唐之日発願、帰朝建立禅院也。八者智証大師択宗躰云云。九者安然和尚釈禅旨帰云云。十者大宋見行、有禅苑清規一部十巻。取要言之、一代五時諸経律論、皆是仏禅之旨帰也。仏威儀行住坐臥、併禅意也。経云、常在禅定、悲愍衆生云云。是即誠証而已。仍立古徳誠証門矣。

第五宗派血脉門者、今此心印、過去七仏相承、而継脉密伝、心印無絶也。禅宗興由云、式観禅宗、肇乎先仏、教周塵劫文。按長阿含経云、荘厳劫中、有一千仏、出現世間、乃至末後三仏、為七仏最初矣。七仏各付属以心印矣。口決在別、血脉如後。

第一毗婆尸仏　第二尸棄仏　第三毘舎浮仏　第四拘留孫仏
第五拘那含牟尼仏　第六迦葉仏　第七釈迦文仏

成道四十九年後、於霊山多子塔前大衆会中、推摩訶迦葉於半座告言、吾以清浄法眼涅槃妙心実相無相微妙正法付属汝、〔汝〕当護持。并勅阿難、莫令断絶。偈曰云云。華手経曰、仏遙命之曰、善来迦葉、[久]乃相見。汝当就此仏半座。〔仏〕移身時、三千震動。迦葉白言、不敢坐仏之衣鉢坐処。仏是大師、我是弟子。我昔従仏受僧伽梨。礼敬尊重、未曾敢着。我従是来、不生欲覚。我於覚地、受世尊衣、以頂戴時、即成無学。我順仏教、受如来衣、而実不敢生高下心。恒手執持、不覩余身。若未漂手、亦不敢提。豈敢軽慢、枕於頭下。法王無師自然逮覚、不与一切声聞辟支仏共。仏言、善哉善哉、如汝所言。仏告迦葉、汝且就座、請問所疑。当為汝説。迦葉即従座起、頂礼仏足、随次而座文。法鼓経云、迦葉白仏言、如来大見敬待、云何為敬。常告我言、汝来共坐。以是因縁、我応知恩。仏言、善哉、以是義故、我敬待汝文。

第一摩訶迦葉　第二阿難　第三商那和修　第四優婆毱多
第五提多迦　第六弥遮迦　第七婆須密　第八仏陀難提
第九伏駄密多　第十脇尊者　第十一富那夜叉　第十二馬鳴
第十三迦毗摩羅　第十四竜樹　第十五迦那提婆　第十六羅睺羅
第十七僧伽難提　第十八伽耶舎多　第十九鳩摩羅多

第二十闍夜多　第廿一婆修盤頭　第廿二摩拏羅　第廿三鶴勒那
第廿四師子　第廿五婆舎斯多　第廿六不如密多　第廿七般若多羅
第廿八（東土祖師、初祖）菩提達磨円覚大師

大師、昔梁普通八年丁未歳、経南海到広府。同年十一月届于洛陽、魏太和十年也。寓止嵩山少林寺。乃至顧恵可告曰、昔如来〔以〕正法眼蔵付迦葉大士、展転属累、而至於我。我今以此法付汝、汝当護持。并授袈裟以為法信。我滅後二百年、衣止不伝。法周沙界、潜符密証、千万有余。聴吾偈曰云云。

第廿九（二祖）可大師　第三十（三祖）璨大師　第卅一（四祖）信大師　第卅二（五祖）忍大師
第卅三（六祖）能大師　第卅四（南岳）譲大師　第卅五（馬祖）一大師　第卅六（百丈）海禅師
第卅七（黄檗）運禅師　第卅八（臨済）玄禅師　第卅九（興化）弉禅師　第四十（南院）顒禅師
第四十一（風穴）沼禅師　第四十二（首山）念禅師　第四十三（汾陽）昭禅師
第四十四（石霜・慈明）円禅師　第四十五（黄竜）南禅師　第四十六（晦堂）心禅師
第四十七（霊源）清禅師　第四十八（長霊）卓禅師　第四十九（無示）諶禅師
第五十（心聞）賁禅師　第五十一（雪菴）瑾禅師　第五十二（虚菴）敞禅師
第五十三（明菴）栄西千光祖師

予日本仁安三年戊子春、有渡海之志、到鎮西博多津。二月遇両朝通事李徳昭、聞伝言有禅宗弘宋朝云云。四月渡海、到大宋明州。初見広恵寺知客禅師。問曰、我国祖師、伝禅帰朝。其宗今遺欠。予懐興廃故到此。願開示法旨。其禅宗祖師達磨大師伝法偈如何。知客答曰、達磨大師伝法偈曰云云。又問曰、我日本国有達磨大師知死期偈、真偽如何。知客答曰、所喩之法、乃小根魔子妄撰其語也。夫死生之道、在吾宗本以去来生死平等、初無生滅之理。若謂知其死期、是欺吾祖之道、非小害乎。久聞日本国仏法流通。幸逢吾師、無奉筆語。然人有華夷之異、而仏法捻是一心、一心纔悟、唯是一門。金剛経所謂応無所住而生其心也。欲知源流、請垂訪及。当一一相聞。広知祖師之道、非小乗知見所能測度也云云。于時宋乾道四年戊子歳也。即及秋帰朝。而看安然教時諍論、知九宗名字。又閲知証教相同異、知山門相承巨細。又次見伝教大師仏法相承譜、知我山有稟承。当念不罷、経二十年、方今予懐礼西天八塔。日本文治二年丁未歳春三月辞聊、帯諸宗血脉并西域方誌、至宋朝。初到行在臨安府、謁安撫侍郎、覆西乾経遊之情。即下状云、曳半影於巇嶇桟道、終全身於中平金場云云。然而不敢与執照、只与案照廼留。独労想竺天、時未有耶、得不投一耶。于時炎宋淳熙十四年丁未歳也。即登天台山、憩万年禅寺。投堂頭和尚敞禅師為師、参禅問道。頗伝臨済宗風、誦四分戒、誦菩薩戒已畢。遂宋紹熙二年〈辛亥〉歳〈日本建久二年〉秋七月帰国。臨別禅師為書曰、日本国千光院大法師〈西〉、宿有霊骨、頓捨世間深重恩愛、従仏剃髪、着僧伽梨、洪持此法。不遠万里、航海而入我炎宋、探賾宗旨。乾道戊子歳、遊天台見山川国土勝妙、道場清浄殊特、生大歓喜。嘗施浄財、供十方学般若菩薩。已而至石橋、拈香煎茶、敬礼住世五百大阿羅漢。尋復

本国、夢境恰恰二十年、雖音問不相聞、而山中老宿、歴歴記其事。今又懐旧遊復之、宿縁不浅、志慇茲深、不可不示法旨。夫昔釈迦老人、将欲円寂時、以涅槃妙心正法眼蔵、付属摩訶迦葉、乃至嫡嫡相承至於予。今以此法付属汝。汝常護持。佩其祖印帰国、布化末世、開示衆生、以継正法之命。又授汝袈裟。大師昔伝衣為法信、而表本来無物。然至六祖、衣止不伝云云。其風雖絶、今為外国法信、授汝僧伽梨而已。又受菩薩戒。拄杖応器、衲子道具、不留一付属畢。聞伝法偈云云。此宗自六祖以降、漸分宗派、法周四海。世洎二千、脉注五宗。謂一法眼宗、二臨済宗、三潙仰宗、四雲門宗、五曹洞宗也。今最盛是臨済也。自七仏至于栄西、凡六十代也。嫡嫡相承継脉、寔仏法之公験、有以者也。是只列一轍、自余支派在図。謂之宗派血脉門矣。

第六典拠増進門者、謂此禅宗、不立文字、教外別伝也。不滞教文、只伝心印。離文字亡言語、直指心源、以成仏。其証拠、散在諸経論中。且出少〔分〕、以成一宗之証。華厳経云、初発心時、便成正覚文。又云、知一切法、即心自性、成就意身、不由他悟文。宝積経云、心本性者、如水中月文。又云、諸法自性不可得、如夢行欲悉皆虚。但随想起非実有、世尊知法亦如是文。浄名経云、心浄仏土浄文。又云、大般若経云、色無所有不可得、乃至一切智智無所有不可得文。又云、無有言語、名為仏法文。又云、第一義諦、無有文字。一切言語、依世俗説文。金剛般若経云、応無所住而生其心文。又云、若人言如来有所説法、即為謗仏文。又云、若以色見我、是人行邪道等文。法華経云、唯仏与仏、乃能究尽諸法実相文。又云、非如非異文。又云、不可以言宣文。大涅槃経云、如来常住、無有変易。乃至如是説者、我真弟子文。又云、我不説一字文。大智度論云、般若波羅蜜、実法不顛倒。念想観已除、言語法亦滅。無量衆罪除、清浄心常一。如是尊妙人、即能見般若。如虚空無染、無戯無文字。若能如是観、是則為見仏。若如法観、仏般若及涅槃、是三即一相、其実無有異文。真言宗大日経云、我覚本不生、出過語言道。諸過得解脱、遠離於因縁。知空等虚空、如実相智生。以離一切闇、第一実無垢文。中論云、問、何故造此論耶。答曰、後五百歳人、鈍根執文字発邪見、故造此論文。天台止観云、天台伝南岳三種止観。〈乃至〉雖有三文、無得執文而自疣害。論云、若見般若、皆縛皆脱。文亦例然。大経云、若知如来常不説法、是即多聞。此指不説而是説也文。解説経云、自証無相法、離言説四事。無諍法通相、過諸覚観境文。四事者見聞覚知也。大薩遮経云、以法界性無差別故文。月燈三昧経云、一切諸法、体性平等、無戯論三昧文。文殊問経云、此法不思議、離於心意識。一切言語断、是修行般若文。占察経云、地蔵菩薩言、一実境界者、謂衆生心体、従本以来、不生不滅、自性清浄文。金剛三昧経云、法本無有無、自他亦復爾。不始亦不終、成敗則不住文。長寿王経云、自然無師受、我行無師保。志独無等侶、至道無往反、玄微清妙真文。善戒経云、菩薩為道、令修禅定、現世受楽。身心寂静、是名自利。身心静故、不悩衆生、是名利佗〔文〕。唯識論云、法界唯識〈取意〉云云。起信論云、離言説相文。乃至一代所説之禅要文、尽応説此中、今出少分。余幷准知。謂如来所説諸経中、若権若実、皆為令衆生受持仏心不二法門、先作筌蹄、善巧方便而已。安然和尚云、此禅宗、一代釈尊、多施筌蹄。最後伝心、不滞教文、諸仏心処故文。智証大師云、即心是仏為宗、心無所著為業文。庶幾末代学者、該学八蔵、兼修万行、莫為偏心所惑、以此禅宗之力、応滅重罪也。大日経疏云、不抛禅定、得般若者、無有是処文。若得般若之意、必応滅罪之縁、無過実相般若故也。天台止観云、若犯事重罪、依四種三昧、則有懺法。普賢観云、端坐念実相、是名第一懺。妙勝定云、四重五逆、若除禅定、余無能救文。並是為禅宗典拠矣。仍立典拠増進門矣。

第七大綱勧参門者有三。一約教分、二約禅分、三約摠相。初約教分者、謂諸教也。鈍根人先伺諸教諸宗之妙義、学禅之旨帰、為修入方便也。宗鏡録引六十部、蘊三宗妙義、注三百余家語句、以釈宗旨、是也。次約禅分者、謂仏禅也。不拘文字、不繫心思。是故離心意識参、出凡聖路学。是約最上利根人也。三約摠相者、謂云教云禅、但有名字。云参云学、亦是仮名。我人衆生、乃至菩提涅槃、皆亦名字、実無所有。仏所説法、亦是名字、実無所説。是故禅宗、離文字相、離心縁相、不可思議、畢竟不可得。所謂仏法者、無法可説、是名仏法。今謂禅者、即其相也。以前三義悉是仮名、若人言仏禅有文字言語者、実是謗仏謗法。是故禅師不立文字、直指人心、見性成仏、所謂禅門也。取名字者即迷法、取相貌者亦是顚倒。本来不動、無物可得、謂見仏法。仏法只在行住坐臥処。添一糸毫也不得、減一糸毫也不得。便恁麼会去、更不費些児気力。纔作奇特玄妙商量、已無交渉。所以動則起生死之本、静則酔昏沈之郷、動静雙忘、顢頇仏性。摠不恁麼、畢竟如何。若是旨外明宗、終不言中所測。直下便見、撩起便行。箭既離絃、無返廻勢。千聖也摸摝不着。或未到此田地、切忌麁心大胆、一向掠虚。到得臘月三十日、摠〔用〕不着。豈不見太原孚上座、為一禅人被笑、即時得禅、留名声於九州乎。孚云、某甲自来講経、只将父母生身鼻孔扭捏。従今已後、不敢如是也云云。若人入海採宝、当求如意。若不得如意、其余皆不足道。学道之人、一知半解誰無。只是了此大事不得底、誠為可憂。古人所謂、大事未明、如喪考妣。釈迦老人、為一大事因縁、故出現於世。且道如何大事。又作麼生明。直須当人大悟一廻、親見親到、方可開得自家口、説得自家話。若也未悟未見未到、縦饒説得五千四十八巻、盛水不漏、也只是法身量辺事、於此大事、遠之遠矣。

試挙古人悟処、当商量看。如羅山和尚、一日問石霜和尚、起滅不停時如何。霜云、直須寒灰枯木去、一念万年去、函蓋相応去。山不契。却往岩頭和尚処、亦如是問。岩頭和尚便喝云、是誰起滅。

山於言下忽然大悟。且道悟箇什麼。古人念玆在玆。向十二時中做工夫、直是以悟為則。只縁心下塵慮紛擾起滅不停、所以発此一問、決明此事。尊宿応病与薬。或有一服便効者、或有多方修合、百般針艾、方応者。唯以病去楽除、全体軽清為験。後来学者、不達本源、強分優劣。且道石霜為人語死、岩頭為人語活。如此見解、買草鞋行脚始得。不領鉤頭意、錯認定盤星。所謂師子咬人、狂狗逐塊。大凡尊宿、言不虚発。須是学者具択法眼、方能針芥相投。若也不識好悪、正如刻須撑船。如何得到彼岸。又天皇和尚云、任性逍遙、随縁放曠。但尽凡情、別無聖解。若要指示、尽是為蛇画足。青林和尚道、祖師門下、鳥道玄微、功窮皆転、不究難明。到這裏、直須離心意識参、出凡聖路学、方可保任。若不如是、非宗門子息。乃至古徳妙語、一代幽旨、於此中可尽載之云云。

若有行人欲修行此法者、応学般若菩薩。当起大悲心、発弘誓願、精修三昧、具大菩薩清浄妙戒、広度衆生、不為一身独求解脱。爾乃放捨諸縁、休息万事、心身一如、動静無間、量其飲食、不多不少、調其睡眠、不節不恣。結跏趺坐、目須微開。気息既調、久久忘縁、自成一片。若得此意、自然四大軽安。所謂安楽法門也。若已発明者、如竜得水。未発明者、但弁旨心、必不賺退。出定之時、徐徐動身、安詳而起。一切時中、護持定力、如護嬰児、即定力易成。所以採珠、宜須浪静、動水難取。定水澄清、心珠自現。円覚経云、無碍清浄恵、皆因禅定生文。是知超凡入聖、必仮静縁。行住坐臥、須憑定力、最為急務也。若欲成定、必須戒行。若無戒品而得禅定者、無有是処。禅法要云、譬如獮猴繫在於柱、終日馳走、鏁常摂還、極乃休息。所縁在柱、念則如鏁、心喩獮猴。行者観心、亦復如是。漸漸制心、令住縁処。若心久住、是応禅法。是故欲成此禅、持戒清浄、無有瑕疵、禁戒調心、如彼獮猴文。戒経云、繫心不放逸、亦如猴着鏁文。

予是扶桑野人、本居林麓之間。随例遠遊江海、披垢衣而度日。独面壁以無言、甘自守而無聞。深媿平生百拙。比者少効古人行履、同漢家道風、数颺数歇。纔炷香、当下便分賓主。幸提祖令、夙有発明、出身入道元式、打畳而帰。既得打成一片。於日本国、祖道便欲得大興乎。保任罄祝之情、只在斯。因以都盧打畳、還祝之。無可一字伝授流行。所謂尼犍子之数貶、脩伽陀之一点、并応符合。夫宗底之浅深、得情而識之。莫扣門操空疲労矣。竜樹大聖意云、有亦無、無亦有、有無亦無、非有非無亦無、如是言説亦無文。又云、無戯無文字、若能如是観、是則為見仏文。禅宗大綱如此。又楞伽経有四種禅、一愚夫所行禅、二観察相義禅、三攀縁如実禅、四如来清浄禅。謂入如来地、行自覚聖智相、是禅相也。

寛文六丙午年林鍾吉辰
八尾六兵衛刊行

興禅護国論巻中

興禅護国論 巻下

大宋国天台山留学日本国阿闍梨伝燈大法師位栄西　跋

第七門余。方今以此禅、欲観末世稚子、而為直道之縁矣。雖云少聞薄解之輩、雖云大鈍少智之類、若専心坐禅、則必得道。善戒経云、修禅現世受楽。身心寂静是自利、身心静故、不悩衆生是利他文。修禅要決云、如吾和上闍梨相承、一途直爾学禅、無問多聞少聞也文。然則雖鈍根之人、繋心於仏戒、動静一如、存念衆生、休息邪見、信受仏語、制心一境、息諸縁務、是真修禅人也。遺教経云、依因此戒、得生諸禅定及滅苦智恵文。凡信一句仏説、是万徳直道也。如調達、受阿難五神通法要、一夏修即得。如周梨般陀、只受仏一偈、得阿羅漢也。有偈云、若人静坐一須臾、勝造恒沙七宝塔。宝塔畢竟化為塵、一念静心成正覚文。又雑宝蔵経云、昔有比丘、年老昏塞。見少比丘説四果法、心生欣楽、語諸少比丘、願以四果与我。諸少比丘嗤而語曰、我有四果、須得好食、然後相与。時老比丘歓喜、即弁餚饍待之。諸少比丘弄老比丘語曰、汝在此舎一角坐、当与汝果。時老比丘歓喜而坐。諸少比丘、即以皮毱打其頭上語曰、此是須陀洹果。老比丘聞已、繋念不散、即獲初果。諸少比丘復弄之言、汝今雖得初果、然有七生七死、更移一角。乃至復以毱打。老比丘益加専念、即証二果。乃至将老比丘、次第移坐、証四果已。心大歓喜、設諸餚饍種種香華、請小比丘、報其恩徳、与諸小比丘、共論道品。諸小比丘、発言滞塞。時老比丘方語之言、我已証得阿羅漢果。諸小比丘、咸皆懺悔戯弄之罪文。又云、昔有女人、深信三宝。請一比丘、供養既訖。女人至心閉目静坐、求請説法。比丘不解、潜身帰寺。然此女人、念有為無常苦空、不得自在、深心観察、獲須陀洹果。既証果已、向寺求覓、以報其恩。比丘慙恥、一向蔵避、苦求方出。此女具謝道果因縁。比丘甚愧文。並信心之徳也。大智度論云、仏法大海、信為能入文。真言宗引此文釈云、如梵天王請転法輪時、仏説偈言、我今開甘露味門、若有信者得歓喜。此偈中、不言施戒多聞忍進禅恵人能得歓喜、独説信人。仏意如是。乃至故以信力為初、非由恵等而能初入仏法文。金剛般若経云、信心清浄、則生実相文。法相宗慈恩釈云、謂一念信、薫習在心、能破無辺広大生死文。又緇州釈云、雖不能証無相真如、而但信解、亦能除悪文。是故先信解師之片言、則入仏法禅定海中也。只一切仏法、以信而能修入矣。起信論云、問曰、諸仏無辺方便、能於十方利益衆生。何故衆生常不見仏、或覩神変、或聞説法。答曰、如来有如是方便、但要衆生其心清浄、乃為現身。如鏡有垢、色像不現、垢除即現。衆生亦尓。心未離垢、法身不現、垢離即現文。入印法門経云、仏告文珠、譬如日月輪於閻浮提。一切器水清浄不濁、離於障碍、皆悉現見、而日月輪本処不動。如来亦尓。可化衆生、自心清浄、皆見如来、而諸如来如本不動。如是十方一切世界衆生、発起心中、皆悉現前文。今此禅宗衲子、決択身心、守護戒律、心水澄浄、歘然見心、念念相応諸波羅蜜。雖鈍根小智、而持戒清浄、業雲消除、心月朗然。如大経中扶律説常、則此意也。

問曰、尓者、応依何戒而参禅耶。答曰、四分梵網等戒、是方所宜也。外学声聞威儀、内持菩薩慈心故也。

問曰、五篇七聚、是小行意也。兼備何要耶。謂声聞持戒、則菩薩破戒也。瑜伽菩薩地、広明持犯不同乎。答曰、仏法本意、唯避悪防非、以為旨也。其持犯開遮、得意修之、並無妨歟。道宣律師云、或云、我是大乗之人、不要行小乗法。此則内乖菩薩之心、外闕声聞之行。自非知法達士、孰能鑒之者哉〔文〕。甚深哉此言乎、為禅宗要枢也。天台宗弘決云、問云、今明衍門、何須小撿而明十種得戒人耶。答、涅槃中処処扶律。今此亦尓、小為方便。故知出家菩薩、六和十利与声聞同、六度四弘異於小行。若在家菩薩、三帰五戒咸趣菩提。況復梵網八万威儀、七衆並資、五道通被。豈容破戒、称為仏乗。故以乗戒四句対簡文。又云、大経及十住婆娑、皆指篇聚云、菩薩摩訶薩持此禁戒。当知戒無大小、由受者心期。是則中道遍入空仮及事律儀、方得名為具足持戒文。次上文云、涅槃中五篇七聚、並是出家菩薩律儀文。是並大小戒、為如来禅修人之方便意也。或云、戒緩乗急人値仏世、何必須戒行云云。此言無此理也。孰好戒緩哉。謂戒緩人値仏世者、是以竜畜等悪身、感長寿之報、而以願力故、値仏世也。於人中天上値仏、僧為善也。天台宗止観云、凡如来因果差降、昇沈非一。云何難言、理戒得道、何用事戒哉。幸於人天受道。何意苦入三途文。今此文妙哉。但大経云、戒緩不名緩、乗緩名為緩文。此文四句中、約乗戒倶緩之人、如此云也。非好而可戒緩。又止観云、又経云、寧作提婆達多、不作藍弗文。是此意也。弘決云、豈用破戒称為仏乗文。如此文者、乗若雖急、破戒即不可名為仏乗云也。況此禅宗者、不始望長遠之果、不敢期後日之益、以浄戒為方便、抜眼前之毒箭、期即生之妙悟也。善戒経云、菩薩修禅定、現世受楽。身心寂静、是名自利。身心静故、不悩衆生、是名利佗文。今所言、皆約来世報。是皆大乗諸宗之旨。即又異此宗意、不可為難也。此宗是眼前割魔羂、欲与如来行等也。善戒経云、仏在禅定、魔不得伺便文。其憑戒緩乗急値仏世之文、好破戒者、何異齎持金宝餓死哉。況止観戒緩値仏之文、大経戒緩不名緩之説、並是非〔謂〕破戒毀禁之輩也。犯重罪者、不謂戒緩、応云破戒也。所謂戒緩者、不全軽罪者也。若四重五逆者、必入無間地獄。故不可忽値仏出世。犯軽罪、堕竜畜等、感長寿、可値仏世矣。庶幾汝等、罷邪語、身口清妙、随聖教誡諦、意念浄潔、入大悲妙門、親期今世得禅、嗟呼。楞厳経云、不断婬欲而修禅定、如蒸砂石成其美飯。経百千劫、只名熱砂文。或人難云、法華経云、若持此経、是名持戒。疾得仏道文。此文則乗急之人、得道者也。此難非也。有乗急義、未聞戒緩義矣。只是円融無作本有戒、兼持此経意耳。其破事戒、得理功徳者、無有是処。天台宗弘決云、豈用破戒称為仏乗乎文。若憑是名持戒文、数犯事戒、復読法華、而有効者、無有是処。只是遠因耳。偏事理観門並修、針芥相投方治病。玄義云、智目行足、到清涼池文。唐義浄三蔵云、直指空門、将為仏意、寧知諸戒非仏意焉。而一貴一軽、出于臆則。不看戒経、写得両巻空門、便謂理包三蔵。不思咽咽当有流漿之苦。誰知歩歩現拈賊住之殃。浮嚢不洩、乃〔是〕菩薩本心。勿軽小愆、還成最後之唱。理合大小双修、方順慈尊之訓。防小罪観大空、摂物証心、何過之有。乃至聖教八万、要唯一二。外順俗途、内凝真智。西方常理、戒浄為基。護嚢穿之小隙、慎針穴之大非。大非之首、衣食多咎。奉仏教則解脱非遙。慢尊言乃沈淪自久文。末代行者、倚之行之、甘露之遺訓也。若従之真仏子也。況天台宗弘決云、又有世愚者、謂心無生、諸法亦無、復造新罪。夫造罪者、必依三毒。真無生人、福尚不作、豈況罪耶。以罪与福、倶順生死流故也文。又止観云、是名事理両懺。障道罪滅、尸羅清浄、三昧現前、止観開発。事戒浄故、根本三昧現前。乃至即中戒浄故、王三昧現前文。弘決云、是名下、若無事戒、世禅尚無、何況三諦。有言大乗何須執戒者謬矣文。又上文云、当知篇聚一不可虧。世人懱事而欲尚深理者、験知此観孤虚無本。既虧観境、観亦無従文。大涅槃経云、若持此経而破戒者、是魔眷属、非我弟子。我亦不聴受持読誦文。法華経云、於戒有欠漏、不堪受是法文。又云、一切破戒亦不親近。〈取意〉其破戒人尚不親近、況自憑是名持戒文、還破戒哉。其憑是則精進句、空費四時六時之禅、仰是名持戒文、妄犯四重十重之戒、是背大乗、亦非小乗乎。菩薩善戒経云、尒時文殊白仏、毘尼者調伏義。一切法性、畢竟是調。仏何故説毘尼。仏言、若凡夫人、能知諸法畢竟調者、仏終不説毘尼。以不解故、仏為説毘尼文。又云、愚癡之人説諸法空、則得大罪。乃至妄想思惟、為人広説、亦得大罪。即是外道富蘭那等真弟子也。富蘭那謂諸法性無。而仏法中亦有亦無。若有人説一切法空、当知是人不中。菩薩若住則得大罪。何以故。不解空義故、是人不能自利利他文。如我凡夫愚痴之人、妄説空義、不能持戒者、是外道類、或是魔民也。大涅槃経云、是魔眷属、非我弟子文。是故此宗、強勧持戒、一生可弁期現益也、莫以浅智説長説短。若世間談論、実無所益。教法諍論、若大若小、皆無所益。乃至円融無作、口説而心不会、如渇乏者、談美味冷水、而不入口喉矣。又如長者子、雖能読誦使船之経、不能使船、不進没死也。仍立大綱勧参門矣。

第八禅宗支目門者、按禅苑清規幷大国見行式、有十也。一寺院。謂寺大小雖異、皆一様模祇園精舎之図〈寺図在別〉。四面有廊無脇門、只開一門。而監門人薄暮閉之、天明開之。特制止比丘尼女人凶人夜宿矣。仏法之滅亡、只起於女事等故也。二受戒。謂大乗戒小乗戒在人情、但存大悲利生之情耳。今此宗不撰戒之大小、偏尚持梵行矣。三護戒。謂雖受戒、不護而破、何異得宝珠而打破哉。

是故比丘二百五十戒、菩薩三聚十重四十八軽戒、堅固護持。是故任戒経説、半月半月布薩、開示徒衆耳。若有犯戒者、必擯出之。譬如大海之底、不留死屍也。四学問。謂学亙八蔵、行兼両戒、外備比丘威儀、為人天之福田、内存菩薩大悲、為衆生〔之〕慈父。然則皇上之重宝、国土之良医、只在此因。以欲興隆矣。五行儀。謂僧長斎節食、持戒梵行、悉順仏語而已。一日一夜式如左。上灯〈黄昏時也、諸僧詣仏殿、焼香礼拝〉、人定〈坐禅〉、三更〈眠臥〉、四更〈眠臥〉、五更〈坐禅〉、卯時〈如黄昏作法〉、天明〈食粥〉、辰時〈読経学問、長老陞座〉、禺時〈坐禅〉、午時〈食飯〉、未時〈沐浴等事〉、晡時〈坐禅〉、酉時〈放参也〉。然則四時坐禅無懈怠、念念報国恩、行行祝法算。寔為帝業久栄、法灯遠耀故也。六威儀。謂老少恒著大衣〈七条、九条〉。毎互相見、先合掌低頭、深致和敬之礼。又飲食時、経行〔時〕、坐禅時、学問時、読経時、眠臥時、不離衆会。百千人集在一堂内、互護行儀。若有座闕、即維那撿之、乃至小罪不恕矣。七衣服。謂上下表裏、全可用大国之法服歟。是少欲小事儀也。可省万事耳。八徒衆。謂戒恵兼備、初無退心之人可入衆矣。必応目足円備也。九利養。謂不勤耕畝、坐禅無暇故。不畜財宝、仏語可信故。除毎日一次熟食之外、永絶希望。比丘法以少欲知足為事故也。十夏冬安居。謂四月十五日結夏、七月十五日解夏。又十月十五日受歳、正月十五日解歳。二時安居、并是聖制也。不可不信行。我国此儀絶久矣。大宋国比丘者、二時安居、無闕怠。不安居而称夏臘之二名、仏法中可笑也。已上十箇条是梗概、委曲在式。

又禅院中、一廻行事有十六。一聖節道場。謂今上皇帝降誕日以前三十日間、毎日不断奉読大般若、仁王、法華、最勝等経、奉祈聖寿無疆。二念誦。謂毎月初三十三廿三、初八十八廿八六箇日、有儀式。念十仏名、奉祝皇風遠扇、帝道久潤、仏法永弘、利生広大、兼報一草一葉施主恩矣。三土地神事。謂毎月初二十六両日、諸神法施、随処不同。四報恩。謂毎月朔日、奉為今上皇帝、講般若経。十五日奉為先皇、講大涅槃経。有祈請句。五年中月次行事。謂正月羅漢会、二月舎利会、三月大会、四月仏生会并結夏、五六月最勝会、七月八月九月般若会、十月受戒、十一月冬節、十二月仏名大会。皆可有儀式。六安居中行事。謂毎日楞厳会等。七読経。謂毎日奉読一切経一巻。若一寺有百僧、則一年内終一切経六蔵云云。或施主入寺、為功徳、或為祈禱、看読之。八真言院行事。謂常修水陸供。〈冥道供也〉施主為祈福、為功徳、為亡者修之。九止観院行事。謂修法華三昧、弥陀三昧、観音三昧等也。十入室。謂遇和尚閑暇之日、建立之、此宗一大事也。作法可問。十一布薩。謂半月半月説戒如常。十二巡寮。謂毎月五日一度、昇座教誡、巡寮問訊。昔如来以五事故、五日一次、巡僧房云云。五事如律文。十三開浴。謂或公事、或施主開浴、令浴衆僧。五日一次、熱月毎日云云。十四忌辰斎。謂或為先皇、或為先師考妣設斎。有法則矣。十五官家做斎。謂大臣公卿作僧斎。其官人入寺時有儀式。十六転蔵。

謂衆僧集会奏伎楽、転八福輪蔵。

問曰、如是行儀、末世機根不可堪。還為苦悩之因縁、亦為退転之因縁如何。答曰、仏法極易行易成。仏言、安楽法門也文。倶舎論頌曰、僧衆和合楽、同修勇進楽文。謂世間人男女、学父母之能。只思得能、不辞労倦、必以継風。因兹織師、瓦師、織師、幻師、農夫等、不絶也。然彼所作、皆是辛苦艱難之業也。但仏子継風、是安楽之法門也。非如彼世業力砕骨乎。只是偏好之、事互成就也。栖河有力者、登陸而悩也。在虚有能者、在地無力也。是故生在仏家者、入在家而苦悩、染著悪行人、以仏法為難行也。高野大師三教指帰云、趣所好如石投水、趣攸悪似水沃脂文。愚迷衆生、謂苦為楽。仏言、深著於五欲、如犛牛愛尾。深入諸邪見、以苦欲捨苦。為是衆生故、而起大悲心文。仏法不你。持戒浄行之時、身心極安楽也。遺教経云、身安即道隆、飲食知節量文。可思此者。仏弟子既不継仏法、宛如師子之児為羊猫乎。亦如農夫之児為狂児乎、亦如織女之児為遊女乎。然世法能継、而濃美過於昔也。仏法已絶、而懈怠超於病児也。如今仏子、則如農夫等不継家風者也。欲食飯、応喫砂泥。欲著衣、応著木皮矣。

第九大国説話門者、謂語西天中華見行之法式、而欲令信行人入仏法大海之中矣。西天事、伝言有四。一昔鎮西筑前州博多津両朝通事李徳昭、八十歳之時語曰、余昔二十有余歳、於東京見梵僧、下著単裙、上披袈裟。冬責寒而不著余衣。明春帰西土云、若在此犯仏制矣。〈宋乾道四年、日本仁安三年戊丑〉二成都府僧語曰、淳熙元年〈甲午〉黎州有梵僧来。意気神通、誦神呪口放光、聞者差病。下著単裙、上披単衣。冬月極寒、諸僧与綿衣、遮手不著、謂非聖開。明春恐犯帰西天云云〈于時宋紹熙元年、日本建久元年庚戌〉。三広府僧語曰、崑崙五十余州、商船逐年往来、時僧来。穿耳繋環、下著単裙、上披単衣、与西天大同。冬月不著綿衣。見唐僧威儀、不讃嘆云云。四天台山修禅寺〈今大慈寺〉和尚祖詠語云、聞西土毗耶里国、維摩居士方丈、于今見在。南海僧常到菩提樹下礼観音。大那蘭陀寺有五千僧、多誦三蔵典。又仏鉢、和修衣、皆具在。八塔所在、諸人往返巡礼。是皆今時之事也。

又宋朝奇特、有二十箇。一淮南僧語云、清涼山文殊乗師子現云云。二天台山生身羅漢現、足跡亦光明云云。三石橋青竜現、現則雨下云云。四国清寺等聖跡、一一儼然云云。五育王山舎利放光云云。六育王山鰻鱺現、現則雨下云云。七僧威儀不乱。八寺中寂静。九多有灰身人也、淳熙十六年〈己酉〉春、象田寺僧灰身。〈今当十年〉十僧多知死期。十一俗人持菩薩戒。十二童子持五戒。十三道俗無我。十四東掖山普賢放光。十五仏殿如生身仏住。十六経蔵僧堂、荘厳如浄土。十七帝王必受菩薩戒。十八無僧営田業者。十九畜生多有人情。二十官法不邪枉人民矣。然日本国人常諺云、天竺唐土、仏法已滅、我国独盛也云云。而如来滅後、諸国君王恐金剛座埋、為記堺、安両軀観自在像。又商那和修第三付法人、有自然報得衣。

為法信以神力留之。玄奘拝見之時、観音像半臆埋、和須衣小爛云云。玄奘遊西天、是唐貞観年中、如来滅後一千六百年中也。然則既経滅後千有余載、像半臆埋、衣小分爛乎。其後纔四百有余歳、今豈皆滅耶。世人無商量一笑矣。本行経言、中国菩提樹下仏不出時、聖人出、無聖人時、大力鬼神住文。大般若経云、若人若畜、入菩提樹陰、鬼魅不伺短文。経云、不善種族、不生中国文。本行経云、仏不生辺地、必生中国文。瑞応経云、迦毘羅城、三千日月万二千天地之中央。仏〔之〕威神、不〔可〕生辺地故〔文〕。中天竺国、如来成道樹下有金剛座文。如是勝地、豈今無仏法哉。然者栄西在唐日、所聞之口伝、可符合乎。

問曰、如今所言者、天竺震旦、仏法興盛也。今有証果人否。答曰、如予眼見耳聞者、唐土有灰身人。西天亦你。如前説之。

問曰、若你者、日本亦可有否。答曰、亦応有矣。

難云、印度赤県是殊勝之地、果報純熟之人、生於其中。日本是辺地也、不善種族生于此、故尤難有。又戒行疎欠、弥不可有。答曰、大般若経云、我涅槃後、後時後分後五百歳、如是経典、於東北方、大作仏事文。東北方者、日本国是也。未嫌辺地乎。又戒律者、仏在世全二百五十戒、与滅後末世只持四重、応同等。付法蔵経云、年一百二十比丘尼、校量六群比丘与優婆毱多。時毱多懐慚愧。比丘尼言、大徳、不応自生恥恨。如仏言、我滅度後、初日衆生勝於二日者、三日之人、益復卑劣者。如是展転、福徳衰耗、愚痴闇鈍、善法羸損。況今大徳、去仏百年。雖復為作非威儀事、正得其宜、何足為怪文。然則証果漏尽、不必藉威儀、只応用慇懃真修也。謂中印度以単衣終年、余方不你。唐土日本著俗服、而得既同、霊験不異矣。除三衣之余、是俗服也。謂仏制止俗服、謂連脊衣筒袖等是也。但寒郷有立播衣之聖開、此云裹腹衣。我国之寒、不可同雪山梵衍那国。彼国六月雲飛、然而只著裹腹衣。玄奘義浄、皆見知之云云。然而東土南岳天台、証五品六根、皇慶延殷、驚天人地神。是皆身著俗衣、非偏袒右肩之威儀、而戒行全備、有如是之勝利也。今聞日本伊賀州山田郡往生院僧覚弁、登高座講涅槃経、説忍死菩薩之因縁、即於高座入寂云云。人不知而不為奇異。況乎一乗要決云、日本一州、円機純熟。朝野遠近、同帰一乗文。又国之地勢無等倫、三宝熾盛也。得心而持法戒、致信而修仏儀、豈空哉。大宋峨嵋山居士文博賛日本云、孰分彼土此土、相去纔咫尺爾。鱗鱗六十六州、渺渺三千余里。金剛無尽蔵山、宝相多荘厳地。四諦凝流通、三尊幽安置。等閑挙目便見、何待足行而至。珍重珍重云云。然則此地是勝境、仏法流布之方。慇懃鄭重参禅、則如来当随喜、果証亦応至也。汝等莫論天竺唐土、仏法興与廃。只能修無我忍、亦能興我国之仏法也。仏法者、施燈経云、仏有四種勝妙善法、一者戒、二禅、三般若、四無濁心文。其中禅定第一、包一切故也。天台宗止観云、妙勝定云、四重五逆、除禅定、余無能救文。滅罪必藉禅也、生善復可仮禅力也。大智度論云、三乗行処雖異、証必藉無念禅定力。〈取意〉然則八宗之行処雖区別、至証位必応用禅。乃至称名念仏之行、非禅者不成順次業也。因玆思地勢、慮末世、憐雅子、懐祖道、欲興其廃亡。而有種種魔縁而妨之、或有仏子、起嫉妬心、因以廃之云云。今者只是可避此地乎。宝積経云、戯論諍論処、多起諸煩悩。智者応遠離、当去百由旬文。西府有謗家、東洛有障者。欲避無百由旬之地也、欲省躬非智者也。当如之何。雖須尚渡巨海、晦跡於台岳之雲、唯恨捨吾土剰、潤異域之法水乎。無諍三昧経云、若人称我有大恵、軽毀一切坐禅人、如此三千世界人、其罪甚重過於斯〔文〕。姧人妨者、自得此罪、亦為朝家無以益也。予悞為其根源、可悲乎。仍立大国説話門畢。

第十回向発願門者、大般若経云、善現答慈氏言、住菩薩乗善男子善女人等、行深般若波羅蜜多、欲不謗仏而発回向心者、応作是念。如諸如来応正等覚、無障仏眼、通達遍知、功徳善根、有如是性、有如是相、有如是法、而我随喜。我今亦応如是随喜。如諸如来応正等覚、無障仏眼、通達遍知、応以如是諸福業事、回向無上正等菩提。我今亦応如是回向。仏賛善哉、乃至以何回向、何処回向。三輪清浄、無所希望、持此善根、与諸有情、平等共有回向無上正等菩提文。又云、菩薩摩訶薩、見諸有情一切病苦、作是願言、我当精進、不顧身命、修行六種波羅密多、成就有情、厳浄仏土、令速円満疾証無上正等菩提。我仏土中、諸有情類、身心清浄、無諸病苦、乃至不聞病苦之名、由此六種波羅密多、隣近無上正等菩提文。是故我今、如是回向、如是発願、生生世世、値遇般若、修行最上如来禅法、与諸衆生同共修習大悲方便、尽未来際、無疲倦矣。

興禅護国論十門、大概若斯。夫仏法不言、託経巻以教示、禅那無意、仮三昧以体解。是以亀毛免角之称、自声難顕妙理、無心無念之法、淵苻一心霊宮。所以製此論、是述其意、為興仏法也。但所引経論章疏、文義或違本拠、或謬首題、是暗引之故也。非啻文義之訛謬、亦恐法譬不斉哉。但古徳云、不向書引文故、首題或悞。以首題悞、豈為義理之疵哉。庶見者添削焉。

興禅護国論巻下

未来記

建久八年〈丁巳〉八月廿三日、鎮西博多津張国安来語曰、大宋乾道九年〈癸巳、当日本承安三年癸巳歳〉七月、到臨安府〈今王都也〉。詣霊隠寺、親見堂頭和尚仏海禅師。陞座説法、為国安示曰、我滅度後二十年、法周沙界云云。所謂日出往西、往西必入西山。潮曳還東、還東決漸東海。然者東漸仏法、不到日域哉。因茲有東海上人、西来将可伝禅宗、決不虚也。你帰郷恁麼説矣。我今視你、你又見我。我明年正月十三日、当避世。你再来唯聞名、憶今日事乎。我宿因多幸、見汝為説日本仏法弘通事。你記勿忘云云。国安[辞]復郷。又明年四月渡海到寺、問師安否。師果然遷化、如去年示、正月十三日安然遷化云云。仏照禅師蒙詔継其跡、修報恩斎席。国安詣会、復陳報恩志。仏照禅師讃言、凌遠来報師恩云云。其仏海禅師、無生見諦人也、能識知未来事。今既栄西到彼伝而来。其身雖不肖、其事既相当。除予誰哉。好人不越海、愚人到何要耶。智人察矣。従彼仏海禅師記、至于予越蓬萊瀛、首尾一十八年、霊記太□哉。追思未来、禅宗不空墜。予去世之後五十年、此宗最可興矣。即栄西自記。

中正子（中巌円月）

入矢義高校注

*予《よ》、乱世に生れて、*以《もっ》てするところ有ることなし。偏《ひと》へに*翰墨《かんぼく》をもつて游戯し、*余波《よは》*二三子《し》の講明に及ぶ。遂《つい》に中正子十篇を成す。後《のち》十年これを読むに、また自《みずか》ら是《ぜ》とし非《ひ》とすることなきこと能はず。*この書の作は、もつて*一時の感激に出づるのみ。

*甲申《こうしん》の春季《しゅんき》　円月《えんげつ》書す

予…　明和刊本のみは「中正子跋」と題して全文を巻末に置く。
以てするところ…　これといってすることがない。論語為政篇の「視二其所一レ以」について、朱子は「以は為すということ」と注する。
翰墨　文や詩を作ること。
余波　(文筆を弄することの)余勢。
二三子の講明　二三の友人との談論講義。
この書の作　底本および他の写本には「作」の下に「十」の字があるが、明和刊本に従って削る。
一時の感激　その当時のたかぶった心情。上の「もつて」は冗辞。
甲申　康永三年(一三四四)。
性命…　人の性と天の命。易説卦伝「むかし聖人の易を作るや、将《まさ》に以て性命の理に順わんとす」。中庸第一章「天の命ずる、これを性と謂う」。なお内篇一の性情篇を参照。
死生の理　易繫辞上「始めを原《たず》ねて終りに反る、故に死生の説を知る」。なお内篇二の死生篇を参照。
吾が困を如何せん　この困惑をどうしたらいいものか。
言を用ふるの時…　発言(意見)が採用されることのない時世に発言するのは、まさに困窮者のあり方だ。
楊雄　前五三—後一八。字は子雲。蜀(四川)の成都の人。漢代の学者、また賦の名手。楊は揚とも書く。

中正子叙《じょ》篇巻之一

外篇一

東海　釈円月撰

中正子、二三子と語るに仁義の道をもつてし、乃《すなわ》ち*性命・*死生の理に及ぶ。或るひと、これを書に著《あら》はしてもつて広く流伝《るでん》せんことを請ふ。中正子可《き》かずして曰く、久しきかな、言の信ぜられざること。*吾が困《こん》を如何《いかん》せん。*言を用ふるの時にあらずして言ふは、窮の道なるかな。二三子よ、吾をして久しく困窮に処《お》らしむることなくんば可なり。在昔《むかし》、*楊雄《ようゆう》は漢代文《ぶん》を用ふるの時に丁《あた》りて、蜀郡《しょくぐん》秀を毓《はぐく》むの地に生れ、博《ひろ》く群書を究め、文は天下に冠《かん》たり。議論至理《しいり》、*天に出でて、淵《えん》に入る。*聖人に詭《たが》はず、*諸子を度越《どえつ》す。*太玄《たいげん》五千文を作り、*元気を苞羅《ほうら》し、*無倫《むりん》に通達す。また*以為《おも》へらく、「諸子はその知舛《たが》ひ馳《は》せて、聖人を詆訾《ていし》し、輙《たやす》く怪詭《かいき》の辞をなして、もつて世事を撓《みだ》る。小弁と云ふと雖《いえど》も、終《つい》に大道を破る」と。故に*法言《ほうげん》を作りて、古今を洞徹《どうてつ》し、*世に補ふあり。予をもつてこれを望むに、*由《な》ほ泰山《たいざん》・北斗の及ぶべからざるがごとし。且つそれ西漢の代《よ》たる、文物全盛の時なり。*成《せい》都《と》の土《ど》たる、人才炳霊《へいれい》の処なり。雄《ゆう》の玆《ここ》に生れしは、時を得て処を失はざりしものなり。しかも亦《ま》た*官は郎となり、黄門《こうもん》に給侍し、*書を天禄閣《てんろくかく》に校す。*劉棻《りゅうふん》従ひて*奇字を学び、*新室《しんしつ》召して大夫《たいふ》となす。寔《まこと》に微にして顕《あら》はれざる者にはあらざるなり。然れども当初の

天に出でて…　高遠かつ深遠。

聖人に詭はず　漢書楊雄伝「いま楊子の書は文義至深にして、論は聖人に詭わず」。

諸子を度越す　同前「もし時君に遭遇し、更(かわるがわる)賢知を閲して、善と称せらるれば、必ず諸子を度越せん」。戦国時代の諸子百家を乗り越える。

太玄五千文　易の原理を説いた哲学書「太玄経」。全文約五千字。

元気…　宇宙形成の原理を包みこむ。

無倫…　比類のない達観を示す。

以為へらく…　楊雄伝の文。→補

法言　十三篇。論語にならって問答体を用いる。

世に補ふ　世のためになる。

由ほ泰山・北斗の…　あたかも泰山や北斗星に到達できないような遙かな高さだ。由は猶と同じ。

成都の土たる…　成都という土地は、俊秀な人材を出すところだ。左思の蜀都賦「江漢は炳霊にして、世(よ)その英を載(う)む」。

官は郎となり…　郎も給事黄門も宮中に仕える官で、政務に関与しない。

書を天禄閣に校す　宮中の図書館の天禄閣で典籍を校訂した。

劉棻　楊雄に私淑した僅かな友人または弟子のうちの一人。

奇字　漢書の注によれば、古文(古代文字)のなかの異様なもの。

新室　漢の王室を奪った王莽(前四五—後二三)。国号を新と称した。

人以為《おも》へらく、*子雲《しうん》の禄位・容貌は人を動かすこと能はずと。故にその書を軽んず。ああ、甚だしいかな、*人の近きを賤《いや》しめ遠きを貴《たつと》ぶこと此《かく》のごとく、言の信ぜられ難きこと久し。甚だしいかな。ああ、子雲の人にしてその禄位ある者すら、なほ*これを病《や》めり。いはんや予は子雲のごときの人にあらず。且つ*髡廃毋用《こんはいむよう》の躳《み》にして、*地脈連ならざるの洲《くに》に生れ、全く禄位・容貌なき者をや。言用文全盛の代を距《さ》ること千有余載、時を失ひて処を得ず、言の信ぜられざること宜《むべ》なり。何の流伝といふことかあらん。

或る者曰く、子《し》は*釈をもつて髡廃毋用となして自ら棄つるや、そもそも激することあつて爾《しか》云ふか。昔《むかし》者、*慧遠《えおん》・*慧皎《えこう》、*道安《どうあん》・*道宣《どうせん》、*跋摩《ばつま》・*図澄《とちょう》、*一行《いちぎょう》の術、*仲霊《ちゅうれい》の文は、昭昭然として日月星辰の天に附いて四国*を照らすがごとし。未だ嘗《かつ》て釈をもつて髡となさざりき。子なんぞ棄つることをなすや。

中正子曰く、この八師は、その道あり、その徳あり。髡にあらず、釈なり。予のごときは何人《なんびと》ぞや。道徳なくして髡するなり。釈にはあらざるなり。実に髡廃毋用の謂《いい》なり。且つまた八師は、時も亦た得たり、処も亦た得たり。*不肖《ふしょう》の者、敢へて望まんや。

或る者曰く、*上下常《つね》なきは、邪《じゃ》をなすにあらざるなり。*徳を進め業を脩むるは、時に及ばんと欲するなり。何ぞ時を謂はんや。*聖人すら夷《えびす》に居らんと欲す、しかも曰く、「何の陋《ろう》かこれあらん」と。なんすれぞ処を択《えら》ばんや。

中正子曰く、爾《しか》り。言を用ふるの時にして言ふは、これ時に及ぶなり。*潜《かく》るべきの時にして潜るるは、これ邪なきなり。君子にして言必ず通じ、小人にして言必ず窮す。月《げつ》や小

子雲の禄位… 後漢の学者桓譚(かんたん)の語。↓補

近きを賤しめ遠きを貴ぶ 右に同じく桓譚の語。

これを病めり 世人からその言が認められぬという憾みがあった。

髡廃毋用 頭を剃った役立たずの。自嘲の語。

地脈連ならざるの洲 シナとは地続きでない国。日本をいう。↓一五三頁「海外の鬼方」注

釈 仏教の僧侶。

慧遠 三三四―四一六。東晋の仏教界の指導者かつ学僧。

慧皎 梁代の学僧。高僧伝の著者。

道安 三一二―三八五。東晋の代表的学僧。慧遠も彼に師事したことがある。

道宣 五九六―六六七。唐代の学僧。律に精通し、また続高僧伝など仏教史上の名著が多い。

跋摩 求那跋摩(ぐなばつま)。北インドの人。四二四年シナに渡来、宋の文帝に信任されて訳経と講義に尽力した。

図澄 仏図澄(二三二―三四八)。中央アジアのクチャ出身。後趙王に帰依され、洛陽を中心として仏教宣布に努めた。道安はその弟子の一人。

一行 六八三―七二七。唐代の学僧。とくに密教に詳しく、また暦算にも通じて大衍暦を作った。

仲霊 契嵩(かいすう)の字(一〇〇七―七二)。号は潜子。宋代の雲門宗の禅僧。儒仏一致論を唱えて輔教編を著わし、韓

人なり。去れ。女《なんじ》また言ふことなかれ。

或る者出づ。数日にしてまた来つて請問《しょうもん》すらく、*用ふるときは行ひ、舎《す》つるときは蔵《かく》る、可なりやと。

曰く、可なり。

曰く、いま二三子は、広く子《し》の道を天下に行ふこと能はずと雖も、然れどももつて自ら用ひて行ふべし。亦た*舎《す》つべからざるなり。また曰く、*在るときは人、亡ずるときは書。いま子《し》在るときは、見《げん》に二三子あつて、酷《はなは》だ子の言を愛し、用ひて行ひ、推して知る。子の亡ずるとき、必ず二三子のごとき者なかるべからざるのみ。

ここにおいて中正子これを許す。

中正子は釈をもつて内とし、儒をもつて外とす。ここをもつて、その書たるや、外篇前に在つて、内篇後に在り。けだし外より内に帰するの義を取るなり。

或るひと曰く、*近きを賤《いや》しめ遠きを貴ぶは、人の凡《つね》なり。所以《ゆえ》に子雲の書は、*昔に軽くして今に重きか。

中正子、*艴然《ふつぜん》として色を作《な》して曰く、女《なんじ》が言過《あやま》てり。吾敢へて子雲を望む者ならんや。吾敢へて子雲を望む者ならんや。子雲がごときの人すら、なほ未だ*覆瓿《ふくほう》の譏《そしり》を免れず。吾あにこれを知るなきの人ならんや。*勉強して二三子の責《せめ》を塞《ふさ》ぐのみ。

或るひと諸子を問ふ。中正子曰く、*子思《しし》の誠明、孟子《もうし》の仁義は、みな道に*醇《じゅん》なる者かな。

問ふ、*荀卿《じゅんけい》は何如《いかん》。曰く、荀は醇にして、或いは小《すこ》しく*漓《ち》。

愈の排仏論を烈しく批判した。その文集を鐔津文集という。

四国　四方の国々。

不佾の者　(私のような)ぱっとしない人間。

上下常なきは…　↓補

徳を進め…　↓補

聖人すら…　↓補

潜るべきの時にして潜る　↓補

用ふるときは行ひ…　↓補

舎つべからざるなり　この「舎つ」は、自らを棄てて隠れる意。

在るときは人…　人の生きている時は、その人自身がその人のあかし。死ねば、その書き残した書物がその人のあかし。↓補

近きを賤しめ遠きを貴ぶ　↓補

昔に軽くして…　子雲の当時には軽んぜられたが、現代からは(その古きが故に)重視されるというわけか。円月が余り楊雄を持ち上げるので、少し皮肉ったのである。

艴然として　むっとして。

覆瓿の譏　↓補

勉強して　無理に。自分を抑えて。

子思の誠明　↓補

醇　純粋。まじりけのない酒に喩える。

荀卿　荀子。戦国の趙の学者。その性悪説は中庸に基き、礼法を重んじて、法家思想のもとをなした。

漓　うす味。うす口の酒。

楊子を*問ふ。曰く、楊雄は殆んど醇に庶《ちか》きか。その文や*緊なり。

*文中子《ぶんちゆうし》を請問す。曰く、王氏は夫子《ふうし》に後《おく》るること千載にして生る。然れども甚だ*俏《に》たり。*その徒はこれに過ぐ。亶《まこと》に*夫子の化は愈〻遠くして愈〻大なり。*後の生《せい》、孰《たれ》か能く*跂《くわだ》てん。

*退之《たいし》を問ふ。曰く、韓愈《かんゆ》は果敢にして、*小《すこ》しく道に詭《たが》ふ。然れども*文は八代の衰を起す。尚《たつと》ぶべし。

曰く、*子厚《しこう》は何如。曰く、柳《りゆう》や*淵《えん》なり。その文は*騒《そう》多し。

或るひと*欧陽《おうよう》を問ふ。曰く、脩《しゆう》や韓を宗《そう》とす。

*蘇子《そし》兄弟は。曰く、軾《しよく》や*尨《ぼう》なり。轍《てつ》や文を善くす。

或るひと荘老《そうろう》を問ふ。中正子曰く、二子*爰《ここ》に清に、爰に静なり。荘の文は甚だ奇なり。その*教化においては不可なり。

或るひと曰く、釈氏の文を能くする者は誰《た》ぞ。曰く、*潜子《せんし》より以降、吾言ふことを欲せず。無きにあらず、吾言ふことを欲せず。

問ふ　諸写本みな原文「曰」。明和刊本に従って改む。
緊　ひきしまっている。その精神の緊迫を表わす。
文中子　王通(?—六一七)の諡。隋末の学者。その著が「文中子中説」(略して文中子)一〇巻。
俏　肖と同じ。
その徒はこれに過ぐ　その門人のうち、魏徴・房玄齢・杜淹・李靖など、唐に仕えて名臣となった者が多い。
夫子　ここでは文中子をさす。
後の生　後世の者。
跂　足をつま立てて背のびする。
退之　韓愈(七六八—八二四)。中唐の文学者、かつ道学者。
小しく道に詭ふ　あとの性情篇にその批判があり、それは上記の契嵩の「非韓」における韓愈批判を継承するものである。
文は八代の衰を起す　宋の蘇軾(そしよく)の韓文公廟碑の語。韓愈が後漢いらい六朝末に至る文運の衰弱を振い起したという功績をいう。
子厚　柳宗元(七七三—八一九)。前者と並んで古代の散文精神の復興者。
淵　深い内容をもつ。
騒　屈原の離騒に倣う幽憤激情の作。
欧陽　欧陽脩(一〇〇七—七二)。北宋の代表的文学者。韓愈を顕彰して古文を定立した。
蘇子兄弟　蘇軾と蘇轍兄弟。北宋の古文家。

仁《じん》義《ぎ》篇　　外篇二

或るひと仁義を問ふ。

中正子曰く、*仁義なるのみ。

曰く、*もつて尚《くわ》ふる毋《な》けんや。

曰く、何の尚ふることかこれあらん。

問ふ、何をか尚へん。

*中正子曰く、*墨翟《ぼくてき》の仁にしてもつてこれに尚ふべし。

問ふ、何をか尚へん。

曰く、義。*楊朱《ようしゅ》の義にしてもつてこれに尚ふべし。

曰く、仁。*子曰く、*哻哻《くく》の仁、仁と謂ふべけんや、小仁なるかな。*瑣瑣《ささ》の義、義と謂ふべけんや、小義なるかなと。*聖人の道は大なり。仁義なるのみ。何の尚ふることをかこれなさん。惟《こ》れ仁義の道は大いなるかな。

中正子曰く、*惟《こ》れ天の春秋や、なほ人の仁義のごときか。

*仲明《ちゅうめい》問ふて曰く、墨や春か、楊や秋か。聖人の道や、春にして秋か。

中正子曰く、白《はく》やもつて与《とも》に仁義の道を語るべし。

竜　スケールが大きい。
爰に清に…　いかにも澄明で静謐。
教化…　世道人心に対しての政治的・教育的効果となると、だめだ。
潜子　契嵩の号。↓一五三頁

仁義なるのみ　孟子梁恵王上「王なんぞ必ずしも利と曰わん、亦た仁義あるのみ」。
もつて尚ふる毋けんや　何か付け足すことはないのですか。論語里仁篇「仁を好む者は、以て之(これ)に尚うるなし」をもじった言いかた。
中正子曰く　前文に続けず、やや改まった書き方は、話の端を少しく転ずる為のもの。文中子にも例がある。
墨翟の仁…　墨子の無差別な〈兼愛〉の仁なら、付け足すべきものがある。
楊朱の義　その利己的な快楽主義。孟子尽心上「楊子は我の為にするを取る。…墨子は兼ね愛す」。
子曰　群書類聚本にはこの二字なし。また両足院本は本文にはこの二字なく、上欄に補記する。以下の語は孔子の言ではないから、この二字はない方がよい。
哻哻の仁　けちくさい仁。哻々は区々と同義であろう。
瑣瑣の義　ちっぽけな義。
聖人の道は大なり…　↓補
惟れ天の春秋や…　↓補
仲明　↓補

或る者これを疑ふ。

中正子曰く、春にして秋ならずんば、*成るべからず。秋にして春ならずんば、生ずべからず。

或る者出でて、これを仲明に問うて曰く、何の謂《いい》ぞ。

仲明答へて曰く、楊朱は仁を離るるをもつて義となす。墨翟は義を離るるをもつて仁となす。*人にして仁なくんば、何をもつてか能く生きん。人にして義なくんば、何をもつてか能く成らん。仁なきは人にあらざるなり。義なきは人にあらざるなり。*仁あつて生じ、生じて必ず亨《とお》る。義あつて成り、成つて必ず貞《ただ》し。譬《たと》へば天に春夏秋冬あつて*朞《き》を成すが如きのみ。

中正子曰く、*元《げん》は仁より生ず。故に曰く、*善の長なりと。*亨《こう》はそれ礼なるかな、嘉の会なり。利は義に成る。故に曰く、*義の和なりと。貞はそれ信なるかな、*事の幹《かん》なり。

中正子曰く、春元・夏亨、秋利・冬貞は、*天の行《こう》なり。仁もつて生じ、礼もつて明らかに、義もつて成り、信もつて誠《まこと》あるは、人の行なり。仁は天生の性なり。*親《しん》なり、親に孝なり。*義は人倫の情なり。*宜《ぎ》なり、*尊なり、君に忠なり。*忠孝の移るは、仁義をもつて相《あい》推《お》すのみ。名異《こと》にして実は一なり。仁義の離るるは、楊墨の道なり。邪《じゃ》の道なり、偏《へん》の道なり。*楊は我が為《ため》にす。墨は親《しん》を無《な》みす。親を無みせば、何をもつてか仁となさん。我が為にせば、何をもつてか義となさん。この故に、墨の仁は仁にあらざるなり。楊の義は義にあらざるなり。楊墨の道は、推《お》して移ること能はず。仁義これを離るる所以《ゆえん》のものなり。

成る　作物が成熟する。

人にして仁なくんば…　論語八佾篇「人にして仁ならずんば、礼を如何」。

仁あつて生じ…　易乾卦の四徳(元亨利貞)を四季に配したもの。↓補

朞　一年の周期。

元は仁より生ず　前々条補注参照。

善の長なり　易の乾卦の文言。また左伝の昭公十二年にも見える。仁は最高善だからかくいう。

亨はそれ礼なるかな…　同じく乾卦文言に「亨は嘉の会なり、会を嘉しくもって礼に合うに足る」。嘉会とは、良きものの集まり。

義の和なり　同前「利は義の和なり、物を利してもって義を和するに足る」。義の厳しさが和合のなかに安定していること。

事の幹なり　同前「貞は事の幹なり、貞固にしてもって事に幹たるに足る」。ものごとの根幹。上に「信なるかな」というが、正しくは智に当る。朱子も仁義礼智を一つのパターンとして論ずるのが常で、信を言うことは余りない。

天の行　天の摂理たる自然の運行。

親なり　孟子離婁上「仁の実は、親に事(かつ)うること是れなり」。同上告子下「親を親とするは仁なり」。

義は人倫の情なり　義を情とするのは朱子学の定理とは異る。↓解説

宜なり　義の意味を同音の宜で説くのは中国の古くからの例。事の宜し

臣*、君を弑《しい》し、子、父を弑するは、楊墨に権輿《けんよ》するか。惟《た》だ聖人は、能く推してこれを移す。ここをもつて仁義離れず。正《せい》の道なり、中《ちゅう》の道なり。

中正子曰く、仁義は天人の道か。天*の道は親を親とす。人*の道は尊を尊とす。親を親とするの仁は信*に生ず。尊を尊とするの義は礼に成る。天人の道殊《こと》なると雖も、推してこれを移せば一なり。これを一にするは、知*と謂ふべきかな。

仲明曰く、冬よりして春、夏よりして秋なるは、天の道なり。信よりして仁、礼よりして義なるは、人の道なり。これこれを謂ふか。

中正子曰く、これなるのみ。

仲明曰く、誠《まこと》に仁義を行へば、礼や、信や、孝や、忠や、その中に在り。

曰く、何ぞただに四者にして止《とど》まらん。推してこれを行へば、万*善の道備《そな》はれり。

仲明曰く、子、仁義礼信忠孝を言ふこと、明らけし、詳らかなり。しかるに未だ知を言ふことを聞かざるは何ぞや。

曰く、これ*を知る、これを知と謂ふのみ。仁義の道、推してこれを移せば、これを知ると謂ふべきのみ。

或る者曰く、孟子曰く、「何ぞ必ずしも利と曰《い》はん」と。しかるに子は、「元は仁、亨は礼、利は義、貞は信」と謂ひ、利をもつて義となす。何ぞそれ孟子と相反することをするや。

中正子曰く、孟子悪《いずく》んぞ利を悪《にく》まん。夫《か》の梁《りょう》の恵王《けいおう》の利をなす所以《ゆえん》の利を悪むのみ。利

きを得ること。

尊貴なり…　これは円月の独自の解。尊貴の君に事えて義あることが忠。

忠孝の移るは　忠孝の心が人に生ずるのは。移るとは、天性人倫の根原である仁義が忠孝という形で表われること。

楊は我が為にす…　孟子の批判の語(尽心上)。

臣、君を弑し　孟子によれば、世が衰え道が微(おとろ)えて、このような下剋上の「暴行」と邪説が起った。孔子が春秋を著わしたのはそのためであったが、今は楊墨の説が天下を支配しているとある(滕文公下)。円月はこういう下剋上の状勢を直ちに楊墨のせいにしていて、いささか孟子の原意を増幅した趣があるが、彼としては内に激するものがあったのであろう。権輿は、芽生える、始まる意。

天の道は…　孟子告子上「親を親とするは仁なり」。上文の「仁は天生の性なり」(前頁一三行)に照応。

人の道は…　上文の「義は人倫の情なり…尊なり」(前頁一四行)に照応。

信に生ず　再び信の強調。あとの戒定慧篇における信・信心の強調とも対応する。→一五九頁

知　ここに始めて知(智)が出る。その知の説明は後文に見えるが、天人の道を一にする原理とされる知の説明としては甚だ不分明。→補

万善の道　一切の道徳。
これを知る…　論語為政篇の「これを知るをこれを知るとなす」の意ではなく、人の本性に具わる霊知(→一五〇頁「霊明沖虚」補)のはたらきをいうようである。

宜なり通なりの利　万人にとって宜しきを得、互いに通わせることのできる利。
財用功沢　おのれのための物質的なメリット。
交ゝ利を征るときは…　孟子梁恵王上「上下交ゝ利を征って、国危し」。
未だ仁にして…　同前。このあとに「王亦た仁義と曰わんのみ」と続く。
義これより甚だしきはなし　利を説くよりも先ず仁義を説け、というのが孟子の本義。ここでは円月は仁をはずして義のみを強調する。
教導…　人民に対する政治的教化が失敗する。
尼　昵と同じ。
張る　伸張する。発展する。
孟堅の書　班固(三二―九二)、字は孟堅。その著わした漢書の芸文志に、九流(九種の学派)の一として墨家者流を立てている。

は義の和なり。*宜なり通なりの利は、孟子も寧《いずく》んぞ諸《これ》を舎《す》てんや。

敢へて問ふ、恵王の利いかん。

曰く、*財用功沢の利なり。孟子取らざるのみ。誠に王・侯・卿・大夫・士・庶人、*交《こもごも》利を征《と》るときは、国家の危きこと、日を終ふるを待たず。亦《ま》た何の利かあらん。孟子取らざること宜《むべ》なり。孟子曰く、「*未だ仁にしてその親を遺《す》つる者あらず。未だ義にしてその君を後《あと》にする者あらず」と。義は宜《ぎ》なり。天下宜を行ふ、亦た利ならずや。惟《こ》れ利の大なる、*義これより甚だしきはなし。

中正子曰く、凡《およ》そ天下の事、弊《へい》あらずといふことなし。仁の弊や威なし。義の弊や慈なし。威なければ*教導隳《やぶ》る。慈なければ化育夷《ほろ》ぶ。教導の隳るる、何をもつてかこれを治めん。化育の夷ぶ、何をもつてかこれを*尼《なつ》けん。教へて治まらざるは、義これを為さざるなり。化して尼かざるは、仁これを施さざるなり。教化の*張るは、仁義の行はるるなり。教化の弛《ゆる》むは、仁義の弊なり。

或るひと問ふ、楊墨にして論ぜば、孰《いず》れか賢なる。

曰く、墨子なるかな。*孟堅の書、これを九流に取ること、由《ゆえ》あるかな。

中正子巻之一　終

中正子方円《ほうえん》篇巻之二　　外篇三

*方なるものは定まつて変ぜず。円なるものは運《うご》いて停《とど》まらず。惟《こ》れ停まらざるが故に、その*用窮《きわ》まりなし。惟《こ》れ変ぜざるが故に、その*体常《つね》あり。常あるの体、仁者能《よ》く止《とど》まつて動かず。ここをもつて*山を楽しむなり。山は地より起る。これ地や、その形たるや方、*その勢たるや坤《こん》なり。窮まりなきの用、知者能く動いて止まらず。ここをもつて水を楽しむなり。水は天より生ず。惟れ天や、*その象《しょう》たるや円、*その行たるや健なり。仁は誠なり、知は明なり。*誠は天の性より生ずるのみ。明は人の学に成るのみ。この故に、学は止まることを欲せず、性は動くことを欲せず。山を楽しむは、その性より生ずるをもつてなり。水を楽しむは、その学に成るをもつてなり。その性いやしくも動けば、*喜怒哀楽の情すなはち発す。その学いやしくも止まらば、情欲の発する、亦た節に中《あた》ること能はず。この故に、性静かなれば中り、学進めば和なり。故に中庸に曰く、「*中は天下の大本なり、和は天下の達道なり」と。その天より生ずるをもつて、故に大本といふなり。その人の学ぶをもつて、故に達道といふなり。

中正子曰く、中にして方なるは仁の体なり。和にして円なるは知の用なり。不仁者の方は、*執《しゅう》して偏《へん》す。不知者の円は、*循《したが》ひて曲る。執して偏す、故に*倔強《くっきょう》にしてもつて狼戻《ろうれい》に

方なるものは定まつて…　文中子の天地篇「円なるものは動き、方なるものは静かなり。それ天地の心を見るか」。→補

用　はたらき。functioning.

体　本体。substance.

山を楽しむ　論語雍也篇「知者は水を楽しみ、仁者は山を楽しむ。知者は動き、仁者は静かなり。知者は楽しみ、仁者は寿(いのちなが)し」。

その勢たるや…　易の坤の卦は陰の最も純粋なもの。それが形をなした最大のものが地。

その象たるや円　その形態は円形。

その行たるや健　易乾卦象伝「天行は健。君子もって自彊息(や)まず」。天の運行は確かで力強い。

誠は天の性より…　中庸第二十章「誠は天の道なり、これを誠にするは人の道なり」。同第二十一章「誠なれば明らかなり、明らかなれば誠なり」。

喜怒哀楽の情…　中庸第一章「喜怒哀楽の未だ発せざる、これを中と謂う。発してみな節に中(あた)る、これを和と謂う」。なお性情篇をも参照。

中は天下の大本なり…　同前。

執して偏す　固執してかたよる。→補

循ひて曲る　無定見に随順して、ゆがんでしまう。

倔強にして…　頑迷固陋のために悪くねじけたものになる。

至る。循ひて曲る、故に*流転《るてん》してもつて巧偽《こうぎ》に至る。惟《た》だ中者の方は、偏せずして直《なお》し。惟《た》だ和者の円は、曲らずして正し。偏せずして直し、もつて*矩《く》すべし。曲らずして正し、もつて*規《き》すべし。

中正子曰く、方は*上知と下愚なり。円は*中人なり、もつて上なるべく、もつて下なるべし。教へて然らしむるなり。*荘周《そうしゅう》言《いわ》く、「*吉祥《きっしょう》は止《むな》しきに止《あつ》まる」「*天をもつて自然となす」と。しかして*仁義の教へを搥提《ついてい》するは、它《た》なし、専《もっぱ》ら方に執して*乾坤不息《けんこんふそく》の道を知らざればなり。楊雄の*水を取り山を舎《す》てて、劃《かく》を悪《にく》むといふは、亦た它なし、専ら円に循ひて*正直方大の理を知らざればなり。*孟軻《もうか》の性善を言ふは、中なる者の方を好み、曲れる者の円を悪《にく》んで爾《しか》いふ。*荀卿《じゅんけい》の性悪を言ふは、偏する者の方を悪み、和する者の円を好んで爾いふ。然れども孟・荀・楊の三子は、最も学に益ある者なり。ただ荘は益なし。然れども欲《よく》を窒《ふさ》ぐの警《いましめ》となすべし。

或るひと問ふ、*伯夷《はくい》は何人ぞや。

曰く、方なり。

*柳下恵《りゅうかけい》は。

曰く、円なり。

その教化の道におけるや、孰《いず》れか優《まさ》れる。

曰く、みな取るべからざるなり。*その君にあらざれば事《つか》へず、その人にあらざれば使はず。郷人と処《お》りて、その冠正しからざれば、*同《とも》に立つに忍びずして、望望《ぼうぼう》として去る。是

流転して…　状況におし流されながら悪賢く立ち回る。
矩すべし　(中者の方を)規範とすることができる。
規すべし　(和者の円を)規範とすることができる。
上知と下愚　最高の知者と最低の愚者。論語陽貨篇の語。
中人なり…　↓補
荘周云く　荘子人間世篇。
吉祥は止しきに止まる　めでたき幸(さち)は己れを無にした境地に集まる。ただし原文「止止」の解しかたには諸説があり、円月がどう解したかは分らない。
天をもつて自然となす　この通りの語は荘子にはないが、天理の自然に随順して無為なるべしというのは、その基本的な理念である。↓補
仁義の教へを搥提す　(荘子が)儒家の仁義の教えを投げ棄てる。楊雄の語に基く。↓補
乾坤不息の道　乾(陽)坤(陰)の理が互換しつつ無限に展開してゆく道理。繫辞伝では変通という。
水を取り山を舎てて…　↓補
正直方大　底本および諸写本「正」の字なし。明和刊本により補う。
孟軻　孟子、名は軻。
荀卿　荀子の別名。
伯夷　殷の孤竹君の子。弟は叔斉。周の文王を慕って周に行ったが、武王が殷の紂王を討とうとしたのを諫

れ清直なりと雖も、大なること能はず。固《もと》より取らざるのみ。*爾《なんじ》は爾たり、我は我たり。爾、我が側において、袒裼《たんせき》して礼なくとも、醜なんぞ我に及ばん。その人と処りて、由由《ゆうゆう》然《ぜん》として去るに忍《しの》びず。是れ*和適すと雖も、*化すること能はざるなり。固より取らざるのみ。

中正子曰く、方円は、それ言行を載するの器か。行ふ者、*方を御《ぎょ》せずんば、烏《なん》ぞ能く*誠を得ん。言ふ者、円に乗ぜずんば、烏《なん》ぞ能く明を得ん。能く誠にしてもつて定まる。能く明にしてもつて省《かえり》みる。堯舜《ぎょうしゅん》・禹湯《うとう》・文武《ぶんぶ》は、聖人の方なる者か。周公・孔子は、聖人の円なる者か。方なり、故に位あつて立ち、ここをもつて能く行ふ。円なり、故に*位なくして転じ、ここをもつて能く言ふ。聖人は、躬《みずから》に方にして、人に円にせんと欲す。

或る者、未だ審《つまび》らかにせず。

中正子曰く、躬においてこれを行ふに誠をもつてす。誠なるが故に定まつて立つ。人と与《とも》にするときは、これに教ふるに明をもつてす。明なるが故に、省みて転ず。

或るひと曰く、位ある者は、みな方と謂ふべきや。

曰く、可なり。

*桀紂《けっちゅう》・幽厲《ゆうれい》も亦た可なりや。

曰く、爾《しか》り。

爾らば、堯舜と異ることなきや。

曰く、堯舜は上知の方なり。桀紂・幽厲は下愚の方なり。方なることは一なるも、知愚

めて納れられず、首陽山に入って餓死した。

柳下恵　孔子より百年余り前の魯の賢人。論語の微子篇に孔子の評価が載っている。

その君にあらざれば…　↓補

同に立つ　いっしょに政府の官職につく。論語衛霊公篇の語。↓補

爾は爾たり…　孟子万章下「柳下恵は…郷人と処るに、由々然として去るに忍びざるなり。爾は爾たり、我は我たり。我が側に袒裼裸裎す(上衣をぬぎ肌を現わす)と雖も、爾いずくんぞ我を浼(けが)さんや」。公孫丑上もほぼ同じ。由々然は満足した様子。去るとはその地位を捨て去ること。

和適す　己れを状況に調和させつつ安んじている。

化す　人々を感化させる。

方を御す　方直・正剛な態度を保つ。

誠　下文の「明」とともに、中庸に見える徳目。↓一二七頁「子思の誠明」補

位なくして転じ　周公・孔子ともに聖人でありながら天子の位なきままに円転・和諧(?)の明智の人であった。ただここの「転」は措辞として不安定。

桀紂・幽厲　桀王・紂王は殷の暴君。幽王・厲王は周の暴君。このような無道の暴君でも、王の位にあったからといって〈方〉だと言えるのか、という反問。

の異る、何ぞただに*天淵の比のみならんや。

或るひと曰く、子言ふ、「周公・孔子は円なる者なり」と。*然らばすなはち中人なるのみ。

曰く、然らず。その躬に行ふときは方なり。

然らば何をもつてか円と言ふ。

曰く、その天下に教ふるときは円なり。堯舜の方は、*天下に方たり。故に方といふなり。周公・孔子の円も、亦た天下をもつて言ふ。向《さき》に周孔をして*位あらしめば、その天下に行ふも亦た方たること必《ひつ》せり。ああ、それ位あらず、故にその行は天下に方たること能はざるも、その言は能く天下に円なり。ここをもつて吾は「聖人の円なる者」と言ふのみ。

或るひと問ふ、*舜禹は匹夫《ひつぷ》にして天下を有《たも》つ。必ずその徳あることかくのごとし。周公・孔子は、徳これに及ばざるか。

曰く、否《いな》。時なり。*上にこれを薦《すす》むるの人あるは、是れ時なり。周公・孔子は時を得ざりしなり。「徳これに及ばず」とは謂ふべからざるなり。

天淵の比　天と地ほどの隔たり。

然らばすなはち中人なるのみ　あなたは前に「円は中人なり」と言ったから、周孔が円なる者だというのなら、周孔は中人でしかないことになる。

天下に方たり　(堯舜それぞれ一個人の方たるにとどまらず)天下全体にとっての方(方直)である。

位　聖人が就くにふさわしい王者の位。

舜禹は匹夫にして…　舜は堯を継ぎ、禹は舜を継いで、それぞれ有徳者の故をもって、一介の平民でありながら天命を受けて天子となった。↓補

上にこれを薦むるの人あるは…　(匹夫が天子になるためには、舜や禹のような高い徳をそなえている上に、さらに)その人物を天に推薦する人(時の天子)がなくてはならぬ。いかにも周公・孔子は有徳者ではあったが、そのような推薦者がなかったために、天下を有《たも》つことができなかった(以上、孟子万章上の説に基く)。それは時の運だったのだ。

経《けい》権《けん》篇　　外篇四

中正子、*烏《う》何《か》の国に適《ゆ》く。その君*包桑氏《ほうそうし》、ために迎へて問うて曰く、それ天下の動、武にあらざれば止まず。ここをもつて*寡《か》人《じん》は幼より武を好む。国中の民も亦た武を好む。民生れて七歳にして、能く剣を舞はす。十歳なる者は、もつて出征すべし。これ寡人の武における、心を尽くすと言ふべきのみ。然れども国の盗賊未だ去らず、四辺の*甲兵未だ休《や》まず。何如《いかん》。

対《こた》へて曰く、大王且《しばら》くかの*経権の道を知れりや。

王曰く、未だし。願はくはその説を聞かん。

対へて曰く、経権の道は、*国を治むるの大端なり。経は常なり、変ずべからざるものなり。権は常にあらざるなり、*長ずべからざるものなり。経の道は*秘《ひ》吝《りん》すべからず、これを天下の民に示して可なり。*権なるものは経に反《そむ》きてその道に合ふものなり。反きて合はざれば、権にあらざるなり。経は文徳なり。権は武略なり。武略の設は、聖人の意にあらず。聖人已《や》むことを獲《え》ずして*作る。作りて止めざるは、*武略の道にあらざるなり。作りて止むるときは、文徳に帰す。これすなはち権の功なり。*文徳経常の道、誕《おお》いに天下に敷いて、武略権謀の備へ国に行はれざれば、堯舜の治はもつて坐《い》ながらにして致《いた》すべし。吾嘗《こころ》みに

烏何の国　烏有・何有の国。実際には存在しない仮の国。荘子の逍遥遊篇・応帝王篇に見える「烏何有の郷」と同じ。

包桑氏　易の否の卦(九五)に「それ亡びんそれ亡びんといいて、包桑に繫ぐ」とある。包桑とは、節くれだって頑丈な桑の根。自己の安全をつなぎとめておくことのできる物の喩え。ここはその意味はなくて、ただ人の名として用いただけ。

寡人　王や諸侯の謙遜した自称。

甲兵　よろいと兵器。戦争のこと。

経権の道　経は永遠不変の常道、真理。権は臨機応変の方策。詳しくは後文に説かれるが、円月は経を文徳に、権を武略に配する。

国を治むるの大端　契嵩の輔教編、広原教にいう、「教は聖人が道を明らめ世を救うの大端なり」。

長ずべからざるもの　ひき延ばして恒久化してはならぬもの。

秘吝　けちって大事にしまっておく。

権なるものは…　易繫辞伝下の「巽以て権を行う」の韓康伯の注に「権は経に反きて、道に合ふ」。↓補

作る　武略という方策を設けた。

武略の道　原文、明和刊本は「権之道」。両足院本にも「権」という校語がある。「権」に改めた方が論旨は幾分はっきりする。

文徳経常の道…　尚書大禹謨「帝乃ち誕いに文徳を敷く」。

これを論ぜん。大王請ふ聴け。

王曰く、寡人の望みなり。

凡そ人は天地の間に生れて、実に禽獣と相異り、爪牙のもつて嗜好に供するなく、羽毛のもつて寒暑を禦《ふせ》ぐなし。必ず它物を仮りて、もつてその生を養ふ。ここにおいて聚《あつ》まりて求むることあり、求めて足らざれば、争心まさに作《おこ》らんとす。古《いにし》への聖人、*卓然《たくぜん》として行ふに、仁愛礼譲の文徳をもつてす。衆心これに感じ、化してこれに附き、*附いて群を成す。これを君と謂ふ。君この文徳をもつて、普《あまね》く天下に施す。天下の人、帰してこれに往《ゆ》く。これを王と謂ふ。王は専《もっぱ》ら文徳を修め、旺《さか》んに諸人を化する者なり。ここをもつて「常にして変ずべからざるものは経の道なり」となす。王者の心いやしくも怠《おこた》つて常を失へば、民の心も亦た怠つて常を守らず。これによりて、小にしては*鞭扑《べんぼく》の刑行ひ、大にしては甲兵の威征す。これすなはち権謀の道なり。この故に、経の道は挙げんと欲し、権の道は*措《お》かんと欲す。挙ぐべきの道は治世にして施す。措くべきの道は乱世にして為す。それ堯舜の治は、常に有ること能はず。所以《ゆえ》に権の道は措くこと能はず。これによりて刑罰行はれ、甲兵興る。然して禍乱を*戡定《かんてい》して、もつて経常の道に合ふ。*故に甲兵の具は、もつて威もて懲《こ》らすあるなり。然れどもこれを天下に示すは不可なり。左氏の語に曰く、「*示せば黷《なら》ふ、黷へば威なし」と、これなり。いま王は文道を修めずして、兵を国中の民に黷ふ。民には威をもつて懲《こ》るの心なし。故に盗賊去らず、四辺安らかならざること宜《むべ》なり。かくのごとくんば、ただに経の道なきのみならず、兼ねて権の道を失ふ。権の道これ

卓然として　(天下の師表として)高邁な態度で。
附いて群を成す…君と謂ふ　君の本義を、これと同音の群で説明するのは漢以来の通例。例えば白虎通の六紀篇に「君とは群なり、群下の心を帰するところなり」。春秋繁露の滅国篇にも「君とはその群を失わざる者なり」。下文の往・王も同様。
鞭扑の刑　むち打ちの刑。杖刑。
措かんと欲す　使わないで、そっとしておくことが望ましい。
戡定　討ちしずめる。
故に甲兵の具は…　春秋左氏伝の襄公二十七年に「兵の設けや久し、不軌を威(おど)して文徳を昭らかにするゆえんなり。聖人もって興り、乱人もって廃す」。
示せば黷ふ…　常に兵器を天下に示していると、みななれっこになってしまって、威圧の効果がなくなる。国語の周語に見える。

を失つて、しかも「武において心を尽くすのみ」と謂ふ。月《われ》ひそかに大王のためにこれを惜しむ。

凡そ経常の道は、普《あまね》くこれを天下に行はんと欲して、秘すべからざるなり。権謀の事は、普くこれを天下に示さんことを欲せず、秘せずんばあるべからず。今は文を修むる者は寡《すくな》く、武を講ずる者は衆《おお》し。武を講ずる者は達*し、文を修むる者は窮す。卿・大夫・庶人、農工・賈客《こきゃく》*、みな武をなす者は、奪はずんば厭《あ》かず、しかして国危ふし。仮令《たと》へば一家を有《たも》つ者、仁義の経をもつて普く諸児および臧獲《ぞうかく》*に教へんに、その児もしくは臧獲の或いは悖《もと》る者あらば、その長子*の用ふべき者に委《ゆだ》ねて、これを叱《しっ》しこれを鞭《むち》うたしめて、これを威懲するは、すなはち権謀の道なり。もしその諸児および臧獲ことごとく鞭楚《べんそ》*を手にして、叱するときは叱に抗し、鞭うつときは鞭に抗すれば、何の威懲かこれあらん。しかも自らもつて、「吾が家、武を能くす」と以為《おも》ふは、すなはち大乱の道なり。大王、家を治むるの喩《たと》へをもつて、推してこれを国かつ天下に知らば可なり。

王大いに喜び、幣《へい》*を厚くしてこれに遺《おく》る。中正子受けずして去る。

中正子巻之二　終

達　出世する。
賈客　商人。
臧獲　使用人。奴婢。
長子の用ふべき者　年長の子で役に立つ者。
鞭楚　むちと、刺のある木。
幣を厚くして　上等の贈り物をたっぷり差し出して。

革解　易の革の卦についての解義。↓補
下を離にし上を兌にす　革䷰の下の三画は離☲であり、上の三画は兌☱である。そのことの意味は後文に説かれる。
井の道は…　井戸は底から浚えて革(あらた)めないと濁る。だから井の卦の次に革の卦が続くわけだ。
故きを去る　古い悪しきものを除く。
伝　(経典の)解説。注釈。
離は火なり　離の上下卦☲の象は火である。↓補
兌は金なり　兌は五行(木火土金水)に配当すると金。
火は能く金に克つ　左伝の昭公三十一年に「火は金に勝つ」。春秋繁露の五行相勝篇「火は金に勝つ」。
金を従革といふ　尚書洪範「水を潤下といい、火を炎上といい、木を曲直といい、金を従革といい、土は爰(ここ)に稼穡す」。
これを改更し…　↓補

中正子*革《かく》解《かい》篇巻之三　外篇五

*下を離《り》にし上を兌《だ》にするは革《かく》。序卦《じょか》に曰く、「*井《せい》の道は革《あらた》めずんばあるべからず。故にこれを受くるに革をもつてす」と。雑卦《ざっか》に曰く、「革は*故《ふる》きを去るなり」と。

中正子の*伝《でん》に曰く、*離は火なり。*兌は金なり。*火は能く金に克《か》つ。*金を従革《じゅうかく》といふ。*これを改更《かいこう》し、これを銷鋳《しょうちゅう》して、もつて器となすべし。離の時におけるは夏なり。日におけるは丙《へい》なり。丙は*炳《へい》なり。*兌の時におけるは秋なり。日におけるは庚《こう》なり。庚は*更《こう》なり。凡そ四時の用たる、*春は生じ夏は養ひ、秋は殺し冬は静なり。静なるが故に能く生ず。生ずれば養ふ。これすなはち*沿の道なり。既に生じ既に養ひてこれを殺す、これ革の道なり。この故に、離よりして兌なるは、革の象《しょう》のみ。*乾《けん》よりして革に之《ゆ》く、凡そ四十有九。*ここをもつて象に曰く、「暦を治《おさ》め時を明らかにす」と〈治暦篇に備はれり〉。易に曰く、「*已日にして乃ち孚《まこと》あり」と。仲尼《ちゅうじ》曰く、「*革めてこれを信ず」と。

中正子曰く、改革の道は、疾《はや》く行ふべからず。この故に周公は*初《しょ》において曰く、「鞏《かた》むるに黄牛の革を用ふ」と。*次《じ》において曰く、「已日にして乃ちこれを革む」と。人心未だ信ぜざるの時には改むべからざるなり。人心已《すで》にこれを信ずるの日、もつてこれを革むべきものなり。凡そ*秋の味たるや辛《しん》、*晏日《あんじつ》の庚《こう》に継ぐや辛をもつてす。辛《しん》は新《しん》なり。辛艱《しんかん》な

炳　明るい輝き。
兌の時におけるは秋　兌は五行に当てると金、金は四季に配すると秋。
更　更代、循環。
春は生じ…　↓補
沿の道…革の道　↓補
乾よりして革に…　乾に始まって未済に終る六十四卦のうち、革は第四十九の卦。
ここをもつて　だからという理由、つまり円月が革は四十九番目の卦だから治暦の象だとする理由は、彼によれば四十九という数のもつ意味にある。それは治暦篇に説かれる。
已日にして…　↓補
革めてこれを信ず　やはり革の卦の彖伝の文。革命者を人々が信任する。
初において…　革の卦の初九の爻辞の文。その下に「以て為すあるべからず」と続く。先走って能動的に出てはならず、黄牛の革で固く身を守るような態度で、慎重に改革に当らねばならぬ。
次において…　同じく六二の爻辞。下に「征(ゆ)いて吉、咎なし」(改革に打って出て吉。咎を受けることもない)と続く。
秋の味たるや辛　四季を五味(辛酸鹹苦甘)に配当すると辛(甘は五味全体の本をなすものとして別格)。
晏日の庚に継ぐや…　↓補
蚩蚩庸庸　愚かでつまらぬ。
偶語　二人以上の者が集まって、あ

げつらう。

兌を口舌となす ↓補

漸 次第に慣れてくる。

知らざるべけんや 原文「不可不知乎」。明和刊本に従う。

離は南方の卦… 離の本義は太陽の輝き。だから南、つまり夏の卦。天子は南に向かって坐り、明るい方を向いて政を行う。

兌は説なり… 説は悦と同じ。説言は喜ばしげに語る。ここでは新たな革新の世のめでたさを喜び合う意。

文明の徳 (改革者の)高い教養識見。

説言の応 人々が喜び合うという感化の現われ。

革めてこれを信ず ↓補

鳴条の誓 湯王が夏の桀王を伐って鳴条(今の山西省安邑県)で戦った時の宣言「湯誓」をさす。

牧野の戦 武王は殷の紂王を伐って牧野(今の河南省淇県)で戦った。

汝、誓言を聴かざれば… ↓補

前徒は戈を倒まにし… ↓補

戎殷 ↓次条補注

書は一戎衣に作る ↓補

天地の革まり… ここでは天地の気が夏から秋に変ずること。

栗冽 ぴりりと冷たい。

觱発 同前。

蝡蝡 もぞもぞと虫のような。

喞喞啾啾 陰にこもった虫の鳴き声。

造物者の不仁… 老子「天地不仁、以㆓万物㆒為㆓芻狗㆒」に基く発想。

り。ここをもつて天下国家、制令の新しきものを行へば、*蚩蚩《しし》庸庸《ようよう》の無知の民は、習熟せざるが故に、艱辛不便《かんしんふべん》の患《うれい》をもつて、もつて朝廷に*偶語《ぐうご》し、天下に流言するに至る。故に*兌《だ》を口舌となすなり。この故に庚革《こうかく》の道は、宜《よろ》しく速疾なるべからず。必ずその事畢《おわ》り已《や》むの日に逮《およ》べば、無知の民はこれに*漸《ぜん》し、これに熟して、しかして后《のち》これを信じ、反《かえ》つて便利となして、自らこれを行ふ。故に曰く、「已日にして乃ち孚あり。元《おお》いに亨《とお》る。悔亡《くい》ぶ。貞《てい》に利あり」と。改革の道は、天下の大利なり。人に君たる者、および衆を率《ひき》ゐる者、*知らざるべけんや。説卦《せつか》に曰く、「*離《り》は南方の卦なり、明なり。聖人南面して聴き、天下明に嚮《むか》ひて治まる」と。また曰く、「*兌《だ》は説《えつ》なり。兌に説言《えつげん》す」と。

中正子曰く、革の卦たるや、*文明の徳内《うち》に在つて、*説言の応外《そと》に在り。宜《むべ》なるかな、*革めてこれを信ずること。故に彖伝《たんでん》に曰く、「文明にしてもつて説《よろこ》ぶ。大いに亨《とお》りてもつて正し。革めて当り、その悔乃ち亡ぶ」と。

中正子曰く、*鳴条《めいじょう》の誓《ちかい》、*牧野《ぼくや》の戦は、湯武《とうぶ》の命《めい》を革むるの時なり。「*汝、誓言を聴かざれば、朕《ちん》は汝を戮《りく》すること孥《ど》に及びて、赦《ゆる》すところあるなけん」と。*前徒《ぜんと》は戈《ほこ》を倒《さかし》まにし、後《うしろ》を攻めてもつて北《に》げ、血流れて杵《きね》を漂《ただよ》はす。しかして后《のち》に*戎殷《じゅういん》を殪《たお》し〈*書は一戎衣に作る〉、天下定まる。むしろその始めは艱辛《かんしん》にして終りに大いに亨るものか。且つ見ずや、かの*天地の革まり、粛殺《しゅくさつ》の行はるる、その気*栗冽《りつれつ》たり、その風*觱発《ひつぱつ》たり。厳霜降り、草木黄ばむ。この時に当りてや、*蝡蝡《ぜんぜん》無知の類は、*喞喞啾啾《そくそくしゅうしゅう》として、怨むがごとく愬《うった》ふるがごとし。これ*造物者の不仁にして然らしむるにあらずや。これ義なり。誠に然らずば、果穀何をもつてか能く熟せん。果穀熟せずば、民何をもつてか能く育《いく》せん。民育することを得ざるは、不仁の尤《ゆう》なるものなり。故に吾は「これ義なり」と言ふ。*孔子曰く、「天地革まりて四時《しいじ》成る。湯武命《めい》を革めて、天に順《したが》ひ人に応ず」と。これの謂《いい》なり。

或るひと問ふ、象《しょう》に曰く、「*沢《たく》中に火あるは革なり」と。何の謂ぞ。

対へて曰く、*沢は穢濁《わいじょく》の謂なり。火は文明の称なり。文明の才をもつて、穢濁の悪を除く。亦た革ならずや。桀紂《けっちゅう》の悪は、穢濁の沢か。湯武の才は、文明の火か。中正子曰く、*人の生れて周公・孔子に遇はざる者は、天なるかな。

中正子、一夕瞑然《いっせきめいぜん》として坐す。初更《しょこう》より後更《ごこう》に至つて、*長嘘《ちょうきょ》すること一声、また太息《たいそく》し、また嘘すること一声、良《や》や久しうして曰く、革の体たる、*内革《あらた》めずして外革むべし。濁悪《じょくあく》をもつての故に革むべし。*文才をもつてすれば、改むべからず。*故に否。*周公の六爻《こう》に辞する、以《ゆえ》あるかな。火は能く革む。金は革めらる。故に兌《だ》変じて離に之《ゆ》き、下の一爻は静かにして、中上の二爻は動く。

周公曰く、「初九は、鞏《かた》むるに黄牛の革を用ふ」と。孔子これに*翼《よく》して曰く、「もつて為すことあるべからざるなり」と。

中正子これを解して曰く、黄牛の皮は至つて固きの物なり。鞏は固なり、*九四を固くするなり。下の一爻の静かなるはこれなり。

周公曰く、「*六二は、已日にして乃ちこれを革む。征《ゆ》いて吉、咎《とが》なし」と。孔子これに翼して曰く、「*行きて嘉《よろこ》びあるなり」と。

孔子曰く　革の象伝の文。

沢中に火あるは革　朱子の解によれば、水が盛んであれば火に勝ち、火が盛んであれば水に勝つ。このように陰陽相剋して四季の変革を生む象《かた》だから革という。(語類七三)

沢は穢濁の謂　沢☱を穢濁の義に取るのは、本来の易の理とは無関係。円月独自の解釈である。

人の生れて…　周孔(の教え)にめぐり会う機縁なく穢濁の人として生きるというのは、天の定めとしか言いようがない。

長嘘　ふーっと長く息を吐く。

内革めずして　改革者じしんが自己を変革せずに。ということも、実は革の本義からは演繹できない。

文才をもつてすれば…　穢濁の悪を除くには文才ではだめだ。という認識も、円月の嘆息の因であろう。

故に否　底本には「異(本)無二此二字一」という校記があり、明和刊本には二字を削っている。否とは、ふさがって通じないこと。万事不成功。

周公の六爻に…　→補

翼して　易経の伝(解説)が十種あって十翼という。翼は扶翼、補い助ける意。下の文は革の象伝の文。

九四…　革の六爻のうち、下から四番目の陽爻。しかも四という偶数の位(陰位)にいるから、いわゆる「不正」。それを下の一爻(初九の陽爻)が強固ならしめているのだ、という中正子これを解して曰く、革の道は、宜しく疾速なるべからず。故に初《しょ》は鞏固《きょうこ》にして、次《じ》は革む。*下体の中《ちゅう》に征《ゆ》いて、上体の中に変ず。辟《たと》へば湯の桀を征し、武王の紂を征するがごとし。

周公曰く、「*九三は、征けば凶、貞《ただ》しけれど厲《あや》ふし。革の言《こと》三たび就《な》りて、孚《まこと》あり」と。孔子これに翼して曰く、「革の言三たび就る。また*何《いず》くにか之《ゆ》かん」と。

中正子これを解して曰く、三は下体を総《す》べ率ゐるの位なり。文明の才は変動すべからず。然れどもまさに*上六の任に変ずべし。ここをもつて故に「征けば凶」といふ。征は動なり。然れどもまさに上六の任に変ずべし。ここをもつてその躬《み》は内に貞正《ただ》しきも、*その志は外に厲危《あや》ふし。その躬行はずして、*言教をもつて変ず。故に「革の言三たび就る」といふ。*三は上体の三位を言ふなり。

周公曰く、「九四は、悔亡ぶ。孚《まこと》ありて命《めい》を改むれば、吉《きつ》」と。孔子これに翼して曰く、「*志を信ずればなり」と。

中正子これを解して曰く、穢濁《わいじょく》の時、剛才をもつて下に在りて、文明の来り莅《のぞ》むを待つ。その志これを信ず。その才変ぜずして、その命変ず。命は召すなり。禀《う》けて令《れい》となる所以《ゆえん》なり。*九四は旧《も》と穢濁の召命《しょうめい》を奉ずるものなり。今は「革の言三たび就る」の時に当つて、また文明の召命を禀く。故に「命を改む」といふ。辟《たと》へば*伊摯《いし》は旧《も》と夏《か》の命を奉じ、後に湯《とう》の命を禀け、また*箕子《きし》は旧《も》と殷人《いん》なりしも、然れども武王の召を禀けしがごとき、この類《たぐい》なり。

周公曰く、「九五は、大人虎《たいじん》のごとく変ず。未だ占《うらな》はずして孚《まこと》あり」と。孔子これに翼

円月の解釈。
六二 下から二番目の陰爻。しかも二という陰位にいるから「中正」である。下の爻辞については既述。
行きて嘉びある 「征いて吉」の説明。変革を開始すれば、成功の見込みがある。
下体の中に征いて… ↓補
九三… 下から三番目の陽爻。しかも三という陽位におり、剛強すぎるので、前進すれば凶。なさんとする事は正しいが危うい。「革の言…」とは、程子と朱子の解によれば、革むべきか否かについて衆議が一致したら、変革は成功するという意。
何くにか之かん 改革の道を進む以外に、どこに行きようがあろう。
上六 ↓補
その志は外に… その志を外に現わそうと行動すれば凶で危うい。
言教 新体制の教説・理念。
三は上体の三位を言ふ ↓補
志を信ず 爻辞の「孚あり」を説明したもの。天下の人が改革者の理念を信じてくれること。底本・両足院本は「志」を「忠」の字に誤る。
九四は旧と穢濁の… なぜ九四が元来そういうものであると規定できるのか、説明不足である。
伊摯 ↓補
箕子 ↓補

して曰く、「*その文炳《あき》らかなり」と。周公曰く、「上六は、*君子豹《ひょう》のごとく変ず。小人《しょうじん》は面《めん》を革《あらた》む。征けば凶、居れば貞《ただ》しくして吉」と。孔子これに翼して曰く、「君子豹のごとく変ず、その文*蔚《うつ》たり。小人面を革む、順にしてもつて君に従ふなり」と。

中正子これを解して曰く、九五・上六の二爻は、いはゆる*中上の二爻の動くものこれなり。*兌の三爻をもつて、この二爻変ずるときは、離《り》と成る。ここをもつて周公は、*この二爻において特に変を言ひて、它《た》は言はず。*虎・豹の差《たが》へるは、*九・六の質殊《こと》なるをもつてなり。また九五は大人をもつて称し、上六は大人を称せずして、君子・小人をもつて繋《か》く。由《ゆえ》あるかな。

その文炳らかなり　虎の毛の文様が鮮やか。そのように、改革後の新体制にあって文物百般が新鮮な輝きを発する。

君子豹のごとく…　君子(士大夫)は、あたかも豹の毛が抜け変って新たな文様を見せるように、新たな文化に適応して自己を変えていく。小人(庶民)はただ顔つきを改めて、新体制に随順するだけ。こういう革命のあとは、積極的に動くのは凶で、じっと安居していることが貞(ただ)しくて吉だ。

蔚たり　しっとりと美しい。

中上の二爻　下卦の中(六二)と、その上の九三の二爻。

兌の三爻…　革の上卦である兌の爻体☱。この三爻が動いて、上述の中上二爻が変化すると離☲に転ずる。

この二爻　九五と上六の二爻。

虎・豹の差へるは　同じく変といっても、虎と豹との差異を設けたのは。

九・六の質　九は奇数で陽位、六は偶数で陰位。

歴　暦の古体字。

中正子対へて曰く　↓補

乾より革に至る…　すでに革解篇で

提示されている。
周天の数… 数は日数=度数。太陽の運行を一日一度として、一回帰年の日数に一致するように定めた度数。それが $365\frac{1}{4}$（四分暦における一年の日数）。畸（=奇）は端数のこと。
二十八宿 ↓補
四分歴 漢初の太初暦以前の暦法。上述の端数の $\frac{1}{4}$ からそう呼ばれる。↓補
一朞の策 満一年（一回帰年）の数。策は籌策、かずとり。
気延び朔趣まる 太陽年と朔望月との結び付きの関係に過・不足の食いちがいが生ずること。四分暦では太陽の運行に盈縮があることの知識はまだなかった。
推してこれを参へて… ↓補
一章 この十九年を暦法上の、特に置閏法上の重要な単位として、こういう術語で呼ぶ。周髀算経「十九歳を一章となす」。漢書律歴志下「閏法十九、因って章歳となす」。
十二月の積日… 史記暦書の暦術甲子篇に、太初二年（前一〇三）の暦の数値がある、曰く、大余五四、小余三四八。↓補
四分にしてその十九を… ↓補
且つ四十を九累ぬれば… ↓補
その十九を四にし ↓補
四十九策… ↓補
朞月 一年の月の数。
四年にして… $\frac{1}{4}\times4=1$. 以下同様。

治《ち》歴《れき》*篇　　外篇六

或るひと問ふ、革《かく》の象《しょう》に「君子もつて歴《こよみ》を治め時を明らかにす」と。何如《いかん》。

*中正子対《こた》へて曰く、四十九なるかな〈*乾《けん》より革《かく》に至るまで四十九卦〉。*周天の数、三百六十有五にして、その畸《き》四の一〈*二十八宿、周天の度数は、凡そ三百六十五度四分度の一なり〉。ここをもつて歴に四分《しぶん》あり〈漢に*四分歴あり。蓋し四分度の一は数を成さざるをもつて、故に度ごとにこれを四分するなり〉。しかして*一朞《き》の策《さく》成る。*気延び朔趣《さくつ》〈入声〉まる。*推してこれを参《まじ》へて、一十九年にして合す。これを*一章と謂ふ〈一昼一夜の頃《けい》に、周天経過すること一度、直ちに三百六十五日四分日の一に至つて、周天の度終る。これを一気の数と謂ふ。延なり。*十二月の積日は、三百五十四日九百四十分日の三百四十八。これを朔数と謂ふ。促《そく》なり〉。*四分にしてその十九を累《かさ》ぬれば七十六朞、一蔀《ほう》の策備はる〈一章十九年にして、気朔の延促相合す。然れどもなほ全《まった》からざるの日あり。七十六年に至れば、気朔相合す。且つ全からざるの日なし〉。*且つ四十を九累ぬれば、三百六十。気朔の数中《ちゅう》を得。これすなはち*その十九を四にし、その九を四十にするも、みな四十九と言ふべし。

また曰く、*四十九策、四をもつてこれを揲《せつ》すれば十有二、その奇《き》は一なり。これすなはち*朞月の数なり。その奇は閏《じゅん》なり〈これ奇は全からざるの日なり。*四年にして全くして一日を得。十九年にして四日四分日の三を得。七十六年にして十九日を得て奇なし〉。

或る者曰く、四十九にして暦を治するは審《つまび》らかなり。敢へて問ふ、古《いにしへ》への歴志《れきし》に、十*九年をもつて天地二終の数となすこと、これありや。

対へて曰く、これあり〈漢の律歴志に、「天*地の数五十有五、終*数を并《あわ》せて十九となす」と。注に、「天の終数は九なり。地の終数は十なり。これ*河図《かと》の数なり」と〉。然れども、然りとすべからざるのみ。そもそも且つ陰陽相距《さ》るの数なるかな。

相距るの数を請問《しょうもん》す。

曰く、一昼一夜、これを周天と謂ふ。天の一周、陽動き陰静かなり〈陽は日なり。陰は月なり〉。陽は陰を離れて距る、その程《てい》は十有二にして、その畸《き》は十九の七〈先*儒みな云ふ、「周*天三百六十五度四分度の一、しかして日は日に行くこと一度、月*は日に行くこと十三度十九分度の七」と。いま予曰く、日*は行くこと十二度十九分度の七、しかして月は行かず。蓋し陽動き陰止《とど》まるの義を取るなり。ただ天周《めぐ》るをもつての故に、月も亦た相附《つ》いて周る。自ら動行する能はざるなり。先儒、月行をもつて観るときは、その周天と相去ること十三度十九分度の七にして日行くこと一度のみ。いま予、月の行かざるをもつて言ふときは、日は月と相距つて行くこと十二度十九分度の七にして、二十八宿も亦た天と与《とも》に相旋《めぐ》り、月と相距ること十三度十九分度の七なり。然らばすなはち日と二十八宿とは相争《たが》ふこと一度のみ。予嘗て細かに考ふるに、蓋し是れ周天行くこと速やかにして、日行くこと遅し。二十八宿の行くこと、日に及ばざること一度、しかして月はただ天に附いて周る。故に日より速やかなるに似たり。予の説、先儒に異ると雖も、然れども数においては均《ひと》し。ただ先儒の十三度の説は、暦法に徴するなし。予が十二度十九分度の七といふは、十二月・十九年七閏の法に合するものなり。また陽動き陰静か、日行き月行かずの説も、亦た陰陽の宜しきなり〉。所以《ゆえ》に十有二月にして期《き》を成し、十有九期にして

十九年をもつて…　漢書律歴志下に「閏法十九、因りて章歳となす。天地の終数を合して閏法を得」。→補

天地の数五十有五　易繋辞上の文。天の数二十五と、地の数三十を合わせて五十五。

終数を并せて十九　同前「天一地二、天三地四、天五地六、天七地八、天九地十」。この最後の天の九と地の十を合わせると十九。

河図　むかし黄河から浮び出た竜馬の背に描かれていたという神秘な図。聖人はこれに基いて八卦を作った。(易繋辞上)

先儒　考霊耀の鄭玄の注(礼記月令の疏に引く)。また朱子語類二13 18条など。

周天三百六十五度四分度の一　四世紀までの中国の暦法では、太陽は天空を等速度で運行するという考えから、その赤道に沿った日行を一度とした。従って周天度数を一回帰年の日数と等しい数値にした。

月は日に行くこと…　漢の太初暦と四分暦では、月は毎日この度数で天を動くことになっている。

日は行くこと…　この算定の根拠未詳。

章《しょう》を成す。章の閏七つ〈一章十九年の間に七閏あり〉。*その十二なるもの、これを十九にして、これに七を加ふれば、二百三十有五と成り〈日月相去ること十二度十九分度の七。その十二は全数*なり。その七は奇にして全からず。凡そ数の奇あるは、配除*する能はず。故にいま通じ*てその全数十二なるものを分つて、二百二十八を得。これにその七を加ふれば、二百三十有五なり〉、もつて章の月に合す〈自然にもつて十九年一章の月数に合す。一年に十二月あり。十九をもつてこれに累ぬれば、二百二十八月。更に閏月七を加ふれば、合して二百三十五月なり〉。亦た*老陽乾策《ろうようけんさく》を合はせて、天地二終の数を増すものなり。惟《こ》れ天の歴数か〈乾に六爻あり。老陽の数は九。四をもつて揲す。故に三十六。六爻みな三十六あり。これを并せて二百一十六となる。更に天の終数九および地の終数十を加ふれば、二百三十五なり〉。

中正子曰く、陽来《きた》りて陰魄《いんはく》〈月の体は黒し。これを魄と謂ふ〉、陽往《ゆ》いて陰朒《じく》〈朔《さく》にして月見《あら》はる、これを朒と謂ふ〉、往き来つて、十二にして畸〈十二度十九分度の七なり〉。朒極まつて望《ぼう》、魄極まつて朔。二極の数〈朒極まり魄極まれば、一月の日数尽く*〉二十有九にして畸九百四十の四百九十九。これ一月の策、これを朔数と謂ふ。その二十九は、*太史公《たいしこう》言ふところの大余《だいよ》なり。六十に盈《み》たざるの謂なり〈甲子の法六十、もつて積日を除す。その盈《み》たざるを大余と謂ふ。史記《しき》に見ゆ〉。四百九十九は小余なり。九百四十に盈たざるの謂なり。

或る人曰く、久しく吾、太史《たいし》の書および漢志《かんし》の大余・小余の言において、疑なきこと能はざりき。*今の遇《ぐう》や、天予《てんよ》の幸《さいわい》なり。敢へて請ふ、子その説を詳《つまび》らかにして、もつて吾が疑を釈《と》け。

中正子曰く、天一地二は河図の始数なり。*天五地六はその中数なり。天九地十は終数な

その十二なるもの…　12×19+7=235.

全数　整数。奇(端数)のない数。

配除　なんらかの数値に入れこむことによって消去する。

通じてその全数十二…　この言い方がよく分らぬが、12×19 のことであるらしい。

老陽乾策　易繋辞上に「乾之策二百一十六」。疏「乾の老陽一爻には三十六策あるを以て、六爻には凡そ二百一十六策あるなり」。三十六策というのは、老陽の時には、初揲に五策、第二・第三揲にそれぞれ四策を得るので、計十三策を全四十九策から差引いたもの。

一月の日数尽く…　一朔望月(太陰月)が終る。その日数は$29\frac{499}{940}$. →一四五頁「十二月の積日」補

太史公言ふところの大余…　司馬遷の著わした史記の暦書にいう大余。→一四五頁「十二月の積日」補

今の遇や…　いま貴下にお会いできたのは、天から与えられた好機です。

天五地六はその中数　易繋辞上に挙げる天地の数のうち、始数の天一地二と、終数の天九地十の中間、天五地六が中数。

り。*二始は三統の原《はじめ》なり〈*天統は甲子、夏《か》の正朔なり。地統は甲辰、殷の正朔なり。人統は甲申、周の正朔なり。これ三統暦は本《も》と河図の天一地二の数なり〉。二中の数は日辰なり〈*天五地六は十日十二辰となす〉。*日辰の会、六十にして復《ふく》す〈天五分れて五行《ごぎょう》となる。*甲乙は木、丙丁は火、戊己は土、庚辛は金、壬癸は水、これ十日なり。地六分れて*六律となる。子丑寅卯辰巳午未申酉戌亥の十二辰、これに由りて立つ。日辰六十日、終りて始めに復す〉。二終は日母なり〈天九地十は、二終の数、*日法の母なり。日月の相去ること十九分の七。故に十九をもつて分母となし、七をもつて分子となす。更に*十二日をもつて内子《ないし》を通分して、二百三十五を得。*暦法の四分をもつてこれに累《かさ》ぬれば、九百四十となる。これを日法となす〉。日月の会、二十有九、畸四百九十九〈日月の会、これを朔と謂ふ。朔より晦《かい》に至つて、周《めぐ》りて始めに復す。その一周の頃《けい》は、二十九日九百四十分日の四百九十九。これ一月の数なり〉。その二十九は、日母の全なり。畸は日母の零なり。*全なるものの積《せき》〈日《じつ》なり〉、日辰の会〈六十日なり〉に盈《み》ちてこれを除《じょ》す。その盈たざるもの〈積日の六十に盈たざるもの〉は、大余なり。これ天地二中の数をもつて、二終の数を推し、推して合ふものはこれを除す。その畸にして合はざるものは、大余となすなり。気数の畸四分の一〈三百六十五日四分日の一なり〉、朔数の畸十九分の七〈日月相去ること十二度十九分度の七。毎日かくのごとく相去つて、直ちに二十九日九百四十分の四百九十九に至つて、朔に相会す〉、二畸の積、もつて日母の数に合へば〈*十二日七分、内子を通分して、更に四をもつてこれを累ぬ。故に日母に合す〉、すなはちこれ二終の数なり。畸の日母の法に盈たざる、これを小余と謂ふ〈*一月二十九日九百四十分の四百九十九、内子を通分して、二万七千七百五十九を得。一月の積日の母数たり。*十二月をもつてこれを累ぬれば、三十三万三千一百丹《たん》八となる。これ一年の積日の母数たり。*日母の法九百四十をもつてこれを約すれば、三百五十五日となつて、そ

二始は三統の原　前漢の末に劉歆が太初暦を増訂して作った三統暦のプリンシプルを以下要約して述べるという形になっているが、それは漢書の律歴志上に見られる記述に基きつつ自説を展開したものである。二始は天の始数一と地の始数二。

天統は甲子…　漢書律歴志上に「故に暦数三統、天(統)は甲子を以てし、地(統)は甲辰を以てし、人(統)は甲申を以てす」。李奇注「甲子は夏の正月正朔」。韋昭注「甲辰は殷の正月正朔」。李奇注「甲申は周の正月正朔」。→補

天五地六は…　そのわけは次の注で示される。天五→五行→十干という展開の筋道になる。

日辰の会　つまり十干十二支による日付のサイクル。

甲乙は木…　五行と十二支との配当。詳しくは狩野直喜「五行の排列と五帝徳について」を見られたい。

六律　→補

日法の母　天九地十、合わせて十九。この十九という数を、既述したように、暦法の基本数として母と呼ぶ。但し律歴志ではこれを閏法(十九年七閏)とし、日法は一朔望月(二十九日八十一分の四十三)の端数の分母八十一をもって当てる。日法の母という考え方は円月独自のものらしい。

十二日をもつて…　$12\frac{7}{19}=\frac{235}{19}$　十九年七閏法によって十九回帰年と二

の法に満たざるもの四百卌八。これ小余なり。その全日三百五十五、甲子の法六十をもつてこれを除するに、六十に盈たざるもの五十五。これ大余なり〉。

中正子曰く、大衍《だいえん》の策、その用四十九は、天の歴数なるか。*分ちて二となすは、天地の象なり。*掛けてもつて三に象《かたど》る、始・中・終なり〈天地・二始・三統なり。二中は日辰なり。二終は日母なり〉。*これを揲《せつ》するに四をもつてす、四分の歴なり。四分して十有二月、その奇は閏なり〈四十九策、四をもつてこれを約すれば十二、その奇の四に盈たざるもの一、これ閏なり。四年にして一日を成し、*十九年にして四日三分なり〉。*ここをもつて革の叙たる四十九なり。革は庚《こう》なり。*魯《ろ》の歴に庚子《こうし》を用ふ。子《し》は始《し》なり。天地の革は、天の歴数なること明らけし。

中正子巻之三　終

三五朔望月とが一致することと睨み合わせた操作であろう。

暦法の四分をもつて…　235×4=940. この九四〇という数値は、さきに「十二月の積日」(一四五頁)の補注で示した一朔望月(四分暦)の日数二九日の端数$\frac{499}{940}$の分母と等しくなる。次条の注はそのことをいう。三統暦が一月を$29\frac{43}{81}$日とするのは、右の数値を分母81で表わしたもの。

全なるものの積…　($29\frac{499}{940}$日×12=$354\frac{348}{940}$日)　354日÷60日=5　余54日(=大余)。

十二日七分…　$12\frac{7}{19}=\frac{235}{19}$　235×4=940

一月二十九日…を得　↓補

十二月をもつて…　↓補

日母の法…　333108÷940=354　余348. 底本の四百卌八(他の諸本は四百丹八)は三百四十八の誤り。

分ちて二となすは…　↓補

掛けてもつて三に象る　↓補

これを揲するに四をもつてす　↓補

十九年にして四日三分　$\frac{1}{4}$日×19=4　余3日.

ここをもつて革の叙たる…　ここでやっと冒頭の四十九論(革の卦の順次が四十九番目であることとの意味づけ)へ照応することになる。

魯の歴に庚子を用ふ　↓補

中正子性情《せいじょう》篇巻之四

内篇一

東海　釈円月撰

*中正子居り、叒華子《じゃくかし》侍す。

中正子曰く、*叒、女《なんじ》性情の理を知れりや。

曰く、未だし。敢へて問ふ、何如《いかん》。

曰く、居れ。吾、女に語らん。*楽記《がくき》に曰く、「人生れて*静《せい》なるは、天の性なり。物に感じて動くは、情の欲なり」と。中庸《ちゅうよう》に曰く、「*天の命ずる、これを性と謂ふ」と。また曰く、「喜怒哀楽の未だ発せざる、これを*中と謂ふ。発してみな*節《せつ》に中《あた》る、これを和と謂ふ」と。予《よ》をもつてこれを言はば、*いはゆる中は静なり。喜怒哀楽の未だ発せざるは、性の本《もと》なり。天の命じてこれを稟《う》くるものなり。性の静なるは、天に本づくなり。この性や、*霊明沖虚《れいめいちゅうきょ》なり。故に*覚《かく》といふ。喜怒哀楽の発するは情なり。情なるものは人心の欲なり。この情や、*蒙鬱闇冒《もううつあんぼう》なり。故に*不覚《ふかく》といふ。人の性情は、なほ天の四時のごときか。

叒華子曰く、何の謂ぞや。

曰く、*四時の行《こう》、終りて始めに復《ふく》し、冬至《とうじ》に周《あまね》し。冬至の月は*子《し》に建《さ》す。冬とは終なり。子とは始なり。この月や、*動は地中に息《やす》み、商旅行かず、后方《きみほう》を省《み》ざるは、すなはち天の

中正子居り…　礼記の仲尼燕居篇「仲尼、燕居す。子張・子貢・言游侍す。縦言して礼に至る。子曰く、居れ、女(なんじ)三人の者。吾れ女に礼を語らん」に基く修辞。

叒　底本は「桑」に誤る。

楽記　礼記の一篇。↓補

静　外物に乱されずに安らかに憩う。

天の命ずる…　天からの命令として人に賦与されたもの。

中　性がまだ情として発現しない時の、片寄りやゆがみのない在り方。

節　過不及のない、しかるべき節度。

いはゆる中は静なり　↓補

霊明沖虚　要約すれば虚霊。空虚なるがゆえに霊妙なはたらきを内包すること。空妙ともいう。もと老荘的な理念。↓補

覚　本覚。本来的・究極的な悟りの知慧。下文の「不覚」とともに、大乗起信論に基く。

蒙鬱闇冒　暗くおっかぶさるように次から次へと群がり生ずる。

不覚　本覚が妄念に蔽われている状態。

四時の行…　春秋繁露の陰陽終始篇に「天の道は終りて始めに復す」。

子に建す　冬至を含む旧暦十一月を建子月という。↓補

動は…　易の復の卦の象伝。↓補

静なり。然れども春陽の来《きた》り、草木の生ずるも、亦た天の命ずるの性をもつてなり。すでに生ずる者は、必ず*長養の道を求む。故に夏の草木の蒙鬱闇冒なるは、天の欲なり。欲の長ずること涯《かぎ》るべからず。故に*秋殺の気の、彼《か》の草木の蒙鬱闇冒を*撃つは、発して節に中るの義なり。然れども冬の至るや、静にして復《ふく》す。*復はそれ天地の心を見るか。この故に曰く、「人生れて静なるは、天の性なり」と。

叕華子曰く、旨《むま》いかな、子《し》の言や。人の性情は、天の寒燠《かんおう》なり。請問《しょうもん》す、性は静なるに、何に縁《よ》つてか物に感じて動く。

中正子曰く、静は性の*体《たい》なり、常《じょう》なり。感じて動くは、その用《よう》なり、変《へん》なり。耳目の*官は、物を引いてこれを*心府《しんぷ》に内《い》る。ここにおいて、その性は感動せざること能はず。ここをもつて、善悪・*取舎《しゅしゃ》の欲生じ、苦楽・*逆順の情発す。惻隠《そくいん》の仁、羞悪の義は、情の善なるものなり。*敓數《だつじょう》の暴、驕佚《きょういつ》の邪は、情の悪なるものなり。*噍殺《しょうさつ》・*怨懟《えんたい》の音は、情の苦なり。*寛胖《かんはん》・綽裕《しゃくゆう》の容は、情の楽《らく》なり。みな性に本づいて情に発せずといふことなし。情の発するや、和せず節する能はざるは、これ亦た*天人《てんじん》の道なり。もつて人道を言はば、和すれば能く明なり。明なれば能く断ず。断ずれば能く正し。正貞《せいてい》は人道の常なり。もつて天道を言はば、*春和し夏明らかに、秋断じ冬正し。正中は天道の極なり。人、常を守るときは天の極なり。天の極は静なるのみ。静は天の性なり。寒燠・雷雨は天の変なり。静は人の性なり。喜怒哀楽は人の情なり。情は性の変なり。*和してこれを節すれば、性に帰す。なほ天道の冬至に復《ふく》するがごとし。この故に動極まれば静、静なるが故に能く動くは、天

長養　成長し繁茂する。
秋殺の気　生物を凋落させる秋の烈気。
撃　底本は繋に誤る。
復は…　やはり復の卦の象伝の文。
体　本体。本質。下文の「用」(はたらき。functioning)に対する。既出。
官　感覚器官。
心府　心という中枢機関。
取舎　取捨と同じ。
逆順　現在の境遇を逆境として厭い、或は順境として喜ぶ。
敓數　奪攘と同じ。人の物をふんだくること。
噍殺　(奏せられる楽器の)逼迫して十分にのびない音。楽記では悲哀の情の現われとする。
怨懟　うらみがましい響き。
寛胖…　のびやかでゆったりした姿。
天人の道　天の在り方と人の在り方。以下その相関を四季と対応させつつ説く。
春和し…　春秋繁露の四時之副篇に「天の道は、春煖もって生じ、夏暑もって養い、秋清もって殺し、冬寒もって蔵す」。ここで「冬正し」というのは、上文の「断ずれば能く正し」と照応させたもの。
和して…　情を規制して中和ならしめると、本来の性に復帰する。↓補

人性情の道なり。*孔子曰く、「利貞は性情なり」と。言ふこころは、情をして能くその性に復《かえ》らしむるなり。*利は秋の断なり。貞は冬の正なり。正は極なり、中なり、静なるのみ。天の道、貞正にあらざれば、万物の動靖《しず》かならず。人の道、貞正にあらざれば、*万行の業成らず。故に情をして性に復らしむるは静なるのみ。静にして極中《きよくちゆう》ならば、天地はこれをもつて万物を富有し、人道はこれをもつて万行を修証す。これ*孔子・子思の性を言ふなり。*吾が仏の教へと相睽《あいそむ》かざることかくのごとし。*孟軻《もうか》氏より以降、性を言ふ者差《たが》へり。或いは善とし、或いは悪とし、或いは善悪混ず。*或いは上とし、中とし、下とし、これを三にす。みな*性より出づるものをもつてこれを言ふのみ。本を舎《す》てて末を取るなり。

性の本は静なるのみ。善と悪とは、性の情に発して出づるものなり、末なり。混ずる者は、二つの末を兼ねてこれを言ふ、亦たこれ末なり。東漢《とうかん》の前、仏法未だ中国に行はれず。故に儒者の性を言ふ、或いは弁ずること能はざるや宜《むべ》なり。然れども、そのこれを孔子・子思の教へに稽《かんが》へざりしは失《しつ》せり。仏法すでに来つて、夙《つと》に*霊知を蘊《つ》むの士ことごとく*吾に帰す。まさに知るべし、孔氏の道、仏と相《あい》表裏をなして、性情の論、双璧を合したるがごとく然ることを。然れども世の儒生の、なほ同じくすることを欲せざるは它《た》なし、その釈氏に異らんと欲するをもつての故なり。これ君子の道にあらざるなり。君子は理に党《くみ》す。人に同ずること*宗においてするは、吝《りん》の道なり。*韓子《かんし》はその人なり。*甚だし、理に党せずして異を好むことかくのごとし。孔子・子思をすら、なほ宗《そう》とせず、善と悪と混ずるの言を兼ね幷《あわ》せて三にして曰く、「上とし中とし下とす」と。甚だしからずや。上として善、

孔子曰く　易の乾(けん)の卦の文。

利は秋の断なり　秋は粛殺の季で刑罰を行う時とされる。それで断という。しかし、このことで「利」が説明されるのは、易における本義とは異る。

万行の業　人間の一切の行為。

孔子・子思の…　易・論語と中庸に性が説かれている理由である。

吾が仏の教へ　仏教で性(しょう)とか自性とか、或は仏性・衆生性と説かれるもの。

孟軻氏より…　孟子の性善説、荀子の性悪説など。「善悪混ず」は楊朱の説をさしていう(後出)。↓補

或ひは上とし…　韓愈の「原性」における性論をさしていう(後出)。↓補

性より出づるもの　性そのものについてでなく、情として表われた性について。

霊知　唐代の禅家が好んで用いた語。例えば澄観いう、「無住の心体は霊知不昧なり」(伝燈録三〇)。

吾に帰す　仏教のがわに就いた。↓補

宗　セクト。

韓子　唐の韓愈。特にその排仏論を意識しながらの発言。

甚　底本は「宜」。明和刊本により訂す。

下として悪、中として混ず。善なるべく悪なるべきは混なり。みな性の本にあらず、情なるのみ。

性の本は静《せい》なり。静の体は虚なり。虚なるが故に霊あり。霊なるが故に覚あり。*覚なるが故に知あり。*知つて物に感ず。感ずれば動く。動けば欲す。欲は量《はか》るべからず。欲して得れば喜ぶ。喜べば心平らかなり。心平らかなれば善なり。欲して得ざれば怒る。怒つて度《ど》なければ暴悪なり。一喜一怒のもつて善なるべく、もつて悪なるべきは、情の混《こん》なり。韓子言ふところの中なるものは是《ぜ》なり。但《ただ》し性にあらず。性なるものは、善にあらず、悪にあらず、混にあらざるなり。*善なるもの、悪なるもの、善悪混ずるものは、みな情なり。性の末なり。性の本は静なるのみ。孟子の善をもつて性となすは非なり。荀子の悪をもつて性となすは非なり。*楊子の善悪混ずるをもつて性となすも亦た非なり。この三子は仏教に正されず、故に誤ること宜《むべ》なり。然れども、そのこれを孔子・子思の教へに稽《かんが》へざりしは失せり。ただ韓子は仏教の后《のち》に出でて、まさに仏教に正さるべく、まさに孔氏の道の仏と相《あい》表裏をなすことを知るべき者なり。然れども独《ひと》り*区区《くく》としてこれを別《わか》つ。甚だしいかな、韓子の本を舎《す》てて末を取り、孔子・子思の道と相遠きことかくのごとし。甚だしいかな。

客、中正子の門を過《よぎ》るものあり、中正子を難じて曰く、*潜子《せんし》、非韓を作りてより以降、儒の仏を害せんとする者自ら*詘《くつ》す。いはんや今この*海外の鬼方《きほう》、また韓を宗とすること*欧《おう》陽公《ようこう》のごとき者なきにおいてをや。たとひこれあるとも、ただ潜子の書を用ひて、もつて

覚なるが故に知あり　この議論は、次の死生篇の始めでも展開される。

知つて物に感ず…　楽記に「人生れて静なるは天の性なり。物に感じて動くは性の欲(=情)なり」。

善なるもの…　契嵩の中庸解第四にいう、「善悪、情也、非㆑性也。情有㆓善悪㆒而性無㆓善悪㆒者何也。性、静也。情、動也。善悪之形見㆓於動㆒者也」(文集四)。

楊子　戦国時代の思想家楊朱。人間の本性は食色の欲であり、その欲を満たすことが自然の理にかなうものだとし、そこに善悪の倫理を介入させない。

区区として　せせこましく。こまごまと。

潜子　既出(一二六頁「仲霊」)。その鐔津文集一七—一九に「非韓」三篇があり、韓愈の排仏説を烈しく批判している。また巻一「輔教編」上と、巻七「論原」には、ともに性情論が述べられ、円月はそれをも参考にしている。

詘す　理論的に屈服する。

海外の鬼方　日本をさす。問禅篇には「この海外鬼方の洲」という。当時の円月の心境を示す注目すべき語。

欧陽公　→一二八頁注

その人を屈すべくして足れり。しかも今彼《か》の書すら、なほ用ふるところなく、人これを観んと欲せず。また子《し》を如何《いかん》せん。子独り爾《なんじ》が目を星のごとくにし、爾が舌を電のごとくにし、*叨叨怛怛《とうとうだつだつ》として、力《つと》めて言に発して、また書に筆《ふで》す。何ぞそれ徒《いたず》らになすや。

中正子曰く、然り。客の予《よ》を待つこと太《はなは》だ過ぎたり。予のごとき者、あに敢へて客の待つところのものを望まんや。

客曰く、何の謂《いい》ぞ。

対へて曰く、予のごとき者は*幺麼《ようま》樸樕《ぼくそう》にして、道《い》ふに足らざる者なり。あにまた言もしくは書をもつて能く人を誚するに望みある者ならんや。*庸人《ようじん》すらなほ誚すべからず。しかるをいはんや欧陽公のごとき者をや。たとひいま吾が仏教、不幸にして或いはまたかくのごとき人あるとも、予敢へて言もしくは書をもつて、その人を*抵排《ていはい》せんことを欲せず。然れども今為《つく》るところの書は、二三子の未だ性情の理を明らかにせざるをもつて、故に筆してこれを著はし、たまたま孔子・子思の言のもつて吾が仏教に合ふものを引いて諭《さと》すなり。これによりて彼《か》の孟軻《もうか》氏より以降の、性を言ふ者の差異を糺《ただ》し、もつて韓愈氏の原性の言の、或いは未だ誤りなきこと能はざるに至る。故に言ひてこれに及ぶのみ。本《も》とこの書をもつて時に行ひて、もつて名誉の衒《てら》ひとなさんことを欲せず。

客退く。叒華子曰く、子嘗て仁義を言ひて、力《つと》めて*楊墨《ようぼく》を排す。鄙心《ひしん》これを或《うたが》ふ。以謂《おも》へらく、孟子より以后、楊墨の徒作《おこ》らず。いま子何ぞ必ずしも区区としてそれ言ふことをなさんと。いま子が客に対《こた》ふるの言を見て、釈然としてまたこれを或《うたが》はず。

叨叨怛怛　むつかしげな弁舌を弄するさま。

幺麼樸樕　ちゃちで、もっさりした。

庸人　普通の平凡な人。

抵排　批判する。排撃する。

楊墨　楊子と墨子。

中正子曰く、古《いにし》への性情を言ふ者は、その理におけるや一なり。固《もと》より諸人に異らんことを欲せず、亦た*党《くみ》せんことを欲せず。ただ理においてするのみ。

叒華子曰く、何の理ぞ。

対へて曰く、*情を節して性に復するのみ。凡そ人の情欲は物に窮《きわ》まりなくして、暴悪に至る。故に聖人はその情欲を節して、その天性に復せしめんと欲するのみ。ここにおいて礼を制し戒を設けて、もつて人をして能くその欲を養ひて度に過ぎざらしむるものなり。故に礼は養なり。戒は禁なり。味は能く口を養ふも、その*嗜《し》を禁ずるものなり。香は能く鼻を養ふも、その*臭《しゅう》を禁ずるものなり。声は能く耳を養ふも、その*淫哇《いんあ》を禁ずるものなり。色は能く目を養ふも、その*冶容《やよう》を禁ずるものなり。*牀榻《しょうとう》・臥具・衣服は能く身を養ふも、その奢《しゃ》にして侈ならざるを禁ずるものなり。仁義・孝弟・忠信は能く心を養ふも、*その情にして節せざるを禁ずるものなり。

中正子巻之四　終

党せんことを…　論語衛霊公篇「君子は群して党せず」。
情を節して…　王通の文中子、立命篇に「性を以て情を制する者は鮮(すくな)し」とあるが、「性に復す」とまでは言っていない。
嗜　味に溺れること。
臭　香りに溺れること。臭の本義は、におい。
淫哇　音楽マニアになること。
冶容　見てくれがしの姿態を作ること。
牀榻　寝台。
その情にして節せざる　静なる本性そのものから出たものでなくて、情として発現した限りでの、節度を欠いたもの。問禅篇の「仁義礼譲の心も、亦たこれ情にして善に之(ゆ)くものなり。みな我が謂うところの心(=性)にあらざるなり」(一六四頁二行)を参照。

子潜子　潜子と同じ。→一五三頁
死は固より…　輔教編上の「原教」の文。→補
旨あるかな言や　なんと味わい深い言葉であろう。
輔教公　潜子つまり契嵩のこと。その鐔津文集の巻一から巻三に収める仏教弁護の論文「輔教編」にちなんだ呼び名。
覚す…知る　→補
知は物に格るに在り　知は事物の理

中正子死生《しせい》篇巻之五　内篇二

*子潜子《しせんし》曰く、「*死は固《もと》より生に因り、生は固より情に因り、情は固より性に因る」と。*旨《むね》あるかな言や、*輔教公《ほぎょうこう》の道《い》へるや。

　叒華子問ふ、惟《こ》れ性は因るなきか。

曰く、性は静に因る。惟れ静にして能く*覚《かく》す。覚して能く知る。*知は物に格《いた》るに在り。*物格りて知る。知りて后《のち》に感ず。*感じて后に動く。覚は性なり。動は情なり。惟れ物の*格るや、亦た因なきにあらず。善者に素《もと》づけば*善者に果《か》し、悪者に素づけば悪者に果し、*天人《にん》に素づけば天人に果し、*鬼神に素づけば鬼神に果し、ないし*禽獣草木に素づけば禽獣草木に果す。素《もと》として果せざることなし。むしろ業《ごう》の報《むく》いか。業の因は*陰界に素づき、その報は陽世に果すること、必《ひつ》せるの理にして、疑ふべからず。惟れ物の格るや、神《しん》をもつてして形をもつてせず。故に*度《はか》るべからず。

　叒華子曰く、性は覚知《かくち》をもつての故に物に感ず。その物の格ること、亦た神をもつてす。然らばすなはち、これを覚知する者とその神と、果して二なりや否や。

曰く、否《いな》なり。知る故に物に格る。物格る故に知る。この物や、*体《たい》あるの物にあらず。物とは事なり。*その性の覚知をもつての故に嗜好《しこう》するところあるの事を言ふなり。その嗜

に究め至ることによって得られるというのが、大学の「知を致すは物に格るに在り」の趣旨。

物格りて知る　同前「物格りて后に知至る」。しかし円月は「事物が業(ごう)の因によって人に覚知される」という意に用いており、このあたりから議論ははっきりと儒家から離れてゆく。

感じて后に動く　楽記「物に感じて動くは性の欲なり」。

格る　底本は「物」に誤る。両足院本・竜華院本・明和刊本により正す。

善者に果し　善者として結果する。以下、仏教の業(ごう)を軸とした因果説の展開。

天人　仏教語。天上界に生きる有情のもの(心をもった生きもの)。

鬼神　易によれば、精気と游魂が作りだす陰陽の変異。ここでは、性と物との覚知による感通を統御するものとして神格化されている。

禽獣草木　つまり無情の生きもの。

陰界　陰暗な無明(むみょう)の世界。しかしそこに人間の実存的な根源があるという考え。

度るべからず　易繫辞上「陰陽測られざるをこれ神という」。

体　実体。

その性の…　性がその覚知のはたきでもって選び取った好みの事がら。

精気…　易繫辞上「精気物となり、游魂変をなす。この故に鬼神の情状

好は、汝の業《ごう》のみ。覚知をもつての故に、その事を来《きた》す。事来るが故に覚知す。然らばすなはち二にはあらざるなり。この神や、陰界《いんかい》に形なきものは、業の因なり。陽世《ようせい》に形あるものは、その果なり。

問ふ、神すでに形なくんば、何をもつて陽世に形《あら》はるるや。

対へて曰く、*精気の鍾《あつ》まるや、神《しん》これを御《ぎょ》す。これを御するに形をもつてして、その本《も》と嗜好するところの物を形《あら》はす。*業因・業報の謂なり。物類の生ずる、その形は万差なり。これを*分段《ぶんだん》と謂ふ。分段の生ずる、生窮《きわ》まつて死す。死生の環《かん》常なし。常なきは生死の凡《ぼん》なり。*これを超《こ》ゆる者は聖《しょう》なり。必ずもつて分段生死の環を出離する者なり。この故に聖《しょう》は性《しょう》なるのみ。*覚して止《とど》まる。これを*真常と謂ふ。かの無常に反して言ふなり。*もし覚して止まらざれば動く。動いて知あり。知は物に感じて、情に赴《おもむ》く。これ無常の因なり。無常なるが故に、これを輪廻《りんね》と謂ふ。輪廻はそれ生死の環なり。

叒華子問うて曰く、性の陰界における、動けば知あり。知能く物に格つて、その形を受く。然れども、*孰《たれ》か善を択《えら》び美を禀《う》けずして、或いは蛇虎《じゃこ》悪毒《あくどく》の質を、自ら甘んじて資《と》るは、何ぞや。

対へて曰く、汝なんぞ*方今の心をもつて自ら徴明せずして、独り陰界の性情を疑ひてもつて詰《なじ》るや。痴《ち》なるかな。陰界と陽世は、相《あい》表裏をなす。形と形あらざると殊《こと》なれりと雖も、その性情は均《ひと》し。いま汝*嘗《こころ》みに*姑《しばら》く静坐せよ。*善悪の情、泯然《みんぜん》として挙がらざるは性なり、覚なり。もし覚して止まること能はざれば、善悪の情を動かし、物に随ひ事を逐《お》ひ

を知る」。但し、ここに気(陰陽の二気)の要素をもちだすことは、前後の論旨にとって必ずしも必要でない。

業因・業報　業の因果応報。

分段　仏教語。形の大小や命の長短など、一定の割りつけをされた生きもの。分段身。それも善悪の業を因とし、煩悩を縁として宿命づけられた結果である。これによって生死輪廻することが「分段生死」。

これを超ゆる者　分段生死による永劫輪廻のワクを超脱する者。勝鬘経一乗章によれば、分段生死と変易生死の二種の生死を超えるのは仏のみである。それで「聖」という。

覚して止まる　菩提涅槃(ねはん)をさとることが覚。その覚者(仏)としての常住が止。

真常　すべての存在と営為は時間の流れの中にある点で無常であるのに対し、それを超脱した永住不変のあり方。楞厳経などに見える。

もし覚して止まらざれば　覚して止まらずとは、「涅槃にも住せず」という更に高次の向上の理を志向するかのようだが、ここはそうでないことは以下に説く如くである。

孰か…　「孰」は諸本みな同じであるが、甚だ通じ難い。著者の用字法の誤りと見る。前後の論旨は、人の性はもともと善悪なきものであるのに、人として形を受けて生れると、誰もがみな善美な資質を賦与される

て、或いは喜び或いは怒らん。これ汝自らこれを業《ごう》に取るなり。また誰をか咎《とが》めん。

わけでなく、蛇や虎のような邪悪な資質に生れついて、それでよいのだとしている人間がいるのはなぜか、という問い方である。

方今の心をもつて…　いまその問いを発する汝自身の現在心を究明することなしに。即今目下の自己の心性を明らめよというのは、禅家に特徴的な提醒のしかた。

嘗みに　嘗は嘗試の意。試みること。

姑く　底本は「始」に誤る。両足院本・竜華院本・明和刊本により正す。

善悪の情…　善悪是非などの分別心がぱったりと消えさって、頭をもたげない。六祖慧能(えのう)の「善を思わず、悪を思わず」(六祖壇経)を想起するとよい。

戒定慧　悟りを開こうとする者が修めるべき三段階の基本的課程。戒は修行のための戒律を守ること。定は精神を集中して禅定に入ること。慧は仏の知慧に目ざめること。三学ともいう。特に禅で重んぜられる。

内に誠にして正す　大学「その心を正さんと欲する者は、先ずその意を誠にす」を利用した修辞。→補

静に証す　静はすでに性情篇で展開された楽記に基づく理念。証すとは、それによって証拠づけられる意。なお静をジョウと読んで定と通わせる必要はあるまい。

*戒定慧《かいじょうえ》篇

内篇三

*内に誠《まこと》にして正す、これを定《じょう》と謂ふ。定は*静に証す。静なるときは*信あり。信なきは何をもつてか定あらん。外に形《あら》はれて行ふ、これを戒と謂ふ。戒は*禁に斉《つつし》む。禁ずるときは*礼あり。*礼なきは何をもつてか戒《いまし》めん。この道をもつてこれを人に教ふれば、人従ひてこれに効《なら》ふ。これを慧《え》と謂ふ。慧は明より生ず。明は*知より生ず。知なきは何をもつてか慧あらん。この故に、心に信《まこと》にせざれば、詎《なに》をもつてか身《み》に行ひ、且つ口に説かんや。身に行はざるは、律《りつ》にあらざるなり。口に説かざるは教《きょう》にあらざるなり。律や教や、心にこれを信にするにあらざれば、為すこと能はざること明らけし。心にこれを信にするは、固《もと》より定に由《よ》りて得。*西域の大聖人は、内に誠にして、信を心に取るの尤《ゆう》なる者なり。ここをもつて身《み》のままにこれを行ふに、事は律ならずといふことなし。口のままにこれを説くに、言は教ならずといふことなし。今のいはゆる*禅の別を律といひ教といふは非なり。禅とは定に由りてその心を信にするの称なり。*その心を信にすとは、*その性を覚して迷はざるを言ふの辞なり。心すでに信にするときは、善悪・取舍の情、みな*節に中《あた》る。然らばすなはち禁ずることを待たずして自ら律なり。訓《おし》ふることを待たずして自ら明らかなり。*教は効《こう》なり。効《なら》ひてこれを知りて已《や》むは不可なり。これを行ふときは可なり。これを行ひて已む

信　心の真実さ。これも儒家の重要な徳目。論語為政篇「人にして信なくば、その可なるを知らず」。

禁に斉む　戒律に禁ぜられたことをつつしみ守る。

礼　礼制。ここでは僧または僧団としての諸般の規範。

礼なきは…　論語堯曰篇「礼を知らざれば、もって立つなし」。

知　これも儒家の五常(仁義礼知信)の一つ。

西域の大聖人　西方インドの偉大なる聖者。釈尊をいう。

禅の別を…　禅とは別なものとして律と教とを立てるのは誤りだ。↓補

その心を信にす　このあたりから、「信二其心一」または「信レ心」は、心を信ずるという意味にも転じてゆき、次の問禅篇で更に明確になる。心を信ずるとは、心は本来それ自体として清浄であり、それこそが仏性であることを自覚すること。おのれの自性清浄心への証悟である。下文に、「その性を覚して迷わざるを言う」と説くのもその意。↓補

その性を覚して　本来清浄で虚霊なる自性を醒覚して。

節に中る　中庸の語。既出。

教は効なり　底本は「教也効也」。他の諸本により上の「也」を「者」に正す。教の旧字のツクリは孝で、効のツクリと本来は同じ。つまり教には元来「ならう」「まねぶ」意がある。

も亦た不可なり。これを信にするときは可なり。惟《こ》れ信ならば、いづくに往《ゆ》くとしてか可ならざらん。信にせずして言へば、通ずべからず。信にせずして行へば、久しかるべからず。通ぜざる者は*変を知らず、久しからざる者は常を守らず。惟《た》だ心にこれを信にする者は、変を知つて能くその言に通じ、常を守つて能くその行を久しうす。変を知り常を守れば、道大いに光《かがや》く。

　禅を心に寤《さと》るは信なり。教を口に伝ふるは言なり。律を身に持《じ》するは行なり。未だその心なくして身ある者あらず。身なくしてその口ある者も、亦た未だこれあらざるなり。ここをもつて禅なくんば何ぞ能く律あらん。律なくんば何ぞ能く教あらん。仏はこれを一にするのみ。*これを三にするは*末流の漓《り》なり。これを信にする者は心なり。これを行ふ者は身なり。これを言ふ者は口なり。*心は身の主《しゅ》なり。身は*心の国なり。口はその*宰《さい》なり。言は*心王《しんのう》の令を伝ふ。主なきの国は必ず亡ぶ。すでに主なく、且つ国を亡ぼすときは、その宰何かせん。宰は臣なり、主は君なり。*君を蔑《なみ》するの臣は必ず喪《うしな》はる。すでに君を蔑し且つ臣を喪はば、その国何かせん。禅なきの律は、主なきの国なり。禅を蔑するの教は、君を蔑するの臣なり。*惟れ禅は心なり、律は身なり、教は口なり。いやしくもその心を蔑すれば、身口の喪亡、日を終らずして致《いた》る。仏の法は国家の鎮《しずめ》なり。然して禅滅するときは、その主危し。律を亡《うしな》ふときは国治まらず。教なきときは、令施《ほどこ》すことなし。心に未だ禅を信ぜざる者の、吾が身能く律を行ひ、口能く教を言ふと謂はんは、予固よりこれを信ぜず。*塞北《さいほく》の人は檣柁《しょうだ》を夢みず、越南《えつなん》の人は橐駝《たくだ》を夢みず。心これに*縁《よ》らざれば、その夢必ずな

変を知る　変は常の対語。天運・時運・人事の変化を見て取って、然るべく対処する。↓補

これを三にす　戒・律・禅と三つに分ける。↓補

末流の漓　釈尊の正しい教えを知らぬやからの浅はかな風尚。漓は醨と同じ。もと酒の味のうすいこと。

心は身の主なり　↓補

心　底本は「口」に誤る。他の諸本によって正す。

宰　王たる心につかえる宰相。

心王　狭義では、心のはたらきの主体となる識をいうが、ここでは心を万法の唯一至高の主宰者と見て王と名づけたもの。禅家の一般的な用法。

君を蔑する…　君主をないがしろにする臣は、必ず誅殺されて亡ぶ。

惟れ禅は心なり　禅が一心宗とか、心地法門と呼ばれるのは、心性を証悟する(見性)ことを第一義とするからである。

塞北の人は…　北の辺境に住む人は帆柱やかじをつけた舟を夢みないし、ベトナムの人は駱駝を夢みない。

縁　手がかりを見つける。きっかけをつかむ。

し。ここをもつてその心の仏法に縁らざる者は、必ずこれを身に行ひ、これを口に言ふの理なし。ただ心これに縁れば禅なり。心いやしくもこれを得れば、何事かなさざらん。

且つ夫れ世間の人の、或いは家邑を治め、或いは州国もしくは天下を治むる者は、みな仁義の道をもつてせずといふことなし。仁義の道は、世を治むるの大本なり。これ亦た心に能くこれを信じて、后《のち》に身にこれを行ひ、口にこれを言ふ。然るときはその心未だ仁義の道を信ぜずして、しかも身に仁義の道を行ひ、口に仁義の道を言ふと謂はんは、妄《もう》なり。真如《しんにょ》の理は*出世の大法なり。固よりこれ心に能くこれを信じて、后に身にこれを行ひ、口にこれを言ふ。然るときはその心未だ真如の理を信ぜずして、しかも身に真如の理を行ひ、口に真如の理を言ふと謂はんは、固より妄なり。仁義の道、これを行ふの人は、礼あるの人なり。これを言ふの人は、知あるの人なり。礼や知や、これを信ずるの人は、みな能くすべし。信ずるなきの人は、みな能くせず。真如の理、これを行ふの人は、律あるの人なり。これを言ふの人は、教あるの人なり。律や教や、これを禅するの人は、みな能くすべし。禅なきの人は、みな能くせず。且つ夫《か》の酔者および狂者を見ずや。みな心を失へるの人なり。然れどもその行や言や如何《いかん》ぞ。酔へり、狂せり。礼なきの人なり、知なきの人なり。*是の故に*心を得ざるの人なり。しかるに吾《われ》律を能くし、吾教を能くすと言はんは、予固より妄とするのみ。ああ、人の*思はざるや久し。酔者・狂者をもつて心を失へるの人となすは、みな曰く、固より是《ぜ》なりと。然れども心を禅に得ざる者をもつて酔者・狂者となすは、固より是《ぜ》とせられざるなり。予《よ》をもつてこれを観れば、酔者・狂者は固よりこれ心

出世　世俗を離脱すること。出世間。

是の故に　この措辞はやや妥当を欠く。或いは「是れ故(とも)より」というつもりかも知れない。

心を得ざるの人　自己の本心(本来心)をつかんでいない人。「得心」は、後文で「心を禅に得」「心を信に得」と展開されるように、強いアクセントがおかれた言葉。

思はざる　深く考えない。真実を洞察しない。

を失へるの人なり。心を信に得ざる者も爾《しか》り。仁義の道をもつてこれを言はば、心を信に得ざる者は、必ずこれ礼あり知あることを得ざるの人のみ。真如の理をもつてこれを言はば、心を禅に得ざる者は、必ずこれ律あり教あることを得ざるの人のみ。治世・出世の教は異ると雖も、その心の得失においては均《ひと》し。

中正子曰く、*仁義の道は、誠をもつて貞《てい》となす。いやしくも誠をもつてせざれば、道行はれず。真如の理は、*定《じょう》をもつて正となす。いやしくも定をもつてせざれば、理明らかならず。また曰く、禅は信なり、律は礼なり、教は知なり。

中正子巻之五　終

仁義の道は…　貞は正と同じ。この発言には、中庸第二十章の「誠者天之道也。誠レ之者人之道也。…誠レ之者、択レ善而固執者也」が背景に置かれているであろう。

定をもつて正となす　中国の禅家が三学を論ずる場合、戒ははずして、もっぱら定と慧を論ずるのが常である。この二者の中に戒は集約されると考えるだけでなく、定と慧も究極的には帰一すると考えるのである。しかし円月が定をもって正となすのは、禅定の実践と体得を当面の日本禅の基本課題とした彼の現実認識の現われであろうと思われる。

中正子問禅《もんぜん》篇巻之六　内篇四

仲明《ちゅうめい》、禅を問ふ。

中正子黙す。すでにして告げて曰く、*徳行に存するか、その人に存するか。状《かたど》るべからず、*言ふべからず。

仲明曰く、「禅は信なり」とは、子《し》の言にあらずや。

曰く、信は可なり。言は不可なり。言はずして信じ、状らずして*証するは、その人に存し、徳行に存するなり。

仲明曰く、何をか信じ、何をか証する。

曰く、心なるのみ。

*孰《たれ》かこれなからん〈*仲明問うて曰く、誰か心なき者なる〉。

対へて曰く、天下これ有らずといふことなし。直《た》だ信ぜざるのみ。いやしくも信ぜざれば、有るとも無きがごとし。

仲明曰く、*害忮《がいし》貪沓《たんとう》・*淫僻《いんへき》邪侈《じゃし》の心を、*執《しゅう》して信ずるときは、みな可なりや。

対へて曰く、不可なり。害忮貪沓・淫僻邪侈は、みな心にして情に之《ゆ》くものなり。情は*偽《ぎ》なり。何の信かあらん。*心をいやしくも信ぜば、必ずなきのみ。

徳行に存するか…　実践そのものにあると言おうか、実践者の主体にあると言おうか。

言ふべからず　言詮では説明できない。

証する　証悟する。体験的につかむ。

孰かこれなからん　仲明の問い。

仲明問うて曰く…　この原文八字は、諸写本ではみな双行の割注にする。円月が加えた注ではなく、後人の插入。明和刊本がこの八字を本文とするのは非。

害忮貪沓　人を傷つけそこなうような悪辣なことをする。忮も害の意。貪沓は沓貪と同じ(国語鄭語「其民沓貪而忍」)。

淫僻邪侈　ほしいままな悪行と乱行。孟子梁恵王「放辟邪侈」。

執　固執する。

偽　(本来の心が)ありのまま(真)でなくなったもの。

心をいやしくも…　そもそも本来心をこそ信ずれば、そのような偽情はなくなるはず。「必」は底本「皆」。他の諸本によって正す。

仁義礼譲の心も…　儒家によって本然至善とされるそういう道徳心も、すでに善を志向するという点で偽なる(作為的な)情にすぎぬ。

仏の無上妙心　無上菩提心。↓補

問うて曰く、仁義礼譲の心、これを信ぜば可なりや。

対へて曰く、*仁義礼譲の心も、亦たこれ情にして善に之《ゆ》くものなり。みな我が謂ふところの心にあらざるなり。我が謂ふところの心は、*仏の無上妙心《むじょうみょうしん》なり。*この心や、天下これ有らずといふことなし。直《た》だ信ぜざるのみ。信ずるときは、禅と言ふべきか。

敢へて無上妙心を問ふ。

対へて曰く、言ふべからず、状《かたど》るべからず。これを言ひ、これを状るは、教《きょう》のみ。惟《た》だ禅は信なるのみ、言状《ごんじょう》すべからず。

中正子曰く、能く心を信ずる者は、*自ら欺《あざむ》かず。自ら欺かざるときは、*妄《もう》なし。妄なきときは、*性に帰す。性に帰するの道、知りてこれを言ふものは教なり。履《ふ》みてこれを行ふものは律なり。信じてこれを証するものは禅なり。言ふものは口をもつてし、行ふものは身をもつてし、証するものは心をもつてす。*惟《た》だ心の量は、大いにして能く博《ひろ》し。故にこれを言ふの教は、涯《かぎ》るべからず。*人の生や涯《かぎ》りあり。涯りあるの生をもて、涯りなきの教を究めんと欲せば、得べからざるなり。*言教《ごんきょう》すらなほ究むべからず、何の暇《いとま》あつてか身にこれを行ひ、心にこれを証せんや。この故に禅は言教を離れて、*捷径《しょうけい》の道なり。然りと雖も*患《かん》あり。これを学ぶ者、知らずんばあるべからず。心の量は固より涯るべからず。故にこれを修するの人、或いはその見るところや寡《すくな》く、知るところや狭《せま》きときは、通達して尽《ことごと》く証すること能はず。故におのおのその*性の変ずるところ、情の近きところのものをもつて禅となして、もつてその徒に授く。そののち*離散して、宗を分ち派を支《わか》ちて、偏《ひと》へに己《おの》

この心や…　心と仏と衆生とは差別なしとする華厳(けごん)の立場。伝心法要「仏と衆生とは一心にして異ることなし」。天下とは衆生(生きとし生けるもの)。

自ら欺かず　自己をいつわらない。本来の自己を失わない。

妄なし　迷妄のない本来の姿。易の卦の无妄(むぼう)も、おのずと本来の道理にかなうことを象徴する。↓補

性　セイと読んでもショウと読んでもよい。本性、自性、真性、仏性。

惟だ心の量は…　心は博大で万有を包む。大乗起信論の「心生則種々法生」を考え合わせてもよい。

人の生や涯りあり…　荘子養生主篇「吾生也有レ涯、而知也無レ涯。以レ有レ涯随レ無レ涯、殆已(あやうきのみ)」。

言教　言葉や文字に表わされた仏の教え。経典。

捷径　近道。

患あり　(当今の禅には)欠点短処がある。

性の変ずるところ　すなわち情。性情篇参照。

離散　多くの分派ができること。

排舐　排撃する。

堂に升り　法堂(はっとう)に上がって説法する。上堂ともいう。

麈　払子(ほっす)。

恁地…　そのようであれば、実にあっぱれだ。恁地は俗語。恁的とも書く。竜華院本には「了」なし。

が見を執《しゅう》して、我れを是《ぜ》とし人を非とし、更《たが》ひに相*排牴《はいてい》す。亦た哀《かな》しからずや。

或るひと中正子に問うて曰く、吾聞く、禅家の流、*堂に升《のぼ》り*麈《しゅ》を揮ひて、「*恁地《いんじ》ならば便《すなは》ち是れ恰《あたか》も好了《よし》」「*者般《しゃはん》を要せず」「*什麽《なん》の説話ぞ」「*道理なくし了《おわ》れり」「*那裏《なり》に箇《こ》の理会し得ざることを得たる」「*却《かえ》つて些子《さし》に較《あた》れり」等の語ありと。識《し》らず、これありや。

対へて曰く、これあり。

問うて曰く、すでにこれあらば、子の「禅は言ふべからず」と言ふは、妄なり。

対へて曰く、すでにこれあり、故にもつて「禅は言ふべからず」といふこと、固《まこと》に是《ぜ》なることを知るべし。

何の故ぞ〈問うて曰く、何の故ぞ〉。

吾が禅家の流は、*文字を離るるをもつて宗となす。故に本《も》と言教《ごんきょう》なし。この故に、その堂に升り麈を揮ふの時において、仮りに*寓言を設けて、もつて*真覚《しんかく》離言の旨《むね》を表はし、その徒の文を能くせざる者をして、直ちに解して信じ易からしめんと欲するなり。これ亦た吾が*禅家の教《きょう》なるのみ。禅は、信じて証すること、これのみ。固《まこと》に言ふべからざるなり。

且つ夫れ*伊洛《いらく》の学、*張程《ちょうてい》の徒、孔孟の書を*夾註《きょうちゅう》して、*或問弁難《わくもんべんなん》の辞を設くるに、亦た「恁地にして便ち是れ恰も好し」「者般を要せず」「什麽の説話ぞ」「道理なくし了れり」「那裏に箇の理会し得ざることを得たる」「却つて些子に較れり」等の語あり。然れども、その意を注げるは、仏老の道を*搥提《ついてい》するに在り。*これらの語は禅にあらざること審《あきら》かなり。*禅は仏の心なり。その量大いにして能く博く、容《い》れずといふところなし。故にその心を得

者般を要せず　こんな（そんな）のは用がない。以下みな俗語。

什麽の説話ぞ　いったいなんの話だ。

道理なくし了れり　てんで話にならぬ。まるでなってない。

那裏に…　その「分りません」はどこから手に入れたのか。↓補

却つて些子に較れり　もう一息というところまでは行っとる。↓補

文字を離るるを…　↓補

寓言　方便としての言葉による象徴。

真覚　真実の菩提のさとり。

禅家の教　禅宗における教家（講壇派）的な教説。

伊洛の学　北宋の程顥（ていこう）程頤（ていい）兄弟の唱導した新儒学。洛陽の出身なので、その地の伊・洛二水の名を取って名づけた。

張　張横渠（ちょうおうきょ）。名は載。陝西郿県の横渠鎮の人。その主著の正蒙は、易・中庸の思想を根拠とした体系的哲学書。仏教批判を多く含む。

夾註　古典の本文の要処要処に注を夾むこと。

或問　問題点の提起と解答という形をとった注釈の一形式。四書或問。

搥提　↓一三四頁

これらの語　張程の徒が用いる「恁地…」などの語。

禅は仏の心なり　衆生の（従ってわが）心には仏性が具わっている。そのことを証悟するのが禅。禅宗を仏心宗というのもその意。↓一六〇頁

たる者、発してこれを言はば、何の言か中《あた》らざらん。寓《ぐう》してこれを表するのみ。いやしくも仏心を得ざれば、たとひ親《みずか》ら仏語を口にすとも、亦た禅に*あらざるなり。特《た》だ教なるのみ。なんぞいはんや「恁地」「却って些子に較る」等の語の、*觕《そ》疏《そ》下《か》俚《り》なるものをや。禅にあらざること審《あきら》かなり。もし仏心に本づかずして、固く執してかくのごとき等の語をもつて禅となすは、伊洛家の流、なんぞこれに異らんや。禅と言ふべけんや。

或る者曰く、今の堂に升り麈を揮ふの人は、みな仏心を得たる者か。

対へて曰く、*万物の中《うち》、惟《た》だ人のみこれ霊なり。その最も霊なるは聖なり。仏は*聖乎《せいこ》として聖なるものなり。万物の中、最も霊なきは土木なり。然れどもその土を塑《そ》し、その木を刻して、仏をもつてこれを象《かたど》らば、孰《たれ》か然らずと云はん。今の堂に升り麈を揮ふの人は、固《まこと》に是れ人のみ。土木の仏における、最も霊なると最も霊なきと、その差はなはだ遠し。この人の仏における、その霊近し。*仏心を得ざる者と雖も、これを土木に比すれば得たり。これを目《もく》して禅となすは*礼なり。

或る者引いて去る。中正子、叒華子に語つて曰く、或る者極《きわ》め問はずして去る。汝これを病《や》まずや。

叒華子曰く、叒や不敏《ふびん》なり。願はくは教へを承《う》けん。

中正子曰く、彼《か》の土木は情なくして、人は情あり。*その仏におけるや、情なき者は近く、情ある者は遠くして遠し。

叒華子曰く、向《も》し或る者をして極め問はしむれば、子は何をもつてかこれに対へん。

あらざる　底本は「無」。他の諸本に従って「非」に改める。

觕疏　あらっぽい。おおまか。明和刊本は「觕」を「麤」に作る。

万物の中…　あらゆる生きものの中で人は霊長なるものだという考えは、礼記の月令などに見える。

聖乎として　乎は感嘆詞。明和刊本は「乎」を「中」に作る。

仏心を得ざる者と雖も…　仏心を証悟しない禅者は、(たといその霊は土木よりも仏に近いとはいえ)やはり土木になぞらえるのが至当だ。

礼なり　世の習いに循っただけ。上堂して払子を手に説法する師家(けし)である以上、これを土木呼ばわりするわけにはいかぬから、しきたりに従って禅師と呼んでおくのだ。

その仏におけるや…　土木のような無情なものが仏に近いとは、華厳宗でいう「草木国土、悉皆成仏」に基く。禅では南陽慧忠に「無情は仏性を有し説法する」という発言がある。「情ある者は(仏に)遠くして遠し」は、これとの対比において、やや激して発せられた言葉。

経権の理　外篇四の経権篇参照。

経常の理　本筋の不変な道理。ここでは般若経などに説かれる諸法皆空の根本義をさすであろう。

権化の理　現実への対応のための方便の理。

爾はその羊を愛しむも…　↓補

対へて曰く、*経権の理をもつてせん。*経常の理をもつてこれを言はば、土木や人や仏や、みな真にあらざるなり。*権化の理をもつてこれを言はば、*爾《なんじ》はその羊を愛《お》しむも、我はその礼を愛しむ。礼は廃すべからざるなり。

中正子曰く、*仏性常寂《じようじやく》は経なり。人情不常は権なり。仏は*その性の本《も》と諸人に在ることを示さんと欲する者なり。然れども*その情に適《かな》はざるは、縁なきなり。故に性の経に反して、情の権をもつて、これを導きて性に帰せしむ。これに由つて*偏円半満《へんえんはんまん》の教作《おこ》る。仏の本意にあらざるなり。権《ごん》なり。*権教《ごんきよう》の設《せつ》は、*変に適《かな》ふことを貴ぶ。機を見て為し、*宜《ぎ》に随つて施す。これを施しこれを為して、機宜を失はず。機宜これを失はば、*教道すなはち堕《お》〈音騃《だ》〉つ。仏の後、分けて*三にす。惟だ禅氏と称する者は、*心証をもつての故に、能く機宜の変を知る。ここをもつて教道堕ちず。これすなはち、*その一を得てその二を該《か》ぬるものなり。*その他はその一に滞《とどこお》り、その二を失ひて、*膠《にかわ》して解《と》けず、*沿《よ》りて革《あらた》めざるものなり。

中正子曰く、偏円半満は仏の教道なり。禅氏はその心を得て、その言に膠せざるものなり。*梁王《りようおう》に対するに不識《ふしき》をもつてするは、達摩《だるま》師の道なり。彼《か》の梁王は、仏の教に膠して、達摩師の教を解せず。これ機宜を知らず、変に適《かな》ふ能はざる者なり。これをもつて推《お》せば、その*台城《たいじよう》に餧死《だいし》するも、亦た宜《むべ》ならずや。*文中子曰く、「斎戒《さいかい》修めて梁国亡《ほろ》ぶ、釈迦《しやか》の罪にあらず」と。この言当れり。その一に滞つて、その二を失ふは、教者といふと雖も、実に教道堕つ。機宜を知らざれば、何の教かこれなさん。辟《たと》へば前なる者の偶《たまたま》と禽を林中に獲

仏性常寂　仏の本質(そのネハンの悟り)は永遠に生死の迷を超えて寂静である。

その性の本と諸人に在る　仏性が本来すべての人に内在すること。いわゆる「一切衆生、悉有仏性」の理。「在」を、底本および諸写本は「有」に誤る。明和刊本に従って正す。

その情に適はざるは…　↓補

偏円半満の教　偏は完全な開示をしない教え(不了義経)、円は究極の理を完全に開示した教え(了義教)。半は半字教、満は満字教。↓補

権教　一時的な便宜のための教え。実教(究極の理をさながらに示した教え)へ導くための方便である。

変に適ふ　↓補

宜に随つて施す　その場その時の機宜に応じた説き方をする。

教道すなはち堕つ　仏の理法を説くという根本義が失われる。

三にす　律と教と禅の三つに分れた。

心証　自己本来の心性を証見する。

その一を得て…　禅ひとつだけの完成で他の二者を包括し得る。

その他はその一に…　律はその律だけに、教はその教だけに執着して。

膠して解けず　膠でくっつけられたようにセクト意識が固着して、ほどけない。

沿りて…　その宗旨の伝統にべったりで、自己変革をしない。

梁王に対するに…　↓補

て、後なる者観《み》てこれを羨み、*田猟《でんりょう》の器を具《そな》へずして、徒《いたず》らにその迹《あと》を林中に守るがごとし。固より獲るの理なし。痴《ち》なり。教を称する者は、固より異《あや》しむに足らず〈異はなほ怪といふがごとし〉。禅を称する者にも、あにこの類《たぐい》なけんや。亶《まこと》に爾が師もしくは祖の言ふところ示すところの*迹に膠して、仏に原《もと》づかず、心に証せざるは、是れすなはちその名を禅にして、*その教を実《じつ》にする者なり。この邦《くに》の禅を称する者は、みなこの類なり。

*徳山《とくさん》氏・*臨済《りんざい》氏、*雲門《うんもん》氏・*洞山《とうざん》氏は、禅を能くするの尤《いう》なる者なり。仏および達摩師の迹に沿襲《えんしゅう》せずして、その心を得て異らざる者なり。*棒して雨、喝《かつ》して雷、*分つに三句をもつてし、*列《つら》ぬるに五位をもつてす。これ教道の変の涯《かぎ》るべからざるものなり。*円悟《えんご》氏・*大《だい》慧《え》氏・*応菴《おうあん》氏も、亦た禅を能くするの尤なる者なり。仏・達摩師および徳山氏・臨済氏・雲門氏・洞山氏の迹に沿襲せずして、その心を得て異らざる者なり。その教道の変、亦た涯るべからざるものなり。心は経なり。教は権なり。経常の理なるが故に、得て異らず。権化《ごんけ》の道なるが故に、沿襲して能く変に適ふものなり。吾嘗《こころ》みにこれを論ぜん。

凡そ以《おも》んみるに、その心に通ぜずして、その教迹《きょうしゃく》に膠するは、みなまさにこれに諡《おくりな》して教者といふべきのみ。この故に、仏心に通ぜずしてその教に膠するは、もつて称して仏の教者といふべし。達摩師の心に通ぜずしてその教に膠するは、亦たもつて称して達摩師の教者といふべし。臨済氏・洞山氏、および大慧氏・応菴氏の心に通ぜずして、その教に膠するも、亦たもつて称して某氏の教者といふべし。この大慧氏・応菴氏より以降、紛紛《ふんぷん》として称するに勝《た》へざる者、各〻その教あり。或いは高く或いは低く、*或いは険《けん》或いは夷《い》、

台城に餒死　武帝(四六四—五四九)は、晩年その失政のため、台城(今の江蘇省江寧の玄武湖の近く)で侯景の軍に囲まれて餓死した。

文中子　この語は文中子中説巻四の周公篇に見える。「斎戒修めて」とは、武帝が仏教を信奉したこと。↓補

田猟の器　狩猟の道具。弓矢・わななど。

迹　後文にいう教迹(きょうしゃく)。言葉や文字として示された教えの記録。

その教を実にす　実質は禅でなくて教にすぎぬ。

徳山氏　↓補

臨済氏　↓補

雲門氏　↓補

洞山氏　↓補

棒して雨…　雨と降る徳山の棒、雷のように轟く臨済の喝。

分つに三句をもつてし　↓補

列ぬるに五位をもつてす　↓補

円悟氏　↓補

大慧氏　↓補

応菴氏　↓補

或いは険…　険峻な風格や平明な風格。

或いは*文にして華、或いは*質《しつ》にして野《や》、或いは*曲にして蔵し、或いは直にして露《あら》はし、*その気醇《じゅん》ならず。その後これに継ぐ者、或いはこの*海外鬼《き》方《ほう》の洲《くに》に過《わた》るや、*闒茸《とうじょう》の徒は師として尚《たっと》び、宗《そう》として党《くみ》し、膠して解《と》くこと能はず、沿《よ》りて革むること能はず。各〻見るところに執《しゅう》して、もつて吾が師もしくは祖の言ふところ示すところの*他《ほか》は禅にあらずとなす。惘《あわ》れむべき者なり。仏の教は、上古なるが故に上なり。達摩師の教は次《じ》なり。臨済氏・洞山氏の教は、またこれに次《つ》ぐ。大慧氏・応菴氏の教は下《げ》なり。この*四累《るい》は、各〻もつて変に適ひて教を設け、*腔《こう》を移し調を換ふれども、その仏に原《もと》づき心に証するの*致《むね》は一なり。いまこの邦《くに》の禅を称する者は、仏に原づかず、心に証せず。ただ師をのみ尚び、ただ宗にのみ党《くみ》す。固《まこと》に惘れむべき者なり。且つそれ*仏の教は四累の上、これまた禅にあらざるものなり。なほ惘れむべし。大慧氏・応菴氏の教は四累の下、その後称するに勝《た》へざる者は下《げ》の下《げ》なり。この邦の禅を称する者は師として尚び、宗として党し、膠して解くこと能はず、沿りて革むること能はず。下の下なる者は、自ら甘んじてこれに執す。亦た惘れむべきの尤なる者ならずや。向《も》し臨済氏・徳山氏をして一《ひと》たびこの邦に来らしめて、彼《か》の闒茸の徒、親しく示すところ若《も》しくは言ふところの教を見て、師とし祖とせんには、手に棒せず口に喝せざる者を見れば、必ずこれを非とし、もつて禅にあらずとなさん。ここにおいて、もし仏および達摩師親しくこの邦に過《よぎ》るも、亦た容《い》れられざらん。何ぞや。手に棒せず口に喝せざればなり。或いは*霊雲《れいうん》氏・*香厳《きょうげん》氏をして一たびこの邦に来らしめて、彼の闒茸の徒、親しく示すところ若しくは言ふところの教を見て、師とし祖とせんには、桃を

文にして華　文雅で華麗。
質にして野　質朴で野人的。
曲にして蔵し　委曲精細な境地を内面に秘めたまま。
その気醇ならず　上文の「直而露」のみに掛る。その資質が純粋でない。
海外鬼方の洲　↓一五三頁
闒茸　物の分らぬ。やくたいもない。
…の他は　「…のほかは」を「之他」と書くのは和習漢文。明和刊本が、「禅」字を補い「…ノ禅ニシテ他ハ」と訓むのは、その和習を救おうための便法らしいが、これは無理。竜華院本が「他」を「化」に作るのも非。
四累　四つの世代という意らしい。
腔を移し調を換ふ　別の節まわしにしてトーンを変える。
致は一なり　易繋辞下「天下は帰を同じくして塗(ちみ)を殊にす。致を一にして慮を百にす」。
仏の教　仏陀の教え(仏教一般)をいうのではなく、「仏心に通ぜずしてその教に膠する」者の説く教説と解すべきであろう。原文の措辞やや不十分。
霊雲氏　霊雲志勤(しごん)。潙山(いさん)禅師(七七一―八五三)のもとで修行中に、桃の花を見て悟りを開いたという。(伝燈録一一)
香厳氏　香厳智閑。やはり潙山の嗣。山中で草木を払っていた時、投げ捨てた石が竹に当って発した音を聞いて悟ったという(伝燈録一一)。

目《もく》せず竹を耳にせざる者を見れば、必ずこれを非とし、もつて禅にあらずとなさん。ここにおいて、臨済氏・徳山氏親しくこの邦に過るも、亦た容れられざらん。何ぞや。桃を目せず竹を耳にせざればなり。これをもつて推せば、方今たとひ大慧氏・応菴氏のごとき者の親しくこの邦に過るとも、宜しく容れられざるべし。何ぞや。彼の闒茸の徒の尚ぶところ党するところの教に異ればなり。

ああ、*天か。*聖を去ること時遙かに、*人物蕭寥《しょうりょう》たり。人の仏に原づかず、心に証せずして、師はこれを尚び、宗はこれに党す。亦た*苦《く》ならずや。故に予は*嗚呼《ああ》して天に告ぐと云ふ。

中正子巻之六　終

天か　（当今の日本の禅界がこんなざまなのは）天の定めなのだろうか。
聖を去ること…　朱子の中庸章句序にいう、「聖を去ること遠くして異端起る」。ここの聖は仏陀。
人物蕭寥　すぐれた禅者がほとんどいないこと。
苦ならずや　苦哉は禅録に常用される語だから、「苦哉ならずや」というつもりかも知れぬ。苦哉とは、なんとも困った、やり切れぬという意の歎息。
嗚呼して…　ああと慨歎して天に訴える。終りの「而云」は「云尓」（しかいう）のつもりであろう。

中正子（原文）

予生乱世、無有所以也。偏以翰墨游戯、余波及二三子講明、遂成中正子十篇。後十年読之、又不能無自是之非之也。此書之作、以出乎一時之感激爾。甲申春季、円月書。

中正子叙篇巻之一　　外篇一

東海　釈円月撰

中正子与二三子語以仁義之道、乃及性命死生之理。或請著諸書、以広流伝。中正子不可而曰、久矣、言不見信也、如吾困何。非用言之時而言、則窮之道也哉。二三子毋復俾吾久処乎困窮則可也。在昔揚雄丁漢代用文之時、生蜀郡毓秀之地、博究群書、文冠天下。議論至理、出乎天、入乎淵、不詭聖人、度越諸子、而作太玄五千文、苞羅元気、通達無倫。又以為諸子其知舛馳、詆訾聖人、輙為怪詭之辞、以撓世事。雖云小弁、終破大道。故作法言、洞徹古今、有補於世也。以予望之、由泰山北斗不可及也。且夫西漢之為代、文物全盛之時也。成都之為土、人才炳霊之処也。雄生于茲、得時而不失処者也。然亦官為郎・給侍黄門、校書天禄閣。劉棻従而学奇字、新室召而為大夫。寔非微而不顕者也。然当初之人、以為子雲禄位容貌、不能動人、故軽其書。嗚呼、甚矣。人之賤近貴遠也如此、言之難見信也久矣。甚矣哉。嗚呼、子雲之人、而有其禄位也者、猶病諸。況予非子雲之人也、且髡廃毋用之躬、生乎地脉不連之洲、而距用文全盛之代、千有余載、失時而不得処、全無禄位容貌者乎。言不見信也宜矣、何流伝之有。或者曰、子以釈為髡廃毋用而自棄耶、抑有激而云爾乎。昔者慧遠・慧皎、道安・道宣、跋摩・図澄、一行之術、仲霊之文、昭々然若日月星辰附于天而照四国也、未嘗以釈為髡而已。子曷為棄也。中正子曰、是八師者、有其道、有其徳、非髡也、釈也。如予者何人斯、無道徳而髡。非釈也、実髡廃毋用之謂也。且也八師者、時亦得矣、処亦得矣。不俏者敢望乎。或者曰、上下無常、非為邪也。進徳脩業、欲及時也。何謂時乎。聖人欲居夷、而曰何陋之有。胡為択乎処也。中正子曰、兪。用言之時而言、是及時也。当潜之時而潜、是無邪也。君子而言必通、小人而言必窮。月也小人矣。去、女毋復言之。或者出、数日而復来請問、用則行、舎則蔵、可乎。曰、可。曰、今二三子、雖不能広行子之道於天下、然可以自用而行之、亦不可舎也。又曰、在則人、亡則書。今子在、則見有二三子、酷愛子之言、用而行之、推而知之。子之亡、則不可必無如二三子者而已。於是中正子許之。中正子以釈内焉、以儒外焉。是以為其書也、外篇在前、而内篇在後。蓋取自外帰内之義也。或曰、賤近貴遠、人之凡也。所以子雲之書軽乎昔而重乎今也歟。中正子艴然作色曰、女言過矣、吾敢望子雲者哉、吾敢望子雲者哉。子雲之人、猶未免覆瓿之譏。吾豈無知之〔之〕人乎、勉強而塞二三子之責而已。或問諸子。中正子曰、子思誠明、孟子仁義、皆醇乎道者哉。問荀卿何如。曰、荀也醇而或小漓。問揚子。曰、揚雄殆庶醇乎、其文也緊。請問文中子。曰、王氏後夫子千載而生、然甚俏焉。其徒過之。亶夫子之化、愈遠愈大、後之生孰能跂焉。問退之。曰、韓愈果敢、小詭乎道。然文起於八代之衰、可尚。曰、子厚何如。曰、柳也淵、其文多騒。或問欧陽。曰、脩也宗韓也。蘇子兄弟。曰、軾也尨、轍也善文。或問荘老。中正子曰、二子爰清爰静。荘文甚奇、其於教化不可。或曰、釈氏能文者誰。曰、潜子以降、吾不欲言。非無也、吾不欲言。

仁義篇　　外篇二

或問仁義。中正子曰、仁義而已矣。曰、毋以尚乎。曰、何尚之有。中正子曰、墨翟之仁而可以尚之。問、何尚。曰、義。楊朱之義而可以尚之。問、何尚。曰、仁。子曰、哻々之仁、可謂仁乎、小仁也哉。瑣々之義、可謂義乎、小義也哉。聖人之道大也、仁義而已矣、何尚之為。惟仁義之道大矣哉。中正子曰、惟天之春秋也、猶人之仁義与。仲明問曰、墨也春与。楊也秋与。聖人之道也、春而秋与。中正子曰、白也可以与語仁義之道矣。或者疑之。中正子曰、春而不秋、不可成也。秋而不春、不可生也。或者出、問之仲明曰、何謂。仲明答曰、楊朱以離仁為義。人而無仁、何以能生。墨翟以離義為仁。人而無義、何以能成。無仁則非人也、無義則非人也。有仁而生、生而必亨。有義而成、成而必貞。譬如天有春夏秋冬而成朞耳。中正子曰、元者生乎仁、故曰善之長也。亨者其礼哉、嘉之会也。利者成乎義、故曰義之和也。貞者其信哉、事之幹也。中正子曰、春元夏亨、秋利冬貞、天之行也。仁以生、礼以明、義以成、信以誠、人之行也。仁也者天生之性也、親也、孝乎親也。義也者人倫之情也、宜也、尊也、忠乎君也。忠孝之移、以仁義相推耳。名異而実一也。仁義之離、楊墨之道也、邪之道也、偏之道也。楊也為我、墨也無親。無親何以為仁、為我何以為義。是故墨之仁非仁也、楊之義非義也。楊墨之道、不能推而移、所以仁義離之者也。臣弑君、子弑父、権輿乎楊墨与。惟聖人者、能推而移之。是以仁義不離、正之道也、中之道也。中正子曰、仁義者天人之道与。天之道親親、人之道尊尊。親親之仁生乎信也、尊尊之義成乎礼也。天人之道雖殊、推而移之一也。一之者、可謂知也哉。仲明曰、由冬而春、由夏而秋、天之道也。由信而仁、由礼而義、人之道也。此之謂乎。中正子曰、斯而已矣。仲明曰、誠行仁義、則礼也信也、孝也忠也、在其中矣。曰、何惟四者而止、推而行之、万善之道備矣。仲明曰、子言乎仁義礼信忠孝、明矣詳矣、而未聞之言乎知、何也。〔曰〕、知之、之謂知也已。仁義之道、推而移之、可謂知之而已矣。或者曰、孟子曰、何必曰利、而子謂元仁亨礼利義貞信、以利為義。何其与孟子相反之為。中正子曰、孟子悪乎悪利、悪夫梁恵王所以為利之利而已。利者義之和也、宜也通也之利、孟子寧舎諸。敢問恵王之利何如。曰、財用功沢之利、孟子不取爾。誠王侯卿大夫士庶人交征利、則国家之危、不待終日。亦何利之有。孟子不取也宜矣。孟子曰、未有仁而遺其親者也、未有義而後其君者也。義者宜也。天下行宜、不亦利乎。惟利之大、義莫之甚。中正子曰、凡天下之事、靡不有弊。仁之弊也無威、義之弊也無慈。無威則教導隳之、無慈則化育夷之。教導之隳、何以治之。化育之夷、何以尼之。教而不治、義不之為也。化而不尼、仁不之施也。教化之張、仁義之行也。教化之弛、仁義之弊也。或問、楊墨而論、孰賢。曰、墨子也哉、孟堅之書、取之九流、有由矣夫。

中正子巻之一終

中正子方円篇巻之二　　外篇三

方也者、定而不変。円也者、運而不停。惟不停、故其用無窮。惟不変、故其体有常。有常之体、仁者能止焉而不動、是以楽山也。山也者起乎地。惟地也、其為形也方、其為勢也坤矣。無窮之用、知者能動焉而不止、是以楽水也。水也者生乎天。惟天也、其為象也円、其為行也健矣。仁者誠也、知者明也。誠也者、生乎天之性也已。明也者、成乎人之学也已。是故学不欲止、性不欲動。楽山者以其生乎性也、楽水者以其成乎学也。其性苟動、則喜怒哀楽之情輒発矣。其学苟止、則情欲之発、亦不能中節也。是故性静則中也、学進則和也。故中庸曰、中也者、天下之大本也。和也者、天下之達道也。以其天生、故曰大本也。以其人学、故曰達道也。中正子曰、中焉而方、仁之体也。和焉而円、知之用也。不仁者之方、執而偏焉。不知者之円、循而曲焉。執而偏、故倔強以至乎狼戻。循而曲、故流転以至乎巧偽。惟中者之方、不偏而直矣。惟和者之円、不曲而正矣。不偏而直矣、可以矩也。不曲而正矣、可以規也。中正子曰、方者上知之与下愚也。円者中人也、可以上焉、可以下焉、教使然也。荘周言、吉祥止々、以天為自然。而搥提仁義之教、則無它、専執方而不知乾坤不息之道也。揚雄取水舎山、而曰悪劃也、亦無它、専循円而不知〔正〕直方大之理也。孟軻言性善者、好中焉者之方、而悪曲焉者之円而云爾。荀卿言性悪者、悪偏焉者之方、而好和焉者之円而云爾。然孟荀揚之三子、最有益於学者也。惟荘無益、然可以為窒欲之箴也。或問、伯夷何人哉。曰、方也。柳下恵。曰、円也。其於教化之道也、孰優乎。曰、皆不可取也。非其君則不事、非其人則不使。与郷人処、其冠不正、不忍同立、望望而去。是雖清直、不能大也。固不取爾。爾也為爾、我也為我。

爾於我側、袒裼無礼、醜何及我。与其人処、由由然不忍去。是雖和適、不能化也。固不取爾。中正子曰、方円其載言行之器与。行者不御乎方、烏能得誠。言者不乗乎円、烏能得明。能誠以定、能明以省。堯舜・禹湯・文武、聖人之方者乎。周公・孔子、聖人之円者乎。方也、故有位而立。円也、故無位而転、是以能行。円也、故無位而転、是以能言。聖人者欲方諸躬、而円諸人。或者未審。中正子曰、於躬行之以誠。誠故、定而立焉。与人則教之以明。明故、省而転焉。或曰、有位者、皆可謂方也乎。曰、可。桀紂幽厲亦可乎。曰、愈。愈則与堯舜毋異乎。曰、堯舜也上知之方也。〔桀紂〕幽厲、下愚之方也。方則一矣、知愚之異、何啻天淵之比而已哉。或曰、子言周公・孔子円者也、然則中人也已。曰、不然。其行於躬則方也。然何以言円。曰、其教於天下則円也。堯舜之方、方乎天下。故曰方也。周公・孔子之円、亦以天下言之。向使周孔有位、則其行於天下、亦方也必矣夫。吁、其不有位、故其行不能方於天下、而其言能円於天下。是以吾言聖人之円者也已。或問、舜禹匹夫而有天下、必有其徳也如此。周公・孔子、徳不及之乎。曰、否。時也。上有薦之之人、是時也。周公・孔子不得時也、不可謂徳不及之也。

経権篇　外篇四

中正子適烏何之国。其君包桑氏、為迎而問曰、夫天下之動、非武不止。是以寡人自幼好武。国中之民亦好武。民生而七歳能舞剣、十歳者可以出征。是寡人之於武、可言尽心焉耳矣。然国之盗賊未去、四辺甲兵未休、何如。対曰、大王且知夫経権之道乎。王曰、未也、願聞其説。対曰、経権之道、治国之大端也。経、常也、不可変者也。権者非常也、不可長者也。経之道不可秘吝也、示諸天下之民可也。権也者反経而合其道者也。反而不合、則非権也。経者文徳也、権者武略也。武略之設、非聖人意。聖人不獲已而作焉。作而不止、非武略之道也。作而止、則帰文徳。是則権之功也。文徳経常之道、誕敷天下、而武略権謀之備、不行於国、則堯舜之治、可以坐致。吾嘗論之、大王請聴之。王曰、寡人之望也。凡人生天地之間、実与禽獣相異。無爪牙以供嗜好、無羽毛以禦寒暑、必仮它物以養其生。於是聚而有求。求之不足、争心将作。古之聖人、卓然而行以仁愛礼譲之文徳。衆心感之、化而附之、附而成群、謂之君。君以斯文徳、普施天下。天下之人、帰而往之、謂之王。王者専修文徳、旺化諸人者也。是以為常而不可変者、経之道也。王者之心、苟怠而失常、則民心亦怠、而不守常。繇是小則鞭扑之刑行之、大則甲兵之威征之。是則権謀之道也。是故経之道欲挙、権之道欲措。可挙之道、治世而施。可措之道、乱世而為。夫堯舜之治、不能常有。所以権之道、不能措之。由是刑罰行焉、甲兵興焉。然而戡定禍乱、以合経常之道。故甲兵之具、以有威懲也。然而示諸天下、則不可也。左氏之語曰、示則翫、々則無威、是也。今王不修文道、而翫兵於国中之民。々無以威懲之心。故盗賊不去、四辺不安、宜也。如是則不惟無経之道而已、兼失権之道也。権之道失之、而謂於武尽心焉耳矣。月也竊為大王惜之。凡経常之道、欲普行之天下、不可秘也。権謀之事、不欲普示諸天下、不可不秘。今則修文者寡、講武者衆。講武者達、修文者窮。卿大夫士庶人、農工賈客、皆為武者、不奪不厭、而国危矣。仮令有一家者、以仁義之経、普教諸児及臧獲、其児若臧獲、或有悖者、委其長子可用者、叱之鞭之、而威懲之、則権謀之道也。若其諸児及臧獲、咸手鞭楚、而叱則抗叱、鞭則抗鞭、何威懲之有。而自以為吾家能武、則大乱之道也。大王以治家之喩、推而知之於国且天下、則可也。王大喜、厚幣遺之。中正子不受而去。

中正子巻之二終

中正子革解篇巻之三　　外篇五

離下兌上、革。序卦曰、井道不可不革、故受之以革。雑卦曰、革去故也。中正子伝曰、離火也、兌金也。火能克金、々曰従革、改更之、銷鋳之、可以為器也。離之於時、夏也。於日為丙、々者炳也。兌之於時、秋也。於日為庚、庚者更也。凡四時之為用、春生夏養、秋殺冬静。々故能生、々則養之。是則沿之道也。既生既養而殺之、是革之道也。是故自離而兌者、革之象也已。自乾之革、凡四十有九。是以象曰、治暦明時〈治暦篇備矣〉。易曰、已日乃孚。仲尼曰、革而信之。中正子曰、改革之道、不可疾行也。是故周公於初曰、鞏用黄牛之革。於次曰、已日乃革之。人心未信之之時、不可改也。人心已信之之日、可以革之者也。凡秋之為味也辛、晏日之継庚以辛。々者新也、辛難也。是以天下国家行制令之新者、則蚩々庸々無知之民、不習熟故、以難辛不便之患、以至偶語於朝廷、流言於天下。故兌為口舌也。是故庚革之道、不宜速疾。必逮其事畢已之日、則彼無知之民、漸之熟之、而后信之、反為便利、以自行之。故曰、已日乃孚、元亨悔亡、利貞。改革之道、天下之大利也。君人者及率衆者、可不知乎。説卦曰、離者南方之卦、明也。聖人南面而聴、天下嚮明而治。又曰、兌者説也、説言乎兌也。中正子曰、革之為卦也、文明之徳在内、而説言之応在外、宜乎革而信之。故彖伝曰、文明以説、大亨以正。革而当、其悔乃亡。中正子曰、嗚条之誓、牧野之戦、則湯武革命之時也。汝不聴誓言、朕戮汝及孥、而無或攸赦也。前徒倒戈、攻後以北。血流漂杵、而后殪戎殷〈書作一戎衣〉、天下定。無乃其始艱辛、而終大亨者乎。且不見夫天地之革、粛殺之行、其気栗冽矣、其風觱発矣。厳霜降、草木黄。当是時也、蠢々無知之類、唧々啾々、若怨若懟、是非造物者不仁而使然也耶。是義也。誠不然、果穀何以能熟。果穀不熟、民何以能育。民不得育、不仁之尤者也。故吾言是義也。孔子曰、天地革而四時成。湯武革命、順乎天、応乎人。此之謂也。或問、象曰、沢中有火革、何謂也。対曰、沢也者、穢濁之謂也。火也者、文明之称也。以文明之才、除穢濁之悪、不亦革乎。桀紂之悪、穢濁之沢与。湯武之才、文明之火与。中正子曰、人生不遇周公・孔子者天也夫。中正子、一夕瞑然而坐、自初更至後更、長嘘一声、又太息、又嘘一声。良久曰、革之為体、内不革而外可革也。以濁悪故可革、以文才則不可改也。故否。周公之辞於六爻、有以也哉。火者能革、金者所革。故兌変之離。下之一爻静、而中上二爻動。周公曰、初九、鞏用黄牛之革。孔子翼之曰、不可以有為也。中正子解之曰、黄牛之皮、至固之物也。鞏者固、々九四也、下之一爻静、是也。周公曰、六二、已日乃革之、征吉无咎。孔子翼之曰、行有嘉也。中正子解之曰、革之道、不宜疾速。故初則鞏固、次則革之、下体之中征、而変上体之中。辟如湯之征桀、武王之征紂也。周公曰、九三、征凶、貞厲、革言三就有孚。孔子翼之曰、革言三就、又何之矣。中正子解之曰、三者総率下体之位也。文明之才、不可変動。故曰征凶。征者動也、然当変上六之任也。是以其躬貞正乎内、其志厲危乎外。其躬不行、而以言教変之。故曰革言三就。三者言上体三位也。周公曰、九四、悔亡、有孚改命、吉。孔子翼之曰、信志也。中正子解之曰、穢濁之時、以剛才在下、而待文明来莅。其志信之、其才不変、而其命変。命者召也、所以禀而為令也。九四旧奉穢濁之召命者也。今当革言三就之時、又禀文明之召命。故曰改命。辟如伊摯旧奉夏之命、後禀湯命。又箕子旧殷人也、然禀武王之召、是類也。周公曰、九五、大人虎変、未占有孚。孔子翼之曰、其文炳也。周公曰、上六、君子豹変、小人革面。征凶、居貞吉。孔子翼之曰、君子豹変、其文蔚也。小人革面、順以従君也。中正子解之曰、九五上六之二爻、所謂中上二爻動者是也。以兌之三爻、而此二爻変、則成離也。是以周公於此二爻特言変、而它不言也。虎豹之差、以九六之質殊也。又九五以大人称之。上六不称大人、而以君子小人繫焉。有由也夫。

治歴篇

或問、革象、君子以治歴明時、何如。中正子対曰、四十九也哉〈自乾至革、四十九卦〉。周天之数、三百六十有五、而其畸四之一〈二十八宿、周天度数、凡三百六十五度四分度之一也〉。是以歴有四分焉〈漢有四分歴、蓋以四分度之一不成数、故每度四分之也〉、而一朞之策成矣。気延朔趣〈入声〉、推而参之、一十九年而合。謂之一章〈一昼一夜之頃、周天経過一度、直至三百六十五日四分日之一、周天之度終矣。謂之一気之数、延矣。十二月之積日、三百五十四日九百四十分日之三百四十八、謂之朔数、促也〉。四分而累其十九、則七十六朞、一蔀之策備矣〈一章十九年、而気朔之延促相合。然尚有不全之日。至七十六年、則気朔相合、且無不全之日也〉。且四十累九、則三百六十、気朔之数得中矣。是則四其十九、四十其九、皆可言四十九也哉。又曰、四十九策、以四揲之、則十有二、其奇一。是則朞月之数也、其奇閏也〈是奇不全之日也、四年而全、得一日。十九年而得四日四分日之三。七十六年而得十九日、而無奇〉。或者曰、四十九而治歴、則審矣。敢問古之歴志、以十九年為天地二終之数、有諸。対曰、有之〈漢律歴志、天地之数、五十有五、并終数為十九。注、天終数九也、地終数十也、是河図数也〉、然不可然而已。抑且陰陽相距之数也哉。請問相距之数。曰、一昼一夜、之謂周天。天之一周、陽動陰静〈陽日也、陰月也〉。陽離陰、而距其程十有二而其畸十九之七〈先儒皆云、周天三百六十五度四分度之一、而日日行一度、月日行十三度十九分度之七。今予曰、日行十二度十九分度之七、而月不行。蓋取陽動陰止之義也。但以天周故、月亦相附而周、不能自動行也。先儒以月行観之、則其与周天相去十三度十九分度之七、而日行一度耳。今予以月不行言之、則日与月相距而行十二度十九分度之七、而二十八宿、亦与天相旋、而与月相距十三度十九分度之七。然則日与二十八宿、相争一度耳。予嘗細考之。蓋是周天行速、日行遅。二十八宿行不及日一度、而月但附天而周。故似速於日也。予之説雖異於先儒、然於数則均矣。但先儒十三度之説、無徴於暦法。予曰、十二度十九分度之七、則合十二月十九年七閏之法者也。又陽動陰静、日行月不行之説、亦陰陽之宜也〉。所以十有二月而成期、十有九期而成章。章之閏七〈一章十九年之間、有七閏〉。其十二者十九之、而加之七、則成二百三十有五〈日月相去十二度十九分度之七。其十二則全数也。其七則奇而不全也。凡数有奇者、不能配除也。故今通分其全数十二者、而得二百二十八。加之其七、則二百三十有五〉、以合章月〈自然以合十九年一章之月数。一年有十二月、以十九累之、則二百二十八月。更加閏月七、則合二百三十五月也〉。亦合老陽乾策、而増之天地二終之数者也。惟天之歴数也乎〈乾有六爻、老陽数九。以四揲、故三十六。六爻皆有三十六、并之為二百一十六。更加天終数九、及地終数十、則二百三十五也〉。中正子曰、陽来陰魄〈月体黒、謂之魄〉、陽往陰朒〈朔而月見、謂之朒〉、往之来之、十二而畸〈十二度十九分度之七也〉。朒極而望、魄極而朔。二極之数〈朒極魄極、則一月日数尽矣〉、二十有九而畸九百四十之四百九十九。是一月之策、謂之朔数。其二十九之者、太史公所言大余也。不盈六十之謂也〈甲子法六十、以除積日、其不盈謂大余、見史記〉。四百九十九者、小余也。不盈九百四十之謂也。或人曰、久吾於太史書及漢志大余小余之言、未能莫疑。今之遇也、天予之幸。敢請子詳其説、以釈吾疑。中正子曰、天一地二、河図之始数也。天五地六、則其中数也。天九地十、終数也。二始三統之原也〈天統甲子夏正朔、地統甲辰殷正朔、人統甲申周正朔。是三統暦、則本河図天一地二之数也〉、二中之数日辰也〈天五地六、則為十日十二辰也〉、日辰之会、六十而復〈天五分為五行。甲乙木、丙丁火、戊己土、庚辛金、壬癸水、是十日也。地六分為六律。子丑寅卯辰巳午未申酉戌亥、十二辰由此立矣。日辰六十日、終而復始〉。二終日母也〈天九地十、二終之数、日法之母也、日月之相去十九分之七、故以十九為分母、以七為分子。更以十二日通分内子、而得二百三十五。以暦法四分累之、則為九百四十。是為日法〉、日月之会、二十有九畸四百九十九〈日月之会、謂之朔。自朔至晦、周而復始。其一周之頃、二十九日九百四十分日之四百九十九。是一月之数也〉。其二十九者、日母之全也。畸者日母之零也。全者之積〈日也〉、盈日辰之会〈六十日也〉、除之。其不盈者〈積日之不盈六十者〉、大余也。是以天地二中之数、推二終之数。推而合者、則除之。其畸而不合者、為大余也。気数之畸、四分之一〈三百六十五日四分日之一也〉。朔数之畸、十九分之七〈日月相去十二度十九分度之七、毎日如此相去、直至二十九日九百四十分之四百九十九、相会朔也〉。二畸之積、以合日母之数〈十二日七分、通分内子、更以四累之、故合日母〉、則是二終之数也。畸之不盈日母之法、謂之小余〈一月二十九日九百四十分之四百九十九、通分内子、而得二万七千七百五十九、為一月之積日母数。以十二月累之、為三十三万三千一百丹八、是為一年之積日母数。以日母法九百四十約之、則為三百五十五日、而其不満法者四百卅八、是小余也。其全日三百五十五、以甲子法六十除之、不盈六十者五十五、是大余也〉。中正子曰、大衍之策、其用四十九、則天之歴数也乎。分而為二、天地之象也。掛以象三、始中終也〈天地二始、三統也。二中日辰也。二終日母也〉。揲之以四、四分之歴也。四分焉而十有二月、其奇閏也〈四十九策、以四約之、則十二。其奇不盈四者一、是閏也。四年成一日、十九年四日三分也〉。是以革之為叙四十九也。革者庚也。魯歴用庚子、子者始也。天地之革、則天之歴数也明矣。

中正子巻之三終

叙仁義一千九百六十六言
方円篇九百七十六言
経権篇四百六十四言
革解　一千二百八十言
治暦　七百二十言

外篇三巻六篇、計字五千七百卌六言。
烏何国・白氏仲明・叒華子、皆寓言也〈叒、而約反〉。

外篇終

中正子性情篇巻之四

内篇〔一〕

東海　釈円月撰

中世子居。彖華子侍。中正子曰、彖、女知性情之理乎。曰、未、敢問何如。曰、居、吾語女。楽記曰、人生而静、天之性也。感物而動、情之欲也。中庸曰、天命謂之性。又曰、喜怒哀楽之未発、謂之中。発而皆中節、謂之和。以予言之、所謂中則静也。喜怒哀楽未発、則性之本也。天命禀之者也。性之静、本乎天也。是性也霊明沖虚、故曰覚。喜怒哀楽之発、則情也。情也者、人心之欲也。是情也蒙鬱闇冒、故曰不覚。人之性情、猶天之四時也乎。彖華子曰、何謂也。曰、四時之行、終而復始、周於冬至。冬至之月建子。冬者終也、子者始也。是月也、動息地中、商旅不行、后不省方、則天之静也。然春陽之来、草木之生、亦以天命之性也。既生者、必求長養之道。故夏之草木蒙欝闇冒者、天之欲也。欲之長不可涯、故秋殺之気、撃彼草木之蒙鬱闇冒者、発而中節之義也。然而冬之至也、静焉而復。復其見天地之心乎。是故曰、人生而静、天之性也。彖華子曰、旨哉、子之言乎。人之性情、則天之寒燠也。請問、性也静矣、何縁感物而動。中正子曰、静者性之体也、常也。感而動、則其用也変也。耳目之官、引物而内諸心府。於是其性不能不感動也。是以善悪取舎之欲生矣、苦楽逆順之情発矣。惻隠之仁、羞悪之義、則情之善者也。斂斁之暴、驕佚之邪、則情之悪者也。噍殺怨懟之音、情之苦也。寛胖綽裕之容、情之楽也。皆無不本於性、而発於情。情之発也、不和不能節。是亦天人之道也。以言乎人道、則和則能明、明則能断、断則能正。正貞人道之常也。以言乎天道、則春和夏明、秋断冬正。正中天道之極也。人守常則天之極。天之極、静而已。静天之性。寒燠雷雨、天之変也。静人之性。喜怒哀楽、人之情。情者性之変也。和而節之、則帰性、猶天道之復於冬至也。是故動極則静、静故能動、天人性情之道也。孔子曰、利貞者性情。言俾情能復其性也。利者秋之断也、貞者冬之正也。正者極也、中也、静也而已矣。天之道非貞正、則万物之動不靖。人之道非貞正、則万行之業不成。故俾情復於性者、静而已。静而極中、天地以此富有万物、人道以此修証万行。是孔子・子思之言乎性也。不与吾仏之教相睽也如此。孟軻氏以降、言性者差矣。或善焉、或悪焉、或善悪混焉。或上焉中焉下焉而三之。皆以出乎性者言之耳、舎本取末也。性之本、静而已。善也悪也者、性之発於情而出者也、末也。混焉者兼二末而言之、亦是末也。東漢之前、仏法未行諸中国。故儒者之言性、或不能弁也、宜矣。然其不稽之孔子・子思之教則失也。仏法既来、夙蘊霊知之士、咸帰吾也。当知孔氏之道与仏相為表裏、而性情之論、如合双璧然。々世之儒生、猶不欲同焉、則無它、以其欲異於釈氏故也。是非君子之道也。君子党理。同人于宗、吝之道也。韓子其人也、甚矣、不党理而好異也如此。孔子・子思、猶不宗焉、而兼并善焉悪焉混焉之言三之、而曰上焉中焉下焉。不甚乎。上焉而善、下焉而悪、中焉而混。可善可悪者混也、皆非性之本也、情而已。性之本静、静之体虚。虚故有霊、霊故有覚、覚故有知。知感於物、感則動、動則欲、欲不可量也。欲而得之則喜、喜則心平、心平則善也。欲而不得則怒、怒而無度則暴悪也。一喜一怒、可以善可以悪者、情之混。韓子所言中焉者是也。但非性也。性也者、非善非悪非混也。善者悪者善悪混者、皆情也、性之末也。性之本静而已。孟子以善為性、非也。荀子以悪為性、非也。揚子以善悪混為性、亦非也。之三子者、不見正於仏教、故誤也宜也。然其不稽之孔子・子思之教則失也。但韓子出乎仏教之后、当見正於仏教、当知孔氏之道与仏相為表裏者也。然独区区別之。甚哉、韓子舎本而取末、与孔子・子思之道相遠也如此、甚矣哉。有客過中正子門者、難中正子曰、潜子作非韓以降、儒之欲害於仏者、自詘矣。況於今此海外鬼方、無復宗韓如欧陽公者乎。仮使有之、但用潜子之書、可以屈其人足矣。然今彼書尚無攸用、而人不欲観之、又如子何。子独如星爾目、如電爾舌、叨叨怛怛、力発於言、而又筆於書、何其徒為。中正子曰、然。客之待予太過也。如予者豈敢望客之所待者乎。客曰、何謂也。対曰、如予者幺麽樸樕、不足道者也。豈復有望以言若書能詘人者哉。庸人尚不可詘、而況如欧陽公者乎。縦使今吾仏教不幸而或復有若此人者、予不敢欲以言若書抵排其人也。然今所為書者、以二三子未明性情之理、故筆而著之。偶引孔子・子思之言、以合吾仏教者、而諭之也。繇是糺彼孟軻氏以降言性者之差異、以至韓愈氏原性之言、或未能無誤、故言及此耳。本不欲用此書行于時、以為名誉之衒也。客退。叒華子曰、子嘗言仁義、力排楊墨。鄙心或之、以謂孟子以后、楊墨之徒不作、今子何必区区其言為。今見子対客之言、釈然不復或之。中正子曰、古之言性情者、於其理也一矣。固不欲異諸人、亦不欲党也、但於理而已。叒華子曰、何理。対曰、節情復性而已。凡人之情欲、無窮於物、而至暴悪。故聖人欲使節其情欲、而復其天性而已。於是制礼設戒、以使人能養其欲而不過度者也。故礼者養也、戒禁也。味能養乎口、而禁其嗜者也。香能養乎鼻、而禁其臭者也。声能養乎耳、而禁其淫哇者也。色能養乎目、而禁其冶容者也。牀榻臥具衣服能養乎身、而禁其奢而不倹者也。仁義孝弟忠信、能養乎心、而禁其情而不節者也。

中正子巻之四終

中正子死生篇巻之五　内篇二

子潜子曰、死固因生、生固因情、情固因性。旨哉言乎、輔教公之道也。叒華子問、惟性無因乎。曰、性因於静、惟静能覚、覚而能知。知在格物、物格而知。知而后感、感而后動。覚者性也、動者情也。惟物之格也、亦非無因。素乎善者、果乎善者。素乎悪者、果乎悪者。素乎天人、果乎天人。素乎鬼神、果乎鬼神。乃至素乎禽獣草木、果乎禽獣草木。無素不果、無乃業之報乎。業之因素乎陰界、而其報果乎陽世也、必矣之理、不可疑之。惟物之格也、以神不以形也、故不可度矣。叒華子曰、性以覚知、故感於物。其物之格、亦以神也。然則覚知之者、与其神果二否。曰、否也。知故格物、物格故知。是物也非有体之物、物也者事也。言其性以覚知、故有所嗜好之事也。其嗜好則汝業耳。以覚知故来其事、事来故覚知。然則非二也。是神也、無形於陰界者、業之因也。有形於陽世者、其果也。問、神既無形、何以形於陽世乎。対曰、精気之鍾、神則御之。御之以形、形其本所嗜好之物。業因業報之謂也。物類之生、其形万差、謂之分段。分段之生、生窮而死、死生之環無常也。無常者生死之凡也。超此者聖也、必以出離分段生死之環者也。是故聖者性而已、覚而止、謂之真常。反彼無常而言也。若覚不止則動、動而有知。知感於物、而赴於情。是無常之因也。無常故、謂之輪廻。輪廻其生死之環也。叒華子問曰、性於陰界、動則有知。知能格物、而受其形。然孰不択乎善禀乎美、而或蛇虎悪毒之質、自甘資之、何也。対曰、汝何不以方今之心、自徴明之、而独疑陰界之性情以詰之。癡也哉。陰界之与陽世、相為表裏。形与不形雖殊、其性情則均矣。今汝嘗姑静坐、善悪之情、泯然不挙、則性也、覚也。儻不能覚而止之、則動乎善悪之情、随物逐事、或喜或怒。是汝自取諸業也、又誰咎矣。

戒定慧篇　内篇三

誠乎内而正之、之謂定。定証於静。静則有信、無信則何以定焉。形乎外而行之、之謂戒。戒斉於禁。禁則有礼、無礼者何以戒焉。以此道教之人、人従而効之、之謂慧。慧生於明、明生於知。無知者何以慧焉。是故不信諸心、庸詎行諸身、且説諸口耶。身不行之非律也、口不説之非教也。律也教也、非心信之者、不能為也明矣。心信之者、固由定而得矣。西域大聖人、誠乎内而取信諸心之尤者也。是以身而行之、事莫不律也。口而説之、言莫不教也。今之所謂禅之別、曰律、曰教、則非也。禅也者由定而信其心之称也。信其心者、言覚其性而不迷之辞也。心既信之、則善悪取舎之情皆中節。然則不待禁而自律也、不待訓而自明也。教者効也。効而知之而已、不可也。行之則可也。行之而已、亦不可也。信之則可也。惟信、何往不可。不信而言、不可通也。不信而行、不可久也。不通者不知変、不久者不守常。惟心信之者、知変而能通其言、守常而能久其行。知変守常、道大光也。寤禅於心則信也、伝教於口則言也、持律於身則行也。未有無其心而有身者、無身而有其口者、亦未之有也。是以無禅則何能有律、無律則何能有教。仏也者一之而已、三之則末流之濶也。信之者心也、行之者身也、言之者口也。

心者身之主也、身者心之国也。口者其宰也、言者伝心王之令也。無主之国必亡。既無主且亡国、則其宰何為。宰也者臣也、主也者君也。蔑君之臣必喪。既蔑君且喪臣、則其国何為。無禅之律、則無主之国也。蔑禅之教、則蔑君之臣也。惟禅則心也、律者身也、教者口也。苟蔑其心者、身口之喪亡、不終日而致也。仏之法則国家之鎮也、然而禅滅則其主危矣、亡律則国不治矣、無教則令無施矣。心未信禅者、謂吾身能行律、口能言教、則予固不信之。塞北之人、不夢檣柁。越南之人、不夢橐駝。心不縁之、其夢必無。是以其心不縁仏法者、必無行之身、言之口之理也。但心縁之則禅也。心苟得之、何事不為。且夫世間之人、或治家邑、或治州国若天下者、皆莫不以仁義之道也。仁義之道、治世之大本也。是亦心能信之、而后身則行之、口則言之。然則其心未信乎仁義之道、而謂身行仁義之道、口言仁義之道、則妄矣。真如之理、出世之大法也。固是心能信之、而后身則行之、口則言之。然則其心未信乎真如之理、而謂身行真如之理、口言真如之理、則固妄矣。仁義之道、行之之人、有礼之人也。言之之人、有知之人也。礼也知也、信之之人、皆可能也。無信之人、皆不能也。真如之理、行之之人、有律之人也。言之之人、有教之人也。律也教也、禅之之人、皆可能也。無禅之人、皆不能也。且也不見夫酔者及狂者乎、皆失心之人也。然其行也言也如何。酔矣狂矣、無礼之人也、無知之人也。是故不得心之人、而言吾能律也、吾能教也、則予固為妄而已。嗚呼、人之不思也久矣。以酔者狂者為失心之人、則僉曰固是也。然以不得心於禅者為酔者狂者、則不見固是也。以予観之、酔者狂者、固是失心之人也、不得心於信爾。以仁義之道言之、則不得心於信者、必是不得有礼有知之人耳。以真如之理言之、則不得心於禅者、必是不得有律有教之人耳。治世出世之教雖異、其於心之得失、則均矣。中正子曰、仁義之道、以誠為貞。苟不以誠、道不行也。真如之理、以定為正。苟不以定、理不明也。又曰、禅者信也、律者礼也、教者知也。

中正子巻之五終

中正子問禅篇巻之六　内篇四

仲明問禅。中正子黙。既而告曰、存乎徳行与、存乎其人与、不可状也、不可言也。仲明曰、禅者信也、非子之言耶。曰、信則可矣、言則不可。不言而信、不状而証、存乎其人也、存乎徳行也。仲明曰、何信何証。曰、心也已。孰無諸〈仲明問曰、誰無心者〉。対曰、天下莫不有之、直不信耳。苟不信、有若無也。仲明曰、害忮貪沓、淫僻邪侈之心、執而信之、則皆可乎。対曰、不可。害忮貪沓、淫僻邪侈、皆心而之情者也。情偽也、何信之有。心苟信之、必無焉耳。問曰、仁義礼譲之心、信之可乎。対曰、仁義礼譲之心、亦是情而之善者也、皆非我所謂之心也。我所謂之心者、仏之無上妙心也。是心也、天下莫不有之、直不信耳。信之則可言禅也夫。敢問無上妙心。対曰、不可言也、不可状也。言之状之、教也已。惟禅信而已、不可言状也。中正子曰、能信心者、不自欺也、不自欺則無妄、無妄則帰性。帰性之道、知而言之者教也、履而行之者律也、信而証之者禅也。言者以口、行者以身、証者以心。惟心之量、大而能博。故言之之教、不可涯也。人之生也有涯。有涯之生、欲究無涯之教、不可得也。言教尚不可究之、何暇身行之、心証之哉。是故禅離言教而捷径之道也。雖然有患。学之者不可不知也。心之量、固不可涯。故修之之人、或其所見也寡、所知也狭、則不能通達而尽証也。故各以其性所変情所近者為禅、以授其徒。其後離散、分宗支派、偏執己見、是我非人、更相排觝。不亦哀哉。或問中正子曰、吾聞之、禅家之流、升堂揮麈、而有恁地便是恰好了、不要者般、什麼説話、無道理了、那裏得箇不理会得、却較些子等語。不識有諸。対曰、有之。問曰、既有之、子言禅者不可言也、則安矣。対曰、既有之、故可以知禅者不可言也固是。何故〈問曰、何故〉。吾禅家之流、以離文字為宗、故本無言教。是故於其升堂揮麈之時、仮設寓言、以表真覚離言之旨、欲使其徒之不能文者、直解而易信也。是亦吾禅家之教耳。禅則信而証之、斯而已、固不可言也。且夫伊洛之学、張程之徒、夾註孔孟之書、而設或問弁難之辞、亦有恁地、便是恰好、不要者般、什麼説話、無道理了、那裏得箇不理会得、却較些子等語。然其注意在於搥提仏老之道也。此等語非禅也審矣。禅者仏之心也、其量大而能博、無所不容。故得其心者、発而言之、何言不中、寓而表之而已。苟不得仏心者、縦使親口仏語、亦非禅也、特教焉耳。何況恁地、却較些子等語、犅疏下俚者乎。非禅也審矣。儻不本仏心、而固執而以若此等語為禅者、伊洛家之流、何異之耶、可言禅乎。或者曰、今之升堂揮麈之人、咸得仏心者乎。対曰、万物之中、惟人是霊。其最霊者聖也。仏者聖乎聖者也。万物之中、最無霊者土木也。然塑其土、刻其木、以仏象之、孰云不然。今之升堂揮麈之人、固是人耳。土木之於仏、最霊之与最無霊、其差太遠。人之於仏、其霊近矣。雖不得仏心者、比之土木、則得矣。目之為禅者礼也。或者引而去。中正子語叒華子曰、或者不極問而去、汝不病之耶。叒華子曰、叒也不敏、願承教。中正子曰、彼土木者無情、〈而人有情〉。其於仏也、無情者近、有情者遠之遠矣。叒華子曰、向使或者極問、則子何以対之。対曰、以経権之理也。以経常之理言之、則土木也人也仏也、皆非真也。以権化之理言之、則爾愛其羊、我愛其礼、礼不可廃也。中正子曰、仏性常寂、経也。人情不常、権也。仏欲示其性之本在諸人者也。然不適其情、則無縁也。故反性之経、而以情之権、導之帰性。由是偏円半満之教作焉。非仏本意也、権也、権教之設、貴乎適変、見機而為、随宜而施。施之為之、不失機宜。機宜失之、教道乃堕〈音隳〉。仏之後、分而三之。惟称禅氏者、以心証故、能知機宜之変。是以教道不墮。是則得乎其一、該乎其二者也。其他滞乎其一、失乎其二、膠而不解、沿而不革者也。中正子曰、偏円半満、仏之教道也。禅氏者得其心、而不膠其言者也。対梁王以不識、達摩師之道也。彼梁王者、膠乎仏之教、而不解乎達摩師之教。是不知機宜、不能適変者也。以此推之、其餓死台城、不亦宜乎。文中子曰、斎戒修而梁国亡、非釈迦之罪也。此言当矣。滞乎其一、失乎其二者、雖曰教者、実教道堕之。不知機宜、何教之為。辟如前者偶獲禽于林中、後者覩而羨之、不具田猟之器、徒守其迹于林中。固無獲之理、癡也。称教者固不足異之〈異猶曰怪〉。称禅者豈無是類、亶膠乎爾師若祖所言所示之迹、而不原諸仏、不証諸心。是則禅其名、而実其教者也。此邦之称禅者、皆是類。徳山氏・臨済氏・雲門氏・洞山氏、能禅之尤者也。不沿襲乎仏及達摩師之迹、而得其心而不異者也。棒焉而雨、喝焉而雷。分以三句、列以五位。是教道之変、不可涯者也。円悟氏・大慧氏・応菴氏、亦能禅之尤者。不沿襲乎仏達摩師及徳山氏・臨済氏・雲門氏・洞山氏之迹、而得其心而不異者也。其教道之変、亦不可涯者也。心者経也、教者権也。経常之理故、得而不異。権化之道故、不沿襲而能適変者也。吾嘗論之。凡以不通其心、而膠其教迹、皆当論之曰教者也已。是故不通仏心、而膠乎其教、可以称曰仏之教者也。不通達摩師之心、而膠乎其教、亦可以称曰達摩師之教者也。不通臨済氏・洞山氏逮大慧氏・応菴氏之心、而膠乎其教、亦可以称曰某氏之教者也。自此大慧氏・応菴氏以降、紛紛不勝称者、各有其教、或高或低、或険或夷、或文而華、或質而野、或曲而蔵、或直而露、其気不醇。其後継之者、或過此海外鬼方之洲。闒茸之徒、師焉而尚、宗焉而党、膠焉而不能解、沿焉不能革。各執所見、以為吾師若祖之所言所示之他非禅也。可憫者也。仏之教者、上古故上也。達摩師之教者次也。臨済氏・洞山氏之教者、又次之也。大慧氏・応菴氏之教者下也。此四累者、各以適変設教、移腔換調、而其原諸仏、証諸心之致一也。今此邦之称禅者、不原諸仏、不証諸心。但師尚之、但宗党之、固可憫者也。且夫仏之教者、四累之上、是亦非禅者也、尚可憫也。大慧氏・応菴氏之教者、四累之下、其後不勝称者、下之下也。此邦之称禅者、師焉而尚、宗焉而党、膠焉而不能解、沿焉而不能革。下之下者、自甘執之。不亦可憫之尤者乎。向使臨済氏・徳山氏一来此邦、而彼闒茸之徒、親見所示若所言之教、師焉祖焉、則見不手棒不口喝者、必非之以為非禅也。於此若仏及達摩師親過此邦、亦不見容之。何也。不手棒也、不口喝也。或使霊雲氏・香厳氏一来此邦、而彼闒茸之徒、親見所示若所言之教、師焉祖焉、則見不目桃不耳竹者、必非之以為非禅也。於此臨済氏・徳山氏親過此邦、亦不見容之。何也。不目桃也、不耳竹也。以此推之、方今縦如大慧氏・応菴氏者親過此邦、宜不見容之。何也。異彼闒茸之徒所尚所党之教也。嗚呼、天乎。去聖時遙、人物蕭寥。人之不原諸仏、不証諸心、師則尚之、宗則党之。不亦苦哉。故予嗚呼而告諸天而云。

中正子巻之六終

右内篇三巻共四篇
性情篇一千七百五十七言
死生篇五百九十二言
戒定慧篇一千一百三十四言
問禅篇二千二百三十一言
四篇共五千二百十四字

読中正子
有生幾何同一気、有頑嚚兮有才芸、中正子特思無邪、吐語要作金擲地。
謦欬嘘吸内外篇、上下出入天与淵、荒涼海国渺煙草、叒華開此扶桑顚。
建武乙亥二月十七日　書于浄智方丈
四明竺仙　梵仙

塩山和泥合水集（抜隊得勝）

市川白弦校注

教ノ外ニ…　教外別伝・不立文字のこと。直指人心・見性成仏と共に禅の標幟。この四つが一時に揃ったのではなく、教外別伝は不立文字に遅れて宋代に成立。不立文字と同じく、仏法は経典や祖録の教説・文字によって伝えられず、人々の根源主体をじかに見、これにおいて生きることにある、という示唆。
教家　経・論により仏教の教義を説き示す人々。禅家からのよび名。
話頭を提撕　仏祖の言行や公案を提示して導く。頭は助字。
這箇　これ。応諾するはたらき。無門関二二迦葉刹竿の阿難応諾参照。
点頭　うなずく。
如来清浄ノ禅　如来禅。↓補
自性　自己の心性、無相の主体。
了徹　さとる。底本「了獄」。
仏味祖味…　仏や祖師の教・宗に汚染されぬ、臭みをのこさぬ。
向上ノ一路　悟りへの一路。悟りのおもいを踏みこえる一路。↓補
俊邁ノ機　才智抜群のはたらき。
本分ノ事　真実本来のすがた。
烏飛…　烏は太陽、兎は月。烏飛兎走は月日の速い経過の意。「月兎走入レ海、日烏飛上レ山。見レ此若不レ会、虚度二幾千年一」(古宿録三八洞山守初)。
正法輪　正法が邪法を砕き進むのを車輪が物を砕き進むに喩え、また仏法が転回して他に伝わるのを車輪に

塩山《えんざん》和《わ》泥《でい》合《がっ》水《すい》集《しゅう》　上

俗人来問《きたりてとう》、禅門ニハ*教《きょう》ノ外《ほか》ニ別ニ伝《つたえ》テ、文字《もんじ》ヲ立《たて》ズト云トイヘドモ、師ヲ尋ネ道ヲ訪《と》フコト、*教家《きょうけ》ヨリモ甚《はなはだ》シ、何《いず》レノ処ヲカ教ノ外ト云《いわ》ン。又古人ノ語録ヲ見、*話頭《わとう》ヲ提撕《ていぜい》スルヲ見《みる》ニ、豈是《あにこれ》ヲ文字ヲ立《たて》ズト云ンヤ。教外別伝《きょうげべつでん》ノ直旨《じきし》如何。

師便居士《すなわちこじ》ト喚《よぶ》。彼即《すなわち》応諾ス。

師曰《いわく》、何レノ教ヨリカ*這箇《しゃこ》ヲ得タル。

彼便《すなわち》*点頭シテ礼《らい》ヲナス。

師曰、来《きた》ラント要スレバ自《みずか》ラ来リ、問ハント要スレバ自ラ問テ、他人ノ力《ちか》ラニ依《よら》ズ、仏祖ノ教ヘヲカラズ、此心《この》便《すなわち》教外別伝不立文字《ふりゅうもんじ》ノ全躰也。此心《この》便《すなわち》*如来清浄ノ禅《にょらいしょうじょう》ナリ。此禅ハ、世智弁聡《せちべんそう》、文字《もんじ》語言《ごごん》、道理義理、分別解会《ふんべつげえ》ノ及ブ処《とこ》ロニアラズ、只能《よく》*自性《じしょう》ヲ*了《りょう》徹《てつ》シテ、文字ニカヽハラズ、*仏味祖味ニ染汚《ぜんお》セズ、*向上ノ一路ヲ踏過《たつか》シ、*俊邁《しゅんまい》ノ機ニ落ザル底《てい》ノモノ、始テ得ベシ。又必ズシモ文字ヲ学《がく》シ、仏祖ノ言句《ごんく》ヲ乱ルヲ教者トシ、文字ヲ知ザルヲ、教外別伝不立文字ノ禅ト云ニハ非ズ。夫《それ》教外別伝ノ宗旨《しゅうし》ヲイハヾ、仏祖ノ始テ建立《こんりゅう》スル底ノ法《ほう》ニ非ズ。モトヨリ人々《にんにん》具足シ、箇々円成《えんじょう》シテ、諸仏衆生ノ*本分ノ事《じ》也。初《しょ》生《しょう》ノ孩児《がいじ》ノ手ヲウゴカシ、足ヲウゴカスモ、本有《ほんぬ》ノ自性ノ妙用《みょうゆう》ナリ、乃至《ないし》*烏《う》飛兎《とびと》ハシリ、

日ノボリ月クダリ、風アヲギ雲ユク、万物《まんもつ》ノ遷転《せんてん》スルコト、各々《おのおの》自性本有ノ*正法輪《しょうぼうりん》ヲ転ジテ他ノ教《おしえ》ニヨラズ、文字ノ力ニアヅカラズ、我《われ》今カクノ如クニ云ハ、我《わが》正法輪ヲ転ズル処ナリ、諸人《しょにん》ノカクノ如クニ聞《きく》ハ、諸人ノ仏性《ぶっしょう》ノ妙《みょう》也。仏性ノ全躰、*大火聚《だいかじゅ》ノゴトシ。是ヲ悟則《さとるとき》ハ、得失是非、*命根《みょうこん》ト共ニ泯絶《みんぜつ》シテ、生死涅槃《しょうじねはん》ハ昨《きのう》ノ夢、*大千沙界《だいせんしゃかい》ハ海中ノ漚《あわ》、仏祖ノ言教《ごんきょう》ハ*紅炉《こうろ》ノ上ノ一点ノ雪ノゴトシ。*正恁麼《しょういんも》ノ時、*法縛《ほうばく》ヲモ蒙《こうむら》ズ、法脱《ほうだつ》ヲモ存セズ、猶《なお》シ火ニ投ズル木人《もくにん》ノ通身焔《つうしんほのお》ト成テ、自《みずか》ラアツキ事ヲ知ザルガ如シ。カクノ如《ごとく》ニ通徹シテ、*修証《しゅしょう》ノアトヲ留メザル、是ヲ号シテ*禅和子《ぜんなす》トス。禅師ニ親《したし》ク相逢《あいあう》モノハ、火坑《かきょう》ニ入テ魂ヲ失《うしなっ》テ、死中ニ活ヲ得《うる》モノノ如クニシテ、*無明《むみょう》ノ窠窟《かくつ》ヲ燎却《りょうきゃく》セラレテ*格外ノ大機《だいき》ヲ発スル事、鈍鉄《どんてつ》ノ炉《ろ》鞴《はい》ニ逢《おう》テ、忽《たちまち》ニ宝剣トナルガ如シ。禅和子ノ師ヲ尋ネ、道《どう》ヲ訪《と》フ*用処《ゆうじょ》是ナリ。豈《あに》*義者ノ知処《しるとこ》ロナランヤ。

臨済、黄檗《おうばく》ニ問、「如何ナルカコレ仏法的々《てきてき》ノ大意」。檗即《ばくすなわち》ウツコト二十棒、カクノゴトク三度問《みたびとう》テ三タビウタル。臨済是ヲ疑テ、即辞去《すなわちじしさつ》テ大愚《たいぐ》ノ処ニ到テ問テ云、「ソレガシ如何ナルカ是《これ》仏法的々ノ大意ト、三タビ問テ三タビウタル、過《とが》アリヤ否《いなや》」。大愚ノ云、「黄檗*与麼《よも》ニ老婆心切ナリ、你《なんじ》ガタメニ*徹困《てっこん》ス、什麼有過無過《なんのうかむか》ヲ問《とう》ヤ」。臨済是ヲ聞テ言下《ごんか》ニ大悟シテ云、「黄檗ノ仏法*多子《たす》ナシ」。大愚*驀胸《まっきょう》ニ把定《はじょう》シテ云、「ナンヂ*適来《せきらい》ハ有過無過ヲ問《とう》、今ハ還《かえって》仏法多子ナシト云《いう》、コレ何ノ道理ヲカミタル」。臨済スナハチ大愚ノ脇下ニヲイテツクコト三拳《さんけん》ス。大愚*托開《たっかい》シテ云《いう》、「汝ガ師ハ黄檗ナリ、我事《わがじ》ニ預カルニアラズ」。

且道《しばらくいえ》、黄檗大愚二老ノ示ス処、是《これ》文字語言学解《がくげ》ノヲヨブ処ナリヤ。臨済ノ悟ルトコロ是《これ》

喩えた。ここでは万象の動きに自性の妙用を見て、これを転法輪とみなした。

大火聚　大きな火のかたまり。触れたら焼け死ぬ、手のつけ様がない。「如是の法、仏祖密に附す…背触共に非なり、大火聚の如し」(宝鏡三昧)。

命根…　いのち＝経験的分別的自己が息絶える。

大千沙界…　証道歌の語。空無相の自性からみれば、無数の大千世界はそこから分別によって生じたものゆえ、海に生ずる泡に等しい。楞厳経六に由来する。

紅炉ノ上…　忽ち解ける。言教は根源に解消して、解消の跡も留めぬ。

正恁麼ノ時　まさにこのような時。

法縛…　仏法に縛られることと、仏法を抜けたという執われも無い。

修証　修行と悟り。

禅和子　参禅者への親愛のよび名。

無明ノ…　事理に暗い迷いの巣窟を焼きはらわれて。

格外ノ…　規格を超えた大きな働き。

用処　おこない、振舞。

義者　意義の分析を事とする人。

与麼　このように。そんなに。

徹困　人の為に根(こん)限り心を砕く。

多子…　無造作ではっきりしている。

驀胸…　真向から胸ぐらをつかむ。

適来　つい先刻(さっき)。いま。

托開　つき放す。

イヅレノ教ゾヤ。

　又*南嶽《なんがく》ノ懐譲禅師《えじようぜんじ》ハ教家《きようけ》ノ竜象《りゆうぞう》ナリ、イマダ悟ラザリシ時、*六祖ニ参ズ。六祖問テ云、「什麼物《なにもの》カ恁麼《いんもに》来ル」。懐譲《えじよう》即《すなわち》答フル事ヲ得ズシテ、是ヲウタガフ事八年シテ、始テ省《せい》スル処アリテ、来《きたり》テ六祖ニ参ズ。祖ノ云、「什麼物カ恁麼来ル」。譲《じよう》ノ云、「*説似《せつじ》一物即不《いちもつそくふ》中《ちゆう》」。祖ノ曰、「猶是*心頭ノ病《やま》イ」。譲《じよう》又遷《かえつ》テ重《かさね》テ疑フコト八年シテ、遂ニ大悟シテ又六祖ニ参ズ。祖ノ云、「什麼物カ恁麼来《きたる》」。譲《じよう》ノ曰、「*修証《しゆしよう》ハ無《なき》ニアラズ、只コレ染汚《ぜんお》セズ」。祖即《すなわち》是ヲユルス。諸人《しよにん》今カクノ如クニ何物カ来《きた》ルゾト問《とわ》レテ、イカンガ答フベキ、若《もし》コタヘ得ズンバ、*閻老子《えんろうす》ノ鉄棒ナニヲ以テカマヌガレン。若言教《もしごんきよう》ノヲヨブ処《とこ》ロナラバ、*碩学《せきがく》ノ南嶽《なんがく》ナンゾ一字ヲ知《しら》ザル六祖ノ一問ヲ答ヘザル。南嶽若《もし》イマダ悟ラザルニ、世智弁聡《せちべんそう》、*教網《きようもう》ノ内《うち》ノ智慧ヲ以テ、是ヲ答《こたう》ルホドノ*鈍漢《どんかん》ナラバ、遂ニ悟ル事ヲ得ベカラズ。直《じき》ニ一《いち》言《ごん》ノ下《もと》ニ徹悟シテ答エン人ヲバ云ズ、ヨノツネノ人ノ中ニハ、南嶽ノ如クニ直ニツマルホドノ人モマレナルベシ。

　誠《まこと》ニ是《これ》*法ヲ知《しる》モノハヲソル、ナリ。夫《それ》*善知識ノ人ノタメニ一言半句《いちごんはんく》ヲクダスコト、*機ニノゾンデ直《じき》ニ*人心《にんしん》ヲサスノミ也。コノ語ヲ公案トシテ提撕《ていぜい》シテ、後《のち》ニ悟レト云ニハアラズ。然リトイヘドモ、学者言下《ごんか》ニ大悟シテ、忽《たちまち》ニ*喪身失命《しつみよう》スルモノモアリ。漸ク是ヲウタガフ事《こと》三日五日シテ悟ルモアリ、乃至《ないし》三年五年、十二十年ウタガイテ悟ルモノモアリ。シバラク*疑フアイダヲカリニ名ヅケテ公案提撕トス。言句《ごんく》ノ差別《しやべつ》、サトリノ遅速《ちそく》同ジカラズトイエドモ、悟リニ至ル時ハ、皆人々《にんにん》具足スル本有《ほんぬ》ノ自性《じしよう》ヲ悟《さとり》テ、文字《もんじ》言句《ごんく》ノ上ニアラズ。喩《たと》

南嶽… 南嶽懐譲(六七七—七四四)。(祖堂集六・伝燈録五)

六祖 中国禅の第六祖慧能。

説似… 何か一語でも言えばもう当らぬ。似は助字。

心頭ノ病イ 観念の執われ。

修証… 修証がないのではない、修証に汚染されないのだ。(祖堂集三)底本「所証」。

閻老子 閻魔王。

碩学 大学者。

教網 教相の枠を出られない主体の状況を教に帰してこれを網に喩えた。

鈍漢 教相に明るく、この学識によって答えるような間抜け者。「外道聡明、無二智慧一」(証道歌)。

法ヲ知モノ… 法に対する謙虚にして真摯な態度への評語。「識レ法者懼…」(碧巌録三七)。

善知識 正しい仏道にみちびく高僧。たんに「知識」ともいう。

機 はたらき出る契機と人。

人心 人間の心性。本当の自己。

喪身失命 思慮分別の自我が空になること。

疑フ 思慮分別の向自的矛盾が深まること。

見性成仏 自己の心性を見て覚者と

へバ兵《つわもの》ノカタキヲイルニ、箭《や》ニアタリテ則チ喪身失命スルモノモアリ、箭ニアタリテ後《のち》ニ漸ク疵《きず》ヲヤミテ、日数《ひかず》ヲ経テ死スル者モアリ、箭ニアタル者ノ死スル事ハ、遅速アリトイヘドモ、矢ヲ放ツ者ハ、直《じき》ニ人ノ命根《みょうこん》ヲ截断《せつだん》セント欲スルガゴトシ。是ヲ直指人心《じきしにんしん》*見《けん》性成仏《しょうじょうぶつ》トス。*生死《しょうじ》ノ根源ヲキルヲ名ヅケテ、喪身失命トス。又禅《ぜん》・教《きょう》ノ同ジカラザル事、直《じき》ニ矢ニアタル者ト、人ノ矢ニアタリテ死シタル道理ヲ、カタハラニシテ是ヲ見テ縦横ニ説クモノトノゴトシ。見性《けんしょう》ノ者ヲ禅トシ、*説性《せっしょう》ノモノヲ*教者《きょうしゃ》トス。猶《なお》シ火ノアツキ道理ヲ知《しる》モノト、直《じき》ニ火ノナカニ入《いり》テ命根《みょうこん》ヲ断ジ、*機知ヲ忘《ぼう》ジテホノヲト一如《いちにょ》ニナリ得タル者トノ如シ。タトヒ聡明ニシテ*五家七宗ノ禅師《ぜんじ》ノ言句《ごんく》ヲ*記得《きとく》シテ、*玄《げん》ヲ談ジ妙《みょう》ヲ説テ、*懸河《けんが》ノ弁ヲホドコストモ、自己ノ道眼《どうげん》ヲ開悟《かいご》セズンバ、只コレ祖語ヲ学得《がくとく》シタル教者ナリ。生死《しょうじ》ノ大事《だいじ》ニヲイテ少シモ用ニタツベカラズ、猶シ画餅《がびょう》ノ飢《うえ》ヲミテザルガ如シ。一丈ヲ説得《ときえん》ヨリ一尺ヲ悟リ得《えん》ニハシカジ。此《この》ユヘニ三世ノ諸仏、歴代ノ祖師、ミナ直《じき》ニ人心《にんしん》ヲサシテ見性成仏セシメテ、文字《もんじ》ヲ立ズ。偏《ひと》ヘニ*心印《しんいん》ヲ伝ヘテ、ツキニ二法ナシ。

問《とう》、仏祖ノ*方便門頗《ほうべんもんすこぶ》ルヲホシ、豈《あに》只見性成仏ノ外《ほか》ニ余事《よじ》ナカランヤ、微細《みさい》ニ是ヲキカン。

答曰《こたえていわく》、我《われ》晩年ニ*発心《ほっしん》シテ、カツテ*経教《きょうぎょう》ヲ学《がく》セズ。你《なんじ》イヘ、見性成仏ノ外ニナニノ法カアル。

問云《とうていわく》、経ノ所説ノゴトキンバ、世尊《せそん》マヅ*六波羅蜜《ろくはらみつ》ヲ修《しゅ》シテ成仏ス、是《これ》アニ見性ナランヤ。

曰、六波羅蜜トハナンゾヤ。

云、*布施《ふせ》、持戒《じかい》、忍辱《にんにく》、精進《しょうじん》、禅定《ぜんじょう》、智恵是《これ》ナリ。布施ト*イツパ、財宝ヲ以テアマネク

なる。

生死ノ根源ヲキル　主我的分別の根を截る。

説性　心性について説く。

教者　教家(→一八八頁)に同じ。

機知　状況に応じてはたらく知能。

五家七宗　中国南宗禅の流派の称。五家は臨済宗・潙仰宗・曹洞宗・雲門宗・法眼宗。この五家に臨済宗の楊岐派と黄竜派を加えたのが七宗。

記得　おぼえる。得は助字。

玄　深玄な理。

懸河ノ弁　早瀬の水の流れるようによどみのない弁舌。「我亦不レ取三你弁似二懸河一」(臨済録、示衆)。

心印　仏心印。仏祖の心を印に喩えた。

方便門　真実の道に入らせるため仮に設けられた法門。

発心　菩提心(自他ともに悟りを開こうとする心)を発(ほつ)すこと。

経教　経文に示された教え。

六波羅蜜　彼岸(さとり)にいたるために大乗の菩薩が行なう六つの行。戒・定・慧の三学に収まる。波羅蜜は梵語の音訳、到彼岸の意。

布施　貪欲を離れて、衣食などの財物を施与し(財施)、または仏法をのべ伝える(法施)。大乗仏教では、抜隊や道元にみられる如く、これに別の見方が加えられる。

イツパ　「言ふは」の促音化。言うのは。

人ニホドコシテ、心ニ差別《しゃべつ》ナキ是ナリ。持戒トイツパ、カタク禁戒ヲ持《たもつ》テ一《ひとつ》モヲカサザル是《これ》ナリ。*忍辱トイツパ、*冤親平等《おんしんびょうどう》ニシテ、罵詈《めり》打擲《ちょうちゃく》スレドモ、*瞋恚《しんに》ヲヲコサザル是ナリ。精進トイツパ、ススンデ*善行《ぜんぎょう》ヲ修《しゅ》シ、*中路《ちゅうろ》ニ留《とどま》ラズシテ、ヨク願行《がんぎょう》ヲ成就スル是ナリ。禅定トイツパ、坐禅也、閑《しず》カナル処《とこ》ロニタダシク坐シテ、心念ヲ動ゼザル是ナリ。智慧トイツパ、ヒロク経教ヲナライ、アマネク*法要《ほうよう》ヲ知テトドコヲル処ロナキ是ナリ。

答《こたえて》曰《いわく》、是《これ》ミナ*人天《にんでん》ノ果報ヲウベキ福徳ノ因縁也。*慳貪《けんどん》ノ心、毒害《どくがい》ノ心、瞋恚ノ心フカク、懈怠《けたい》不信ニシテ、内外《ないげ》狂乱シ、愚癡《ぐち》キハメテ重クシテ、直《じき》ニ*三悪道《さんなくどう》ニヲツベキ極重《ごくじゅう》悪人ニクラベバ、是ヲ修《しゅ》スルモ善行《ぜんぎょう》也、仏道ヲ成《じょう》ズル事ヲバ得ベカラズ。仏《ほとけ》ノ修スル処ロノ六波羅蜜ト者《は》、是《これ》見性成仏ノ理也。布施トイツパ、自性《じしょう》ノ霊光、*万機ヲテラシ、*応用《おうゆう》アマネク施コシ、彼《かれ》ニアリテハカレニ同《おなじく》、是ニアリテハ是ニ同《おなじ》クシテ、アマル事《こと》ナク、カクル事ナキ是ナリ。持戒トイツパ、仏性《ぶっしょう》モトヨリ清浄《しょうじょう》ニシテ、*六根《ろっこん》ノ主《しゅ》ナリトイヘドモ、*六塵ニソマズ、是ヲ悟ルモノ、自然《じねん》ニ身心《しんじん》*相応シテ、*正戒《しょうかい》ノ相《そう》ヲモトラズ、邪念ノ心ヲモヲコサザル是ナリ。忍辱トイツパ、仏性*無為ニシテ、*我人《がにん》ノ相ニアヅカラザルガユヘニ、是ニ相応スルモノハ、ソシレドモイカラズ、貴《たっと》メドモヨロコブ心ナキ是也。精進トイツパ、仏性モトヨリ衆徳《しゅとく》ヲソナヘテ、一切ノ功徳《くどく》ヲ成就シ、万物《まんもつ》ヲ生育《しょういく》シ、*未来際《みらいざい》ニトヲリテトドコヲル事ナキ是也。禅定トイツパ、仏性*真常《しんじょう》ニシテ、動静《どうじょう》ノ諸相ヲハナレ、*宗《しゅう》ヲコヘ、*格《かく》ヲイデテ、聖凡《しょうぼん》ノクラヰニヲチズ、文字《もんじ》ニカヽハラズ、善悪《ぜんなく》ノ*法量《ほうりょう》ニソマザル是也。智恵トイツパ、仏性ヒトリアキラカニシテ、万機ヲカヾヤカシ、アマネク聖凡ノ眼《まな》コトナル事、日《にち》

忍辱 底本「忍尋」。
冤親平等 敵・味方の別なく平等に慈愛深く。
瞋恚 いかり。いきどおり。仏教では三毒即ち人の善根を毒する三種の煩悩(貪欲・瞋恚・愚痴)の一。
善行 悟りへの方向性を含んだ善行。
中路 途中。 **法要** 仏法の要旨。
人天 人間界と天上界。
慳貪 物を惜しみむさぼること。
三悪道 悪業に引かれて趣く地獄道、餓鬼道、畜生道。道は悪循環の意を含む。三悪趣、三塗(途)とも言う。
万機 あらゆる働きとその契機。
応用 情勢・状況に応ずる(衆生接化の)はたらき。
六根 眼・耳・鼻・舌・身・意の六識のよりどころとなってそれぞれの境を分らせる感官能力、眼根・耳根・鼻根・舌根・身根・意根。
六塵 心を染汚する六識の対境すなわち色・声・香・味・触・法の六境。
相応 相契(かな)う。一つになる。
正戒ノ相… いわゆる道徳的意志の価値分別の場を超えているゆえ。↓二〇〇頁
無為 因縁によって作られず、生滅変化を超えること。
我人 実体的なものとしてとらえられている我・汝・彼などの人間。
未来際 世のあらんかぎり。
真常 真実にして生滅変化を超える。
宗 宗旨・宗派。 **格** 規格。流儀。

月《げつ》ノ世界ヲテラスガ如クニシテ、古《いにし》ヘニワタリ今ニワタリテ、辺際《へんざい》ナキ真《しん》ノ浄光《じょうこう》是也。コノ故ニ自性《じしょう》ノ妙用《みょうゆう》キハマリナキ事、大海《たいかい》ノ波瀾ノゴトシ。一性《いっしょう》ノウチニ*六般《ろっぱん》ノ神用《しんゆう》アリ、是ヲ仏《ほとけ》ノ六波羅蜜《ろくはらみつ》トナヅク。是*有相《うそう》ノ所行《しょぎょう》ニアラズ。若人《もしひと》一性ヲ悟レバ、六波羅蜜ヲ成就ス。コノ故ニ*古人ノ云ク、「頓《とん》ニ如来《にょらい》ノ禅ヲ覚了《かくりょう》スレバ、六度《ろくど》万行《まんぎょう》躰中ニ円《まどか》ナリ」。

問《とう》、見性《けんしょう》ノ人スナハチ成仏《じょうぶつ》セバ、仏《ほとけ》ニハ六通《ろくつう》アリ、見性ノ人ニ*六通アリヤ。

答曰、見性スナハチ六通也。

問テ云ク、見性ハ一通《いっつう》ナリ、何ゾ六通トイハンヤ。

答《こたう》、仏性《ぶっしょう》モト六根《ろっこん》ノ主《しゅ》ナリ、主清浄《しゅしょうじょう》ニシテ六塵ニソマズ、コレヲ仏ノ六通トス。

云ク、我《わが》キク処《とこ》ロハシカラズ、六通ト者《は》、天眼《てんげん》、天耳《てんに》、他心《たしん》、宿命《しゅくみょう》、飛行《ひぎょう》、漏尽通《ろじんづう》コレ也。ナンゾ只一性《いっしょう》ヲ以テ六通トセンヤ。

答、自性《じしょう》ノ妙用《みょうゆう》、アニタダ六通ノミナランヤ。無辺《むへん》ノ光明《こうみょう》天然《てんねん》トシテ、一切ヲ*摠持《そうじ》シ、*虚《きょ》ニシテ霊《れい》ナリ、*寂《じゃく》ニシテ照《てら》ス、眼《め》ニアツテ色《いろ》ヲミレドモ、モロモロノ*色惑《しきわく》ヲカフムラズ、コレ天眼通《てんげんつう》ナリ。仏性《ぶっしょう》亦天真《てんしん》ニシテ、耳ニ応ジテ声ヲキキテ、ヒビキノ*当頭《とうとう》ニ分別《ふんべつ》*歴々地《れきれきじ》ニシテ、分別ノ相ニアヅカラズ、コレ天耳通《てんにつう》ナリ。自《みずか》ラ心性《しんしょう》ヲアキラムル時、三世ノ諸仏、歴代ノ祖師、乃至《ないし》人天《にんでん》*群生類《ぐんじょうるい》ノ心性ヲ一時ニ識得《しきとく》スル、コレ他心通《たしんつう》ナリ。自性ヲサトルトキ、即今ノ自心、*空劫《くうごう》以前ヨリ尽未来際《じんみらいざい》ニトヲリ、*歴々孤明《れきれきこみょう》ニシテ、生滅去来《しょうめつこらい》ノ相ヲハナレテ通達《つうだつ》シテ疑惑ナキ、コレ宿命通《しゅくみょうつう》ナリ。自性ヲアキラムル時、無明《むみょう》ノ窠窟《かくつ》ヲ照破《しょうは》シ、本地《ほんじ》ノ風光発生《はっしょう》シテ、一刹那ノ間《あい》ダニ十方ニトヲリテ、*青霄《せいしょう》ノ内《うち》ニトドマラズ、

法量　カテゴリー。
六般ノ神用　六根が六境を縁じて煩悩に染汚せられず、無礙自由であること。「六般の神用空不空」(証道歌)。
有相　相(かたち)のある。何かとしてとらえることのできる。
古人ノ云ク…　古人は永嘉玄覚(六六五—七一三)。引用は証道歌から。
六通　六神通。定慧(じょうえ)の力によって得る六つの妙用。天眼通・天耳通・他心通・宿命通・神足通(飛行通)・漏尽通。漏尽通は一切の煩悩(漏)が尽きた涅槃の境に生れる無礙自在の智慧—仏に限られる。
摠持　梵語の音訳、陀羅尼の訳語。㈠記憶して忘れぬこと。㈡善を保って失わず悪を起さぬ智慧のはたらき。㈢一切の法と智慧を保持すること。ここでは㈢。
虚ニシテ霊　無一物にして明らかな働きがある。
寂ニシテ照　不動にしてはっきりと照らす。
色惑　見える物への執われ。
当頭　来た途端に。
歴々地　ありありとはっきり。
群生類　底本「君生類」。
空劫　成・住・壊・空の四劫の一。世界が壊滅して次の成劫に至る間。劫は算数の及ばぬ長時間。
歴々孤明　はっきりとして妄分別のない絶対境。臨済録の語。
青霄…　一切空の境に留まらぬ。

コレ自性真実《じしょうしんじつ》ノ飛行自在通《ひぎょうじざいつう》ナリ。自性ヲアキラムル時、煩悩ヲ転ジテ菩提トナス、菩提ハモトノ自性ナレバ、迷悟《めいご》ノ二境ヲコヘテ、聖凡《しょうぼん》ノアイダニ居《きょ》セズ、諸相ヲハナレテ染汚《ぜんお》スル処ロナキ、コレ漏尽通《ろじんづう》ナリ。

云ク、コノ六通《ろくつう》ハ理《り》ニヲイテハシカリ、色身《しきしん》ニ神通《じんづう》ナクンバ、徳ノカケタルニアラズヤ。曰、仏性《ぶっしょう》モト衆徳《しゅとく》ヲソナヘ、六度万行《ろくどまんぎょう》、躰中ニ円成《えんじょう》ス、何ノ徳ヲカカカンヤ。十大弟子ニ、*目連尊者《もくれんそんじゃ》ハ、神通第一ヲエテ、色身ハ地獄ニ入テ、*母ヲミル事ヲバエタレドモ、カレガ餓鬼《がき》ノ苦ヲスクフコトヲエズ。有相《うそう》ノ神通、ナニノ利益《りやく》カアルヤ。目連カヘリテ世尊《せそん》ノ命《めい》ヲウケテ、七月十五日ノ*自恣《じし》ノ僧ヲ請《しょう》ジテ、飲食《おんじき》、衣服《えぶく》、臥具、医薬等ノ四種ノ供養ヲノブ。僧衆《そうしゅ》、飯《はん》ヲウケテヲナジクトナヘテ云ク、「*願《ねがわく》ハ七世ノ父母《ぶも》、禅定《ぜんじょう》ノ意ヲ行《ぎょう》ゼヨ」ト。ソノコエ直《じき》ニ地獄ノソコニトヲリテ、一刹那《いっせつな》ノアイダニ*阿鼻《あび》ノ業《ごう》滅シテ、彼亡者《もうじゃ》タチマチニ天ニ生ズ。コノ自恣ノ僧、アシヲ動ゼズ、力《ちか》ラヲツイヤサズ、一言《いちごん》ヲ以テ無間《むけん》ノ鉄《てつ》城《じょう》ヲウチヤブルコト、箭《や》ノイマダツルヲハナレザルニ的《まと》ニアタルガゴトシ。豈《あに》コレ見性《けんしょう》ノ神通《じんづう》ニアラズヤ。目連ノ色身ノ神通ハ、母一人ヲダニスクヒエザルノミニアラズ、其身《そのみ》モタダ*二乗《にじょう》ノクラキノウチニアリテ、正法《しょうぼう》ノ旨《むね》ヲバイマダ夢ニモシラズ。*仏《ほとけ》ノノタマハク、「犬《いぬ》*野干《やかん》ノ身ヲバウクルトモ、二乗ノ身ヲウクルコトナカレ、地獄ニ入テ*劫数《ごうしゅ》ヲバフルトモ、二乗ノ身ヲウクベカラズ」ト。其《その》トキコノコトバヲキキテ、迦葉《かしょう》ハ啼泣《ていきゅう》ノコエ*大千ヲ動《どう》ジ、*善吉《ぜんきつ》ハ茫然トシテ一鉢《いっぱつ》ヲ捨《すつ》、乃至《ないし》モロモロノ大声聞《だいしょうもん》ミナカクノゴトクニ悲泣《ひきゅう》ス。

コノ故ニマサニシルベシ、*色身有相《しきしんうそう》ノ神通ハ、ミナ*業通《ごっつう》、*依通《えつう》、*天魔波旬外道通《てんまはじゅんげどうつう》、妄想通《もうぞうつう》

目連　目犍連(もくけんれん)の略、釈迦十大弟子の一人。神通第一といわれた。
母ヲ…　目連は餓鬼道の亡母を憐れみ飯を与えた。母がそれを口にしようとすると火炭となって食べられなかった(盂蘭盆経)。ただし盂蘭盆経は偽経という説あり。
自恣　夏安居(げあんご)終了の日、大衆が互いに罪過を指摘懺悔し、清浄の悦びを得ること。始め自恣の僧を選んで自分の罪過を告白させ、順次全大衆に及ぼす。その制度と行為。
願ハ…　盂蘭盆経、自恣の僧の条。
阿鼻　無間地獄。五逆等の大罪人が、死後間断なく剣樹刀山、鑊湯(沸騰した釜の湯)等の苦を受ける地獄。この地獄におちる業が阿鼻の業。
二乗　仏の四諦の声教を聞いて阿羅漢果に至る声聞乗と、直接仏の教をうけず飛花落葉等の機縁から十二因縁の法を観じて無師独悟する縁覚乗。共に利他の慈悲を欠く。
仏ノノタマハク…　出典未詳。
野干　狐又は狼の一種という。↓補
劫数　桁外れの長時間。幾億兆年。
大千　三千大千世界。須弥山を中心とする世界を三度千倍した世界。
善吉　須菩提のこと。釈迦十大弟子の一人。解空(げくう)第一といわれた。
色身有相…　肉体上の見える神通。
業通　宿業に由来する本能的な機能。
依通　薬・呪文等ものに依る機能。
天魔波旬　正法を害し修行者を惑わ

ナルコトヲ。智者《ちしゃ》ハ是ヲ*業障《ごっしょう》トス、愚人《ぐにん》ハ認《とめ》テ好事《こうず》トス。カノ自恣《じし》ノ僧ト云ハ、*一夏《いちげ》ノアイダ、ヲノヲノ*アユミヲシリゾケテ、ヲノレニツイテ見性通達《けんしょうつうだつ》シテ、法ニヲイテ自在《じざい》ナリ、コレヲナヅケテ自恣ノ僧トス。無心ヨリ用《ゆう》ヲヲコシテ、一句《いっく》一言《いちごん》ヲ*迴向《えこう》スレバ、トコロトシテ通ゼズトイフコトナシ。モシコレ*呪願《じゅがん》ノ力《ちか》ラナリトイハバ、目連《もくれん》モナンゾコノ呪願ヲシラザラン。*定力《じょうりき》ノ通ズル処、*識情《しきじょう》ハカリガタシ、空中ニ雲ナケレバ、日光ノアマネキガゴトシ、見性ノ神力《じんりき》アニタダコレヲ以テカギリトセンヤ。*恒沙《ごうしゃ》ノ諸仏モ説《とき》ツクスベカラズ。

*毛端《もうたん》ニ巨海《こかい》ヲヲサメ、芥子《けし》ニ須弥《しゅみ》ヲイレ、丈室《じょうしつ》ノウチニ三万二千ノ*獅子ノ宝座《ほうざ》ト八万ノ大衆《だいしゅ》トヲイル、ニ、又ヒロカラズ、セバカラズ、*一鉢《いっぱつ》ノ飯《はん》ヲ以テ無量ノ聖衆《しょうじゅ》ヲ供養スルモ、猶是《なおこれ》ヨノツネノ法量《ほうりょう》也。*衲僧《のうそう》ノ神変《しんぺん》、言語《ごんご》ノイタルトコロニアラズ、*機輪転《きりんてん》ズル処、閃電《せんでん》猶ヲソシ。全躰ヲ現《げん》ズル時ハ、仏眼《ぶつげん》ミレドモミエズ。作用《さゆう》ヲホドコストキンバ、波旬《はじゅん》威ヲ失却シ、*鑊湯炉《かくとうろ》炭《たん》ヲ吹テ滅《めっ》セシメ、剣樹刀山《けんじゅとうざん》ヲ喝《かっ》シテクダカシム。*照用《しょうゆう》同時ニシテ、*縦《じゅう》奪時《だつとき》ニノゾミ、一言《いちごん》ヲイダス則《とき》ハ、剣輪《けんりん》ヲトバスガゴトシ、千差《せんしゃ》ノ岐路《きろ》ヲ截断《せつだん》ス。霊光《れいこう》*燉《とん》発《ぱつ》スル則《ときは》、大火聚《だいかじゅ》ノゴトシ、チカヅクモノハミナ喪身失命《そうしんしつみょう》ス。*殺活循然《せっかつじゅんぜん》トシテ一隅ニトドコヲラズ、*南辰《なんしん》ノ後ニ合掌シテ、*北斗ノウチニ身ヲカクシ、有時《あるとき》ハ*家舎《かしゃ》ヲハナレテ途中ニアラズ、有時ハ途中ニアツテ家舎ヲハナレズ、*一喝《いっかつ》ニ賓主《ひんじゅ》ヲワカチ、*大千ヲ方外《ほうがい》ニ擲《なげうつ》。カクノ如クノ神通《じんづう》、モト諸人《しょにん》ノ手裏《しゅり》ニアリ、是ヲ知《しら》ント要セバ、只アユミヲシリゾケテ、已《おの》レニツイテ自性《じしょう》ヲ見徹《けんてつ》シテ始メテ得ベシ。此性《このしょう》ハ人々《にんにん》具足シ、箇々《ここ》円成《えんじょう》シテ、見聞覚知《けんもんかくち》ノ主《しゅ》ナリ、是ヲ名《なづ》ケテ*大通智勝仏《だいつうちしょうぶつ》トス。無量ノ妙用《みょうゆう》、只這箇《しゃこ》ニヨル、動静《どうじょう》*四威儀《しいぎ》、何ノナ

す天魔の波旬(梵語の音訳)。魔王。
業障　学道への過去の罪業のさわり。
一夏　一夏安居の略。安居は僧衆が行脚しないで坐禅修行に励むこと。
アユミヲ…　内へ反省して。「迴光返照の退歩を須(もち)いよ」(坐禅儀)。
迴向　自分の修めた功徳を他に回(めぐ)らして共に仏果(さとり)を成就しようと期する。
呪願　食事または法会の際その因縁と願いを唱えてその成就を祈る。
定力　禅定の力。
識情…　凡情＝日常的自己の分別では知ることができぬ。
恒沙　恒河の沙、無限数量。
毛端ニ…　維摩経不思議品(正蔵一四-五四六)。→補
獅子ノ宝座　仏の座席。仏を百獣中にある獅子にたとえた。
一鉢ノ飯　香積飯(こうじゃくはん)。→補
衲僧ノ神変　禅僧の神速な妙用。
機輪　師家の接化方法の自由無礙なことを輪にたとえた。
鑊湯炉炭…　煩悩妄執の地獄的苦悩を吹滅破砕する。同安察禅師偈「鑊湯炉炭吹教レ滅、剣樹刀山喝使レ摧」(伝燈録二九)。鑊湯は底本「鑁湯」。
照用同時　心のはたらき(照)、身のはたらき(用)が間髪を容れぬ。→補
縦奪　ゆるすことと奪うこと。
燉発　すさまじく発する。
殺活循然　殺・活のはたらきが次々にゆきとどく。底本「殺沾」。

ス処ロゾ。

問《とう》、経ニヲイテ受持《＊じゆじ》、読誦《どくじゆ》、解説《げせつ》、書写《しよしや》等ノ五種ノ行《ぎよう》ヲ修《しゆ》スレバ、無量ノ功徳《くどく》ヲ得ルト云《いう》、此意《このこころ》如何。

答《こたう》、是即《すなわち》見性成仏ノ義ナリ。受持ト者《は》心性《しんしよう》ナリ、此性《このしよう》ハ聖凡《しようぼん》ヒトシク受用《じゆゆう》シ、箇々アマネク円持《えんじ》ス。自《みずから》是《これ》ヲ信得《しんとく》シテ義ヲサトルハ読誦也。義解《ぎげ》ヤブレ想《そう》ツキテ、見性開悟《かいご》スルハ解説也。悟証《ごしよう》機熟《じゆく》シテ、嗣法《しほう》伝受スルヲ書写トナヅク。

問《とう》云《ていわ》ク、実《まこと》ニカクノ如クナラバ、彼《かの》五種ノ行《ぎよう》ハ、只一心ニアリテ文字《もんじ》ニアラズ、世尊《せそん》ヒロク諸経《しよきよう》ヲトイテ何カセン。

答、トカズンバ、著相《＊じやくそう》ノ衆生《しゆじよう》、ナニヲ以《もつて》カ心外《しんげ》ニ法ナキ事ヲ知《しら》ン。此ユヘニ経ニ曰、「捴《＊そう》持《じ》ニ文字ナシ、文字、捴持ヲアラハス」ト。

問云、シカラバカノ五＊種ノ行ハ、何《いず》レノ経ニヲイテモ、修《しゆ》スル事《こと》同ジカルベキニ、ヨノツネ多クハ、法華経ヲモチイル意旨《いし》如何。

答、妙法蓮花経《みようほうれんげきよう》ノ五字ニヲノヅカラ五種ノ義ヲソナヘリ。受《じゆ》ハ妙《みよう》ニ通ジ、持《じ》ハ法《ほう》ニ通ジ、読誦《どくじゆ》ハ蓮《れん》ニ通ジ、解説《げせつ》ハ花《け》ニ通ジ、書写《しよしや》ハ経《きよう》ニ通ズ。

問、受ナニトシテカ妙ニ通ズルヤ。

答、妙ト者《は》、諸人《しよにん》ノ本性《ほんしよう》六根《ろつこん》ノ主《しゆ》ナリ。此性《このしよう》一切ノ諸法ヲ受用《じゆゆう》シテ、能受所受《のうじゆしよじゆ》ノ相ナシ、是カノ妙ノ大綱《たいこう》也。コノ故ニ受ハ妙ニ通ズ。

問、妙既《すでに》カクノ如シ。法ト持ト如何《いか》ンガ通ズルヤ。

南辰…北斗…　情識を超えた無礙自在。楊大年(九七三—一〇二〇)の投機の偈に見られる(会元一二)。狂雲集226偈「八角…」補注参照。

家舎…　本来の家郷と、それに到る道程またはそこを出て人々を家舎に入れるために働く過程。

一喝ニ…　↓補

大千ヲ…　計量比較の範疇を絶する妙用。五祖録・円悟録等。↓補

大通智勝仏　法華経化城喩品にみる仏。↓補

四威儀　行住坐臥のあり方。

受持…　「若復有レ人、受二持読三誦解四説書五写妙法華経乃至一偈二」(法華経法師品)。

著相　すがた・かたちに執われる。

捴持ニ…　釈浄覚の注般若経に「惣持無文字、文字顕惣持、…離言文字説」とある。

五種ノ行　法華経法師品の五種法師(受持法師・読経法師・誦経法師・解説法師・書写法師)の行。

良久して　しばらく黙して。

法躰　法性=根本実在。

師*良久《りょうきゅう》シテ云ク、還会《かえってえ》スルヤ。

云ク、会セズ。

師ノ曰、*法躰常現成《ほったいつねにげんじょう》シテ偏界《へんがい》カクシ難シ、「*万象森羅《まんぞうしんら》、只コノ一法《いっぽう》ノ印《いん》スル処」ナリ、諸相《しょそう》ト融通《ゆうづう》シテ、人《にん》ハ法《ほう》ヲ持シ法ハ人ヲ持シテ、人法一如《にんぼういちにょ》ナリ。故ニ持《じ》ハ是法《これほう》ニ通ズ。読《どく》誦《じゅ》ハ蓮《れん》ニ通ズト者《は》、若人《もしひと》志アリテ自性《じしょう》ヲ見窮《けんきゅう》スレバ、情雲《じょううん》スデニ消《しょう》シ、識浪《しきろう》ヤウヤクヤミ、知見洞然明白《ちけんとうねんみょうばく》ナリ。此時方《まさ》ニシルベシ、彼《かの》妙法ハ、諸仏衆生ノ本性《ほんしょう》ナリ、自躰清浄《じたいしょうじょう》ニシテ、無明《むみょう》煩悩ノ中ニアレドモ、煩悩ニ染《そま》ザルコト、蓮ノ淤泥《おでい》ニ処スレドモ躰《たい》常ニ浄《きよ》キガ如シ。カクノ如ク*義解《ぎげ》スル、是ヲナヅケテ読誦トス。華《け》ハ是《これ》開悟ナリ、*本覚真如《ほんがくしんにょ》ノ妙性《みょうしょう》ハ、地位階級ヲ絶スルト云《いえ》ドモ、学者ノ根機《こんき》ノ不同ナルガ故ニ、*始覚《しかく》シバラク浅深《せんじん》アリ。サキニ云《いわ》ユル知見洞然明白ニシテ、*理躰《りたい》ノ会《え》スル処ロハ、イマダ実《まこと》ノ悟入ニアラズ、只是光影《これこうよう》ニ有《ある》ガ故ニ、門外ノ客トス。知《ち》ツキ見忘《けんぼうじ》テ、覚華《かくげ》始メテ開ケルヨリ、*十地《じゅうじ》ノ満心《まんしん》、*等妙《とうみょう》ノ二覚《にかく》ヲ坐断シテ仏知見《ぶっちけん》ヲヒラクコト、蓮《はす》ノ華《はな》ノ*含容《がんよう》開落シテ、*隠現成実《おんげんじょうじつ》ノ義アルガ如シ、学道《がくどう》ノ人ココニ到《いたり》テ、ハジメテ説法*度生《どしょう》スルニ堪《たえ》タリ。コノ故ニ解説《げせつ》ハ華《け》ニ通ズ。正恁麼《しょういんも》ノ時、古仏《こぶつ》ノ心印《しんいん》ヲ自己《じこの》*方寸ニ伝ル事、タトヘバ古経《こきょう》ヲ新紙《しんし》ニ書写スルニ、ウツシヲハレバ、新古不二《しんこふに》ナルガ如シ、カルガユヘニ書写ハ経《きょう》ニ通ズ。経ハ心ノ異名《いみょう》ナリ、無量ノ妙義ヲ*摠持《そうじ》ス。此故ニ五種ノ行《ぎょう》ハ、只是譬喩方便《ひゆほうべん》ナリ。仏方便力《ほとけほうべんりき》ヲ以テ*一乗《いちじょう》ノ妙心ヲ開示シテ、*迷倒《めいとう》ノ衆生ヲシテ見性成仏セシメントス。衆生錯《あやまっ》テ心外《しんげ》ニ法ヲ求メテ、自己ノ本仏《ほんぶつ》ヲ知ザルヲ父ヲ*ハスル、迷子《めいし》ト名ヅク。此ユエニ彼五種ノ行《ぎょう》ヲ成就セント要セバ、ミヅカ

万象森羅… 凡ゆる事象は一心の現われ。「森羅万象一法所㆑印」(法句経)。
義解 知的に理解する。
本覚 始覚の対。本有の覚性すなわち衆生が本来具《そな》えている清浄な心性、本覚真如ともいう。
始覚 無明の薫習によって迷妄の中にあった衆生の本覚が、教を聞いてはじめて迷を転じて覚《さと》りに還る道に目ざめる境位。
理躰 知的直観の地平に留まる主体。
十地ノ満心 十地の修行を完成した人。華厳において五十二位の修行過程のうち第四十一位から第五十位までの十聖の位。
等妙 華厳五十二位中最後の等覚と妙覚。等覚は正覚に等しい覚。妙覚は菩薩修行の最後の位、煩悩を断じ智慧を成就した覚。臨済録参照。
含容開落 含み容れ開き落ちる。「有㆓含容開落之義㆒」(指月録)。
隠現成実 隠れ現われ生成し実る。
度生 衆生を済度する。
方寸 こころ。心は胸中方寸の間にあるという。
摠持 陀羅尼。→一九三頁注
一乗 一切衆生を平等に同一最高の仏果に運ぶ法門。「唯有一乗法、無二亦無三」(法華経方便品)。
迷倒 事・理に迷って見かた生きかたがさかだちしている。
ハスル、 忘るる。

ラ一心ヲ覚了《かくりよう》スベシ。ワヅカニ他人ノ残飯ヲ貪《むさぼつ》テ、襟中ノ*如意珠《にょいしゅ》ヲ失却スル事ナカレ。

問《とう》、那箇是襟中之如意珠《那箇《なこ》か是《こ》れ襟中の如意珠》。

答《こたう》、*竜吟雲起、虎嘯風生《竜吟《りゆうぎん》ずれば雲《くも》起り、虎嘯《うそぶ》けば風《かぜ》生ず》。

問、五種ノ行《ぎよう》ノ中ニ一日頓写《とんしや》ヲ以テ肝要トスル意《こころ》イカン。

答、頓写ハ頓悟《とんご》ノ義也。豈《あに》コレ肝要ニアラザランヤ。

云ク、然ラバ有相《うそう》ノ頓写ハ更ニ利益《りやく》ナシヤ。

答、コレ見性成仏ノ縁トナル故ニ、スコシキ利益アリトス。ユヘ如何《いかん》トナラバ、一日経《きよう》ヲカク人、スベテ心《こころ》ニユダンナキ故ニ、一念生《しよう》ゼズシテ六根清浄《ろっこんしょうじょう》也。六根清浄ナル故ニ、自然《じねん》ニ経《きよう》トカク人ノ心性《しんしよう》ト一如《いちによ》ナリ。此人一時《ひととき》ノアイダ、禅定《ぜんじよう》ニ近シ、是カク人ノ見性ノ縁トナルベシ。カクノ如クノ修行ノ功徳ヲ*亡者《もうじや》ニ廻向《えこう》スレバ、又亡者ノタメニ見性成仏ノ縁トナルベシ。只コノ功徳ハカク人ノ一念不生《ふしよう》ニシテ、経ノ中ノ理ニシタシキニヨリテ、功徳、亡者ニ通ズルナリ。ココヲ以テ知《しる》ベシ、経ヲカクニ因テ、念ヲサメテ暫ク妄想《もうぞう》ノヤミタルモ、有相《うそう》ノ行《ぎよう》ノナカニハバクダイノ功徳ナリ、況《いわん》ヤ十二時中万事ヲステ、諸縁《しよえん》ヲヤメテ自性《じしよう》ヲミテ動ゼザルモノ、道ヲ悟ランコト疑フ事ナカレ。成仏ノ要径《ようけい》何ノ事《じ》ヲカ是ニ比《ひ》センヤ。

問《とう》、*経ニ曰ク、「身臂指《しんびし》ヲ燃《たい》テ諸仏ニ供養セズンバ菩薩ニアラズ」、此意《このこころ》イカン。

答《こたえて》、云《いわく》、*枝葉根本《しようこんぼん》ノ三種ノ無明《むみよう》ヲツクスヲ、身臂指《しんびし》ヲタクニタトヘタリ、枝葉ヲ臂指《ひし》トシ、根本ヲ身《しん》トス。此三種ノ無明ヲツクセバ、即《すなわち》菩薩也。古人ノ云ク、「業《ごう》ニヨツテ身《み》ヲ

如意珠　摩尼(梵語)珠。長者の子が意の儘に求める宝を出す宝珠を衣中に持っていながらそれに気づかなかった、衆生が本具の仏性に気づかぬことに喩える。→二一一頁「如意宝珠」注

竜吟雲起…　無位真人の創造的自由の見事さ(碧巌録九九、垂示)。「虎嘯而谷風至、竜挙而景雲属」(淮南子天文訓)。

亡者…　「修行ノ功徳ヲ亡者ニ廻向ス」「亡者ノタメニ見性成仏ノ縁トナル」「功徳、亡者ニ通ズ」等の説は、前出の「竜吟雲起、虎嘯風生」に至るまでの格調高い文脈と余りにも落差がある。ここに、この法語の題名「和泥合水集」のきわだった例証がみられる。和泥合水は泥に和し水に合す、すなわち泥にまみれ水びたしとなる醜態をいとわず浅俗の低みに落ちて接化すること。前記の「落差」を埋める契機を、この法語のどこにみいだすか。

経　法華経薬王品の「喜見菩薩…従二三昧一起、而自念言、我雖下以二神力一供中養於仏上。不レ如二以レ身供養一。…若有下発レ心欲レ得二阿耨多羅三藐三菩提一者上、能燃二手指乃至足一指一、供二養仏塔一」から取意。

枝葉根本…　正理に迷う見惑と、五根・五境の事象に迷う思惑の枝末無明と、あらゆる妄執の根本をなす根本無明(根本惑)の三種を無くする。

ウケ、身又カエツテ業ヲツクル」。学道ノ人、自性《じしょう》ヲ照見スレバ、ミヅカラ般若《はんにゃ》ノホノヲ発生《はっしょう》シテ、無明業識《むみょうごっしき》*泯絶《みんぜつ》シテ、胸中洞然《とうねん》トシテ太虚空《たいこくう》ノ如シ、是ヲ枝葉ヲツクストス。然シテ後《のち》、*清浄《しょうじょう》法身《ほっしん》ノ見《けん》ヲ坐断《ざだん》シテ、*機《き》、位《くらい》ヲハナレテ格外ニ超出スル、是ヲナヅケテ根本《こんぽん》ヲ尽ストス。カクノ如ク三種ノ無明ヲツクストキ、自己ノ仏性《ぶっしょう》、即《すなわち》十方ノ諸仏ノ性《しょう》ニ帰シテ無二《むに》無別《むべつ》ナリ、是ヲ名《なづ》ケテ身臂指《しんぴし》ヲタイテ仏ニ供養スルト〔イフ〕矣。モシ此色身《このしきしん》ヲヤイテ諸仏ヲ供養スルトイハヾ、何《いず》レノ仏カ是ヲウケン。

問云《とうていわ》ク、世間ニ断食《だんじき》トナヅケテ一向ニ食《じき》ヲヤメテ、一七日二七日乃至《ないし》百日ヲフル、是成仏《じょうぶつ》ノ道也ヤ。

答曰、断食ト者有相《うそう》ノ食《じき》ヲタツニハアラズ、只無明《むみょう》ノ根本《こんぽん》ヲタツ是也。ミヅカラ自性《じしょう》ヲミテ*意識《いしき》ヲ*照破《しょうは》シ、慮知《りょち》分別《ふんべつ》ノ妄情《もうじょう》ヲタチテ、外《ほか》諸相ヲハナレ、内空《うちくう》ニ著《じゃく》セズシテ、底《そこ》ニ徹《てっし》テ*浄尽《じょうじん》シテ、糸毫《しごう》バカリノ*義味《ぎみ》ヲ存セザルヲ名ヅケテ断食トス。亦善知識《ぜんちしき》ハ*本分ノ事《じ》ヲ以テ人ヲ接スルニ、*耕夫《こうふ》ノ牛ヲカリ、飢人《きにん》ノ食《じき》ヲウバフガ如クナル、是ナリ、アヤマリテ若《もし》有相《うそう》ノ事《じ》トナサバ、是外道《げどう》ノ行《ぎょう》ナリ。

問云、世尊《せそん》ノ所説《しょせつ》ノ*法要《ほうよう》ミナ見性成仏ノ一門ナラバ、有相ノ戒律ヲ持《じ》スルコト余事《よじ》也ヤ否《いなや》。

答云、*戒躰《かいたい》ノ持犯《じぼん》ハ、*理事不二《りじふに》ニシテ*性相一乗《しょうそういちじょう》ナリ。イマダ見性セザル人ハ、情識《じょうしき》ノ海ニ沈《しずみ》テ*自己ノ心仏《しんぶつ》ヲコロス、是殺生《せっしょう》ノ中ノ大殺生ナリ。コノユエニ真実《しんじつ》ノ持戒トイツパ、見性悟道《けんしょうごどう》ナリ。迷性《めいしょう》生ズルトキハ、法財《ほうざい》ヲ損ジ、功徳《くどく》ヲホロボス、是偸盗《ちゅうとう》ナリ。迷性生ズ

泯絶　ほろび絶える。

清浄法身ノ見…　煩悩を離れた法身という分別の想念を断ちきって。

機…　心の働きが法身の空見の境位を離れて。↓二一九頁注

意識　眼識や耳識などと違って対象を総括的に把える心の働き(もともと無明に汚染されたとみる)。

照破　智慧の光が無明を照し破る。

浄尽　慮知分別の妄念が影を消す。

義味　言葉の意味を食味に喩えた。

本分ノ事　人間本来の性に還る事。

耕夫…　「駈二耕夫之牛一、奪二飢人之食一」(臨済録示衆)。学人が大切に保持する偏執を容赦なく奪う、絶対否定の接化手段。

法要　仏法の要旨。

戒躰ノ持犯　善悪以前の心性が戒の体。「仏性ハ戒ノ躰、戒律ハ仏性ノ用」(二〇〇頁一〇行)。持は守る、犯は破る。

理事不二　差別の万象(事)は平等の真如(理)が縁に随って現われた相であるゆえ、平等を離れて差別なく、差別の外に平等なし。

性相一乗　諸法の本質と現象とは水と波のように本来不二。「仏法にはもとより身心一如にして性相不二なりと談ずる…」(正法眼蔵弁道話)。

自己ノ心仏ヲコロス　殺そうにも殺せるものではないが…。

ル時、仏種《ぶっしゅ》ヲタチ、生死輪廻《しょうじりんね》ノ業因《ごういん》ヲ相続スル、是邪婬《じゃいん》ナリ。迷情《めいじょう》ニ覆ワレテ*法身《ほっしん》*尊特《そんどく》ノ身《み》ヲワスレテ、*幻色《げんしき》ヲ認《とめ》テ我身《がしん》トイフ、是妄語《もうご》ナリ。迷情ニヘダテラレテ、本分ノ大智ヲウシナツテミヅカラ狂乱スル、是飲酒《おんじゅ》ナリ。自余《じよ》ノ戒躰ノ義、コレヲ以テシルベシ。

此《この》故ニ自心ニマヨヘバ、諸戒ミナヤブレ、見性スレバ、一切ノ戒律一時ニ円持《えんじ》ス、見性ノ力《ちから》ヲ以テ迷情ヲ消《しょう》シテ仏性ヲ活《かっ》セシムル、是不殺生戒《ふせっしょうかい》ナリ。見性ノ力ヲ以テ迷情ヲ忘《ぼう》ズレバ、六根清浄《ろっこんしょうじょう》ニシテ*六賊《ろくぞく》起ラズ、是不偸盗《ふちゅうとう》ナリ。見性ノ力ヲ以テ迷情ヲ照破スレバ、衆《しゅ》生界《じょうかい》相続セズ、是不婬欲《ふいんよく》ナリ。見性ノ力ヲ以テ迷情ヲ照破スレバ、本分ノ大智ノ発スルコトヲ得テ、方便門《ほうべんもん》ヲトメテ*真乗《しんじょう》トセズ、幻身《げんしん》ヲトメテ真身《しんじん》トイハズ、是不妄語《ふもうご》ナリ。自《じ》性《しょう》ヲ見得《けんとく》スル時、般若《はんにゃ》ノ智明了《ちめいりょう》ニシテ、無明煩悩《むみょうぼんのう》ノ酒《さけ》ニヲカサレザル、是不飲酒戒《ふおんじゅかい》ナリ。此《この》故ニ仏性《ぶっしょう》ハ戒《かい》ノ躰《たい》、戒律ハ仏性ノ用《ゆう》ナリ。躰《たい》マドカナルトキンバ、其用《そのゆう》カクルコトナシ。真実《しんじつ》ノ*戒壇ヲ踏《ふまん》ト欲セバ、自己*本分ノ田地《でんち》ヲフムベシ、成仏ノ*沙弥《しゃみ》受戒《じゅかい》セズト云《いう》ハコノ義《ぎ》ナリ。コノ故ニ古人ノ云ク、「*仏性ノ戒珠《かいしゅ》、心地《しんち》ニ印ス」ト。若此戒《もしこのかい》ヲ受持《じゅじ》シツレバ、一《いっ》得永不失《とくようふしつ》ニシテ、尽未来際《じんみらいざい》ニイタルマデ、遂ニヤブル、コトナシ。カクノゴトクノ金剛不《こんごうふ》壊《え》ノ戒ヲ持セントホツセバ、タダヨク自性《じしょう》ヲ見窮《けんきゅう》スベシ、自性ヲ明ラメントホツセバ、先《まず》定力《じょうりき》ヲ専《もっぱら》ニスベシ、定力堅固ニシテ、雑知雑解《ぞうちぞうげ》ヲヲコサザルヲ*定斎《じょうさい》トス。又アルイハ知《ち》、アルイハ不知《ふち》、トモニ是雑食《ぞうじき》也、仏味祖味ヲ得《うる》モ、又是*破斎《はさい》ナリ。真実ノ定斎トイツパ、無心ノ道ヲ躰得シテ、*打成一片《たじょういっぺん》ナル是也。コノユヘニ経ニ云《いわく》、「*正戒《しょうかい》ノ相《そう》ヲモトラズ邪念ノ心ナキ、コレヲ*清浄戒《しょうじょうかい》ト名ヅク」ト云云。*定心《じょうしん》ヲミダリ諸罪ヲ犯スコト、飲酒《おんじゅ》ヨリモ

法身　仏を仏たらしめる真理、般若空の原体験。仏道修行が報いられて現われた報身、衆生済度のためその世界に応じて現われた応身と共に、仏の三身の一。のちには宇宙に遍在する不滅の理法、または絶対無的主体を法身とよぶ。

尊特　もとは盧舎那仏の異称。その一々の相好が法界に行渡る尊崇奇特の意。「尊特之身、猶如二虚空一、為二法性身菩薩一説レ法。聴法之衆尚非二生死身一」(法華玄義一〇上、正蔵三三―八〇三)。

幻色　生死無常の肉体。

六賊　眼・耳・鼻・舌・身・意の六根を汚染し智慧の契機を奪う妄執。

真乗　真実の乗りもの＝教法。

戒壇　僧侶に戒を授けるための壇。

本分ノ田地　略して本地。本分(→一八八頁)本具の心性は田地が五穀を生ずるように一切万法を生ずるゆえ。後出の「心地」も同じ。

沙弥　得度式をすませただけの少年僧。出家して十戒を持ち具足戒を受けるまでの男子。→補

仏性ノ戒珠…　永嘉玄覚の証道歌の句。仏性即戒、心地(心性)即戒ゆえ、その一体性を押印に譬えた。

定斎　戒に定められた時に食事する。

破斎　戒を犯し正午を過ぎて食をとる非時食。「心を擬すれば是れ犯戒、味を得れば是れ破斎」(洞山録)。

打成一片　妄分別を去って一々の事

甚シキハナシ、コノユヘニ「酒ハ是*起罪《きざい》ノ因縁ナリ」トス。経ニ云、「*酒器《しゅき》ヲ把《とっ》テ人ニアタヘテ飲セシメタラン者ハ、五百世ニ手ナカラン。何《いか》ニ況《いわん》ヤ自《みずか》ラノマンヲヤ」。コノユエニホカニハ*有相《うそう》ノ酒ヲ断ジ、内《うち》ニハ生死《しょうじ》ノナガレヲコヘテ、*涅槃《ねはん》ノ酒ニエハザル、是ヲナヅケテ不《ふ》飲酒戒《おんじゆかい》トス。

戒律ノ持《じ》犯《ぼん》ハ、内外《ないげ》ニワタリテ身心《しんしん》ヒトシク通ズ。ユヘイカントナラバ、心念《しんねん》ヲコラズシテ、色身戒《しきしんかい》ヲヲカスコトナシ。色身罪《しきしんざい》ヲヲカス時、心即生《しんすなわちしょう》ズ。*心生ズル則《とき》ハ、種々ノ法生ズ。種々法生ズル則《とき》ハ、工夫綿密ナラズ。工夫綿密ナラザレバ、仏性《ぶっしょう》アキラメガタシ。仏性ヲアキラメザレバ、生死《しょうじ》*輪廻《りんね》ヲマヌガレズシテ、ツイニハ*無間《むけん》ニ堕在《だざい》ス。イフコトナカレ、我モロモロノ戒ヲオカセドモ、工夫ニヲイテサハリナシト。若《もし》マコトニサハリナクンバ、ナニニヨツテカイマダサトラザルヤ。戒《かい》ヲ持《じ》スルニ二種ノ*ヲモムキアリ、アルイハ在家《ざいけ》ノ人ノ中ニ諸《もろもろ》ノ煩悩ヲステズ、一切ノ悪事ニマジハリナガラ、内心《ないしん》ノ工夫綿密ニシテ、マヅ自性《じしょう》ヲ悟テ、見性《けんしょう》ノチカラヲ以テ漸ク妄情《もうじょう》ヲツクシテ、ツイニ戒珠清浄《かいしゅしょうじょう》ニシテ内外《ないげ》トモニ*相応《そうおう》スル人モアリ、アルイハ天生《てんせい》愚《ぐ》癡《ち》鈍根《どんこん》ナル人ハジメハ自性ヲミル工夫ハ綿密ナラザレドモ、信力《しんりき》堅固ニシテ、戒躰《かいたい》ヲ*マボル志《こころざし》ヲタヨリトシテ、内心ノ工夫ヤウヤク*一片《いっぺん》ニナリテ、ツイニ開悟スル人モアリ。此二種ハ、戒ニヨツテ道ヲサトルト、サトリニヨツテ戒律ニ相応スルト、ヲモムキ異ナリトイヘドモ、悟《さとり》ヲハレバ一道《いちどう》也。

*八万四千ノ煩悩ハ、三毒《さんどく》ヲ以テ根本《こんぽん》トス。*貪瞋癡《とんじんち》ノ三毒ハ、迷情《めいじょう》ヲ以《もつて》根本トス。然レバ則《すなわち》一切ノ業障《ごっしょう》ハ、迷情ヨリヲコレリ。此故ニ迷《まよい》ハ破戒ノ根本也。根本ノ業障ノ上ニカサ

象に執着を離れて成り切る。

正戒ノ相… 梵網経菩薩戒経の偈。→補

清浄戒 「正戒ノ相ヲモトラズ邪念ノ心ナキ」というように、正邪の価値分別の地平を超えている清浄は、不浄を選び捨てたそれではない。

定心 禅定の心。心を澄ませて散乱させぬこと。

起罪 罪業を起す。梵網経下(次注参照)。

酒器ヲ… 梵網経下に、「一切酒不レ得レ酤。是酒起レ罪因縁。…若自身手過二酒器一、与レ人飲レ酒者、五百世無レ手」とある。

有相ノ酒 目に見える酒、即ち酒。

涅槃 一切の煩悩を解脱(げだつ)し不生不滅の法性を体認した境地。正法眼蔵の弁道話に「生死はすなはち涅槃なりと覚了すべし」という。

心生ズル… 分別意識が生ずると種々の客観のものごとが生じ…。慈雲法語に卑近な説明がある(→日本古典文学大系八三-四三)。「心生種々生、心滅種々滅」(十巻楞伽経九)。「心生則種々法生、心滅種々法滅」(起信論、六祖壇経、伝心法要等)。

輪廻 衆生が三界六道に迷の生死を重ねる悪循環。

無間 間断なく苦を受ける無間地獄。

ヲモムキ 方法。生きかた。 **マボル** 守る。

相応 一致する。

一片 純一不乱。

ネテ悪業《あくごう》ヲツクラン人、タトヘバホノヲノ上ニタキギヲソウルガゴトシ、猶《なお》シ海水ニシヅマントスル舟ニ、カサネテ鉄石ヲツムガゴトシ、イヅレノ時ニカウカバンヤ。戒律ハ仏門ニイル*捷径、六賊ヲフセグ*壁塹《へきざん》、法財《ほうざい》ヲマボル城郭《じょうかく》也。城郭カタカラザル時ハ、生死《しょうじ》ノカタキニホロボサレ、恥ヲ閻老ノ前ニサラシ、苦ヲ無間《むけん》ノ底ニウク、シカモ戒律ハ天下ノ規範也。*王道*律《りつ》ナルトキンバ、国土安穏《あんのん》ナリ。耕儂《こうのう》不律ナル時ハ、五穀ミナラズ。何況《いかにいわんや》仏家《ぶつけ》ヲヤ。縦《たとい》サトルトキンバ、四海静謐《せいひつ》シ、仁義*不律《ふりつ》ナルトキンバ、喧嘩ヲコリ、風雨律《りつ》ナルトコロナシトイフトモ、カタク戒律ヲ守《まもり》テ、モロモロノ罪業《ざいごう》ヲツクラズシテ善事《ぜんじ》ヲナサバ、カナラズ人天《にんでん》ノ果報ヲウクベシ。況《いわんや》外《ほか》ニハ戒律ヲ持シ、内《うち》ニハ自性ヲミル志《こころざし》綿密ナラン人、仏道ヲ成《じょう》ゼンコト、水ノ水ニ合《がっ》スルガゴトシ。

問《とう》、*地蔵経ニ云ク、「毎日晨朝《しんちょう》ニ諸《もろもろ》ノ*定《じょう》ニ入リ、諸ノ地獄ニ入《いり》テ苦ヲ離サシメ、*無仏世界ニ衆生ヲ度《ど》シ、今世《こんぜ》モ*後世《ごせ》モヨク*引導ス」ト。若此《もしこの》文ニヨラバ、地蔵ハ是*六道《ろくどう》ノ*能化《のうけ》ナリ、ヒトヘニ此菩薩《ぼさつ》ヲタノマンモノハ、悪道《あくどう》ニヲツベカラズ。シカラバスナハチ悟《さとり》ヲモトメテナニカセン、タダ地蔵ヲタノンデ引導セラルルニシカジトイフ人アリ、コノ理《り》イカン。

答曰《こたえていわく》、你今《なんじいま》カクノゴトクニトフハ、何ノ事《こと》ノタメゾヤ。

云《いわく》、生死《しょうじ》ノ大事《だいじ》ノタメナリ。

曰、ナンゾ地蔵ニトハザル。

云、某甲《それがし》タダアルイハ名ヲキキ、アルイハ絵像木像《えぞうもくぞう》ヲミルバカリニテ、イマダ其実《じつ》ノ躰《たい》

八万四千　古代インドにおいて物の多いことを示す言葉。八万四千の塵労(煩悩)、八万四千の法門、人寿八万四千歳、須弥山の高深八万四千由旬など。略して八万ともいう。

貪瞋癡　貪欲と自己中心の怒りと道理のわからぬ愚かさ。よい果報を招く善因をそこなう三種煩悩(三毒)。底本「貪真癡」。

捷径　ちかみち。底本「擬径」。

壁塹　壁と堀。底本「壁塹」。

王道　王者の(仁徳を本とする)政道。

律　正しい、のり(法)にかなう。

不律ナル　不正、のりにそむく。

地蔵経ニ…　「我毎日晨朝入二諸定一、入二諸地獄一、令レ離レ苦。無仏世界度二衆生一。今世後世能引導」(延命地蔵経下)。日本撰述の偽経といわれる。

定　禅定。

無仏世界　釈迦滅後から弥勒出世までの中間。今の世の中。抜隊の発願「無仏世界の衆生を度せんに、さはりなきほどの大道心を起さばや」(仮名法語)。なお、二〇四頁参照。

後世　底本「後生」。

引導ス　衆生を正道にみちびく。

六道　六種の迷界、即ち、地獄・餓鬼・畜生・修羅・人間・天上。

能化　能く教化するもの。教化を受けるものを所化という。

ヲミズ、イカデカトウコトヲエン。

曰《いわく》、今スデニ生死ノ大事ヲシメサズンバ今世《こんぜ》ノ能化《のうけ》ニアラズ、今世ノ能化ニアラズンバ、後世《ごせ》ノ引導、ナニヲ以《もって》カタノマンヤ。シカラバ便《すなわち》今世《こんぜ》後世《ごせ》能引導《よくいんどうす》ノ語サラニ*妄語《もうご》トナルベシ。你若《なんじもし》妄語トイハヾ〔*経《きょう》ヲ謗《ぼう》ス、実語《じつご》トイハバ〕首尾《しゅび》サラニ相応セズ、イカンガ是ヲタノマンヤ、経ノ文《もん》ハ分明《ふんみょう》也、ミル人ミヅカラアヤマル。経ノ説ノゴトク、毎日晨朝《しんちょう》ニ諸《もろもろ》ノ定《じょう》ニ入ラバ、地蔵ハスデニ定ニ入《いる》、誰《たれ》カ諸ノ地獄ニ入ランヤ。地獄ニイラバ定《じょう》ニアラズ、定ニ入バ地獄ニイラジ、何トシテカ一時ニ諸ノ定ニ入テ諸ノ地獄ニ入《いる》ヤ。

云ク、某甲《それがし》タダ文《もん》ニヨツテ義《ぎ》ヲ解《げ》ス、実《じつ》ニイマダシラズ。

曰、地蔵ト者《は》衆生ノ心性《しんしょう》也、地《じ》ト者《は》心地《しんじ》也、蔵《ぞう》ト者《は》仏性《ぶっしょう》也。仏性ニ一切ノ衆徳《しゅとく》ヲヲサムルガユヘニ、*如来蔵《にょらいぞう》ト名ヅク。迷時《まようとき》ハ恒沙《ごうしゃ》ノ無明《むみょう》、心中ヨリヲコリ、悟ル時ハ無量ノ妙《みょう》義《ぎ》、心中ヨリ生ズ。善悪《ぜんなく》ノ生ズルミナモトナルユヘニ、心《しん》ヲナヅケテ地トス。地ハ一切ノ草木《そうもく》ヲ生ズルガユヘニタトヘトス。一切ノ*法財《ほうざい》ノ帰スル処ナルユヘニ、性《しょう》ヲナヅケテ蔵《ぞう》トス。此ユヘニ地蔵ハ心性ノ異名《いみょう》也。心性本《もと》無二ニシテ、能《よく》六道ノ衆生ノ見聞覚知《けんもんかくち》ノ根本《こんぼん》、六根《ろっこん》ノ主《しゅ》ナリ、ココヲ以テ六道ノ能化《のうけ》トス。諸仏衆生ノ日々夜々《にちにちやや》ノ動静四《どうじょうし》威儀《いぎ》、タダコノ心性ノ妙用《みょうゆう》ナルユヘニ、是ヲナヅケテ毎日トス。晨朝ト者《は》、*黒白未分《こくびゃくみぶん》ノ時《とき》也、仏《ほとけ》トモ衆生トモワカレザル本源《ほんげん》ノ性《しょう》ヲサシテ晨朝トス。一切衆生、此心性《しんしょう》ヲ悟ラズシテ、六道ニ流浪シ、地獄ニ入テ苦ヲウク、ミヅカラ性ヲミル時、善悪《ぜんなく》ノ心念《しんねん》ミナ本《もと》ニカヘリ源《みなもと》ニカヘル、是ヲナヅケテモロモロノ定《じょう》ニ入《いる》トス。心念忘《しんねんぼう》ジ、*業識《ごっしき》*泯絶《みんぜつ》スル時、自性《じしょう》*清浄《しょうじょう》ニシテ、*法《ほっ》

妄語　般若の智慧に照して真実でない言葉。五戒の一。うそをつくこと。うそ。

経ヲ…　至徳三年版によった鈴木・古田本にしたがい、これを補った。

如来蔵　生死流転の拠り所であると共に涅槃常住の当体。人間の本性、仏性。衆生の煩悩の底にある自性清浄心、即ち個人主観阿頼耶識を包み越える根本主体。「法身不レ離二煩悩一、名二如来蔵一…生死者依二如来蔵一」(勝鬘経八章・十三章)。

法財　仏法の財(真理・教)。

黒白未分　差別未分、天地未開前。

業識　善悪の業によって招いた果報の識。有情流転の根本識。根本無明によって一如の真心(真如)が初めて動きだす(業)根本意識。

泯絶　ほろびたえる。

清浄　清らかさと汚れとの二を超えること、差別・対立の相を超えること。

法界　(イ)第六意識の対象界。(ロ)法を最広義にとってあらゆる存在、現象とみるなら、それらの総和としての宇宙。(ハ)一切万法の本来的あり方としての真如・法性・実相の境。ここでは広義の法界。華厳宗では法界を一心とみて一心法界といい、また事と理の両面から四つに分類して四法界をあげる。瓔珞本業経に、「迷二法界一而起二三界業果一」(正蔵二四-一〇一六b)とある。

界《かい》ニ透入《とうにゅう》シテ、*十方只《ただ》*一段ノ風光ニシテ地獄、*天宮《てんぐう》モミナ浄土タリ。此故ニモロモロノ地獄ニ入《いる》トス。*絶言絶慮《ぜつごんぜつりょ》、処《ところ》トシテ通ゼズト云コトナキ是也。分別《ふんべつ》ノ心念ヲ衆生トス。自《みずから》本性《ほんしょう》ヲキワムル時、心念ヲサマリツキテ自性清浄也。清浄ノ性《しょう》ノウチニハ、仏《ほとけ》モナク衆生モナシ、是ヲナヅケテ無仏《むぶつ》世界《せかい》度衆生トス。自性真常《じしょうしんじょう》ニシテ永劫《ようごう》ニモ変易《へんやく》セズ、古《いにしえ》ニワタリ今ニワタリテ、*応用《おうゆう》カクルコトナシ、ココヲ以テナヅケテ今世《こんぜ》後世《ごせ》*能引導《のういんどう》トス。タダイマカクノゴトクニイヘバ、カクノゴトクニキク、一切ノ*日用《にちよう》、ナニノナストコロゾ。若《もし》能《よく》コレヲ会得《えとく》セバ、你即《なんじすなわち》地蔵也。若《もし》又更ニサトラズンバ、地蔵即《すなわち》你也。コノ故ニ*経ニ云ク、「*善男子《ぜんなんし》、真善《しんぜん》ノ菩薩、心明円《しんみょうえん》ナル故ニ*如意輪《にょいりん》ト名《なづ》ク、心*凝㝵《げげ》ナキガ故ニ観自在《かんじざい》トナヅク、心生滅《しょうめつ》ナキガ故ニ*延命《えんみょう》トナヅク、心*摧破《さいは》ナキガ故ニ地蔵トナヅク、心*辺際《へんざい》ナキガ故ニ大菩薩トナヅク、心色相《しんしきそう》ナキガ故ニ*摩訶薩《まかさつ》トナヅク。汝等心《しん》ヲ*信受《しんじゅ》セバ、別ナル所ナケン、忘失《ぼうしつ》セシムルコトナカレ」ト云云。コノユヘニマサニ一切ノ仏菩薩《ぶつぼさつ》ノ名相《みょうそう》ハ、ミナ心性ノ異名《いみょう》ナリトイフコトヲシルベシ。世尊《せそん》ノ方便《ほうべん》ノ説、只義《ぎ》ヲ以テ名《な》トナシ、名ヲ以テ理《り》ヲシメス、衆生愚迷《しゅじょうぐめい》ニシテ理ヲサトラザルユヘニ、*名相ニ貪著《とんじゃく》シテ、心ノ外《ほか》ニホトケヲモトメ法ヲモトメテ成仏《じょうぶつ》セント欲セバ、*イサゴヲ蒸《むし》テ飯《はん》トナサント欲スルガゴトシ。

ムカシヒトリノ菩薩アリ。イマダサトラザリシサキヨリ慈悲心《じひしん》アリ。衆生ノ来往《らいおう》ヲアワレミテ、生涯江河《こうが》ニ橋ヲカケ路《みち》ヲツクルガユヘニ土ヲニナヒ泥ヲハコブニ因テ、地ノ性《しょう》即我性《すなわちわがしょう》ナルコトヲ悟《さとり》テ解脱《げだつ》ヲ得タリ。コノユヘニ世尊《せそん》是ヲ名ヅケテ地蔵菩薩トス。此《この》菩薩ノ慈悲心ノアマネキヲタトヘトシテ、衆生ノ自性ノ法身《ほっしん》ノ処々《しょしょ》ニ*応現《おうげん》シテ、*造化《ぞうか》ノアマ

十方　四方と四隅と上下の総称。すべての方処。
一段　同じレベル。差別のままに平等。
天宮　天人の宮殿。
絶言…　「絶言絶慮、無㆓処不㆑通」(信心銘)。
応用　情勢・状況に応ずる(衆生接化の)はたらき。
能引導　底本「能引道」。
日用　日々の振舞、生きざま。
経　延命地蔵経下。
善男子　仏法に耳を傾ける心のある男子。
如意輪　意のままに衆生を済度する如意輪観音。衆生の心性。
凝㝵　煩悩のさわり。不自在。㝵は礙に同じ、さまたげる。
延命　延命地蔵菩薩。衆生の心性。
摧破　くだけ破れる。底本「推破」。
辺際　かぎり、はて。
摩訶薩　摩訶薩埵に同じ。大士、大有情などと訳す。自利・利他円満の無上の悟りを求める大乗の修行者。菩薩の通称。
信受　信じ受けいれる。
名相ニ貪著　名や相(すがた)にどこまでも執着する。
イサゴヲ…　楞厳経六に、「若不㆑断㆑婬、修㆓禅定㆒者、如㆘蒸㆓沙石㆒欲㆖成㆑飯」とある。
応現　衆生を救うために相手の能力個性に応じたすがたを現わす。

ネキコトヲシメサレタリ。ソレ実ニハ心法《しんぽう》ノ妙用《みようゆう》ノ円満広大ナルニ*タクラベバ、イヅレノ菩薩ノ*徳用《とくゆう》モ、イカデヲヨブコトヲエン。衆生*愚鈍ニシテヲノレニ迷《まよい》テ只タトヘヲ認《とめ》テ実《じつ》トス。若《もし》ヨク自心《じしん》ヲ*覚了《かくりよう》セバ、マサニハジメテ諸仏ノ所説ハ、只タトヘヲ以テ衆生ノ心ヲサスヨリホカニ余事《よじ》ナシトシルベシ。

問曰《とうていわく》、教《きよう》ノ中ニイヘルコトアリ、人ニヲイテ縁《えん》アル時ハ信ジヤスク、法《ほう》ニヲイテ縁アル時ハ入《いり》ヤスシト。然ラバ則見性悟《すなわちけんしようご》道《どう》ハ、タトイ志《こころざし》アリテ勤苦《ごんく》修行《しゆぎよう》スルトモ、*宿縁《しゆくえん》ナカランモノハ、サトルコトアルベカラズ。先《まず》*結縁法《けちえんほう》ヲ修《しゆ》スベシヤ。

答曰《こたえていわく》、人ニヲイテ縁ノアリナシハ歴然也。外道《げどう》、小乗《しようじよう》、天魔《てんま》ノ法ナリトイヘドモ、縁アル人ノトク時ハ、其前縁《ぜんえん》ノ衆《しゆ》是ヲ信ジテ善知識ト号ス。又実《じつ》ニ仏祖ナリトイヘドモ、其人ニ縁ナキモノハ、是ヲ信ゼズシテ、猶其同国同処《どうこくどうしよ》ニアルコトヲイトヒテ、遠クサランコトヲモトメテ還《かえつて》*訕謗《せんぼう》ヲナス。仏在世《ほとけざいせ》ノ時モ仏ヲ謗《そしり》テ、*外道天魔ノ弟子トナルモノアリ、邪正《じやしよう》トモニ縁ニヨルモノナリ。邪人ニ縁アルモノハ邪法ヲ成就シテ、生々世々《しようじようせぜ》ニ彼邪師《かのじやし》ト共ニ流転《るてん》シテ、ツイニ*無間獄《むけんごく》ニヲツ。正法《しようぼう》ノ人ニ縁アルモノハ、ツイニハ見性悟《けんしようご》得《とく》ス。

然則《しからばすなわち》*知識ヲモトメン人ハ、マヅソノ知識ノ法《ほう》ノ邪正、得悟《とくご》ノ真偽ヲヨクキキサダメテ、マコトニ大法《たいほう》ヲアキラメ得タル人ナラバ、身命財《しんみようざい》ヲヲシマズシテ、到《いたり》テコレニ親近《しんごん》スベシ。真正《しんしよう》ノ善知識、*有為《うい》ノ法ヲトイテ人ノ眼《まなこ》ヲツブサズ、直《じき》ニ人心《にんしん》ヲサシテ見性成仏セシム。又法ニヲイテ縁アル時ハイリヤスシ、外道、小乗乃至《ないし》方便門《ほうべんもん》ハ、皆カリニ建立《こんりゆう》シタル法ナレバ、縁アル人モアリ、縁ナキモノモアルベシ、正法《しようぼう》ニハ縁ナキモノ一人モアルベカラズ。

造化　創造化育。
タクラベバ　くらべたならば。「た」は接頭辞。
徳用　徳のはたらき。
愚鈍　真実の自己に迷うて有相の外物にとらわれる。
覚了　さとる。了も「さとる」の意。

宿縁　宿世の因縁、前世からの因縁。

結縁法　仏道に縁を結び未来得度の因縁を作るために、灌頂壇に参詣して花を諸尊の像に投げて当った尊像と結縁したり(結縁灌頂)、信者相集まって法華経を書写すること(結縁経、結縁経供養)などの行法。結縁には、衆生から仏への結縁と、仏から衆生への結縁がある。
訕謗　そしる。
外道天魔　仏道を妨げるもの。魔外ともいう。
無間獄　無間地獄。
知識　善知識。→一九〇頁注

有為ノ法　生滅無常な世間の教法。

此故ニ初心後《しょしんご》心《しん》、在家《ざいけ》出家《しゅつけ》ヲイハズ、一念信得《しんとく》スルモノ皆成仏《みなじょうぶつ》スベシ。ユヘイカントナラバ、正法ト者《は》、諸仏衆生《しょぶつしゅじょう》ノ本来ノ面目《めんもく》、見聞覚知《けんもんかくち》ノ主人ナリ。八万四千ノ*毛竅《もうきょう》、三百六十ノ骨節《こっせつ》、畢竟《ひっきょう》シテ通身《つうしん》是*法躰《ほったい》ナリ。イヅレノ衆生カ縁ナキ。水ニ縁ナキ氷雪ナシ、衆生ノ成仏スルコト、タトヘバ氷雪ノトケテ水トナルガゴトシ。モトヨリ遂ニウシナワズ。若人《もしひと》アリテ我正法《われしょうぼう》ニ縁ナシ、マヅ結縁《けちえん》ヲ修《しゅ》セントイハバ、大海ノ中ノ波ノ大海ヲモトメテ、我大海ニエンナシト云《いい》テ、方便ヲ求メンガゴトシ。猶《なお》シ*演若達多《えんにゃだった》ガミヅカラ頭《こうべ》ノ上ニカウベヲモトメタルニコトナラズ。此故ニ仏《ほとけ》ト衆生《しゅじょう》トハ、水ト波トノゴトクニシテ、*毫髪《ごうはつ》バカリノヘダテナシトイヘドモ、衆生一念アヤマリテ、我ハコレ凡夫《ぼんぶ》ナリ、ミヅカラ悟ルコトハカタカルベシト、フカクヲモヒナシタル上ニ、此人トヲナジホドノ法師《ほうし》アリテ、ミヅカラシラザルニヨリテ、在家《ざいけ》ノ男女《なんにょ》ニ向テ云ク、「我ラガ様《よう》ナル僧法師《そうほうし》ダニモ、禅ノ法ハ修《しゅ》シガタシ、汝等在家ノ人ナニトシテカカナフベキ」ト云テ、有為虚妄《ういこもう》ノ法ヲトイテ地獄ノ業《ごう》ヲツクラス。此故ニミヅカラ*心地《しんじ》ヲアキラメズシテ、他人ニ法ヲシメシ、アルイハ説法《せっぽう》スルヲ、一盲《いちもう》ノ衆盲《しゅもう》ヲヒクニタトヘタリ。禅法《ぜんぼう》トテハジメテタテタル宗《しゅう》ナシ、タダ諸仏衆生、一源《いちげん》ノ本心ヲサシテ宗トス。コノ心《こころ》スナハチ仏性《ぶっしょう》ナリ、コノ性《しょう》ヲミルヲ修行トス。仏性ヲサトレバ、*忽尓《こつじ》トシテ*妄縁《もうえん》ヲ離却《りきゃく》シテ、文字《もんじ》ニカヽハラズ、*法塵《ほうじん》ニソマザル、コレヲナヅケテ禅トシ、禅ヲ得ルヲ成仏トス。

コレコノ真仏《しんぶつ》ハ、即今人々《にんにん》ノ方寸ノウチニアリテ、見聞覚知《けんもんかくち》ノ主タリ。若《もし》人カクノゴトクニ悟得《ごとく》セバ、身心是《しんじんこれ》禅ナリ。タレガタメニカ得ヤスク、タレガタメニカカタカラン。仏

毛竅　毛あな。
法躰　存在の不生不滅の本質。
演若達多　梵語の音訳。日常的人間の象徴。伝説上の一狂人の名。この男、ある日の朝、鏡をもって顔を照したところ、頭に眉目のあるを見て喜んだが、ある日鏡の裏を見ていることに気づかず、そこに自分の頭が無いのに怒り、魔物の仕業だとして狂走したという(楞厳経四)。自分の頭を本性に、鏡中の頭を妄相に譬え、鏡中の頭に眉目あるを見て喜ぶのは妄相を真相と錯覚し、自分の頭に眉目を見ないのは、本性が一切の相の絶するに譬えた。演若達多が頭をもちながら頭が無いといって騒ぎまわった話として、真仏、真心を外に求める愚かさの譬喩に用いられる場合もある。「演若達多、頭をもって頭を覓(もと)むるがごとし、たとい認め得るも是れ汝が本来の仏にあらず」(祖堂集一六)。この人名は男女に通ずる。語尾が長音の場合が女性(無住の「妻鏡」)。ヤジニャダッターYajñadattā. →補
毫髪　細い毛、毛すじ。ごく僅かなこと。
心地　心性。
忽尓　たちまち。忽然。
妄縁　虚妄不実な内外の事象。人間の妄情をおこす諸条件。
法塵　第六意識の内容となるすべての法(ものごと)。法ないし教法への

道ヲモトメン人、邪師《じやし》ノ説ヲキカバ、天魔《てんま》波旬《はじゆん》ガ来《きたり》テ我ヲヒイテ地獄ニ入《いる》トオモヒテ、即《すなわち》トヲクニゲ去《さる》ベシ。*円覚経《えんがくきよう》ニ云ク、「*善友《ぜんう》ヲ求《もとむ》トイヘドモ、邪見ノ者ニアヘバ、イマダ正悟《しようご》ヲ得ズ、是ヲ 則名《すなわちなづけ》テ外道《げどう》ノ*種性《しゆしよう》トス、邪師ノ過謬《かびゆう》ナリ、衆生ノ咎《とが》ニアラズ」ト云云。邪師トイツパ、ミヅカラ見性《けんしよう》セザルニ依テ、有為《うい》ノ法ヲトクモノ是也。経《きよう》ニ云ク、「*凡所有《およそしよう》ノ相《そう》ハ皆是虚妄《こもう》ナリ」ト。*永嘉《ようか》ノイハク、「直《じき》ニ根源《こんげん》ヲキルハ仏《ほとけ》ノ印《いん》スルトコロナリ、葉ヲツミ枝ヲタヅヌルコト我ヨシトセズ」ト云云。イニシエヨリ今ニイタルマデ、明眼《みようげん》ノ人ノ中ニ一人トシテ、見性《けんしよう》セズシテ、成仏《じようぶつ》スベシトイハレタル人ナシ。伝燈録《でんとうろく》ニノスルトコロノ一千七百一人ノ中ニ、*七仏ヨリ歴代ノ祖師ニイタルマデ皆タダ直《じき》ニ人心《にんしん》ヲサシテ見性成仏セシムルヨリ外《ほか》ニ余事《よじ》ナシ。乃至《ないし》ソレヨリ後ノ諸大老《しよたいろう》ツイニ二法ヲトカズ、悉《ことごとく》皆《みな》心ヲ以テ心ヲツタウ。又古《いにしえ》ヨリイマニイタルマデ見性セザル人ノ中ニ、一人トシテ有相《うそう》ノ法《ほう》ヲ説テ人ヲ繋縛《けばく》セザルハナシ。得悟《とくご》ノ人ハ、一向《いつこう》ニ*心法《しんぼう》ヲシメシ、イマダサトラザル人ハ、一向ニ有相ノ法ヲ修《しゆ》シ、心外《しんげ》ニ仏《ほとけ》ヲ求ム、是黒白《こくびやく》ノゴトク、水火ノ混ゼザルニニタリ。仏道ハ一大事因縁ノタメナルヲ、ヲノレガ一旦《いつたん》ノ*愛ニ依テ、邪師《じやし》ヲ信ズルヲミルニ、マコトニ人ニヲイテ縁《えん》アル時ハ信ジヤスシ。シカリトイヘドモ、法ノ縁ヲイハヾ、人ノ縁ヨリモ猶シ人々《にんにん》シタシカルベシ。法《ほう》トイツパ心法《しんぼう》ナリ、ヲノレガ自心《じしん》ニ縁ナキ物アルベシヤ。自心ヲ以テ自心ノ仏《ほとけ》ヲ悟ランコト、空《くう》ノ空ヲウルガゴトクニシテ、ヘダテナシトイヘドモ、邪師ノサマタグルヲイカンガセン。

問云《とうていわく》、然則《しからばすなわち》、志《こころざし》シアリテ道《みち》ヲ修《しゆ》スルトモ、邪師ニアハバ邪路《じやろ》ニ入《いる》ベシ、知識ノ邪《じや》

執着を法塵煩悩という。

円覚経ニ… 大方広仏円覚修多羅了義経(円覚経)に「若諸衆生雖レ求二善友一、遇二邪見者一未レ得二正悟一。是則名為二外道種性一、邪師過謬。非二衆生咎一」(正蔵一七―九二〇)とある。

善友 善知識。

種性 種子・性分。うまれつき。

凡所有… 金剛般若波羅蜜経に、「凡所有相、皆是虚妄」とある(正蔵八―七四九)。

永嘉 永嘉玄覚。「直截二根源一仏所レ印。摘レ葉尋レ枝我不レ能」(証道歌)。

七仏 毘婆尸仏・尸棄仏・毘舎浮仏・拘留孫仏・拘那含牟尼仏・迦葉仏・釈迦牟尼仏。これを釈尊以前に世に出た過去七仏という。「諸悪莫作、衆善奉行、自浄其意、是諸仏教」(七仏通戒偈)。

心法 心性、自性清浄心。

愛 愛欲。煩悩に染まった愛。染汚愛。これに対して仏菩薩の衆生に対する慈愛を不染汚愛という。今の場合は前者。

学者 学道者、修行者。

蚊ノ… 嘴が入らぬ、歯が立たぬ。滋味が取れぬ。「蚊子上二鉄牛一無二你下嘴処一」(馬祖録・祖堂集一六)。

人情 我執・法執に縛られた人間のこころ。

正《しょう》ヲバ、ナニヲ以テカシルベキヤ。

答《こたえて》曰《いわく》、*学者トシテ知識ノ邪正ヲシラント欲《ほっせ》バ、マヅミヅカラ心性《しんしょう》ヲ観見《かんけん》シテ、見性《けんしょう》ノチカラヲ得テ是ヲ弁ズベシ。ソレスラ猶小見解《しょうけんげ》ヲ以テ大法ヲ弁ゼント擬《ぎ》セバ、*蚊ノ鉄牛ヲ咬《かまん》ト欲《ほっす》ルガゴトシ、況《いわんや》*人情ヲ以テ知識ノ邪正ヲ弁ゼンコト、螢火ヲ以テ天ヲヤカント欲ルガゴトシ。イカンガヲヨバンヤ。

云ク、若然《もししから》バ初心ノ学者ヲホクハ邪師ヲ信ジテ、ムナシク一生ヲスグルノミニアラズ、*花報《けほう》ハ魔ノ眷属《けんぞく》トナリ、果報ハ*無間《むけん》ニヲツベシ、スコシモコレヲシル証拠ナカルベシヤ。

曰《いわく》、イマダ自己ノ道眼《どうげん》ヲアキラメザル人ニ、仏法《ぶっぽう》ノ邪正《じゃしょう》、*知識ノ善悪《ぜんなく》ヲシエンコト、ヲオキニカタシ。タトヘバ生盲《しょうもう》ノモノニ、黒白《こくびゃく》ノイロヲシラセント欲スルガゴトシ、タトヒ一往《いちおう》コトバヲウケゴウトイフトモ、実《じつ》ニハイカデカ*領納シエン。シカリトイヘドモ、若《もし》強《し》テ是ヲイハバ、タダ仏祖ノ心印《しんいん》ヲ*展伝続累《てんでんぞくるい》シテ、証明《しょうみょう》タダシキ善知識《ぜんちしき》ノ*印可《いんか》ヲウケタラン人ヲ信ズベシ。見性《けんしょう》ノ人ヲ正師《しょうし》トシ、見性セズシテ説法スル人ヲ邪師トス。タトヒ*八《はっ》宗《しゅう》ヲ兼学《けんがく》シ、*満分戒《まんぶんかい》ヲ持《じ》シ、長坐《ちょうざ》シテネムラズ、*六時ニ道《どう》ヲ行《ぎょう》ジ、無欲清浄《しょうじょう》ニシテ、恒沙《ごうしゃ》ノ*衆《しゅ》ヲアツムルトモ、*証明タダシカラズンバ、コレヲ信ズベカラズ。タトヒ人ノ印可ヲウケタリトイフトモ、ソノ印可シケル人ノ由来ヲフカクタヅヌベシ。

第二十一祖*婆修盤頭《ばしゅばんず》ハ、又ハ偏行頭陀《へんぎょうずだ》トナヅク、一食不臥《いちじきふが》ニシテ、六時仏《ろくじにほとけ》ヲ礼《らい》シ、清浄《しょうじょう》ニシテ無欲ナリ、衆《しゅ》ノタメニ*帰セラル。第二十祖闍夜《じゃや》多《た》尊者《そんじゃ》カシコニイタリテ、マヅカノ衆ニ問《とい》テイハク、「コノ偏行頭陀、能《よく》*梵行《ぼんぎょう》ヲ修《しゅ》ス、仏道ヲウベシヤ」。衆ノイハク、「我師

花報　果報の対。実を結ぶ前にまず花を開くように、来世の果を感ずる前に、現世において受ける報。
無間　無間地獄。
知識　(イ)仏道・正法に縁を結ばせる人。善知識・善友ともいう。(ロ)禅の師家。この場合の「知識」は後者。
領納　うけいれる、納得する。
展伝続累　次々に伝え重ねてゆく。
印可　師家が修行者に法を授けて、修行者が法を得、悟りを得たことを証明認可すること。
八宗　華厳・律・法相・三論・成実・倶舎の南都六宗に天台・真言の二宗を加えたもの。
満分戒　仏法に従う在家の男女が三帰戒を受けた後、五戒のうち一戒を持つ一分戒、二戒を持つ少分戒、三戒、四戒を持つ多分戒に対して、五戒を持つのを満分戒という。
六時　一日を昼三時、夜三時に分ち、晨朝、日中、日没、初夜、中夜、後夜としたのをいう。
衆　僧伽・僧団の成員、僧衆。
証明　修証の正しさを証拠だてる。
婆修盤頭　伝燈録二および会元一の第二十祖闍夜多尊者章に見える。
帰セラル　帰依された。
梵行　清浄な生活。
塵劫　塵点劫の略。塵点の喩えによせて劫の久遠を示す。億兆年。
顛倒　正理・真理に反すること。
無漏の智　煩悩を解脱した智。

精進《しょうじん》ナリ、何故《なにゆえ》ニカ不可《ふか》ナラン」。尊者ノイハク、「汝ガ師ハ道《みち》トトヲシ、設苦行《たといくぎょう》シテ*塵劫《じんごう》ヲ歴《ふ》トモ、皆虚妄《こもう》ノ本《もと》ナリ」。衆ノイハク、「尊者何ノ徳行《とくぎょう》ヲ蘊《つつみ》テカ我師ヲ譏《そし》ルヤ」。尊者ノイハク、「我道《われみち》ヲモトメズ、亦*顚倒《てんどう》セズ、我仏《われほとけ》ヲ礼セズ、亦軽慢《きょうまん》セズ、我長坐《われちょうざ》セズ、マタ懈怠《けたい》セズ、我一食《われいちじき》セズ、亦雑食《ぞうじき》セズ、我知足《われちそく》ニアラズ、マタ貪欲《とんよく》ニアラズ、心ニネガフトコロナシ、コレヲ名ヅケテ道《みち》トイフ」。時ニ偏行聞已《へんぎょうききおわっ》テ、*無漏《むろ》ノ智ヲ発シテ歓喜讃歎《かんぎさんたん》ス。婆修盤頭尊者、若《もし》闇夜多尊者ニアハズンバ、生涯タダ*野狐《やこ》ト成テ、ソコバクノ衆ヲ惑乱《わくらん》スベシ。コノユヘニタトイ千万ノ威徳ヲ現ジ、不思議奇《き》特神変《どくしんぺん》ヲホドコシ、大光明ヲハナツトモ、イマダ大法ヲアキラメズンバミナ是天魔《てんま》ノ所行ナリトシルベシ。ヨノツネノ悪人ニハチカヅクトモ、コレツラノ邪師《じゃし》ニハチカヅクベカラズ。ユヘイカントナラバ、学道《がくどう》ノ人ハ、愚人《ぐにん》ノ罪業《ざいごう》ヲツクルヲミテハ、イヨイヨ我先《わがさき》ノ非ヲ悔テ、道《みち》ニススム志《こころざし》ヲ増《ぞう》スルコトアルベシ。若《もし》邪師ニチカヅカバ、*正因《しょういん》ヲ失《しっし》テ*魔外《まげ》ノ窟《くつ》ニ入テ、ノチニハ*モヌクルコトカタカルベシ。

善知識ト者《は》、*行解《ぎょうげ》相応シテ*滲漏《じんろ》ナシ、滲漏ト者《は》*習気《じっけ》ノ煩悩ナリ。*円悟《えんご》禅師ノ云《いわく》、「若《もし》*全機《ぜん》透脱《とうだつ》シテ大自在《だいじざい》ヲ得ル底《てい》ノ人ニアラズンバ、焉能你《いずくんぞよくなんじ》トトモニ*同死《どうし》同生《どうしょう》セン。何ガ故ゾ、他許多《たのそこばく》ノ得失《とくしつ》、是非《ぜひ》、滲漏《じんろ》ノ処ナキガタメノ故ナリ」。*洞山《とうざん》ノ云《いわく》、「若向上《もしこうじょう》ノ人ノ真偽ヲ弁《べん》認《にん》セント要セバ、*三種ノ滲漏アリ、*情滲漏《じょうじんろ》、*見滲漏《けんじんろ》、*語滲漏《ごじんろ》ナリ。見滲漏ハ、機《き》、位《くらい》ヲ離ズシテ毒海《どくかい》ニ堕在《だざい》ス。情滲漏ハ、智常向背《つねにこうはい》シテ見処偏枯《けんじょへんこ》ナリ。語滲漏ハ、体《たい》、妙宗《みょうしゅう》ヲ失シテ機《き》、終始《しゅうし》ニ昧《くら》シ。此三滲漏宜已《よろしくすでに》コレヲ知《しる》ベシ」ト云云。イマダ滲漏ツキザル人ハ、空《くう》

野狐 大悟したふりをして一応の見性や公案を鼻にかけ人をあざむくのを野狐に喩えた。
正因 道に入る正しい因縁。
魔外 仏道を妨げる天魔と外道。
モヌクル ぬけ出る。
行解相応 仏道の理解と平生の行動とが一致すること。
滲漏 船や桶の穴・すき間から水がしみ出し(滲)漏ったりすることから、一応の悟りを得た者になお残る微細な煩悩・妄想を意味する。
習気 慣性的気分。煩悩がなくなった後になお残るその余薫。
円悟禅師… 円悟は円悟克勤(こくごん 一〇六三—一一三五)。五祖法演の嗣、雪竇の頌古百則を拈提して「碧巌録」を編んだ。以下、最終行「…知ベシ」までは碧巌録一五評唱よりの引用。
全機 主体のはたらき全体。
同死同生 死生を共にする。見解(けんげ)境地の親密不二なこと。
洞山 洞山良价(りょうかい 八〇七—八六九)。その法嗣曹山本寂(ほんじゃく)と共に曹洞宗の祖といわれる。
三種ノ滲漏 ↓補
情滲漏 情識が残っていて取捨の分別意志が消えていないこと。
見滲漏 法見が空ぜられず清浄の境に執われて自由がきかないこと。
語滲漏 解説は巧みであるが、意味、論理の地平を超えていないこと。根本体験に至らず、働きが智慧を欠く。

有《う》ノ二相ニ染著《ぜんじやく》シテ、自由自在ノトコロナシ、真実見性通達《しんじつけんしようつうだつ》セザルガユヘナリ。*達磨大師《だるまだいし》ノ云《いわく》、「昔《むかし》*善星比丘《ぜんしようびく》ト云モノアリテ、*十二部経ヲ誦得《じゆとく》スレドモ、輪廻《りんね》ノ縁ヲマヌガレズ、是見性《これけんしよう》セザル故ナリ」。又云《いわく》、「見性セザル人ヲミダリニ仏《ほとけ》トイハバ、此等ノ衆生ハ大罪《たいざい》ノ人ナリ、他ノ一切衆生ヲ*タホラカシテ魔界ニ入《いら》シム。若《もし》見性セズンバ、十二部経教《じゆうにぶきようぎよう》ヲトキウルトモ、尽《ことごとく》是《これ》魔説ナリ」。又云《いわく》、「若《もし》見性スレバ、*旃陀羅《せんだら》モ成仏ス」。又云、「水火ニ入《いり》、剣輪《けんりん》ニノボリ、一食長坐《いちじきちようざ》シテ臥《ふせ》ザルモ、コトゴトク是外道《これげどう》ナリ、有為《うい》ノ法ナリ。若《もし》*施為運《しいうん》動《どう》、霊覚《れいかく》ノ性《しよう》ヲ識得《しきとく》セバ、汝スナハチ諸仏ノ心《こころ》ナリ」ト云云。此故ニ真実明眼《みようげん》ノ人ニアラズンバ、知識ノ邪正《じやしよう》ヲシルベカラズ。法ニハ二法ナシトイヘドモ、悟《さとり》ニヲイテ浅深《せんじん》アリ。悟ノ浅深ニ依テ、其《その》家風モ差別《しやべつ》アリ。タトイ自己ノ見解《けんげ》アリトイヘドモ、イマダ大法《たいほう》ヲアキラメザレバ、*有所得《うしよとく》ノ心ヤマズシテ、法理ヲ説時《とくとき》ハ、道人《どうにん》ニ似タレドモ、心底《しんてい》ノ俗情忘《ぼう》ゼズ。*法我《ほうが》甚《はなはだ》シクシテ、*出世成道《しゆつせじようどう》ヲコノンデ、人ニタツトマレンコトヲモトメ、或ハ因果ヲ撥無《はつむ》シ、ココニ空《くう》ヲ説テ、歩々《ほほ》ニ*有《う》ヲ行《ぎよう》ズ。*霊仏霊社《れいぶつれいしや》ニシタシミ、*奇特殊勝《きどくしゆしよう》*道徳ヲイノルモノハ、地獄業《じごくごう》ヲ増長ス。最モ是ヲ遠離《おんり》スベシ。達磨大師ノノタマハク、「*行解《ぎようげ》相応シタルヲ名ヅケテ祖トス」ト。若《もし》タダシク先徳《せんとく》ノ証明《しようみよう》ヲ受テ、内外《ないげ》相応シ、禅律《ぜんりつ》ヒトシク通達《つうだつ》シ、心法《しんぼう》ナラベ忘《ぼう》ジテ、毀誉《きよ》ニ動ゼズ、恒沙《ごうしや》ノ衆《しゆ》ヲアツムレドモ、心ニ憍慢ナカラン、真実得道《とくどう》ノ善知識ニアハバ、*優曇華《うどんげ》ノ時ニ一度現ズルガゴトシ。マサニコレヲモトメテ身命《しんみよう》ヲヲシマザルベシ。

問《とう》、経ノ中ニ、*舎利ヲ持《じ》スルモノハ必ズ成仏スベシトイフコトアリ。若然《もししから》バ舎利ヲ持シ

達磨大師ノ云…　血脈論(少室六門集六)。以下「又云…」も同じ。
善星比丘　仏弟子の一人。欲界の煩悩を断って第四禅定を得たが、悪友に近づいて邪見を起し、無間地獄に落ちたという。涅槃経三三では、仏の太子時代の子という。身毛喜竪経上は長者子善星堕地獄の因縁を詳述(正蔵一七-五九一c)。
十二部経　経典を形式・内容から十二種に分類したもの。十二分教。要するに経典。→二一五頁注
タホラカシテ　誑(たぶらか)して。
旃陀羅　梵語の音訳。インドの四姓外の最下級の種族。屠殺などを業とする賤民。屠者。
施為　しわざ。行為。
有所得ノ心　何かを求めて得ようとする心。悟りを得たという執われ。
法我　法我執。この場合はとくに、「仏法・禅法」への我執。
出世成道　大寺院の住持となって大衆に説法する。成道は上堂か。
有　有所得の心とおこない。
霊仏霊社　霊験あらたかな仏ややしろ(神社仏閣)。
奇特殊勝　奇蹟的なことがら。
道徳　仏法が身につくこと。
行解相応　実行と理解が一致する。
優曇華　梵語の音訳。想像上の植物。三千年に一度花を開き、その花開く時、金輪明王が出現するという。
舎利　仏・聖者の遺骨。仏舎利。

タランモノハ、ミヅカラ修行シ、善知識ヲモトメテ枝葉ナルベシヤ。

答《こたえて》云《いわく》、諸仏衆生ノ中ニ舎利ヲ持セザルモノナシ、身ヲ以テ塔トシ、仏性《ぶっしょう》ヲ以テ舎利トス。ミヅカラ見性《けんしょう》シテ、*情妄《じょうもう》ヲ照破スル時、身ト性《しょう》ト無二ニシテ、舎利ト塔ト一如《いちにょ》ナリ。此故ニ舎利礼《しゃりらい》ノ讃ニ云《いわく》、「*真身舎利《しんじんしゃり》、*本地法身《ほんじほっしん》、*法界塔婆《ほっかいとうば》」ト云云。真身トイツパ、自性《じしょう》即《すなわち》如来ノ全躰ナリ、是ヲ名ヅケテ妙法身《みょうほっしん》トシ、是ヲ名ヅケテ舎利トス。カクノゴトク見《けん》得《とく》スル人ハ、有相《うそう》ノ舎利ヲ実《じつ》トセズ。コノユエニ法花経《ほけきょう》ノ法師品ニイハク、「*若《もし》経巻ノ所《しょ》住《じゅう》ノ処ニ皆《みな》七宝ノ塔ヲタツベシ、極《きわめ》テ高広厳飾《こうこうごんしき》ナラシム、復《また》舎利ヲ安《あん》ズルコトヲモチヒズ。ユエイカントナラバ、此中ニスデニ如来ノ全身アリ」ト云云。所謂《いわゆる》此経巻ノ実躰《じったい》、諸人ノ身中ニアリ。カクノゴトク、自性真実無漏法身《じしょうしんじつむろほっしん》ノ舎利ヲ通身ニ持シナガラ、ミヅカラコレヲシラズシテ、他ノ*寒灰《かんかい》ヲ所持シテ、能《よく》舎利ヲ持スルトイハバ、即時《そくじ》ニ仏意ニ違背ス。此故ニ世尊《せそん》是ヲ衆徳円満《しゅとくえんまん》ノ*如意宝珠《にょいほうしゅ》ヲ、アルイハ髻《けい》中ニヲサメ、アルイハ衣裏《えり》ニ持シタルモノノ、ミヅカラコレヲ知《しら》ズシテ、我貧人《われひんにん》ナリト思《おもい》テ、他人ニ向《むかい》テ一紙半銭《いっしはんせん》ヲ乞《こう》ニタトエラレタリ。只自《ただみずから》*迴光返照《えこうへんしょう》シテ、自性《じしょう》ノ舎利ヲ識得《しきとく》セバ、即身成仏《そくしんじょうぶつ》ナリ、是ヲ舎利ヲ持シテ成仏スルトイヘリ。

問《とう》、行道《ぎょうどう》ヲナス人ヲバ、魔《ま》ノ障礙《しょうげ》ヲナストイフコトアリ、只坐禅工夫《くふう》ヲナスバカリニテ経呪《きょうじゅ》ヲヨマズンバ、何ヲ以テカ祈禱トシテ魔障ヲノゾカンヤ。

答《こたえて》云《いわく》、*賊《ぞくは》貧児《ひんじ》ノ家《いえ》ヲウタズ、魔外《まげ》ノ*窟宅《くったく》ハ*我《が》人情識《にんじょうしき》ナリ。自性ヲ見照《けんしょう》スルヲ工夫トシ、情識ヲ坐断スルヲ坐禅トス。識情忘《しきじょうぼう》ズル時、一切ノ知見解会《ちけんげえ》トモニ忘《ぼうじ》テ、我人《がにん》跡《のあと》ナシ。

「砕骨是生身舎利、経巻是法身舎利」(大智度論)。次第に象徴的に用いた。

情妄　識情の妄執。底本「情忘」。

真身舎利　仏の応身・化身に対して報身又は法身を真身という。真身即舎利。

本地法身　仏本来の姿である本地身。毘盧遮那仏の実相法身(根本主体)。加持身(衆生の加護化益のために現ずる仏身)に対する。

法界塔婆　五輪塔。塔婆を大日如来の法界体性智を現わすとみる。覚鑁(かくばん)の舎利供養式に「此の率都婆は即ち法界塔婆なるが故なり」とある。

若経巻…　「若経巻所住之処、皆応起二七宝塔一、極令二高広厳飾一、不レ須三復安二舎利一。所以者何、此中已有二如来全身一」。

寒灰　一点の暖気もない死物。

如意宝珠　如意摩尼珠。求める物を意の儘に出す珠。濁水を澄ませ禍悪を去る明珠。力士が髻の中に明珠を持っていた話が観仏三昧経一〇・涅槃経如来品にある。「摩尼珠人不レ識、如来蔵裏親収得」(証道歌)。→一九八頁「如意珠」注

迴光返照　外に向う心を内へ向けて自己を返照し、真実の自己を究明する。

賊…　這入っても取る物が無い。煩悩の賊も手の施しようがない(伝燈録四法融章)。狂雲集287偈「徳政」の起句に見える。

我人蹤跡《がにんしょうせき》ナケレバ、*諸天華《はな》ヲ捧ゲント欲《ほっす》ルニ路ナク、魔外ヒソカニウカガフニ門ナシ、イヅレノ祈禱カ是ニシカンヤ。*経ニ曰《いわく》、「照見《しょうけん》シテ五蘊《ごおん》ヲ皆空《みなくう》ズレバ、一切ノ*苦厄《くやく》ヲ度《ど》ス」ト。此故ニ坐禅工夫ヲ綿密ニナスヨリ上ノ祈禱アルベカラズ。モシ工夫ヲツイヤシテ、有所得《うしょとく》ノ心ヲ以テ経呪《きょうじゅ》ヲ誦《じゅ》シテ、魔ノ障《さわり》ヲ除カント擬セバ、此*擬心《ぎしん》即《すなわち》内魔《ないま》ト成《なっ》テ、外魔《げま》ヲ引来《いんらい》シテ、你《なんじ》ガ腹中ニ乱入セシムルコト、臭肉ノ青蠅《せいよう》ヲ引《ひく》ガゴトシ。忽《たちまち》ニ*正因ヲ失《しっし》テ邪見ヲ増長シテ、ツイニハ必ズ魔界ニ入《いり》テ熱鉄《ねってつ》ヲ呑ムベシ。タトイ此理《り》ヲシルコト分明《ふんみょう》ナリトイフトモ、真実ニ底《そこ》ヲツクシテ我人《がにん》ヲ忘《ぼう》ゼザルコトヲイカンガセン。「*梧桐《ごどう》ヲ*栽《うえ》ザレバ、鳳ノ来ルコトヲマヌガル」。只千万ノ祈禱ヨリモ一箇無心ノ道ニ参得《さんとく》センニシカジ、這裏《しゃり》ニ人ノ参得スルアリヤ。得底《うるてい》ハ是《これ》ナンゾ。*咄《とつ》。

問《とう》、教《きょう》ノ中ニ一《ひとたび》*陀羅尼ヲミツレバ、万劫《まんごう》ノ罪障消滅シテ即《すなわち》成仏スルトイフ意旨《いし》如何《いかん》。

答《こたう》、又是《これ》見性成仏ノ義ナリ。陀羅尼ト者《は》、人々《にんにん》具足スル本覚《ほんがく》ノ真性《しんしょう》ナリ。ミヅカラ是ヲサトル時、妄心寂滅《もうしんじゃくめつ》シテ彼本覚《かのほんがく》ノ仏性《ぶっしょう》ノ円満スル、是ヲ名ヅケテ陀羅尼ヲミツレバ成仏スルトイヘリ。タトエバ雲能消《くもよくしょう》スレバ日光ノ十方ニミテルガゴトシ。

問、此身心《このしんじん》ニ即《そく》シテ那箇《なこ》カ是《これ》陀羅尼門。

答、*珊瑚枝枝《さんごしし》月《つき》ヲ撐著《とうじゃく》ス。

問、珊瑚《さんご》トハ何ゾヤ。

云《いわく》、明月《めいげつ》ノクマナキニ縁《えん》シテ、大海《たいかい》ノ底《そこ》ニ生ジテウエ木ノ如クナルモノナリトイヘリ。

窟宅　穴倉。

我人　実体的な個我(我)と他我(人)。

諸天…　牛頭(ごず)法融(五九四—六五七)が牛頭山の北巌に坐禅を続けていた頃、百鳥が花を啣んで彼に捧げたが、四祖道信にまみえて大悟した後は、花を捧げることがなくなった(伝燈録四)。悟りのあとさえも消えた境は天人の花を献ずる気を誘う輝きもみえず、外道も寄りつく戸口がない。「諸天捧レ花無レ路、外道潜窺無レ門。終日行而未ニ嘗行一、終日説而未ニ嘗説一」(碧巌録一六)。

経　般若心経。

苦厄ヲ度ス　苦厄のままに解脱。

擬心　意欲する心。

正因　解脱の正因(しょういん)。

梧桐　青桐。鳳凰(瑞応鳥、想像上の霊鳥)は梧桐でなければ来て棲まないといわれる。「梧桐ヲ栽ザレバ……」は、前の「我人蹤跡ナケレバ、諸天華ヲ捧ゲント欲ルニ路ナク」を受け、後の「一箇無心ノ道ニ参得センニシカジ」に通ずる。「宝殿、人無くして侍立せず、梧桐を種(う)えざれば鳳の来るを免かる」(禅林句集)。

栽　底本「截」。

咄　他を叱り、警しめ、または罵る場合の発声。

陀羅尼　摠持(一九三頁)、能持と訳す。善法を保って失わず、悪法を遮る意。または一語中に一切の義を持する意。梵文をそのまま読誦する陀羅尼呪。抜隊の見地は別。

珊瑚枝枝… 珊瑚の枝々に月が映じて月をささげているようだ。その洞明清冽。珊瑚は明月の夜に現われるという。撑著は支持または包含の意。塵々皆光明の三昧。「僧問二巴陵一、如何是吹毛剣。陵云、珊瑚枝枝撑二著月一。（著語、光呑二万象一。四海九州）」（碧巌録一〇〇）。この句はもと五代蜀の金華蘭谿の人、禅月貫休（八三二―九一二）の禅月集（二五巻）にある「懐二友人一」という詩の結句。かれの筆に成る羅漢図は有名。↓補

塩山和泥合水集 上

塩山和泥合水集　中

問《とう》、阿弥陀経《あみだきよう》ニ曰《いわく》、「是ヨリ西方《さいほう》十万億ノ仏土ヲスギテ世界アリ、名ヅケテ極楽《ごくらく》トイフ。其土《そのど》ニ仏《ほとけ》アリ、阿弥陀ト号ス、今現在《げんざい》シテ説法ス」ト。某甲此文《それがしこのぶん》ニ許多《そこばく》不審アリ。羅漢《らかん》ニハ四果《しか》ノ階級アリ、菩薩ノ悟《さとり》ニハ十地《じゆうじ》ノ階級アリテ、等妙《とうみよう》ノ二覚《にかく》モイマダ仏智《ぶつち》ニ及バズ、悟ニ階級アルニヨリテ、菩薩ハ其《その》徳ノ多少、智恵ノ高下《こうげ》、慈悲ノ浅深《せんじん》モアルベシ、成仏ニ到《いたり》テハ勝劣有《ある》ベカラズ。カルガユヘニ経ニ曰、「*唯仏与仏乃能究尽《唯仏《ただほとけ》と仏のみ乃《すなわ》ち能《よ》く究《きわ》め尽くす》」ト。然《しかる》ヲ十万億ノ仏土ノ中ニ、何《いず》レノ仏土ニモトドマラズシテ、何ゾ必シモ西方浄土ニ往生スルヲ肝要《かんよう》トスル、是ハ仏ニモ勝劣アルベシヤ。又是ヨリ西方ナラバ、此《この》阿弥陀ノ浄土ヨリ猶西《にし》ノ*世界ノ人ノタメニハ、是《これ》東方浄土トイフベシ。又此《この》浄土ヨリ南ノ世界ノ人ノタメニハ、北方浄土ナルベシ。若《もし》只十方世界ノ人ノタメニ西方ナラバ、只義理《ぎり》ヲ以テカリニ立《たて》タル名ニシテ、定マレル処《とこ》ロナカルベシ。只東方ノ人ノタメバカリナラバ、南西北方《なんざいほつぽう》ノ人ハ、又何《いず》クニカ往生スベキ。若《もし》南西北方ヲモラサバ、阿弥陀ノ救世《ぐぜ》ノ願《がん》アマネキニ非ズ。又阿弥陀経《あみだきように》曰《いわく》、「*小善根《しようぜんごん》*福徳ノ因縁ヲ以テ往生スル事ヲ得ベカラズ、若《もしく》ハ一日、若ハ二日、若ハ三日、若ハ四日、若ハ五日、若ハ六日、若ハ七日、*一心不乱ナラバ、其人臨命終時《りんみようじゆのとき》、阿弥陀仏ト諸《もろもろ》ノ聖衆《しようじゆ》ト其前ニ現在シテ、是人《このひと》心顛倒《てんどう》セズシテ、即チ阿弥

唯仏与仏…　法華経方便品に「唯仏与レ仏乃能究二尽諸法実相一」とある。

世界　底本「界世」。

小善根　阿弥陀経では「少善根」。善果を生む少分の根因＝善事が根となって多くの善事を茂らせるとみた。自力の善事を少(小)善根という。

福徳　善行と善行がもたらす福利。

一心不乱　「執持名号…一心不乱」(阿弥陀経)。抜隊の「一心不乱」は「一心モトヨリ不乱」(二一九頁)にみられるように、いわゆる「一心不乱」と同じではない。「直心無二散乱一」(懶瓚和尚歌)。

極楽　底本「楽極」。

十悪五逆　身・口・意の三業がつくる十種の罪悪―殺生・偸盗・邪婬・妄語・綺語・悪口・両舌・貪欲・瞋恚・邪見と、五種の罪悪―殺父・殺母・殺阿羅漢・破和合僧・出仏身血。但し大乗には別の諸見解がある(七巻楞伽経四等)。下記の疑問は曇鸞「往生論註」に見える。十悪にそれぞれ否定詞「不」のついたのが十善。

無智人中…　仏法の理に暗い者に説けば、却ってその人をそこない、道理がゆがめられる故、かように言わ

れる。法華経譬喩品に「謗二斯経一者、若説二其罪一、窮レ劫不レ尽、以二是因縁一、我故語レ汝、無智人中、莫レ説二此経一」。

愚人… 観無量寿経「如レ此愚人、多造二衆悪一、無レ有二慚愧一、命欲レ終時、遇三善知識為讃二大乗十二部経首題名字一、以レ聞二如レ是諸経名一故、除二却千劫極重悪業一」(正蔵一二-三四五c)。

十二部経 前出(二一〇頁注)。1修多羅(契経)。法義を説いている散文すなわち長行(じょうごう)。2祇夜(応頌)。その長行の内容を詠じた頌。3伽陀(諷頌)。長行の部と別の意を示す偈頌。4尼陀那(因縁)。様々な因縁を説いた部分。5伊帝目多(本事)。仏弟子の過去世の因縁。6闍多伽(本生)。仏の前生譚。7阿浮達摩(未曾有)。仏が不思議・神変を現ずるさまを記すもの。8阿波陀那(譬喩)。譬喩の部分。9優婆提舎(論義)。法義を論議問答する部分。10優陀那(自説)。問者なくして仏自ら説く無問自説の部分。11毘仏略(方広)。方正広大の真理を説く経文。12和伽羅(授記)。菩薩に成仏の予言証明を授ける経文。

西方… 六祖壇経三に「ただ心清浄なるは、即ち是れ自性の西方なり」という。

心地 心性。仏種の育つ地。

識陰 色・受・想・行・識の五陰(蘊)の第五。分別、識別のはたらきをする心。

陀仏ノ*極楽国土ニ往生スルコトヲ得ベシ」ト。此文《このもん》ヲミル時ハ、小善根福徳ノ因縁ヲ修《しゅ》シタランモノト、心散乱《さんらん》センモノハ、浄土ニ往生スル事ヲ得ベカラズ。然《しから》バ則《すなわち》極楽往生ハ、只一心不乱ノ力ニヨリテ阿弥陀仏ノ力ニヨラズ。又無量寿経《むりょうじゅきょう》ニ曰《いわく》、「正法《しょうぼう》ヲ誹《ひ》謗《ぼう》シタランモノハ、念仏スルトモ往生スルコト不可ナリ」ト。若《もし》カクノ如ク正法ヲ誹謗シタルモノ、往生スルコトヲ得ズンバ、*十悪五逆ノモノヲモラサジノ願《がん》、又相応セズ、仏説イカデカアヤマラン。某甲《それがし》等、心《こころ》エヲヨボサズ、真実ノムネ、畢竟《ひっきょう》イカン。

答云《こたえていわく》、我《われ》イハン事ヲバ辞セズ、縦《たと》ヒツブサニ是ヲ弁ズルトモ、有相執著《うそうしゅうじゃく》ノ人ハ是ヲ信ゼズシテ、還《かえっ》テ謗《ぼう》スベシ。経ニ曰、「*無智人中、莫説此経《無智の人の中にて此の経を説く莫《なか》れ》」ト。

云、観無量寿経《かんむりょうじゅきょう》ニ曰、「*愚人《ぐにん》多ク衆悪《しゅあく》ヲ造《つくり》テ慚愧《ざんぎ》アル事ナシ、命《いの》チ終ラント欲セン時、善知識トシテ大乗*十二部経ノ首題ノ名字《みょうじ》ヲ讃《さんす》ルニ遇《おう》テ、カクノ如クニ諸《もろもろ》ノ経ノ名ヲ聞《きく》ヲ以テノ故ニ、千劫《せんごう》ノ極重悪業《ごくじゅうあくごう》ヲ除却《じょきゃく》ス」ト云云。此《この》経ハ浄土ノ三部経ノ其《その》一ナリ。若此文《もしこのもん》ニヨラバ、極重悪人ノ中ニヲイテモ、イカデカ経ノ文《もん》ヲ説《とか》ザランヤ。

師云《いわく》、ナンダチ実《まこと》ニカクノ如ク望《のぞみ》アラバ、極重悪人ニアラズ、吾《われ》ナンゾヤム事ヲ得ン。

*西方《さいほう》トイツパ衆生ノ*心地《しんじ》也。十万億ノ仏土ヲスグルトイツパ、衆生ノ十悪ノ念ヲヤムルト、菩薩ノ十地《じゅうじ》ノ階級ヲコウルト也。阿弥陀ト者《は》、衆生ノ仏性也、観音勢至《かんのんせいし》等ノ聖衆《しょうじゅ》トハ、自性《じしょう》ノ妙用《みょうゆう》也。衆生トイフハ、無明《むみょう》煩悩、慮知《りょち》分別《ふんべつ》ノ心是《これ》也。臨命終ノ時ト者《は》、情識ノ寂《じゃく》滅《めっ》スル時ナリ。*識陰《しきおん》寂滅スレバ、心地清浄《しょうじょう》ナリ。是ヲ名ヅケテ西方浄土トシ、妄心ヲ穢《え》

土《ど》トス。経ニ曰、「*仏土ヲ浄《きよ》メント欲《ほつせ》バ、マヅ其《その》心ヲキヨムベシ、其心キヨキニ随《したがつ》テ仏土キヨシ」ト。只分別《ふんべつ》ノ想ツキテ、本源ノ自性《じしよう》ノ現前スルヲ名ヅケテ、一心不乱ノ時、阿弥陀如来ノ現ズルトス。カクノ如ク自性ヲ悟ル時、八万ノ煩悩転ジテ八万ノ妙義トナル、是ヲ観音勢至等ノ聖衆ト名ヅク。此故ニ西方浄土トテ定《さだま》レル処ノ有《ある》ニハアラズ、西ハ日月星辰ノヲサマル方《はう》ナル故ニ、一切慮知《いつさいりよち》分別《ふんべつ》ノ心ノヲサマリ尽《つき》タル時ノ心躰《しんたい》ヲ名ヅケテ西方浄土トス。此《この》故ニイフ、「*土《ど》ハ躰《たい》ニ依テ論ジ、身《しん》ハ義ニ依テ立《りつ》ス」ト。自心《じしん》ヲ*三身《さんしん》ニトル時法身《ほつしん》ヲ阿弥陀トシ、報化《ほうけ》ノ二身ヲ観音勢至トス、実《じつ》ニハ只是《これ》一心ナリ。

一切ノ苦楽ハ、*生滅《しようめつ》ノ心念ニ依テアリ。心念寂滅シテ、自性《じしよう》無心ナレバ、苦楽共ニ断除ス、是ヲ名ヅケテ極楽トス、「*生滅々已、寂滅為楽《生滅滅し已《おわ》つて、寂滅を楽となす》」是也。小善根ト者《は》、経呪《きようじゆ》ヲ誦《じゆ》シ、名号《みようごう》ヲトナヘ、*有心《うしん》ヲ以テナス処ノ有相《うそう》ノ行是《ぎようこれ》也。経ニ曰、「*凡所有相、皆是虚妄《凡そ所有《しよう》の相はみな是れ虚妄《こもう》なり》」。若実《もしじつ》ニ極楽往生ノ理ヲ知《しら》ント欲セバ、マヅ浄土ニ往生スベキ主ヲ知《しる》ベシ。色身本《しきしんもと》ヨリ実躰ナシ、*五蘊《ごおん》カリニ建立ス、*四大《しだい》*分散シテ後、ナニヲサシテカ我《が》トセン。我若《われもし》本来空《くう》ナラバ、ナニモノカ往生セン。若《もし》往生スベキ主ナクンバ、極楽ヲ求《もとめ》テ何カセン。只能《よく》求ムル心寂滅《じやくめつ》シ、著相《じやくそう》ノ念浄尽《じようじん》スレバ、四大《しだい》ノ身中ニ*我人《がにん》ナシ。我人ナキ時ハ、心性《しんしよう》*如々《によによ》ニシテ、*定乱《じようらん》ノ相ナシ、是ヲ名ヅケテ一心不乱トス、是ハコレ*直心《じきしん》也。経ニ曰《いわく》、「*直心是《これ》道場、虚仮《こけ》ナキガ故ニ」。

四大《しだい》分散ノ後ヲバ暫クヲク、只今此《この》色身ノ内ニ見聞覚知《けんもんかくち》スル主ハ、サテ是《これ》何物ゾ、我《わが》自心ヲダニモ知ズンバ、仏《ほとけ》ノ実《じつ》ノ躰ヲモ知ベカラズ。実体ヲ知ズンバ、天魔波旬《はじゆん》ガ仏菩薩ノ

仏土ヲ…　維摩経仏国品「若菩薩欲レ得二浄土一、当レ浄二其心一。随二其心浄一則仏土浄」(正蔵一四-五三八c)。

土ハ…　臨済録。仏土は体に基づいて説き仏身は名義により立てられた。

三身　一般には、無相の真如法性としての法身、因位の願行により報われて成就した報身、衆生の悩みに応じて現われた化(応)身。

生滅ノ心念　正邪・善悪・美醜・有無・迷悟など分別取捨の意識。

生滅々已…　いわゆる諸行無常偈「諸行無常、是生滅法(諸行は無常なり、是れ生滅の法なり)」に続く三・四句(涅槃経一四)。

有心　或るものを目あてに、それをつかもうとあがく心。

凡所有相…　金剛経如理実見分五。

五蘊　蘊(つ)まって身・心ないし物質界・精神界を形成する色・受・想・行・識の五要素。五陰に同じ。

四大　物質(身体)を構成する、地・水・火・風の四元素。四大種。

分散　底本「分敬」。

我人　個別的・実体的にとらえられた自我と他我すなわち人間。人我。

如々　思慮分別を超えたあるがまま。「如々と言うは、是れ前正智所契の理、諸法の体同じ、故に名づけて如となす。一如の中に就いて、体、恒沙の仏法を備う。法に随って如を弁ずれば、如の義、一に非ずして、彼此皆如なり、故に如々と曰う」(大乗

カタチヲ現ジ、異香ヲ薫ジ、大光明ヲ放《はなち》テ来ラン時、必ズ是ヲ*信向《しんこう》シテ皆魔道ニ摂取セラルベシ。此《この》アヤマリヲマヌガレント欲セバ、仏説ノ如ク、若《もしく》ハ一日、若ハ二日、乃至《ないし》七日、万事ヲ放下《ほうげ》シ、諸縁ヲヤメテ、直《じき》ニ一心不乱ナラバ、妄情頓《とん》ニ断絶シテ、本覚《ほんがく》ノ心仏現前《しんぶつげんぜん》セン。此時ハジメテ念仏ノ二字ハ、只即心即仏《そくしんそくぶつ》ナリト云事《いうこと》ヲ知ベシ。此心ハ*眼《まなこ》ニ応ジテハ色ヲ見、耳ニ応ジテ(八)声ヲ聞《きき》、口ニ在テハ言語《ごんご》ス、是ヲ名ヅケテ阿弥陀仏ノ今現在《げんざい》シテ説法ストス。此《この》心本来三世ニトヲリ十方ニワタリテ、諸仏衆生ノ本源也、万象森羅《まんぞうしんら》ヲ摂取シテ周《あま》ネカラズト云《いう》事ナシ。此心ハ十悪五逆ノモノモ、本来皆具足シテ、是ニモレタルモノナシ。阿弥陀仏ノ摂取ノ光明《こうみよう》ノ遍《あまね》クシテ、衆生ヲモラサズト云ハ此《この》義也。此故ニ経ニ曰、「*仏身法界《ぶつしんはつかい》ニ充満シテ、普《あまね》ク一切ノ群生《ぐんじよう》ノ前ニ現ズ、縁《えん》ニシタガイ感《かん》ニヲモムイテ周ネカラズト云事ナシ」ト。仏身スデニ法界ニ充満ス、何《いず》レノ処カ仏土《ぶつど》ニアラザル、一切衆生ノ身中ニモヒトシク充満ス。此《この》仏身ハ、真常明妙《しんじようみようみよう》ニシテ、仏《ほとけ》トモナラズ、衆生トモナラズ、諸法ノ*名相《みようそう》ニアヅカラザル事、タトヘバ蓮花《れんげ》ノ淤泥《おでい》ノナカニ有《あり》トイヘドモ、泥水《でいすい》ニ染《そま》ザルガ如シ。菩薩ハカノ無漏《むろ》清浄《しようじよう》ノ心ヲサトルガ故ニ、ツイニ*法相《はつそう》ヲモトラズ、非法ノ相《そう》ヲモトラズ、衆生アヤマリテ宗《しゆう》ノ名ニ執著シ、*法我《ほうが》ヲ断ゼザルガ故ニ、道《どう》ヲ修《しゆす》ルトイヘドモ、輪廻《りんね》生死《しようじ》ヲマヌガレズ。然ラザレバ又一向《いつこう》ニ世間ノ名利ニ貪著《とんじやく》シテ、三悪道ニ堕在《だざい》スル故ニ、世《せ》尊方便力《そんほうべんりき》ヲ以テ、名利ヲコノム機ニシタガイテ、「西方浄土ノ殊勝、奇特《きどく》ニシテ、*人天《にんでん》ノタノシミニコヘタル事《こと》百千万倍ナリ、命《いのち》ノ長キ事カギリナシ」ト説《とき》タマフ。若《もし》名利ノ心ナカランマコトノ道人《どうにん》ハ、タノシミヲ求ムベカラズ。


義章三)。

定乱　静定と動乱。

直心　純一にまっすぐな心。至心に真如を念ずる心。「信成就発心とは…一には直心、正しく真如の法を念ずるが故に」(起信論)。

直心是…　維摩経菩薩品(正蔵一四-五四二C)の語。

信向　信じてこれに帰向する。

眼ニ…言語ス　伝燈録三達磨章の波羅提偈および臨済録示衆にみえる。

仏身…　仏身は法界に充満して一切衆生の前に現われ、縁に随い感ずる者に応じて普くゆき渡り、しかもこの悟りの座を離れぬ。八十華厳経六「仏身充㆓満於法界㆒、普現㆓一切衆生前㆒、随㆑縁赴㆑感靡㆑不㆑周、而恒処㆓此菩提座㆒」(正蔵一〇-三〇a)。六十華厳経三にもこれに該当する偈がある。祖堂集三では「衆生」が「群生」。

名相　名とすがた。

法相…　法のすがた。法相(ものというおもい)もとらず、非法相(ものでないというおもい)もとらない(金剛経正信希有分六の大意)。

法我…　生死を厭い涅槃を求める分別意志を法我見といい、生死の根本とみる(宗我心または仏法への執着を法我ともいう)。「僧問㆓大珠和尚㆒、如何是大涅槃。珠云、不㆑造㆓生死業㆒、是大涅槃。僧問、如何是生死業。珠云、求㆓大涅槃㆒、是生死業」(大慧書、答富枢密)。

本《もと》ヨリ名利ノ心フカキ有相《うそう》執著ノ衆生、スナハチ此《この》タノシミヲノゾム心ヲコセリ、其《その》意《こころ》ヲ知テ*舎利《しゃり》弗《ほつ》、仏《ほとけ》ニ問テ云、「我等十方《じっぽう》ノ浄土ノナカニ、西方極楽ニノゾミアリ、何《なん》トシテカ、シコニ往生セン」。其時《そのとき》仏ノタマハク、「小善根《しょうぜんごん》福徳ノ因縁ヲ以《もって》ハ、往生スルコトヲ得ベカラズ、若《もしく》ハ一日乃至《ないし》七日、一心不乱ナラバ、カシコニ往生スベシ」ト。只是《ただこれ》名利ノ機ニ随《したがい》テ方便ヲナシテ、自《みずか》ラ迴光返照《えこうへんしょう》シ、乱想《らんそう》ノ心ヲヤメテ、自己真常《しんじょう》ノ心仏《しんぶつ》ヲ悟ラセンガタメ也。コノ故ニ法花経ニ曰、「*破有*法王出現世間、随衆生欲種々説法《有《う》を破る法王世間に出現し、衆生の欲に随って種々説法す》」ト。ソレ実ニハ自《みずか》ラ心源《しんげん》ヲ観《かん》ズレバ、有想執著ノ情忘《じょうぼう》ジ、自己ノ仏性《ぶつしょう》出現ス、コレヲ名ヅケテ有《う》ヲヤブル法王、世間ニ出現ストス。阿弥陀ノ来迎《らいごう》ト云モ又コレ也。カクノ如ク悟ル時ノ心中ノ安楽ニクラブレバ、経ニ説《とく》トコロノ西方《さいほう》ノタノシミハ、百千万分一ニモ及ブベカラズ。若能《もしよく》カクノ如クニ悟ラバ、此《この》経ノ所説ハ、只欲《よく》ノ鉤《つりばり》ヲ以テ苦海《くかい》ニシヅム衆生ヲ釣《つっ》テ、悟《さとり》ノ正法《しょうぼう》ニ引入《ひきいれん》ガタメノ慈悲方便ナリト知ベシ。是故《このゆえ》ニ経ニ曰、「*正法ヲ誹謗シタランモノハ、念仏スルトモ往生スル事不可ナリ」ト云云。

正法ト云ハ*心法《しんぼう》ナリ。自心《じしん》ヲ観察スル時、一切ノ著想《じゃくそう》ノ念、乃至仏法世《ぶっぽうせ》法《ほう》ノ*希望《けもう》ノ心、悉《ことごと》ク寂滅《じゃくめつ》シテ寂滅ノ相モ亦ナシ、此時スナハチ往生ナリ。此正法《しょうぼう》ヲ誹謗シテハ、何レノ処ニカ往生スベキ。ミズヤ、観無量寿経《かんむりょうじゅきょう》ニモ十*六ノ想観《そうかん》ヲシメサレタリ。若《もし》只コノ教ヘノ如ク自心《じしん》ヲ観ゼズシテ、一向《いっこう》ニフカク極楽ヲノゾマバ、其希望《そのけもう》ノ念コレ乱心ナリ。此貪著《このとんじゃく》ノ心、来生《らいしょう》ニハ地獄ノ業《ごう》トナルベシ。心《しん》生ズレバ種々ノ法生《しょう》ジ、種々ノ法生ズル則《とき》ハ、*六《ろく》

人天　人間界と天上界。

舎利弗　釈迦十大弟子の一人。智慧第一といわれた。

破有　煩悩と業によって生まれ生きている衆生の実存・生きかた(有)、または固定した見解信条を空(くう)ずる。以下、引用は法華経薬草喩品。

法王　仏を破有の法王という。仏は諸法実有の執を破し法において自在を得、人・天の師となるゆえ。

正法ヲ…　無量寿経上十八願「十方衆生、至心信楽、欲㆑生㆓我国㆒、乃至十念、若不㆑生者、不㆑取㆓正覚㆒。唯除㆓五逆、誹㆓謗正法㆒」(正蔵一二―二六八a)。

心法　一心。心性。

希望ノ心　名誉・利益(りやく)・功徳などを求める心。菩提や涅槃を希求する心。

十六ノ想観　1日想、2水想、3地想、4宝樹想、5八功徳水想、6総想、7華座想、8像想、9一切色身想、10観世音菩薩真実色身想、11大勢至色身想、12普観想、13雑想、14上輩生想、15中輩生想、16下輩生想。これも著相となる。

六道四聖　六道は前出(→二〇二頁)。四聖は声聞・縁覚・菩薩・仏。

三途地獄…　「十方諸仏現前、無㆓一念心喜㆒、三塗地獄頓現、無㆓一念心怖㆒」(臨済録示衆)。三塗は火塗(地

道四聖《どうししょう》、各々差別《おのおのしゃべつ》アリテ、自《みずか》ラ輪廻《りんね》生死《しょうじ》ヲマヌガレズ。心《しん》滅スレバ、種々ノ法滅ス。種々ノ法滅スル則《とき》ハ、一切空《いっさいくう》ニシテ前後際断シテ、自性《じしょう》ノ阿弥陀如来即《すなわち》現前シテ、処《ところ》トシテアマネカラズト云事《いうこと》ナシ。喩《たと》ヘバ雲ツキテ月ノ現《げん》ズルガ如シ。カクノ如クニ悟ル人ハ、タトヒ*三途地獄《さんずじごく》現ズレドモ、一念モ恐ル、心ナク、諸仏来迎《らいごう》スレドモ、一念モコレニ貪著《とんじゃく》セズ。此《この》故ニ衆魔《しゅま》モヲカスベキタヨリナシ。若能《もしよく》カクノ如クナラバ、尽《ことごと》ク大地是《これ》仏身、仏《ほとけ》ト我《われ》ト一如ニシテ、一如ナルモノナシ。是ヲ即《すなわち》名ヅケテ一心不乱トシ、亦心顚倒《こころてんどう》セズトス。道《どう》ヲ悟ル人其《ひとその》機ニ*頓漸《とんぜん》アリ。一言《いちごん》ノ下《もと》ニ大悟シテ、スナハチ仏知見《ぶっちけん》ヲ開ク人モアリ。又浅《あさき》ヨリ深《ふかき》ニイタツテ、地位ヲヘテ仏知見ヲ開ク人モアリ。一地《いちじ》ヨリ十地《じゅうじ》ニ到リ、十地ヲコエ、*等妙ノ二覚《にかく》ヲスギテ仏地《ぶつじ》ニ入《いる》人モアリ。仏地ハ覚《かく》ノ極位《ごくい》ナリ、此故ニ極楽ト名ヅク。学道ノ人マヅ十悪ノ念ヲ忘《ぼう》ジテ自心《じしん》ヲ悟ルニ、菩薩ノ十地、等覚妙覚ニモトドコヲラズ、*仏見法見《ぶっけんほうけん》、*十身調御《じっしんじょうご》、極妙窮玄《ごくみょうぐげん》ノ処ヲモ胸中ニトドメズ、宗《しゅう》ヲ超格《こえかく》ヲ越《こえ》テ、*機《き》、位《くらい》ヲハナレテ自性《じしょう》本分《ほんぶん》ノ如来地《にょらいじ》ニイタル、是ヲ十万億ノ仏土ヲスギテ、西方浄土ニ往生スルト説《とき》タマヘリ。世尊智《せそんち》方便《ほうべん》ヲ以テ、*薄地《はくじ》*底下《ていげ》ノ衆生ニ此《この》一段ノ大事ヲ示サンガタメニ、世間ノ諸相《しょそう》ヲ仮《かり》テ、タトヘトシテ機ニ随《したがっ》テ説ク処ノ語、万差《まんしゃ》ナリトイヘドモ、実ニハ只是《この》一心ヲサス。一心不乱ナレバ、当躰即仏《すなわちほとけ》也。一心モトヨリ不乱ニシテ、迷悟ノ相ヲハナレタリ、是ヲナヅケテ正念《しょうねん》トイヒ、正念ノ全躰是ヲ号シテ弥陀トス。若《もし》心ニ相ヲ執《しっ》シテ、心ノ外《ほか》ニ求ムル事アルヲ、是ヲナヅケテ邪念トス。邪念ワヅカニ生ゼバ、十万億土ノヘダテ也。此故ニ

獄)・刀塗(餓鬼)・血塗(畜生)。

諸相…　金剛経如理実見分五。

頓漸　一挙に大悟するのが頓、浅から深へ次第に進むのが漸。

等妙ノ二覚　↓一九七頁注

仏見法見　仏の正知見と法の知見。ここでは仏や法への執われ。

十身調御　仏のこと。仏の十身については諸説ある。旧華厳経二六では、1菩提身、2願身、3化身、4住持身、5相好荘厳身、6勢力身、7如意身、8福徳身、9智身、10法身。華厳探玄記三は毘盧遮那仏が次の十身を具すという。1衆生身、2国土身、3業報身、4声聞身、5辟支仏身、6菩薩身、7如来身、8智身、9法身、10虚空身。このうち如来身はさらに十身(行境の十仏)を持つという。調御《ととのえおさめる》は調御丈夫の略。仏の十号の一。「粛宗十身調御」(碧巌録九九)。

機…　禅者の働きが空・平等の境位・辺見をつきぬけて。↓一九九頁

薄地　斯陀含。梵語の音訳。一来と訳す。欲界九品のうち六品の修惑を断って後の三品だけを残すから薄という、一たび人界に来て般涅槃するゆえ一来という。浄土教では凡夫を三類に分ち、三賢位を内凡、十信を外凡、それ以下を薄地という。諸苦に逼迫せられる地位のゆえにいう。

底下　極めて底(ひく)い者の意。煩悩罪悪の底に沈んでいる凡夫。

経ニ曰《いわく》、「*若色《もししき》ヲモツテ我見《われをみ》、音声《おんじょう》ヲモツテ我ヲ求メバ、コノ人邪道ヲ行《ぎょう》ジテ、如来ヲ見《みる》コトアタハジ」。彼如来《かのにょらいの》妙躰《みょうたい》即《すなわち》法身《ほっしん》ト云云。彼ハ是人々《これにんにん》ノ本源ナリ。只ホカニ求ムル心念《しんねん》ヲヤメテ、己レニ還《かえっ》テ直《じき》ニ見《みれ》バ、即《すなわち》如来ヲミン。看々《みよみよ》、即今ノ見聞《けんもん》ノ主是《しゅこれ》ナニ物ゾ。

問《とう》、或ハ一字ヲ知ザル人、修行《しゅぎょう》スルトイフトモ、必ズ邪路ニ入《いる》ベシ。縦悟得《たといさとりえ》タリトイフトモ、智慧ナクンバ、広ク人ヲ度《ど》スルコトアルベカラズ。マヅ学問シテ後ニ、*心地《しんじ》修行ヲナスベシト云《いう》人モアリ。或ハ云《いわく》、多知《たち》広学《こうがく》ハ是《これ》*客塵煩悩《かくじんぼんのう》トテ、*サトリヲサウル因縁ナリト云《いう》人モアリ。此《この》両辺ノウチ、イヅレヲカ信ズベキヤ。

答曰《こたえていわく》、サトリハモトノ自性《じしょう》ナリ、自性是仏《じしょうこれぶつ》、々是道《ぶつこれどう》、々是智恵《どうこれちえ》也。此《この》智恵ハ、人々《にんにん》具足シ、箇々《ここ》円成《えんじょう》シテ、諸仏衆生ノ本地《ほんじ》ノ風光、本来ノ面目《めんもく》也。是ヲ悟ルコト、只志《こころざし》ニヨリテ、文字《もんじ》ヲ知ト知ザルトノヘダテナシ。タトイ我名《わがな》ヲヲボエズ、一字ヲシラザル鈍根《どんこん》ノモノナリトモ、此理《このり》ヲ信ジ得タルモノヲ利根《りこん》トス。縦《たとい》一字ヲミテ万事ヲ知トモ、此理ヲ信ジ得ザルモノヲバ鈍根トス。*古人ノ云、「外道《げどう》聡明ニシテ智恵ナシ、又ハ*愚癡《ぐち》也、又ハ*小験《しょうがい》也」ト。只見性《けんしょう》ノ人ハ、無師ノ大智ミヅカラ発シ、仏祖ノ*骨髄ニ透入《とうにゅう》シテ、千差万別《せんしゃまんべつ》ノ*法要《ほうよう》、諸子百家、乃至《ないし》人天《にんでん》*群生《ぐんじょう》ノ根源ヲ一時《いちじ》ニ*了達《りょうたつ》ス、何ノカクル処カアランヤ。縦《たとい》*八宗《はっしゅう》三教《さんきょう》ヲ兼学シ、乃至《ないし》不思議神変《しんぺん》ヲホドコストモ、本分ノ大智ニタクラベバ、日下《にっかの》孤燈ノゴトシ、猶シ螢火《けいか》ヲ以テ月光《がっこう》ニ比スルニ似《にた》リ。

ミズヤ、*徳山《とくさん》ハモト*大教者《だいきょうしゃ》也。*疏鈔《そしょう》ヲニナイテ行脚《あんぎゃ》ス。路上ニヒトリノ婆子《ばす》ノ*油糍《ゆじ》ヲウルヲミテ疏鈔ヲ放下《ほうげ》シテ、コレヲ買《かい》テ*点心《てんじん》ニ喫セントス。婆《ば》ノ云《いわく》、「載スル処ノモノハ

若色ヲ… 金剛経法身非相分二六。
心地修行 心性を見る修行。
客塵煩悩 煩悩のこと。微細にして無数であり(塵)、外境にからまり且つ般若の智によって払拭せられるもの(客)ゆえ。
サトリヲサウル 悟りを妨げる。
古人ノ云… 古人は永嘉。「外道聡明無二智慧一、亦愚痴亦小験」(証道歌)。
愚癡 物事の道理にくらいこと。
小験 おろか。
骨髄 骨子、真髄。
法要 法の要訣(かなめ)。
群生 生きとし生けるもの。衆生。
了達 さとり通達する。
八宗三教 平安時代に我国に弘まった八宗派—倶舎(くしゃ)・成実(じょうじつ)・律・法相(ほっそう)・三論・華厳・天台・真言と、三教—儒教・仏教・道教。
徳山 徳山宣鑑(せんかん)(七八二—八六五)。姓は周氏。金剛般若経に精通し周金剛と称されたが、のち竜潭崇信の法を嗣いだ。抜隊があげる話頭は伝燈録一五・会元七・碧巌録四評唱にある。
大教者 偉大な教相学者。
疏鈔 注釈や抜書き。
油糍 油であげたもち。油餅。
点心 腹心に点加する意、「むなやすめ」。(イ)昼食前に一時空腹しのぎに食べる小食。(ロ)昼食。(ハ)定まった時間以外の小食。
不可得 とらえられぬ、対自化できぬ。金剛経一体同観分一八の語。

是《これ》ナンゾ」。徳山ノ云、「金剛経《こんごうきょう》ノ疏鈔」。婆ノ云、「我《われ》ニ一問アリ、你若《なんじもし》コタヘ得タラバ、油糍ヲ布施セン。若コタヘ得ズンバ、別処《べっしょ》ニ行《ゆい》テカエ」。山《さん》ノ云、「汝タダトヘ」。婆ノ云、「金剛経ニ曰、「過去心*不可得、現在心不可得、未来心不可得ナリ」ト。*上坐那箇《なこ》ノ心《しん》ヲカ点ゼントスル」。山《さん》コトバナシ。婆スナハチ指《さし》テ*竜潭《りょうたん》ニ参ゼシム。山《さん》カシコニ詣《けい》シテ、即《すなわち》礼《らい》ヲ設《もうけ》テシリゾク。夜間ニ至テ入室侍立《にっしつじりゅう》シテ*更《こう》フケヌ、潭《たん》ノ云、「何ゾクダリサラザル」。山即《さんすなわち》クダラントス、外面《げめん》ノクラキヲミテ、又カヘリテ云、「門外クラシ」。潭遂《つい》ニ紙燭《ししょく》ヲトリテ山《さん》ニアタフ。山*接セントス。潭即吹滅《すなわちすいめつ》ス。山忽然《こつねん》トシテ大悟ス。便《すなわち》礼拝シテ云、「某甲《それがし》今ヨリ後、天下ノ老和尚《ろうおしょう》ノ*舌頭ヲウタガハジ」。潭即《すなわち》是ヲ印可《いんか》ス。山《さん》ツイニ疏鈔ヲ取テ、法堂《はっとう》ノ前ニヲイテ火ヲ取テ挙起《こきし》テ、「諸《もろもろ》ノ*玄弁《げんべん》ヲキハムルモ、*一毫ヲ大虚《たいこ》ニヲクガ如シ。*世ノ枢機《すうき》ヲツクスモ、一滴ヲ巨壑《こがく》ニ投《とうず》ルニニタリ」ト云テ、ツイニコレヲヤク。ミヨ彼徳山《かのとくさん》、教学人《ひと》ニコヘ、文才スグレタリトイヘドモ、路次《ろじ》ニアリテ油糍《ゆじ》ヲウル婆子《ばす》ノ一問ヲコタヘウルホドノ力ナシ、カヘリテ婆子ガチカラヲウク。シカリトイヘドモ、正見《しょうけん》ノ人ニアヘバ、悟ルコトカタカラズ。若学解《もしがくげ》ハ悟《さとり》ヲサウルトイハヾ、彼《かれ》ナンゾ悟ランヤ。若《もし》又文字《もんじ》ヲ以テ人ヲ度《ど》スベクンバ、徳山ナニニヨツテカ疏鈔ヲヤイテステンヤ。

又*六祖ハ一字ヲ知《しら》ザレドモ、大悟《たいご》スルコトサワリナシ。黄梅《おうばい》ノ七百人ノ高僧、大半文才アル人也、此《この》中ニ六祖ニヲヨブ人ナシ。スデニ*五祖ノ印可ヲウク、是《これ》ヨリ正法《しょうぼう》世ニ興《こう》ズ。今ニイタルマデ五家七宗《ごけしちしゅう》皆此児孫《このじそん》ナリ。文字ヲシラズシテ利益《りやく》ナシトイハンヤ。昔*善星比《ぜんしょうび》丘《く》ハ、十二部経ヲ誦《じゅ》シウルトイヘドモ、*見性《けんしょう》セザルガ故ニ世尊《せそん》ノ正法《しょうぼう》ヲ謗《ぼう》シテ、イキナガ

上坐　上座。相手の僧に対する敬称。

竜潭　竜潭崇信(りゅうたんそうしん　七八二—八六五)。天皇道悟の法嗣。祖堂集五・伝燈録一四・会元七。

更　日没から日出までを五等分して呼んだ時称。

接セントス　受けとろうとした。

舌頭　舌は言葉。頭は助辞。

玄弁　仏教や老荘の深い思想。

一毫…　一すじのうぶ毛を大空においたようなものだ。

世ノ枢機…　現実界の重要な諸契機を究め尽しても、一滴の水を大谿谷に投げ入れるも同然だ。右の一節は碧巌録四評唱・無門関二八等にある。

六祖　大鑑慧能(だいかんえのう　六三八—七一三)。幼にして父を失い、家貧しく樵夫として薪を売って母を養った。一日客が金剛経を誦するを聞いて発心し、黄梅山の弘忍の門に入り、八カ月米つきをして修業した。神秀上座が自分の境涯をうたった偈を批判する偈によって弘忍に認められ、のち弘忍の法を嗣いだという。彼が文字を知らなかった等の逸話はこの派による創作か。(伝燈録五・会元一)

五祖　大満弘忍(だいまんぐにん　六〇二—六七五)。四祖大医道信の法嗣。黄梅山に住す。(伝燈録三・会元一)

善星比丘　前出(二一〇頁注)。楞厳経八「善星妄二説一切法空一、生身陥二入阿鼻地獄一」(正蔵一九−一四三a)。

見性　心性を見る、悟ること。

ラ無間《むけん》ニヲツ。大唐《だいとう》ノ*流支三蔵《るしさんぞう》、婁約法師《るやくほっし》等ノ大教者《だいきょうしゃ》ソコバク多シトイヘドモ、達磨ノ正宗《しょうじゅう》ヲキキシルホドノ智力《ちりき》ナクシテ、コレヲ信ゼズシテツイニ毒薬ヲクワフ。此輩《このやから》ノ中ニ一人スコシモ正法ヲシル力《ちから》アラバ、ナニニヨリテカ達磨ヲ害センヤ。ココヲ以テコレヲヲモフニ、ヨノツネノ田夫野人《でんぷやじん》ヨリモ、猶愚癡《ぐち》ナリ、イカデ菩提ノ道ヲ成《じょう》ゼンヤ。マサニ知《しる》ベシ、見性セザル人ノ多智広学ハ、正法ノアダナリト云コトヲ。

又一字ヲシラザルモノ、仏法ニカナフベクンバ、世間ノ田夫野人ハ、皆仏法ヲ悟ルヤ。此故ニシルベシ、道ヲ悟ランコト、只志《こころざし》ニヨリテ、文字《もんじ》ヲシルト知ザルトニヨラザルコトヲ。志アサキ時ハ、文字ヲシラザルモノハ知ザルニサヘラレ、知人《しるひと》ハシルニサエラル。ココロザシ深キ時ハ、文字ヲシル人ハ、シルトコロヲ道《みち》ノタヨリトシ、知ザル人ハシラザルヲ道ノタヨリトス。「*道ハ知《ち》ニモ属セズ、不知《ふち》ニモ属セズ」、只一切ヲ放下《ほうげ》シテ、ヲノレニカヘリテ看取セヨ。カレハ是誰《これた》ソ。光陰ヲシムベシ、時人《ときひと》ヲマタズ。若《もし》学問シテ後ニ道ヲ修《しゅ》セントセバ*無常ノ殺鬼《せっき》貴賤老少ヲエラバズ。若見性悟《もしけんしょうご》道《どう》ノ*分《ぶん》ナクンバ、*滴水消《てきすいしょうし》ガタシ、十方ノ信施《しんせ》、ナニヲ以《もって》カツグノハン。*本《もと》ヲエテ末《すえ》ヲウレウル事ナシ、只先《まず》万事ヲサシヲキテ本源ノ自性《じしょう》ヲアキラメテノチニ、学問セラレンハ、カシコキニアラズヤ。

但シ道眼《どうげん》マコトニアキラカナラン人、本分ノ大智分明《ふんみょう》ナルベシ。ナニニヨリテカアナガチニ学問ノノゾミアルベキ。*美食飽人《びしょくほうじん》ノ喫《きつ》ニアタラズ、若《もし》猶仏智《ぶっち》ノユカシキトコロアラバ、此人イマダ道眼実《じつ》ニアキラメズトシルベシ。タトイ千経万論ヲミルトモ、道眼ヒラケズンバ、仏智ニ通ズベカラズ、仏智ニ通ゼザル人ニシラル、経ノ文《もん》、一モアルベカラズ。「*看《かん》

流支三蔵… これら経教家による達摩毒害の伝説は伝燈録三・会元一・旧唐書一九一・正宗賛などにみられるが、これは達摩伝とともに真偽不明。

道ハ… 南泉普願の語。(無門関一九)

無常ノ殺鬼 生あるものすべてを支配する無常の理を鬼に喩えた。

分 分際、資格。

滴水… 一滴の水も使う資格がない。十方の信者の布施を。↓補

本ヲエテ… 「但得レ本莫レ愁レ末」(証道歌)。

美食… うまい御馳走も満腹の人には見向きもされぬ。会元一六の顕明善孜章に「僧問う、如何なるか是れ祖師西来の意。師曰く、九年空しく面壁、懡㦬(恥かき)、又西に帰る。師曰く、なんとしてか此の如くなる。師曰く、美食も飽人の餐に中(あた)らず」とある。

看経ハ… 雲門録下。看経は経文の黙読。六祖壇経機縁および正法眼蔵看経参照。

経《きん》ハスベカラク看経ノ眼《まなこ》ヲ具シテハジメテ得ベシ」トイフハ是也。若《もし》見性ノ力ナクシテ仏祖ノ言句《ごんく》ヲミバ、文《もん》ニヨツテ義ヲ解《げ》シテ、此人三世ノ仏《ほとけ》ノアダトナルベシ。善星比丘《ぜんしょうびく》、流《る》支三蔵《しさんぞう》等ノタグヒ是也。タトヒ従来ノ*習気《じっけ》、*無間《むけん》ノ業《ごう》アルモ、自性ヲ了得《りょうとく》スレバ、諸罪一時ニ*蕩尽スルコト、*劫火《ごうか》洞然《とうねん》トシテ大千《だいせん》トモニ壊《え》スルガゴトシ、何ノサハリカノコランヤ。

問《とう》、小仏《しょうぶつ》ヲ以テ*空《くう》ニ印シ香《こう》ニ印スレバ、無量ノ功徳ヲウルトイフ、此意《このこころ》イカン。

答《こたう》、道人《どうにん》無心ヨリ一念ノ智恵ヲヲコスハ、是《これ》自性ノウチノ*化仏《けぶつ》ナリ、是ヲ号シテ小仏トス。ミヅカラ廻光返照《えこうへんしょう》スル時、*慮知ノ心、空寂《くうじゃく》ニ帰スル、是ヲ名ヅケテ小仏ヲ空ニ印スルトス。小仏ヲ香ニ印スルト者《は》、香ト者《は》仏性《ぶっしょう》也、仏性ハ知見ノミナモト也、知見ヲ以テ知見ノミナモトヲミル時、知見ミヅカラ忘《ぼう》ジテ仏性ニ帰《き》ル、是ヲ名ヅケテ小仏ヲ香ニ印スルトス。心ノ外《ほか》ニ法ナシ、カリソメノ有相《うそう》ノ行《ぎょう》モ、皆見性成仏ノ理ヲタトヘヲ以テ衆生ニ示サル、トコロナリ。衆生顚倒《てんどう》シテ、タトヘヲトメテ実《じつ》トシテ、ヲノレニ迷《まよい》テ有相ニ執著ス、是ヲ名ヅケテ外道《げどう》トス。小仏ヲ以テ香ニ印シ空ニ印スル、此《この》法ヲ修《しゅ》セント欲セバ、自心《じしん》ヲ以テ自性ヲミルベシ、「*万象森羅《まんぞうしんら》タダ一法ノ印スル処」ナリ。一法トイフハ一心也、「*仏性ノ戒珠《かいしゅ》、心地《しんじ》ニ印ス」ト者《は》是也。只今仏性ニ諸人ノ方寸ノウチヲ印セラルルヲシルヤ、方寸トハ一念ノミナモト也。若此《もしこの》心法ヲハナレテ、有相ノ小仏ヲ有相ノ香ニ印セバ、*棚頭《ほうとう》ニ傀儡《かいらい》ヲ弄スルニニタリ、ナニノ功徳カアランヤ。

問《とう》、或ハ塔婆《とうば》ノ像、或ハ仏像ヲ*カタギニヒラキテ、毎日是ヲ摺《すり》テ修行ト号スル、コノ意《こころ》如何《いかん》。

習気　執気。→二二六頁注

無間ノ業　無間地獄におちる五逆の罪業。

蕩尽　すっかり無くなる。

劫火…　成・住・壊・空の四劫のうち、壊劫(えこう)すなわち世界の壊滅する時に至ると、劫火(壊劫の大火)が起って三千大千世界をことごとく焼壊するという。「劫火洞然、大千倶壊」(新訳仁王経下・碧巌録二九)。

空ニ印シ…　跡がつかぬ、跡が残らぬことを意味する言葉。

化仏　応化仏、仏の応身、変化身すなわち衆生化益のため種々の身を化現する仏。ここでは自性のはたらきのひとつとみなしている。

慮知ノ心　思慮分別の心。

万象森羅…　→一九七頁注

仏性ノ戒珠…　→二〇〇頁注

棚頭ニ傀儡ヲ弄ス　傀儡師(くぐつし)が棚舞台の上で木偶(でく)人形をあやつる。「看三取棚頭弄二傀儡一」(臨済録上堂)。狂雲集76偈「傀儡」参照。別に365偈「傀儡」がある。

カタギ　形木。物の形を彫刻した板。版木(はんぎ)。

スリウツスガゴトシ。*前仏後仏《ぜんぶつごぶつ》、皆カクノゴトク、心《しん》ヲ以テ心ヲツタヘテ余事ナシ。又塔《とう》婆《ば》ト者《は》、仏性也。一タビ仏性ヲミルモノハ、即時ニ解脱《げだつ》ヲエテ、ツイニ輪廻《りんね》ノ苦ヲウケズ。

答云《こたえていわく》、又是見性《これけんしよう》也、ミヅカラ自性《じしよう》ヲ悟ル時、仏心印《ぶつしんいん》ヲ伝《つたう》ルコト、カタ木《ぎ》ノ中ノ仏像ヲ経ニ曰《いわく》、「*一タビ卒都婆《そとば》ヲミテ永ク三悪道《さんなくどう》ヲハナル」ト云云。若人《もしひと》仏説ヲ文字ノママニコロヘテ、人ニトキテキカスレバ、人《ひと》皆是ヲ信ジテ、有相《うそう》ノ小仏ヲ香《こう》ニ印シ、カタ木《ぎ》ヲカミニスリウツシテ成仏セント欲《ほつせ》バ、ヒトタビ卒都婆ヲミテナガク悪道ヲハナル、ト信ジテ、有相ノソトバヲミテ、*タンヌトヲモハン者ノゴトシ。若此《もしこの》経文ノゴトク、ヒトタビ卒都婆ヲミテナガク悪道ヲハナルベキモノナラバ、人間ノタグイハ云ニヲヨバズ、鳥ケダモノニイタルマデ、卒都婆ヲミザルモノナシ、誰カヒトリモ三悪道ニヲチンヤ。若《も》シカラバ、罪ヲオソレテナニカセン。又世間《せけん》ノ楽《たのしみ》ヲステテ僧比丘尼《びくに》トナリ、*戒躰《かいたい》ヲ持《じ》シ、修行ヲナシ、善知識《ぜんちしき》ヲモトメテナニカセンヤ。「一見卒都婆《いつけんそとば》、永離《ようり》三悪道」トイフハ、直《じき》ニ自性ヲ見得スレバ、ナガク解脱ヲウル義ナリ。タダユメユメ見性ノ外《ほか》ニ二法アリトイハン邪師ノ説ヲキクベカラズ。

問云《とうていわく》、古《いにしえ》ヨリ今ニ至ルマデ、善知識ノ中ニ一人トシテ心ノ外ニ仏《ほとけ》ナシトイハザルハナシ。爰《ここ》ヲ以テ有相ハ皆虚妄《こもう》ナリトシルコト分明《ふんみよう》ナリトイヘドモ、有相ヲ信ズル気ノヤマザルコト、実《じつ》ニ是習気《これじつけ》ノ煩悩《ぼんのう》ナリ。イカンガシテ此《この》習気ヲ忘《ぼう》ゼンヤ。

答曰《こたえていわく》、習気ノ忘ゼザルコト、只見性《けんしよう》セザルユヘナリ。真実見性通達《つうだつ》セバ、自性ノ般若ノ大智発生《ほつしよう》シテ、一切ノ*名相《みようそう》皆幻《まぼろし》ナリトシラバ、遂ニ二《ふた》タビ*空《くう》有ノ両辺ニ著《じやく》スル気アル

前仏後仏　版木の仏像と刷り写された仏像とになぞらえて、仏心印(心性)を確認し合う師と法嗣とを前仏後仏と呼んだ。正法眼蔵の嗣書に、「釈迦牟尼仏まさしく迦葉仏に嗣法せり…釈迦仏は迦葉仏に嗣法すると学し、迦葉仏は釈迦仏に嗣法すると学するなり」とある。

一タビ卒都婆ヲ…　「一見㆓卒塔婆㆒、永離㆓三悪道㆒、何況造立者、必生㆓安楽国㆒」(塔婆開眼の偈)。前二句は花聚陀羅尼経の「於㆓如来滅之後㆒行㆓於曠路㆒、見㆓於如来塔廟㆒、挙足一歩詣㆓塔寺㆒、一称㆓南無仏㆒、欲㆑使㆔此人堕㆓三悪道㆒、百千万劫終無㆓是処㆒」(正蔵二一―八七六)からの取意。なお造立者の功徳を説いた後二句は典拠不明。前二句は謡曲「卒都婆小町」にも見える。

タンヌ　足りぬ、これでよい。

戒躰ヲ持シ…　戒体を善心と見る場合と、心性・自性と見る場合とに大別される。この「戒体ヲ持シ」は、善心を護持することと自性を離れないこととの不二を含意。

名相　事物の名とそのすがた。

空有ノ両辺　存在は虚無だとする見かたと、実有だとする見かたとの、かたよった両見地。

ベカラズ。此故ニ経ニ曰《いわく》、「*幻トシレバ即《すなわち》ハナル、方便ヲナサズ」ト。若《も》シ見性セズシテ著《じゃく》相《そう》ノ習気《じっけ》ヲ除カント欲者《ほっせば》、極《ごく》睡眠ノ者ノ夢ヲ除カント欲スルガゴトシ、除カントスルモ夢ナリ、是《これ》夢ナリトシルモ、又只夢也。睡覚了《ねむりさめおわら》バ、其夢中《そのむちゅう》ノ事《じ》ヲ求ルトモ、遂ニ得ベカラズ。若《もし》実ニ有相ノ仏ヲ信者《しんぜば》、仏ハ是《これ》破ルレ有ヲ法王ナリ。釈尊ノノタマハク、「*一切ノ有為《うい》ノ法ハ、夢幻泡影《ほうよう》ノゴトク、露ノゴトク亦電《いなづま》ノゴトシ、カクノゴトクノ観ヲ作《なす》ベシ」。有相ノ仏ノ説《せつ》カクノゴトシ。若《もし》此ヲ信ゼズンバ、有相ノ仏ヲ信ズルト云モ妄語也。

達磨《だるま》ハ是《これ》四大和合ノ有相ノ祖師也、此《この》老漢単《ひとえ》ニ心印《しんいん》ヲ伝テ、直《じき》ニ人心《にんしん》ヲ指《さし》テ見性成仏セシメテ、文字《もんじ》諸相ヲ立《りつ》セズ。乃至《ないし》三世《さんぜ》ノ諸仏、歴代ノ祖師、皆有相ノ形《かたち》ヲ現ズルトイヘドモ、色身一箇《しきしんいっこ》モトドマラズ、皆入滅《にゅうめつ》シテ、只一言《いちごん》半句ヲ世間ニトドム、其言句《そのごんく》ノ中ニモ有相実《じつ》ナリトイフ語アルベカラズ。空無《くうむ》ノ見《けん》ヲダモ皆説破ス。若《もし》有相ヲ立《りつ》シタル仏祖アリト云《いわ》バ、皆是《これ》妄見ナリ。此外《このほか》ニハ何ノ有相ノ仏祖ヲカ信ズベキ。若是古《もしこれいにしえ》ノ仏菩薩《ぶつぼさつ》ノ形ヲウツシタル絵像木像ヲ信ズルヲバ、是《これ》有相ノ仏ヲ信ズルトハ、イフベカラズ、只是《これ》金銀、銅鉄、木石《もくせき》、絹紙《けんし》、泥塑《でいそ》等ヲ信ズルナリ。此《この》絵像木像ハ、皆是《これ》人ノ心ノ所作《しょさ》也、木仏《きぶつ》イマダ人ヲ作ラズ。ココヲ以テシルベシ、心ハ是《これ》諸仏ノ父母《ぶも》、万物《まんもつ》ノ主《しゅ》ナルコトヲ。

此《この》衆生心《こころ》明々《めいめい》トシテ、仏祖ト一如《いちにょ》ナリトイヘドモ、自《みずか》ラ信ジ及《およ》バズシテ、空有《くうう》ノ諸相ニ貪著《とんじゃく》スル底《てい》ノ*精魂《しょうこん》ノ忘《ぼう》ゼザルニ依テ、六道《ろくどう》ニ流転《るてん》シテ、自縛シテ*大苦ヲウク。縦《たとい》志《し》願《がん》ヲヲコシテ勤苦《ごんく》修行《しゅぎょう》スルトモ、有相執著《うそうしゅうじゃく》ノ気ヲ以テ無心ノ道ニ相応セント欲セバ、水底ノ石ヲ打《うち》テ火ヲ求ムルガゴトシ。水底ノ石ナリトイヘドモ、陸《おか》ヘ取出《とりいだ》シテ是ヲ打《うた》バ火即《すなわち》出《いず》。

幻トシレバ…　「知レ幻即離、不レ作二方便一」(円覚経)。ものは因縁によって生起しているゆえ幻有である。幻有であるゆえ虚無ではなく、幻有であるゆえ実有ではない。この事実をあるがままに知るならば、空有両辺の固執をはなれて、ものごとのあるがままを見る如実知見すなわち般若の智慧がひらける。したがって仮設的・第二義的な方便にかかわりあう余地も必要もない。ただしこの場合「幻と知る」というのは、前記のように、「幻有であるから虚無ではなく、しかも、幻有であるから実有ではない」と思弁して知ることではない。上述の了解は、抜隊がさきに批判した十二部経教の地平のものであり、「聡明即愚痴」の所業、「玄弁」の所産にほかならぬ。般若の知見が先であって、「幻有」の論証から方便をはなれた如実知見が生れるのではない。

一切ノ…　金剛経応化非真分三二。有相への執着を空じ、迹をとどめぬ自由人の生きかたを示唆する頌。

精魂　常一主宰的な主体精神。

大苦　小苦に対す。生死の苦。分別的意志の根本矛盾に由来する不安、苦悩の悪循環、自縛の流転苦。

石各《おのおの》火ノ性《しょう》ヲ具足シタリトイヘドモ、水中ニアルホドハ火ヲ生ゼズ。霊覚《りょうかく》ノ性ハ、人々《にんにん》具足ストイヘドモ、諸相執著ノ気ヲ除カザレバ、*発明《はつみょう》セズ。ミズヤイフコトヲ、「*仏性《ぶっしょう》堂々トシテ顕現スレドモ、*著相《じゃくそう》ノ有情《うじょう》ハミルコトヲ得ズ」ト云云。若《もし》又此説ヲアシクキキナシテ、仏像経巻ニ向《むかっ》テ無礼ヲイタスモノハ、大罪ヲウク。又執著スルモノハ、ナガク解脱《げだつ》ヲ得ズ、一切ノ*執気《しっけ》ヲノゾキ、解脱ノ道ヲ得《え》ト欲《ほっせ》バ、*外《ほか》ニ凡聖《ぼんしょう》ヲトラズ、内根本《うちこんぽん》ニ住セズ、直下《じきげ》ニ自性《じしょう》ヲ見徹《けんてつ》シテ始得《しとく》スベシ。

問《とう》、自悟《じご》自得《じとく》ノタメニハ、見性尤《もっと》モ肝要ナリ。*四恩ヲ報ジ、*三有《さんぬ》ヲタスケ、或ハ十方ノ信施《しんせ》ヲ報ゼンコト、経呪《きょうじゅ》ヲ誦《じゅ》セズンバ、何ヲ以《もって》カコレヲ報ゼン。

答《こたう》、人ノ菩提《ぼだい》ノタメニ経呪ヲ誦センコトヲ制スベキニハアラズ、只小善根《しょうぜんごん》ヲ実《じつ》ト心エテ成仏《じょうぶつ》ノ道ヲシラザルコトヲアハレムナリ。千年ノ看経《かんきん》ヨリモ刹那ノ見性ニシカザルコトヲシルベシ。世尊《せそん》イマダ悟ラザリシ時、雪山《せっせん》ニ六年端坐セシニ、*心機ヲ忘《ぼう》ジテ、鳥、頂上ニ巣ヲクイ、蘆芽《ろげ》、膝《ひざ》穿《をうが》ツマデニ自性ヲ見テ端坐ス。其時《そのとき》何ノ経呪ヲカ誦セン。ツイニ*臘八《ろうはつ》ノ暁ハジメテ大悟シテ、後、万衆《まんしゅ》ノ機ニ応ジテ法ヲトク。是ヲ経呪ヲヨマズシテ、十方ノ信施、報ズルニ不足ナリトイハンヤ。モシ只看経《かんきん》等ノ*有為《うい》ノ法ヲ修《しゅ》シタランニハ、イヅレノ時ニカ成仏セン。世尊一代ノ教《おしえ》、皆タダ一心ヲサシテ*余乗《よじょう》ナシ、其語《そのご》ヲ記《き》シテ経呪ト名ヅク。マサニシルベシ、経教《きょうぎょう》ハ皆心法《しんぼう》ノ目録ナルコトヲ。目録ヲ用《もちう》ルコト、只其宝《そのたから》ノ大切ナル故ナリ。若《もし》宝ヲシラズシテ、目録ノ文字《もんじ》ヲカゾヘバ、半文《はんもん》ノ銭《せん》ニアタルベカラズ。タダ経ヲミヨト云モ、心ノ外《ほか》ニ仏ナキコトヲシラセンガタメ也。

発明　霊性のはたらきが現われる。

仏性堂々…　出典未詳。

著相　物事の表象や観念に執われる。

執気　習気。煩悩消滅の後、煩悩・妄分別の反覆・集積によって、識の深層に沈澱定着している慣習性。

外ニ凡聖…　「外不レ取二凡聖一、内不レ住二根本一」(臨済録示衆)。前記の、「勤苦修行」(二二五頁一七行)において、凡・聖の価値分別から凡を選び捨てて聖を選び取ることをせず、根本に住することは、枝末を捨てて根本空にとどまることもしない。根本を取る選択意志の地平を離れない点で、凡・聖を取ることと変りはなく、二を捨てて一を守れば、一もまた二となる悪循環。

四恩　天地(または三宝)・国王・父母・衆生の恩。ほかに諸説ある。

三有　欲界・色界・無色界の衆生。

心機　心の動くはずみ・はたらき。

臘八　十二月八日。釈尊成道の日として禅院ではこの日を中心に色々な行事を行なう。臘八接心。

有為ノ法　(イ)諸種の因縁がはたらきあって生ずる生滅無常なことがら。(ロ)分別意志によって生みだされ処理されることがら。ここでは後者。

余乗　(イ)宗乗すなわち自宗の教法に対して他宗の教法。(ロ)別の教法(広義)。この場合は後者。

五山十刹　インド・中国の制度にならい鎌倉期以降鎌倉・京都その他各

世尊若《も》し悟ラズンバ、法ヲ説《と》くコトヲ得ベカラズ。トカズンバ、経呪トイフ物アルベカラズ。仏法ノ名字《みようじ》モ、出家ノカタチモ、寺塔等モアルベカラズ。イヅレノ処ヲカ*五山十刹《ござんじつさつ》、諸《もろもろ》ノ叢林トモナヅクベキ。モシ寺塔モナク、経教モナクンバ、ナニヲ以テカ*有相《うそう》ノ善根《ぜんごん》ヲモナスベキ。若《もし》*戒力善《かいりきぜん》(根《こん》)ニヨラズンバ、ナニヲ以テカ世間《せけん》ノ高位《こうい》福《ふく》ヲモウクベキ。又諸寺諸山ナクンバ、イヅレノトコロニヲイテカ、僧家《そうけ》ノ名字、規矩、法度《はつと》モアルベキ。コノユヘニ仏法*王法コトゴトク仏祖ノ威光、悟《さとり》ノ一法ヲ以テ立《りつ》スルモノナリ。然《しからば》則《すなわち》人ニシラレヌホドノ小院ヲバ、シバラクカゾウルニタラズ、大院諸山《たいいんしよざん》イヅレカ開山《かいさん》ノ*道徳、悟証ノ力《ちから》ニ依テ建立《こんりゆう》セザルヤ。乃至《ないし》*教院モ名アルトコロハ、ミナ大師高僧タチノ道行《どうぎよう》ノ力ヲ以テ成就スルトコロナリ。タダ経呪《きようじゆ》ヲ誦スル力ヲ以テ建立シタルトコロイマダキカズ、タマタマアルモ、ソノ功アサクシテ、サシタル*利益《りやく》ナシ。ココヲ以テシルベシ、一切ノ*世法《せほう》仏法コトゴトク見性《けんしよう》悟道ノ恩力《おんりき》ナルコトヲ。此恩ヲシラズンバ、(イカデカ)四恩ヲ報ズル理《り》アランヤ。四恩ノ中ニハ、師ノ恩ヲ以テ第一トス。若《もし》ヨク恩ヲシラバ、本師釈尊ノ*第一義《ぎ》諦《たい》トスル*心地《しんじ》修行ヲナスベシ。ミズヤ、イフコトヲ、「*直《じき》ニ根源ヲキルハ仏ノ印スル処ナリ、葉ヲツミ枝ヲタヅヌルコトハ、我《われ》ヨシトセズ」ト。

只経呪《きようじゆ》ヲヨミ、諸《もろもろ》ノ有相《うそう》ノ行《ぎよう》ヲ修《しゆ》スルバカリニテ、工夫用心ナキ人ハ、来生《らいしよう》ニ福徳ヲ受テ、其《その》威勢ヲ以テ心ノママニ悪行《あくぎよう》ヲナセバ、カレガツクルツミニ依テ、二親《にしん》ハマヅ地獄ニ入テ、子孫ハホドナクアトタヘテ、ソノ身ハツイニ無間《むけん》地獄ニ堕在ス。コノユヘニ*癡福《ちふく》ハ三生《さんじよう》ノアダトイヘリ。三生トイツパ三世《さんぜ》ナリ。又古人ノイハク、「*住相《じゆうそう》ノ布施ハ、生天《しようてん》ノ

地に設けられた禅宗官寺の制度。五山の下に十刹。五山等は叢林、他は林下。本文の叢林は僧堂・大禅院のこと。

有相ノ善根　道徳の次元(有相)における善意志と善行為(楽果を招く善因)。

戒力　五戒を守れば人間に生まれ、十善を持てば天上に生まれるというように、戒を持つことによって得られる因果関係の持続力。

王法　王たるものの道。統治の道。

道徳　平生の行状に具体化した仏法。徳行。

教院　教寺。禅院・禅寺の対。教相家の経論を研究する寺院。

利益　自ら益するのが功徳(くどく)、他を益するのが利益(りやく)。

世法　世間の道理・慣行・秩序・法令。世俗界の文明・文化。仏法と王法、仏法と世法の区別と関係の捉えかたは安易である。

第一義諦　最勝絶対の真理。

心地修行　心性を直接見る修行。

直ニ…　直下(じきげ)に生死の根を截ることは、仏が直証(印)されたところ。↓二〇七頁「永嘉」注

癡福…　無明に染まった善行や幸せは、第三生まで禍をうける種。↓補

住相…　「住相布施生天福。猶如㆔仰㆑箭射㆓虚空㆒。勢力尽箭還墜」(証道歌)。「住相の布施」はその行状を忘れず、これに執われて果報を期待する布施。

福、猶シ箭《や》ヲアゲテ天ヲ射《いる》ガゴトシ、勢力《せいりき》ツキテハ箭還《かえっ》テヲツ」。又云《いわく》、「*一子出家スレバ、九族《きゅうぞく》天ニ生ズ」ト。出家ト者《は》、マヨイノイエヲイデタル解脱得悟ノ人コレナリ。カクノゴトクノ解脱ノ人ハ、カナラズシモ経呪《きょうじゅ》ヲ誦《じゅ》シテ*トブラハザレドモ、一切ノ*結縁《けちえん》ノ衆、ツキニハミナ解脱ノ門ニ信入ス、イカニイハンヤ父母《ぶも》兄弟等ノ九族ヲヤ。カルガユヘニ*教家《きょうけ》ニモソノ宗《しゅう》ノ中ノ経論ヲ学シテ、義理ニツイテ*観行《かんぎょう》ヲナシテ、成仏《じょうぶつ》スルヲ本意トスルトイヘリ。経呪ヲ誦シテ仏道ヲ成《じょう》ズル理イマダキカズ、イカニイハンヤ禅家《ぜんけ》ヲヤ。

若看経《もしかんきん》ヲ以テ成仏セバ、世尊《せそん》ナニニ依《より》テカ六年端坐セン。禅家ニ*三時《さんじ》ノツトメシタルコトハ、イヅレノ禅録ニカノセタルヤ。ソノ由来ヲタヅヌルニ、タダコレ日本ノ弘安年中ニ蒙古ガヨセキタル時、祈禱ノタメニトテ、官家ヨリノ所望ニヨリテ、ハジメテシイダシタルコトナリ。ツラツラ思フニ、此《この》三時ノツトメハ、祈禱ニハアラズ、タダ仏法王法《おうほう》ノスタルベキ因縁ナリ。ユエイカントナラバ、此《この》三時ノツトメ乃至《ないし》俗学文筆ニイトマヲツイヤサズ、出家ノ本意ノゴトク、一切ヲ放下《ほうげ》シテ坐禅*行道《ぎょうどう》ヲムネトシ、教外別伝《きょうげべつでん》ノ*宗猷《しゅうゆう》ヲ*扶堅《ふじゅ》セバ、仏法王法トモニ繁昌シ、*師檀 同《おなじく》解脱ノ大海ニ遊戯《ゆげ》スベシ。然則《しからばすなわち》 諸神ハ擁護ヲクワエ、*天竜ハ欣悦《きんえつ》ヲ生ジテ、*魔外《まげ》モコトゴトク屈伏スベシ。*現当《げんとう》二世ノ*キタフ、ナニゴトカコレニシカンヤ。臨済和尚ノイハク、「*六度万行《まんぎょう》斉《ひと》しく修、我見皆是造業《六度万行斉しく修す。我れ見るに皆是造業《みなこれぞうごう》》ナリ」ト。「仏ヲモトメ法ヲ求ルモ、即是《すなわちこれ》地獄ノ業《ごう》ヲツクル。菩薩ヲモトムルモ亦是《これ》造業、看経看教亦是《もまたこれ》造業。仏ト祖師トハ是《これ》無事ノ人ナリ」ト云云。

一念ノ工夫ハ、縦今生《たといこんじょう》ニ徹悟《てつご》セズトイフトモ、是ヲ縁トシテ生々《しょうじょう》ニ人身《にんしん》ヲ失ハズ、世々《せぜ》

一子…　「示衆曰、一子出家九族生天。真出家者慎二起大誓願一、勇猛精進、直断二命根一、豁然法性現前」(五家参詳附録)。
トブラフ　弔う。
結縁　仏法に因縁を結ぶこと。
教家　教外別伝、不立文字の禅家に対して、仏法を分類分析して言葉・文字によって解説する人々、教相家。禅家からのよび名。
観行　観心修行。観心の行法。仏果に至るための禅定、修行など。
三時ノツトメ　早朝・日中・日没時の勤行。
行道　仏道を修行すること。坐禅即行道。
宗猷　根本の道。
扶堅　まもり立てる。
師檀　師僧と檀徒。
天竜　天衆と竜神。仏法守護の八神。天竜八部を上首のこの二神で代表。
魔外　↓二〇九頁注
現当二世　現世と来世。
キタフ　祈禱。
六度万行…　臨済録示衆の語。次の引用も同じ。六度は六波羅蜜。涅槃(さとり)に至るために菩薩が修する六種の行。

ニ善知識《ぜんちしき》ニ遇《おう》テ、ツキニハ悟証《ごしよう》シテ、仏祖ノ*慧命《えみよう》ヲツイデ、衆生ヲ済度《さいど》スベシ、是ヲ名ヅケテ仏恩ヲ報ズルトス、イヅレノ*信施《しんせ》ヲカ報ゼザラン。古《いにしえ》ヨリ今ニイタルマデ、経呪*ヲヨムニ依テ法ヲ悟リタル仏祖一人イマダキカズ、仏祖ハ皆見性通達《けんしようつうだつ》ノ人ナリ。亦アルイハ仏語祖語ヲ聞テ、道ヲサトリタル人モアリトイヘドモ、皆是《みなこれ》ミヅカラ自性《じしよう》ヲミル志ノ熟スル時節、アルイハ過去ノ修行ノ力ニヨリテ、一聞千悟《いちもんせんご》スルモノナリ。若《もし》志ノ熟スル時節ニハ、経教《きようぎよう》ヲキイテサトルノミニアラズ、*香厳《きようげん》ハ撃竹《きやくちく》ノコヘヲキイテ道ヲサトリ、*霊雲《れいうん》ハ桃華ヲミテ道ヲサトリ、*玄沙《げんしや》ハ嶺《みね》ヲスグルニ、足ヲ*踢裂《てきれつ》シテ、心《しん》ヲアキラム、皆是《みなこれ》見性純熟ノ時節ナリ、タレカ是ヲ経呪ニヨルトイハンヤ。若大乗《もしだいじよう》ノ経教ヲ讃歎シテ、人ヲ教化《きようけ》シテ、即心即仏《そくしんそくぶつ》ノ理《り》ヲシラセンコトハ尤《もつとも》大切ナリ。ソレスラミヅカラ見性セズンバ、仏智《ぶつち》ニ通ズベカラズ。仏智ニ通ゼズシテ仏説ヲ讃歎セバ、自他《じた》共ニアヤマルベシ、還《かえつ》テ罪業《ざいごう》ナリ。

*説法明眼論《せつぼうみようげんろん》ノ中ニ、*一乗一実《いちじよういちじつ》ノ法ヲサトラズシテ、*権門有相《ごんもんうそう》ノ教ニ*耽著《たんじやく》シテ法ヲ説《とく》ヲ、不浄説法《ふじようせつぼう》トス。此《この》論ニイハク、「タトイ五逆《ごぎやく》ノモノハ*出離《しゆつりご》ノ期アリトイフトモ、不浄説法ノモノハ出離ノ期アルベカラズ」ト云云。況《いわん》ヤ只経呪ヲ*転読シテ人ヲ利益《りやく》セント欲《ほつせ》バ、食物《じきもつ》ノ日記ヲトナエテ人ノ飢《うえ》ヲヤメント欲ルガゴトシ。猶シ俗人《ぞくにん》ノ武具ヲステテ平家《へいけ》ノ巻《かん》ヲ読テ、朝敵ヲ降《こう》セントスルガゴトシ。是《これ》王公ノタメニ忠節トナルベカラズ。只十方ノ信施《しんせ》ヲ消《しよう》セント欲《ほつせ》バ、直《じき》ニ見性シテ、三輪《さんりん》ヒトシク空《くう》ジテ一念*住《じゆう》スルコトナカルベシ。若《もし》カクノゴトクナラズシテ、*有心《うしん》ヲ以テ是ヲ報ゼント擬《ぎせ》バ、此人我《これにんが》ノ無明《むみよう》即《すなわち》驢牛《ろご》ノ肚裏《ずり》ニ生ジ

慧命 智慧の命脈。智慧。
信施 信者からの布施。
経呪 経文や呪文。
香厳 香厳智閑(ちかん)。潙山霊祐の嗣。(伝燈録一一・会元九)→補
霊雲 霊雲志勤(しごん)。潙山霊祐の嗣。(伝燈録一一・会元四)→補
玄沙 玄沙師備(げんしゃしび)(八三五—九〇八)。雲峰義存の法嗣。(伝燈録一八・会元七)→補
踢裂 つまずいて裂く。
説法明眼論 二巻。作者不明。呪願法の法要に関する趣旨を説く。
一乗一実 一切衆生を悉く成仏させる唯一の真実。
権門有相ノ教 一切皆成仏をたてまえとする実大乗の実相無相の法門に対して、そうでない方便門の教を権門有相の教という。
耽著 ふけり執着する。
出離 煩悩のきずなを断ち俗世間を離れる。出家する。
転読 字句を略して経文を読むこと。仏典の字句を省略せず全部を丁寧真実に読む真読に対する語。
住スル とどまる。執われる。
有心 無心の逆。何かをめあてとし、何かにこだわる有所得の心。

テ*宿債《しゅくさい》ヲツグノフベシ。三輪ト者《は》、施者《せしゃ》、受者《じゅしゃ》、施物《せもつ》ナリ。若《もし》マコトニ看経《かんきん》セント欲《ほっせ》バ、マヅ経ヲ看《み》ル底《てい》ノ自心ヲ悟ルベシ。有相《うそう》ノ経巻ハ、終《つい》ニハ皆敗壊《はいえ》ス。自心ノ妙法ハ、*歴劫《りゃくごう》ニモ変易《へんやく》セズ、是《これ》諸経ノ正躰《しょうたい》ナリ。若此《もしこの》正躰ヲ会得《えとく》セバ、当《まさ》ニ知ルベシ、*蝦蟆蚯蚓《がまきゅういん》ノ音《こえ》、雨滴風声《うてきふうしょう》モ皆玄妙《げんみょう》ヲ談ジ、飛鳥遊魚、浮雲流水モ悉ク法輪ヲ転ズルコトヲ。若此離文字《もしこのりもんじ》ノ経ヲ一見セバ、満眼《まんげん》ノ金言《きんごん》、*弥天《みてん》ノ経巻、明々《みょうみょう》トシテ現成《げんじょう》ス。カクノゴトク看経《かんきん》、永劫《ようごう》ニモ懈怠《けたい》ナシ。若《もし》シカラズンバ、生涯《しょうがい》只*揞黒豆《あんこくず》ノ漢ナルベシ。

*鏡清《きょうしょう》、僧ニ問《とう》、「門外ナニノコエゾ」。僧ノイハク、「*鵓鳩《ぼっきゅう》ノ声《こえ》」。鏡清ノ云《いわく》、「無間《むけん》ノ業《ごう》ヲマネカザルコトヲエント欲《ほっせ》バ、如来《にょらい》ノ正法輪《しょうぼうりん》ヲ謗《ぼう》スルコトナカレ」。スデニ是《これ》鵓鳩ノコエナリ、ナニトシテカ如来ノ正法輪ナルヤ。你若《なんじもし》鵓鳩ノ声トイハバ、如来ノ正法輪ヲ謗スルニナリテ、無間ノ業ヲウクベシ。若《もし》是ヲ正法輪トイハバ、ナニトシテカ是《これ》如来ノ正法輪ナルヤ、急ニマナコヲツケテミヨ。又僧ニ問、「門外ナニノ声ゾ」。僧ノ云、「雨滴《うてき》ノ声」。清《しょう》ノ云、「衆生顚倒《てんどう》シテ*己《おのれ》ニ迷《まよう》テ物ヲ逐《おう》」。僧ノ云、「和尚*作麼生《そもさん》」。清ノ云、「*泊《はとん》ドヲノレニマドハザラマシヤ」。僧ノ云、「ホトンドヲノレニマドハザラマシヤ、意旨《いし》如何」。清ノ云、「*出身《しゅっしん》ハ猶ヤスカルベク、*脱体《だったい》ノ道ハカタカルベシ」。鏡清ハ明眼《みょうげん》ノ人、何ニ依テカヲノレニ迷《まよう》トイフヤ。モシ鏡清モイマダサトラズシテ、泊《ほとんど》ヲノレニマドハザラマシヤ、脱体ノ道ハカタカルベシト云トイハバ、無間《むけん》ノ業《ごう》ヲウクベシ。カクノゴトクノ道理ニアラズ、出身ハヤスカルベク、脱躰ノ道ハカタカルベシ(ト)云《いう》、此意《このい》又イカン。又雨滴ノ声トイハバ、ヲノレニマドフ顚倒《てんどう》ノ衆生ナリ、喚《よん》デ自己トナサントスレバ、是《これ》雨滴ノ声ナリ、イカ

宿債　宿世の負債。前世に作った悪業がまだ苦果をつぐなっていないこと。

歴劫　多劫を経歴すること。

蝦蟆蚯蚓　蛙とみみず。

弥天　そらいっぱい。

揞黒豆　揞は手で覆(おお)う意。黒豆は文字の喩。経巻の文字に耽着する者を評した言葉。

鏡清　鏡清道怤(きょうしょうどうふ)(八六四―九三七)、雪峰義存の法嗣。「門外ナニノコエゾ」は心外に法(のり)が在るという常識・素朴実在論的な妄執の有無を、相手の主体の上で点検しようとする問いかけ。碧巌録四六および同評唱参照。(祖堂集一〇・伝燈録一八・会元七)

鵓鳩　鳩の一種。

己ニ…　真の自己を見失って外物を逐いかける。

作麼生　いかが、どうか。俗語。

泊ド…　「泊んどは毫釐の差千里を誤らんとしたが、どつこい、こゝはこゝより外にない、求心頓に止んだところぢや。この語古来色々と説がある」(飯田欓隠「碧岩集提唱録」下)。

出身　繋縛(けばく)を脱する。

脱体　悟りの迹が消えたありのまま。「脱体道」または「脱体に道(い)うことは」。

的ヲ…　要旨をわきまえ知る。

少分　わずか。

滴水…　↓二二二頁注

看経ハ…　↓二二二頁注

即今ノ見聞…　抜隊のいわゆる「自性見窮」。「念の起るをば厭ふべからず、愛すべからず、只その念の源の自心を見窮はむべきなり」「ただ幾度も悟らるる悟をばうちすてて、悟る主に還り」(抜隊法語)。

法花経ノ長者…　信解品、長者窮子喩。幼時、父を捨てて家出した長者の子が困窮するさまを、父が憐れんで、種々の方便をもって遂に家を相続させる話。窮子を二乗に、財宝を大乗の教法に喩えた。

普門品…　法華経普門品、無尽意菩薩の偈にみられる。

火坑…　火坑のままに解脱境。「仮使興二害意一、推二落大火坑一、念二彼観音力一、火坑変成レ池」(法華経普門品)。

憍慢　おごって人をあなどる。

ンガ*的《てき》ヲ弁ゼン。タトイコノ句ヲ弁ジ得タリトイフトモ、只是《ただこれ》*少分《しょうぶん》ノ看経ノ眼《まなこ》アル人ナリ。イマダ脱体ノ道ヲ得ズンバ、教外別伝《きょうげべつでん》ノムネニヲイテハ、夢ニモカツテシルベカラズ。イハンヤ看経ノ眼ダモナカラン人、数万巻ノ経ヲヨムトモ、*滴水消《てきすいしょう》シ難シ、十方ノ信施《しんせ》ヲイカンガセン。古人ノ云、「*看経ハスベカラク看経ノ眼ヲ具《ぐ》シテ始《はじめ》テ得ベシ」ト云云。信施ハ、在家モ出家モ、乃至《ないし》畜類マデモノガレザルモノナリ。天地、国王、師長、父母《ぶも》ノ恩、誰《たれ》カ是ヲウケザル。只能《ただよく》四恩ヲ報ジ、三有《さんぬ》ヲタスケント欲《ほっせ》バ、根機《こんき》ノ利鈍《りどん》ヲイハズ、直下《じきげ》ニ照見《しょうけん》セヨ、*即今ノ見聞《けんもん》ノ主是《しゅこれ》何物ゾ。

問《とう》、*法花経ノ長者《ちょうじゃ》ノタトヘノゴトキンバ、衆生ミヅカラアヤマリテ、心ノ外《ほか》ニ仏ヲモトメ法ヲモトムルヲ、長者ノ子ノホカニアソビイデテ、イエヲワスレ、父ヲハナレテ、他人ニ衣食《えじき》ヲコフニタトエタリ。又*普門品《ふもんぼん》ニハ、「タダヒトヘニ観音ノ力ヲ念ゼバ、解脱ヲウベシ」ト説《とか》レタリ。「一切ノ災難ニアハン時モ、彼《かの》観音ノ力ヲ念ゼバ、*火坑《かきょう》モ変《へんじ》テ池ト成《なる》ベシ」トミヘタリ。シカレドモ観音ヲ信ズル人ノ家モ、ヤケタルコトモアリ、結句《けっく》観音堂モヤケタルコトアリ。又観音ヲ念ズル人モ、災難ニアフコトモアリ。カヤウノコトヲミルニ、世尊《せそん》モコトゴトク妄語ヲトカレタリ。シカラバ諸経ニ、イヅレノ経ニモ、此経《この》ヲ受持《じゅじ》、読誦《どくじゅ》、解説《げせつ》、書写センモノ、ミナ成仏《じょうぶつ》スベシトトキ、又イヅレノ菩薩、イヅレノ仏《ほとけ》ニヲイテモ、一一ニ此仏菩薩《このぶつぼさつ》、此《この》経呪ヨリウヘナシト説《とき》タマフ。コレニヨリテイヅレヲ信ズル人モ、ミナ*憍慢《きょうまん》ヲオコシテ、我《わが》信ズルコトハ真実ナリ、自余《じよ》ハミナヲトレリトイフ。是ヲ以テミル時ハ、仏《ほとけ》ノ人ヲスカシテ、ミナ憍慢ヲオコサセテ、地獄ニヲトサントセラルルカ、衆生ノアシク意《こころ》ヘタルカ、*決定《けつじょう》ノ義イカン。

答《こたう》、*如来ハ是《これ》*真語《しんご》者《しゃ》、実語《じつご》者《しゃ》、*如語《にょご》者《しゃ》、*不誑語《ふおうご》者《しゃ》、*不異語《ふいご》者《しゃ》ナリ。世尊《せそん》ノ所説一*偈一句モアヤマルベカラズ、タダ衆生ノ妄智《もうち》ヲ以テ真説《しんせつ》ヲミルユエニ、千差万別《せんしゃまんべつ》アリ、目ヲ捏《おさえ》テ月ヲミレバ、一月ノフタツニ見《みゆ》ルガゴトシ。若自性《もしじしょう》ヲアキラメテミル時ハ、一切ノ語《ご》言《ごん》皆自《じ》己《こ》ニ帰ス、千波《せんぱ》万波《まんぱ》モト一水《いっすい》ナルガゴトシ。経ニ曰《いわく》、「*十方仏土ノ中ニハ、唯一乗《いちじょう》ノ法ノミアツテ、二モナク、亦三モナシ。方便ノ説ヲノゾク」ト。一乗ト者《は》一心ナリ。心外《しんげ》ニ仏ヲモトメ法ヲモトムルモノハ、ミナ家ヲワスルル長者《ちょうじゃ》ノ子ナリ。自性《じしょう》ノ妙法ヲ悟ル時ヲ、迷子《まよいご》ノ家ニカヘルニタトエタリ。諸人《しょにん》、家ニカヘラント欲セバ、タダ自性ヲ悟ルベシ、心《しん》性《しょう》ハ諸仏ノ本源、諸経ノ*題目《だいもく》ナリ。アル時ハ是ヲ妙法トイヒ、有時《あるとき》ハ円覚《えんがく》トイヒ、有時ハ陀羅尼門トイヒ、有時ハ国土トイヒ、有時ハ世界トイヒ、有時ハ浄土トイヒ、有時ハ*華厳《けごん》重々《じゅうじゅう》ノ法界《ほっかい》トイヒ、有時ハ如来蔵《にょらいぞう》トイヒ、有時ハ*須弥《しゅみ》東王仏《とうおうぶつ》トイヒ、有時ハ*香積《こうじゃく》如来トイヒ、有時ハ阿弥陀トイヒ、有時ハ薬師トイヒ、乃至《ないし》普賢《ふげん》、文殊《もんじゅ》、観音、地蔵ト名ヅケテ説《とく》トコロ、ミナタダ一心ヲサスコトバナリ。

名ハ万差《まんしゃ》ナリトイヘドモ、*法躰《ほったい》二ニアラズ、此故ニ経ニ曰《いわく》、「*修多羅《しゅたら》ノ教《きょう》ハ月ヲサス指ノゴトシ、若《もし》月ヲミヲラバ、サストコロ畢竟《ひっきょう》シテ月ニアラズトシラン」。心ヲミテ性《しょう》ヲ悟ル、悟リハ教外別伝《きょうげべつでん》ニシテ、名相語《みょうそうご》言《ごん》ノ上ニアラズ。此《この》故ニ月ヲミヲワレバ、サス処《ところ》畢竟シテ月ニアラズトシルトス。若《もし》一切ノ仏祖ノトクトコロハ、ミナ心ヲサス語ナリトシラズンバ、名相語言ニ貪著《とんじゃく》シテ、カレハコレヲソシリ、コレハカレヲ謗《ぼう》シテ、タガヒニ*論量《ろんりょう》

決定　終局的に決定して変らぬ。

如来ハ…　如来五種語。「如来是真語者、実語者、如語者、不誑語者、不異語者」(金剛経離相寂滅分)。

真語者　真実の理法を語る者。

如語者　如は不変不異不動の意、その言葉が真理にかない永久不易である人。

不誑語者　その言葉が人をたぶらかさぬ人。

不異語者　変異することなき語をいう人。

偈　仏教の教法を詠じた詩。

十方仏土…　仏説にはただ一乗真実の教法あるのみ。これを聞く衆生の機根の浅深によって、二乗の教法とも三乗の教法ともなる。「十方仏土中、唯有一乗法、無二亦無三、除二仏方便説一」(法華経方便品)。

題目　(日蓮宗における法華経の題目「南無妙法蓮華経」の七字についての見地のように)経典の真理は経典の首題に示されている、という見解がある。

華厳重々ノ法界　凡ゆるものが重々無尽に相即し相入する、華厳経の蓮華蔵世界(事々無礙法界)。

須弥東王仏　須弥燈王仏。維摩経不思議品に「東方三十六恒沙の国を過ぎて世界あり、須弥相と名づけ、其の仏を須弥燈王と号す」(正蔵一四-五四六b)とある。

香積如来　維摩経香積品「上方の界

ヲナシ、皆憍慢《きょうまん》ヲオコサバ、クスリカヘツテ毒トナリテ、地獄ノ業ヲウクベシ。タトヘバ一月《いちげつ》ノ千家《せんけ》ヲテラスガゴトシ。此《この》月ノイハレヲ説《とく》人、イヅレノ処ノ月ヲ説《とく》時モ、只此一月《このいちげつ》真実ナリトトケバ、キク人アヤマリテ、只我家《わがや》ノ月ヲコソ真実ナリト説《とか》レタレ、他処《たしょ》ノ月ハ実《じつ》ニアラズト論ズルガゴトシ。抑《そもそも》十方世界ノ中ニ、何《いずれ》ノ国土ニカ別ノ月アルベキ、タトヒ百億ノ*須弥《しゅみ》百億ノ日月トイフモ、本来両箇《りょうこ》ニアラズ。仏ノトクトコロノ法モ、又カクノゴトシ。

諸人《しょにん》ノ一心ノ外《ほか》ニ別ノ仏モナク別ノ法モナキユヘニ、其機《そのき》ニシタガヒ、其《その》時ニ応ジテ衆生ノ*心法《しんぽう》ヲ説《とく》時、阿弥陀ト名ヅケテ説《とく》時ハ、阿弥陀ノ外《ほか》ニ仏モナク法モナシト説キ、妙法ト名ヅケテ説時ハ、妙法ノ外《ほか》ニ法ナシト説《とき》、観音ト名ヅケテ説時ハ、一切皆《みな》観音ナリト説、心ト名ヅケテ説時ハ、心ノ外《ほか》ニ法ナシト説《とく》、一切ノ言説《ごんせつ》、皆是ヲ以テ知《しる》べシ。ミズヤ、イフコトヲ、阿羅漢ニ*三毒アリトハトクトモ、如来ニ二種ノ語アリトハイハジ。阿羅漢ト者《は》、八万四千ノ煩悩《ぼんのう》ヲ*ツクシタルモノナリ。若《もし》猶アラカンニハ煩悩アリトモ、如来ニ二種ノコトバアルベカラズ、若《もし》二法アリトイハバ、如来ヲ謗《ぼう》スルモノナリ。シカモカクノゴトク、*本法《ほんぽう》ニハ二法ナシトイヘドモ、衆生ノ*業識《ごっしき》ノ軽重ニヨリテ、根機《こんき》ニ利鈍《りどん》アリ、法ヲ悟《さとる》ニ頓漸《とんぜん》アリ、迷《まよい》ヨリ悟《さとり》ニ至《いたる》ニ浅深《せんじん》アリ、其《その》浅深ニヨリ其《その》*徳モ高下《こうげ》アリ。此《この》故ニ経ニ曰《いわく》、「*一切ノ賢聖《けんしょう》ハ、皆*無為《むい》ノ法ヲ以テ、而モ差別《しゃべつ》アリ」ト。

然《しかる》ヲイマダ悟ルトコロナクシテ、只其名相《そのみょうそう》ヲモチアツカフ人、ミヅカラ尊《そん》ト称シテ法(ニ二法)ナシ、誰《た》ガ宗《しゅう》カ貴《たっと》ク、何《いずれ》ノ宗カ賤シキト云テ、*ヲサエテ一《いつ》ニナサントスルトモ、

分、四十二恒沙の国を過ぎて国あり、衆香と名づく、仏を香積と号す」(正蔵一四-五五二a)。

法躰　法(存在)の体性・本質。

修多羅…　円覚経に「修多羅教、如二標レ月指一。若復見レ月、了二知所レ標畢竟非レ月」(正蔵一七-九一七a)とある。修多羅は経の意の梵語音訳。↓補

論量　論じはかる。さばきはかる。

須弥　須弥山(しゅみせん)の略。古代インドの宇宙説で世界の中心に聳える高山。日・月は山の中腹を回り、山麓の最も外側の海中の四方に四大州があり、人間はその中の南に住むという。

心法　心性、自性清浄心。

三毒　善根を毒する三種の煩悩、すなわち貪欲・瞋恚・愚痴。

ツクシタル　根絶した。

本法　根本の法身、本地法身。本来の面目。

業識　衆生の善悪の業によって招いた果報の識。↓二〇三頁注

徳　正法の体得。

一切ノ…　「一切賢聖、皆以無為法、而有差別」(金剛経無得無説分)。

無為ノ法　生・住・異・滅の四相の転変を超えた法。因縁の造作を離れた法。

ヲサエテ　おさえつけて。

万法《まんぼう》一源《いちげん》ノ自心ヲ悟ラズンバ、*一《いつ》ニナサント擬スル一念、即《すなわち》ワカレテ二トナル、タトヘバ氷モ湯モ本是《もとこれ》水ナリトイヘドモ、トケザル程ハカタク、サメザルホドハアツクシテ、水ノゴトクニハツカハレザルガゴトシ。又ヲナジ茶香《ちやこう》ヲカゲドモ、クサキモノヲ喫《きつし》タル人ハ、我口《わがくち》ノ気《いき》ニサヘラレテ、其《その》茶香ノ真実ノカヲカギ得ザルニ似タリ。何《いずれ》ノ宗ニテモアレ、一法ヲ心中ニヲカン人、道ニカナフコト夢ニモアルベカラズ、「*一翳眼《いちえいまなこ》ニアレバ、空華乱墜《くうげらんつい》ス」。此《この》故ニ経ニ曰、「*法尚《なお》スツベシ、何況《いかにいわんや》非法ヲヤ」ト。法者《は》*内覚ナリ、非法者《は》名相文《みようそうもん》字言句《じごんく》等ノ有相《うそう》ノタグヒナリ。只内外《ないげ》ニヲイテ住著《じゆうじやく》スルトコロアラバ、皆是《これ》*ワタクシナリ。

経ニ曰、「*住《じゆう》スル処ナクシテ、其《その》心ヲ生ズベシ」ト。若人《もしひと》ワレハコレ仏ナリトイハバ仏ニ住ス、我ハコレ衆生ナリトイハバ衆生ニ住ス。乃至《ないし》禅宗トモ念仏者《ねんぶつしや》トモ、或ハ諸宗ノ中ニ一法ニモ著《じやくせ》バ、皆是《これ》住スルトコロナリ。全躰《ぜんたい》住スルトコロナキ時、イカナルカ是其《これその》心、急ニ眼《まなこ》ヲツケテミヨ、只茶香《ちやこう》ノカヲ能《よく》シラント欲《ほつせ》バ、先《まず》ミヅカラ口ヲキヨメテ一味《いちみ》一香《いつこう》ヲノコサザルベシ。仏法ヲサトラント欲セバ、仏法ニ著《じやく》スル底《てい》ノ心念ヲ*放下《ほうげ》シテ、仏イマダ出世《しゆつせ》セズ、一法イマダヲコラズ、我イマダ生ゼザリシサキ、心《しん》トモ性《しよう》トモ名ヅクベキ物ナカリシ*時ノ本来ノ面目《めんもく》ヲ直《じき》ニ己《おのれ》ニカヘスベシ。只此《この》本源ニ*精彩ヲツクルヲ名ヅケテ念彼観《ねんぴかん》音力《のんりき》トス。カクノゴトク語《ことば》ノ外《ほか》ニ自《みずから》徹悟セバ、観音即你《なんじ》、你即阿弥陀ナリ。此《この》時始《はじめ》テ法ニ二法ナシ、一切平等ナリト云《いわ》バ、即是《すなわちこれ》*相応スベシ。若只《もしただ》見性悟道ノ分《ぶん》ナクシテ、*情識《じようしき》ヲ以テイハバ、諸宗各別《かくべつ》ナリト云モアヤマリ也、法ニ二法ナシト云モアヤマリ也。

仏在世《ざいせ》ノ時、ヒトリノ菩薩アリ、*聞思《もんし》ヨリ修《しゆ》シテ*三摩地《さんまじ》ニ入《いる》ガ故ニ、観世音ト号ス。一

一ニナサント…　一つにしようと意志する一念それ自体が、意志するはたらき(主)と意志される事象(客)とに分裂することに外ならない。

一翳…　目のほしが一つ生ずると、空から華が散り乱れるように見える。微細な執われの一念が生ずると、妄念妄想がつぎつぎに乱れ起る。「一翳在ㇾ眼、空華乱墜」(伝燈録一〇、帰宗智常—馬祖道一の法嗣—の語)。

法尚…　「法をとりあげてもいけないし、法でないものをとりあげてもいけない」(中村・紀野共訳「般若心経・金剛般若経」岩波文庫五三頁)。

内覚　意識の内容。

ワタクシ　私心。自己中心性。

住スル処…　「応無所住、而生其心」(金剛経荘厳浄土分)。心をどこにもとどめないで、その場その場に相応する無心の心を起せ。六祖慧能開悟の機縁となった句といわれ、無所住が般若の体、而生其心が般若の用、体用不二ともいわれる(神会《じんね》語録)。語の原意は「とらわれない心を起さなければならない」ということ(前掲岩波文庫六五頁参照)。「無住の本より一切の法を立つ」(維摩経観衆生品)。

放下　(捨てた思いも残さぬまでに)なげすてる。

時　底本「寺」。

精彩　生き生きしたいろつや。

相応　理にかなう。

切ノ音声《おんじよう》ヲキクニアタリテ、其《その》キク心ヲ観《かん》ジテ自性《じしよう》ヲサトル人ナリ、世尊《せそん》是ヲ*二十五円通《えんづう》ノ中ニ第一ナリト印可ス。此《この》菩薩慈心甚ダ深ク、応用アマネクシテ、機ニ随テ説法シテ、能《よく》衆生ヲ教化《きようけ》ス。ココヲ以テ、世尊此《この》菩薩ヲタトエトシテ、「衆生ノ自性《じしよう》ノ妙用《みようゆう》ノ無辺ナルコトモ、此《この》観音ノゴトシ」ト説《とき》タマヘリ。ソレ実《じつ》ニハ心性《しんしよう》ノ応用ノキハマリナキコトヲイハバ、タトヘモ及ブベカラズ、イヅレノ菩薩カコレニヒトシキコトヲエン。*自心処々《しよしよ》ニアマネク応現シテ、眼《まなこ》ニ応ジテハ色ヲミ、耳ニ応ジテハ声ヲキキ、鼻ニアリテハ香《か》ヲカギ、口ニ在《ありて》ハ談論シ、手ニ在ハ執捉《しつそく》シ、足ニ在ハ運走ス。諸仏衆生平等《びようどう》ニ彼恩力《かのおんりき》ヲウケタリ、一切ノ万法《まんぼう》モ彼《かれ》ニヨリテ建立《こんりゆう》ス。日月《にちげつ》ノ光明ノアマネキモ、ナヲ間断アリ、心性ニハ、カツテ昼夜《ちゆうや》ノヘダテナシ、コレヲ悟レバ解脱《げだつ》ス、コレニ迷《まよう》ヲ災難トス。*法財ヲ損《そん》ジ功徳ヲ滅スルコト、此迷情《このめいじよう》ニヨラズトイフコトナシ。八万四千ノ煩悩ハ、*意識ヲ以テ根本トス、意識ハ諸相ニ貪著《とんじやく》シテ、地獄ノ業《ごう》ヲ増長ス。コノ故ニ意識ハ*火地《かじ》ナリ。若人《もしひと》見性スレバ、情《じよう》識意想《しきいそう》ノ忘《ぼう》ズル時、諸《もろもろ》ノ無明《むみよう》ノ業《ごう》ヲ転《てんじ》テ解脱ノ大海《たいかい》トナス。此《この》故ニ経ニ曰《いわく》、「*大火坑《だいかきよう》ニヲシヲトサルルトモ、カノ観音ノ力ヲ念ゼバ、火坑《かきよう》変ジテ池トナラン」ト。

一切ノ心中ノ妄情ハ、自性《じしよう》ヲ観ズレバ、即時ニミナ消滅ス。此《この》故ニ一切ノ災難ニアハン時モ、カノ観音ノ力ヲ念ゼバ、即《すなわち》解脱スベシト説《とく》。若此《もしこの》自己ノ観音ヲ信ゼズシテ心ノ外《ほか》ニ求《もとめ》バ、其《その》人即《すなわち》家ヲワスルル長者子《ちようじやのこ》也。指ヲ執《しつ》シテ月トナサバ、イカデカ仏意ニカナハンヤ。世尊《せそん》一代時教《じきよう》ヲ説《とく》、教《きよう》ニヨリテ各《おのおの》我《わが》信ズル処ノ名相《みようそう》ヲ執シテ、浅深高下《せんじんこうげ》ヲ論量ス、仏イマダ出世《しゆつせ》セズ、イマダ一言《いちごん》ヲトカザリシ已前《いぜん》、何ヲカ大乗トシ、何ヲカ小乗トセン。

情識　妄分別の見解、迷情の意識。

聞思…　㈠聞慧、教法を聴聞、黙読して得る智慧。㈡思慧、これを思惟思量して得る智慧。㈢修慧、禅定を修することによって得られる智慧。これを三慧という。このうち前の二慧は散乱の心に生ずる散智であって、修慧を生ずる機縁となり、修慧は一心不乱の定心に生ずる定智であり断惑証理のはたらきがある。

三摩地　三昧すなわち禅定。禅定にも深浅ないし枝末と根本との別があり、その究竟を王三昧という。王三昧は一切の世音を観ずる根本主体の覚証。

二十五円通　諸法実相の理に通達し融通無礙の心に安住する方法二十五種。「二十五円通の中の第一」とは、第二十五に位置づけられる観世音の、世音を自在に観察し、それに応ずるさまざまな身を現じて慈悲を行ずる円通。但し二十五それぞれ「第一」を含意(楞厳経五・六)。

自心処々ニ…　伝燈録三達磨章、波羅提偈および臨済録示衆にみえる。

法財　仏法の教。世財の対。

意識　倶舎では第六識、意根に依る識、唯識では第七末那(意)識。

火地　意識は転迷開悟によって火大円通(二十五円通の第十八)を得るとされるゆえ。

大火坑…　法華経普門品の偈(二三一頁注)。

世尊末後《まつご》ニ云《いわ》ク、「ハジメ*鹿野苑《ろくやおん》ヨリ、ヲハリ*跋提河《ばつだいが》ノホトリ涅槃《ねはん》ノ時ニイタルマデ、此《この》二中間ニヲイテ一字モトカズ」ト。世尊一代時教《じきょう》ヲバ、*一字不説《ふせつ》ノ語ヲ以テ一鎚《いっつい》ニ撃砕《きゃくさい》ス。是《これ》病ニ応ジテ薬ヲアタヘテ、病平癒シテ後、遂ニ薬ヲノゾクニ似タリ。シカモカクノゴトクナリトイヘドモ、此《この》一字不説ノ語ヲバ、何ノ宗《しゅう》トカイハンヤ、是破《これは》スルカ、是成《これじょう》ズルカ、是説《これせつ》カ、是《これ》無説カ、委細ニ*参詳《さんしょう》セヨ。此《この》中ニ向テ浅深高下ヲ論ゼバ、昨夜ノ飛禽《ひきん》ノ跡《あと》ヲ認《とめ》テ、寸尺ヲトルガゴトシ。幸《さいわい》ニ末後ノ一句アリ。世尊ノノタマハク、「我《われ》ニ正法眼蔵《しょうぼうげんぞう》、涅《ね》槃妙心《はんみょうしん》、実相無相《じっそうむそう》、微妙《みみょう》ノ法門、教外別伝《きょうげべつでん》アリ、*摩訶大迦葉《まかだいかしょう》ニ*付嘱《ふぞく》ス」ト。シカモ彼《かの》妙心ハ、人々《にんにん》ノ本源ナリ。那箇《なこ》カ是《これ》諸人ノ妙心。急ニ眼《まなこ》ヲツケテ看《み》ヨ。

問《とう》テ云《いわく》、世尊《せそん》一字不説ノ句ヲ以テ、前ノ所説《しょせつ》ノ語言名相《ごごんみょうそう》ヲバ一鎚ニ撃砕《きゃくさい》シテ後、百万ノ大《だい》衆《しゅ》ノ中ニシテ*拈花瞬目《ねんげしゅんもく》ス。衆中《しゅちゅう》ニ是《これ》何ノ宗旨トイフコトヲシラズ。唯迦葉《かしょう》一人是ヲ承当《じょうとう》シテ即《すなわち》破顔微笑《みしょう》ス。世尊ノ曰《いわく》、「我ニ正法眼蔵、涅槃妙心アリ、摩訶大迦葉ニ付嘱ス」。迦葉亦此《もまたこの》正法ヲ*阿難《あなん》ニ付《ふ》ス。然ショリ後、*西天《さいてん》ノ二十八祖、*唐土ノ六祖ヨリコノカタ、直《じき》ニ今ニイタルマデ、皆《みな》迦葉付嘱ノ一法ヲ伝ヘ来《きた》ルヤ否《いなや》。

答《こたえて》云《いわく》、然《しかり》。

問云、若然《もししから》バ*師資相承《そうじょう》ノ時、皆《みな》師ハ拈花瞬目シ、弟子ハ破顔微笑スベキニ、何トシテカ古今ノ祖師ノ付法《ふほう》ノ語《ご》同ジカラザルヤ。

答云、是ヲ以テシルベシ、此事《このこと》ハ語言名相ノ上ニアラザルコトヲ。

問云、已《すでに》「我《われ》ニ正法眼蔵、涅槃妙心アリ、迦葉ニ付ス」トイフ、是《これ》語言名相ニアラズヤ。

鹿野苑　釈尊初転法輪の地。
跋提河　釈尊入滅地附近の河の名。
一字不説　成道後の釈尊は多くの説法をしたが、悟りそのものは文字によって伝えられるものではなかった。四巻楞伽経三に「我従㆔某夜得㆓最正覚㆒乃至某夜入㆓般涅槃㆒、於㆓其中間㆒乃至不㆑説㆓一字㆒」(正蔵一六-四九九a)。
参詳　参究に同じ。
摩訶大迦葉　梵語「摩訶」も「大」も、迦葉(カッサパ)を賛する語。迦葉は釈迦十大弟子の一人、頭陀(ず)第一、すなわち貪著を払う頭陀行第一といわれた。仏滅後、経典第一結集の主宰者となった。
付嘱　師が弟子に仏法の奥儀を授けること。
拈花瞬目　釈尊、霊山(りょうぜん)に説法の時、ただ花を拈じて目をまたたいたとの伝説。後出も同じ。
阿難　アーナンダ。釈迦十大弟子の一人。多聞第一とよばれ、第一結集では経を誦出した代表者という。
西天ノ二十八祖　西天はインド。禅門ではインドの伝燈史上第一祖摩訶迦葉から第二十八祖菩提達摩にまで相承された仏法が、達摩によって中国に伝えられたという。
唐土ノ六祖　東土は中国。中国禅の初祖達摩から慧可・僧璨・道信・弘忍・慧能(六祖)に至る中国禅宗の六人の祖師。
師資　師匠と弟子。弟子は師に資

答云、已《すで》ニ是《これ》妙心ヲ付ス、何ゾ語言名相ナランヤ。你《なんじ》只*狂狗《きょうく》ノ人ニ打《うた》レテ塊《つちくれ》ヲ逐《お》ウガゴトシ。*魚兎《ぎょと》ヲ得テ筌蹄《せんてい》ヲ忘《ぼう》ズルモノハジメテ得ベシ。

問、仏祖ハ皆《みな》名相語言ノ外《ほか》ニ心ヲ伝《つた》トイハバ、心ノ一字モ語言ナリ。語言ヲハナレテハ、何《いずれ》ノ処ニカ心ヲ求メン。

師スナハチ上坐《じょうざ》トヨブ。僧応諾《おうだく》ス。

師ノ云、是什麽《これなんぞ》。

問云、心法《しんぼう》ハ人々《にんにん》具足シテ、諸仏衆生ノ差別《しゃべつ》ナクンバ、迦葉モ本来具足スベシ、何ニ因テカ世尊《せそん》ノ付嘱スルトイフヤ。

答、付嘱ト者《は》、ハジメテ*一法ノ人ニアタウルナシ、只《ただ》世尊ノ*直示《じきし》ニ依テ、迦葉ノ見性徹悟スルトコロノ我《われ》ニヒトシキヲ証明《しょうみょう》セラルル悟《さとり》ナリ。若《もし》先徳ノ証明ニヨラズンバ、イマダ得ザルヲ得タリトイヒ、未《いま》ダ証セザルヲ証シタリトイフ者アリテ、求法《ぐほう》ノ人ヲ*惑乱セバ、正法《しょうぼう》ヤウヤク破滅セン。是《ここ》ヲ以テ前仏《ぜんぶつ》ハ後仏《ごぶつ》ヲ*讖《しん》シ、先達《せんだつ》ハ後学《こうがく》ヲ判ジテ、ナヲザリニ人ヲユルサズ、*来風《らいふう》フカク弁ジテ、真正《しんしょう》ノ見解《けんげ》ヲ証拠ス、是ヲ名ヅケテ付嘱トス。*語ヲ承《うけ》テスベカラク宗《しゅう》ヲ会《え》スベシ、私《わたくし》ニ規矩《きく》ヲタツルコトナカレトイフハ、是《これ》ガタメナリ。

僧問《とう》、見性《けんしょう》セザランホドハ、タトイ多劫《たこう》ヲヘテ有為《うい》ノ法ヲ行《ぎょう》ズルトモ、成仏スルコトハウベカラズ。シカリトイヘドモ、僧衣《そうえ》ヲ著《き》テ一生ヲハタサンモノハ、三悪道《さんなくどう》ニハヲツベカラズトイフ人アリ、此説《このせつ》実ナリヤイナヤ。

答《こたう》、モシ僧衣ヲ著テ内心相応《そうおう》シテ、戒律タダシクシテ、小罪ヲモヲカサズンバ、輪廻《りんね》ヲ

(よ)って自己を開発するゆえ。

狂狗… 狂犬が投げ与えられた土塊を食物だと思って逐いかけるように、自己に迷うた者が他の言句の跡を逐い回すことを評した。「狂狗逐レ塊」(絶観論)。

魚兎… 筌は竹で作った魚をとる具、蹄は兎をとる網。「筌は魚を在(と)うる所以、魚を得て筌を忘る。蹄は兎を在うる所以、兎を得て蹄を忘る」(荘子外物篇)。目的を達すれば手段は不用になる。大・小乗の乗物は彼岸に達すれば無用となる。

一法ノ… 人々具足の心性に立って「一法ノ人ニアタウルナシ」という。「我宗無二語句一、実無二一法与一レ人」(伝燈録一五徳山章)。

直示 具体的な事象をもって法をじかに示す。

惑乱 底本「感乱」。

讖 未来の成仏を予言する(授記)。

来風… 訪ねて来て問う様子を深く見わけて。

語ヲ… 師の語を承けて根本を会得すべきであり、我流の規矩を立ててはならぬ。石頭希遷(七〇〇―七九〇)の参同契に「承レ言須レ会レ宗、勿三自立二規矩一」とある。

マヌガレズトイフトモ、地獄、餓鬼、畜生、修羅等ノ四悪趣ニハヲツベカラズ。若《もし》スコシモ身口意《しんくい》ニヲイテ罪アラバ、ナニニヨツテカマヌガレン。

問、殺盗婬妄《せっとういんもう》等ノ四重禁戒《しじゅうきんかい》ヲオカスモノ、四悪趣ニヲツルコトヲバウタガハズ。飲酒《おんじゅ》ハ四重ノホカナリ。仏祖ナニニヨリテカ、アナガチニフカクコレヲイマシメラルルヤ。

答、タダ此《この》飲酒ニヨリテ一切ノ諸戒ヲヤブルガ故ナリ。故ニ経ニ曰《いわく》、「*是《この》酒ハ起罪《きざい》ノ因縁ナリ」ト。モシコノフカキ意《こころ》ヲシラバ、飲酒ニスギタル大罪《たいざい》ナキコトヲウタガフベカラズ。

問、大罪ヲ以テ大苦ヲウケンコトハウタガハズ。小罪ヲ以テ地獄ニヲチタル僧アラバ、ネガハクバソノ証拠ヲキカン。

師スナハチ*僧護経《そうごきょう》幷ニ*自鏡《じきょう》ノ録《ろく》等ヲヒイテ是ヲコタフ。

舎衛国《しゃえこく》中ニ五百ノ商人アリ。アキナイノタメニ大海ニ入ラントス、旅行ノアイダノ教主ノタメニ、僧護比丘《そうごびく》ヲ世尊ニ申《もおし》コイテ、トモニユイテスデニカヘラントス。尓時《そのとき》僧護比丘、中路《ちゅうろ》ノ夜宿《やしゅく》ノ処ニヲイテ、伴《とも》ヲウシナヒテヒトリアユム、ミチイマダトヲカラザルニ、*犍《かん》椎《ち》ノコエヲキク、コエヲタヅネテ寺ニムカフ、一人ニアフテ、即問《すなわちとう》テイワク、「ナニノ因*縁ノユヘニ犍椎《かんち》ノコヘヲナスヤ」。ソノ人答云《こたえていわく》、「温室ニ浴《よく》ニ入《いる》」。僧護念《そうごねんじ》テイハク、「我《われ》トヲクヨリキタレリ、僧浴《よく》ニツクベシ」。スナハチ僧坊ニ入テ諸人等ノカタチヲミルニ、衆僧《しゅそう》ニ似タリ。トモニ温室ニ入テミルニ、モロモロノ浴具、浴衣、*瓦瓶《がびょう》、*瓨器《こうき》、浴室コトゴトクミナ火ニ燃《もゆ》ル。ソノ時僧護比丘《そうごびく》、モロモロノ比丘ノトモニ温室ニ入《いり》ヲ

是酒ハ… 梵網経菩薩心地品の語。

僧護経 因縁僧護経、一巻失訳。五百の商人が航海するにあたって僧護比丘に請うて説法者とすることに始まり、航海中のさまざまな事件の描写と、のち僧護五百の仙人を済度し終って、仏にまみえ、その因縁について仏との間に問答がかわされる経緯を記す。(正蔵一七-五六五)

自鏡ノ録 釈門自鏡録。唐の懐信編、二巻。因果応報等の説話を集めたもの。のち日本僧玄智景耀がこの続補を作った。本文後出(二四四頁一四行)に三冊とあるのはこの続補を加えたもの。

犍椎 梵語の音訳。ケンツイと読む場合もある。寺で衆人を集めるために鳴らす鐃磬・木魚の類。「汝今速打二犍椎一」(増一阿含経四〇)。底本「犍雉」。

因縁 理由、わけ。

瓦瓶 素焼の瓶子。

瓨器 素焼のかめ。かわらけ。

ワレバ火ニモエテ、筋肉消尽《しょうじん》シテ、骨*燋炷《しょうしゅ》ノゴトシ。僧護《そうご》驚怖シテモロモロノ比丘ニ問《とう》、「汝是何人《なんじはこれなんびと》ゾ」。比丘答云、「*閻浮提《えんぶだい》ノ人、性難信《しょうなんしん》ナランガタメ、汝、仏所《ぶっしょ》ニイタリテ、スナハチ仏ニ問《とう》ベシ」。スナハチヲドロキヲソレテ、寺ヲステテ跳走《ちょうそう》シテ路ニススムニ、イマダトヲカラザルニマタ一寺ニアフ。

ソノ寺*厳博《ごんばく》*殊能《しゅのう》ニシテ精好ナリ、亦椎声《ついせい》ヲキク、マタ比丘ヲミテスナハチ問テイハク、「何ノ因縁ノ故ニ犍椎《かんち》ノコエヲナス」。比丘《びく》答云、「衆僧飯《しゅそうはん》ヲ食ス」。自《みずか》ラ思惟《しゆい》ス、「我今《われいま》遠クヨリ来《きたり》テハナハダ飢乏《きぼう》ヲナス、亦復《またまた》食スベシ」。僧坊《そうぼう》ニ入《いり》ヲハリテ僧ノ和集《わしゅう》スルヲミルニ、食器、敷具《ふぐ》ミナコトゴトク火ニモエ、人及ビ房舎《ぼうしゃ》コトゴトクミナ火ニモヘテ、サキノゴトクニシテコトナラズ。僧護《そうご》問《とう》テイハク、「汝是《なんじはこれ》何人ゾ」。ソノ人答《こたう》ルコトバサラニサキニコトナラズ。僧護《そうご》驚怖シテ、サラニハヤク捨去《すてさっ》テ、路ニススムコトイマダトヲカラザルニ、マタサラニ一寺ニアフ。

ソノ寺*厳儀《ごんぎ》ナルコト、更ニサキニコトナラズ。ススンデ僧坊ニ入テ、マタモロモロノ比丘ヲミルニ、*火床《かしょう》ニ坐シテ、タガイニ*爪捶《そうすい》シテ、肉尽筋《にくつきすじ》イデテ、*五蔵《ごぞう》骨髄マタ燋炷《しょうしゅ》ノゴトシ。僧護比丘カクノゴトクシナジナノ呵責《かしゃく》ノ相《そう》ヲミル。僧護比丘スデニ還《かえっ》テ、仏所ニ詣《けい》シテサキニミルトコロノ*地獄ノ因縁ヲ問《とい》タテマツル。

仏《ほとけ》、僧護ニツグ、「汝ガミルトコロノ比丘《びく》浴室《よくしつ》ハ、比丘ニアラズ、亦《また》浴室ニアラズ、是《これ》地獄ノ罪人ナリ、*迦葉仏《かしょうぶつ》ノ時ノ出家ノ比丘ナリ。戒律ニヨラズ、ヲノレガ愚情《ぐじょう》ニシタガイテ、僧ノ浴具ヲヨビ諸《もろもろ》ノ器物ヲ以テ随意ニモチウ、持律《じりつ》ノ比丘常《つね》ニ*軌則《きそく》ヲオシウレドモ、

燋炷　燋は焼く、焦がす。炷はとうしん。焼けるとうしん。

閻浮提　須弥山の南方にある洲の名。須弥四洲の一。南部にあるゆえ南瞻部洲(なんせんぶしゅう)、南閻浮提ともいう。もとインドの称であったが、のち人間世界ないし現世の称となった。提は洲のこと。

厳博　おごそかに広い。荘厳広博または厳浄広博の意。

殊能　ことのほかすぐれる。

厳儀　儀礼・作法がきびしい。

火床　炉の火を焚く所。

爪捶　引搔いたり突いたりする。

五蔵　五臓。肺・心・胃・肝・腎の五つの内臓。

地獄ノ因縁　地獄が今ここにある由来と理由。

迦葉仏　釈迦出世以前の過去七仏中の第六仏。釈尊の十大弟子の一人摩訶迦葉ではない。

軌則　一定の規準、方式。

ソノヲシエニシタガハズ、迦葉仏ノ涅槃《ねはん》ヨリコノカタ、地獄ノ苦ヲウケテ、今ニイタリテヤマズ」。仏《ほとけ》、僧護《そうご》ニツグ、「汝ハジメ寺トミルハ、是《これ》僧寺ニアラズ、マタ比丘ニアラズ、是《これ》地獄ノ人ナリ、迦葉仏ノ時ノ出家ノ人ナリ。*五徳ヲ成《じょう》ゼズシテ*四方ノ僧物《そうもつ》ヲ*犍椎《かんち》ヲウタズシテ、衆《しゅ》黙シテトモニモチウ。コノ因縁ヲ以テ火牀《かしょう》ノ苦ヲウケテ、今ニイタルマデヤマズ」。「汝ガ第三ノ寺ヲミルハマタ僧寺ニアラズ、マタ比丘ニアラズ、是《これ》地獄ノ人ナリ、迦葉仏ノ時ノ出家ノ人ナリ。*懈怠《けたい》ノ比丘多人共住《たにんくじゅう》ス、トモニアイカタリテイハク、我等今者《は》ヒトリノ持律ノ比丘ヲ請《しょう》ジテ、トモニ法事《ほうじ》ヲナシテ*如法《にょほう》ナルコトヲ得ベシ、即時《そくじ》ニヒトリノ浄行《じょうぎょう》ノ比丘ヲモトメテ、トモニ住《じゅう》シテ食宿《じきしゅく》ス。此《この》浄行ノ比丘マタ更ニ同行《どうぎょう》ノ比丘ヲモトム、時ニ浄行ノ人*転々《てんてん》シテマスマスオホシ、即《すなわち》追逐《ついちく》シテ寺外《じげ》ニイダス時、破戒ノ人、夜《や》分《ぶん》ノ中ニヲイテ、火ヲ以テ寺ヲ焼《やい》テ諸《もろもろ》ノ比丘ヲ滅セシム。コノ因縁ヲ以テ手ニ鉄椎《てっつい》ヲ捉《とり》テタガイニ摧滅《さいめつ》セシム。迦葉仏涅槃ヨリコノカタ、大苦悩ヲウケテ、今ニイタルマデヤマズ」。「或ハ*衆僧《しゅそう》ノ田中《でんちゅう》ニヲノレガワタクシノタメニ種《うえ》テ、*僧直《そうじき》ヲムクワズ。時ニ持律《じりつ》ノ比丘、戒《かい》ニ依テ呵責《かしゃく》ス、汝今イカンガ僧直ヲ酬《むく》ワザル。此《この》人ソノ時王勢《おうせい》ヲタノムニ依テ教誨《きょうげ》ヲウケズシテ、諸ノ比丘ニコタフ、我《われ》ハ是《これ》汝ガ奴《やっこ》ナランヤ、汝モシ力アラバ、ナンゾミヅカラ種《うえ》ザル。コノ因縁ヲ以テ地獄ノ苦ヲウク」。「或ハ*白衣《びゃくえ》ノ人、僧ノ田《た》ニ在テ、種《うえ》テ僧直ヲムクハズ。コノ因縁ヲ以テ地獄ノ中ニヲチテ、*大肉地《だいにくち》トナリテ諸《もろもろ》ノ苦悩ヲウク」。「或ハ寺ニ在テ常住ナリ、諸ノ檀越《だんのつ》アリテ、*酥瓶《そびょう》ヲ奉送シテ、*現前ノ衆僧《しゅそう》ヲ供養シ、人々《にんにん》ニワカツベシトス。此事《このこと》ニアタル人、客僧ノアルヲミテ、カクシトメテ後《うしろ》ニヲキテ、客僧去《さり》ヲワリテ

五徳　比丘の五徳すなわち怖魔(俗世を厭い離れる)・乞士(行乞)・浄戒(清浄な戒を保つ)・浄命(清浄な生活)・破悪(悪を払いのける)。

四方ノ僧物　十方の僧に属する物件すなわち四種僧物。㈠常住の常住(寺院の田園雑具等その寺の住僧の用いるもの)。㈡十方の常住(施主が街に出て十方往来の僧に施す粥飯等の施物)。㈢現前の現前(施主が寺に行き在住の僧に分つ施物)。㈣十方の現前(施主が寺に行き十方の僧を招き、来訪する僧に分つ施物)。

犍椎ヲウタズ　少数者が共有財を私用する意。↓二三八頁「犍椎」注

懈怠　なまけ、おこたること。

如法　理法規矩に契うこと。

転々　次々に移る。しだいに、ますます。

衆僧ノ田　衆僧供養の料に供する田地。

僧直　僧に渡すべき物。僧への代償。

白衣　俗人の別称。インドのバラモンおよび俗人は多く白色の衣服をつけた。僧護経の後段に「在ニ地獄中ー、出家者衆(おおく)、白衣尠少」とある。

大肉地　大きな肉の地。

酥瓶　乳をいれるかめ。

現前…　「四方ノ僧物」(↓三行目)注の㈢「現前の現前」参照。

後ニスナハチワカツ。コノ因縁ヲ以テ、地獄ノ中ニ入テ*大肉瓶《だいにくびょう》トナリテ、火ニヤケテ苦ヲウク」。「或ハ僧ノタメニ水ヲツカサドル、僧ノ水ヲツカフ事スコシクシテ、カヘスコトオホクスギタリ、逐《おっ》テハカリコトハルベキニ、スナハチソノ水ヲ足《たし》テ、余者《あまるもの》ヲ給ハザル、コノ因縁ヲ以テ地獄ノ中ニ入テ、独立《ひとりたち》テ唱《となえ》テ水々《みずみず》ト言テ、ソノ*大苦ヲウク」。「アルイハ仏僧《ぶっそう》ノ浄地ニアリテ、*涕唾《ていだ》シテ地ヲケガス。コノ因縁ヲ以テ地獄ノ中ニ入テ、刀ヲ以テヲノレガ鼻ヲ削《きり》テ、火ニヤケテ苦ヲウク」。「アルイハ*沙弥《しゃみ》トシテ、衆僧ノタメニ、*石蜜《しゃくみつ》ヲ分《わかつ》ニ当《あたり》テ、斫《くだき》テ*分数《ぶんすう》トナス、斧《ふ》剣《けん》ノ上ニヲイテ少《すこし》ク著《つき》タル石蜜ヲ沙弥*噉舐《たんし》ス。コノ因縁ヲ以テ舌ヲ斫《くだき》テ苦ヲウク」。「或ハ寺中ノ上座トシテ、マスマス食分ヲウク。アルイハ一人二人ノ食分ヲ得《う》。持律《じりつ》ノ比丘、如法《にょほう》ニ上座ノ法カクノゴトクナルベカラズト教授ス。時ニ老比丘、*律師ニコタヘテイハク、汝シルトコロナシ、声駱駝《らくだ》ノゴトシ、我《われ》ハ衆中ニオイテ身上座トナリテ*呪願《じゅがん》説法、或時《あるとき》ハ*唄《ばい》ヲ作《な》ス、労ヲ計《はかり》テ得べシ、汝等何ガ故ゾ、ツネニ瞋《いかり》テ我《われ》ヲセムルヤ。コノ因縁ヲ以テ地獄ニ入テ、駱駝ノ身ヲウケテ火ニヤケテ号叫《ごうきょう》ス」。「アルイハ*王勢ノチカラヲタノンデ、*聖徳《しょうとく》ノゴトクニニテ、*四輩《しはい》ノ弟子讃歎《さんたん》ス。時ニカノ比丘黙然《もくねん》トシテ歎《たんじ》、*施《せ》好縄床《こうじょうしょう》ヲヨビモロモロノヨキ飲食《おんじき》ヲ*聖心《しょうしん》ヲナシテウク、コノ因縁ヲ以テ地獄ノ中ニ入テ、肉縄床《にくじょうしょう》トナリテ火ニヤケテ苦ヲウク」。「アルイハ僧ノ果菜園《かさいえん》ニ当《あたり》テヨキ華果《かか》アレバ、ヲノレガワタクシノ用《よう》トナシ、アルイハ白衣《びゃくえ》ニアタフ。コノ因縁ヲ以テ地獄ニ入テ、大花樹《かじゅ》トナリテ火ニヤケテ苦ヲウク」。「汝二沙弥ヲミルハ、実《じつ》ノ沙弥ニアラズ、迦葉仏ノ時是《これ》出家スル沙弥也、トモニ一*被褥《ひじょく》ノ中ニ相抱《あいいだい》テ眠臥《みんが》ス。コノ因縁ヲ以テ、地獄ノ中ニ入《いり》

大肉瓶　大きな肉のかめ。
大苦　大苦悩。
涕唾シテ　よだれやつばを落して。
沙弥　仏門に入って剃髪し得度式を終えたばかりの少年僧。
石蜜　氷砂糖。
分数　いくつもの数量。
噉舐　なめて食う。
律師　戒律の師。律に精通した人。
呪願　食事または法会の時、法語を唱えて施主または亡き一族の福利を祈ること。
唄　梵唄、梵音の歌唄の意。仏祖の徳を讃嘆して経文・偈頌を唱詠すること。
王勢…　「是地獄人、迦葉仏時、是出家人、恃二王勢力一、似レ如二聖徳一、四輩弟子、聖心讃嘆、時彼比丘、黙然受レ嘆、施好縄床及諸好飲食、作二聖心一受、以二是因縁一、入二地獄中一、作二肉縄床一、火焼受レ苦、至レ今不レ息」（正蔵一七-五七〇a）。
聖徳　出家者としての知識徳行。
四輩　比丘・比丘尼・優婆塞・優婆夷。教団を構成する僧俗男女の四衆。
施好縄床　施与された好(よ)き縄床。縄床は縄を張った椅子、講座台。
聖心　聖者の心。ほとけごころ。
被褥　ふとん、しとね。

テ火ニヤケテ、被褥ノ中ニアイイダヒテ苦ヲウケテ、今ニイタルマデヤマズ」。爾時《そのとき》世尊カサネテ僧護《そうご》ニツゲタマワク、「地獄ノ中ニ出家ノモノハオホク白衣《びゃくえ》ハスクナシ、ユヘイカントナラバ、出家ノ衆《しゅ》オホク禁戒ヲヲカシテ*毘尼《びに》ニシタガハズ、タガイニアザムキシエタゲテ、ワタクシニ僧物《そうもつ》ヲ用イ、アルイハ飲食《おんじき》ヲワカツニ、ヨク平等ナラザル故也。我《われ》今カサネテ汝ニツグ、マサニ持戒ヲツトメテ*頂戴奉行《ちょうだいぶぎょう》スベシ」。復《また》僧護ニツゲタマハク、「サキノ罪人ノゴトキンバ、先世《せんせ》ニ出家シテ、僧物ヲオカスガユヘニ大地獄《だいじごく》ニヲツ。又未来世《みらいせ》ノ中ニヲイテ、諸《もろもろ》ノ白衣アリテ衆僧《しゅそう》ノ物ヲトランモノハ、罪《つみ》サキニヲイテトク出家ノ人ニコエタルコト百千万倍ニシテ、キハメツクスベカラズ。我《われ》マタ汝ニカタラン、若《もし》一比丘、毘尼ニ順《したがい》テ、僧ノ*伽藍《がらん》ニアリテ如法《にょほう》ニ道《どう》ヲ行《ぎょう》ジテ、時ニ依テ椎《つい》ヲ鳴《なら》サン、モシ此人《この》ヲ施セバ、福ヲ得《うる》コトナヲシ多クシテ、説《とく》トモツクベカラズ、イカニイハンヤ四方ノ僧衆《そうしゅ》ヲ供養センヲヤ」ト云云。

師ノ云《いわく》、僧護比丘ノミルトコロノ地獄ノ因縁五十六段ナリ。仏ノノタマハク、「ミナ是《これ》迦葉仏ノ時ノ出家ノ人ナリ、迦葉仏涅槃《ねはん》シテヨリコノカタ、地獄ニ入テ大苦ヲウケテ、イマニイタルマデヤマズ」ト云云。今《いま》略シテ十三段ノ*大綱《たいこう》ヲ挙《あぐ》、自余ハ是ヲ以テシルベシ。

サキノ*問話《もんな》ノ僧ノイハク、マコトニ知《しん》ヌ、小罪ヲモフカクヲソルベキコトヲ。又イハク、此《この》経ノ所説《しょせつ》ノゴトキンバ、カノ地獄ノ中ニ在家《ざいけ》ハスクナク出家ハ多キコト、ツラツラ是ヲ推スルニ、タダ*僧躰ニシテ寺ニアリトイヘドモ、破戒無道ニシテ、*大僧ト*利養ヲ同《おなじ》クシテ、我等モヲナジ僧ナリト思ヒナシテ、還《かえっ》テ*浄行《じょうぎょう》ノ僧ヲアナヅリ、アルイハ誹謗《ひぼう》シタル故ナ

毘尼　毘奈耶(びな)。梵語の音訳。戒律。

頂戴奉行　つつしみ受けて実践する。

伽藍　梵語の音訳。僧伽藍摩・僧伽藍の略。衆僧の修行する場所。後には寺院の建造物を伽藍といい、附属建築の具備したものを七堂伽藍という。

大綱　事柄の基本的な大要。

問話　修行者が疑問としている事柄を師に問うこと。

僧躰　僧侶のすがた。法体(ほったい)。

大僧　具足戒を受けて比丘となった僧。沙弥(→二〇〇頁注)に対して比丘をいう。

利養　待遇や特権(を享受すること)。

浄行　清浄な生きかた。

当来世　現世と来世。

リ。ソレガシ実《じつ》ニ此《この》一類ナリ。*当来世《とうらいせ》ノ地獄ノ業《ごう》、イカンガシテ是ヲマヌガレン、願《ねがわ》クバソノ*方便ヲキカン。

師ノ云《いわく》、只直《じき》ニ見性透徹シテ、生死《しょうじ》ノナガレヲ截断《せつだん》スルヨリホカニ別ニ方便ナシ。*此《この》経ノ偈ニ曰《いわく》、「悪ヲ行《ぎょう》ズレバ地獄ヲ感ジ、善ヲ造レバ天ノ楽《たのしみ》ヲ受《うく》、若能《もしよく》 *空定《くうじょう》ヲ修《しゅ》セバ、*漏《ろ》尽《つき》テ涅槃ヲ証セン」。

又僧有《あり》テ出《いで》テ云、ソレガシスデニ空定ヲ得タリ。

師ノ云、汝イヘ、空定イカンガ得タル。

僧ノ云、坐中ニツネニ*紛飛《ふんぴ》ノ念ヲサマリツキテ、内外《ないげ》ヒトシク晴天ノゴトシ。此時我身《このときわがしん》心《じん》本来空《くう》ナルコトヲウタガハズ。

師ノ云、是《これ》空定ニアラズ、タダコレ学道ノ人ノ人々《にんにん》ヲコス最初ノ*空見《くうけん》ナリ。此見《このけん》ノ人、若真正《もししんしょう》ノ善知識ニアハザレバ、因果ヲ*撥無《はつむ》シテ、地獄ニ入《いる》コト箭《や》ノゴトシ。空定トイツパ、見性通達《つうだつ》シテ、色《しき》、受《じゅ》、想《そう》、行《ぎょう》、識《しき》等ノ*五陰《ごおん》皆コトゴトク*空却シ、一切ノ煩悩ツキ、知見忘《ぼう》ジ、*照絶《しょうぜつ》シ、*心行所《しんぎょうしょ》滅シ、*応用蹤跡《しょうせき》ナクシテ、衆魔《しゅま》モヲカスベキタヨリナク、仏眼《ぶつげん》見レドモミエザル*穏密全真《おんみつぜんしん》ノ境界《きょうがい》是《これ》ナリ。

僧問《とう》、出家ハタトヒ道心ナクシテ、真正《しんしょう》ノ空定ヲ修《しゅ》シウルマデハアラズトモ、カタチニハヅルガ故ニ、一向《いっこう》ニナサザルハ有《ある》ベカラズ。タトヒ破戒ナリトイフトモ、*実犯《じっぽん》ノモノハマレナルベシ。若《もし》又タマタマ実《じつ》ニオカスモノモ、在家《ざいけ》ニハヒトシカルベカラズ。然《しかる》ヲカノ地獄ノ中ニ在家ハスクナク、出家ハ多キハ、ナニノ道理ゾヤ。

方便　地獄の業を離れる方法。

此経ノ偈　因縁僧護経「行レ悪感二地獄一、造レ善受二天楽一。若能修二空定一、漏尽証二涅槃一」(正蔵一七-五七一c)。

空定　空相を観ずる禅定。

漏　煩悩。

紛飛ノ念　みだれとびかう雑念。

空見　(イ)善悪・因果の理、万法差別の事理を否認する虚無の見(断見)。(ロ)空法(空理を示す法または小乗の涅槃)に著する見地。空というものにとどまる見地。ここでは後者。

撥無　はねのける。否認する。

五陰皆…　「五蘊皆空…色即是空、空即是色、受想行識、亦復如レ是」(般若心経)。

空却　空になる。却は強調の助字。

照絶　心識の照らす働きが絶える。円覚経清浄慧菩薩章「照あり覚あるは倶に障礙と名づく。是の故に菩薩は覚して住せず照と照者と同時に寂滅す」(正蔵一七-九a)。

心行所滅　心と行所とが滅すること。思惟・思量を超えていること。言語道断(言葉で説き伝える道がたえる)と併せ用いられる。

応用蹤跡ナク　相手の機に応じて接化する働きが自由無礙であって意識のとどこおりを残さぬ。

穏密　有心・作為の相が無く、したがって知られようがない。

実犯　次にある「実ニオカス」、即ち行為(事実)において犯す。

答《こたう》、僧護《そうご》比丘《びく》ノ仏前ニシテアグルトコロノ地獄ノ因縁ハ、ミナ是《これ》ワヅカノ小罪ノモノノ感ズルトコロノ小地獄ナリ。又ソノカズモ只五十六段アリ、僧護比丘タダ是《これ》多キヲ略シテ少《すこ》シキヲノブルユヘナリ。若在家《もしざいけ》等ノ中ノ乃至《ないし》十悪五逆ノモノノヲツル無間《むけん》*阿鼻大地獄ノ因縁ヲイハント欲セバ、人ノ心中《しんちゅう》ノ*業障《ごっしょう》ノ不可思議ナル故ニ感ズルトコロノ地獄ノ苦患《くげん》モ、又予《よ》ガ言《ことば》ノヲヨブ処ニアラズ。タトヒ説《とく》トモ、又誰《たれ》カ是ヲ信ジヲヨボサンヤ。智者ハイハザルニ是ヲシリ、愚人ハ還《かえっ》テ我《われ》ヲワラハン。自鏡録《じきょうろく》ニ云ク、「宋ノ江陵ノ四層寺《しそうじ》ノ僧竺慧《じくえ》、*熾肉《しにく》ヲ食シテ餓狗地獄《がくじごく》ニ生ズ」。「宋ノ僧法豊《ほうほう》トイフモノ、僧ノ食《じき》ヲ減ジテ死シテ後《のち》餓鬼トナル」。「周ノ益州《えきしゅう》ノ索寺《さくじ》ノ僧慧旻《えびん》、僧ノ財宝ヲヌスミテ牛トナル」。「禅師《ぜんじ》スナハチ僧ノ*小菜ヲトリテ、死シテノチ衆僧《しゅそう》ノ奴《やっこ》トナル」。「隋ノ相州《そうしゅう》ノ僧道明《どうみょう》、*常住ノ柴ヲ一束《いっそく》カリテ湯ヲワカシテ足ヲアラフ、ワスレテ柴ヲカヘサズ、死シテノチアシヲ燃《もや》サルルコト一年アリテノチ、同房ノ僧玄緒《げんしょ》ト云モノノ目ニ*化寺《けじ》ヲ見《みる》。道明ココニ在テ緒《しょ》ニ語《かたり》テ云ク、願クバ柴百束ヲ買テ*常住ノ僧ニカヘシテ、並《ならび》ニ法華経一部ヲ書写セバ、我此《わがこの》苦ヲマヌガレン。緒《しょ》、道明ノ言《ことば》ノ如クニ是ヲ*弁ジテ後ニ、カノ化寺《けじ》ノ在所《ざいしょ》ヲ見《みる》ニ、カクレテミヘズ」。

此録大帖《このろくだいちょう》三冊アリ、此内《このうち》五事ヲ取テ是ヲ記ス。因果必然也、若《もし》カクノ如クノ大事有《ある》コトヲ知《しら》ズンバ、古人《こじん》何ニ因テカ法ノタメニ身命財《しんみょうざい》ヲ捨ンヤ。タトヒ*知識ニ偏参《へんさん》シ、長坐シテ眠ラズトモ、生死《しょうじ》ヲオソルル意《こころ》実ナラズンバ、五穀ヲ断《たち》タル者ノ耕作ニ進マズ、病苦ナキ人ノ針灸《しんきゅう》ニタヘザルガ如《ごとく》ニシテ、*道行*虚仮《こけ》ニシテ、底ニ徹ル工夫有《ある》ベカラズ。只*義解《ぎげ》ヲタクマシクシ、邪見ヲ増長シテ、地獄ニ入テ苦ヲ受《うけ》ン。若《もし》向上ノ禅ニ参得シ、正法眼《しょうぼうげん》ヲヒ

阿鼻　五逆等の大悪を犯した者がおちる八大地獄の一、阿鼻地獄。無間地獄ともいう。

業障ノ不可思議　業障の根が深く遠く、からまりあいが複雑微妙なこと。業障は悪業のさわり。

熾肉　焼けている赤い肉。

小菜　おかず。

常住ノ柴　寺院の住僧が共同に使う柴。→二四〇頁注「四方ノ僧物」

化寺　幻出した寺。蜃気楼の寺。

常住ノ僧　いつもその寺に居住して行脚せずにいる僧。

弁ジテ　弁済して。かえして。

知識ニ偏参　諸方の善知識を訪ねて仏道を学ぶ。

道行　仏道の修行。

虚仮　真実でないこと。我執法執に汚染されていること。

義解　意味、意義の知的分析的な理解。

ラカント欲《はっせ》バ、タダ初発心《しょはっしん》ノトキヨリ、始終《しじゅう》地獄ヲオソルル心、髄ニトヲリテ切《せつ》ナラバ、*戒根《かいこん》ワタクシナク、*用心驀直《ようじんまくじき》ナルガユヘニ、*人情忘《ぼう》ジヤスクシテ、活祖《かっそ》ノ道《どう》ヲ頓悟《とんご》セン。

最モ是ヲオモヘ。

問《とう》、八宗《はっしゅう》ヲ兼学シ、一心ヲ*洞明《とうみょう》スル底《てい》ノ人、ナヲ還《かえっ》テ咎*アリヤイナヤ。

答《こたう》、*九尾《きゅうび》ノ野狐《やこ》ハ多ク窟ヲ恋ヒ、金毛ノ獅子ハ身ヲ翻《ひるが》ヘスコトヲ解《げ》ス。

塩山和泥合水集 中

戒根… 戒を生み展開させる根源に私心がなく。
用心驀直 心を働かすことがまっすぐ。
人情 ものにとらわれる世間人の情。
洞明 くまなく究明する。
咎 過失。
九尾ノ野狐… 九尾ある老狐。「青丘の山に狐あり、九尾能く人を食う、これを食うて蠱(こ)せず」(山海経・大荒東経)。「九尾野狐多恋レ窟、金毛獅子解レ翻レ身」(円悟心要下・槐安国語四)。仏見法見を透脱できぬ禅者(九尾の野狐)と大自在な禅者(金毛の獅子)との対照。

塩山和泥合水集　下

問《とう》、正見《しょうけん》*邪見ト者《は》其差別《そのしゃべつ》如何。

答《こたう》、*見解《けんげ》ノ邪正《じゃしょう》ハ学者ノ胸中ニ有テ、言句《ごんく》ニアラズ。直《じき》ニ其《その》人ニ相逢《あいあ》ハズンバ、如何《いかん》ガ是ヲ弁ゼン。

問、若然《もししから》バ人ノ鍛錬ニアハズシテ、山居《さんきょ》シテ修行スル人、アヤマリヲホカルベシ。然レドモ近代明眼《みょうげん》ノ人ノ鍛錬ニアハズ、証明《しょうみょう》ヲ受ズシテ、初発心《しょほっしん》ノ時ヨリ山居シテ遂ニ山ヲ出《いで》ザル人、老《おい》ノ後、*衆《しゅ》ノ縁繁昌《はんじょう》シテ善知識《ぜんちしき》ト称セラル、、是《これ》邪ナリヤ否《いなや》。

答曰《こたえていわく》、凡《およ》ソ衆ノ群集《くんじゅ》スルコト世尊ノ座下《ざか》ニヒトシキハナシ。是ヲ以テ是ヲ云ハヾ、衆ノ多少ハ只*道徳ノ浅深《せんじん》ニヨルベシ。然リトイヘドモ法ニヲイテ邪正アリ、人ノ根機《こんき》ニ上下アリ、各分《おのおのぶん》ニ随《したがっ》テ其《その》一類ノモノヲ信ズルガ故ニ、衆ノ多少ニ依テ得道ノ真偽ハ定《さだめ》ガタシ。若《もし》イマダ真正《しんしょう》ノ見解《けんげ》ヲ得ザル人、衆ヲ集《あつめ》テ*礼ヲウケ、小見解《しょうけんげ》ヲ以テ説法セバ、師ハ是《これ》魔王、弟子ハ是《これ》魔民ト成テ、トモニ悪果ヲ受《うく》ベシ。

コノ故ニ正見《しょうけん》ノ師ニアハズシテ、正法《しょうぼう》ヲ悟ランコト万《まん》ガ一モ稀《まれ》ナルベシ。*牛頭《ごず》イマダ悟ラザリシサキ、虎狼《ころう》モ心ヲカタブケ、百鳥華《ひゃくちょうはな》ヲフクミ、白雲菴《はくうんあん》ニ覆《おおい》テ甚ダ*奇特《きどく》也。*四祖カシコニ到《いたり》テ相逢《あいおう》テ*一拶《いっさつ》スレバ、即《すなわち》多年ノ野狐《やこ》ノ*窠窟《かくつ》、瓦ノゴトクニクダケテ、忽然《こつねん》ト

邪見　因果の道理を無視する妄見。しかしここにいう邪見は、いわゆる正見をも邪見とみる視座のものであることが後段から知られる。
見解ノ邪正…　注目される問答である。見解の邪正は表現内容にはない。「其人」は明眼の宗匠。二五九頁「義路」、二六二頁「意句モト…」および解説「見解の邪正」参照。
衆　僧団の成員。僧衆。
道徳　正道の所得。仏法の体得。
礼　敬意を表わす振舞。
牛頭　牛頭禅の祖法融。→二一二頁「諸天…」注
奇特　奇異なこと。
四祖　大医道信(だいいどうしん)　五八〇―六五一)。中国禅宗第三祖鑑智僧璨(そうさん)の法嗣。
一拶　ちょっと試験する。
窠窟　洞窟(ほらあな)。
一場ノ懡㦬　その場の恥。牛頭が到達した没蹤跡の境に比べるならば、「百鳥花ヲフクムモ一場ノ懡㦬」といえよう。(伝燈録四・会元二)
独住無益　独りよがりに住(とど)まっ

シテ了悟《りようご》シテ、方《まさ》ニ始テ以前ノ非ヲシル。此故《このゆえ》ニ云《いわく》、「百鳥花ヲフクムモ*一場《いちじよう》ノ懡㦬《もら》」ト。此老漢《このろうかん》、若《もし》四祖ニマミヘズンバ、終《つい》ニ了悟セズシテ、奇特ノ相ニ貪著《とんじやく》シテ、魔界ニ入テ苦ヲ受《うけ》ン。是ヲ以テ、不知不覚ニシテ独住*無益《むやく》トイヘリ。

又*馬祖《ばそ》イマダ徹悟セザリシ時、山居シテ長坐不臥ナリ。*南嶽ノ懐譲《えじよう》禅師カシコニ到テ、菴ノ前ニヲイテ「*瓦ヲトイデ鏡トナサン」ト云ヲ以テ、馬祖ノ玄旨《げんし》ヲ知ズシテ独《ひとり》*閑坐シテ成仏《じようぶつ》セントスルヲ笑《わらい》テ、是ヲ示シテ懇《ねんごろ》ニ*説破スルニチナンデ、即《すなわち》開悟ス。南嶽若到《もしいたり》テ是ヲ接セズンバ、馬祖閑坐シテ徒《いたずら》ニ光陰ヲヲクルベシ。古《いにしえ》ヨリ今ニ到ルマデ、イマダ悟ラザルサキニ作家《さつけ》ニアハズシテ、独《ひとり》山林ニ居《きよ》シテ仏祖ノ*慧命《えみよう》ヲ続《つぐ》コトナシ。縦《たとい》一往千万ノ衆《しゆ》ヲ集《あつむ》ルトイヘドモ、*源《みなもと》深カラザレバ流長《ながれちよう》ゼズ。此故《このゆえ》ニ志アル人皆父母《ぶも》師長ヲ捨テ、万里《まんり》ヲ遠《とおし》トセズ、飢寒ヲ事《こと》トセズ、善知識《ぜんちしき》ヲ求テ往詣《おうけい》ス。*相見《しようけん》ノ処《ところ》ニヲイテ、或ハ*兼日《けんじつ》ニ悟証ノ分《ぶん》有テ、互ニ*機ヲ投ジテ証明《しようみよう》ヲ受テ、即《すなわち》去《さる》モアリ。或ハ善知識ノ一言《いちごん》ノ下《もと》ニ始テ旨《むね》ヲ領《りよう》スル人モアリ。或ハ*些子《さす》モ信仰アレバ、即《すなわち》*拄杖子《しゆじようす》ヲ*拗折《おうせつ》シテ志《こころざし》ヲ爰《ここ》ニ留テ、或ハ事務ヲ宰《つかさど》リテ労苦ヲ辞セズ、或ハ木食草衣《もくじきそうえ》シ、或ハ一口《いつく》ノ飯《はん》ヲ求テ喫シテ、命《めい》*懸糸《けんし》ノゴトシ。罵詈《めり》訕謗《せんぼう》スレドモ恥トセズ、生死《しようじ》ノ大事ヲ以《もつて》念トシテ、情識ヲ枯渇シ、人我《にんが》ヲ忘《ぼう》ジ、*解会《げえ》ニ誇ラズ、勤苦《ごんく》修行シテ食《じき》ニ味《あじわい》ヲ忘ジ、行《ゆく》ニ歩ミヲ忘《ぼうじ》テ、只*実参《じつさん》ヲ以テ本望トシテ言句《ごんく》ヲ貯ヘズ、大事《だいじ》ヲ了畢《りようひつ》セン事ヲ限リトシテ、三十年、四十年ヲ定メズ、頭《こうべ》ハ白ク、歯ハ黄ニナレドモ退屈ヲ生ゼズ、直《じき》ニ淵源ニ徹証スルニ至テ、善知識ノ十分ノ証明《しようみよう》ヲ受テ後《のち》モ、*尊貴ヲ帯《たいせ》ズ*出頭ヲ存《そんせ》ズシテ、或ハ辞去《じしさつ》テ跡ヲ深山ニカクシ、名ヲ幽谷ニ埋《うずめ》テ、野菜ノ根ヲ煮

て、本当の悟りが開けぬ。

馬祖　馬祖道一(どういつ 七〇九—七八八)。南嶽懐譲の法嗣。(祖堂集一四・伝燈録六)

南嶽　南嶽懐譲(えじよう 六七七—七四四)。六祖慧能の法嗣。青原行思(せいげんぎようし)と共に六祖下の二甘露門といわれた。

瓦ヲ…　馬祖録。祖堂集三・伝燈録五南嶽章。↓補

閑坐　空虚無益な坐禅をすること。

説破　相手の根拠を説き破る。

慧命　智慧をいのちにたとえた。

源…　菩提心が深くなければ大悟なし。法源が浅くては流派も長続きせぬ。「源不レ深、流不レ長」(円悟心要上)。

相見　あいまみえる。

兼日　日数を重ねる。

機ヲ投ジ　働きの呼吸が合って。

些子　些少、わずか。

拄杖子　禅僧が持っている杖。子は助字。

拗折　折る。「拄杖子ヲ拗折」は、行脚に携える杖を折る、行脚をやめて一処に住(とど)まること。

懸糸　空中にかかっている糸。切れ易い喩。

解会　諒解会得。

実参　正師のもとで実地に参究する。

尊貴　清浄境の見、正宗の正師という意識など。

出頭　解脱の見、または印可をもつという優越感。

テ喫シテ、精神ヲ養《やしな》テ名利《みょうり》ヲ求メズ、或ハ猶《なお》師ノ左右ヲハナレズシテ給仕ヲナシテ、遂ニ独立安閑ヲ求メズ。*這般《しゃはん》ノ*実頭《じっとう》ノ漢《かん》一人トシテ透徹セズト云コトナシ。皆仏祖ノ慧命《えみょう》ヲ続《つい》デ、治《おさむ》レドモ止ム事ヲ得ズシテ世間ニ推出《おしいだ》サレテ、宗燈《しゅうとう》ヲ*冥途《めいど》ニカヽゲ、*種草《しゅそう》ヲ万世ニ栽《うう》。是豈《これあに》真実仏恩ヲ報ズル者ニアラズヤ。

*咄哉《とっさい》。今時ノ学者機《き》浅ク、志シ疎《おろそ》カニシテ、真実生死《しょうじ》ノ大事ヲ以《もって》念トセズ、知識ニ偏参《へんさん》スルトイヘドモ、底ヲ尽シテ透徹セン事ヲ欲セズ、只結縁《けちえん》ト号シテ知識ノ邪正《じゃしょう》ヲ知《しら》ズ、只名ヲカゾヘテ東西南北ニ走テ、多数《あまた》ノ人ニ相看《しょうかん》シタルヲ*規模トス。縦我《たといわれ》ニ信効アル処ニ留リテ*夏《げ》ヲ送レドモ、只一夏《いちげ》ノ間ハ夏了《げりょう》ノ行脚ノ*具足ヲイトナミ、或ハ兼テ冬安居《ふゆあんご》ノ住所ヲ思量シ、冬安居ノ間ハ明《あく》ル春ノ行脚ヲ思惟《しゆい》シ、日ヲカゾヘテ九十日ノ過《すぐる》ヲオソシトス。或ハ*血脈《けちみゃく》ヲ受持シテ頸《くび》ニ掛タルヲ所得トシ、或ハ*舎利ヲ持シ其《その》具足ヲ調ヘテ、秘シテ以テ三人五人頭《こうべ》ヲアツメテ、舎利塔ヲ開キテ、互ニ是ヲ見テ、希望《けもう》ノ心ヲ逞《たくまし》クシ勝劣ヲ論ズ。或ハ身臂指《しんぴし》ヲタイテ自《みずか》ラ悩乱《のうらん》スレバ、其《その》一菴ノ衆《しゅ》皆是《これ》ニ労セラレテ*造作《ぞうさ》シテ行道《ぎょうどう》ヲ疎《おろそ》カニス。或ハ門徒ヲ立テ、俗姓《ぞくしょう》ヲ執《しっ》シ、芸能ヲ執シ、名字《みょうじ》ヲ執シ、或ハ*仁義道ヲステ果《はたさ》ズ、コレニ依テ綿密ノ工夫ナクシテ、情識知解《ちげ》ヲ以《もって》、ナマジイニ仏法ヲ*商量シ、説禅《せつぜん》問答ニカタンコトヲ求ムレドモ、自《みずか》ラ見性《けんしょう》ノ力ナクシテ、古人ノ奇言《きごん》妙句ヲ集テ、秘シテ以テ他人ニ見セシメズシテ、是ヲ以テ*頌《じゅ》ヲ作リ歌ヲヨミ、*下語著語《あぎょじゃくご》ヲ好ミ、語ヲタクミテ*同参ノ人ヲ伏《ふく》セント擬ス、全躰是《これ》外道《げどう》也。

或ハ這般ノ*模様ヲフカク嫌《きらい》テ、只一則《いっそく》ノ公案ヲ守ルヨリ外《ほか》ニハ秘事ナシト云テ、人ノ参

這般　これらの、かような。
実頭　真剣で心のこもった。
冥途　無明の闇路(やみじ)。
種草　正法の苗。後に心華開発するという寓意。「雪峰に侍する次で二僧あり、階下より過ぐ。峰曰く、此の二人種草たるに堪えたり」(会元七玄沙章)。
咄哉　叱りいましめる言葉。
規模　名誉、ほまれ。
夏　夏安居(げあんご)。一夏は夏期九十日間の安居(外出せず堂内で修行)。
具足　行脚僧の主要な携帯品。
血脈　釈尊から或る僧までの法系図。在家の結縁者に授ける法門相承の略譜。
舎利　遺骨(聖者等の)。仏舎利。
造作　無駄なことに手間をかける。
仁義道…　世俗の仁義道をすてきらず。
商量　問答して仏法を究明する。ここでは、分別情識で問答する。
頌　仏法の境地信念などを詠じた詩偈。
下語著語　下語、著語、ともに古則・公案・偈頌などに対して、禅者が自己の見解を簡潔に示す評語。
同参　同じ師家に参学する道友。
模様　ありさま。
会下　門下。
釘ヲ…　ささっている釘や楔を抜くように迷妄・苦悩の根をぬく。
分　もちまえ。可能性。

禅スルヲ見テハ、耳ヲ塞《ふさぎ》テ退ク、這般ノ人、善知識《ぜんちしき》ノ*会下《えか》ニアリト云ヘドモ、遂ニ所解《しょげ》ヲ演《のぶ》ル事ナケレバ、鍛錬ヲ受ルコトナシ、*釘ヲ抜キ楔《くさび》ヲヌカル、*分《ぶん》ナケレバ、只*一機一境ニ滞在シテ、遂ニ窠窟《かくつ》ヲ出《いで》ズ、只少分《しょうぶん》ノ*有相《うそう》ノ戒《かい》ヲ堅ク守テ、ヲカサザルヲ足ヌトシ、還《かえっ》テヨノツネノ*戒躰《かいたい》ノ外《ほか》ニ数ヲソヘテ、絹綿ヲタチ、五穀ヲタツテ塩酢《えんそ》ヲ喫セズ、コレヲ以テ仏法ト称シテ、人家《にんけ》ノ男女《なんにょ》ヲ*誑謔《おうご》ス。或ハ初発心《しょほっしん》ノ時ハ、戒律タダシクシテ、坐禅ヲタシナミ、工夫ヲナス人、心念《しんねん》暫クヲサマリテ、身裏《しんり》洞然《とうねん》トシテ空寂ナル時、我《われ》スデニ本来ノ面目《めんもく》ヲ明ラメタリ、這裏《しゃり》ニハ我《が》ナク人《にん》ナク、仏モナク法モナシ、何レノ戒体トカイハントテ因果ヲ撥無《はつむ》シ、信施《しんせ》ヲヲソレズ、*五辛《ごしん》ヲ喫シ、酒ヲノンデ、酔狂ノ気紛々《ふんぷん》トシテ、仏《ぶつ》ヲ*ノリ祖《そ》ヲノリ、諸方ノ良善ヲ*抑下《よくげ》シ、古今ヲ批判シ、高声多言《こうしょうたごん》ニシテ、戯笑《けしょう》ヲ好ミ、*遊山《ゆさん》翫水《がんすい》ヲ好ミ、終日《ひねもす》ニ歌ヲ詠ジ詩ヲ吟ジ、花奢《きゃしゃ》風流ヲ愛シ、人ニ相逢《あいおう》テハ*見乞推取《みこいおしとり》ヲイタシ、*膀様《ぼうよう》ニカヽワラズ、僧俗ヲエラバズ、時節ヲ憚《はばか》ラズ、説禅ヲコノミ、問答ニカチタルヲ以《もって》*活計トス。人ノ是《これ》ツラノ邪魔ノ見解《けんげ》ヲ*坐断《ざだん》シテ、深ク非ヲ知テ、カタク信施ヲ怖レ、戒律真々如法《しんしんにょほう》ニシテ、口ヲトヂ、*意馬《いば》休《きゅう》シ、心猿忘《しんえんぼう》ジテ、*孜々矻々《ししこつこつ》トシテ、工夫綿密ニシテ、面壁端坐スルヲ見テハ、*ツワキヲハキカケ、指ヲサシテ笑テ、是鈍漢《これどんかん》ナリ、禅和子《ぜんなす》ニアラズト云フ。是底《これてい》ノ*空腹高心ノ類《たぐい》、ミヅカラ我《われ》ハ是久参《これきゅうさん》ナリト云テ、後生《こうせい》ヲヒキテ皆此《この》邪路ニ入シム。善知識コレヲ憨《あわ》レンデ鍛錬ヲ加フレバ、拳《こぶし》ヲアゲ掌《たなごころ》ヲ拍《うっ》テ喝《かつ》ヲナシ咄《とつ》ヲ下《くだ》ス。善知識コレヲ*把住《はじゅう》シテ折剉《せつざ》セントスレバ、袖ヲ払《はらっ》テヲドリ出デ、ヨベドモ頭《こう》ベヲメグラサズ、誠ニ是膏肓《これこうこう》ノ病、医スルニタヘズ。己《おの》レガ邪見ヲ本《もと》トシテ、諸方ニメグツテ、

一機一境　個々の働きや個々の事象。
有相ノ戒　一定の項目や内容の戒。
戒躰　(イ)戒を受けて得られる止悪修善の潜在力。(ロ)戒の主体。ここでは前者。
誑謔　まどわしいつわる。
五辛　仏教で禁じられた辛味と臭味のある五種(にら・にんにく・ねぎ・らっきょう・はじかみ)。淫欲と怒りを刺激するゆえ、という。
ノリ　罵り、悪口する。
抑下　けなす。
遊山翫水　山に遊び水をもてあそぶ。
見乞推取　見たら呉れといい強引にねだり取る。
膀様　なりふり。
活計　生活のみち。
坐断　断ち切る。
意馬…　煩悩・欲情のおさえ難いのを、馬が走り猿がさわいで制し難いのにたとえた。
孜々矻々　つとめてやまぬさま。
ツワキ　つばき。唾。
空腹高心　中味は空っぽでありながら悟り顔して高慢。
把住…　捉えて高慢の鼻柱をくじく。

勘弁　相手の力量、悟りの邪正を点検すること。
豁達…　からっとした虚無の境は因果の法を無視、やたらに茫漠として災いを招く。「豁達空撥二因果一、漭々蕩々招二殃禍一」(証道歌)。

及ビガタキ人ヲ勘弁*シテ、憍慢ヲ増長ス、「*豁達《かったつ》ノ空《くう》ハ因果ヲ撥《はら》フ、漭々蕩々《もうもうとうとう》トシテ殃禍《おうか》ヲ招ク」モノ是《これ》也。初発心《しょほっしん》ノ人、コレツラノ邪見ノ輩《ともがら》トユメユメ同行《どうあん》スル事ナカレ。

或ハ通身照々霊々*トシテ、水中ノ月影《つきかげ》ノゴトクニシテ、然モ明々歴々トシタルヲトメテ本源ノ自性《じしょう》トス、是無明《これむみょう》ノ根本也。或ハ諸法皆《みな》空寂ナリ、何ノ道《どう》ヲカ修《しゅ》シ、何ノ法ヲカ悟ラン。只茶《ちゃ》ニアヘバ茶ヲ喫シ、飯《はん》ニアヘバ飯ヲ喫スト云テ、深ク*無事甲《ぶじこう》ノ中《うち》ニ落在シテ、古人ノ話頭《わとう》ヲミテハ、只一等ニヲノレガ無事*ノ見《けん》ニ引入《ひきいれ》テ、皆*無義味《むぎみ》ヲ以テ道理トシテ、山ハ是《これ》山、水ハ是《これ》水ト云ヲ*極則《ごくそく》トシテ、夢ニモイマダ仏性《ぶっしょう》ノ妙ナル事ヲ知《しら》ズ。或ハ実ニイマダ見性《けんしょう》セズシテ、人ノ仏性ハ見聞覚知《けんもんかくち》ノ主《しゅ》ナリト云ヲ聞テ、人ニ*渠《かれ》ヲ問《とわ》レテハ、手ヲアゲ足ヲウゴカシテ云ク、只コレ是《これ》ト。或ハ全躰シラザルヲ以テ無心ノ道トシ、或ハ色身《しきしん》ハ夢幻空華《むげんくうげ》ノゴトシ、心性《しんしょう》ハ不生不滅《ふしょうふめつ》ニシテ常住ナリト思ヒ、或ハ身心《しんじん》トモニ幻ナリ、*四大《しだい》分散ノ後ハ、皆空《みなくう》ニ帰シテ物ナシト存ジ、或ハ一切ノ色空《しきくう》、畢竟シテ法身《ほっしん》ノ躰《たい》ナリト知ル処《とこ》ロノウタガヒナキヲ悟リトシ、或ハワヅカニ口ヲヒラキテ言句《ごんく》ニ渡ルトコロアルハ皆アヤマリナリ、我ガ実悟《じつご》ノ処ハ*知音《ちいん》ヲ絶スト云テ、*幽玄ノ機ヲ存シ、精魂《しょうこん》ヲ弄シテ、明眼《めようげん》ノ人モ我見処《わがけんじょ》ヲバ見シルコトナシト云テ、自《みずか》ラ*点頭シテ*笛ヲウソブク類《たぐい》モアリ。或ハ胸中悠々緩々トシテ思処《おもうとこ》ロナクシテ、心スミ渡リテ面白キヲ、無心ノ道《どう》トスル人モアリ。

或ハ奇特《きどく》殊勝*ノ相ヲ好テ、人ニ超タル作略《さりやく》ヲ愛シ、道徳ヲ求メ、或ハミヅカラ道心ナクシテ、名聞《みょうもん》ノ気ヲ以テ、善知識ノ印可ヲ望テユルサザレバ、恨《うらみ》ヲノベ謗《そしり》ヲイタシ、或ハ一切皆《みな》因果ナリ、仏道ヲサトラザルモ*宿習《しゅくじゅう》ナリ、ワレ道《どう》ニ縁ナクシテ、今生《こんじょう》ニサトル事有《ある》

照々霊々　いきいきと明らか。心意識のありありと見聞覚知するはたらき。「汝若認二昭々霊々是汝真実一…喚作下認レ賊為上レ子。是生死根本妄想縁気」(会元七玄沙章・伝燈録一八)。

無事甲の中　無事甲裡。平生無事、修行は無用という甲羅(から)の中。無事界裡。一説に甲は閤の意。

無事ノ見　生れながらに仏である人間は、茶にあえば茶を喫し、飯にあえば飯を喫すというように、坐禅修行もせず平常無事に生きるのが仏法、という見解。無事の会(え)。

無義味　言語文字の意味を超えた、思量を絶した、という場合にも使われるが、ここでは、山は山、水は水というように、とりたてて考える意味もない、というほどの意。

極則　究極の真理。

渠　本来の面目。心性。

四大分散　肉体が無くなる。↓二一六頁「四大」注

知音　法において肝胆相照らす友。

幽玄ノ機…　奥深く微妙な契機があるように見せかけ、精魂すなわち亡霊をあれこれとあやつる。

点頭　うなずく。

笛ヲウソブク　口笛をふく。

殊勝　奇特にほぼ同じ。殊に勝れた、ありがたいこと。

宿習　宿世の習いぐせ。前世から続いている煩悩の習性。

旧業…　過去の悪業を無くしようと。

ベカラズト云テ、※旧業《きゆうごう》ヲツクサント欲シテ、種々ノ捨身《しやしん》ノ行《ぎよう》ヲ修《しゆ》シ、霊仏霊社ニ巡詣シテ、ソコバク数《すう》ノ経呪ヲ誦《じゆ》シ、数珠《じゆず》ヲクリ、礼《らい》数百拝シテ道心ヲ祈《いのる》ト号スル人モ有《あり》。是《これ》コトニ以テ最下《さいげ》ノ機ナリ。是等ハ皆生死《しようじ》ヲオソレ、道《どう》ヲ求ムル人ノイマダ正見《しようけん》ニイタラザル時ノ心病ナリ。然リトイヘドモ、サラニ生死ヲオソレズ、道《どう》ヲ求メザル人ニハ比スベカラズ。又一種ノ国賊アリ、*放下《ほうか》ノモノト号シテ、*三衣《さんね》一鉢《いつぱつ》ヲステテ、身ニ衣《ころ》モヲキズシテ、或ハエボシヲキ、或ハ狗猫兎鹿《いぬねこうさぎしし》ノ皮ヲキテ、マイヲナシ歌ヲウタイテ、正法《しようぼう》ヲ謗《ぼう》シ、人家《にんけ》ノ男女《なんによ》ヲ誑謼《おうご》シテ世ヲ渡ル類ヒアリ。若人《もしひと》是ヲソシレバ、*布袋《ほてい》、*寒山《かんざん》、拾得《じつとく》等ノ*散聖《さんしよう》、或ハ*猪頭《ちよとう》*蜆子《けんす》等ヲヒキテ我《わが》タグイト云テ、更ニ非ヲアラタメズ。似タルコトハ則チニタリ、是《ぜ》ナルコトハイマダ是ナラザルモノ是《これ》ナリ。見ズヤ、*普勧発心《ふかんはつしん》ノ文《もん》ニ云《いわく》、「猪頭和尚コレヲ喫スル時ニアタリテ、後《うしろ》ニ青面《しようめん》ノ*夜叉アリテ接去《せつしさる》」ト云云。若《もし》コレツラノモノニ近ヅカン人ハ、在家《ざいけ》モ出家モ正法ノ縁ヲ失ナツテ、*邪魔ノ眷属《けんぞく》トナルベシ、如何《いか》ニイハンヤ其身《そのみ》ヲヤ。

縦《たとい》以前ニアグル底《てい》ノ種々ノ邪見ヲ皆一人シテ持シタラン人モ、善知識ニ遇《おう》テ遂ニ一念《いちねん》非《ひ》ヲ知テ、邪心ヲ*休歇《きゆうけつ》シテ直下《じきげ》ニ自性《じしよう》ヲ見徹セバ、本源ノ無心ノ道ヲ躰得シ、迦葉《かしよう》付嘱ノ正法眼蔵涅槃妙心《しようぼうげんぞうねはんみようしん》ヲ*承当《じようとう》シテ、他ノタメニ病ニ応ジテ薬ヲ施サンコト、殊《ことに》以テアマネカルベシ、病多クシテ薬ノ性《しよう》ヲ諳《そらん》ズル故ナリ。若《もし》又遂ニ非ヲアラタメズシテ、一生ヲムナシク過サン人、*閻老子《えんろうす》ノ銕棒《てつぼう》ヲイヅレノ時ニカマヌガレン。且《しばらく》道《いえ》、此《この》衆中ニ前ニアグル底《てい》ノ邪見ノ窟宅《くつたく》ヲ脱出スル底ノ人アリヤ。若能《もしよく》脱出シ得タランモノハ、仏祖ノ関《かん》ヲ透得《とうとく》スベシ。

放下　放下僧。頭巾(ずきん)の上に烏帽子(えぼし)をかぶった姿で歌い、舞い、曲芸や手品を演じた旅芸人。

三衣一鉢　三衣(三種の袈裟)と一個の鉄鉢。僧のしるし。

布袋　後梁の禅僧。明州奉化県の人。杖をもって布袋をにない、これに身の回りの品を収め、施物の残りもこれに入れ、空腹になれば十字街頭にこれを開く、内に魚肉菜類が雑然とあった。行乞の歌あり、弥勒の化身と呼ばれた。(伝燈録二七・会元二)

寒山　伝説上の風狂禅者、風狂の道人拾得と親交があったという。拾得詩を添えた「寒山子詩集」がある。

散聖　世捨人の敬称。

猪頭　蜆子の門徒。好んで猪頭を食べた。↓補

蜆子　洞山良价の法嗣。冬夏を通じて一衣をまとい、毎日江岸で鰕蜆をとって腹をみたし、夜は東山の白馬廟紙銭の中にねた。姓名をいわず、世人蜆子和尚と呼んだ。(会元一三)

普勧発心ノ文　未詳。

夜叉　梵語の音訳。インドの鬼神。仏教では羅刹(らせつ)と共に八部鬼衆の一。人を傷害し悪事をなすが、他面、仏教の守護神でもある。

邪魔　菩提の正道を妨げる悪魔。

休歇　やめる。絶つ。

承当　ひきうけて、わが物にする。体認する。

閻老子　閻魔大王。

抑《そもそも》世《せ》尊《そん》ノ拈華瞬目《ねんげしゅんもく》、是《これ》何ノ道理ゾ、迦葉破顔微笑《はがんみしょう》スレバ、世尊ノ云ク、「我《われ》ニ正法眼蔵涅槃妙心アリ、摩訶大迦葉《まかだいかしょう》ニ付嘱ス」ト。且《しばらく》道《いえ》、諸人ノ*分上《ぶんじょう》ニヲイテ、什麼《なに》ヲ喚《よん》デカ正法眼蔵トシ、什麼《なに》ヲサシテカ涅槃妙心トセン。若《もし》イマダ会《え》セズンバ、我《われ》仏法ニヲイテウタガヒナシト云《いう》事ヲヤメテ、能《よく》*歩《あゆみ》ヲシリゾケテ、ヲノレニツイテ見徹《けんてつ》セヨ、那箇《なこ》カ是《これ》諸人ノ正法眼蔵涅槃妙心。

或ハ一切ノ諸相浄尽《じょうじん》シ、心裏洞然明白《しんりとうねんめいばく》ニシテ、内外《ないげ》ノヘダテナク、*円融無際《えんゆうむさい》ニシテ、*尽《じん》十方界《じっぽうかい》、一顆《いっか》ノ明珠《みょうしゅ》ノゴトクニシテ、一点ノ*瑕翳《かえい》ナシ。此境界《このきょうがい》ノ現前《げんぜん》スルトキ、手ヲ拍《うっ》テ大笑シテ、我今《われいま》大悟シタリトヲモヘリ。コレ見性《けんしょう》ニアラズ、只是法性《これほっしょう》ノ現ズル時節也。臨《りん》済《ざい》ノ云《いわ》ク、「*法性ノ身《しん》、法性ノ土《ど》、明《あきらか》ニ知《しん》ヌ、是光影《これこうよう》ナルコトヲ。光影ヲ弄スル底《てい》ノ人ヲ識取スル、コレ諸仏ノ本源也」。若《もし》カクノゴトクノ見解《けんげ》ヲ実《じつ》トセバ、*魚目ヲ認《とめ》テ真珠トスルモノナリ。若此《もしこの》境界ノ現ゼン時ハ、*直下《じきげ》ニ見窮《けんきゅう》セヨ、此見《このけん》ヲナス底是什麼物《ていこれなにもの》ゾト。縦智《たといち》眼開発《げんかいはつ》シテ、色空トモニ照破シテ、胸中*灑々落々《しゃしゃらくらく》トシテ*滞礙《たいげ》ナキモ、猶イマダ解脱《げだつ》ノ深坑《じんきょう》ヲ出《いで》ザルコトアリ。縦《たとい》*理性《りしょう》ニ透徹シテ、仏祖ノ*機縁公案、一一ニ*融《ゆ》通《づう》シテ、一ヲ問《とえ》バ十ヲ答《こたえ》、十ヲ問《とえ》バ百ヲ答《こたえ》テ、石火電光ハ猶《なお》ヲソキニニタルモ、只是《これ》*伶俐《れいり》ノ漢ナリ。無心ノ道《どう》ヲバ、夢ニモイマダ知ベカラズ。

*古人ノ云ク、「直《じき》ニ秋潭《しゅうたん》ノ月ノ影、静夜《じょうや》ノ鐘ノ声ノ扣撃《こうげき》ニ随《したがっ》テ虧《かく》ルコトナク、波瀾ニフレテ散ゼザルニ似タルモ、猶是《これ》*生死岸頭《しょうじがんとう》ノ事《じ》」ト。又云《いわく》、「黄梅《おうばい》七百ノ高僧ハ、皆仏法ヲ会《え》スル底《てい》ノ人、是ニ依テ*衣鉢《えはつ》ヲ得ズ、唯*盧行者《ろあんじゃ》ノミ仏法ヲ会セズ、只道《どう》ヲ会ス、コレニ依

分上… もちまえ、天分のうえで。
歩ヲ… ↓一九五頁注
円融無際 万象が普く融和し一法が一切法に、一切法が一法に相即相入し、一即多・多即一の事態が理と事、事と事に行渡って、時空的にも時間と永遠においても辺際がない。
尽十方界… 十方世界ことごとく。
↓補
瑕翳 きずやかげ。
法性ノ身… 臨済録示衆の語。光影は実体のない影。
魚目 魚の眼。伝燈録二八南陽慧忠語に見られる。
直下ニ見窮 経論等によらずじかに「自性を見窮」(抜隊の用語)。
灑々落々 とどこおらずさっぱり。
滞礙 身動きできない不自由。底本「滞破」。
理性 真如・法性の別称。
機縁 機に臨み縁に応ずる言動。
融通 無礙自由に対応する。
伶俐ノ漢 小利巧(こうり)な男。
古人… 玄沙師備。(会元七)
生死岸頭 根本不安のどんづまり。
衣鉢 伝法のしるしとしての衣鉢。
盧行者 六祖慧能。俗姓は盧氏。行者は禅院で雑用に携わる者。南泉録に「只如㆓五祖(黄梅山)会下四百九十九人㆒、尽会㆓仏法㆒。惟有㆓盧行者一人㆒、不㆑会㆓仏法㆒、只会㆑道」とある。
眼裏… 邪魔物を著けるな。雪竇の拈評語、「南泉ノ云」は誤り。なお、

上の「イブカシ…」は円悟の説問か(碧巌録二五評唱参照)。
仏見法見 仏への執着、法への執着。
向上機関 公案の三類すなわち理致・機関・向上のうち、後二つか。向上の機関(大自在への関門)か。「存セズ」は透脱してその跡を留めぬこと。
休ス 参学の事了る。安心決定する。
巌頭ノ云… 碧巌録五一評唱。
命根ヲ… 根本分別・根本煩悩の根が断たれて大死する。
意解 思量分別による理解。
生寃家 つい昨今の仇敵《あだかたき》。絶対に寄せつけぬ喩。「祖仏言教似二生寃家一、始有二参学分一」(洞山録)。
省要 肝腎かなめ。
本分ノ事 心性を直証すること。
平地ノ波瀾 無用のごたごた。
糟糠 かすとぬか。仏祖の慧命に対して経教を糟糠に喩えた。
種子 正法の種子。
説著 説く。著は助字。
一代蔵教 成道から入滅に至る釈尊の教え。
詮註 解明し註釈する。
全機同… 人(にん)全体のはたらきが群をぬいて。
応用無方 その場その場に処するはたらきが無礙自在。方は方角。
晴天… 知解を絶した大機大用。
蠢動含霊 むずむず動く虫から情(こころ)ある生きものまでのすべて。

テ衣鉢ヲ得タリ」ト。僧問《とう》、「イブカシ仏法ト道《どう》ト相去《あいさる》コト多少ゾ」。南泉《なんせん》ノ云、「*眼裏《げんり》ニ沙《いさご》ヲツクルコトヲ得ズ、耳裏《にり》ニ水ヲツクルコトヲ得ズ」ト。所以《このゆえ》ニ真実ノ道人《どうにん》ハ、*仏見法《ぶつけんほう》見《けん》ヲ忘《ぼう》ジ、*向上機関《こうじょうきかん》ヲ存セズ、直《じき》ニ魔外《まげ》ヒソカニウカガウニ路《みち》ナク、仏眼《ぶつげん》ミレドモ見得《みえ》ザル底《てい》ノ田地《でんじ》ニ到テ始《はじめて》*休ス。*巌頭《がんとう》ノ云、「物ヲ却《しりぞく》ルヲ上《じょう》トシ、物ヲ逐《おう》ヲ下《げ》トス」ト。生死《しょうじ》ノ流《ながれ》ヲコヘ、法ニヲイテ大自在《だいじざい》ヲ得ト要《えん》セバ、外《ほか》ニ諸相ヲハナレ、内《うち》ニ知見ヲトドメズ、直《じき》ニ進《すすん》デ*命根《みょうこん》ヲ坐断スル事、ミヅカラ首《こうべ》ヲ断ズルガ如クニ、ヲノレニ還《かえっ》テ看取シ、底《そこ》ヲツクシテ徹証セヨ。光陰ヲシムベシ、時《とき》人ヲ待《また》ズ。縦《たとい》カクノゴトクノ道理義理ヲシルコト分《ふん》明《みょう》ニシテ、玄弁《げんべん》ヲキハムルトモ、イマダ徹悟《てつご》ノ証明《しょうみょう》ヲウケザラン人、正見《しょうけん》ノ善知識ノ辺《へん》ヲハナレバ、*意解《いげ》ニ滞《とどこおっ》テ大事ヲ了畢《りょうひつ》スベカラズ。既ニイマダ大法《たいほう》ヲ了畢セズシテ、只有相《うそう》ノ殊勝奇特《きどく》有テ、人ヲアツムル底《てい》ノ衆《しゅ》ノ縁ハ、只コレ魔力《まりき》ナリ。一盲衆盲ヲヒクト云ハ是《これ》ナリ。

問《とう》、「仏祖ノ言教《ごんきょう》ヲ見《みる》コト、*生寃家《さんおんけ》ノ如クニシテ始テ得べシ」トイフ、意旨《いし》如何。

答《こたう》、道《どう》ハ人々《にんにん》ノ本分ナリ、ミヅカラ徹悟シテ、悟証ノ跡ヲノコサザルヲ*省要《しょうよう》トス。若《もし》*本分ノ事ヲ云ハヾ、覚《かく》ノ一字猶《なお》コレ*平地《へいじ》ノ波瀾ナリ、況《いわん》ヤ言教ヲヤ。*糟糠《そうこう》ニ執著《しゅうじゃく》シテ、実《じつ》ヲ得ザルモノハ、遂ニ*種子《しゅうじ》ヲ断絶ス。諸人ノ自己ノ仏性天真《ぶっしょうてんしん》ニシテ、宗ヲコヘ格ヲコヘテ、三世ノ諸仏モ*説著《せつじゃく》セズ、*一代蔵教《ぞうきょう》モ*詮註《せんちゅう》シヲヨボサズ。*全機同《どう》ヲ絶シテ、石火モヲヨブコトナク、電光モ通ズル事ナシ。*応用無方ニシテ、東涌西没《とうゆさいもつ》、南涌北没、*晴天ニ雷轟《らいとどろき》、海底ニ焔《ほのお》生ズ。渠《かれ》ハ是見聞覚知《これけんもんかくち》、挙手動足ノ主人公也。仏祖ヨリ*蠢動《しゅんどう》含霊ニヲヨブマデ、誰《たれ》カ彼《か》ノ恩力《おんりき》ヲウケザル。諸人還《かえっ》テ自《みずか》ラ渠《かれ》ヲシルヤ。*ウタガイ十分ナル時ハ、悟《さとり》十分ナリ、志《こころざし》真実ナル時ハ、カナラズシモ疑ガヒヲ求メザレドモ、通身疑団《つうしんぎだん》トナリ、工夫ヲ求メザレドモ、十二時中、*雑用心《ぞうようじん》ノ処《とこ》ロナシ。ヤメント欲セザレドモ、万事トモニヤミ、ステント擬セザレドモ、看経看教《かんきんかんきょう》、一切ノ諸行《しょぎょう》、自然《じねん》ニヤミ、得失是非悉ク泯絶《みんぜつ》シテ、大病ヲウケテ命《いのち》ヲハラントスルモノノ、*寃親《おんしん》ヲ分別《ふんべつ》スル心ナキガ如クニシテ、行《ゆく》ニアユミヲ忘レ、食スルニ味《あじわ》イヲヲボヘズ、坐中ニ坐ヲ忘《ぼう》ジ、身《み》ヲ*ハスレテ不臥ナリ。カクノゴトク*疑団《ぎだん》一片ニナラバ、ヒサシカラズシテ必《かならず》大悟スベシ。

若《もし》コノ時節ニアルヒハ邪師ニ逢《あい》、或ハミヅカラ仏祖ノ奇言《きごん》妙句ヲミテ、知解《ちげ》ヲ生ジテ、ウタガイミダリニヤミヌレバ、岸ニ臨《のぞみ》テシリゾクモノノ如シ。猶シ餓死ヲモトムルモノノ、一粒《いちりゅう》ノ米ヲモ喫スルホドハ、命根《みょうこん》ノ断ゼザルガ如クニシテ、徹悟ノ分《ぶん》ナシ。此《この》ユヘニ「仏祖ノ言教《ごんきょう》ヲミルコト、生寃家《さんおんけ》ノ如クニシテ始テ得《う》ベシ」トイヘリ。然ルヲ或ハ言教ニ依テ解《げ》ヲ生ジ、或ハ意識機境《ききょう》ノ上ニ智ヲ生ジテ、弁*懸河《けんが》ニ似タル者アリ、是即《これすなわち》魔家《まけ》ノ眷属《けんぞく》、外道《げどう》ノ種姓《しゅしょう》ナリ、是《これ》地獄ノ業《ごう》ヲ増長スルモノナリ、誠ニアハレムベシトス。カクノ如ク説話スルモ、浄地ニ尿屎《にょうし》ヲ放《はなつ》ガゴトシ。無量劫《むりょうごう》ヨリコノカタ、*生死海《しょうじかい》ノウチニ浮沈スルコト、只コレ外ヨリ染習《ぜんしゅう》スル底《てい》ノ文字《もんじ》、語言《ごごん》、名目《みょうもく》等ノ*客塵煩悩《かくじんぼんのう》ニ、自己天真ノ正法眼蔵ヲ蔽却《へいきゃく》セラレテ、*独脱《どくだつ》ノ分《ぶん》ナキユヘナリ、コレ衆生ノ大病ナリ。コノユヘニ仏祖ヤムコトヲ得ズシテ、且《しばら》ク機ニ随《したがっ》テ*説破シ、釘ヲヌキ楔《くさび》ヲヌク底《てい》ノ言句《ごんく》サダマレル処ロナシ、只是《これ》病ニ応ズル薬、*不浄ヲノゴフ故紙《こし》ナリ。若《もし》是ヲ執《しつ》シテ、毫髪《ごうはつ》バカリモ胸中ニヲカバ、故紙カサネ

ウタガイ十分…　分別する自己の矛盾が全人的になるほど悟りも全人的になる。

雑用心　脇道雑事に心を使う。↓補

寃親ヲ…敵と味方とを区別。

ハスレテ　忘れて。

疑団一片　実存の絶対矛盾に徹する。

懸河　急な早瀬の河。滝。↓一九一頁「懸河ノ弁」注

生死海　根本分別(無明)の分裂・拮抗が生む不安の大海。

客塵煩悩　外塵の境にまつわりつく煩悩。

独脱ノ分　世俗を高くぬけ出る器量。

説破　相手の拠り処を説き破る。

不浄ヲ…　便所のちり紙。「三乗十二分教も皆是れ不浄を拭うの故紙なり」(臨済録示衆)。

テ不浄トナリ、薬還《かえっ》テ病トナルガ如シ、何ノキハマリカ有《あら》ン。*金屑貴《きんせつたっと》シトイヘドモ、眼《まなこ》ニヲチテハ翳《かげ》トナル。

*古人ノ云ク、「此事《このじ》ヲ*保任《ほうにん》スルコト、*蠱毒《こどく》ノ郷《きょう》ヲ過ルモノノ、水《みず》一滴ニウルヲワザルガゴトクニシテ始テ得ベシ」ト。故ニ若実悟《もしじつご》ヲ要セバ、平生《へいじょう》執スル底《てい》ノ所行所作《しょぎょうしょさ》、道理義理、知見解会《げえ》、畢竟《ひっきょう》シテソコヲツクシテ放下《ほうげ》シテ、*父母未生前《ぶもみしょうぜん》ノゴトクニシテ、外《ほか》ニ諸相ヲハナレ、内《うち》寂ニシヅマズ、空《くう》ニトドコオラズ、直下《じきげ》ニ看取セヨ、即今你《なんじ》ガカクノ如クニキク底《てい》ノモノ*端的是《たんてきこれ》ナンゾ。臨済和尚ノ云《いわく》、「四大《しだい》ノ色身《しきしん》、法ヲキクコトヲ解《げ》セズ、*脾胃肝胆《ひいかんたん》、法ヲキクコトヲ解セズ、虚空《こくう》、法ヲトキ法ヲキクコトヲ解セズ、ナニカ説法聴法《ちょうぼう》ヲ解スルゾ」ト。只*懸崖《けんがい》ニ手ヲ放テ、直《じき》ニカクノゴトクニ見窮《けんきゅう》スベシ。

問《とう》、某甲聞《それがしきく》、諸代ノ祖師、直《じき》ニ人心《にんしん》ヲサシテ見性成仏セシムト。又キク、自己ヲミルコト冤家《おんけ》ノゴトシトイフコトヲ。コノ意《こころ》如何。

答《こたう》、自己ニ真妄《しんもう》アリ、*識神《しきしん》ヲ妄トシ、仏性《ぶっしょう》ヲ真トス。真性《しんしょう》ヲサトルトキンバ、輪転生死《りんてんしょうじ》ノ根源ヲ截断《せつだん》シ、本有《ほんぬ》ノ衆徳現成《げんじょう》シテ、*モノヲ接シ生《しょう》ヲ利ス、是ヲ見性成仏トス。生死《しょうじ》ノ根源ト云ハ、識神ナリ、初心《しょしん》ノ学者、誤《あやまり》テ照照霊霊等ノ無明《むみょう》ノ根本ヲ見テ、仏性ヲアキラメタリトス。*古人ノ云ク、「学道《がくどう》ノ人、真《しん》ヲ知ザルコトハ、只従前《じゅうぜん》ノ識神ヲトムルガタメナリ。無量劫来《むりょうごうらい》ノ生死ノ本《もと》、癡人《ちじん》ハ喚《よん》デ本来ノ人トス」ト。

コノ識神ハ、是大賊《これたいぞく》ノ主長《すちょう》、十悪ノ根本、*著相知解《じゃくそうちげ》ノ窠窟《かくつ》ナリ。若《もし》イマダ*這箇《しゃこ》ヲ打破《たは》セズンバ、タトヒ玄妙奇言《きごん》ヲ説《とく》トモ、ミナ是《これ》*野狐《やこ》ノ精魅《せいみ》ナリ、ツイニ流転《るてん》ヲマヌガルベカラ

金屑… 高価な黄金の粉でも目に入れば邪魔になる。「侍云、金屑雖レ貴、落レ眼成レ翳」(臨済録勘弁)。
古人ノ云ク… 曹山本寂の語。「問学人十二時中如何保任。師曰、如下経二蠱毒之郷一、水不レ得レ霑二着一滴一」(伝燈録一七)。
保任 保護任持して失わぬ。身につけ一つになる。
蠱毒 毒。「蠱毒水沾著、爛二心肝一」(正宗賛、密庵咸傑偈)。蠱毒の郷は動植物の液等を混合して毒を製造する地方。
父母未生前 両親も生れない以前、天地未分前。
端的 明白直接なそのもの。
脾胃 脾臓と胃。
懸崖… 妄分別の生死岸頭から身を投げる。
識神 見聞覚知する相対的な意識主体。
モノヲ接シ 接物利生(せつもつりしょう)。迷苦の中の衆生(物・生)を接化し、利益(りやく)する。
古人ノ云ク… 唐僧南泉普願の法嗣、長沙景岑(ちょうしゃけいしん)の語。(会元四)
著相 ものの相に執われる。
這箇 これ。このもの。
野狐ノ精魅 野狐ののりうつり。精はおばけ。邪師悪知識をさしていう。ほめ言葉の場合もある。

ズ。此《この》ユヱニ這箇ヲ打破スルコト、一大事ノ因縁ナリ。無始*曠劫《こうごう》ヨリコノカタ、*六趣ニ輪廻シ、展転《てんでん》シテ大苦ヲウクルコト、只這箇《しゃこ》ヲ坐断セザルユヘナリ。*剣樹刀山モ這箇ヨリ生ジ、*鑊湯炉炭《かくとうろたん》モ這箇ヨリ出《い》デ、鬼王獄卒モ他処《たしょ》ヨリキタラズ、*披毛戴角《ひもうたいかく》別人ニアラズ、頭《こうべ》ヲアラタメ面《おもて》ヲカヘテ、ココニ死シカシコニ生ジテ、因ヲナシ果ヲ結スルモロモロノ受報《じゅほう》好醜《こうしゅう》、ミナ這箇ニヨラズトイフコトナシ。這箇カツテ形相《ぎょうそう》ナシトイヘドモ、縁ニアフ時ハ、火ノタキギニ因テホノヲヲ生ズルガゴトシ。縁ヤメバ*寂湛《じゃくたん》ナリ、動ズル時ハ雲霧ノヲコルガゴトシ、ヲサマル時ハ、*青雲《せいうん》ニ似タリ。清濁《せいじょく》コトナリトイヘドモ、只コレ*一根《いっこん》ナリ、後学誤《あやまっ》テニゴル時ハ、是ヲノゾカント擬シ、清《すめ》ル時ハ、是ヲアイス。タトヘバ酒ヲ禁ズル人ノ、濁酒《じょくしゅ》ヲヲソレテ清酒《せいしゅ》ヲ愛スルガゴトシ。照照霊霊、空空寂寂、洞然明白《とうねんめいばく》タル底《てい》ノ浄潔ノ境界《きょうがい》ニ*認著《にんじゃく》スルモノ、我《われ》スデニ仏性《ぶっしょう》ヲ悟得シテ、通身《つうしん》*了々トシテ、毫髪《ごうはつ》バカリモ滞《たい》礙《げ》ナシトヲモヘリ。タトヘバ酔狂ノモノノ心イサミ、気高然《こうねん》トシテ自《みずか》ラ我《われ》イマ本心ニシテ、身中ニ酒気《しゅき》ナシ、ナニノアヤマリカアラントイフガゴトシ。酔狂ノ時ハ、善ヲナシ悪ヲナス、一切ノフルマイコトゴトク酒気ニシテ本心ニアラズ。学道ノ人イマダ識神ヲ打破セザレバ一切ノ諸行諸説、皆コノ業識《ごっしき》ノナストコロニシテ、道《どう》ト相応セズ、利鈍、知《ち》不知、思《し》量《りょう》不思量、有欲無欲、*機関理致、*尊貴卑劣、乃至《ないし》神変奇特《しんぺんきどく》ヲホドコシ、慈ヲヲコシ、悲ヲヲコスモ、畢竟《ひっきょう》シテ識神ナリ。寒《かん》ノ時ハ*普天普地《ふてんふち》寒シ、熱《ねつ》ノ時ハ、普天普地熱《ねつ》ス。正《しょう》ナル時ハ、一切ミナ正ナリ、邪《じゃ》ナル時ハ、一切ミナ邪ナリ。識神ヲ坐断シ、無心ノ道《どう》ヲ体得スル時ハ、*逆行順行《ぎゃくぎょうじゅんぎょう》、語黙動静《ごもくどうじょう》、全体ワタクシナクシテ、皆正法輪《しょうぼうりん》ノ転ズルトコロナリ。

曠劫　算数(さんじゅ)の及ばぬ長時間。

六趣　人間が善悪の業によって輪廻する地獄・餓鬼・畜生・修羅・人間・天上の六道。

剣樹刀山　剣を葉とする樹、刀剣を樹(う)えた山の地獄的な責め苦。

鑊湯炉炭　地獄のかまの沸騰する湯と火炉に燃えさかる火の熱さ。鑊湯は底本「钁湯」。→補

披毛戴角　毛におおわれ角のある禽獣の生。

寂湛　静かにして不動。静かに安らか。

青雲　青空。青霄に同じ。

一根　もとは一つ。

認著　みとめて執われる。

了々　あきらか。

機関理致　修行者を接化する手段(機関)や仏教の教説(理致)。または根本の理(心性)を示す公案(理致)と古人の言動を公案として示すもの(機関)。

尊貴卑劣　証悟と未悟(愚迷)。

普天普地　天地くまなく。会元一五徳山縁密章にみられる。

逆行順行　戒律・道法にそむく行業と戒律・道法にしたがう行業。慈悲の逆行もある。

経行　坐禅中、足の疲れを休めるため、また睡気をはらうため、堂の内外を歩くこと。

アユミヲ…　→一九五頁注

坐破　うち破る。

法モト邪正《じゃしょう》ナシ、邪正ハタダ識神ヲ打破スルト、イマダ打破セザルトニアリ。酒気能《よく》ノゾキヌレバ、酔狂タチマチニヤミ、身心平穏《しんじんへいおん》ナリ。病気能《よく》平癒シヌレバ、坐臥*経行《きんひん》、自由自在ニシテ、他ノ力《ちから》ヲカラズ。コノユヘニ只*アユミヲシリゾケテ、ヲノレニツイテ自性《じしょう》ヲ見《けん》窮《きゅう》シ、精魂《しょうこん》ヲ*坐破《ざは》シテ、始テ解脱《げだつ》ヲ得ベシ。若只《もしただ》*精明湛不揺《精明湛《しょうみょうたん》として揺《うご》かざる》ヲトメテサトリトセバ、魚目《ぎょもく》ヲトメテ真珠トシ、*賊ヲトメテ子トナスガ如シ。這箇《しゃこ》ハ是《これ》サトリヲヘダツル銕壁《てっぺき》、法財ヲ損ズル寃賊《おんぞく》ナリ。コノユヘニ自己ヲミルコト、生寃家《さんおんけ》ノゴトクニシテ始テウベシトイヘリ。

問《とう》、今日始メテ知《しん》ヌ、某《それが》シ多年賊ヲトメテ子トナスコトヲ。タトイコノ非ヲシルトイフトモ、実ニ自《みずか》ラ識神ヲ打破セズンバ、解脱《げだつ》ノ期有《ごある》ベカラズ、ナニノ方便ヲ以《もって》カコレヲ降《こう》セン。

答《こたう》、別ニ方便ナシ、只自己方寸ノウチニヲイテ、一切ノ相《そう》ヲハナレテ*無相《むそう》ノ窟ニイラザレバ、*脱躰現成《げんじょう》ス。*無門ノ開和尚《かいおしょう》ノ云《いわく》、「*規ニ循《したが》ヒ矩《く》ヲ守《まもる》ハ、無縄自縛《むじょうじばく》。縦横無礙《じゅうおうむげ》ナルハ、外《げ》道魔軍《どうまぐん》。心ヲ存シテ澄寂ナルハ、*黙照《もくしょう》ノ邪禅。*意ヲ恣《ほしいまま》ニシテ縁ヲ忘《ぼう》ズルハ解脱《げだつ》ノ深坑《じんきょう》。*惺々トシテ昧《くら》カラザルハ、鎖ヲ帯ビ枷《くびかせ》ヲ担《にな》フ。善ヲ思ヒ悪ヲ思フハ、*地獄天堂。仏見法見《ぶっけんほうけん》ハ、*二鉄囲《てっち》山《せん》。*念起《ねんき》即覚ハ、精魂《しょうこん》ヲ弄スル漢。*兀然《ごつねん》トシテ定《じょう》ヲ習フハ、*鬼家《きか》ノ活計《かっけい》。進ム則《とき》ハ理《り》ニ迷ヒ、退《しりぞ》ク則ハ宗《しゅう》ニ乖《そむ》ク。進マズ退ゾカザレバ、*気《き》アル死人《しにん》。且道《しばらくいえ》、畢竟《ひっきょう》シテ如何《いかん》ガ履践《りせん》セン」ト云云。

直下《じきげ》ニカクノゴトクニ参得《さんとく》セバ大事ヲ了畢《りょうひつ》セン、若《もし》ナヲ*理路ニトドコホリ、*祖関《そかん》ヲ透《とお》リ

精明湛不揺　精神が静まって動かぬ。

賊ヲトメテ…　生死の根本・識神を生死を超えた心性と勘違いする。楞厳経九「心中明らめずんば、賊を認めて子と為さん」(正蔵一九―一四七a)。

無相ノ窟　無相という暗黒の洞窟。

脱躰現成ス　全体がまるだしに現われる。主観の細工なきありのままの現前。

無門…　無門慧開(一一八三―一二六〇)。月林師観の法嗣。次の長文は無門語録上「崇恩寺語録」末の上堂語。「禅宗無門関」末の禅箴では「解脱深坑」が「堕㆓落深坑㆒」。

規ニ循ヒ…　規矩に引回されるのは、われとわが身に縄をかけるもの。

黙照ノ邪禅　黙々と坐禅するだけの空虚な死禅。宋の公案禅の大慧(だいえ)が同時代の宏智(わんし)の禅に伴なう病弊を難じた言葉。↓補

意ヲ…　好きな事をやって客観界を無視するのはエセ解脱の落し穴。

惺々…　明晰判明を固守するのは鎖や枷(かせ)をつけること。底本「惶々」。

地獄天堂　二分対立の世界。

二鉄囲山　インドの宇宙論にいう想像上の山。須弥山を囲む外海を取巻く内輪外輪の二鉄囲山。「纔有㆓仏見㆒、便作㆓衆生見㆒、有見無見、常見断見、便成㆓二鉄囲山㆒、被㆓見障㆒」(伝心法要)。

念起即覚　第一念の起る端的がそのままさとりという見解。

スギズンバ、ミヅカラ永劫《ようごう》ニ*沈淪《ちんりん》ヲウクベシ。コノユヘニ古人ハ勇猛《ゆみよう》ノ志《こころざし》ヲヲコシテ、十二十年、三十四十年、乃至《ないし》一生涯、脇ヲ席ニツケズ、寝食ヲ忘《ぼうじ》テ、*単々《たんたん》ニ工夫ヲナシ、時々《じじ》ニ精彩ヲツケテ、自性《じしよう》ヲ見窮《けんきゆう》シ、精魂ヲ照破ス。一切ノ業障《ごつしよう》ハ、識神ヲ以《もつて》根本トシ、所謂《いわゆる》識神ハ、仏性《ぶつしよう》ヲ以《もつて》根本トス。臨済和尚ノ云《いわく》、「外《ほか》ニ凡聖《ぼんしよう》ヲトラズ、内《うち》根本ニ住セズ、見徹シテ疑謬《ぎびゆう》セズ」ト。只能《よく》縁ニアイ境《きよう》ニ対スルトコロ、*四威儀《しいぎ》動静《どうじよう》ノウチニミヅカラ見照シテ、機ニアタツテ*心機《しんき》ヲコロスコト、狭路ニ敵ニ逢《あう》ガ如シ、猶シ火ヲケサントスルモノノ、灰ノアタタカナル処ニ直《じき》ニ水ヲソソグガ如ク成ルベシ。*纖毫《せんごう》モコロシノコセバ、是《これ》*生死《しようじ》ノ路頭ナリ。内《うち》ニムカイ、外《ほか》ニ向イテ、コロシ尽シテ始テ少分ノ相応アルベシ。一切ノ諸相ハ皆*幻化《げんけ》ナリト知テ、取捨ノ心ヲヤメ、一切ノ諸見ハ皆妄想《もうぞう》ナリト知テ、心中ニヲイテ仏《ぶつ》キタラバ仏ヲコロシ、祖来《きた》ラバ祖ヲコロシ、衆生来《きた》ラバ衆生ヲコロシ、世界現《げん》ゼバ世界ヲ打破シ、虚空《こくう》現ズレバ虚空ヲ打破スル時、尽十方《じんじつぽう》只是《これ》一箇ノ金剛ノ正躰《しようたい》ナリト会《え》得《とく》スルモ、猶*法塵ニ落在ス。*凡位《ぼんい》ヲ越《こゆ》ルモノハ、還《かえつ》テ*聖解《しようげ》ニ堕ス。*両頭ヲ坐断シテ、*枯木《こぼく》岩前ニトドコオラズ、*明月江《めいげつこう》ヲ*踏断《とうだん》シ、*暗昏々地《あんこんこんじ》ヲ透過シ、*格外ノ機玄《きげん》ヲ得タリト存《ぞん》ズルモ、猶《なお》*伎倆ヲ忘《ぼう》ゼザルコトアリ。仏味祖味ヲ忘ジテ、全躰シルトコロナキモ、*死火寒灰《しかかんかい》ノウチニ滞在シテ、宗《しゆう》イマダ妙ナラズ。直《じき》ニ透脱《とうだつ》シテ、自在自由ナルコトヲ得《え》ト要スルヤ、吾《われ》今カクノ如クニ説ケバ、諸人《しよにん》カクノ如クニキク、只此説法《このせつぽう》*聴法底《ちようぼうてい》ノモノ、急ニ自《みずか》ラ看《かん》取《しゆ》セヨ、那箇《なこ》カコレ即今キク底《てい》ノモノ。

若《もし》又例《れい》シテ心《しん》ト会《え》シ性《しよう》ト会シ、仏《ぶつ》ト会シ道《どう》ト会シ、理《り》トナヅケ事《じ》トナヅケ、仏祖不伝ト

祖関 祖師が設けた関門。
理路 分析・理説の路線。
気アル死人 呼吸している死人。
鬼家ノ活計 幽鬼のすみか、無差別暗黒の境での生きかた。
兀然 動かぬさま。

沈淪 生死の流れに沈む。
単々 純一無雑。
四威儀 行・住・坐・臥のあり方。
心機 心のはたらき。心のはずみ。
纖毫 こまかい毛。極めて僅か。
生死ノ路頭 生死流転の路上。
幻化 実体のないもの。まぼろし。
法塵 (イ)第六意識の内容。(ロ)法執(法塵煩悩)。ここは後者。
凡位 凡の境位。
聖解 聖という想い。
両頭ヲ坐断 凡聖等の相対を切断。
枯木岩前 無念寂静の境。
明月江 はっきりと明るい境。
踏断 踏み切って去る。
暗昏々地 暗黒の平等一枚の境。
格外ノ機玄 並外れの深いはたらき。
伎倆 上述のようなでまえ。
死火寒灰 情意を死却して一点の暖気のない境。
聴法底ノモノ 説法を聴いている底と、こころの主体。単に聴法底という場合は「底」に真実の主体の意味を含む。

ナヅケ不思議奇特《きどく》トナヅケ、玄トナヅケ妙トナヅケ、色《しき》ト名ヅケ空《くう》ト名ヅケ、有無《うむ》、非有《ひう》、非無《ひむ》、非非有《ひひう》、非非無《ひひむ》ト解《げ》シ、*空劫《くうごう》以前ト会シ、若《もしく》ハ公案ノ会ヲナシ、若《もしく》ハ無心ノ会ヲナシ、或ハ無事《ぶじ》ノ会ヲナサバ、イマダ*義路《ぎろ》ノ内《うち》ヲイデザル顚倒《てんどう》ノ衆生ナリ。或イハ拳《こぶし》ヲアゲ指ヲタテ、*拍《はく》ヲナシ黙《もく》ヲナシ、意ヲ以《もつ》テ意ニ投ジ、機ヲ以《もつ》テ機ヲ呈セバ、只是《これ》精魂ヲ弄スル漢、*依草附木《えそうふもく》ノ精霊《しょうりょう》ナリ。全体*不与麼《ふよも》ノ時、聴法底《ちょうぼうてい》ノモノ、畢竟《ひっきょう》シテ如何。道得《いいえ》ザルモ三十棒、道得タルモ三十棒。イカンガ*不犯《ふぼん》ヲ通ゼン。咄《とつ》。

問《とう》、識神ハ実ニ是冤家《これおんけ》ノゴトシ、自《みずか》ラ仏性《ぶっしょう》ヲミル時、又如何。

答《こたう》、又是生冤家《これさんおんけ》ノゴトシ、喪身失命《そうしんしつみょう》スルガ故ニ。

進《すすん》デ云《いわく》、意旨《いし》如何。

答、*泥牛驀頭《でいぎゅうまくとう》ニ逆水《ぎゃくすい》ニ入《いり》、木人《もくにん》懐中ニ猛火《みょうか》ヲ弄ス。

問、和尚《おしょう》コレヨリサキニハ、仏祖ノ本意、タダ直《じき》ニ人心《にんしん》ヲサシテ、見性成仏セシムルヨリ外余事《ほかよじ》ナシト云テ、今マタ心《しん》トトカズ、*性《しょう》トトカズ、只聴法底《ちょうぼうてい》ノモノヲ看取セヨトイフ。コノ意《こころ》如何。

答、直《じき》ニ是見性《これけんしょう》ノ真《しん》ノ*要訣《ようけつ》也。

問、コノ聴法底ノ一句ハ、是《これ》和尚ノミヅカラ方便ヲヲコスヤ、又仏祖ノ所説ニヨルヤ。

答、是《これ》ミヅカラ方便ヲヲコスニモアラズ、又仏祖ノ所説ニヨルニモアラズ、直《じき》ニ是《これ》諸人ノ本有《ほんぬ》ノ*円通《えんづう》、仏祖ノ解脱ノ妙門ナリ。

問、イニシヘイエルコトアリ、語典《ごてん》ニワタラザルハ、智者ノ所談《しょだん》ニアラズト。モシ実《じつ》ニ

空劫以前　天地未分前。父母未生前。

義路　意味、意義をたどる意識の路線。

拍　手のひらを打って声を出す。

依草附木…　文字言句(草木)によりついているおばけ(本当の主体でない識神)。「依草附葉、竹木精霊」(臨済録示衆)。

不与麼ノ時　そうでない時。

不犯　仏祖の消息・道。

泥牛…弄ス　思量知解を絶した消息。泥牛は泥で作った牛。逆水は逆流する洪水。木人は木で作った人間、木偶。

性トトカズ　性と説かず。底本「性届カス」。

要訣　肝腎かなめ。

円通　仏菩薩の悟りの境涯。心性の普遍を円といい、その妙用の自在を通という。抜隊は「諸人ノ本有ノ円通」とのべている。「神通」とほぼ同じである。楞厳経六に、文殊菩薩が世尊正覚の円通境をくりかえし讃嘆する偈を述べている。→二三五頁「二十五円通」注

仏祖ノ所説ニ依ルニアラズンバ、誰《たれ》カアマネクコレヲ信ゼンヤ。

答《こたう》、道本《どうもと》コトバナシ。此《この》ユヘニ仏祖ノ所説ニヨルニアラズ、直《じき》ニコレ諸人ノ本有《ほんぬ》ナリトイヘドモ、コトバヲ以《もって》道《どう》ヲ顕《あらわ》ス、イカデカコレ仏祖ノ典《てん》ニソムカンヤ。

問《とう》、*恁麼《いんも》ナラバ、即《すなわち》イヅレノ経典カコレニ*契通《かいつう》スルヤ。

答、*楞厳会上《りょうごんえじょう》ニモロモロノ聖衆《しょうじゅ》ノ修《しゅ》スルトコロノ得入《とくにゅう》ノ門、スベテ*二十五円通《えんづう》ナリ。今所謂《いわゆる》聴法底《ちょうぼうてい》ノ一門ハ、観世音菩薩ノ円通ナリ。文殊師利菩薩《もんじゅしりぼさつ》、世尊《せそん》ノ命ヲウケテ、コレヲ讃歎シテ第一ナリトス。ココニヲイテ*文殊、阿難《あなん》ニカタツテ云《いわく》、「汝*微塵《みじん》ノ仏《ほとけ》ノ一切ノ秘密ノ門ヲ聞《きけ》ドモ、*欲漏《よくろ》先《まず》除カザレバ、聞《もん》ヲ蓄ヘテ過誤トナス、聞《もん》ヲ以《もって》仏々ヲ持センヨリ、何ゾ自《みずか》ラ*聞《もん》ヲ聞《もん》セザル」ト云云。

問、仏祖ハ皆《みな》機ニ随《したがっ》テ*人ヲ示スコト、ヤマウニ応ジテクスリヲアタフルガゴトシ。和尚《おしょう》近日ナニトシテカ根機《こんき》ヲエラバズ、只此《この》聴法底ヲ看取セヨト云フヤ。

答、タダ此《この》聴法底ハ、諸仏衆生ノ*惣持《そうじ》門ナリ、ココニツイテ見窮《けんきゅう》セバ、機ノ大小ヲ論ゼズ、皆解脱《げだつ》ヲ得ベシ。コノユヘニ経ニ曰《いわく》、「*大衆及《だいしゅおよび》阿難、汝ガ*倒聞《とうもん》ノ機ヲ旋《かえ》シテ、却《かえっ》テ聞《もん》ノ自性《じしょう》ヲ聞セヨ」。性無上道《しょうむじょうどう》ヲ成《じょう》ゼリ、円通ノ実《じつ》カクノ如シ。是《これ》ハ是《これ》微塵ノ仏ノ一路涅槃門ナリ。過去ノ諸《もろもろ》ノ如来モ、斯《この》門ヨリ已ニ成就ス、現在ノ諸ノ菩薩モ、今各《おのおの》入《いり》テ円明《えんみょう》ナリ、未来ノ修学《しゅがく》ノ人モ、当《まさ》ニカクノゴトクノ法ニヨルベシ。我モ亦此《この》ウチヨリ証セリ、唯観世《かんぜ》音《おん》ノミニアラズ。又云、「*涅槃ノ心ヲ成就スルコトハ、観世音ヲ最《さい》トス。自余ノ諸ノ方便ハ、皆是《みなこれ》仏ノ*威神ヲモツテ、事《じ》ニ即シテ*塵労ヲ捨《すて》シムルナリ、是《これ》長ク修学浅深《しゅがくせんじん》同説ノ

恁麼ナラバ　そうであるなら。

契通　一致する。

楞厳会上…　釈尊が楞厳経を説かれた集会の席で二十五人の菩薩が得入(悟入)の因縁をのべた。

二十五円通　→二三五頁注

文殊…　楞厳経六の文殊師利偈(正蔵一九-一三b)。

微塵ノ　無数の微妙な。

欲漏　欲界における四十一種の煩悩の総称。

聞ヲ聞…　聞く主体をじかに見る。即今聞く底のものをじかに看取する、すなわち自性の見窮。「キ(聞)ク時ハ、キク底ノモノヲ見窮スベシ」(次頁一五行)。

人ヲ　別本「人ニ」。

惣持門　総持(陀羅尼)の法門。智慧を体とし所聞・所観の法を保って失わぬ法門。

大衆…　楞厳経六。文殊師利法王子が世尊の旨をうけて述べた偈の一節(正蔵一九-一三b)。

倒聞ノ機ヲ…　無常を常、苦を楽、無我を我、不浄を浄と倒錯して、もしくは法は脚下の根源にあるのに、向う側にあるかのように、顚倒して聞いている意識のはたらきをそれの根源に返して。

涅槃…　楞厳経六の文殊師利偈(正蔵一九-一三b)。

威神　威徳不思議な自在力。威神は仏の偉徳をたたえる語。

法ニアラズ」ト。又無門《むもん》ノ開和尚《かいおしょう》上堂云《いわく》、「臨済和尚、衆ニ示シテ曰《いわく》、「四大《しだい》ノ色身《しきしん》、説法聴法ヲ解《げ》セズ。脾《ひ》胃《い》肝胆《かんたん》、説法聴法ヲ解セズ。虚空《こくう》、説法聴法ヲ解セズ」ト。臨済和尚恁《いん》麼《も》ニ説話スルハ、大イニ*飯《はん》ヲ嚼《かみ》テ嬰児《ように》ヲ餧《やしなう》ニニタリ。シカモカクノ如クナリトイヘドモ、且道《しばらくいえ》、是誰《これたれ》カ説法聴法ヲ解スル。ココニヲイテ*薦得《せんとく》セバ、参学事畢《さんがくのじおわんぬ》」ト云云。豈是《あにこれ》ヲ仏祖ノ典ニワタラズトイハンヤ。只此《この》聴法底ハ諸聖《しょしょう》ノ円通《えんづう》ノ中ノ第一ナリ、愚人迷倒《めいとう》ニシテ信ジヲヨボサザルヲイカンガセン。

問、カクノ如クナラバ、即是教外別伝《すなわちこれきょうげべつでん》ノ宗旨ニアラズ、*禅和子《ぜんなす》、這箇《しゃこ》ヲモチイテナニカセン。

答、諸人《しょにん》今恁麼《いんも》ノ説ヲキイテ、恁麼ノ問《もん》ヲイタス底《てい》ノモノ、渠《かれ》ハ是《これ》仏教カ祖教《そきょう》カ。僧即低頭《すなわちていとう》シテ*休《きゅう》シサル。

問、諸方皆ヤマフニ応ジテ薬ヲアタフ。和尚ハ諸人ニ只コノ一薬ヲホドコス。是《これ》ハ是《これ》人ヲシテ窠《か》窟《くつ》ニヲトスニアラズヤ。

答、ヤマフニ応ズル薬《くす》リハ千差万別《せんしゃまんべつ》ナリ。*人ヲコロス悪毒ハ、機ノ浅深《せんじん》ヲエラバズ。モショク直《じき》ニ喫シ得テ、喪身失命《そうしんしつみょう》セバ、タレカ窠窟ニ落在セン。

問、一切ノヒビキヲキク時ハ、キク底《てい》ノモノヲ見窮スベシ。若《もし》*一音《いちおん》ナカラン時ニアタツテハイカン。

答、*キカザルモノハ、是《これ》ナンゾ。

問、コノ聴法底ノモノ、某《それがし》シウタガイナシ。

塵労　煩悩。俗世の煩わしい苦労。

飯ヲ…　学人への宗匠の親切を、幼児への親の行届いた慈愛になぞらえた。無門語録上にみられる。

薦得　全部自分のものにする。薦はこも、むしろ。賭博する者が勝った時、むしろの上の金を全部取りあげる意。

禅和子　禅僧に対する親愛の呼称。

休シ　問答を終わる。沈黙する。なお「休す」は、時と人とによって、納得して・了悟して・満足して・安心して、または行きづまって、「休す」などさまざま。

人ヲコロス悪毒　生死的人間の命根を断つ手段。

一音　一つの言葉。この場合は悪毒の一音。維摩経仏国品には「仏、一音を以って法を演べ説きたまうに、衆生、類に随っておのおの解を得」(正蔵一四―五三八a)とある。

キカザルモノ…　抜隊の活手段。

答《こたう》、你《なんじ》イカンガ会《え》スル。

僧*良久《りょうきゅう》ス。

師咄《とつ》シテ云《いわく》、*鬼窟《きくつ》ノ裏《うち》ニムカツテ活計ヲナスコトナカレ。

問《とう》、コノ聴法底ノモノ、仏祖モ会《え》スベカラズ。

答、仏祖ハシバラクヲク、你《なんじ》又如何《いかん》。

僧ノ云《いわく》、吾《われ》モマタシラズ。

師ノ云、仏祖何トシテカシラザル底《てい》ノ道理アル。

僧コトバナシ。

別人問《とうて》云《いわく》、コノ聴法底ノモノ、目前ニ分明《ふんみょう》ナリ。

答、臨済ノ*三不解《さんふげ》ニヲチズシテ、ナンヂイヘ、ナニヲ喚《よん》デカ目前ノ聴法底ノモノトセン。

カレ又コトバナシ。

問、近代ノ善知識《ぜんちしき》或ハ直《じき》ニ自性《じしょう》ヲ見ヨトシメシ、或ハ*話頭《わとう》ヲミヨトシメサル。何レカ是《ぜ》ナルヤ。

答、*意句モトフタツニアラズ。千句万句《せんくまんく》タダ自性ノ一句ナルユヘニ、自性ハ話頭ノ根本ナリ。本《もと》ヲ得テ末ヲウレフコトナシ。コノユヘニ初心ノ学者マヅ直《じき》ニ自性ヲ見窮《けんきゅう》セバ、一切ノ公案、自然《じねん》ニ透得《とうとく》スベシ。若《もし》自心《じしん》ヲアキラメ得タリト存《ぞん》ズルトモ、古人ノ話頭ヲトヲリ得ズンバ、自己イマダ徹悟セズト知《しる》ベシ、カルガユヘニ古人ノ云《いわく》、「*未得底《みとくてい》ノ人ハ、句ニ参ゼンヨリ意ニ参ゼンニシカジ。*已得底《いとくてい》ノ人ハ、意ニ参ズルヨリ句ニ参ズルニシカズ」

良久　しばらく黙っている。
鬼窟…　まっくらな洞窟でむだなやりくりをするな。
三不解　先に無門が引用した三不解。→前頁一、二行
話頭　話をしている事柄。公案。
意句モト…　禅の意(こころ、意趣)と言句とはもと別ではない。意は句と化して跡を留めないが、句は意を排除するのではない。会元一一に葉県帰省(せっけんきしょう)生没年未詳。首山省念の法嗣)のつぎの説がみられる。「有る時は句到って意到らず。妄りに前塵を縁じ影事を分別す。有る時は意到って句到らず。盲の象を模するが如し。おのおの異端を説く。有る時は意句倶に到る。虚空界を打破し、光明、十方を照らす。有る時は意句倶に到らず。無目の人縦横に走り忽然として覚えず深坑に落つ」。
未得底ノ人…　浮山遠録公の語。「未得底」は、禅の一関をまだ透っていない。→補
已得底　禅の一関を既に透った。

ト。

僧ノ云、然ラバ則《すなわち》ソレガシ等イマ初心ノ学者也、話頭《わとう》ヲミルハアヤマルベシヤ。

師ノ曰、你《なんじ》今イヅレノ話頭ヲカミル。

僧ノ云ク、*父母未生前《ぶもみしょうぜん》、本来ノ面目《めんもく》。

師ノ曰、スデニコレ本来ノ面目、コレ你《なんじ》ガ本源ノ自性ニアラズヤ。你ミヅカラアヤマリテ他人ノ言句《ごんく》トナス。

又僧問《とう》、ソレガシ初心ノ学者ナリ、*即心即仏《そくしんそくぶつ》ノ話《わ》ヲアタヘラルルハ、是善知《これぜんち》識《しき》ノ誤リ也ヤ。

答、スデニコレ即心即仏。コレ古人ノ公案ヲアタフルニアラズ、直《じき》ニ你ガ即今ノ自心《じしん》ヲサス。主家《しゅけ》ノアヤマルニアラズ、你自《みずか》ラ己レニ迷《まよい》テ言句トナス。コノ故ニ*百丈《ひゃくじょう》ノ云、「一《いっ》切語《さいご》言宛転《ごんえんてん》シテ、皆《みな》自己ニ帰ス」ト。モシ実《じつ》ニカクノゴトク徹悟セバ、豈《あに》タダ仏祖ノ奇言《きごん》妙句ノミ自己ナランヤ。万象森羅《まんぞうしんら》、畢竟《ひっきょう》シテ自己ニアラザルモノナシ。

問、然ラバスナハチ自心《じしん》ヲアキラメント要セバ、万象森羅ヲミルベシヤ。

答、然ラズ、生死《しょうじ》大事ノタメニ自心ヲアキラメムト欲シテ、志ノ熟スル時、自然《じねん》ニ*色《しき》ヲミテ心《しん》ヲアキラメ、物《もの》ニ附シテ道《どう》ヲ悟ルコトアリ。然ルヲ始メヨリタダ万象森羅ヲミテ自己ヲアキラメムト欲セバ、*度《ど》ヲウシナツテ、カナラズ邪路《じゃろ》ニ入《いる》ベシ。タダ自心ヲアキラメント要セバ、直《じき》ニ一切ノ声ヲ聞底《きくてい》ノ本源ヲ見窮《けんきゅう》シテ、心路《しんろ》絶シ*命根《みょうこん》断ズル処、是《これ》自己安《あん》身立命《じんりゅうみょう》ノ時節也。*古人ノ云《いわく》、「根《こん》ニカヘレバムネヲエ、照《しょう》ニシタガヘバ宗《しゅう》ヲ失ス」ト。又

父母未生前… 「不思善不思悪、正当与麽時、還二我明上座父母未生時面目一来」(伝心法要)。

即心即仏ノ話　即心即仏の話頭(公案)。「馬祖、因(ちなみ)に大梅問う、如何なるか是れ仏。祖云く、即心即仏」(無門関三〇)。

百丈…　百丈懐海(えかい　七二〇―八一四)。馬祖道一の法嗣。伝燈録六にみられる言葉。宛転は釈(と)け散るさま。

色ヲミテ…　「見色明心、聞声悟道」。物象を見または聞いて心性を明らめ道を悟る。霊雲は桃花を見て、香厳は撃竹の音を聞いて悟った。

度ヲ…　常軌(みち)を外れて。

命根　生死流転の潜在性。

古人…　中国禅第三祖僧璨(そうさん)の信心銘の言葉。根源に帰すれば旨(こころ)を得、影を追えば宗(もと)を失う。

無門《むもん》ノ開和尚《かいおしょう》ノ云、「*参禅ハスベカラク祖師ノ関《かん》ヲトヲルベシ。妙悟《みょうご》ハ心路ヲ窮《きわめ》テ絶センヲ要ス。祖関《そかん》ヲトヲラザレバ、心路絶セズ、悉ク是依草附木《これえそうふもく》ノ精霊《しょうりょう》ナリ」。

問《とう》、*古人ノ云《いわく》、「*活句ノ下《もと》ニ薦得《せんとく》スレバ、永劫《ようごう》ニモ忘《ぼう》ゼズ。死句ノ下ニ薦得スレバ、*自《じ》救不了《ぐふりょう》」、此《この》意如何。

答《こたう》、死句ノ下ニ薦得スルモ、*機、位《くらい》ヲハナレズ。活句ノ下ニ薦得スレバ、心路《しんろ》絶スルガ故也。

問、此聴法底《このちょうぼうてい》ノ一句ハ、是《これ》死句カ、是《これ》活句カ。

師即《すなわち》上坐トヨブ。僧応諾《おうだく》ス。

師ノ云、彼ハ是《これ》死スルカ活スルカ。

問、「*牛窓櫺《うしそうれい》ヲスグ、頭角四蹄《ずかくしてい》ハ都《すべ》テ出了《いでおわっ》テ、尾巴《びは》ナニトシテカスグル事ヲ得ザル」。此《この》一句ノゴトキンバ、是《これ》死句カ、是《これ》活句カ。

答、シバラク諸人ニ問《とう》、是《これ》ナニノ道理トカミル。各自《おのおのみずから》*所解《しょげ》ヲノブベシ。ココニヲイテ或云《あるひといわく》、「*綱《あみ》ヲトヲル金鱗猶《なお》水ニトドコオル」。或云、「*出身ハ猶ヤスカルべク、脱躰《だったい》ノ道《みち》ハカタカルベシ」。或云、「此《この》*水牯牛《すいこぎゅう》ト者《は》、自己清浄《しょうじょう》ノ法身《ほっしん》ナリ。古今ニワタリ内外《ないげ》ヲカヌルガ故ニ、尾巴《びは》スグルコトヲ得ズトイヘリ」。或云、「只是《これ》学者ノ悟《さとり》テイマダ悟証ノアトヲ忘《ぼう》ゼザルヲイフ」。或云、「自己ヲアキラメタリトイヘドモ、従来ノ習気《じっけ》ノイマダ忘ゼザルヲイフ也」ト。

師高声《こうじょう》ニ叱《しっし》テ曰《いわく》、不是不是《ふぜふぜ》、本是《もとこれ》活句ナリトイヘドモ、カクノゴトクニ*情解《じょうげ》ヲナストキ

参禅ハ…精霊ナリ　無門関一に見える無門慧開の言葉。妙悟は絶妙の悟り。心路は心意識の路線。祖関は祖師の設けた禅の関門。

古人…　洞山良价の法嗣、竜牙居遁《りょうげこどん》（八三五—九二三）の語。碧巌録二〇の評唱にみられる。

活句　語句の意味内容に執われることなく、その語句においてじかに心性を見る場合の語句。或る意味へまとまってゆく契機を欠いた語句が、学人をそうした実践に駆りたて易い場合もある。したがって語句の意味内容に執われ、その詮索を始めるなら、すべては死句となる。活句・死句が初めからきまっているのではない。

自救不了　自分を救うこともできぬ。

機、位ヲ…　心のはたらきが、現在の自己の境位をはなれず。

牛窓櫺…　無門関三八にみえる話。窓櫺は格子のある窓。尾巴は尻尾。

所解　了解するところ。

綱ヲ…　煩悩の縛を突破する英漢も突破の迹を留めている。綱は網に通ずる。

出身…　↓二三〇頁一四行

水牯牛　牝の水牛。水牛。

情解　情識による理解。

ンバ死句トナル。是《これ》祖師ノ関《かん》ニアラズ、只是《これ》譬喩ノ法門也。這般《しゃはん》ノ情解ヲ以《もつ》テ活句ヲ見《みれ》バ、自家ノ*真宗《しんしゅう》、地ヲ払テツキン。十余年ノアイダニ此句《この》ニツイテ所解《しょげ》ヲノブル者、スコブル多シトイヘドモ、一人モイマダ愚僧ガ意ニカナハズ。

此《この》時衆《しゅ》驚テ云《いわく》、某甲《それがしら》等ガゴトキンバ、只カクノ如シ。請《こう》、和尚代《かわっ》テ一*転語ヲクダセ。

師即《すなわち》*代語シテ云《いわく》、「*路《みち》ニ死蛇《しだ》ニ逢《おう》テ打殺《たせつ》スルコトナカレ。無底《むてい》ノ籃子《らんす》ニ盛リ将《もち》テ帰レ」。

問《とう》、「*雪千山《せんざん》ニ覆《おおう》、孤峯什麽《なん》トシテカ白カラザル」。此句《この》ハ是《これ》死句トヤセン、是《これ》活句トヤセン。

答《こたう》、汝等イカンガ会《え》スル。

又各《おのおのしょげ》所解ヲノベテ云《いわく》、「我《われ》ハ*賓中主《ひんちゅうしゅ》トミル」。「我ハ千山《せんざん》ノ雪ハ*這辺《しゃへん》ナリ、孤峯ノ白カラザルハ、*那辺向上《なへんこうじょう》ノ一路トミル」。「我ハ真心妄心《しんじんもうじん》トミル」。「我ハ孤峯ハ*正位《しょうい》、千山ノ雪ハ*偏位《へんい》ナリトミル」。「我ハ只無義味《むぎみ》トミル」。「我ハ只学者《がくしゃ》ニ疑団《ぎだん》ヲヲコシ、工夫ヲナサセシメンガタメノ方便ノ語トミル」ト云云。

師ノ云《いわく》、又是《これ》コトゴトク*情妄《じょうもう》ノ見《けん》也。モシカクノ如クナラバ、耕儂耕夫《こうのうこうふ》モ皆《みな》禅ヲ会《え》スベシ、還《かえって》恥ヲシルヤ。イマダ*陰界《おんかい》ヲ出《いで》ザル人、祖師ノ活句ヲ弁ゼバ、還《かえっ》テ死句トナルベシ、此咎卒《このとがつい》ニマヌガレガタシ。

師因《ちなみ》ニ一頌《いちじゅ》ヲ作テ云、「千山万嶽雪堆*々、孤峯為什麽不白。賓主偏正落*格量、直*参則鉄*樹華拆《千山万嶽雪堆々《ゆきたいたい》、孤峯什麽《なん》としてか白からざる。賓主偏正《ひんじゅへんしょう》格量に落つ、直参《じきさん》すれば鉄樹華《てつじゅはな》拆《ひら》く》」。

真宗　真の宗旨。仏心宗。

一転語　状況を転ずる一句。迷を悟に転ずる契機となる一語。

代語　他に代って下語(あぎょ)する簡潔な評語)すること。

路ニ…　情解を絶する無相の自己を明らめ生きることを頌した語。夾山善会の語(禅林類聚一八茶湯部・虚堂録五)。一説に、路とは即今、死蛇は本分の事、逢は契当とみる。

雪千山…　曹山本寂(そうざんほんじゃく　八四〇—九〇一)の語。「僧問、雪覆二千山一、為二甚麽一孤峰不レ白。師曰、須レ知有二異中異一。僧云、如何是異中異。師曰、不レ望二諸山色一」(曹山録上)。

賓中主　曹洞四賓主の一。差別の中の平等。

這辺　こちら。現実(差別)界。

那辺　あちら。超越(平等)界。

正位　平等境。

偏位　差別境。

情妄　情識の妄分別。

陰界　五蘊の世界。現実の人間界。

堆々　うず高くつもっている。

落格量　比較・計量に落ちこむ。

直参　じかに参入する。

鉄樹華拆　情識を絶した世界の消息を頌した。この頌、「因雪千山話二首」の一として抜隊語録五に収む。

又衆《しゅ》ニ語テ云、*六祖ノ云、「風幡《ふうばん》ノ動ズルニアラズ、仁者《にんしゃ》ノ心ノ動ズルナリ」。*天台ノ韶《じょう》国師《こくし》コノ語ヲ弁ジテ云、「若《もしく》ハ風幡動ゼズ、汝ガ心ノ妄《みだり》ニ動ズルナリト云《いう》。若ハ風幡ヲ*撥《はら》ハズシテ、風幡ノ処《ところ》ニツイテ*通取《つうしゅ》セヨト云《いう》。若ハ色即是《しきそくぜ》空《くう》ト云《いう》。若ハ風幡ノ動ズル処是什麼《これなんぞ》ト云《いう》。若ハ物ニ附シテ心《しん》ヲアキラメテ、物ヲ認《とむ》ルコトヲモチヒズト云《いう》。若ハ風幡ノ動ズルニアラズ、スベカラク*妙会《みょうえ》スベシト云ハ、祖師ノ意旨《いし》トツイニ交渉《きょうしょう》ナシ。スデニ種々ノ解《げ》会《え》ニアラズンバ、如何《いかん》ガ*知悉《ちしつ》スベキ。若真見《もししんけん》シ去《さら》バ、何ノ法門カ明《あきら》メザラン」ト云云。イニシヘモ今モイマダ大法《たいほう》ヲアキラメザル人ハ、皆カクノ如クノ情解《じょうげ》ヲナシテ、活祖《かっそ》ノ語《ご》ヲ汚却《おきゃく》スルコト、是《これ》ヲ以知《もってしる》ベシ、縦《たとい》死句ナリトイフトモ、活人《かつにん》是ヲ*拈弄《ねんろう》セバ、直《じき》ニ活句トナルベシ。死蛇《しだ》ナリトイヘドモ、弄スルコトヲ解《け》スレバ、マタ活セシムトイフハ是《これ》ナリ。見ズヤ*翠巌《すいがん》、*慈明《じみょう》和尚ニ参ズ。慈明問《とう》、「如何是仏法的々《いかなるかこれぶっぽうてきてき》ノ大意《たいい》」。巌答《がんこたえ》テ云《いわく》、「*雲ノ嶺上《れいじょう》ニナルナケレバ、月ノ波心《はしん》ニヲツルアリ」。慈明*抑下《よくげ》シテ云、「頭《こうべ》ハ白ク歯ハ黄ニナルマデ、這箇《しゃこ》ノ見解《けんげ》ヲナス」。岩即《がんすなわち》偏身《へんしん》ヨリ汗ヲナガシテ*忙然《ぼうぜん》タリ。明《みょう》ノ云《いわく》、「汝《なんじ》、吾《われ》ニトヘ、吾、汝ガタメニトカン」。岩問《がんとう》、「如何是《いかなるかこれ》仏法的々ノ大意」。答《こたえて》云《いわく》、「雲ノ嶺上ニナルナケレバ、月ノ波心ニヲツルアリ」。翠岩言下《ごんか》ニ大悟《たいご》ス。

翠岩ノ初《はじめ》ノ見解《けんげ》ノゴトキンバ、情雲《じょううん》ヲ坐断シテ、一念不生《ふしょう》ナレバ、心月明徹《しんげつみょうてつ》シテ*沙界《しゃかい》ニ偏ストミル。只此精魂《これしょうこん》ヲ弄スル底《てい》ノ情妄《じょうもう》ノ知見ヲ以テ、仏法的々ノ大意ニ答フルガユヘニ、慈明《じみょう》ニ呵責《かしゃく》セラル。慈明和尚ノ答話《とうわ》ノゴトキンバ、*衆流《しゅる》ヲ截断《せつだん》スル底《てい》ノ活句ナリ、コノ故ニ人ヲ活セシム。シバラク諸人ニトフ、只此《この》一句ノウチニナニトシテカカクノゴトク死活

六祖ノ云…　六祖壇経行由。「時有㆓風吹播動㆒。一僧曰、風動。一僧曰、播動。議論不㆑已。慧能進曰、不㆓是風動㆒、不㆓是播動㆒、仁者心動。一衆駭然」（六祖壇経・無門関二九非風非幡）。

天台…　天台徳韶（とくしよう 八九一—九七二）。正宗賛の天台徳韶国師章。

撥ハズシテ　排除しないで。

通取　さとる。

妙会　知的分別をすてて会得する。

知悉　知りつくす。

拈弄　自由に処理する。

翠巌　翠巌可真。慈明楚円の法嗣。正宗賛の慈明章には真点胸（あだ名）とある。

慈明　慈明楚円（じみよう そえん 九八七—一〇四〇）。石霜楚円ともいう。汾陽善昭の法嗣。（僧宝伝二一・会元一二）

雲ノ嶺上…　煩悩の雲無ければ真如の月明らか（教義学的解釈）。「明（慈明・石霜楚円）遽問、如何是仏法大意。師曰、無㆔雲生㆓嶺上㆒、有㆔月落㆓波心㆒。明瞋㆑目喝曰、頭白歯豁、猶作㆓這箇見解㆒。如何脱㆓離生死㆒。師悚然求㆓指示㆒。明曰、汝問㆑我。師理㆓前語㆒問㆑之。明震㆑声曰、無㆔雲生㆓嶺上㆒、有㆔月落㆓波心㆒。師於㆓言下㆒大悟」（続燈録七・会元一二）。

抑下　けなす。

忙然　自信を失ってぼんやりするさま。茫然。

沙界ニ偏ス　恒河沙（無数）の世界に

ノヘダテアルヤ。慈明和尚ノ「雲ノ嶺上ニナルナケレバ、月ノ波心ニヲツルアリ」トイフガゴトキンバ、是《これ》ナニノ道理ゾ。翠岩ノ未徹《みてつ》ノ時ノ見地《けんち》ニヲチズシテ、ココロミニ*参詳《さんしょう》シテミヨ。死句活句ノ差別《しゃべつ》ハ、初心ノ人ニ対シテハ、総説示《すべてせつじ》シガタシトイヘドモ、ヲホカタ譬喩因縁《ひゆいんねん》ニワタリ、*理性玄妙《りしょうげんみょう》*仏法辺《へん》ノ義味《ぎみ》ニヲツル語ヲ死句トス、機、位《くらい》ヲハナレザルガユヘニ。所以《このゆえに》古徳ノ云《いわく》、「*句中ニ句アルヲ死句トシ、句中ニ句ナキヲ活句トス」。又云《いわく》、「*機、位ヲハナレザレバ毒海《どくかい》ニ堕在ス、語、群ヲヲドロカサザレバ、流俗《りゅうぞく》ニヲチイル」ト云云。ヲヨソ活句ヲ死句トナスコトハ、言句《ごんく》ノ咎《とが》ニアラズ、只ソノ*作者ノ見性《けんしょう》ノ未徹ナルニヨルベシ。爰《ここ》ニヲイテ非ヲシラバ、一切ヲ放下《ほうげ》シテ、己《おのれ》ニツイテ看取《かんしゅ》セヨ、言句ヲ弁ズル底《てい》、畢竟《ひっきょう》シテ是什麼《これなんぞ》。

問《とう》、言句ニ死活アリ、一霊《いちりょう》ノ真性《しんしょう》ニ還テ死活アリヤイナヤ。

答《こたう》、*和泥合水《わでいがっすい》。

問、如何是《いかなるかこれ》祖師ノ心印。

答、*頑石眉《がんせきび》毛生《もうしょうず》。

問、和尚ノ人ノタメニスル底《てい》、*微細《みさい》ナル時ハ、アマリニ微細ナルガユヘニ、初心ノ学者モ*知見ヲヲコシ*伎倆ヲ生ズ。*向上ナル時ハ、アマリニ向上ナルユヘニ、久参《きゅうさん》ノ*衲子《のっす》モ足ヲ立《たつ》ル処ナクシテ、還テ退屈ヲ生ジツベシトイフソシリアリ。和尚ナニトシテカ此《この》トガヲマヌガレン。

答《こたう》、寒《かん》ノ時ハ普《ふ》天《てん》普《ふ》地《ち》寒《さむ》シ、熱《ねつ》ノ時ハ普天普地熱《ねつ》ス、天地ナニノトガカアル。

あまねくゆきわたる。

衆流ヲ截断　すべての煩悩をたち切る。雲門三句(徳山縁密による)の一。狂雲集10偈補注参照。

参詳　参究。

理性玄妙　不変の法性の深玄微妙。

仏法辺ノ義味　仏法の意味内容。

句中ニ句アル…　句の中に意味の通る句がある、または意味が摑まれた句があるのを死句とする。碧巌集種電鈔二之末に、洞山守初の語として「語中有レ語名為二死句一、語中無レ語名為二活句一」を載せる。

機、位ヲ…　碧巌録二五。主体の発動(機)が仏見法見の境位に留まっていたら法執の毒海におちる。語が凡俗を驚かさなければ月並の仲間におちる。

作者　すぐれた力量・はたらきのある禅僧すなわち作家(さっけ)の意味。この本文の「作者」は文脈からみて、語句を作(な)す者の意。

和泥合水　相手の機に応じて、泥にまみれ水にぬれるぶざまなかっこうで、低次元の説話をする。

頑石眉毛生　やくざ石(ごろ石)に眉毛が生える。石女夜生レ児に同じ。本分上の機語。知的分析の歯がたたぬ絶対無の消息。

微細　詳細に説き示す。

知見　知的な見解。

伎倆　あれこれの小細工。

向上　向下に対す。悟りの境地に至云《いわく》、天地ト和尚ト是同《これどう》カ是別《これべつ》カ。

師ノ曰《いわく》、還《かえって》吾《われ》ヲミルヤイナヤ。

僧*擬議《ぎぎ》ス。

師ノ云《いわく》、*瞎漢《かつかん》。

問《とう》、如何是禅家《いかなるかこれぜんけ》ノ道。

答《こたう》、*東廊西廊《とうろうさいろう》。

問、僧、趙州《じようしゆう》ニ問《とう》、「*狗子《くす》ニ還《かえっ》テ仏性《ぶっしょう》アリヤイナヤ」。州ノ云《いわく》、「無《む》」。意旨《いし》如何。

答、富士山ノ一笑センヲ待テ汝ニ向《むかっ》テイハン。

問、如何ナルカコレ和尚ノ道徳。

曰《いわく》、昨*日ノ雨、今日ノ風。

問、*作家《さっけ》本分ヲマボラズトイフ、意旨如何。

答、*破鏡照功《はきようしようこう》ナシ。

問、古人ノイハク、「*一霊皮袋《いちりようひたい》、々《ひ》々《たい》一霊《いいちりよう》」、是《ぜ》ナリヤイナヤ。

答テイハク、是《ぜ》ナリ。

曰、モシ然ラバ、四大分散《しだいぶんさん》ノ後ハ、誰《たれ》カ成仏シ、誰カ沈*淪セン。又ツミヲヲソレ、戒躰《かいたい》ヲ持《じ》シテ何カセン。

答、コノ因果《いんが》撥無《はつむ》ノ見《けん》相続セバ、地獄ニ入《いる》コト矢ノゴトシ。你《なんじ》夢ヲミルヤ。

曰、昏睡《こんすい》スレバカナラズ夢アリ。

る路線。但し参学事畢という大悟にも更に向上の一路あり、という。

衲子　法衣(衲)をつけた者。この場合は禅僧。

擬議　答えようとした。

瞎漢　めくら。無眼子(むがんす)。仏法のまなこが開けていない人間。

東廊西廊　あるいは東廊を行き、あるいは西廊を行く。平常の無心な生きざま。

狗子ニ…　趙州録。会元四および正宗賛の趙州章。無門関一。

昨日ノ雨…　あるがまま。本分の自然。

作家…　力量ある明眼の師家は、「本来無一物」の境を守らぬ。守ればそれも我相、諸天に花を捧げられる本分病者。

破鏡…　割れた鏡は照らすはたらきがない。鏡もなく無一物もない。「悟り破れて無事の人となる」(盤珪)。「覚二了法身一、無二一衆生可レ度。一翳在レ眼、空花乱墜。打二破鏡一了、影像終不レ可レ得」(抜隊語録)。

一霊皮袋…　身心一如、真仮不二。大慧宗杲(だいえそうこう)(一〇八九―一一六三)の弟子道謙編の大慧武庫下に「師一日明月庵に到り、壁間に画ける髑髏を見る。馮済川の頌あり、云く、屍は這裏に在り、其の人何くにか在る。乃ち知る、一霊の皮袋に居せざることを。乃ち知る。師肯わず、乃ち一頌を作って云く、答、何事《なにごと》ヲカミル。

曰、スベテサダマレル相《そう》ナシトイヘドモ、タダヲホクハカネテ身心《しんじん》ニ存スルコトヲミル也。

答、死後ノ昇沈《しょうちん》モ又カクノゴトシ。一切ノ心念ヲヲコス事ハ、四大ノ色身《しきしん》ニヨレリ。昼ノ心念ノ善悪《ぜんなく》ニ依テ、ヨルノ夢モ相随《あいしたがっ》テ現ズ。今生《こんじょう》ノ身口意《しんくい》ノ三業《さんごう》ノ軽重《きょうじゅう》ニ依テ、滅後ノ昇沈《しょうちん》アリ。カルガユヘニ古人ノイハク、「業《ごう》ニ依テ身《み》ヲウケ、身又業ヲツクル」ト。ココヲ以《もって》シルベシ、今生ノ身ヨリ来生《らいしょう》ノ身ヲ相続スルコトヲ。モシヨク是ヲシラバ、豈《あに》「一霊《いちりょう》皮《ひ》袋《たい》、々々一霊《ひたいいちりょう》」トイフコトヲウタガハンヤ。

曰、ソレガシハジメテ知レリ、身心不二《しんじんふに》ナルコトヲ。シカラバスナハチ、見性成仏ノ義、枝葉《しよう》ナリ。タダ此色身《このしきしん》ニヲイテ、諸《もろもろ》ノ悪行《あくぎょう》ヲヤメ、モロモロノ善根《ぜんごん》ヲ修《しゅ》シ、持戒清浄《じかいしょうじょう》ニシテ、不善ノ心念ナクンバ、スナハチ仏《ほとけ》ナルベシヤ。

答、一切ノ不善ノ心念ハ、迷情ヨリ生ゼリ。若直《もしじき》ニ*見情通達《けんじょうつうだつ》セズシテ、不善ノ心《しん》ヲヤメント擬セバ、睡眠ヲノゾカズシテ夢ヲヤメントスルガゴトシ。一切ノ諸業《しょごう》ハ、*識情《しきじょう》ヲ以《もって》根本トス。根本ヲ截断《せつだん》セバ、枝葉ナンゾ生ゼン。

曰、然《しから》バ則《すなわち》見情通達シテ、識情ヲ忘《ぼう》ジタラン人ハ破戒不律ヲフルマフトモ、罪ナカルベシヤ。

答、若《もし》通達ノ人ナラバ、豈《あに》破戒ノ罪ヲツクル心アランヤ。

曰、若実《もしじつ》ニ無心ヲエタラン人ハ、直《じき》ニ空《くう》ニ帰シテフタタビ生《しょう》ヲウケザルベシヤ。

即ち此の形骸、便ち是れ其の人。一霊皮袋、皮袋一霊」とある。馮済川は、名は楫、字は済川、不動居士と号す。宋代の官吏、禅に参じた(一一〇七—一一五三)。

沈淪　生死の流れに沈む。

見情通達　識情を見透す。

識情　識神に同じ。根本分別(無明)。

答、是《これ》外道《げどう》二乗ノ*断見《だんけん》ナリ。若《も》シカラバ得道《とくどう》ノ人、ナニノ利益《りやく》カアラン。実《じつ》ニ是《これ》狗野干《いぬやかん》ニモヲトルベシ。

曰、シカラバ得道ノ人ハ、不生不滅ヲエテナガク人ヲ度《ど》シテ、ソノキハマリナカランヤ。

答《こたう》、コレハ是《これ》外道《げどう》ノ*常見《じようけん》ナリ。仏説ノ不生不滅ノ義ハ、カクノゴトクナラズ。若《も》シコノ断《だん》常《じよう》ノ二《に》見《けん》ヲハナレヌレバ、*生死《しようじ》ニソマズ、*去住自由《きよじゆう》ニシテ、*意生化身《いしようけしん》シ、縁ニ応ジテ衆生ヲ度スルコト、所願力《しよがんりき》ニ随《したがつ》テ自在ナリ。

曰《いわく》、シカラバ仏祖モ衆生モ同ク是《これ》一霊皮袋、々々一霊ニシテ別ニ心性《しんしよう》ナクンバ、起居動《ききよどう》静《じよう》、見聞覚知《けんもんかくち》、タダ此《この》*色身《しきしん》ノ天然《てんねん》ナルベシ。見性ヲモチイテナニカセン。

曰、コレハ是《これ》*自《じ》然外道《ねんげどう》ノ見解《けんげ》ナリ。你若《なんじもし》仏性ヲアキラメズンバ、幻身《げんしん》ヲトメテ実《じつ》トシテ、*性相一如《しようそういちによ》ノ理ニヲイテハ、ユメニモシラズシテ、一霊皮袋、々々一霊トイハヾ、タダコレヨノツネノ有相執著《うそうしゆうじやく》ノ衆生ナリ。

曰、仏性ハ天地ニサキダチ、諸仏衆生ノ根本ナリ。無辺《むへん》ノ虚空《こくう》ニ充足シテ、万象森羅《まんぞうしんら》、只コノ一*法ノ印スルトコロナリ。コノ故ニ世尊初生《せそんしよしよう》ノ時、四方ニ周行《しゆうぎよう》スルコト七歩シテ、一指ハ天ヲサシ、一指ハ地ヲサシテ、天上天下《てんじようてんげ》、唯我独尊《ゆいがどくそん》トイヘリ。我《われ》今コノ理《り》ウタガハズ、コレ見性ニアラズヤ。

答、又是実悟《これじつご》ニアラズ、只是《これ》*光影辺《こうようへん》ノ見《けん》ナリ。見ズヤ、*雲門《うんもん》ノイハク、「我若《われもし》見マシカバ、一棒ニ打殺《たせつ》シテ、狗子《くす》ニアタヘテ喫セシメテ、天下太平ナラシメン」ト。

曰、此見《このけん》ノアサキニハアラズ。雲門タダ世尊ノ唯我独尊トノタマヘル*我相《がそう》ヲキラウトコ

断見　我れと世間の断滅を主張し、因縁を認めず因果応報を否定する偏見。
常見　断見の逆。あらゆる存在または存在の本体は不変不滅だとする見方。
生死ニソマズ　生を愛し死を憎み、生を厭い死を願う、などといった個我中心の妄分別のとりこにならない。生死にも涅槃にも汚染されぬ。
去住自由　この世界にとどまるも去るも自由。
意生化身　菩薩が衆生済度の慈悲心から、意のままにさまざまな変化身を生ずること。
色身ノ天然　肉体の生(なま)のままの生きざま。
自然外道　すべてのものは一定の原因があって生起するのではなく、自然に生ずるのだ、従って修行も無用、と主張する一派。十種外道の一。
性相一如　諸法の本体(円成実性)と現象(依他起性)とが不二だということ。円成実性は真如・法性。依他起性は他に依って生起するもの、因縁によって生ずる諸現象。
一法　一心法。一心。→二三七頁注
光影辺ノ見　影法師に係わる知見。
雲門ノイハク…　「師曰、我当時若見一棒打殺、与㆓狗子㆒喫却、貴図㆓天下太平㆒」(雲門録中・会元一五)。
我相　我空・法空・真如・大我などを意識のうえで悟る主観主義の性格。

ロナリ。

答、你《なんじ》ハ是《これ》*推解《すいげ》ノモノナリ。イマダ正法《しょうぼう》ノムネヲシラズ。若《もし》ウマレナガラニ実悟アラバ、ナニニ依テカ出家《しゅつけ》ノ後《のち》、雪山《せっせん》ニ入テ一麻《いちま》一麦《いちみやく》ヲ喫シ、六年端坐シテ、蘆芽《ろげ》ヒザヲウガツマデ身心《しんじん》ヲ忘《ぼう》ジテ、*臘八《ろうはつ》ニ初テ大悟スルトイハンヤ。

曰、世尊ノ六年端坐ハ、衆生ニシメス方便ナリ。

師ノ云《いわく》、若是《もしこれ》ヲ方便トイハバ、方便ト云モ又方便トナルベシ。ナニノキワマリカアラン。

曰、若《もし》カクノゴトク一切ノ所見《しょけん》悉ク不是《ふぜ》ナラバ、ナニトシテカ是《ぜ》ナランヤ。

答、円覚経《えんがくきょう》ニ云《いわく》、「善男子《ぜんなんし》其《その》心ニハ、乃至《ないし》如来《にょらい》ノ畢竟了知清浄《ひっきょうりょうちしょうじょう》ノ*涅槃ヲ証スルモ、皆是《これが》我相《そう》ナリ」ト。

曰、恁麼《いんも》ナラバ、スナハチ直《じき》ニ無心ヲ得《え》バ、向上《こうじょう》ノ*宗猷《しゅうゆう》ナルベシヤ。

答、学道《がくどう》ノ人、無心ヲ得テ休《きゅう》スルトイヘドモ、正眼《しょうげん》見来《みきた》ラバ、無心猶是《なおこれ》窠窟《かくつ》ナリ。

曰、直《じき》ニ万重《まんじゅう》ノ関《かん》ヲ透《とおっ》テ、無心ヲスグル時如何。

答、*五《ご》台山上《だいさんじょう》ニ雲、飯《はん》ヲ蒸シ、古仏堂前《こぶつどうぜん》ニ狗《く》、天ニ尿《にょう》ス。


《師甲州塩山《えんざん》に居せし時、身辺随侍《しんぺんずいじ》の僧あり。この冊《さつ》をもつて出《いで》て曰く、近日僧尼道俗等の疑問に応じて対示《たいじ》*垂手《すいしゅ》せらるの語、少々記し集めて今三冊あり。禁ずれども已《や》むことを獲《え》ずしてこれを写し去る者の漸く多し。かくの如く妄《みだ》りに*展伝《てんでん》してこれを書写す。故に文《もん》

推解　推量して理解する。
臘八　臘月(十二月)八日。
涅槃…我相ナリ　生死の世界を出て涅槃に安住するのは悟りの我相。「我愛ある者は涅槃を愛す」(円覚経)。「大経はこれを「滅病」とよんだ。「大悲の願を以って生死に入る」(同経)。
宗猷　中心の道。
五台山上…　五台山は山西省五台県の東北にあって中国仏教の一中心、大斉会の霊場としても有名。「五台山上云々」の句は雲門宗の祖雲門文偃(えん)の法嗣洞山守初の法身の偈の起句・承句。山上を去来する雲が飯を蒸すようであり、狗が堂前に尿すれば天に尿する風情である、と頌した。人間本来の面目、諸法自然の実相。「仏殿階前狗尿レ天、五台山上雲蒸レ飯。一句作麼生(そもさん)か道(い)わん。風来って樹影動き、葉落ちて便(すなわ)ち秋を知る」(円悟録七)。さきの法身偈の転・結句は「刹竿(せっかん)頭上に䭔子(たいす)を煎(に)、三箇の猢猻(こそん)夜、銭を簸(ひ)る」(刹竿は寺の門前にたてる幡竿、䭔子は蒸団子、猢猻は猿、簸銭は銭を投げて賭をする)。以上二句は知解を絶する機語。
垂手　教化の手を下す。
展伝　つぎつぎに伝わる。

字《じ》*烏《う》焉《えん》、馬《ば》となる、*理趣も也《また》随つて*参差《しんし》す。恐らくは見る人をして錯《あやま》つて還つて罪を受けしめん。所以《このゆえ》に板《はん》に開かんと*擬す。又仮名の字を以てこれを書して、字を識《し》らざる輩《ともがら》をして普《あまね》く見易《みやす》からしめんことを欲す。請《こ》ふ師首題《しゅだい》の名を安《あん》ぜよ。師云く、「これ予が本意にあらず、*這般《しゃはん》の和泥合水の*野語《やご》、什麽《なん》の首題の名字《みょうじ》をか安著《あんじゃく》せんや。然も*与麽《よも》なりと雖も、もし児孫の為に※警策《きょうさく》の曲となさんと要せば、*工に命じて梓《し》に鏤《きざ》まんことを一任す」。因てこれを塩山和《えんざんわ》泥合水集《でいがっすいしゅう》と号するのみ》

師居甲州塩山時、有身辺随侍僧。将此冊出曰、近日応僧尼道俗等之疑問、被対示垂手之語、少々記集今有三冊。禁不獲已而写之去者漸多。如是妄展伝書写之。故文字烏焉作馬、理趣也随参差。恐令見人錯還受罪。所以擬開板。又以仮名字書之、而欲教不識字輩普見易。請師安首題名。師云、非是予本意、這般和泥合水之野語、安著什麽首題之名字乎。雖然与麽、若要為児孫作警策曲、一任命工鏤梓焉。因号之塩山和泥合水集耳。

塩山和泥合水〔集〕終

寛永丙寅林鐘日　　板開

烏焉馬となる　烏・焉・馬は字が相似ている。似た字に写し誤まること。
理趣　意義。
参差　入りまじる、入りちがう。
擬す　思い立つ。
這般　このような。
野語　野暮ったい言葉。
与麽　そのような。
警策の曲　いましめの一曲。
工に命じて…　工匠に頼んで版木を刻(きざ)む。

狂雲集（一休宗純）

市川白弦校注

狂雲集

*大燈国師三転語ニ曰ク、朝タニ結ビ㆑眉ヲ、夕ベニ交フ㆑肩ヲ、我レ*何似生《かじせい》云々。何似生、雖モ㆓古尊宿ト㆒、罕《まれ》ナリ㆑有ルコト㆘受㆓用スル之ヲ㆒者㆖。唯《ただ》慈明ノ下《もと》清素《せいそ》首座《しゆそ》ノミ能ク用フ㆑之ヲ。雖モ㆑然リト晩年遇テ㆓兜率ノ悦公ニ㆒、食《くら》フ㆓茘支ヲ㆒之次デ、遂ニ*納敗《なつぱい》一場、惜イカナ乎有テ㆑始而無キコトヲ㆑終。感懐之余リ、作リテ㆓五偈ヲ㆒記ス㆑之ヲ。偈ニ曰ク

1
這箇《しやこ》の誵訛《ごうか》　受用《じゆよう》の徒《と》、
古今の衲子《のつす》　一人《にん》もなし。
素老《そろう》は慈明的伝《じみようてきでん》の子、
茘支《れいし》の核子《かくし》　嚼《か》むこと何ぞ麁《そ》なる。

這箇誵訛受用徒
古今衲子一人無
素老慈明的伝子
茘支核子嚼何麁

2
慈明《じみよう》の狭路《きようろ》　楊岐《ようぎ》を得たり、
覿面《てきめん》の機　痛処の錐《すい》。
天沢《てんたく》の愁吟《しゆうぎん》　風月の客、
繡簾《しゆうれん》吹き動かす　軟風の扉《とぼそ》を。

慈明狭路得楊岐
覿面之機痛処錐
天沢愁吟風月客
繡簾吹動軟風扉

3
工夫《くふう》日用　門車を閉ざす、

○大燈国師三転語…　↓補
○何似生　如何、どうじゃ。次の「何似生」は第一転語を承ける句。
○納敗…　慈明の弟子清素は茘支を食べていた兜率従悦によびとめられて茘支を食べ、遂に先達となり、孤絶の面目を捨てて悦に印可証を授けて転向した。↓補

1　**這箇…**　この手のつけどころのない三転語をわがものとして自在に働かせる僧(衲子)は今まで一人も無い。
誵訛　錯雑深玄で見わけ難いこと。
衲子　ノウス、ノッス、ナッス。禅僧。
茘支の核子…　慈明禅の核心の咀嚼不足の意か。茘支も慈明(広西省桂林府全州の人)も南シナの産。↓補

2　**慈明の狭路…**　慈明の孤危嶮峻な禅は楊岐方会に嗣がれた。↓補
覿面の機　まのあたり師を見る機(とき)。
痛処の錐…　楊岐の急所をつく適切な指針を行じた。↓補
天沢　虚堂(きどう)智愚晩年の庵名。一休は虚堂七世之孫と称した。
◇転・結句は虚堂の禅風光。

3　**工夫…**　一室に閉居して工夫を続け幾十年間所在も不明だった。烏有は、烏(いずく)んぞ有らんや。無いの意。↓補
素老…　清素の故事(前書「納敗…」)。敗闕はしくじり、敗闕を納(い)るとも。
徳山臨済…　両者の交渉は臨済録に見える。徳山は老婆、臨済は陳尊宿の示唆をうけた。431偈「棒喝商量豈作家」。

4　**暮天の細雨…**　この雨・雲は結句の艶簡と呼応し雲雨(男女の交情、6

五十年来　烏有《うゆう》の歌。
素老《そろう》の茘支《れいし》　真に敗闕《はいけつ》、
徳山臨済　竟《つい》に如何《いかん》。

工夫日用閉門車
五十年来烏有歌
素老茘支真敗闕
徳山臨済竟如何

4
暮天の細雨　片雲の朝《あした》、
名は成都《せいと》の万里橋に属《つら》なる。
百年東海独《ひと》り休歇《きゅうけつ》す、
艶簡の吟魂　永日消《えいじつしょう》す。

暮天細雨片雲朝
名属成都万里橋
百年東海独休歇
艶簡吟魂永日消

5
工夫《くふう》棹《さお》を労《ろう》す　奯公《かっこう》の舟、
尊宿鞋《そんしゅくあい》を織る　蒲葉《ほよう》の秋。
野老《やろう》は蔵《ぞう》し難し　簑笠《さりゅう》の誉《ほまれ》、
誰人《たれひと》か江海《こうかい》の一風流。

工夫労棹奯公舟
尊宿織鞋蒲葉秋
野老難蔵簑笠誉
誰人江海一風流

*大燈忌《だいとうき》宿忌《しゅくき》以前対ス二美人ニ一

6
宿忌の開山諷経《ふうぎん》、
経呪《きょうじゅ》耳に逆《さか》らふ　衆僧の声。
雲雨風流　事《こと》終へて後、
夢閨《むけい》の私語　慈明《じみょう》を笑ふ。

宿忌之開山諷経
々呪逆耳衆僧声
雲雨風流事終後
夢閨私語笑慈明

偈注参照)を暗示か。また文字通りにとるならば承句は杜甫の故事にかかる。
片雲の朝　杜甫自賛「野老」の「片雲何の意ぞ琴台に傍(そ)う」をも連想しよう。
名は成都…　遠い成都の万里橋辺りに住んでいるらしい夫への恨み言。半思レ君、半恨レ君。名は名前、評判。→補
百年東海…　大徳開創後百年。→補
休歇　息(や)めること。放下、大安楽(帰家穏坐)の境。→補
艶簡…　愛する女性や美少年に送る詩や手紙を綴ることで、長い一日も知らぬ間に過ぎる。
5 **工夫…**　徳山宣鑑の法嗣巌頭全奯(ぜんかつ)(八二八―八八七)が会昌の排仏のさい船頭となって仏法を護り伝えた。
尊宿鞋　黄檗希運の法嗣、陳尊宿、睦州道蹤。蒲葉を以て草鞋を編んで母を養ったので陳蒲鞋(ちんほあい)と称する。17偈に賛。
野老…　自分は両師の簑笠の誉を蔵っておくことができぬ。俗界を離れた一風流を満喫するのは誰か。(自負か?)
◇以上五偈は三転語の第一句を軸とした展開。3・4・5偈はそれぞれ我・汝・自然を含む一休禅の法戦的風流・雲雨的風流・簑笠的風流の三相をみせている。
○**大燈忌…**　禅界への慷慨嗟嘆。→補
6 **宿忌…**　開山忌の逮夜(たいや)の読経。
雲雨…　男女の交情。→補
夢閨の私語　夢閨は一休の号、私語は白楽天の長恨歌を踏まえる。→補
慈明を笑ふ　→補
◇5・6偈は一休の風流・風狂の両極。

7
贊ス二虚堂《きどう》和尚ヲ一

育王の住院　世《よ》皆乖《みなそむ》く、
法衣《ほうえ》を放下《ほうげ》して破鞋《はあい》の如し。
臨済の正伝《しょうでん》　一点なし、
一天の風月　吟懐《ぎんかい》に満つ。

育王住院世皆乖
放下法衣如破鞋
臨済正伝無一点
一天風月満吟懐

8
題ス二大燈国師行状末ニ一

大燈を挑《かか》げ起して一天に輝く、
鸞輿《らんよ》誉《ほまれ》を競《きそ》ふ　法堂《はっとう》の前。
風飡水宿《ふうさんすいしゅく》　人の記するなし、
第五橋辺　二十年。

挑起大燈輝一天
鸞輿競誉法堂前
風飡水宿無人記
第五橋辺二十年

9
如何ナルカ是レ臨済下ノ事《じ》。五祖演曰、*五逆聞クレ雷ヲ

機先《きせん》の一喝　鉄囲《てっち》崩《くず》る、
五逆元来衲僧《のうそう》にあり。
桃李《とうり》春風　清宴の夕《ゆうべ》、
半醒半酔　酒澠《じょう》の如し。

機先一喝鉄囲崩
五逆元来在衲僧
桃李春風清宴夕
半醒半酔酒如澠

10
如何ナルカ是レ雲門宗。演曰ク、*紅旗閃爍《せんじゃく》

華旗風暖かにして春台に動く、
八十余員　師席開く。
一字の関《かん》　三句の体《たい》、

7 **育王**… 育王寺に住した虚堂の孤絶な禅風に世はみな背を向けた。讒により下獄。102偈および「獄中天沢世皆乖」(525偈)参照。**一天の風月**… 虚堂の面目。絶対貧の虚堂にして初めて正法(風月)が現前する。

8 **風飡水宿** 風雨に晒される頭陀《ずだ》乞食行。文安三年五三歳作偈。◇春作禅興述「行状」が天子の帰依という誉高い面を記して、五条橋辺の乞食行を語らぬのは大燈禅の面目を知らぬもの。大燈は鎌倉建長寺から京都に帰り東山八坂辺の雲居(うんご)寺(今は無い)に住み、五条橋辺の河原者の中に入ったという。○**五逆聞雷** 五逆罪を犯した者が雷鳴に戦慄する(人天眼目下)。

9 **機先**… 臨済の機先を制する一喝で鉄囲山の如き妄念妄想も一挙に崩壊。**五逆** 無間地獄におちる五大重罪。→補 **半醒半酔**… 陶然と酔いながら幾ら飲んでも酒に飲まれぬ自由。「酒澠の如し」は「有レ酒如レ澠」(左伝昭公十二)に依る。酒の沢山あること澠水(良水で有名)のようである。○**紅旗閃爍** 赤い旗(一説に勝利の旗)が陽光に閃めく(人天眼目下)。一閃光の霹靂に大悟の道を開く禅風。

10 **八十**… 「雲門大師、八十余員の善知識を出だす」(碧巌録八三)。**一字の関**… そのうち幾人が一字だの三句だの紅旗の埃をつけているのか。→補 ◇一字や三句などといった紅埃を払拭して無仏法の自由人となれ、の意。

幾人か眼裏に紅埃《こうあい》を着く。

華旗風暖動春台
八十余員師席開
一字関兮三句体
幾人眼裏着紅埃

11

如何《ナルカ》是《レ》潙仰宗。演曰《ク》、断碑横《タフ》二古路《ニ》一

恵寂《えじやく》は釈迦　霊祐《れいゆう》は牛、
披毛作仏《ひもうさぶつ》　また風流。
古碑路断《みちた》ゆ　長渓の客《かく》、
万世の姓名　黄葉の秋。

恵寂釈迦霊祐牛
披毛作仏也風流
古碑路断長渓客
万世姓名黄葉秋

12

如何《ナルカ》是《レ》法眼宗。演曰《ク》、巡*人犯《ス》夜《ヲ》

一滴の曹源《そうげん》　一滴深し、
巡人《じゆんにん》は閙々《にようにょう》　夜《よ》は沈々《ちん》。
青山満目　是れ何の法ぞ、
家醜なほ捧心《ほうしん》を学ぶが如し。

一滴曹源一滴深
巡人閙々夜沈々
青山満目是何法
家醜猶如学棒心。

13

臨済《ノ》*四料簡《りようけん》
*奪人不奪境《だつにんふだつきよう》

百丈潙山《いさん》　名未《いま》だ休《きゆう》せず、
野狐《やこ》の身《しん》と水牯牛《すいこぎゆう》と。
前朝の古寺《こじ》　僧の住するなし、
黄葉秋風　共に一楼。

百丈潙山名未休
野狐身与水牯牛

11　**恵寂は釈迦**…　↓補
披毛…　獣に生まれて衆生を済度するのも、仏と成るのも、共に風流。↓補
古碑…　古碑の路絶えて長渓を訪う客もなく、黄葉の秋に空しく名を万世に残すのみ。長渓は、潙山の郷里福州(福建)長渓。「断碑横二古路一」(識情泯絶の禅風)を承けた句。潙仰宗が宋初(九六〇年頃)早くも跡絶えたこと(臨済宗に帰入)を含意。
黄葉　仰山上堂語。↓補
○**巡人犯夜**　夜警番が盗賊をする(禅林類聚二)、油断がならぬ。絶対矛盾の活動。「賊馬に騎って賊を趁う」化他の妙用。

12　**曹源**…　曹渓(六祖慧能)の源泉から流れ出る一滴水(仏法)の深遠。↓補
巡人は閙々…　夜回りの声は囂(かまびす)しく、夜の静寂はいよいよ深い。鳥啼山更幽。
青山…　是非分別の人間界を超えた大悟の境(通玄峯頂)は心境不二の「心外無法、満目青山」。
家醜…　法眼の家風をまねる亜流の醜さは、醜婦が美しい西施の仕草をまねるようなもの、物まねは役にたたぬ。捧心は胸を抱えること、悲しむ様。↓補
○**四料簡**　臨済が修行者に接する四の態度方法。料簡は分類又は標準。(臨済録)
○**奪人**…　客観(境)の中へ主観(人)を没入させる。起句は百丈山、潙山の山の名を、承句は狐と牛をあげて、それぞれ不奪境・奪人を暗示。

13　**野狐身**　↓48偈補
水牯牛　↓11偈「恵寂は釈迦…」補
前朝　以前の朝廷。以下は奪人不奪境。

前朝古寺無僧住
黄葉秋風共一楼

14
*奪境《だっきょう》不《ふ》奪人《だつにん》
臨済の児孫　誰か的伝、
宗風滅却す　瞎驢《かつろ》辺《へん》。
芒鞋竹杖《ぼうあいちくじょう》　風流の友、
曲椽木床《きょくろくもくしょう》　名利《みょうり》の禅。

臨済児孫誰的伝
宗風滅却瞎驢辺
芒鞋竹杖風流友
曲椽木床名利禅

15
*人境倶奪《にんきょうぐだつ》
雉翳亀焦《ちえいきしょう》　身《み》迍邅《ちゅんてん》、
并汾信《へいふんしん》を絶つて話頭《わとう》円《まど》かなり。
夜来滅却《やらいめっきゃく》す　詩人の興《きょう》を、
桂《けい》は折る秋風白露の前。

雉翳亀焦身迍邅
并汾絶信話頭円
夜来滅却詩人興
桂折秋風白露前

16
*人境倶不奪《にんきょうぐふだつ》
道《い》ふなかれ再来銭半文《さいらいせんはんもん》と、
婬坊酒肆《しゅし》に功勲《こうくん》あり。
ただ人の相如《しょうじょ》が渇《かつ》を話《かた》るに縁《よ》つて、
腸《はらわた》は断《た》つ琴台日暮《きんだいにつぼ》の雲に。

莫道再来銭半文
婬坊酒肆有功勲
秪縁人話相如渇
腸断琴台日暮雲

17
*陳蒲鞋《ちんぽあい》
諸人を売弄《まいろう》し　諸方を瞞《あざむ》く、
徳山臨済　没商量《もっしょうりょう》。

○奪境…　万法を自己に帰一させる。「尽大地是沙門一隻眼」(碧巌録五評唱)。

14　**宗風滅却**…　臨済遷化に当り三聖慧然に伝法の証とした語。「誰か知らん、吾が正法眼蔵、這の瞎驢辺(めくらろばのところ)に向って滅却せんとは」(臨済録)。ここは奪境不奪人を承けた詩句。

曲椽木床　ともに、説法・法要用の腰掛。

◇転・結句は名利の境にとらわれた禅界を否定し、随処に主となる禅風流を高唱。

○人境倶奪　人境共に否定。一切空。

15　**雉翳**…　不明。焼野に雉は死に占卜の亀は焦げてなす術もないの意か。**迍邅**はためらう、ゆき悩む。

并汾…　并汾二州の領主が中央に背いて辺境に孤立、情報を絶った。(臨済録)

桂は折る…　月の中の桂は折れて望み絶え、秋風は白露の前に吹こうとしている。秋の色は白。

◇転句は奪人、結句は奪境。

○人境…　人境共に肯定。あるが儘。

16　**道ふなかれ**…　繰返しは半文の価値も無いと言うな。再来は初来だ。「再来、半文銭に直(あた)らず」(碧巌録一、不識の著語)。「虚堂来也不レ直二半銭一」(一休遺偈)。

婬坊酒肆…　虚堂録の「文殊三処に夏を度る」公案に、「一月は婬坊酒肆に在り」。254・255偈「羅漢遊婬坊図」参照。↓解説

相如…　相如の渇病をめぐる一件。↓補

腸は…　琴台(↓補)日暮の雲に感慨深い。

◇転・結句は人境倶不奪の場において見直された人間の世界。

拈槌竪払《ねんついじゅほつ》 吾が事にあらず、
ただ要す声名の北堂に属せんことを。

売弄諸人瞞諸方
徳山臨済没商量
拈槌竪払非吾事
只要声名属北堂

18

岩頭船居ノ図 二首

会昌《えしょう》以後 僧形《そうぎょう》を毀《やぶ》る、
一段の風流 何似生《かじせい》。
棹《とう》を舞はして未《いま》だ為人《いにん》の手を懐《ふところ》にせず、
杜鵑《とけん》月に叫ぶ 夜三更《こう》。

会昌以後毀僧形
一段風流何似生
舞棹未懐為人手
杜鵑叫月夜三更

19

蒲葉《ほよう》半ば凋《しぼ》む 江漢の秋、
生涯の受用 扁舟にあり。
乾坤《けんこん》一箇の閑家具、
年代波《なみ》を撈《と》つて情未《じょういま》だ休《きゅう》せず。

蒲葉半凋江漢秋
生涯受用在扁舟
乾坤一箇閑家具
年代撈波情未休

20

賛ス二祖ヲ

大唐今古に禅師没《な》し、
断臂《だんぴ》の虚伝《きょでん》 人知らず。
ただ許す南山道宣《なんざんどうせん》の筆、
恰《あたか》も痛所に針錐《しんすい》を下《くだ》すが如し。

大唐今古没禅師
断臂虚伝人不知
只許南山道宣筆
恰如痛所下針錐

○陳蒲鞋… 429—436偈に陳蒲鞋八首がある。なお5偈参照。→補

17 **諸人**… 嶮峻な禅機で諸人を手玉にとり、世間から迹をくらまし、奇策で群盗を欺いた。これでは徳山・臨済も商量(やりとり)のしようがない。槌を打ち払子をたてるのはわが関心事ではない。ただ声名が母(北堂)に届けばよいのだ。◇一休を励ました母への思慕を思わせる。

18 **会昌**… 唐の武宗、仙を好み会昌五年(八四五)僧尼二十六万五百人を還俗させた。岩頭船を操り乍らも済度(為人)の勤めを怠らぬ、その風流。→5偈

棹を… →81偈補

杜鵑… 世の乱れを告げる杜鵑が月に啼いている。→補

19 **江漢** 揚子江漢水(揚子江支流)。

生涯… 生涯の面目、自受法楽は扁舟をあやつる処にある。

乾坤… 天地の間に舟一つだけがたより。

年代… 幾年月波をすくいあげる渡守を続けて風流は尽きぬ。→81偈「鐶」補

20 **断臂**… 二祖慧可が臂を断って道を求めたという通説を虚伝とみる。

道宣… 断臂説の神異な誇張を日常性の地平にひき降し(痛所下針錐)、同じく臂を失った曇林と共に修行した生き方を記した道宣の筆を介して二祖を賛す。→補

○栽松道者 黄梅山五祖弘忍(ぐにん)の前生、山中に松を植えて栽松道者とよばれた。

賛ス二*栽松道者ヲ一

21 周家当処に出生《しゆつしよう》し来《きた》る、
法の為に身を喪《うしな》ふ　徒《ただ》に苦なるかな。
宿昔《むかし》何《いず》れの時の徳本を植ゑしぞ、
栽松老漢　また黄梅《おうばい》。

周家当処出生来
為法喪身徒苦哉
宿昔植何時徳本
栽松老漢也黄梅

*松源和尚三転語

*大力量ノ人因テカレ甚《なん》ニ擡ゲレ脚ヲ不ルレ起タ

22 鬼窟黒山《きくつこくざん》の禅を商量して、
神力《しんりき》の金剛　目前に現《げん》ず。
普天の下《もと》　これ王土、
脚を擡《もた》ぐる句中　公案円《まど》かなり。

商量鬼窟黒山禅
神力金剛現目前
普天之下是王土
擡脚句中公案円

開クレ口ヲ因テカレ甚ニ*不ルレ在ラ二舌頭上ニ一

23 三寸の舌頭《ぜつとう》　禍門《かもん》を開く、
河沙《がしや》の諸仏　転《うた》た多言《たごん》なり。
夜来百《もも》たび労《ろう》す　五更《こう》の月、
柰《いかん》ともせず声々夢魂に祟《たた》ることを。

三寸舌頭開禍門
河沙諸仏転多言
夜来百労五更月
不柰声々祟夢魂

明眼ノ衲僧《のうそう》、因テカレ甚ニ*脚跟下ノ紅*糸線不ルレ断タ

24 二三四七の諸禅師、
衆を領じ徒を匡《ただ》して心糸を乱す。
銭《せん》に因《よ》つて癖《へき》あるはこれ和嶠《わきよう》、

21 **周家**…　四祖に法を聞こうとしたが老年ゆえ許されず、周家の女に託胎して出生し、母と共に乞食をして道を求め、遂に四祖にまみえ法を嗣いだ故事を賛したもの。→補
○松源和尚　松源崇岳(一一三二—一二〇二)。
○大力量…　大悟の人はどうして脚をあげて起たないのか。終日行而不レ行。

22 **鬼窟**…　虚無の暗禅を透脱して。鬼窟も黒山も死者鬼神の住む所。→補
神力…　大自在力の執金剛神(大力量の禅者)妄想切断随処王三昧の道場。煩悩を一斬一切斬する不動の金剛智が現前する。ここは天上天下独尊の自在境(王土)。
普天…　「溥天之下、莫レ非二王土一、率土之浜、莫レ非二王臣一」(詩経小雅)。
脚を…　此の一句に公案円現。寂静禅の批判。「歩々清風起る」(大燈著語)。
○不在舌頭上　物を言うのに(開口)舌を使わぬ。終日説而不レ説。その思いを留めぬ言説。「言語道断とは一切の言語をいふ」(正法眼蔵安居)。

23 **三寸**…　口は禍の門。言句分別についてまわることから禍が起る。
河沙…　無数の諸仏はなはだ饒舌。
◇転・結句は孚上座が法身についての多弁を絶って連夜静坐を続け一夜五更の鐘声に大悟(声々祟夢魂)した故事(碧巌録四七評唱)。
○脚跟下…　脚下の紅糸線(煩悩)をなにゆえ断たないのか。菩提即煩悩。「一切人のために煩悩す」(趙州録)。
○紅糸線　→補

娘生《にようじよう》脚下 血淋漓《ちりんり》たり。

二三四七諸禅師
領衆匡徒心乱糸
因銭有癖是和嶠
娘生脚下血淋漓

25

*虚堂《きどう》和尚三転語

*己眼《こがん》未ダレ明カナラ底 因テカレ甚ニ将テニ
虚空ヲ一作シテ二布袴ト一着クル

画餅《がびよう》冷腸 飢《うえ》未だ盈《み》たさず、
娘生《にようじよう》の己眼《こがん》 見れども盲《もう》の如し。
寒堂一夜 衣《ころも》を思ふの意、
羅綺《らき》千重《せんじゆう》 暗《あん》に現成《げんじよう》す。

画餅冷腸飢未盈
娘生己眼見如盲
寒堂一夜思衣意
羅綺千重暗現成

26

*劃シテレ地ヲ為スレ牢ト底、因テカレ甚ニ透リ二者
箇ヲ一不ルレ過ギ

何事ぞ春遊興いまだ窮《きわ》まらず、
人心は尤《もつと》もこれ客盃《かくはい》の弓のみ。
天堂成就し 地獄滅す、
日は永し落花飛絮《ひじよ》の中《うち》。

何事春遊興未窮
人心尤是客盃弓
天堂成就地獄滅
日永落花飛絮中

27

*入ツテレ海ニ算フルレ沙ヲ底、因テカレ甚ニ針鋒
頭上ニ翹ツルレ足ヲ

土を撒《さつ》し沙《いさご》を算《かぞ》へて深く功を立つ、
針鋒《しんぼう》に脚を翹《つまだ》てて神通《じんづう》を現ず。
山僧が者裏《しやり》 無能の漢、
東海の児孫 天沢《てんたく》の風。

撒土算沙深立功

24 **二三**… 二三は東土の六祖慧能、四七は西天の二十八祖菩提達摩。**衆を**… 大衆をまとめ指導するためにあれこれと心労する。**銭に**… 和嶠の傲慢・貪欲を例として、衆生の娘生(母から生まれたまま)の煩悩の生々しさの中へ明眼の禅者が入りこんで救おうとする心を暗示。↓補

25 **○虚堂和尚三転語** 虚堂録八続輯末。**○己眼**… 道眼明白でない者がどうして虚空を袴として身に着けるのか。**寒堂**… 明眼の禅者が貧寒の中で涅槃衣の生成を願うならば、無尽の薄絹綾絹(智慧・慈悲)がおのずから現成する。「便上ニ菩提樹一…意生化身…思レ衣羅綺千重」(臨済録)。**○劃地**… 「画地為牢、勢不可入」(文選四一)。漢代の諺。役人の苛酷なやり口をいう。

26 **人心**… 盃中に蛇影を見て病んだ客がそれが長押の弓の影と知って癒えた(「風俗通」怪神にみえる故事)ように、天堂・地獄は迷・悟の内、共に盃中の影。**日は**… 永遠が無常、無常が永遠。飛絮は風に飛ぶ柳の花。**○入海**… 微に入り細に入る大教相学者。証道歌に「海に入って沙を算う、徒らに自ら困(くる)しむ」。「いたづらに名相の沙石にわづらふ」(正法眼蔵行持下)。

27 **山僧が**… わたし(一休)のところ、ここは何のとりえもない無能漢の逍遥遊、天沢の風まかせ。これが狂雲子の地行(地上における)の神通。↓補

○大燈国師三転語 →二七四頁前書補

28 **透関**… 大燈は大応のもとで雲門の公案「関」字を透過して大悟したが、更に向上の一関がある。

例に… 向上の一路は典故や法則に依っては登れない。 **茘支**… 茘枝。→補

天上の味 天上味は禅の醍醐味に通ずる。

天宝… 道教の初中上三境のうち上教が洞真天宝(雲笈七籤に「既登二上境一、智用無レ滞、故上教名二洞真天宝一也」)。玄宗の治「天宝」はこれに拠るが、奇果茘支を求め続けた楊貴妃に溺れて内乱を招き天子の座を失う。人間は天上に対し俗世間。

◇転・結句は1偈の結句にもかかわる。攀から天上味茘支へ、茘支から清素の有始無終の敗闕を惜しむ。

○露柱… 花園帝「露柱向和尚道了」(→二七四頁前書「大燈国師…」補)に呼応?起句の動に対する不動。動不動不二。

29 **草鞋**… 草鞋がけで歩いても知音無く、むしろ露柱が調べを共にする同行(どうぎやう)。

銭に霊神… 貨幣の霊妙な威力に仏法すら身売りする時世。→補

杜鵑… 啼いて血を吐く杜鵑(不如帰)の思いで仏法の回春に心をつなぐ。「藍田日煖玉生レ烟、似三望帝(→219偈「一声…」補)春心托二杜鵑一」(琵琶記)。

30 **二十余年** 多年。「第五橋辺二十年」(8偈)、「二十年来辛苦人」(花園天皇投機偈)、「二十年来曾苦辛」(碧巌録三)。

般 匹敵する、同列の。「出頭天外見、誰是我般人」(五台山智通遺偈・伝燈録一〇)。

針鋒翹脚現神通
山僧者裏無能漢
東海児孫天沢風

*大燈国師三転語
朝《タニ》結《ビ》レ眉《ヲ》夕《ベニ》交《フ》レ肩《ヲ》、我何似《かじ》生《せい》

28 透関《とうかん》更に一重の関《かん》あり、
例に随《したが》ひ条に依つて攀《よ》づべからず。
奇菓の茘支《れいし》は天上の味、
名は天宝より人間《じんかん》に落つ。

透関更有一重関
随例依条不可攀
奇菓茘支天上味
名従天宝落人間

*露柱尽日《ろちゆうじんじつ》往来、我《われ》因《テカ》レ甚《ニ》不《ル》レ動《セ》

29 草鞋脚《そうあいあし》瘦せて知音《ちいん》没《な》し、
露柱同行《ろちゆうどうあん》 我が吟に伴《とも》なふ。
銭《せん》に霊神あり十万貫、
杜鵑《とけん》血に啼いて春心《しゆんしん》に託《たく》す。

草鞋脚瘦没知音
露柱同行伴我吟
銭有霊神十万貫
杜鵑啼血託春心

若《シ》透《セバ》二得《ノ》箇両転語《ヲ》一、一生参学《ノ》事畢《ンヌ》

30 二十余年曾《かつ》て苦辛す、
乾坤誰かこれ我が般《つら》の人。
参じ来つて直ちに幽玄の底に徹す、
歇《けつ》し去つて独《ひと》り要路の津《しん》に登る。

二十余年曾苦辛
乾坤誰是我般人
参来直徹幽玄底

歇去独登要路津

挙霊山*徹翁《てっとう》和尚末後《まつご》之垂示《すいじ》以示徒。其垂示云、*正法眼蔵無付人、自荷担至*弥勒下生《あさん》噫《い》

31
古仏霊山《りょうぜん》　名《な》虚《むな》しからず、
当来の弥勒《みろく》　これ同居。
児孫一箇の狂雲子、
邪法大いに興《おこ》つて　殃《わざわい》余《あま》りあり。

古仏霊山名不虚
当来弥勒是同居
児孫一箇狂雲子
邪法大興殃有余

32
牢関《ろうかん》の一句　工夫《くふう》を費《つい》やす、
百煉の精金　再び炉《ろ》に入る。
話《わ》して当来来劫《らいごう》の暁《あかつき》に到り、
ただ枕上に夢魂なきことを愁《うれ》ふ。

牢関一句費工夫
百煉精金再入炉
話到当来々劫暁
只愁枕上夢魂無

凡参禅学道之輩須*日用清浄、不可日用不浄。所謂《いわゆる》日用清浄者、究明一則*因縁、到*無理会田地、昼夜工夫不怠、時々截断*根源、仏魔難窺処分明*坐断、往々埋名蔵迹、山林樹下挙揚一則因縁、時*無雑純一矣。謂之日用清浄人也。然而称吾善知識、擎*杖払集衆説法、*魔魅人家男女、心好名利、招*学者於室中、道悟玄旨。

歇し…　仏法幽玄底を透脱して悟りの臭味もない肝要な無為の渡し場に至る。

31
古仏…　霊山で説法した釈尊の法が霊山徹翁に生き。
○徹翁和尚　徹翁義亨(一二九五―一三六九)。大徳寺第一世。　**○正法眼蔵**…　釈尊が霊山で付法した語。↓補　**○弥勒**　仏滅後五六億七千万年に此世に下り法を説く仏。
当来…　当来の弥勒は今ここに同居。
児孫…　独り狂雲風狂の邪法を挙揚して禅界の大難となっている。↓補
◇前書は130偈自賛に通ずる。「邪法…」を文字通りに受取って、養叟一派を難じたとみることもできよう。

32
牢関　参究者にとり最後の堅固な関門。末後(牢関)の一句は、究極の境地に徹して発する活句。ここは徹翁和尚末後の垂示をさす。「末後の牢関」とも。
百煉…　牢関の一句によって百煉の英漢も鍛え直さねばならぬ。
話して…　牢関の一句を将来弥勒下生の時節まで工夫し続けるべきだ。
ただ…　夢の中でも工夫を続ける志のないことが悲しまれる。
○日用　日々の生きざま。
○因縁　開悟をめぐる禅者と禅者との出会・問答の話、公案。
○無理会田地　思惟分別の消えた境地。
○根源　根本の無明・煩悩。
○坐断　断ち切る。
○無雑純一　雑念雑行をまじえない。
○杖払　柱杖(しゅじょう)や払子(ほっす)。
○魔魅　たぶらかす。　**○学者**　修行者。

*使ムルレ参ゼ者*相似《そうじ》模様ノ閑言語、使ムル
レ教ヘ者*片箇ノ情也。這般ノ輩ハ非人ナリ
也。寔ニ日用不浄ノ者也。以テ二仏
法ヲ一為ス二度世之謀ト一、是レ世上*栄衒《えいげん》
之徒也。*凡ソ有ツテレ身無クレ不トイフコトレ着、
有ツテレ口無シレ不トイフコトレ食ハ。若シ知ラバ二此ノ
理ヲ一、豈《あに》衒ハンヤ二於世ニ一哉、豈諛ハンヤ二
於官家ニ一哉。如キレ是ノ之徒ハ三生六
十劫、入リ二餓鬼ニ一入ツテ二畜生ニ一可シ
レ無カル二出期《しゆつご》一。或ハ生ルルモ二人間ニ一、受ケ二
癩病ノ苦ヲ一、不レ聞カ二仏法ノ名字ヲ一、可シ
レ懼ル可シレ懼ル。右《みぎ》霊山徹翁和尚、
示ス二栄衒ノ徒ニ一法語ナリ。*題シテ二其ノ後ニ一云フ

33
工夫《くふう》これ涅槃堂《ねはんどう》にあらずんば、
名利《みようり》前に耀いて心念忙《いそが》はし。
信《しん》道ず人間食籍の定《さだめ》、
羊糜《ようび》一椀　橘皮《きつぴ》湯《とう》。

工夫不是涅槃堂
名利耀前心念忙
信道人間食籍定
羊糜一椀橘皮湯

34
*元《げん》正《しよう》
現成《げんじよう》の公案　天真に任《まか》す、
鳳暦元《ほうれきげん》を開く　世界の春。
今日山僧眼《こんにちさんぞうまなこ》を換却《かんきやく》す、
堂中の古仏　面門《めんもん》新《あら》たなり。

現成公案任天真
鳳暦開元世界春
今日山僧換却眼
堂中古仏面門新

35
*桃花浪《とうかろう》
随波《ずいは》逐浪《ちくろう》　幾紅塵《いくこうじん》ぞ、
また値《あ》ふ桃花《とうか》三月の春。
恨《うらみ》を流す三生《しよう》六十劫《ごう》、

○使参者…情也　漢文の体をなさない。(入矢)
○相似…　まねごとのむだな言葉。
○片箇情　片面だけのこころ。
○栄衒　虚栄を求め衒いほこる。↓補
○凡有身…不食　「道の為に頭を聚む、衣食の為にすること莫れ。肩有って著ずということなく、口有って食わずということなし」(大燈国師遺誡)。
○題…　書きつける。前書と偈、一休筆(真珠庵蔵)。

33 **涅槃堂**　病僧寮、ここでは涅槃の境。**信道ず**　信道の二字で「信ず」の意。「シンズ」「シンズラク」と訓む。
食籍　人が一生の間にとる食物の量を記してある冥界の帳簿。運命によって定められた其の人の生涯にとる食物の量。
羊糜…　粥と橘の皮を煎じた薬湯。
◇転・結句は名利の追求に本分を忘れる僧輩の愚を人間食籍の諺をかりて指摘。

○元正　元旦。日々是元正日々眼の換却。
34 **現成の公案**　眼前に現われているすべての事象が仏法の現前即ち公案。
鳳暦　暦。鳳はよく天時を知るという。
山僧…　私の眼を取換え(一新す)る。
○桃花浪　桃花の咲く頃、川流が漲って起る浪。↓補
35 **随波逐浪**　機根・機会に応じた自在の接化。雲門三句(↓10偈補)の一。但しこの場合は一休自身の自省・懺悔を含めた人間批判。
三生六十劫　三生は三世の生、生々世々

竜門《りょうもん》歳々《さいさい》　腮鱗《さいりん》を曝《さら》す。

随波逐浪幾紅塵
又値桃花三月春
流恨三生六十劫
竜門歳々曝腮鱗

36　端午《たんご》

千古の屈平《くっぺい》　情あに休《きゅう》せんや、
衆人この日酔つて悠々《ゆうゆう》たり。
忠言耳に逆《さか》らふ　誰かよく会《え》せん、
ただ湘江《しょうこう》の順流を解《げ》するあり。

千古屈平情豈休
衆人此日酔悠々
忠言逆耳誰能会
只有湘江解順流

37　冬至示衆《とうじじしゅう》

独り門関を閉ぢて方《ほう》を省《かえり》みず、
這《こ》の中誰《うちたれ》か是れ法中《ほっちゅう》の王ぞ。
諸人《しょにん》もし冬来《とうらい》の句を問はば、
日は今朝《こんちょう》より一線長し。

独閉門関不省方
這中誰是法中王
諸人若問冬来句
日自今朝一線長

38　仏誕生《ぶったんじょう》

三世《さんぜ》一身　異号《いごう》多し、
何人《なんぴと》か今日誵訛《ごうか》を定めん。
娑婆《しゃば》来往　八千度、
馬腹驢腮《ろさい》　また釈迦。

三世一身異号多
何人今日定誵訛
娑婆来往八千度
馬腹駈腮又釈迦

限りない時間。
竜門　↓補
腮鱗を…　困じ疲れる喩。転じて、試験に応じて落第すること。
◇雑事を追いかけ俗世の塵を巻起す悪循環の生を指摘し、桃花浪にも竜門の三段の滝をこえて竜と化す(開悟)ことができず、竜門の下で腮(あぎと)をさらしている魚に等しい。碧巌録七「三級浪高魚化レ竜」。

36　千古…　屈原千年の想いは安らぐ日があろうか。↓補
衆人…　彼が入水した端午の日、世間は酔うてお祭り気分。(禅界も同じ愚迷。)
忠言…　耳に痛い忠言を容れる者があろうか。しかし賈生(かせい)のように彼を知る者が出ないとは限るまい。逆対順。
順流　屈原が潔白を守って湘江に身を投げ賈生が弔文を湘水に流した事を含むか。

37　方　方位方角。
法中の王　法において自在な主体、真実の自己、一無位の真人。↓補
日は…　冬至の最短の日、直ちに最長の日の萌しを見る。一瞬が転身・創造的自由の端的。現成公案の示衆。

38　三世…　過去・現在・未来に三即一の法身・報身・応身があり、更に三千仏名経にいう、三千の仏名がある。
誵訛…　夥しい異号が含む玄旨を明らかにする者はあるまい。
娑婆…　娑婆への往来を無限に繰返すばかりか畜生道(馬腹驢腮)にまでおちて衆生を救う。釈迦牟尼の化身仏は娑婆に往来すること八千遍という。(梵網経上)

仏成道《ぶつじょうどう》

39 天上人間 独《ひと》り尊《そん》と称す、
今朝《こんちょう》成道 誰《た》が恩をか受くる。
分明《ふんみょう》なり衲子《のっす》流星の眼《まなこ》、
便《すなわ》ちこれ瞿曇《くどん》的々の孫《そん》。

天上人間称独尊
今朝成道受誰恩
分明衲子流星眼
便是瞿曇的々孫

仏涅槃《ぶつねはん》

40 滅度す西天《さいてん》の老釈迦、
他生《たしょう》に出世して誰《た》が家にか到る。
二千三百年前の涙、
なほ扶桑《ふそう》二月の花に洒《そそ》ぐ。

滅度西天老釈迦
他生出世到誰家
二千三百年前涙
猶洒扶桑二月花

達磨忌《だるまき》

41 毒薬しばしば加ふ 賊後の弓、
大千逼塞《ひっそく》す 仏心宗。
西来《せいらい》意なし 我れ意あり、
熊耳山《ゆうじ》中 落木の風。

毒薬数加賊後弓
大千逼塞仏心宗
西来無意我有意
熊耳山中落木風

大燈国師百年忌 二首

42 嚢《のう》に青銅を覓《もと》むるに半文なし、
酬恩《しゅうおん》の一句 あに群を驚かさんや。
祖師遷化《せんげ》してすでに百載《さい》、
空《むな》しく婆年《ばねん》婆子の裙《くん》を拝す。

嚢覓青銅無半文

39 **天上…** 天上天下唯我独尊でありながら、今朝成道はいったい誰の恩を受けたのだろうか。
分明… 流星の如く明敏な僧の眼光、ゴータマ(瞿曇)の法をじかに嗣いだ(的々)主体一休がここに現在する。

40 **滅度** 涅槃(煩悩の消滅・悟り)、ここでは釈迦の死。
他生… 来世には誰の家に生まれて世に出現するのだろうか。
扶桑… 日本の二月十五日の涅槃会に、二千三百年前の涙が注いで仏涅槃を偲ぶ。二月の花は桃。

41 **毒薬…** 達摩は幾度も反対派に毒を盛られたが(伝燈録三)、後の祭で用に立たなかった(碧巌録二〇「賊過後張レ弓」)。元来宇宙に充ち塞がる仏心宗に毒の効目はない。 **西来意…** 「要且無二祖師西来意一」(碧巌録二〇)。→補
熊耳山… 達摩の墓所熊耳山(河南府陝州の東)に冬枯れの風がすさんでいる。承句に呼応して「我れ意あり」の禅復興の決意に通ずる。

42 **嚢に…** 百年忌に供える青銭を探したが袋の中は無一文。
酬恩… 恩に報いる一句を供えて人々を驚かせようとしても、それもできない。酬恩はまた酬恩庵(一休)。
空しく… 国師と同じ衣装を着け、その境涯にあやかりたくても到底及びもつかない。裙は僧衣。→補

43 **児孫…** 国師の児孫は多く向上の関を踏みつつある。→補

酬恩一句豈驚群
祖師遷化已百載
空拝婆年婆子裙

43
児孫多く蹈む　上頭《じようとう》の関《かん》、
一箇の狂雲　江海《こうかい》の間。
大会斎《だいえさい》かへつていづれの処にかある、
白雲飯《はくうんはん》を蒸《む》す　五台山。

児孫多蹈上頭関
一箇狂雲江海間
大会斎還在何処
白雲蒸飯五台山

僧問《フテ》二岩頭《ニ》一云《ク》、*古《こ》帆《はん》未《ダ》レ掛《ケ》時如何。頭《とう》云《ク》、*小魚呑《ム》二大魚《ヲ》一。僧云《ク》、掛《ケテ》後如何。頭云《ク》、*後園《ノ》驢《ろ》喫《ス》レ草《ヲ》

44
寒温苦楽　愧慚《きざん》の時、
耳朶《じだ》もとより両片皮《へんぴ》。
一二三　三二一、
南泉《なんせん》手《て》に信《まか》せて猫児《みようじ》を斬る。

寒温苦楽愧慚時
耳朶元来両片皮
一二三兮三二一
南泉信手斬猫児

雲門示《シテ》レ衆《ニ》云《ク》、*古仏与《ト》二露柱一相交《ヒハル》、是《レ》第幾機《ゾ》。自《ラ》代《ツテ》云《ク》、
*南山《ニ》起《セバ》レ雲《ヲ》北山《ニ》下《ス》レ雨《ヲ》

45
小姑《しようこ》底《なに》によつてか彭郎《ほうろう》に嫁《か》す、
雲雨《うんう》の今宵《こよい》　夢《ゆめ》一場《じよう》。
朝《あした》に天台にあり　暮には南岳、
知らずいづれの処にか韶陽《しようよう》を見ん。

小姑縁底嫁彭郎
雲雨今宵夢一場
朝在天台暮南岳

上頭の関　28偈「透関更…」参照。↓補
一箇…　独り狂雲は世界を漂泊。42偈では国師を崇め、43偈で児孫と狂雲を対照。
大会斎…　真に活きた大会斎はどこか。大会斎は一切の大衆に平等に供養する法会。無遮会。　**白雲**…　五台山上に湧く雲が飯を蒸すようだ。↓補
◇起・承句は一休以外の児孫への諷刺か。転句は大燈百年忌斎会の形骸化した盛観を嘆じて、五台山の大斎会における無著と文殊との活きた商量(ただし伝説。碧巌録三五参照)に思いを馳せた。
○**古帆未掛時**　天地未分前、父母未生前の自己をさす。↓補
○**小魚**…　思惟分別をよせつけぬ機語。
○**後園**…　あるがまま。逢レ茶喫レ茶。
44　**寒温**…　愧ずべき差別界が小魚呑大魚の体験において、そのまま不二の実相界となる。209偈参照。
耳朶…　「もとこれ一空、一空、両に同じ」(信心銘)。　**一二三**…　順(一二三)も逆(三二一)も法爾自然の自由。「順逆を存すること莫れ」(信心銘)。↓補
南泉…　二見を切断する南泉の妙用。(碧巌録六三・無門関一四。223偈参照)↓補
○**古仏**…　事と事の無礙、これは上中下、何段目の働きか。(碧巌録八三)
○**南山**…　万象自然の照応・交響。
45　**小姑・彭郎**　小姑は山名。彭郎は水神。↓補
朝に…　広漠たる時空を自在に来往。天台山は浙江省台州府天台県の北、南岳は湖南省衡山県の西北にある山。↓補

不知何処見韶陽

46

苦中ノ楽*

酒三盃を喫していまだ唇《くちびる》を湿《うるお》さず、
曹山老漢《そうざんろうかん》　孤貧《こひん》を慰《なぐさ》む。
直《じき》に身を火宅の中に横《よこた》へて看《み》れば、
一刹那間《せつなかん》　万劫《まんごう》の辛《しん》。

酒喫三盃未湿唇
曹山老漢慰孤貧
直横身火宅中看
一刹那間万劫辛

47

楽中ノ苦

これはこれ瞿曇《ぐどん》のかつて経《へ》し所、
麻衣草坐《まえそうざ》　六年の情。
一朝《ちょう》点検　将来《きた》つて看れば、
寂寞《せきばく》たり　霊山身後《りょうぜんしんご》の名。

此是瞿曇曾所経
麻衣草坐六年情
一朝点検将来看
寂寞霊山身後名

48

百丈野狐*《やこ》

千山万水《ばんすい》　野僧《やそう》の居《きょ》、
甲子《よわい》は今年五十余。
枕上《ちんじょう》つひに老来《ろうらい》の意なく、
夢中なほ読む　小時《しょうじ》の書を。

千山万水野僧居
甲子今年五十余
枕上終無老来意
夢中猶読小時書

49

聞声悟道*《もんしょうごどう》

撃竹《きゃくちく》一朝《ちょう》　所知《しょち》を忘《ぼう》ず、
聞鐘《もんしょうご》五夜《や》　多疑を絶《ぜっ》す。
古人立地《たちどころ》にみな成仏す、

韶陽　雲門。雲門山は韶州府にある。◇起句の語法を禅境に転用して、「古仏、甚(たん)に因つてか露柱に嫁す」とすることもできよう。「底によつてか」と「いづれの処にか」と照応。雲門はどこにもいない、そこで「南山起レ雲、北山下レ雨」。○苦中楽　47偈の楽中苦と共に碧巌録八三にある語。97偈「苦屈…」頭注参照。「子細看レ之、苦中有レ楽」(654偈「示会裏徒法語」)。↓補

46　**酒三盃**…　曹山本寂(八四〇—九〇一)の語。大盃に三杯も酒をのみながら、まだ唇をぬらしていないなどという。↓補

47　**これはこれ**…　瞿曇(ゴータマ)が苦と観じて出家した出発点の歓楽生活。**一朝点検**　暁の明星を見て大悟したこと。**寂寞**…　霊鷲山で門弟摩訶迦葉に正法を伝えて入滅した後の釈尊の名は寂寞として孤絶である。「いう莫れ寂寞身後の名と、我は用う千秋万歳の誉れを」(553偈)。○**百丈野狐**　「不落因果」と「不昧因果」の区別と不二を扱う公案。但しこの偈との脈絡不明。↓補

48　**千山**…　この奥深い山中の私の住居。**枕上**…　五十過ぎても天命を知らず、夢の中で史記・文選などを読んで年甲斐もなく感激する。○**聞声悟道**　外縁によって本心を明らめ開悟すること。次偈の見色明心と対句。

49　**撃竹**…　潙山霊佑の嗣香厳智閑が捨てた小石が竹に当った音を聞いて大悟した投機偈「一撃忘所知」に基づく。**所知を忘ず**　情識・妄分別が脱落した。

(伝燈録一一) **聞鐘五夜**… 太原の孚上座が五更の鐘を聞いて大悟した。(23偈。会元七) **淵明**… 淵明独り眉をひそめて退き立地に成仏せず。↓補

○**見色明心** 形あるもの(色)を見て心性を悟ること。↓補

50 **寒山**… ↓補

貴遊 上流社会。

残照の西 法眼文益の円成実性の頌「挙レ頭残照在、元是住居西」に通ずるか。

◇見色明心のまなこを欠いた(「眼睛地に落ち」た)人間は別として、寒山の月も、洛陽三月残照の中に翻る紅旗も、悟道の機縁ならぬはない。

○**観世音**… 観世音菩薩が三十三応身の一つ、奴婢の身を現じて、銭をもってきて胡餅を買い、買った手を開いたら饅頭であった。(雲門録中・従容録八二)

51 **旧時**… (声か色か胡餅か饅頭か、声や形にひき廻されるのでは無礙自在の心は見られぬ。) この雲門の語を見るたびに、昔の経験がしのばれて感無量。

満目… 晋の向秀が山陽の旧居を過ぎ笛声を聞いて懐旧の念を生じた故事。↓補

○**大随**… 唐の禅匠大随法真。長慶大安の法嗣(伝燈録一一)。僧は身心不二を知らず、身(皮)の内に心(骨)があるか、心内に身があるかを亀をかりて問うた。その妄分別を切断(否定)する大随の身心不二の妙用(肯定)。次偈へ響く。

52 **前頭・後頭** 碧巌録四六の鏡清雨滴声「衆生顚倒して已に迷うて物を逐う」の衆生顚倒に呼応して前頭・後頭は

淵明《えんめい》が端的《たんてき》 独《ひと》り眉を顰《ひそ》む。

撃竹一朝忘所知
聞鐘五夜絶多疑
古人立地皆成仏
淵明端的独顰眉

50
*見色明心《けんしきみようしん》

憶《おも》ひ得たり寒山月《かんざんつき》を見るの題、
眼睛《がんぜい》地に落ちて衆生迷ふ。
洛陽三月 貴遊の客、
閃爍《せんじやく》たる紅旗 残照《ざんしよう》の西。

憶得寒山見月題
眼睛落地衆生迷
洛陽三月貴遊客
閃爍紅旗残照西

聞声悟道、見色明心、雲門拈シテ云ク、*観世音菩薩将チレ銭ヲ来ツテ買ヒ二胡餅ヲ一、放二下シテ手ヲ一云ク、元来是レ饅頭ト

51
即ち観音に現ず 奴婢《ぬひ》の身、
饅頭胡餅《まんじゆうこびよう》 精神を谷《やしな》ふ。
旧時忘れ難し 見聞《けんもん》の境《きよう》、
満目山陽笛裏《てきり》の人。

即現観音奴婢身
饅頭胡餅谷精神
旧時難忘見聞境
満目山陽笛裏人

*大随庵辺ニ有リ二一亀一、僧問フ、一切衆生皮ハ裹ムレ骨ヲ、這箇《しやこ》ノ衆生、為テカレ甚ト骨裹ムレ皮ヲ。大随以テ二草鞋ヲ一蓋フ二於背上ニ一

52
衆生の顚倒《てんどう》 幾時《いくとき》か休《や》まん、
前頭を打著《だじやく》してまた後頭。
手に信《まか》せて猫《みよう》を救ふ 趙州老《じようしゆうろう》、

雨滴声。頭・著は助辞。
手に… 斬猫の話を聞いた趙州は草鞋を頭にのせて出ていった。南泉「もし君がいたなら猫を救っただろうに」。↓44偈「南泉…」補
○黄檗… 「黄檗身長七尺、額に円珠あり」(碧巌録一一)。↓補
53 **麁行の沙門** 王族への礼法を破った僧。礼拝(立法)も麁行(破法)も遊戯の自由。商君と対照。
鬼眼 相手の妄念をよせつけぬ凄い眼。
知らず… その姿・振舞の処に黄檗は居らぬ。
法を… 自分が作った法で死刑にされた。
商君 中国戦国時代の政治家商鞅(—三三八BC)。↓補
○机案・禅板 机案は机、禅板は坐禅で疲れた時に身をよせたりする板。↓補
54 **体中玄** 臨済の接化の手段三玄(体中玄・句中玄・玄中玄)の第一。臨済録に三玄門の名が見えるが、前記三玄の創唱者とその具体的内容は明確でない。
劫火… 僧が大随法真(長慶大安の嗣。会元四・伝燈録一一)に問うた語。劫火は世界滅尽の時に起る大火。安心立命の処。↓補
○翠岩… 翠岩が夏安居の終りに言った説話。↓補
55 **爛泥の荊** どろどろの泥中に荊棘、うかつに踏みこめぬ。大応の著語。
同道… 「同レ途不レ同レ轍」(大応)。
小楼… 四者四態の家風・葛藤を照破して、何事も無く現前の小楼南畔月三更。

草鞋《そうあい》戴《いただ》き去るもまた風流。

衆生顚倒幾時休
打著前頭又後頭
信手救猫趙州老
草鞋載去也風流

53
*黄檗《おうばく》礼スレ仏ヲ

麁行《そぎょう》の沙門　鬼眼開く、
身長七尺　甚《はなは》だ奇なるかな。
知らず何《いず》れの処にか黄檗を見ん、
法を立つる商君《しょうくん》　法を破り来《きた》る。

麁行沙門鬼眼開
身長七尺甚奇哉
不知何処見黄檗
立法商君破法来

54
臨済焼ク二*机案・禅板ヲ一

此の漢《かん》宗門第一の禅、
奪人奪境《だつにんだっきょう》　体中玄《たいちゅうげん》。
安身立命《あんじんりゅうみょう》　いづれの処にかある、
劫火《ごうか》洞然《とうねん》として大千を焼く。

此漢宗門第一禅
奪人奪境体中玄
安身立命在那処
劫火洞然焼大千

55
*翠岩《すいがん》夏末ニ示シテレ衆ニ云ク、一夏《げ》以来、為メニ二兄弟ノ一説話ス。看ヨ翠岩ガ眉毛在《あり》ヤ麼《や》。保福云ク、作ルレ賊ト人心虚ナリ。長慶云ク、生《ぜり》也。雲門云ク、関《かん》。

眉毛の公案　爛泥《らんでい》の荊《いばら》、
保福と雲門と同道《どうどう》し行く。
長慶身《み》を蔵《かく》してかへつて影を露《あら》はす、
小楼南畔《しょうろうなんばん》　月《つき》三更《こう》。

眉毛公案爛泥荊
保福雲門同道行

長慶蔵身還露影
小楼南畔月三更

翠岩示ス二眉毛ヲ一図

56
賓中主《ひんちゅうしゅ》あり　主中の賓、
関字銭《かんじせん》を失《うしな》ひ生也親《しょうやした》し。
賊々々　拏《とら》ふること得ず、
当頭の姦党《かんとう》　これ何人ぞや。

賓中有主々中賓
関字失銭生也親
賊々々々拏不得
当頭姦党是何人

*梅子《ばいし》熟ス

57
熟処年来なほいまだ忘れず、
言中に味《あじわ》ひあり　たれかよく拏《な》めん。
人斑《にんぱん》初めて見る大梅老《だいばいろう》、
疎《そ》雨淡烟《たんえん》　青《せい》すでに黄《おう》なり。

熟処年来猶未忘
言中有味孰能拏。
人斑初見大梅老
疎雨淡烟青已黄

盲《もう》

58
瞎驢《かつろ》は受けず　霊山《りやうぜん》の記、
四七二三　すべからく愧慚《きざん》すべし。
あに光影辺《こうようへん》の事《じ》に堕在せんや、
銅睛《どうぜい》鉄眼　これ同参。

瞎驢不受霊山記
四七二三須愧慚
豈堕在光影辺事
銅睛鉄眼是同参

聾《ろう》

59
払《ほっ》を掛《か》けて呵《か》に遭《あ》ふ　百煉《れん》の金《きん》、
天生《てんせい》の懐海《えかい》　耳根《にこん》深し。

56 **賓中主**　四賓主の一。↓補　**関字銭…**　雲門関字への評語。↓補
当頭　目の前の、まぢかの。
◇賓(客・後輩)と主(主人・師)。相互賓主関係を見よ。関は銭を失った上に罪に遭うた。生は無相の心を丸出し。賊は拿捕できず。まぢかの賊は誰なのか。
○梅子熟　梅の実が熟した、大梅法常の禅境が熟した。(馬祖の語)↓補

57 **斑**　まだら、あや、まだら模様。
◇熟した境を保ち続けた。言葉の味を誰が知ろう。馬祖の語によって大梅の面目を人は初めて知った。疎雨淡烟の中に梅の実が黄ばんでいる。本来の面目。664偈に「淡烟疎雨祖師関」とある。

58 **四七二三…**　達摩(4×7=28 西天の二十八祖)も六祖(2×3=6 東土の六祖)も授記を受けぬ瞎驢に愧ずべきだ。(霊山の記を受けぬ)瞎驢の境は、有相の仏や浄土など影(光影)の事柄に堕ちはせぬ。銅睛鉄眼の英漢は瞎驢と同期の友。なお瞎驢は一休の号、庵の名でもあった。
◇臨済と三聖の付法の記(印可証)についての句(→14偈「宗風滅却」注)。一休の印可拒否が背景。

59 **払を…**　百丈懐海は払子を掛けて馬祖に大喝され耳が三日聞えなかった。その耳は生まれながら深かった。↓補
真聞…　真に聞く主体はどこか、この主が主のために無絃の琴を無声無聞に鼓している。「聞レ声者聾、見レ色者盲」(息心銘)。「若識二琴中趣一、何労二絃上声一」(槐安国語五)。

60 **一句**… 一句をもってわがふさいだ心をひらこうとすると、舌が下あごについて笑いがこみあげてくる。吟々は笑うさま(西廂記に「笑うこと吟々として一処より来り、哭すること唬々として独り自ら帰る」)。
齶 齶は歯ぐき。アギトは頷・顋・鰓。ここでは酬恩庵本の「齶(あぎと)」に従う。
霊雲… 霊雲が長生の問いに答えなかったように、胸中の金言を誰が知り得ようぞ。↓補
長生 長生皎然、雪峰義存の法嗣。(伝燈録一八) 底本「長慶」、他本に従う。
◇右三偈「玄沙三種病(↓補)」(碧巌録八八)に照応。
○**船子** 船子徳誠(せんすとくじょう)。薬山惟儼の法嗣。(伝燈録一四・会元五)

61 **金鱗** 法を嗣ぐ勝れた弟子達を暗示。
釣台 船子が釣をした所、厳子陵が釣をした所など。遺跡が多い。↓補
◇金鱗は急流の前でも得難い、船子は釣台に三十年坐して金鱗を得た。太公望の釣糸には名利の路が通じていた。名・姿を変えて世に出なかった子陵は、船子を嗣ぎ寺に住した夾山の禅を笑うであろう。

62 **舟翻り**… 船子はみずから船をくつがえして洙水に没したが、その名は今日まで伝わっている。船子を呑んだ洙水はどうして逆流しないのか。↓補
逆流 梵語の音訳須陀洹(しゅだおん)の旧訳語。預流(よる)と訳す。初めて聖者の仲間に入る位。↓補
○**賊** 求めて外境にとらわれる人間。

真聞真箇《しんもんしんこ》に何れの処にかある、
為に鼓《うちなら》す無絃《むげん》一曲の琴を。

掛払遭呵百煉金
天生懐海耳根深
真聞真箇在何処
為鼓無絃一曲琴

60
唖《あ》

一句わが欝襟《うつきん》を披《ひら》かんとして、
舌頭《ぜつとう》は齶《あぎと》を柱《ささ》へて咲《わら》ひ吟々たり。
霊雲答へず　長生《ちようしよう》の問に、
誰か識らん金言なほ心《むね》にあることを。

一句欲披吾欝襟
舌頭柱齶咲吟々
霊雲不答長慶問
誰識金言猶在心

*船子《せんす》釣台ノ図　二首

61
金鱗得がたし　急流の前、
釣台《ちようだい》を坐断すること三十年。
糸線一たび通《つう》ず　名利《みようり》の路、
子陵は咲《わら》ふべし　夾山《かつさん》の禅を。

金鱗難得急流前
坐断釣台三十年
糸線一通名利路
子陵可咲夾山禅

62
千尺の糸綸《しりん》　あに収むるを得んや、
一天の風月　一江の舟。
舟翻《くつがへ》り人去つて名なほ在り、
洙水《しゆすい》何によつてか逆流《ぎやくる》せざる。

千尺糸綸豈得収
一天風月一江舟
々翻人去名猶在
洙水何因不逆流

63 **春風**… 春風をかきみだして、どうしようというのか。百尺の遊糸(かげろう)が煩悩を唆かすであろう。むやみに焦らずとも、時節因縁の熟するを見よ。→補
知らず… この道理が分らねば、春、霊雲が見た桃花に尋ねよ。伝燈録一一参照。
霊雲… 霊雲の悟りの眼を自己のものとせよ。初めて真の桃花が見える。この句、蜀僧希叟「古桃」の句。(江湖集)
○賛清素… 首座で終始した清素を懐しむ。

64 **茘支**… 茘支をたべて友に印記を授けた。三十年来孤絶を守った一箇の僧が、人情におちて有始無終となった。つぎの挫折と対照。→二七四頁前書
杜牧… 慷慨の詩賦を綴った杜牧は気力衰えて乱世唐末に名君太宗を仰望した。狂雲子もまた帰らぬ王朝の世を空しく慕うのみ。→補
◇曾は誤、曹(とも)とすれば韻が合わない(入矢)。転・結句は杜牧における挫折(有始無終)をいうか。

65 **素老**… 清素は生来薄福薄徳の人。→二七四頁前書「納敗」補
恩深… 仏魔の公案の恩は深いが、兜率は清素と別れたゆえ報いることができぬ。揚雄が、自分の仕えた王莽が帝に叛いたので仕える主を失ったように。→補

66 **沈吟**… 小声で吟じた小艶の詩。→補
乾坤… 乾坤一擲、仏祖の機縁に投合した(大悟した)。
撃竹・見桃 →49・63偈

賊*

63
春風を悩乱して何の成す所ぞ、
遊糸百尺　多情を惹《ひ》く。
知らずんば桃花《とうか》に問取《もんしゅ》し去れ、
霊雲の双眼睛《そうがんぜい》を換却す。

悩乱春風何所成
遊糸百尺惹多情
不知問取桃花去
換却霊雲双眼睛

*賛ス二清素首座ヲ一

64
茘支《れいし》食し罷《おわ》つて吾が曹を記す、
三十年来　一箇の僧。
杜牧《とぼく》平生《へいぜい》丈夫の志《こころざし》、
老《お》いて気力無うして昭陵《しょうりょう》を望む。

茘支食罷記吾曾。
三十年来一箇僧
杜牧平生丈夫志
老無気力望昭陵

賛ス二兜《と》率悦《そつえつ》禅師ヲ一

65
素老は天性《てんせい》薄福の徒、
的伝の門弟《もんてい》　一人もなし。
恩深うして報じ難し　仏魔の話《わ》、
惜しむべし揚雄莽《ようゆうもう》が大夫《たいふ》。

素老天生薄福徒。
的伝門弟一人無
恩深難報仏魔話
可惜揚雄莽大夫

円悟《えんご》大師ノ投機

66
沈吟す小艶一章の詩、
乾坤《けんこん》を発動して大機《だいき》に投《とう》ず。
撃竹・見桃《けんとう》　もし相比《あいくら》ぶれば、
須弥《しゅみ》脚下の石烏亀《せきうき》。

沈吟小艶一章詩

須弥… 香厳や霊雲の投機を円悟のそれに比べるなら、須弥檀脚下の石亀にも等しく、面(つら)出しする余地もない。↓補
○**松源** 虎丘紹隆(くきゅうじょうりゅう)(一〇七七―一一三六)四世の孫。

67 **冶父** 安徽省盧江県の東北にある山名。松源崇岳が住したところ。
貧を… 表現の乏しさを除いて豊富にするのは松源の家風ではない。
数を… 省数銭は大慧系虎丘下の禅を指す。↓補
識らず… にも拘らず煩悩の肉林に踏み入って我知らず度生を行じている。
○**魚籃観音** 三十三身の一。美婦の姿で籃の魚を売り集まる男性を度す。↓補

68 **自ら**… 人間ならぬ観音が結婚の約束をしたことをいう。
千眼… 千手観音の大悲も心眼なき者には見えず、ただの漁夫の妻として塵々三昧に遊ぶのみ。

69 **経巻**… 経巻は不浄を拭う塵紙。「三乗十二分教もみなこれ不浄を拭うの故紙なり」(臨済録)。
竜宮… 海底の竜宮に蔵められている大乗経典が言葉をもてあそんでいる。↓補
狼藉… 乳峰(雪竇山、雪竇重顕が頌古百則を編んだ所)は、我が風月の前では、ごたごたして目ざわりだ。百則碧岩集は碧巌録の別称。

70 **弓影客盃** 26偈参照。
夜来の新病 経典の語句に執(とら)われる難病。

発動乾坤投大機
撃竹見桃若相比
須弥脚下石烏亀

覧《ル》二*松源和尚《ノ》塔銘《ヲ》一

67
冶父《やほ》住持　功空《こうむな》しからず、
貧を抜《はら》ひて富となす　甚《なん》の家風ぞ。
看来《みきた》り数《すう》を省《せい》すれば銭《せん》なほ在り、
識らず脚跟糸《きやくこんし》線《せん》の紅《あか》きことを。

冶父住持功不空
抜貧作富甚家風
看来省数銭猶在
不識脚跟糸線紅

賛二*魚籃《ぎょらん》観音一

68
丹瞼青鬢《たんけんせいかん》　慈愛深し、
自《みずか》ら疑ふ雲雨夢中の心。
千眼《げん》の大悲　看れども見えず、
漁妻江海　一生の吟。

丹瞼青鬢慈愛深
自疑雲雨夢中心
千眼大悲看不見
漁妻江海一生吟

経巻拭《フ》二不浄《ヲ》一　三首

69
経巻《きょうかん》はもと不浄を除くの牋《かみ》、
竜宮《りゅうぐう》の海蔵《かいぞう》　言詮《ごんせん》を弄《ろう》す。
看よ看よ百則碧岩集、
狼藉《ろうぜき》たり乳峰《にゅうほう》　風月の前に。

経巻元除不浄牋
竜宮海蔵弄言詮
看々百則碧岩集
狼籍乳峰風月前

70
弓影客盃《きゅうえいかくはい》　多く腸《はらわた》を断《た》つ、
夜来《やらい》の新病　膏肓《こうこう》に入る。

愧慚す我《わ》れ禽獣に及ばざることを、
狗《いぬ》は尿す梅檀《せんだん》の古仏堂。

弓影客盃多断腸
夜来新病入膏盲。
愧慚我不及禽獣
狗尿梅檀古仏堂

71
手に信《まか》せて拈《ねん》じ来《きた》つて不浄を除く、
作家《さつけ》の面目　露堂々《ろどうどう》たり。
南山に雲起り　北山は雨、
一夜落花　流水香《かん》ばし。

信手拈来除不浄
作家面目露堂々
南山雲起北山雨
一夜落花流水香

72
妙喜老人　千歳の名、
宗門の潤色《じゆんしよく》　太高生《たいこうせい》。
子胥《ししよ》かつて呉王の戮《りく》を受く、
惜《お》しむべし髑髏《どくろ》に眼睛なきことを。

*大恵《だいえ》禅師焚ク㆓碧岩集ヲ㆒
妙喜老人千歳名
宗門潤色太高生
子胥曾受呉王戮
可惜髑髏無眼睛

73
牛
異類行中《いるいこうちゆう》　これ我が曹《そう》、
能は境に依りまた境は能に依る。
出生《しゆつしよう》して忘却す　来時の路を、
識らず当年誰《た》が氏《うじ》の僧ぞ。

異類行中是我曾。
能依境也境依能
出生忘却来時路
不識当年誰氏僧

狗は…　梅檀の古仏堂に無心に尿をかける犬のように、囚われぬ自由でありたい。「五台山上雲飯を蒸し、古仏堂前狗天に尿す」(碧巌録九六)。

71　**作家**…　大力量の禅者の面目堂々としてあらわである。

南山…　諸法あるがままの姿。45偈参照。

一夜…　風光、理会の隙なし。「一夜落花雨、満城流水香」(禅林類聚一一)。

○大恵禅師　大慧宗杲(そうこう 一〇八九—一一六三)。妙喜庵に住す。修行者が文字知解に堕するを憂え、碧巌集を焼いたという。

72　**宗門**…　碧巌集を焼くといった宗門の色あげは向上一色の高踏高慢(太高生、生は助字)というもの。

子胥…　呉子胥は呉王を諫めて死を賜わり、「吾が眼をえぐって呉の東門に懸け呉の滅亡を見せしめよ」と言ったが惜しいことに髑髏に活眼は無かった。大慧の落度もこれに似る。「髑髏無眼睛」は髑髏裏眼睛(香厳)の転化。

73　**異類**…　済度の為に牛でいるお前はわしの仲間だ、境(客)が牛なら能(主)も牛。境の牛は能の牛で救われる(信心銘「能由レ境能」)。異類中行は、畜生に生まれその中で彼等を済度する大悲の行。正しくは「異類中行」。↓補

出生…　牛に生まれると共に来歴を忘れたようだが、いったいお前はその昔何氏の僧だったのか。↓補

◇曾は曹か。但し韻が合わない(入矢)。曾ならば「吾れ曾てせり」と読むか。

74
蛙*

鯨鯢《けいげい》を釣るに慣れて笑《わらい》一場《じょう》、
泥沙に碾歩《てんぽ》して　太《はなは》だ忙々たり。
憐れむべし井底《せいてい》に尊大と称して、
天下の衲僧《のうそう》　みな子陽なりと。

慣釣鯨鯢笑一場
泥沙碾歩太忙々
可憐井底称尊大
天下衲僧皆子陽

75
尺八

一枝の尺八　恨《うらみ》任《た》へ難し、
吹いて胡笳塞上《こかさいじょう》の吟に入る。
十字街頭　誰《た》が氏の曲ぞ、
少林門下　知音《ちいん》を絶す。

一枝尺八恨難任
吹入胡笳塞上吟
十字街頭誰氏曲
少林門下絶知音

76
傀儡《かいらい》

一棚頭上《いっぽうとうじょう》に全身を現《げん》ず、
或は王侯と化し　或は庶民。
目前の真の木橛《もくけつ》を忘却して、
癡人は喚《よ》んで本来の人と作《な》す。

一棚頭上現全身
或化王侯或庶民
忘却目前真木橛
癡人喚作本来人

77
羅漢菊《らかんぎく》

茶褐黄花《ちゃかっこうか》　秋色深し、
東籬《とうり》の風露《ふうろ》　出塵の心。
天台五百の神通力は、
未《いま》だ淵明が一片の吟に入らず。

茶褐黄花秋色深

○蛙　独善自大のえせ禅者を揶揄。
74 **鯨鯢…**　鯨のような大物を捕えることに慣れた顔をして回りを笑うけれども。
泥沙…　実は泥沙にまみれよたよた歩いて小ぜわしい。養叟一派の譬喩。↓補
天下の…　天下の僧どもはすべて井底の蛙(子陽)だ、とさげすんでいる。子陽は公孫述(後漢、茂陵の人)。↓補
75 **一枝…**　一管の尺八にはたえ難い恨が秘められている。↓補
胡笳塞上の吟　辺鄙な国境のほとりで吹き鳴らす悲調ある胡人の芦笛。↓補
少林…　少林寺にいた達摩の門流にこの音を知るものは一人もない。
76 **一棚…**　舞台の上に全身を現わし。棚は、さじき、こや、かけだし。
木橛　木のくい、きりかぶ。
癡人…　おろかな人間はこれが本当の主人公だという。365偈「傀儡」参照。↓補
77 **東籬…**　東籬の風露に出塵(出家・遁世)の心を見る。「采ㇾ菊東籬下、悠然見二南山一」(淵明「飲酒詩」)。
天台五百　天台山の五百羅漢。↓補
未だ…　陶淵明の吟詠に入らないようだ。
◇黄花(菊)は晩秋に茶褐(僧衣の色)となるが淵明は出家しなかった(49偈参照)。別解、出家阿羅漢の悟りは在家淵明の風流に及ばぬ(332偈「三要三玄都不ㇾ識、淵明吟興我風流」、787偈「因憶淵明無限意、南山吟興一籬東」)。
○羅漢楊妃　羅漢は茶褐の菊、楊妃は紅

い菊。

78 好仇　好一対、よきつれあい。

神通を…　羅漢の神通力を失ない羅漢菊として下界に咲く。

応身…　応化身羅漢菊が紅菊(楊妃)と好仇をなすさまは、楊妃に侍る天宝の辟陽侯(辟陽は漢が置いた県名。沛の審食其(しんいき)、封ぜられて辟陽侯となる)ともいえようか。↓補

○雪団　雪の塊。「握二雪団一便打」(碧巌録四二)。

79 乾坤…　天地を埋めつくして門戸も関所もない。

収取して…　集め取って雪山(ヒマラヤ)のようになった。

狂客…　時に狂客来って粉微塵に砕いてしまった。狂客は狂雲子か。

大千…　大千世界も刹那に起滅するのだ。

80 徳嶠…　徳嶠(徳山)は仏殿を拆(さ)き(正宗賛)、韶陽(雲門)は仏殿拆(た)了也と答えた(雲門録下)。なお雲門は仏誕生に居合わせたなら、一棒に打殺して狗子に喫せしむ、と言った。この伝説から嫌仏閣の名が生まれた。↓補

這般の知識　このような善知識(高僧)。

問話…　かような問話の者は仏界からではなくて魔界からやって来る。

○鰥　男やもめ。岩頭と老婆と結眉交肩・把手共行しなかったことを鰥字に託したか。↓補

81 古仏…　万象相入の深玄を切断して死物にするのが常識界。45偈前書参照。

東籬風露出塵心
天台五百神通力
未入淵明一片吟

菊　＊羅漢《らかん》楊妃《ようき》同瓶《どうびょう》

78 楊妃《ようき》爛酔《らんすい》す　一籬《り》の秋、
茶褐相交《あいまじ》はりて好仇《こうきゅう》をなす。
神通を失却して下界に居《きょ》す、
応身《おうじん》は天宝《てんぽう》の辟陽侯《へきようこう》。

楊妃爛酔一籬秋
茶褐相交為好仇
失却神通居下界
応身天宝辟陽侯

＊雪《せつ》団《だん》

79 乾坤埋却《まいきゃく》して門関没《な》し、
収取して即今《いま》雪山となす。
狂客時に来つて百雑砕《ざっすい》、
大千起滅《だいせんきめつ》す　刹那《せつな》の間《あいだ》に。

乾坤埋却没門関
収取即今為雪山
狂客時来百雑砕
大千起滅刹那間

嫌仏閣

80 徳嶠《とくきょう》韶陽《しょうよう》　門《もん》大いに開き、
喚《よ》んで嫌仏の一楼台《ろうだい》となす。
這般《しゃはん》の知識　邪法を説く、
問話《もんな》の者は魔界より来《きた》る。

徳嶠韶陽門大開
喚為嫌仏一楼台
這般知識説邪法
問話者従魔界来

＊鰥《かん》斎《さい》

81 古仏堂中　露柱《ろちゅう》に交《まじ》はる、

斬つて両段となして誵訛《ごうか》を定む。
青山緑水　一閑客、
咲《わら》ふべし岩頭の黒老婆《こくろうば》。

古仏堂中交露柱
斬成両段定誵訛
青山緑水一閑客
可咲岩頭黒老婆

82
*竹幽斎《ちくゆうさい》
香厳《きょうげん》多福　主中《しゆちゅう》の賓《ひん》、
密々参禅　要津《ようしん》に到る。
六々元来《がんらい》三十六、
清風動く処　佳人《かじん》あり。

香厳多福主中賓
密々参禅到要津
六々元来三十六
清風動処有佳人

83
陋居《ろうきょ》
目前の境界《きょうがい》　吾《わ》が癯《や》せたるに似たり、
地《ち》老《お》い天荒れて百草枯れたり。
三月の春風　春意没《な》く、
寒雲深く鎖《とざ》せり　一茆廬を。

目前境界似吾癯
地老天荒百草枯
三月春風没春意
寒雲深鎖一茆廬

84
題ス二如意《によい》菴《あん》*校割ノ末ニ一
常住物《じようじゆうもつ》もて庵中に置き、
木杓笊籬《もくしやくそうり》は壁東《へきとう》に掛けたり。
我《わ》れにかくの如き閑家具なし、
江海多年　簑笠《さりゆう》の風《かぜ》。

将常住物置庵中
木杓笊籬掛壁東
我無如此閑家具

青山…　渡守岩頭(一閑客)の風流境。
黒老婆　断滅虚無の見をもつ老婆。渡守岩頭の所へ老婆が一子を抱いてきて「この児はどこから来たのか」と問うて岩頭に打たれ、その子を水に投じた。↓補
○竹幽斎　香厳・多福ともに竹と機縁が深いゆえ名づけた。
82 **多福**　↓補
主中の賓　↓56偈「賓中主」補
密々　綿密に勇猛精進して。
要津　枢要な場所。重要な転機。「人々要津を坐断して箇々壁立千仭ならん」(碧巌録二二)。↓30偈「歇し…」注
佳人　大悟の人。悟入の機縁。
◇転句は法の自然を提示する語(正法眼蔵海印三昧参照)。結句は大悟の因縁として竹を良友・佳人として讃詠。
83 **三月…**　三月になっても春風に春の趣はない。
◇一休失意絶望の日々を陋居によせて詠じた。100偈の起句および前書に呼応か。
○校割　什物帳。新旧交替のさい什物と私物とを区分明記すること。↓補
84 **常住物**　出家僧の四種の受用物を四種常住という。↓補
木杓…　唐の龐居士や霊昭女が使っていたような木の柄杓やザルやミは壁に掛けて置く。
我れに…　自分にかような無用の長物は無い。
江海…　遠離世俗・一処不住の風流。

江海多年簑笠風

85
如意庵《にょいあん》退院寄ス二養叟《ようそう》和尚一
住庵十日　意《こころ》忙々たり、
脚下の紅糸《こうし》線《せん》甚だ長し。
他日君来つて　もし我れを問はば、
魚行酒肆《ぎょこうしゅし》　また婬坊《いんぼう》。

住庵十日意忙々
脚下紅糸線甚長
他日君来如問我
魚行酒肆又婬坊

86
寄ス二*南江ノ山居ニ一
天下の禅師　人を賺過《たぶらか》し、
黒山の鬼窟《きくつ》　精神を弄《もてあそ》ぶ。
平生《へいぜい》杜牧《とぼく》は風流の士《し》にして、
吟断せり二喬銅雀《きょうどうじゃく》の春を。

天下禅師賺過人
黒山鬼窟弄精神
平生杜牧風流士
吟断二喬銅雀春

87
偶作《ぐうさく》
昨日《さくじつ》は俗人《ぞくじん》　今日《こんにち》は僧、
生涯胡乱《うろん》　これわが能《のう》。
黄衣《こうい》の下《もと》に名利《みょうり》多し、
我れは要す児孫の大燈を滅せんことを。

昨日俗人今日僧
生涯胡乱是吾能
黄衣之下多名利
我要児孫滅大燈

88
*山路《さんろ》　譲羽《じょうう》
声を呑んで透過《とうか》す　鬼門の関《かん》を、
豺虎《さいこ》の蹤《あと》多し　古路《ころ》の間《あいだ》。
吟杖《ぎんじょう》つひに風月の興なく、

85 **住庵…**　住庵の十日間は気ぜわしい日々だった(→84偈「校割…」補)。
脚下…　庵にいても想いは柳暗花明の彼方へとつづいている。
○南江　南江宗沅(そうげん)(一三八七—一四六三)。→補

86 **天下…**　天下の禅師達が人を誑かし暗闇の死禅窟に心を弄んでいる。
二喬…　二喬は三国時代の喬氏二人の美女、大喬・小喬。「銅雀春深うして二喬を鎖(とざ)さん」(杜牧之「赤壁」)。起・承句と対照的な美女吟詠の風流。→補

87 **生涯…**　僧か俗かけじめもつかぬあやしげな生涯が我が生きざまだ。
胡乱　胡説乱道、あやしげで筋の通らぬこと。「華時の前後を胡乱して有無の戯論あるべからず」(正法眼蔵空華)。
黄衣…　五山長老の黄衣を着たがる。「凡そ今時濫進の徒は、競うて黄衣を著けんと欲す」(空華日工集)。
我れは…　児孫が大燈を滅却しなくてはならぬ。一休の居直りか。「要」にはくいとめる、さえぎりとめるの意もある。
○山路　一四四二年、一休は譲羽山に移り、のち戸陀寺を建てた(198偈参照)。譲羽山の荒寥は一休境涯の荒寥。→補

88 **鬼門の関**　死者の門の意。広西省の関の名。附近はマラリヤ等疫病多く生還者が殆んど無かったのでこの名があるという。
豺虎　やまいぬと虎。転じて、悪者。

黄泉《こうせん》の境《きょう》は目前の山にあり。

吞声透過鬼門関
豼虎蹤多古路間
吟杖終無風月興
黄泉境在目前山

89 山居《さんきょ》 二首

淫坊の十載《さい》 興窮《きょうきわ》まり難し、
強《し》ひて住《じゅう》す空山幽谷《ゆうこく》の中。
好境雲《こうきょうくも》は遮《さえぎ》る 三万里、
長松《ちょうしょう》 耳に逆《さか》らふ 屋頭《おくとう》の風。

淫坊十載興難窮
強住空山幽谷中
好境雲遮三万里
長松逆耳屋頭風

90 狂雲は真にこれ大燈の孫《そん》、
鬼窟《きくつ》黒山 何《なん》ぞ尊《そん》と称せん。
憶《おも》ふ昔簫歌《むかししょうか》雲雨の夕《ゆうべ》に、
風流の年少 金樽《きんそん》を倒せしことを。

狂雲真是大燈孫
鬼窟黒山何称尊
憶昔簫歌雲雨夕
風流年少倒金樽

91 山中示《ス》二典座《てんぞ》ニ一

帰宗《きす》の一味 日興《にっきょう》の余《よ》、
典座《てんぞ》山中に功虚《こうむな》しからず。
浄名香積《じょうみょうこうじゃく》の飯《はん》を覔《もと》むることを休《や》めよ、
何《いず》れの時か饍《ぜん》に美双魚《びそうぎょ》あらん。

帰宗一味日興余
典座山中功不虚
休覔浄名香積飯
何時饍有美双魚

山中得二*南江《ノ》書《ヲ》一

黄泉… 目前の山は死者の境といったたたずまい。隠棲の覚悟がうかがわれる。

89 **淫坊**… 強いて深山幽谷に住んではみたものの、十年通い馴れた花柳の里が忘れられぬ。

好境… 歓楽境を雲が遠く隔てている。

長松… 松風も耳に逆らって腹がたつ。

90 **鬼窟黒山** →22偈注

簫歌 笛と歌。

雲雨 →6偈補

風流… 美少女との風流狼藉に銚子を倒したことを想い起す。狼藉の儘に透脱か。

金樽 銚子(徳利)の美称。

◇350偈「山居」に「孤峰頂上出身途、十字街頭向背衢、空聞夜々天涯雁、郷信封書一字無」がある。

91 **帰宗**… 帰宗智常、馬祖道一の嗣(伝燈録七)。帰宗の一味禅と同じくここにも日々の楽しみに余りがある。日興は日々の楽しみ。「左相日興費二万銭一、飲如三長鯨吸二百川一」(杜甫「飲中八仙歌」)。→補

典座… 典座(食事をつかさどる役)の丹誠工夫によって山中も見事な食事に恵まれている。

浄名… 浄名(維摩)が香積如来から得て大衆に供した飯。転じて、僧衆の食する飯。→補

何れの… 日々の食事が山海の珍味だ。

○**南江** →86偈補

92
孤峰頂上　草庵の居《きょ》、
三要印消《しょう》して功未だ虚《むな》しからず。
意《おも》はざりき玄中に玄路《げんろ》ありとは、
万行《ばんこう》涙を裹《つつ》む　一封《いっぷう》の書。

孤峰頂上草庵居
三要印消功未虚
不意玄中有玄路
万行裹涙一封書

93
自《リ》ニ山中一帰《ル》ニ市中《ニ》一

狂雲誰か識《し》らん　狂風に属するを、
朝《あした》に山中にあり　暮には市中。
我れもし機《き》に当つて棒喝《ぼうかつ》を行《ぎょう》ぜば、
徳山臨済　面《おもて》紅《くれない》を通ぜん。

狂雲誰識属狂風
朝在山中暮市中
我若当機行棒喝
徳山臨済面通紅

昔*有《リ》ニ一婆子《ばす》一、供ニ養《シテ》一庵主《ヲ》一経ニ二十年《ヲ》一、常《ニ》令ニ一《ひとりノ》二八女子《ヲシテ》送《ツテ》レ飯《ヲ》給侍《セ》一。一日令ニ女子《ヲシテ》抱定《シテいハ》云一、*正恁麼《しょういんもノ》時如何《ト》。菴主云《ク》、枯木倚《ル》ニ寒岩《ニ》一、三*冬無《シト》ニ暖気一。女子帰《ツテ》*挙似《ス》。婆子云《ク》、我《レ》二十年、只《ダ》供ニ養《シ》得《タリ》箇《ノ》俗漢《ノ》一。追出《ヒシテ》焼ニ却《セリ》庵《ヲ》一。

94
老婆心賊の為に梯《かけはし》を過《わた》し、
清浄《しょうじょう》の沙門《しゃもん》に女妻《にょさい》を与ふ。
今夜美人もし我れに約せば、
枯楊《こよう》春老いて　さらに稊《ひこばえ》を生ぜん。

老婆心為賊過梯
清浄沙門与女妻
今夜美人若約我
枯楊春老更生稊

92　**孤峰頂上**　山頂、修行の頂点。転句と呼応。「一人在ニ孤峰頂上一、無ニ出身之路一」(臨済録)は修行の究極点に至って留まったまま、の意。
三要…　三要は禅生活の枢要を構成する三つの契機。三要印が用い尽されて南江と一つになった。↓補
意はざりき…　玄妙な理の中に玄路を見出そうとは思い及ばなかった。↓補
万行…　一封の書を読んで南江の境涯に打たれ、涙がとめどなく流れた。

93　**狂雲**…　狂雲の風狂を誰が識るか。
我れ…　自分がもし接化の相手に対して棒喝を行じたなら。
徳山…　修行者を畏怖させた棒の徳山も喝の臨済も恥じて顔を赤らめるだろう。

○**昔有**…　葛藤集「婆子焼庵」の公案。
○**正恁麼時**　まさにこのような時。
○**三冬**　冬の三カ月、孟冬(陰暦十月)・仲冬(十一月)・季冬(十二月)。
○**挙似**　あげ示す。告げて見解を求める。

94　**老婆心**…　老婆の慈悲心が賊(修行僧)を引寄せて試す為に清浄の僧に女性を与えた。「与レ賊過レ梯」(碧巌録九)。
枯楊…　春過ぎた枯楊にまた新芽が生ずるように、わしも新生に若返るだろう。禅的ユーモアと哄笑。
稊　木の切株から生ずる芽。一旦絶えた物事のふたたび発生するもの。

95
画虎《がこ》

覿面当機《てきめんとうき》　誰か一拶《さつ》せん、
寒毛卓竪《たくじゅ》す　老岩頭《ろうがんとう》。
怪しいかな你《なんじ》は扶桑国《ふそうこく》にあり、
凜々たる威風　四百州。

覿面当機誰一拶
寒毛卓竪老岩頭
怪哉你在扶桑国
凜々威風四百州

宗訢《そうきん》蔵主*製《リテ》レ墨以《ッテ》為《ス》レ業《ト》。偈以《テ》送《ル》レ之《ヲ》

96
万杵《ばんしょ》の霜花《そうか》　華頂《かちょう》の天、
商量《しょうりょう》し来つて多銭《たせん》に直《あた》らず。
何ぞ須《もち》ひん知蔵《ちぞう》の経巻《きょうかん》を書《しる》すことを、
小艶詩《しょうえんし》を題して少年に銜《しめ》さん。

万杵霜花華頂天
商量来不直多銭
何須知蔵書経巻
小艶題詩銜少年

示《ス》二病僧紹珠首座《しょうじゅしゅそ》ニ一

97
業識《ごっしき》忙々　劫空《ごうくう》よりす、
平生の伎倆《ぎりょう》　今に到つて窮《きわ》まる。
四百四病　一時に発《おこ》る、
苦屈苦辛《くくつくしん》も安楽の中《うち》。

業識忙々従劫空
平生伎倆到今窮
四百四病一時発
苦屈苦辛安楽中

宗春居士ノ*下火《あこ》　行年《ぎょうねん》三十七

98
弥勒釈迦《みろくしゃか》もまた馬牛、
春風を悩乱して卒《つい》になんぞ休《や》まん。
六々元来《がんらい》三十七、
一声《せい》の念讃《ねんさん》　鐘楼《しょうろう》より起《おこ》る。

---

95 **覿面**…　真正面から(覿面)ぶつかり(当機)誰もあしらうことはできまい。
寒毛…　身の毛もよだつ禅風の老岩頭を彷彿させる。↓補
怪しい…　その(岩頭になぞらえられた)お前が日本にいるのはどうしたことか、凜々たる威風が中国全土を圧していたはずだのに。
○蔵主　禅林の経蔵を監理する役。

96 **万杵**…　墨の原料を搗き続ける華頂峰の寒い空(天台山華頂峰は製墨の地)。霜花は墨に合わせる粉。↓補
商量…　全身真黒になっての労苦にしては、取引(商量)で大した収入にならぬ。
何ぞ…　知蔵(蔵主)が墨を使って経巻を写す必要はあるまい。69偈参照。↓補
小艶…　小艶(少女)が少年に送る恋の詩をしるすために使う方が、どれだけ割に合った商量であるかしれぬ。

97 **業識**…　業識は無明から生起した生死の根本である業の果報としての識。妄執の識(こころ)が無始の昔からあわただしく動いて、日頃の生きる手並みも全くゆき詰り。
劫空　空劫。四劫の一、世界が壊滅して更に次の成劫に至るまでの時間。
四百…　碧巌録三の馬祖不安、下語からの引用。
苦屈…　身をまげて苦しみ悶えることそのままが解脱の安らかさ。
○下火　導師が偈文を唱え乍ら遺骸を焼く燃料に火をつける作法。今は型だけ。下炬、秉炬。

98　**弥勒**…　弥勒も釈迦も異類に生まれて彼らを済度するというのに。
春風…　春風に心を乱して安んじないのはどうしたことか。↓63偈
六々…　正法無不思議、三十七は宗春の行年を以て法の超合理を含意。
念讃　念経・念仏。
◇宗春に因む春風の句。転・結句は諸法の理法に随って春風悩乱の休歇した詩境。

99　**法座**…　法座上の曲彔に坐して払子をたて鎚(つい)を打ったりする諸方の禅は名利の基である。
円悟…　うぬぼれの強い円悟克勤も五祖の予言通り金山で傷寒を病み。
苦吟…　五祖のもとへもどり、小艶の詩を苦吟して大悟したが、曲彔に坐するよりもこの因縁を病中に究めるのが本筋である。↓66偈補

100　**地老い**…　「地老天荒」で、世が末となり道がすたれる様を形容。竜宝山大徳寺の秋、陋居の風物が一休の失意絶望を示す。「天荒地老無ニ青眼一、万仞竜門鎖ニ黒雲一」(江湖集下四明虚庵の偈「虚堂語」)。
夜来…　起句を承けて不祥事件の嵐にもまれる大徳寺一山の象徴。
雲門…　二重のわざわいとなろう。碧巌録八の頌に「関字相酬ゆ。失銭遭罪」とある。なお開山宗峰妙超は雲門関字で大悟した。56偈補参照。
◇文安四年(一四四七)一休五四歳の作。

101　**慚ず**…　自分の名声がまだ隠れず、諸方から集って来た人々の参禅学道

弥勒釈迦也馬牛
春風悩乱卒何休
六々元来三十七
一声念讃起鐘楼

99
病中還ス三人ノ送ルヲ二曲彔ヲ一
法座上《ほうざじよう》の禅は　名利《みようり》の基《もとい》、
諸方の竪払《じゆほつ》と拈鎚《ねんつい》と。
円悟《えんご》金山《きんざん》に大病に遭《あ》ふ、
苦吟す小艶一章の詩を。

法座上禅名利基
諸方竪払与拈鎚
円悟金山遭大病
苦吟小艶一章詩

文安丁卯《ていぼう》ノ秋、大徳精舎有リ二一僧一、無クシテレ故而自殺ス矣。好ムレ事ヲ之徒《ともがら》遂ニ譖スニ之ヲ官ニ一。繫リテ二其ノ余殃ニ一而居ルニ二囚禁ニ一者七五輩、足ルレ為スニ二吾ガ門之大乱一ト。時ノ人喧伝ス焉。予聞イテレ之ヲ、即日晦マス二迹ヲ山中ニ一。其ノ意蓋シ出ヅルニ於不ルニレ忍ビ耳。適《たまたま》学者自リ二京城一来リ、説ク二本寺件々《けんけん》之事《じ》ヲ一、愈《いよいよ》弗ズレ勝ヘ二慨嘆ニ一、作リレ偈ヲ言フレ懐ヲ。時ニ値フ二重陽ニ一故ニ成スト二九篇ヲ一云フ

100
地老い天荒る　竜宝《りゆうほう》の秋、
夜来の風雨　悪《すさ》んで収《おさ》め難し。
他に対してもし是非の話をなさば、
雲門関字《うんもんかんじ》の酬《むくい》に彷彿《ほうふつ》たらん。

地老天荒竜宝秋
夜来風雨悪難収
対他若作是非話
彷彿雲門関字酬

101
慚《は》ず我れ声名なほ未《いま》だ韜《つつ》まず、

が名利に走って煩悩(塵労)を増長させたことを慚じる。
霊山　釈尊霊山と霊山徹翁を含意。
意はざりき…　仏法の障碍がかくも高いものとは思いも及ばなかった。

102 **囚に…**　約一カ月下獄。7偈参照。↓補
身上…　身上の行悩み(迍邅)でいたずらに心を破ってはならぬ。
苦楽…　苦楽寒温交替するこの時節にも。
黄花…　菊花の一枝に重陽(九月九日菊の節句)を知るのである。

103 **清浄…**　清浄本然(絶対空)が大千世界を現じている。だが現前の境は死の世界も同然だ。
戦に…　法戦になれた禅者の赤心…。
眉間……　眉間の血を梵天に注ぎ修行し直したい。↓補

104 **正伝…**　正系と傍系とがみだりに争い、曠劫の無明が我見を増長。霊山徹翁の塔所は正伝庵。
人我…　相争う人我の情をわが重荷として担いながら、あげは蝶がかるがると無心に飛ぶのを見るばかり。
担子　肩でかつぐ輿、荷物。

105 **道光**　仏道の光。
議論…　前偈参照。

参禅学道　塵労《じんろう》を長《ちょう》ぜしことを。
霊山《りょうぜん》の正法《しょうぼう》　地を掃《はら》つて滅《ほろ》びぬ、
意《おも》はざりき魔王の十丈高からんとは。

慚我声名猶未韜
参禅学道長塵労
霊山正法掃地滅
不意魔王十丈高

102
囚《ひとや》に停《とど》まる一月《げつ》の老虚堂《ろうきどう》、
身上の迍邅《ちゆんてん》　断腸することを休《や》めよ。
苦楽寒温　この時節、
黄花一朶《だ》に重陽を識《し》る。

停囚一月老虚堂
身上迍邅休断腸
苦楽寒温箇時節
黄花一朶識重陽

103
清浄本然《しょうじょうほんねん》　大千《だいせん》を現《げん》ず、
現前の境界《きょうがい》　これ黄泉。
戦に慣《なら》ふ作家《さつけ》　赤心露《あら》はる、
眉間《みけん》に剣《つるぎ》を掛けて　血《ち》天に澆《そそ》ぐ。

清浄本然現大千
現前境界是黄泉
慣戦作家赤心露
眉間掛剣血澆天

104
正伝と傍出《ぼうしゅつ》と　妄《みだ》りに相争ふ、
曠劫《こうごう》の無明《むみょう》　人我《にんが》の情《こころ》。
人我担《にな》い来《きた》つて担子《たんす》重く、
空《むな》しく看る蛺蝶《きょうちょう》　一身《しん》の軽《かろ》きを。

正伝傍出妄相争
曠劫無明人我情
人我担来担子重
空看蛺蝶一身軽

105
上古の道光《どうこう》　今日《こんにち》明らかなり、

議論す臨済正伝の名を。
屋前《おくぜん》屋後　樵歌《しょうか》の路に、
憶《おも》ふ昔《むかし》山陽の笛《てき》一声《せい》を。

上古道光今日明
議論臨済正伝名
屋前屋後樵歌路
憶昔山陽笛一声

106
棒喝徳山《ぼうかつとくさん》臨済の禅、
商量《しょうりょう》す三要《よう》と三玄《げん》と。
漢王印《いん》を鋳《い》て却《かえ》つて印を消《しょう》す、
胡乱《うろん》さらに参ぜよ　三十年。

棒喝徳山臨済禅
商量三要与三玄
漢王鋳印却消印
胡乱更参三十年

107
近代の久参学得《きゅうさんがくとく》の僧、
語言三昧《ごごんさんまい》　喚《よ》んで能《のう》となす。
無能味《あじわい》あり　狂雲が屋《いえ》、
折脚鐺中《せっきゃくとうちゅう》　飯《はん》一升。

近代久参学得僧
語言三昧喚為能
無能有味狂雲屋
折脚鐺中飯一升

108
風外《ふうがい》の松杉《しょうさん》　乱れて雲に入る、
諸方は衆《しゅう》を動かし　また群《ぐん》を驚かす。
人境機関《にんきょうきかん》　吾れ会《え》せず、
濁醪一盞《だくろういっさん》　酔うて醺々《くんくん》たり。

風外松杉乱入雲
諸方動衆又驚群
人境機関吾不会
濁醪一盞酔醺々

*賛《ス》二霊昭女《りんしょうにょヲ》一

屋前… 山居の屋前屋後を通る樵夫の歌に堅田の華叟の下で修行した昔が偲ばれる。むかし向秀が山陽の嵆康の旧居を過ぎ笛声に懐旧の情を起したように。↓51偈補

106 **三要・三玄** ↓92偈補
漢王… 漢王は臣を任命する印を鋳たが、印が無用になって之を潰したこと。禅修行の精進錬成の道とそれを透脱した無功用自在の境とを対比。↓補
胡乱… 今の禅林の怪しげな境涯はなお参究三十年を要する。↓87偈注

107 **近代**… 近頃年久しく参禅して公案祖録を学得した僧達が、専ら多弁を弄してこれが力量だとしている。
無能… しかし無能な狂雲の家には別の味がある。
折脚… 脚の折れた古鍋で炊く無味淡飯の味はどうか。↓補

108 **風外** 風の吹いている遠方。世間のならわしの外。俗世間の外。
諸方… 諸方は衆を煽動し驚かしている。
人境… 人・境にかかる接化手段(機関)はわしの知ったことでない。
濁醪… 一杯の濁酒に陶然としているわけだ。来時の路を忘却した遊戯の境。
○**霊昭女** 龐居士の女。父と笊籬(いかき・ざる)を作り、売って生計をたてた。↓158偈

109
笊籬《そうり》を売却《まいきゃく》して甚《はなは》だ風流、
一句明《めい》々たり　百草頭《ひゃくそうとう》。
相《あい》対して心《しん》の禅話を弄《ろう》する無し、
朝雲暮雨　愁《うれい》に勝《た》へず。

笊籬売却甚風流
一句明々百草頭
相対無心弄禅話
朝雲暮雨不勝愁

110
風《ふう》鈴《りん》　二首
静時に響《ひびき》なく　動時に鳴る、
鈴に声ありや　風に声ありや。
老僧が白昼の睡《ねむり》を驚起《きょうき》す、
なんぞ須《もち》ひん日午《にちご》に三更《こう》を打《た》することを。

静時無響動時鳴
鈴有声耶風有声
驚起老僧白昼睡
何須日午打三更

111
見聞《けんもん》の境界《きょうがい》　はなはだ端《たん》なし、
好《あたか》も是清声隠々《いんいん》として寒し。
普化《ふけ》老漢《ろうかん》の活手段《かつしゅだん》、
風に和《わ》して搭在《とうざい》す　玉欄干《ぎょくらんかん》に。

見聞境界太無端
好是清声隠々寒
普化老漢活手段
和風搭在玉欄干

112
牛庵《ぎゅうあん》　斎名《さいめい》
某甲《それがし》は潙山《いさん》の僧一頭《いっとう》、
長渓路上《ちょうけいろじょう》　即ち忘《ぼう》ずるやいなや。
闌中《らんちゅう》また祖師の見なし、
花は春風に属《ぞく》し　月は秋に属す。

某甲潙山僧一頭
長渓路上即忘不

109 **一句**… 父子の間に「明々たる百草頭、明々たる祖師意」の無心のやりとり、それがおのずから禅話になった。→補
百草頭　森羅万象の意。
朝雲… 日々の風光、感無尽。
110 **鈴**… 「幡動く」「風動く」(無門関二九)を多少連想させないでもない。
なんぞ… どうして真昼(日午)に夜半(三更)の魚板(又は鐘)を鳴らす(時節に落ちぬ本分の機語)必要があろうか。
111 **見聞**… 見聞の世界はとらえどころもない。はからずもいま身もひきしまる鈴の響き。無端は法界一円相の意か。
普化… 普化の死の実践、棺を開くと全身脱去、空中に鈴の響の隠々として去るを聞くのみ。(臨済録勘弁)
風に… 風のまにまに欄干にかかって鳴っている。虚堂報恩語録にみえる。もと徐中雅宮の詞詩(「一把柳糸収不得、和風搭在玉闌干」)。
搭在　懸る、打つ。在は位置を示す助辞。
112 **潙山**　潙山水牯牛。→11・73偈補
長渓　潙山は福州長渓の人。寒山詩に「十年帰不得、忘却来時道」とある。
闌中… 祖師の見などという異物を闌(おり)の中に残しはせぬ。「問う、如何なるか是れ祖師西来意。師云く、欄中、牛を失却す」(趙州録三〇二)。
花は… 眼前の境界即ち法身。「春は花、夏ほととぎす秋は月、冬雪ありて冷(すず)しかりけり」(道元―本来面目の歌)。

○半雲　半雲は一休自身でもあろう。盧山芝庵主の偈に「千峰頂上一間の屋。老僧半間、雲半間」とある。

113　**膚寸**…　碧空にぽっかり浮んだ浮雲、その空中の一点に安心立命がある。「青山白雲、無根却住」(洞山「玄中銘」)。「膚寸根なく」は小さな浮雲の状態。**夢魂**…　その雲は昨夜の夢に巫山の雨となって訪ねて来たが、今朝は雨の吟じゃんだ蹤が一片の雲になって空にある。

114　**随身**…　身につけているのは負い荷と鈯(たな)斧、いったいどこの山翁であろう。六祖は広州で樵(きこり)をしていたという。**南方**…　南宗頓悟の禅を会得しているか、盧公老よ。六祖の俗姓は盧氏。↓補

○扁…　門に「土庵」と額を掲げた。

115　**夏巣**…　夏は涼しい巣で、冬は穴倉で寒さを凌ぐといった気楽な生涯。**帯水**…　人びとの悩みを救う帯水拖泥の心づかいに忙しい。帯水拖泥は拖泥帯水と同じ。泥をひき水を帯びる。実人生の苦悩を負っている人々(泥・水)に伍して、あれこれとその悩みを救う心づかいに忙しい。**稼穡**…　もし植付け取入れの農耕の苦労を身を以て知ったなら、立派な仏寺が利名の場である現実を愧じるはずだ。

○顔　額に同じ。

○瞎驢　14偈参照。

闔中無復祖師見
花属春風月属秋

113
半《＊はん》雲《うん》

膚《ふ》寸根《すんこん》なく　碧空に点ず、
安心立命《あんじんりゅうみょう》　その中《うち》にあり。
夢魂昨夜　巫山《ふざん》の雨、
吟断《ぎんだん》す朝来《ちょうらい》一片の蹤《あと》。

膚寸無根点碧空
安身立命在其中
夢魂昨夜巫山雨
吟断朝来一片蹤

114
贊《ス》二六祖《ヲ》一

随身《ずいしん》の担子《たんす》と鈯斧《とっぷ》と、
知らずいづれの処の山翁《さんおう》ぞ。
南方の仏法《ぶっぽう》　会《え》すや否《いな》や、
盧公《ろこう》老　老盧公。

随身担子鈯斧
不知何処山翁
南方仏法会否
盧公老々盧公

115
紹鵄蔵主《しょうえんぞうす》規《かぎリテ》レ地《ヲ》トレ居《スヲ》。家徒《ニ》四壁立《ツノミ＊シテ》。扁《ッ》曰二土庵《ト》一。作《ッテ》レ偈《ヲ》以《テ》為《スト》レ証《ト》云《フ》

夏巣冬穴《かそうとうけつ》　一身康《やす》く、
帯水拖泥《たいすいだでい》　万念忙《まんねんいそが》はし。
稼穡《かしょく》の艱難をもし領略せば、
栴檀《せんだん》の仏寺は利名《りみょう》の場《にわ》。

夏巣冬穴一身康
帯水拖泥万念忙
稼穡艱難若領略
栴檀仏寺利名場

大機居士《だいきこじ》ト《シ》二小築《ヲ》一、＊顔《シテ》曰《フ》二瞎《＊かつ》

116 **大人**… 達人の境涯には通ずる者があるまい(大機の号にちなむ)。
霊山… 霊鷲山での釈迦の迦葉への記莂(授法の予言)に執われはしない。
臨済… 臨済の宗風は全く姿を消し、市井(紫陌)の人々は名利のため埃をあげて(紅塵)がやがやと忙しい。

117 **樵客**… 樵客(六祖)漁人(船子《せんす》)の禅風流は欠けるところがない。
なんぞ… 大伽藍の大道具の禅は無用。
◇転・結句は仏道修業のため世界を遍歴する一簑一笠の雲水境涯を賛す。

○**謹奉**… 一休の戯作か(119偈と対)。
○**幻住** 中峰明本(一二六三—一三二三)。高峰原妙の嗣、幻住老人と号し幻住庵賦がある。元の仁宗の召に応ぜず、各地に幻住庵を結び移り住む。三教一致、禅浄習合を唱え「中峰広録」三〇巻がある。真建は未詳。因みに一休の幼名は周建。119偈参照。

118 **誰か**… さて、その狂風が微動もせず狂雲がその痕跡もとどめぬ処、東海の初日の出が日本にかがやくのだ(一休は元旦に生まれた)。

119 **慚愧**… 101偈起句に同じ趣旨。
佯歌… 歌うまねをし酔いつぶれのふりをする。佯はいつわりよそおう。
吟懐… 夜ごと中峰の月に吟心(詩作の心、詩情)が動く。
幻住… 一処不住の僧に三夜泊る桑樹はない(恩愛を生ずる恐れの故に)。「浮屠(仏陀・僧侶)桑下に三宿せず」(後漢書襄楷伝)。

116
驢《ろ》ト一、因テ賛スルニ以テストレ偈ヲ云フ

大人の消息　誰あつてか通ぜん、
霊山記莂《りようぜんきべつ》の中に堕《お》ちず。
臨済の宗風　地を掃《はら》つて滅び、
紅塵の紫陌《しはく》　閙《さわがし》きこと怱々《そうそう》たり。

大人消息有誰通
不堕霊山記莂中
臨済宗風掃地滅
紅塵紫陌閙怱々

117
簑《さ》笠《りゆう》

樵客《しようきやく》漁人　受用全《まつた》し、
なんぞ須《もち》ひん曲彔木床《きよくろくもくしよう》の禅。
芒鞋竹杖《ぼうあいちくじよう》　三千界、
水宿風飡《すいしゆくふうさん》　二十年。

樵客漁人受用全
何須曲彔木床禅
芒鞋竹杖三千界
水宿風飡二十年

*謹ンデ奉ルレ録二呈シ一休老和尚ノ座下ニ一
*幻住ノ孫真建《そんしんけん》九拝

118
狂風偏界《へんかい》　曾《かつ》て蔵《かく》さず、
吹き起す狂雲　狂さらに狂。
誰か識《し》らん雲収《おさ》まり風定まる処、
海東《かいとう》の初日　扶桑《ふそう》に上《のぼ》る。

狂風偏界不曾蔵
吹起狂雲狂更狂
誰識雲収風定処
海東初日上扶桑

和《わ》韻《いん》

119
慚愧す声名の覆蔵せざることを、
佯歌爛酔《ようからんすい》　我れ風狂。
吟懐夜々《やや》　中峰《ちゆうほう》の月、

幻住《げんじゅう》の僧に三宿の桑《そう》なし。

　慚愧声名不覆蔵
　佯歌爛酔我風狂
　吟懐夜々中峰月
　幻住僧無三宿桑

華叟《かそう》老師*掩《フテ》レ光《ヲ》而後、既《ニ》泊《およブ》二一十余稔《ねんニ》一也。壬申《じんしんノ》秋、勅《シテ》諡《ス》二大機弘宗禅師《ト》一。仍《テ》製《リテ》二禅師詩《ヲ》一、呈《ス》二寄大用養叟和尚《ニ》一。且《ツ》陳《ブト》*二賀忱《ヲ》一云《フ》

120
曾《かつ》て塵寰《じんかん》を謝す　五十年、
芳声美誉　これ何の禅ぞ。
子胥《ししょ》日晩《く》れて倒行《とうこう》し去る、
覿面《てきめん》屍《しかばね》を辱《はずか》しむ　三百鞭《べん》。

　曾謝塵寰五十年
　芳声美誉是何禅
　子胥日晩倒行去
　覿面辱屍三百鞭

121
懶瓚《らんさん》詔《みことのり》を辞《じ》す　また何似《いかん》ぞや、
芋を煨《や》いて烟《けむり》は鎖《と》ざす　竹炉《ちくろ》の裏《うち》。
大用《だいゆう》現前　真の衲僧《のうそう》、
先師《せんし》の頭面《ずめん》に悪水を潑《そそ》ぐ。

　懶瓚辞詔也何似
　煨芋烟鎖竹炉裏
　大用現前真衲僧
　先師頭面潑悪水

122
　賛《ス》*二端師子《ヲ》一
師子《しし》を弄《ろう》する処　正《まさ》に心《しん》を明《あき》らむ、
不托回頭《ふたくかいとう》　口瘖《おし》のごとし。
蓮経《れんぎょう》を読誦《どくじゅ》す　風雪の燭《あかり》、
漁歌一曲　五更《こう》の吟。

　弄師子処正明心
　不托回頭口若瘖

◇596偈に、「接物利生従二一玄一、出塵羅漢幾機縁。中峰夜々一輪月、独朗天真幻住前」がある。
○掩光　高僧の入寂をいう。
○賀忱　お祝いの真心・賀詞。

120　**塵寰を謝す**　塵の世間を退く。
子胥　伍子胥。晩年、道理に逆らって事を行ない(倒行)身を亡ぼした。↓補
覿面…　得法を売り仏法を渡世の具として、まのあたり先師の屍を鞭打つ辱しめを行なった。(養叟への毒語)

121　**懶瓚**　北宋普寂の弟子明瓚。南岳の石室に隠棲し襤褸を纏っていたので懶瓚のあだ名がある。徳宗の召に応じなかった。
芋を…　芋をやく烟が竹囲いの炉を包んでいる。↓補
大用…　大用庵主養叟の大機大用こそ正真正銘の禅僧ぶり。175偈「大用現前の贋長老」。
○端師子　僧浄端、字は表明。獅子を弄するを見て心を明らめたゆえ端師子と呼ばれた。↓補

122　**不托・回頭**　ともに狂僧。浄端の問に回頭は答えられなかったために浄端に押し倒され、同じく不托はまごついたためにひっくり返された。↓補
蓮経…　浄端は平生、妙法蓮華経を読誦して観世音菩薩の慈悲行を学んだ。
漁歌…　漁歌五更の吟の清冽。↓補

読誦蓮経風雪燭
漁歌一曲五更吟

大徳寺*火《ヤケシ》後、題《ス》ニ大燈国師塔ノ一

123 創草《そうそう》百二十八年、看《み》来《きた》れば今日体中玄《たいちゅうげん》。
正邪境法《しょうじゃきょうぼう》　滅却して後《のち》、
なほこれ大燈　大千に輝《かがや》く。

創草百二十八年
看来今日体中玄
正邪境法滅却後
猶是大燈輝大千

渡*江ノ達磨

124 脚下苦《く》なるかな　平地の波、
誰人か梁魏《りょうぎ》に聱訛《ごうか》を定めん。
西来道《せいらいどう》ふなかれ　大難《たいなん》の意、
河《か》広うして伝へ聞く　一葦《い》過ぎしと。

脚下苦哉平地波
誰人梁魏定聱訛
西来莫道大難意
河広伝聞一葦過

賛ニ臨済和尚一

125 従来の道業　これ毘尼《びに》にして、
黄檗の棒頭《ぼうとう》に所知を忘《ぼう》ず。
正伝《しょうでん》的々　克勤下《こくごんか》、
吟破《ぎんぱ》す風流小艶の詩を。

従来道業是毘尼
黄壁棒頭忘所知
正伝的々克勤下
吟破風流小艶詩

賛《ス》ニ普*化《ヲ》一

126 徳山臨済　同行《どうあん》を柰《いか》ん、
街市《がいし》の風顛《ふうてん》に群衆驚く。

○大徳寺火後　享徳元年(一四五二)(一休六〇歳)大徳寺炎上。
123 看来れば…　大燈上堂語「雲門匡真大師、如今現存す、諸人還って見るや」と照応。
体中玄　大燈百二十則にいう三玄の一か。「体中玄　須弥山　句中玄　鉄囲山　玄中玄　第八海」。
◇よく看れば、相争う正邪境法滅却(炎上)して大燈即ち体中玄はいよいよ鮮か。
○渡江　達摩が葦に乗って揚子江を渡る図がある。渡江達摩の伝説。
124 脚下…　脚下に苦を喚び起した平地の波。
誰人…　その測り難い消息を梁や魏に尋ねても、解りはしない。
西来…　西来意をあげつらうな。
◇482偈渡江達磨に「去々来々随意行、乾坤万里俗塵生。西天此土姓名重、脚底脚頭蘆葉軽」がある。
125 従来…　従来行業純一に律毘尼を守った。
黄檗…　黄檗に三度問うて三度打たれ、大愚の下で所知(悪知悪覚)を忘じた。
正伝…　臨済正宗的々の圜悟下で小艶詩を吟ず(一休?)。破は強調の助辞。
○普化　臨済時代の風顛禅者。↓111偈注
126 同行…　同じ仲間の普化を扱いかねよう。　坐脱…　端坐や直立のまま死んだ禅者も普化の全身脱去には太刀打ちできぬ。　和鳴…　111偈注参照。
◇588偈普化和尚に「議論明頭又暗頭、老禅作略使ニ人愁一。古往今来風顛漢、宗門

坐脱立亡《ざだつりゅうぼう》　敗闕《はいけつ》多し、
和鳴隠々《わめいいんいん》たり　宝鈴《ほうれい》の声。

徳山臨済奈同行
街市風顛群衆驚
坐脱立亡多敗闕
和鳴隠々宝鈴声

127
黄檗ノ三頓棒*

棒頭打着《だじゃく》す　羯磨《こんま》の僧《そう》、
痛処の針錐《しんすい》　伎能を絶す。
桃李春闈《しゅんけい》　簾外の月、
吟魂一夜　十年の燈《ともしび》。

棒頭打着羯磨曾。
痛処針錐絶伎能
桃李春闈簾外月
吟魂一夜十年燈

128
持戒は驢《ろ》となり　破戒は人、
河沙《がしゃ》の異号　精神を弄《ろう》す。
初生《しょしょう》の孩子《がいし》　婚姻の線、
開落す紅花幾度《いくたび》の春。

持戒為馿破戒人
河沙異号弄精神
初生孩子婚姻線
開落紅花幾度春

129
賛《ス》ニ華叟《かそう》和尚ヲ一

霊山《りょうぜん》の孫《そん》　言外《ごんがい》の的伝、
蜜漬《みつし》の茘支《れいし》　四十年。
児孫に箇《こ》の瞎禿漢《かっとくかん》あり、
頤《やしな》ひ得たり老婆新婦の禅。

霊山孫言外的伝
蜜漬茘支四十年
児孫有箇瞎禿漢
頤得老婆新婦禅

*脚下紅糸《こうし》線《せん》

年代一風流」とある。
○三頓棒　三度打つこと。一頓は一打ち。
127 **棒頭…**　持戒純一の僧(羯磨の僧)を打って大悟させた黄檗の没伎量の伎量。↓補　**痛処の針錐**　究道者の実存状況に適中する接化のはたらき。
桃李…　自分は若い頃(桃李)月光下漁舟に打坐を続け、大悟の偈「十年以前…玉顔の吟」を師に呈した。簾外の月を見ていると今それが眼に浮ぶ。↓補
◇「曾」は「僧」。ただし韻が合わない(入矢)。
○脚下紅糸線　24偈注および補注参照。
128 **持戒…**　戒を守る者は驢馬に生まれ、破戒の者は人間に生まれる。
河沙…　恒河の沙ほど多い衆生の名前によって精神をもてあそぶ。139偈参照。
初生…　生れたての赤子にも結婚の線がそなわっている。花が春の度毎に開落するように自然(じねん)であれ。
129 **霊山の孫**　霊山(徹翁)—言外—華叟。
蜜漬…　多年蜜漬の美味な茘支のように熟成した華叟禅。茘支↓1偈補
瞎禿漢　めくら坊主、瞎驢庵の一休。
頤ひ得たり…　気違いのめくら坊主を生み出し、そればかりか老婆禅、新婦禅なども頤ったのだ。頤は養叟宗頤の頤で、老婆や新婦を相手にする養叟への皮肉。老婆禅はくどい老婆親切の禅、新婦禅は姑に気がねする新嫁のように小心の禅。他にも474偈「点検将来新婦禅」、475偈「欽山作略老婆機」等と詠む。「河陽の新婦子(しんぷす)、木塔の老婆禅」(臨済録)。

自賛

130
華叟の子孫　禅を知らず、
狂雲面前　誰か禅を説く。
三十年来　肩上《けんじよう》重し、
一人荷担《かたん》す　松源《しようげん》の禅。

華叟子孫不知禅
狂雲面前誰説禅
三十年来肩上重
一人荷担松源禅

百丈餓死　三首*

131
為人《いにん》の苦行　また天然《てんねん》、
大用分明《だいゆうふんみよう》　すなはち現前す。
一日作《な》さざれば必ず食《くら》はず、
大人《だいにん》の手段　作家《さつけ》の禅。

為人苦行也天然
大用分明即現前
一日不作必不食
大人手段作家禅

132
古人の受用　いくばくか艱《かん》を嘗《な》む、
これ尋常《よのつね》談笑の間にあらず。
飽食《ほうじき》痛飲　飯袋子《はんたいす》、
叉衣《さえ》翫水《がんすい》　また遊山。

古人受用幾嘗艱
不是尋常談笑間
飽食痛飲飯袋子
叉衣翫水又遊山

133
工夫《くふう》長養　大慈心、
臨済消《しよう》し来《きた》る　万両の金《きん》。
昔日の艱難聞いて吐哺《とほ》す、
簑衣《さえ》箬笠《じやくりゆう》　钁頭《かくとう》の吟《ぎん》。

工夫長養大慈心
臨済消来万両金

130　**三十年**…　華叟没後三十年、わが肩の荷は重い。酬恩庵の自賛には「臨済子孫…」とする。31偈前書参照。
一人…　一休ひとり松源の禅をになう。
◇墨斎筆、一休宗純像の賛。
○百丈　百丈懐海(七四九—八一四)。
131　**為人**…　接化の為の断食も自然の行。
大用…　大いなる妙用がはっきりと現前。
一日…　↓補
大人の手段　達人の為人の手段。
132　**古人**…　法に生きた先人の艱難は世間話に乗る底のものではなかった。
飯袋子　飯ぶくろ、穀つぶし。
叉衣…　簑衣を着けて水を楽しみ山に遊ぶ生きざま。五山僧・一休双方への自省。
133　**臨済**…　百丈が長養の大慈心は、その法孫に、一日に万両の供養に値する臨済を生んだ。消は消費。↓補
昔日…　それまでには、馬祖の下での百丈の痛烈な参究(↓59偈注)が、それを聞いた黄檗に思わず舌を吐かせた因縁があった。吐哺は、口中の物を吐き出す意であるが、ここでは「舌を吐く」意味にとる。↓補
簑衣箬笠　虚堂録四の百丈に関する「年高㆓九十五歳㆒、鉏頭・刀釪(ともに耕具)、簑衣箬笠、不㆓曾離㆑身」による。したがって結句は百丈・臨済を併せ詠じた。
钁頭…　その黄檗下に簡素質朴な栽松作務の吟を師に酬いる臨済が出現。↓補
○会裏徒　一休のもとに集合している修行僧。

134 **箇々**… 74偈転句と同趣旨。
昼夜… 日夜念頭には文字文章のことばかり。元字脚は元字の脚部は乙、乙は一に通じ、一は一字の意から転じ文字をさすという。別に兀は不動の意ゆえ、心揺がぬ意とみる説あり。この偈は禅界の現状を批判する語とみて前者をとる。
是非… 他を批判する我見の騒がしさよ。
135 **公案**… 年来公案に参じて、その事なら分り切っているようだが。
胸襟… その胸の奥を点検するならそこは混迷のまっ暗がり。
怨憎… 怨憎の思いが生涯消え去らず。
道伴… 道友の忠言をきらって耳をかそうとせぬ。
136 **識情**… 我見分別は刀の山、人を傷つける敵意は剣の樹。即ち地獄か。
血を… (他の非を挙げて)汚そうと血を含んで人に吐けば、却って先ず自分の口を汚すばかり。↓補
○入定　禅定に入る。
137 **塵縁**… 俗塵の境は多事多端である。
此に… ここに至ってもろもろの煩悩妄想(衆流)を誰がたち切るのか。
誓心… 道心が不退転に決定したなら天魔の宮殿(維摩経菩薩品「諸女、維摩詰に問う、我等云何が魔宮に止まらんと」)も動転しよう。↓補
長信… 魔宮の崩壊とともに自由の主体が現前する、爽かな西風が夢ならぬ現実の庭に訪れるように。長信は長信宮。琪樹は玉樹、すなわち玉でできている樹。また玉のように清楚な美しい樹。↓補

昔日艱難聞吐哺
簑衣箬笠钁頭吟

134
示《ス》二*会裏《ノ》徒《ニ》一　三首

楽中《らくちゅう》苦あり　一休の門、
箇々蛙は争ふ　井底《せいてい》の尊《そん》を。
昼夜心《こころ》に在り　元字脚《げんじきゃく》、
是非人我《にんが》　一生喧《かまびす》し。

楽中有苦一休門
箇々蛙争井底尊
昼夜在心元字脚
是非人我一生喧

135
公案参じ来つて明歴々たれども、
胸襟勘破《かんぱ》すれば暗《あん》昏々。
怨憎《おんぞう》して死に到るまで忘却しがたし、
道伴《どうはん》の忠言　耳根《にこん》に逆《さか》らふ。

公案参来明歴々
胸襟勘破暗昏々
怨憎到死難忘却
道伴忠言逆耳根

136
徒《いたずら》に祖師の言句《ごんく》を学得して、
識情は刀山　牙《げ》は剣樹なり。
看よ看よ頻々《ひんぴん》他の非《ひ》を挙《こ》することを、
血を啣《ふく》んで人に噴《は》けばその口汚《けが》る。

徒学得祖師言句
識情刀山牙剣樹
看々頻々挙他非
啣血噴人其口汚

137
示《ス》二*入定僧《にゅうじょうそうニ》一

塵縁塵境　万端稠《ばんたんしげ》し、
此《ここ》に到つて誰人《たれびと》か衆流《しゅる》を截《き》らん。
誓心決定《せいしんけつじょう》すれば魔宮《まぐう》動く、
長信《ちょうしん》の西風　琪樹《きじゅ》の秋。

138 夾山… 自己の境涯を「猿は児を抱いて青嶂の後に帰り、鳥は花を啣んで碧巌の前に落つ」(祖堂集七)と詠じた語の評価。「碧巌集」の名はこれに由来する。
一炬… 大慧、碧巌集を焚いて弊を救う。
寒灰… 寒灰を前にあげつらう愚をやめよ。正法を滅却する老婆心にすぎぬ故。碧巌集序文への言及。→補
○黄竜の三関 黄竜慧南(一〇〇二―六九)が学人接化に仏手・驢脚・生縁の三問を設けた。→補
139 仏と… 何に成っても欠ける所はない。
河沙… 無数の異名は生まれる因縁次第。
黄竜… 三関の外は無明の雲で暗やみ。
積翠… 透過すれば緑深い山からの春風が楊柳の前にそよいで爽明。積翠寺は黄竜の住した寺。
○虎丘… 虎丘山の雪の朝、大慧三等僧の分類を引いた故事。→補
140 ◇起・承句は少林寺の雪の中で達摩に懇願した慧可の道心をつぐ上等僧、転句は詩作に興ずる中等僧。結句は食事の話に熱中する下等僧。位置づけの一休の知見による逆転。
141 禅者… 一休による右と同様の逆転。→補
妙喜… 大慧に若し大慈心があったなら下等僧に無尽の香積飯を与えて自由を得させたであろう。

塵縁塵境万端稠
到此誰人截衆流
誓心決定魔宮動
長信西風琪樹秋

読ム二碧岩集ノ序ヲ一

138
夾山《かつさん》の言教《ごんきょう》 価《あたい》千金、
一炬《きよ》看《み》来《きた》れば古今を救ふ。
寒灰に向つて議論をなすことを休《や》めよ、
宗乗《しゅうじょう》滅却す 老婆心。

夾山言教価千金
一炬看来救古今
休向寒灰成議論
宗乗滅却老婆心

*黄竜《おうりょう》ノ 三関

139
仏と成り驢と成る 手脚全《しゅきゃくまった》し、
河沙《がしゃ》の異号 生縁《しょうえん》に任《まか》す。
黄竜《おうりょう》の関外《かんがい》 黒雲鎖《とざ》す、
積翠《せきすい》の春風 楊柳の前。

成仏成驢手脚全
河沙異号任生縁
黄竜関外黒雲鎖
積翠春風楊柳前

*虎丘雪《くきゅうせつ》下三等僧ノ 二首

140
少林《しょうりん》の積雪 心頭に置く、
公案円成《えんじょう》す 上等の仇《たぐい》。
僧社《そうしゃ》に詩を吟ず 剃頭《ていとう》の俗、
飢腸食《じき》を説《と》くもまた風流。

少林積雪置心頭
公案円成上等仇
僧社吟詩剃頭俗
飢腸説食也風流

141
禅者詩人 みな癡鈍《ちどん》、

雪下《せっか》の三等　議論多し。
妙喜《みょうき》もしこれ大慈心ならば、
食《じき》を説く僧に香積飯《こうじゃくはん》を与へん。

禅者詩人皆癡鈍
雪下三等多議論
妙喜若是大慈心
説食僧与香積飯

142

看テ二大徳寺ノ修造ヲ一有リレ感

雲門の卵塔《らんとう》　一茅廬《ぼうろ》、
大用《だいゆう》は黄金殿上《おうごんでんじょう》の居《きょ》。
傍出《ぼうしゅつ》す正伝《しょうでん》現前の境《きょう》、
楊岐《ようぎ》の屋壁《おくへき》　古来疎《そ》なり。

雲門卵塔一茅廬
大用黄金殿上居
傍出正伝現前境
楊岐屋壁古来疎

143

新二造ス大応国師ノ尊像ヲ一

活眼《かつがん》大いに開く　真面門《しんめんもん》、
千秋の後《のち》なほ精魂を弄《ろう》す。
虚堂《きどう》の的子《てきし》　老南浦《なんぽ》、
東海の狂雲　六世の孫《そん》。

活眼大開真面門
千秋後尚弄精魂
虚堂的子老南浦
東海狂雲六世孫

144

題ス二妊坊ニ一

美人の雲雨　愛河深し、
楼子《ろうし》老禅《ろうぜん》　楼上に吟ず。
我れに抱持《ほうじ》唼吻《そうふん》の興ありて、
竟《つい》に火聚《かじゅう》捨身《しゃしん》の心なし。

美人雲雨愛河深
楼子老禅楼上吟
我有抱持唼吻興

香積飯　↓補

142　**雲門**…　雲門卵塔(僧の墓標)は茅の庵。大燈は雲門の再来という。

大用…　養叟大用庵主は黄金殿。大徳寺炎上(123偈注)し大用庵のみ残る。養叟はこれをこわして開山大燈の塔とし、別に壮麗な大用庵を再建した。

傍出…　脇道に出た正伝伽藍。正伝は徹翁の塔所正伝庵をも暗に含意するかもしれぬ(163偈参照)。養叟も正伝庵に住したことがある。竜宝山五祖伝の言外章に徹翁の語「又与レ師(言外)書云、正伝旁出見二于六祖並神秀一」がみられる。

楊岐…　楊岐(方会)の上堂語。「楊岐にわかに住して屋壁疎なり、満牀尽(ことごと)く布(し)く雪の真珠」(楊岐語録)。

143　**活眼**…　実相を見ぬき真贋を勘破する活面目。

千秋…　永久に後代の精神を手玉に取る度衆生心。

虚堂…　虚堂禅の正嫡子南浦紹明禅師。

六世の孫　虚堂―大応―大燈―徹翁―言外―華叟―一休。年譜によれば康正二年(一四五六)六三歳の作、但し虚堂を数えて七世孫とある。

144　**愛河**　愛欲が人を溺らす喩。「生死の流に随って大愛河に入る」(八十華厳経)。

楼子老禅　遊女と一休か。

抱持唼吻　抱擁・接吻。

竟に…　(煩悩の)猛火の積聚に等しい肉体を修行のために捨てる心などさらに無い。

竟無火聚捨身心

示《ス》二*延寿堂ノ僧ニ一

145
無常の殺鬼《せつき》現前の時、
末後の牢関《ろうかん》　誰にか説向《せつこう》せん。
百事休《や》み難うして五欲鬧《さわ》がし、
六窓《りくそう》を鎖《とざ》さんと欲すれば八風《はつぷう》吹く。

無常殺鬼現前時
末後牢関説向誰
百事難休五欲鬧
六窓欲鎖八風吹

病中ノ作

146
徳山《とくさん》の棒《ぼう》　臨済《りんざい》の喝《かつ》、
我が他《た》の機境に奪はるるを嘆《なげ》く。
もし人馬祖《ばそ》の不安を問はば、
慚愧す一生相如《しようじよ》が渇《かつ》を。

徳山棒兮臨済喝
嘆我被他機境奪
若人問馬祖不安
慚愧一生湘◦如渇

示《ス》二栄衒ノ悪知識ニ一　二首

147
参禅の婆子《ばす》　楊花の帳《とばり》、
入室《につしつ》の美人　蘭蕙《らんけい》の茵《しとね》。
近代この邪師の過謬《かびゆう》、
馬牛《ばぎゆう》の漢《かん》これ人倫《じんりん》にあらず。

参禅婆子楊花帳
入室美人蘭蕙茵
近代箇邪師過謬
馬牛漢不是人倫

148
捧心自《みずか》ら法王の身《しん》と称して、
世上の弄嘲《ろうちよう》に徒《いたず》らに怒嗔《どしん》す。
一箇の猢猻《こそん》　巴尾《はび》没《な》し、
出頭す大用《だいゆう》現前の人。

○延寿堂　病僧の療養する建物またはその部屋。これを死すべき人間の現実界とみてもよい。

145　**殺鬼現前**　時々刻々とみてもよい。無常の理法を万象を亡ぼす幽鬼に譬えた。「無常殺鬼不レ択二豪賢一」(止観七)。

末後…　死に臨んで透過すべき牢関の一句を誰に向って説くのか。32偈参照。

六窓・八風　六根と識情を扇動する利・衰・毀・誉・称・譏・苦・楽の八の法。

146　**徳山**…　「もの」への執われを破砕する接化の例証か。

我が…　とかく他の機・境に執われる自分が嘆かわしい。碧巌録三の垂示「一機一境」から引いた。

もし…　馬祖が病を問われて「日面仏月面仏」(碧巌録三)と答えたように、若し自分が問を受けたならば、一生、渇病・渇愛を病んだ司馬相如のように、生涯機境を追う自分が恥ずかしい。→16偈補

147　**参禅**…　上流婦人が参禅する楊(やなぎ)の花のような白い帳の掛った部屋。

入室…　美人が参禅する蘭・蕙の香草の敷物のある室内。

馬牛…　人間ならぬ馬牛にも等しい輩。「畜生身上何用銭」「印可証状犬亦取」(自戒集)。(養叟らへの毒舌)

148　**捧心**…　宗匠の猿真似をして自ら仏法の具現者と称し。→12偈注

世上…　世間に嘲弄されて無闇に怒る。

一箇…　尻尾のないこの一匹の猿。→補

出頭…　罷り出ました大用現前の庵主殿。(養叟に対する揶揄)

棒心自称法王身
世上弄嘲徒怒嗔
一箇猢猻没巴尾
出頭大用現前人

149
拝《ス》*関山和尚《ノ》塔《ヲ》

荒草《こうそう》鋤《す》かず　乃祖《ないそ》の玄《げん》、
涅槃《ねはん》正法《しょうぼう》　妙心の禅。
杜鵑《とけん》叫び落つ　関山の月、
誰か花園躑躅《てきちょく》の前に在る。

荒草不鋤乃祖玄
涅槃正法妙心禅
杜鵑叫落関山月
誰在花園躑躅前

150
雨《う》滴《てき》　斎名《さいめい》

蕭々《しょうしょう》たる門外　これ何《なん》の声《こえ》ぞ、
会《え》せずんば機に当って鏡清《きょうしょう》に問へ。
顚倒《てんどう》の衆生《しゅじょう》　迷うて物を逐《お》ふ、
吟魂半夜　一燈青し。

蕭々門外是何声
不会当機問鏡清
顚倒衆生迷逐物
吟魂半夜一燈青

151
松窓《しょうそう》　同前

茅廬《ぼうろ》竹閣《ちくかく》　興窮《きわま》り難し、
臨済栽《う》ゑ来《きた》つて功《こう》空しからず。
枕上自《みずか》ら慚《は》づ　閑夢《かんむ》あることを、
夜来驚起《きょうき》す　屋頭の風。

茅廬竹閣興難窮
臨済栽来功不空
枕上自慚有閑夢
夜来驚起屋頭風

152
*面壁達磨《めんぺきだるま》

◇351偈示栄衒徒に「人家男女魔魅禅、室内招レ徒使レ悟レ玄。近代癩人顋養叟、弥天罪過独天然」とある。33偈前書参照。○関山　妙心寺開山関山慧玄(一二七七—一三六〇)。大燈国師宗峰妙超の法嗣。

149　**荒草…**　大燈の仏法は妄想の草を掘り起して現われるものでない。↓補
涅槃…　釈尊から大応・大燈へ的々相承した関山の禅。↓補
杜鵑…　いま関山の月に杜鵑が叫び落ちるのは何か。(正法の衰徴?)関山塔辺の杜鵑花(つつじ)の前に正法をつぐ誰がいるのか。↓補

150　**蕭々**　物寂しい。　**鏡清**　清鏡道怤(八六四—九三七)。(伝燈録一八)
顚倒の衆生…　雨滴声すなわち真の自己の根本を忘れて外境を追う。「鏡清僧に問う、門外是れ什麽の声ぞ。僧云く、雨滴声。清云く、衆生顚倒して己に迷うて物を逐う」(碧巌録四六)。
吟魂…　雨滴(本来の面目)の真景。

151　**茅廬…**　茅(かや)ぶき竹囲いの粗末な住居も限りない楽しみ、臨済栽松(→133偈「钁頭…」補)の余沢がここにも生きている。
枕上…　それに慣れて惰眠をむさぼっていることが愧じられる。
夜来…　夜に入って屋(えい)のほとりの烈風に俄然目をさまされた。慚愧と自戒。
○面壁…　面壁の功成って面壁の面目も消え満庭白一色の達摩と慧可の師資契合。

152　◇起・承句は神光慧可(四八七—五九三)が少林寺の達摩に侍して、任運(自然

(じねん)に安心の法を問うたこと。

153 **六年の飢寒…**　絶対貧への道が骨髄に徹したこと、この道の実践が仏祖の玄旨だ、という。

天然　生まれたまま(修行せぬ)。「何れの処にか天然の弥勒、自然の釈迦あらん」(諦観撰「天台四教儀」)。「いまだ天生の釈迦、自然の弥勒あらず」(円悟心要上)。

飯袋子　むだ飯ぐらい、穀つぶし。

◇康正二年(一四五六)の作。伝蛇足筆・苦行釈迦像の賛(真珠庵蔵)。586偈「苦行飢寒已六年、釈迦弥勒豈天然、輪廻三界知ニ幾度一、来往娑婆経ニ八千一」、439・440偈参照。

154 **端なく…**　図らずも大燈の門を滅ぼす。滅却は肯定を含意(14偈参照)。↓補

鉄眼…　手ごわい眼力と鋭利な手段。俊英な禅者の機用を形容。「鉄眼銅睛」(碧巌録二三)、「牙剣樹」(会元七徳山章)。

曇華…　三千年に一度開く優曇華(うどんげ)。大慧と共に二大甘露門といわれた応庵曇華を連想か。華叟の諱(いみな)は宗曇。↓補

155 **霊山**　大徳寺内徳禅寺(徹翁)の山号。釈尊の霊山一会から中国禅諸派の法脈は興禅護国論(本書四九頁九行)に見える。釈尊の霊山を連想。↓31偈「正法眼蔵…」補

三界の独尊　一般には釈尊のこと。徹翁を三界の独尊と呼んで差支えない、の意。

156 **婬坊酒肆**　請益(しんえき)録一「文殊三処ニ夏(げ)ヲ過ス」のうち「一月ハ婬坊酒肆ニ在リ」が背景か。

一拶　一撃する。点検する。試みる。

152
誰人《たれびと》か任運《にんぬん》に安心《あんじん》を問ふ、
昔日神光《しんこう》　少林《しょうりん》に侍《じ》す。
面壁《めんぺき》功成つて面目なし、
知らず積雪の満庭に深きことを。

誰人任運問安心
昔日神光侍少林
面壁功成無面目
不知積雪満庭深

153
苦行《くぎょう》　釈迦

六年の飢寒　骨髄に徹す、
苦行はこれ仏祖の玄旨《げんし》。
信《しん》道ず天然《てんねん》の釈迦なしと、
天下の衲僧《のうそう》　飯袋子《はんたいす》のみ。

六年飢寒徹骨髄
苦行是仏祖玄旨
信道無天然釈迦
天下衲僧飯袋子

154
言外《ごんがい》和尚

端《はし》なく滅却す　大燈の家、
鉄眼銅睛《てつげんどうぜい》　剣樹の牙《げ》。
一句分明《ふんみょう》なり　言外《ごんがい》の語、
親しく聞く華叟《かそう》は曇華《どんげ》のごとしと。

無端滅却大燈家
鉄眼銅睛剣樹牙
一句分明言外語
親聞華叟若曇華

155
徹翁《てっとう》和尚

大燈《だいとう》の子　大応《だいおう》の孫《まご》、
正伝す臨済の宗門。
儼然たり霊山《りょうぜん》の一会《いちえ》、
何ぞ妨げん三界《がい》の独尊《どくそん》たるを。

大燈子大応孫
正伝臨済宗門

儼然霊山一会
何妨三界独尊

自賛

156
風狂の狂客 狂風を起す、
来往す婬坊酒肆《しゅし》の中《うち》。
具眼《ぐげん》の衲僧 誰か一拶《さっ》せん、
南《みんなみ》を画《かく》し北を画し西東《せいとう》を画するのみ。

風狂々客起狂風
来往婬坊酒肆中
具眼衲僧誰一拶
画南画北画西東

157
*趙州三転語 泥仏《でいぶつ》不㆑渡ラ㆑水ヲ 木仏《もくぶつ》不㆑渡ラ㆑火ヲ 金仏《こんぶつ》不㆑渡ラ㆑炉ヲ
詩成つて小艶愁情《しょうえんしゅうじょう》を述《の》ぶ、
一枕多年 夜雨の声。
長笛暮楼 誰《た》が氏《うじ》の曲ぞ、
曲終つて江上数峰青し。

詩成小艶述愁情
一枕多年夜雨声
長笛暮楼誰氏曲
々終江上数峰青

158
*龐居士《ほうこじ》製㆓スル竹漉籬㆒ヲ図
河裏《かり》捨て来《きた》る 十万銭、
庫中終《くちゅうつい》に半文《もん》の銭《せん》なし。
真箇《しんこ》の簸箕《はき》 門下の客、
笊籬《そうり》売つて多銭に直《あた》らず。

河裏捨来十万銭
庫中終没半文銭
真箇簸箕門下客
笊籬売不直多銭

159
*大恵《だいえ》・宏智《わんし》揖譲《ゆうじょう》ノ図
眉毛《びもう》相結んで眼睛《がんぜい》同じ、

南を… ああかこうかと推測するのみ。碧巌録九「趙州四門」と呼応。

◇一休宗純像・自賛(真珠庵蔵)。

○**趙州**… 碧巌録九六。水に溶けず火に焼けず炉で熔けぬ真仏はどこにいるか。三転語の結び「真仏坐㆓屋裡㆒」(趙州録)。水に溶け火に焼け炉で熔ける諸法の実相、金剛不壊の真面目。(正法眼蔵仏向上事)大随法真の「壊」に同じ。54偈「劫火」補注参照。→補

157 **詩成つて**… 125偈参照。→66偈補

曲終つて… 銭起の詩句。歌曲が終って人々は皆去り、後は江上数峰の青い静寂境。真仏の風光。一休は好んで尺八を奏した。

○**龐居士** 龐蘊。唐代、衡州衡陽県の人。馬祖の嗣。娘霊昭女(109偈)と共に竹の簸箕と笊籬を作って生計をたてた。小庵を悟空庵と名づけ、のち家財を纒めて洞庭湖に沈め無一物の生涯を続けた。龐居士語録三巻。(祖堂集一五・伝燈録八)

158 **河裏**… 家財を水に投じて無一物となった。 **簸箕** 馬祖を指す。「元是馬簸箕家小子」(正宗賛)。転句は居士をさす。624偈「龐居士」参照。

○**大恵・宏智** 宋代の両禅傑。大慧宗杲は公案禅(看話禅)を、宏智正覚は黙照禅を高揚、互いに相手の禅弊を批難したがしかも肝胆相照。一日丘上の小亭で面会のおり拱手の礼をもって譲りあった故、揖譲亭の名が生まれた。(会要一七)

159 **眉毛相結**… 見地・境涯が通じ合うこと。二七四頁前書補注参照。

両箇の老禅　機境融《ゆう》ず。
力士の鉄槌《てっつい》　子房《しぼう》が策《はかりごと》、
憤心は博浪沙《はくろうさ》中にあり。

眉毛相結眼睛同
両箇老禅機境融
力士鉄槌子房策
憤心在博浪沙中

*山庵雑録曰ク、楚石住ス二嘉興天《かこうてん》寧《ねい》ニ一。値フ下有司ノ重ネテ作ルニ二官宇ヲ一闕クニ中木石ヲ上。欲ス下取ツテ二村落無僧ノ廃庵ヲ一応ゼント上所ニレ需ムル。因ツテ集メテ二諸寺ノ住持ヲ一議スレ之ヲ。時ニ*楚石力メテ陳ベテ二不可ナル者ヲ一沮《はば》ムレ之ヲ。有司不レ聴カ。遂ニ搥ツテ二*退《たい》鼓《く》ヲ一、帰ル二海塩ノ天寧ニ一。*二老皆勇ミ二於行フニレ義ヲ、視ルコトレ棄ツルヲ二師席之尊ヲ一、不下啻ニ如キノミナラ上ニ棄ツルガ二弊屣ヲ一。今雖モ二荐《しきり》ニ禍患ノ嬰《かか》ルトレ己レニ、而モ猶*濡忍恋々タリ。亦独リ何ゾヤ。予読ンデレ此ヲ有リレ感、因ツテ作ルレ偈ヲ云フ。又有リ二*了庵ノ一事一省クレ之ヲ

160
奪人奪境《だつにんだつきょう》　事《じ》なほ稠《おお》し、
幽谷閑林も自由ならず。
道《い》ふことなかれ江山に定主《じょうしゅ》なしと、
普天《ふてん》の下《もと》　帝王の州なり。

奪人奪境事猶稠
幽谷閑林不自由
莫道江山無定主
普天之下帝王州

161
竜門亭ニ題シテレ偈ヲ賀スニ天竜寺ノ再興ヲ一
尽乾坤《じんけんこん》乃祖《ないそ》の門風《もんぷう》、
万嶽《ばんがく》嵯峨《が》たり　烟雨の中《うち》。
三級浪《なみ》高うして黒雲鎖《とざ》す、
潜鱗《せんりん》直《じき》に天竜と化《け》するを得たり。

尽乾坤乃祖門風

両箇…　両禅匠の心の働きと物の使い方が相親しい。「一機を露得し、一境を看得す」(碧巌録五七)。
力士…　漢の張子房(張良)が秦の始皇の悪政を憤り、力士をして河南省博浪沙に始皇を狙撃させた。対立する両禅匠の眉毛相結眼睛同の道交との鮮かな対照。
○山庵雑録　二巻、虚丘八世の法孫恕中無慍撰。叢林の先徳、世間の学者、庶民の嘉言善行など、勧善懲悪の資料を編録。
○楚石　楚石梵琦(一二九六—一三七〇)、径山行端の嗣。浙江省嘉興県天寧寺に住し、同省海塩県天寧寺に帰る。
○退鼓　禅院の住持退院時の説法(退院上堂)を知らせる法鼓(《はっ》く)。
○二老　了庵と楚石。
○濡忍　我慢づよい。嘲笑されても平気。
○了庵一事　規矩厳格な禅匠東暘(《とう》よう)が役僧に訴えられた時、その曲直の調査を命ぜられた了庵が、これを拒んで寺を捨て退隠したこと。

160　**奪人奪境**…　絶対空がなお多事多端。
道ふ…　山河国土に恒常の主人公無しとは言うまい。天下はなべて帝王の国だ。月並な自由禅への批判。↓補

161　**尽乾坤**…　天上天下、なんじの祖、開山夢窓国師の門風みなぎる。
万嶽…　門風の風光。万岳の嵯峨(高く険峻)たる様を地名の嵯峨にかけた。
三級…　竜門三級。山西省黄河の上流、瀑布をなす。竜門の滝という。滝水三段に分れ、険にして船を通ぜず、これを竜門三級という。江海の大魚数千、その下

万嶽嵯峨烟雨中
三級浪高黒雲鎖
潜鱗直得化天竜

感ズ㆓竜翔寺ノ廃ニ㆒

162
常住物《じょうじゅうもつ》誰か己身《こしん》に用ひん、
山門の境致　松筠《しょういん》を剪《き》る。
殿堂はただ花とともに零落し、
廃址《はいし》の秋風　二月の春。

常住物誰用己身
山門境致剪松筠
殿堂只与花零落
廃址秋風二月春

*虚堂《きどう》和尚十病　二首

病ハ在リ㆓*自信不及《ふぎゅう》ノ処ニ㆒。
病ハ在リ㆓*得失是非ノ処ニ㆒。
病ハ在リ㆓*我見偏執ノ処ニ㆒。
病ハ在リ㆓*限量窠臼《かきゅう》ノ処ニ㆒。
病ハ在リ㆓*機境不脱ノ処ニ㆒。
病ハ在リ㆓*得少為足ノ処ニ㆒。
病ハ在リ㆓*一師一友ノ処ニ㆒。
病ハ在リ㆓*旁宗別派ノ処ニ㆒。
病ハ在リ㆓*位《い》皃《ぼう》拘束ノ処ニ㆒。
病ハ在リ㆓*自大了《じだいりょう》、一生小不得ノ処ニ㆒。

163
是非はもと勝負の修羅にして、
傍出正伝《ぼうしゅつしょうでん》　人我《にんが》多し。
近代の邪師《じゃし》　管見《かんけん》に誇《ほこ》る、
識情の毒気　偏頗《へんぱ》に任《まか》す。

是非元勝負修羅
傍出正伝人我多
近代邪師誇管見
識情毒気任偏頗

164
議論未《いま》だ休《や》まず　正《しょう》と邪と、
無慚愧《むざんぎ》の漢《かん》　これ天魔。

に集まるも上るを得ず。上れば化して竜となるという。「三級波高うして、魚、竜と化す」(碧巌録七)。
潜鱗　水中にひそんでいる魚。

162　**常住物**　僧が使う四種の受用物。↓
84偈補
山門…　山門の風致を整えるため松竹を剪定した。松筠は松や竹。
廃址…　二月の春も廃址の秋風裡の思い。
◇寛正二年(一四六一)一休六十八歳、洛西竜翔寺大応国師塔所の荒廃を見て修復を志す。偈はこの年二月の作。
○**虚堂和尚十病**　虚堂録四。
○**自信**…　道が脚下にあること、平常心即道なることを知らず心外に法を求める。
○**得失**…　得失是非の分別に立つ。
○**我見**…　自分の知見にへばりつく。
○**限量**…　限られた型にはまり込む。
○**機境**…　特定の動作や事象に縛られる。
○**得少**…　僅かな修行の所得に満足する。
○**一師**…　広く正師善友に学ばぬ。
○**旁宗**…　正統・異端などとむやみに差別する。
○**位皃**…　地位や相貌に執われる。
○**自大了**…　自ら高ぶり現在の会得に甘んじて向上心を欠く。

163　**修羅**　阿修羅道の略。地獄・餓鬼・畜生・修羅など六道＝六種迷界の一。阿修羅王が帝釈天と戦う場所。転じて惨虐な闘争の場所。「勝負修羅、人我無明、長㆓地獄業㆒」(臨済録)。
傍出…　傍系だ正系だと宗我を競う。↓
補

狂雲の臥病《がびょう》は相如《しょうじょ》が渇《かつ》、
一枕の秋風　我れを柰何《いかん》せん。

議論未休正与邪
無慚愧漢是天魔
狂雲臥病湘如渇
一枕秋風柰我何

165
*拈華《ねんげ》微笑《みしょう》
鷲峰《じゅぶ》会上《えじょう》　現前の辰《とき》、
鶏足《けいそく》室中　来劫《らいごう》の春。
毒に中《あた》る人はまさに毒の用を知るべし、
西天此土《さいてんしど》　野狐《やこ》の身《しん》。

鷲峰会上現前辰
鶏足室中来劫春
中毒人応知毒用
西天此土野狐身

賛《ス》二慈恩窺基《きき》法師《ヲ》一

166
窺基三昧　独《ひと》り天真、
酒肉諸経　また美人。
座主《ざす》の眼睛《がんぜい》　なほかくのごとし、
宗門ただ箇の宗純《そうじゅん》あり。

窺基三昧独天真
酒肉諸経又美人
座主眼睛猶若此
宗門唯有箇宗純

同門《ノ》老宿、誡《シム》二余《ノ》婬犯《いんぼん》肉食《にくじき》《ヲ》一。会裡《えりノ》僧嗔《いかル》レ之《ヲ》。因《ツテ》作《リ》二此《ノ》偈《ヲ》一示《スト》二衆僧《ニ》云《フ》

167
為人《いにん》の説法　これ虚名《きょめい》、
俗漢の僧形《そうぎょう》　何似生《かじせい》。
老宿の忠言　もし耳に逆《さか》らはば、
昨非今是《さくひこんぜ》　我が凡情《ぼんじょう》。

為人説法是虚名
俗漢僧形何似生

識情…　分別執着の毒気が偏るに任せる。

164　**狂雲**…　正邪是非の議論に終始する無慚愧輩に毒舌を吐き続ける狂雲の持病は、一生、渇を病んだ司馬相如の業(ごう)にもひとしい。

一枕…　一夜の秋風ごとにわが持病をどうしたものかと思う。

○拈華微笑　釈尊が霊鷲山(鷲峰)で華をひねって大衆に示した時、迦葉はその意を悟って微笑、法を受けた。

165　**鶏足**…　正法を受けて鶏足室中生死を超えた永劫の春。鶏足山は迦葉入寂の地。

毒　妄分別を死滅させる涅槃妙心の毒。

西天…　(毒の用を知らぬ)インドないし日本の野狐身どもよ。

166　**窺基三昧**　窺基が行じた有・空・中の三観か。↓補

酒肉…　外出の際、前車に経論を載せ中車に自ら乗り後車に僕婢と食膳を乗せることを、彼の師玄奘が黙認したという伝説。

座主…　慈恩大師窺基でさえこれだけの見識をもっていた。

167　**為人の**…　人の為に法を説く偽善のわざ。僧形をした俗漢は何者なのか。

老宿…　長老連の忠言が不愉快だというなら、過って改めるのがわが凡情、ほかに道はない。昨非今是は、今までのあやまちを今はじめて知ること。

168 **仏病**… 仏魔祖魔に憑(つ)かれた病者が無気味な眼をむいている。
臨済… 臨済が几案禅板を焚いた心も知らない。54偈前書「机案…」補参照。
金山… 円悟が金山で大病を病み五祖のもとに帰って小艶詩の話で大悟した苦辛も知らない。66・99・125偈参照。
時人… 五山僧たちは恋愛詩作りにうつつをぬかしている。

169 **呂公**… 渭水に釣して周の文王に見出された太公望呂尚と富春山に田を耕し魚を釣って世に出なかった厳子陵(61偈)の風雨にさらされて生きた面目。
江湖… 禅界にはいま風滄水宿を受用するかにみえるえせ隠者がいる。↓補
我れ… 自分はしかし法の安売りはせぬ。
湘楚の竹 湘・楚の地は好竹を産する。↓補

170 **参玄** 深玄の法を参究する。
常不軽 常不軽菩薩、常に身に不軽(相手を敬い軽んぜず)の行をなし口に不軽の教を宣べ、逢う人毎に礼拝讃嘆して増上慢の比丘の悪口毒舌にも礼拝したという。(法華経常不軽品)
吟懐 詩作の心、詩心。7・119偈参照。
楚雲湘水… 197偈「吟魂…」注参照。

171 **四十九年** 成道から入滅まで四九年。
毘耶・摩竭 釈迦は成道後三七日間説法せず、維摩は文殊の問に黙して答えなかった。初めの不説と究極の不説。「釈迦掩ニ室於摩竭(摩迦陀)一、浄名(維摩)杜ニ口於毘耶(毘舎離)一」(涅槃無名論・会元七)。↓補

老宿忠言若逆耳
昨非今是我凡情

168
病中作

仏病祖病　鬼眼を迸《ほとばし》らしむ、
臨済几案《きあん》禅板を焚《や》く。
金山《きんざん》大病の辛《しん》を会《え》せずして、
時人《じにん》空《むな》しく吟ず　艶詩の簡《ふみ》。

仏病祖病迸鬼眼
臨済焚几案禅板
不会金山大病辛
時人空吟艶詩簡

169
隠《いん》渓《けい》斎名

呂公子陵《りよこうしりよう》の真面目《しんめんもく》、
受用す風滄《ふうさん》また水宿《すいしゆく》。
江湖《ごうこ》いま贋漁舟《がんぎよしゆう》あり、
我《わ》れに一竿《かん》の湘楚《しようそ》の竹なし。

呂公子陵真面目
受用風滄又水宿
江湖今有贋漁舟
我無一竿湘楚竹

170
示《ス》レ衆ニ

参玄の衲子《なつす》　道成《みちじよう》じ難し、
ただ願《ねが》はくは常不軽《じようふきよう》に帰依《きえ》せんことを。
一片の吟懐《ぎんかい》　誰《たれ》に向つてか解《と》かん、
楚《そ》雲《うん》湘《しよう》水《すい》　十年の情。

参玄衲子道難成
但願帰依常不軽
一片吟懐向誰解
楚雲湘水十年情

171
破《ス》ニ邪禅《ヲ》一

瞿曇《ぐどん》四十九年の説、
看よ看よ毘耶《びや》と摩竭《まかつ》と。

邪師臆説《おくせつ》して話頭を拈《ねん》ず、
閻王の前あに抜舌《ばつぜつ》を免れんや。

瞿曇四十九年説
看々毘耶与摩竭
邪師臆説拈話頭
閻王前豈免抜舌

新タニ建ニ立ス仏寺ヲ一

172
一生破《は》屋廃庵《おくはいあん》の居《きょ》、
這裏《しゃり》の栄華　また虚《むな》しからず。
清浄《しょうじょう》の仏寺　利欲の地、
楊岐《ようぎ》の屋壁　古来疎《そ》なり。

一生破屋廃庵居
這裏栄華也不虚
清浄仏寺利欲地
楊岐屋壁古来疎

将ニレ入ラントシテ二山中ニ一偈ヲ書シ二屋壁ニ一、以テ示シテレ衆ニ云フ

173
愧慚《きざん》す禍《わざわい》の蕭墻《しょうしょう》より起りしことを、
我見《がけん》人を折《くじ》くこと　剣鋩《けんぼう》の如し。
これより空山幽谷の路《みち》、
誰人《たれひと》か来つて板橋の霜を蹈《ふ》まん。

愧慚禍起自蕭墻
我見折人如剣鋩
従此空山幽谷路
誰人来蹈板橋霜

題ス二*密庵《みったん》和尚病起上堂ノ後ニ一

174
江山の富貴はこれ樵漁《しょうぎょ》、
風雨の吟身《ぎんしん》　一草廬《そうろ》。
七顚八倒《しってんばっとう》　衆生の苦、
耐《た》へず小魚の大魚を呑むことを。

江山富貴是樵漁
風雨吟身一草廬
七顚八倒衆生苦

邪師…　仏伝・仏説に臆測を加えて公案を弄する禅匠たち。
閻王…　邪師が一字不説の法を虚言化した罪は、閻魔王の前で抜舌を免れまい。
172　這裏…　破屋廃庵裏の栄華はかりそめでない。這裏は、ここ、このうち。
清浄…　清浄の仏寺は利欲の地と間一髪。楊岐禅師の屋壁は隙間だらけだった。↓142偈「楊岐…」注
◇316偈「庭有ニ梅花一窓有レ月」、249偈「淡飯麁茶属ニ正伝一」参照。
173　蕭墻　かこい。山門内。
折く　傷害する。きずつける。
剣鋩　つるぎのきっさき。
空山幽谷　人の往来なき奥深い山や谷。
◇100―108偈前書参照。文安四年(一四四七)五四歳。
○密庵　密庵咸傑。虎丘紹隆―応庵曇華―密庵咸傑。福州の人。径山(きんざん)・霊隠(りんにん)に住す。↓補
174　江山…　川と山(自然、世界)の富貴は薪を採り魚を取る平常底にある。
七顚八倒…　現世人は外部に富貴を追うて悶えに悶えている、小魚大魚を呑む絶対矛盾を透過せず、天地未分前を見ていないゆえ。44偈前書参照。
◇密庵病起上堂語に「…似レ病不レ病、似レ安不レ安…」とある。
○丞相　底本「烝相」。

不耐小魚呑大魚

賀ス三大用庵養叟《だいゆうあんようそう》和尚賜フヲ二宗恵大照禅師ノ号ヲ一　元双杉上*丞相書省而不書

175 紫衣《しえ》師号　家《いえ》の貧を柰《いか》ん、
綾紙《りょうし》青銅三百緡《みん》。
大用《だいゆう》現前の贋《がん》長老、
看来《みきた》れば真箇《しんこ》普州《ふしゅう》の人。

紫衣師号柰家貧
綾紙青銅三百緡
大用現前贋長老
看来真箇普州人

寄ス二大徳寺ノ僧ニ一

176 人多く大燈の門に入得《にっとく》す、
這裏《しゃり》誰か師席の尊《そん》を捐《す》つる。
淡飯麁《たんぱんそ》茶《ちゃ》　我れに客なし、
酔歌独《ひと》り倒す　濁醪《だくろう》の樽《そん》。

人多入得大燈門
這裏誰捐師席尊
淡飯麁茶我無客
酔歌独倒濁醪樽

賛ス二*鳥窠《ちょうか》和尚ヲ一

177 巣《そう》は寒し樹上の老禅翁、
寂寞《せきばく》清高　名《な》いまだ空《むな》しからず。
諸悪莫作《しょあくまくさ》　善奉行《ぜんぶぎょう》、
大機は須《すべか》らく酔吟の中《うち》に在るべし。

巣寒樹上老禅翁
寂寞清高名未空
諸悪莫作善奉行
大機須在酔吟中

題ス二養叟ノ大用庵ニ一　二首

178 叢林零落《そうりんれいらく》して殿堂疎《そ》なり、

175 **紫衣…** 紫衣師号を着けても法の貧しさはどうしようもない。
綾紙… 禅師号の綸旨(綾紙)は青銅三百銭を通した糸(緡)の値に等しい。

大用… 綾紙青銅三百緡を操作する大用現前のえせ長老。

普州の人 盗人のこと。ここでは法ぬすびと。四川省の普州はむかし盗賊の集合する所という。
◇自戒集に「養叟心外無別法、満目青山満目銭」とある。

176 **入得** 弟子入りする、信者になる、参禅にゆく。
這裏… この大徳寺で高僧善知識の地位を捨てる者などありはせぬ。

淡飯… 法を売らぬ淡飯粗茶のわしを訪う客は無い。

酔歌… ここは独り酔い独り歌ってどぶろくの徳利をからにするといった世界だ。
○鳥窠 鳥窠道林(七四一―八二四)。牛頭山第五世智威下三世の傍出。杭州富陽の人。姓は潘氏。長じて華厳経・起信論を学び、のち径山道欽の法を嗣ぐ。白楽天との問答は有名。205偈前書参照。↓補

177 **諸悪莫作善奉行** 元来は「諸悪莫作衆善奉行(もろもろの善をつつしみ行う)」。いわゆる「七仏通誡偈」の起句と承句。(増一阿含経一・大般涅槃経一五)
大機 禅者のおおいなるはたらき。205偈参照。

178 **叢林零落** 五山はおちぶれ。
大用… 大用庵は栴檀の仏寺閣。そこは高く聳える(崢嶸)道人の住居。花は

臨済の宗門　破滅の初《はじ》め。
大用《だいゆう》は栴檀《せんだん》の仏寺閣、
崢嶸《そうこう》たり林下《りんか》道人《どうにん》の居《きょ》。

叢林零落殿堂疎
臨済宗門破滅初
大用栴檀仏寺閣
崢嶸林下道人居

179
山林は富貴《ふうき》　五山は衰《おとろ》ふ、
ただ邪師のみあつて正師なし。
一竿《かん》を把《と》つて漁客と作《な》らんと欲す、
江湖《ごうこ》近代　逆風《ぎゃくふう》吹く。

山林富貴五山衰
唯有邪師無正師
欲把一竿作漁客
江湖近代逆風吹

百丈絶食

180
大智禅師　難行道《なんぎょうどう》、
末法《まつぼう》の為人《いにん》　真に落草《らくそう》。
飽食《ほうじき》痛飲　熱鉄丸《ねってつがん》、
初めて懼《おそ》る泉下の閻羅老《えんらろう》を。

大智禅師難行道
末法為人真落草
飽食痛飲熱銕丸
初懼泉下閻羅老

示スレ衆ニ

181
割截《かっせった》禁へ難し　忍辱仙《にんにくせん》、
捨身は諸仏の旧因縁《きゅういんねん》。
千歳の声名　断碑《だんぴ》の雨、
髑髏《どくろ》識《しき》尽《つ》く　北邙《ほくぼう》の前に。

割截難禁忍辱仙
捨身諸仏旧因縁
千歳声名断碑雨
髑髏識尽北邙前

美しいが悪臭を放つ伊蘭の林に、香り高い栴檀が一本でも生えると、林の臭気が芳香に変るという。それぞれを煩悩と菩提に喩える。養叟への皮肉。林下は禅林下(五山以外、ここでは大徳寺)。↓補

179　**山林**　養叟が住する大徳寺。**一竿**…　子陵や船子のように、世を離れ釣竿を把って漁客になろうと思う。**江湖**…　禅界には近年、仏法への逆風が吹いている。「柂(じか)を逆風に把る順水の船、人多く信ぜず一休の禅」(自戒集)。

180　**大智**　百丈懐海。13・48・131偈参照。**末法の為人**　末法の世に人の為にする慈悲の活動。百丈の絶食「一日不レ作、一日不レ食」の説示。**落草**　草地に落ちる。凡情の世界におりる真の慈悲行。別に330偈「大蔵経巻すでに落草」。**飽食**…　道を修せず飽食痛飲の輩は地獄(泉下)において閻羅(閻魔)王に熱鉄の玉を呑ませられる報いをうけよう。

181　**割截**…　釈尊過去世に修業中、波羅奈国王迦利に手足などを切られたが、忍辱行を続け忍辱仙の名をえた。**捨身**…　法華経・華厳経等の菩薩捨身行の因縁。釈尊は修行中の過去世、餓虎に捨身して雪山偈(「諸行無常。是生滅法。生滅々已。寂滅為楽」)を聞き雪山大士の名をえた。**千歳**…　千歳に声名ある潙仰の「断碑横古路」の消息会得には。11偈参照。**髑髏**…　何を措いても大死の捨身行を。「髑髏識尽初明」(曹山本寂)。北邙は山名、

死者を葬った所。墓地。なお石霜楚円に別の語法がある。「僧曰、如何是髑髏裏眼睛。霜云、猶帯レ識在」(正法眼蔵竜吟)。

182 **錯来つて**… 間違って十年余も大衆の上にたってきた。一休の懺悔。

夜来… 夜になって、背中に悪性の腫物を発した范増に似ためぐり合せとなった。邪法の輩を除こうとした一休が病んだことから、項羽に勧めて沛公を斥けようとして疽を病んだ范増の厄を回想。(史記七)

183 **薬山**… 薬山の食事は粥二杯、懶残のそれは芋。

棒喝… 棒喝機関は作家の活手段ではあるが、末後牢関の句ではない。↓補

機関 師家が用いる公案・祖録等の手段。

牢関末後 ↓32・145偈注

184 **忍辱仙人** 181偈参照。

常不軽 ↓170偈注

菩提… 修行による菩提の果は既に円熟(わが会裡の衆は先人の修行も積まず)。

因果… 因果の理を否認する狭い偏見をほしいままにする。

◇転・結句は養叟一派への批判を兼ねた自戒か。

185 **小釈迦** 仰山慧寂。↓11偈補

夢中… 「師、夢に弥勒の内院に入る…兜率第二座の説法」の逸話。↓補

耽源… 仰山は耽源の下で体を、潙山の下で用を得、両師によって夢ならぬ体用無礙の眼睛を開いた。耽源は耽源応真、南陽慧忠の法嗣。231偈「潭水…」補注参照。↓補

病中

182

錯《あやま》来つて衆を領《りよう》ず　十年余、
実悟《じつご》を知らず　多くはこれ虚《きよ》。
すなはち邪法の輩《ともがら》を破除《はじよ》せんと欲《し》て、
夜来背《せ》に発《はつ》す　范増《はんぞう》が疽《そ》。

錯来領衆十年余
実悟不知多是虚
乃欲破除邪法輩
夜来背発范増疽

183

薬山《やくさん》は両粥《りようしゆく》　懶残《らんさん》は芋《う》、
昔年《せきねん》の祖師　修行の苦。
棒喝機関　作家《さつけ》の禅、
これ牢関末後《ろうかんまつご》の句にあらず。

薬山両粥懶残芋
昔年祖師修行苦
棒喝機関作家禅
不是牢関末後句

示スレ衆ニ

184

忍辱《にんにく》仙人　常不軽《じようふきよう》、
菩提《ぼだい》の果《か》満ちてすでに円成《えんじよう》。
因果を撥無《はつむ》して孤陋《ころう》に任《まか》す、
一箇の盲人　衆盲を引く。

忍辱仙人常不軽
菩提果満已円成
撥無因果任孤陋
一箇盲人引衆盲

賛ス二仰山ヲ一　二首

185

小釈迦唐朝《とうちよう》に出生《しゆつしよう》し、
夢中の兜率《とそつ》　太《はなは》だ分明《ふんみよう》なり。
耽源《たんげん》は体《たい》　潙山《いさん》は用《ゆう》、
体用《たいゆう》の中《うち》ただ眼睛《がんぜい》を開く。

小釈迦唐朝出生

夢中兜率太分明
耽源体也潙山用
体用中唯開眼睛

186
枕子《ちんす》夜来《やらい》推出《すいしゅつ》する時、
一宗の敗闕《はいけつ》　人の知ること少《まれ》なり。
法身説法《ほっしんせっぽう》は座主《ざす》の説、
黄葉一枝《こうよういっし》　小児《しょうに》を誑《たぶら》かす。

枕子夜来推出時
一宗敗闕少人知
法身説法座主説
黄葉一枝誑小児

松源和尚上堂云ク、挙ス、僧問フ二*巴陵ニ一、*祖意ト教意ト、是レ同カ是レ別カ。巴陵云ク、*鶏寒ウシテ上リレ樹ニ、鴨《かも》寒ウシテ下ルレ水ニ。*白雲師祖云ク、巴陵只道ヒ二得タリ一半ヲ一、白雲則チ不レ然ラ、*掬スレバレ水ヲ月在リレ手ニ、弄スレバレ花ヲ香満ツレ衣ニ。師拈ジテ云ク、白雲尽シテレ力ヲ道フモ、只道ヒ二得タリ*八成ヲ一、有ラバレ問フコト二*霊隠ニ一、只向ツテレ他ニ道ハン、人我無明《にんがむみょう》一串ニ穿ツト。

187
祖意教意　別《べつ》と同《どう》と、
商量今古《しょうりょうこんこ》　いまだかつて窮《きわ》まらず。
松源老が老婆《ろうば》心切《しんせつ》、
人我無明　己躬《こきゅう》に属す。

祖意教意別与同
商量今古未曾窮
松源老々婆心切
人我無明属己躬

*涅槃堂《ねはんどう》

188
眼光地に落つ　涅槃堂、
自ら悔《く》い自ら慚《は》づ　螃蟹《ほうかい》の湯《とう》。
七手八脚　万劫の苦しみ、
無常の刹鬼《せっき》　火車忙《いそが》はし。

186 **枕子**…　法身は説法できるかと僧に問われ、仰山は自分は説けないが別の一人が説き得ると答え、それはどこにいるかとの問に、仰山黙して枕子を推し出した経緯を詠じた。枕子の子は助字。↓補
敗闕　敗れて衰退すること。
黄葉　経典等は小児を誑かす黄葉にすぎぬ。↓補
○**巴陵**　雲門の嗣巴陵顥鑑(こうかん)。(伝燈録二二・会元一五)
○**祖意**…　祖師にみる禅の精神と禅以外の諸師が説く仏教の真意。
○**鶏寒**…　平等中の差別、差別中の平等。それぞれ本分に安住。自然法爾のあるがまま。(人天眼目二)
○**白雲**　揚岐方会の嗣白雲守端(一〇二五—七二)。
○**掬水**…　心境一如、無心の三昧底。触処みな本分を離れず。(虚堂録三)
○**八成**　八分通り。十分でも八成という。
○**霊隠**　松源崇岳。臨安府霊隠(りんにん)に住す。

187 ◇祖意と教意と同じか別かの沙汰は昔から涯しもない。そのうえ松源は異を立てて老婆心切のいらぬおしゃべり。人我無明はわが身のことではないか。
○**涅槃堂**　延寿堂(病僧寮)。

188 **眼光**…　眼が見えなくなって死ぬ、涅槃堂において。
螃蟹…　蟹(螃蟹)が熱湯に落ち手脚をば

眼光落地涅槃堂
自悔自慚螃蟹湯
七手八脚万劫苦
無常刹鬼火車忙

*竹篦背触《しっぺいはいそく》

189
背触《はいそく》は首山の閑話頭《かんわとう》、
誵訛《ごうか》着々　来由《らいゆ》没《な》し。
梨花《りか》院落《いんらく》　黄昏《こうこん》の月、
愁人《しゅうじん》に説向すれば愁《うれい》を解《と》かず。

背触首山閑話頭
誵訛着々没来由
梨花院落黄昏月
説向愁人不解愁

山居ノ僧擁スㇾ葉ヲ

190
孤峰頂上　塵寰《じんかん》を謝《しゃ》し、
三十年来　山を出《い》でず。
因《よ》つて憶《おも》ふ南陽葉《は》を擁《よう》する意、
半身は暖気《だんき》　半身は寒《かん》。

孤峰頂上謝塵寰
三十年来不出山
因憶南陽擁葉意
半身暖気半身寒

山居ノ僧

191
人無き時は喜び　客来れば嗔《いか》る、
落葉飛花　独覚《どくかく》の身《み》。
正見《しょうけん》の禅師　もし令《れい》を行《ぎょう》ずれば、
三冬の枯木も百花の春。

無人時喜客来嗔
落葉飛花独覚身
正見禅師若行令
三冬枯木百花春

拈華微咲《ねんげみしょう》

たばたさせて永劫に悶え苦しむ。
無常…　無常の殺鬼(145偈)が罪人を火攻めにする車を忙しくまわす。
○竹篦背触　首山省念(九二六―九九三)が弟子達に竹篦を示して、これを竹篦と呼べば真実に触れ(真実を犯す)、竹篦と呼ばなくても背く。さあ何と呼ぶかと問うた故事。竹篦は弓に似た三尺程の竹棒、法具。背・触はともに真実にたがうこと。↓補

189　**閑話頭**　無用の公案。頭は助字。
誵訛…　一々の難題も大した由来(いわれ)があるわけではない。
院落　中庭。「梨花院落溶々月」(晏殊)。
愁人…　「愁人、愁人に向って説くこと莫れ、愁人に説向すれば人を愁殺す」(碧巌録四〇)。悲痛の体験者には悲痛が直通。相手の悲しみで一杯になる。

190　**塵寰**　塵の俗世間を去る。↓120偈注
南陽　南陽慧忠(―七七五)。六祖慧能の嗣。南陽白崖山に住すること四十余年、唐の粛宗・代宗の帰崇を受く。(祖堂集三)
葉を擁す　隠棲の意。↓補
◇結句は南陽ないし一休の境涯の象徴か。次の偈と共に画賛か。

191　**独覚**　飛花落葉など他の縁によって独悟する仏者。縁覚ともいう。
令を行ず　的確痛切な働きに出る。
三冬の…　枯木も百花の春となる。死者が生き返る。94偈前書参照。

192　**金色の頭陀**　摩訶迦葉の異名。過去世に毗婆尸仏の舎利塔の金色破壊を修補した徳により身体金色となるという。頭陀は衣食住の貪欲を払う修行又は乞食行、迦葉は頭陀第一と称された。**知識**　善知識。正法具現の名僧。師家。◇結句はアイロニー。

193　**威音那畔**…　威音王仏(過去の世界における最初の仏)出世以前、差別の万象出現以前、法は師に先だつ。**自悟**…　自然の自悟成道の不思議もある。**新戒の漢**　初めて戒を受け剃髪した者。**劫空**…　永遠は(作頌の)即今にある。**吟時**　他本では「今時」。

194　**徒を**…　大衆を薫陶し治めて伏魔殿を建てた結果となった。**汗馬**…　これまでの汗馬の労、蓋世の功も、魔宮を建てることでしかなかった。**姦党**　よこしまな徒党(なかま)。**韓信**…　韓信の良弓になぞらえるにも相応しないわれわれの現状況。漢の高祖の天下一統に功をたてた韓信が謀叛の疑で殺される時「飛鳥尽きて良弓蔵められ、狡兎死して走狗烹らる」と嘆いた故事。(史記越世家)

195　**咸陽**…　秦の始皇による咸陽の阿房宮の金殿玉楼も。**方寸**…　此の行脚僧の方寸の封疆(世界)、丹心に帰る。**一箇**…　独り絶対空の境に出て見れば。天外は分別を絶した処。711偈「天外出頭君自看、三千刹界一微塵」。「就レ中明暗相凌処、天外出頭誰解レ看」(虚堂録五)。

192
世尊一枝の花を拈出《ねんしゅつ》すれば、
一代の禅宗　意気奢《さかん》なり。
金色《こんじき》の頭陀《ずだ》　独《ひと》り法を伝ふ、
近年知識河沙《がしゃ》のごとし。

世尊拈出一枝花
一代禅宗意気奢
金色頭陀独伝法
近年知識若河沙

193
贈ル二新法師ニ一
威《い》音《おん》那《な》畔《はん》　法に師なし、
自《じ》悟《ご》自《じ》然《ねん》　成道奇《じょうどうき》なり。
たまたま出家新戒の漢あり、
劫空《ごっくう》久《く》遠《おん》　吟時《ぎんじ》に在り。

威音那畔法無師
自悟自然成道奇
偶有出家新戒漢
劫空久遠在吟時

絶ニ交ス会裏ノ衆一ト、偈《げ》 且《しばらク》 以テ自ラ誓ムト
云フ

194
徒《と》を匡《ただ》し衆を領じて魔宮《まぐう》を立つ、
汗馬《かんば》従前　蓋代《がいだい》の功。
師弟の凡情《ぼんじょう》　共に姦党《かんとう》、
憐れむべし韓信《かんしん》が良弓を嘆《たん》ぜしことを。

匡徒領衆立魔宮
汗馬従前蓋代功
師弟凡情共姦党
可憐韓信嘆良弓

行脚《あんぎゃ》

195
咸陽《かんよう》の金玉　幾楼台《いくろうだい》、
方寸の封疆《ほうきょう》　帰去来《かえりなんいざ》。
一箇天外に出頭して看れば、
須弥《しゅみ》百億は草鞋《そうあい》の埃《ちり》のみ。

咸陽金玉幾楼台

方寸封疆帰去来
一箇出頭天外看
須弥百億草鞋埃

贊《ス》ニ達磨大師《ヲ》一半身

196
東土西天　徒《いたず》らに神《しん》を弄す、
半身の形像《ぎょうぞう》　全身を現《げん》ず。
少林《しょうりん》に冷坐《れいざ》して何事をか成す、
香至《こうし》の王宮には蕙帳《けいちょう》の茵《しとね》あるに。

東土西天徒弄神
半身形像現全身
少林冷坐成何事
香至王宮蕙帳茵

自贊

197
大燈の仏法　光輝没《な》し、
竜宝山中　いま誰かある。
東海の児孫　千歳の後《のち》、
吟魂なほ苦しむ　許渾《きょこん》が詩。

大燈仏法没光輝
竜宝山中今有誰
東海児孫千歳後
吟魂猶苦許渾詩

譲羽山新《ニタニ》刱《はじむ》ニ一寺《ヲ》一、山《ヲ》名《ヅケ》ニ虚堂《ト》一寺《ヲ》扁《ス》ニ大燈《ト》一。因《テ》述《ブ》ニ一偈《ヲ》一

198
茅屋《ぼうおく》三間《げん》　七堂を起す、
狂雲風外　我が封疆《ほうきょう》。
夜深うして室内人《ひと》の伴《とも》ふなく、
一盞《さん》の残燈　秋点長し。

茅屋三間起七堂
狂雲風外我封疆
夜深室内無人伴
一盞残燈秋点長

*擯《スル》ニ出中川《ちゅうせんヲ》一賀頌《がじゅ》

30偈「般」注参照。
須弥… 百億の須弥山も金殿玉楼の壮観も、一心の荘厳の前には、草鞋の塵にひとしい。

196 東土… 中国・印度に亘って徒らに精神をあやつった。124偈参照。
半身の… 半身像が全身を現じている。計量の沙汰に堕ちぬ。「全体半身何似生」(一休・円相像自賛)。
少林に… (はるばる東土に渡り)少林寺に寂然と坐(冷坐)して何をするのか。「寥々冷ニ坐少林一」(従容録二)。
香至… 香至国の王宮には蕙帳(香草のとばり)の垂れた茵があるのに。伝説に、達摩は南印度香至国の第三王子という。

197 竜宝山… 竜宝山大徳寺にいま大燈の光をあげる人ありや。
吟魂… 大徳の衰微を前に、唐の詩人許渾(七九一—八五四?)を思い、達摩西来より千歳の後、すでに老境のわが吟心は痛むばかり。「琪樹の西風枕簟の秋、楚雲湘水同遊を憶う。高歌一曲明鏡を掩う、昨日の少年今は白頭」(許渾「秋思」)。
東海の児孫 43偈「児孫」補参照。
◇伝蛇足筆・一休宗純像自賛。

198 七堂 大徳寺の七堂伽藍はここだ、という自負とユーモア。
狂雲… 遠く俗界を離れた狂雲の世界。
一盞… 一枚の油皿に残る(消えかかった)燈火(老一休)の秋点(愁点。悲しみの燈または調べ)は長い。残燈は大燈の法の残り火。公案「室内一盞燈」。→補
○**擯出**… しりぞける、擯斥。→補

擯二出スル中川ヲ一賀頌、呈二ス勝瓊ニ一

199
病身を救はず　病身を労《ろう》す、
　蕭墻《しょうしょう》禍《わざわい》あり　会中《えちゅう》の賓《ひん》。
十年の剣樹刀山の底《てい》、
万劫《まんごう》も消《しょう》しがたし　阿鼻《あび》の辛《しん》。

　不救病身労病身
　蕭墻有禍会中賓
　十年剣樹刀山底
　万劫難消阿鼻卒。

200
本蛇影《もとじゃえい》にあらず　客盃《かくはい》の弓、
元字《げんじ》心に在り　劫空よりす。
昨日の凡《ぼん》　今日の聖《しょう》、
無根雲起《むこんくもおこ》る　変通《へんづう》の風に。

　本非虵影客盃弓
　元字在心従劫空
　昨日凡兮今日聖
　無根雲起変通風

病《やまい》

201
馬祖不安《ばそふあん》の閑話頭《かんわとう》、
毘耶語《びやご》を杜《と》ぢて愁に勝《た》へず。
夜々苦吟す　三十歳、
月は満つ茂陵桂樹《もりょうけいじゅ》の秋。

　馬祖不安閑話頭
　毘耶杜語不勝愁
　夜々苦吟三十歳
　月満茂陵桂樹秋

紅葉ニ題レシテ偈ヲ、以テ呈二ス多欲之僧ニ一

202
満庭の落葉　僧の掃《はら》ふなし、
南陽擁《なんようよう》し来《きた》るもなほ落草。
自《みずか》ら悔ゆ欲界の衆生と成りしことを、
君子財《ざい》を愛す　これ何の道《みち》ぞ。

　満庭落葉無僧掃
　南陽擁来猶落草

199　**蕭墻**…　門中にわざわいを起しているわが僧団内の僧。蕭墻は門内、うちわ。
剣樹刀山　地獄の剣樹刀山のように人を傷つける積年の敵対心。136偈参照。
万劫…　永遠に消えることなき阿鼻地獄の苦悩。現状況を地獄と見た。阿鼻は八大地獄の一、五逆等の大罪人が、死後剣樹・刀山・鑊湯などの苦を受ける。

200　**本蛇影**…　客盃に映った蛇影は気づいてみれば弓影であった。妄分別への執われも同じ錯誤。↓26偈「人心」注
元字…　字句(妄分別)への執われが無限の過去から続く。↓134偈「昼夜」注
劫空　↓97偈注
無根…　実体の無い妄執の雲が変幻自在の風の儘に起ってくる。

201　**馬祖**…　馬祖不安の無用の公案(閑話頭)。↓146偈「もし」注
毘耶…　毗耶離において衆生の病む故に病む維摩詰は黙して答えず感無量甚深。
苦吟…　なにゆえの苦吟三十年。465偈「地獄猛火百万劫、満腹詩情幾日消」、839偈「三生此地吟魂苦」。
茂陵　司馬相如が病渇を養った所。
桂樹　月の桂、月中に桂樹。

202　**満庭**…　庭一面の落葉を僧が掃うこともない。諸法実相の露堂々。
南陽…　南陽が葉を擁する境涯すら第二義におちた老婆心切の落草だ。↓190偈補
君子…　古諺「君子愛レ財、取レ之以レ道」を僧への反問に転化(一休の自戒を含め)。

自悔成欲界衆生
君子愛財是何道

長禄庚辰《ちようろくこうしん》八月晦日《つもごり》、*大風洪水、衆人皆憂《う》フ。夜有《あ》リ二遊宴《ゆうえんか》歌吹《すい》之客一、不レ忍《しの》ビレ聞《き》クニレ之《これ》ヲ、作《つく》ツテレ偈《げ》ヲ以《もつ》テ(自)慰《なぐさ》ムト云《い》フ

203
大風洪水 万民憂《うれ》ふ、
歌舞管絃 誰が夜遊ぞ。
法に興衰あり 劫《こう》に増減、
さもあらばあれ明月の西楼に下《くだ》るを。

大風洪水万民憂
歌舞管絃誰夜遊
法有興衰劫増減
任他明月下西楼

重《かさ》ネテ題《だい》ス下霊山和尚示《しめ》ス二衆衒徒一法語ノ後ニ上

204
李下《りか》従来冠《かんむり》を整《ととの》へず、
世上に奔馳して あに官に諛《へつら》はんや。
江山の風月 我が茶飯《さはん》、
自《みずか》ら咲《わら》ふ一生吟味《ぎんみ》寒きことを。

李下従来不整冠
奔馳世上豈諛官
江山風月我茶飯
自咲一生吟味寒

*白居易問フ二鳥窠《ふ*ちようか》和尚ニ一、如何《いか》ナルカ是《こ》レ仏法ノ大意《かい》。窠《か》曰ク、諸悪莫《まくさ》作《く》、衆善奉行《しゆぜんぶぎよう》。白《はく》曰ク、三歳孩児モ也《また》解ス二*恁麼《いんも》ノ道フコトヲ一。窠曰ク、三歳孩児ハ雖《いえど》モ二道《い》ヒ得《う》ルト一、八十ノ老人モ行フコト不《あた》ハレ得。霊山和尚毎《つね》ニ曰ク、若シ無クンバ二*鳥窠ノ一語一、我《わ》ガ徒尽《ことごと》ク泥《なず》マンデ二乎本来無一物、及《およ》ビ不思善不思悪、善悪不二、邪正一如《じやしよういちによ》等ノ語ニ一、以テ

○**大風洪水** 義政将軍記。→補

203 **法に…** 法には時世によって興衰があり、劫(時間)にも増減があるものだ。一種の諦念。

劫に増減 「時有ニ増減一、法有ニ正像ニ」(秘蔵宝鑰)。→補

さもあらばあれ… 唐の詩人李益の七言絶句「写レ情」の結句。必ずしもただの諦めではない。「さもあらばあれ」は、不本意だがそのままにしておこう。この句、552偈「賛臨済」にもみられる。

204 **李下…** 「君子は未然を防ぐ。嫌疑の間に処(を)らず。瓜田に履(くつ)を納(い)れず、李下に冠を整(ただ)さず」(古楽府「君子行」)。

江山… 江山の風月こそわが平生の糧である。

自ら… わが風流の一生寒いことを独り咲うのみ。

◇**一休宗純墨跡(真珠庵蔵)。**

○**白居易** 唐の詩人(七七二―八四六)。字は楽天、号は香山居士。「長恨歌」「琵琶行」「諷諭詩」等がある。→218偈「白楽天」補

○**鳥窠** →177偈注・補

○**恁麼** そのように、このように。

○**本来無一物…撥無因果…** 自戒集「…仏モナク神モナシ、本来無一物ト参ヅレバ、イカナル悪行モ大事ナシ…」(要兄ガ伝併ニ狐ノ託語)をも連想させる。

205 **学者…** 学人(仏法を学ぶ者)はとかく因果を無視して邪禅に落ち込む。

撥二無シ因果ヲ一、而世ニ多二日用不カラン浄之邪師一也。故ニ余作リ二此ノ偈ヲ一、以テ示シテレ衆ニ云ク

205
学者因果を撥無《はつむ》して沈《しず》まん、
老禅の一句　価《あたい》千金。
諸悪莫作　善奉行、
須《すべか》らく先生酔裏《すいり》の吟に在るべし。

学者撥無因果沈
老禅一句価千金
諸悪莫作善奉行
須在先生酔裏吟

余誠メテ二会裏ノ徒ヲ一曰ク、喫セバレ酒ヲ必ズ須ラクレ用フ二濁醪《だくろう》ヲ一、肴ハ則チ其ノ糟而已《のみ》。遂ニ名ケテレ之ヲ曰フ二*乾一酒《かんいっしゅ》ト一、仍ッテ作リテレ偈ヲ以テ自ラ咲フト云フ

206
酔裏の衆人　酒腸を柰《いか》んせん、
醒むる時伎《ぎ》尽きて糟糠《そうこう》を啜《すす》る。
湘南の流水　懐沙《かいしゃ》の怨《うらみ》、
引き得たり狂雲が咲《わらい》一場を。

酔裏衆人柰酒腸
醒時伎尽啜糟糠
湘南流水懐沙怨
引得狂雲咲一場

余四十年前、聞ク下*秉払《ひんぽつ》ノ僧在ツテ二*法堂《はっとう》上ニ一而説ク中禅客之氏族ヲ上焉。于レ商ニ于レ工ニ于二*行僕者ノ流《たぐい》ニ一各訐《あばク》二其ノ所ヲ一レ業トスル。甚ダシキ者ハ乃チ臻《いたル》三出シテレ手ヲ以テ*為スニ二模様ヲ一矣。吁《ああ》、是レ何為《なんする》也《ものぞや》、即乃《すなわち》掩フテレ耳ヲ而出ヅ矣。因ッテ述ブ二一偈ヲ一、意在リレ革《あらたムル》ニレ弊ヲ。凡ソ四姓之入ツテ二吾ガ門ニ一皆《みな》称スルハ二釈氏ト一、以テナリ二其ノ乞ヒテレ食《じき》ヲ而資ケレ命ヲ、乞ヒテレ法ヲ而資クルレ身ヲ也。亦タ何ノ*貴冑望族之有ランヤ哉。今ノ世*山林叢林之論ズル

老禅　鳥窠老禅師。

須らく…　白居易先生の酔裏の吟にこそ、自然法爾の仏法すなわち諸悪莫作があるはずだ。↓補

○乾一酒　濁酒の糟を肴の乾物とみる。

206 **酔裏…**　承句までは屈原の漁父の辞「世をあげて皆濁り我独り清(す)めり。衆人皆酔い我独り醒めたり。是を以て放たれたりと。漁夫曰く、…衆人皆酔わば何ぞその糟をくらいてその釃(り　うす酒)をすすらざる」のやりとりを詠じた。

湘南…　屈原は懐沙の賦を残して湘水に没したが、狂雲は濁醪乾一酒でご機嫌だ。「乃作二懐沙之賦一…於レ是懐レ石(沙石)、遂自投二汨羅一以死」(史記列伝二四)。

○秉払　法堂で住持またはこれに代わる力量ある僧が学人に法を説くこと。

○法堂　底本「法座」。

○行僕者　従者、侍者、車の御者。

○為模様　身ぶり、手まねをする。

○貴冑望族　貴族の子孫、人望ある家柄。

○山林叢林　禅院の総称。

○撃節　手を撃って賛意を表わす。

207 **姓名を挙ぐ**　氏かばねと名を強調し重んずる。

人を辱しむ…　人を差別して人間の尊厳をけがす。　**起倒**　起源と究極。

修羅…　修羅道の勝負が無明(迷い)を増長させるだろう。僧俗ともに競闘的現実界。163偈注参照。

208 **犀牛の扇子**　「塩官一日侍者を喚ぶ、我がために犀牛の扇子をもち来れと。侍者云く、扇子破れぬ。官云く、扇子既

に破れなば、我に犀牛児を還し来れ。侍者対(こた)ふるなし」(碧巌録九一)。塩官斉安は馬祖道一の嗣、年代不詳。
行者盧公　六祖慧能(六三八―七一三)。家貧しく樵をして母を養う。五祖弘忍の賓(居候)として碓坊に苦役、仏性に関する見識により五祖の法をつぎ世俗の生活と一味の禅風をあげた。
◇起・承句は正法(犀牛の扇子)を授ける相手を待つ五祖の心と、五祖の賓となった身分卑しい無名の盧公の来訪を記し、転・結句はこれに対照して氏族の尊卑をあげつらう禅林の実情を批判した。
○**仏眼遠**　仏眼清遠(一〇六七―一一二〇)。五祖法演の嗣。
○**三自省**　古宿録三四参照。
○**報縁**…　果報の因縁すなわち一生はまぼろしに等しい故、むりに造作してはならぬ。
○**随家**…　家の豊かさ乏しさにまかせる。
○**動静**…　動を嫌って静を好み寒を避けて温を求める妄分別を愧じる。「莫レ存二順逆一」(信心銘)。44偈参照。
209　**三界**…　「三界は安きこと無し、猶火宅の如し」(法華経譬喩品)。
愚迷…　衆生はこの三界の愚迷を楽としてこれに愛着し、官能の楽をなめて陥没した穴倉の苦悩を忘れている。
○**作偈**…　東山の見方によりこの題の見方がきまる。失意の青年一休が清水寺に詣でたのち供養をうけたことにつながるならば、当時をしのんで飯の代りに偈を作った意味になる。↓補

レ人《ヲ》、必《ズ》議《ス》二氏族之尊卑《ヲ》一焉。是《ヲ》可《クンバ》レ忍《ブ》、孰《レカ》不《ランヤ》レ可《カラ》レ忍《ブ》乎。遂《ニ》写《シテ》二前偈《ヲ》一、以《テ》掲《テ》二示《ス》四方《ニ》一。誰《カ》敢《テ》*撃《タン》レ節《ヲ》。其《ノ》偈《ニ》曰《ク》

行者盧公来作賓
姓名議論法堂上
恰似百官朝紫宸

207
法を説き禅を説いて姓名を挙ぐ、
人を辱《はずか》しむるの一句　聴いて声を呑む。
問答もし起倒を識らずんば、
修羅の勝負　無明《むみょう》を長《ちょう》ぜん。

説法説禅挙姓名
辱人一句聴吞声
問答若不識起倒
修羅勝負長無明

208
犀牛《さいぎゅう》の扇子　誰人《たれひと》にか与へん、
行者盧公《あんじゃろこう》　来《きた》つて賓《ひん》となる。
姓名を議論す　法堂《はっとう》の上、
恰《あたか》も百官の紫宸《ししん》に朝《ちょう》するに似たり。

犀牛扇子与誰人

*仏眼遠《ぶつげんおん》禅師《ノ》*三自省《じしょうニ》曰《ク》、*報縁虚《きょ》幻《げん》、不レ可《カラ》二彊《しヒテ》為《ス》一。浮世幾何《いくばくゾ》、*随《フ》二家《ノ》豊倹《ニ》一。苦楽逆順、道在《リ》二其中《ニ》一。*動静《どうじょう》寒温、自《ラ》愧《ジ》自《ラ》悔《ユト》

209
自ら悔い自ら慚《は》づ　温と寒と、
看よ看よ三界もと安きことなし。
愚迷《ぐめい》は正にこれ衆生の楽《らく》、
蜜を嘗《な》めてなほ井底《せいてい》の難《わざわい》を忘る。

自悔自慚温与寒
看々三界本無安
愚迷正是衆生楽
嘗蜜猶忘井底難

*作《リ》レ偈《ヲ》博《かえテ》レ飯《はんニ》喫《ス》

210 東山に来往す　昔今《むかし》のごとし、
饑時《きじ》の一飯《ぱん》　価千金。
茘支《れいし》素老《そろう》　仏魔の話《わ》、
慚愧《ざんぎ》す詩情風月の吟。

来往東山昔若今
饑時一飯価千金
茘支素老仏魔話
慚愧詩情風月吟

211 賛ス二松源和尚ヲ一
娘生《にょうじょう》の眼《まなこ》太虚空《たいこくう》を照らす、
天沢《てんたく》の児孫　海東にあり。
宗風を滅却す　三転語、
詞華心緒《しかしんしょ》　一天紅《くれない》なり。

娘生眼照太虚空
天沢児孫在海東
滅却宗風三転語
詞華心緒一天紅

212 賛ス二運庵《うんなん》和尚ヲ一
悪魔の境《きょう》鬼眼睛開く、
五逆元来応《まさ》に雷を聴くべし。
臨済当時《そのかみ》几案《きあん》を焚《や》く、
道場覿面《てきめん》に衣《え》を却《しりぞ》け来《きた》る。

悪魔境鬼眼睛開
五逆元来応聴雷
臨済当時焚几案
道場覿面却衣来

213 賛ス二大応国師一
看よ看よ仏日乾坤《けんこん》を照らす、
天上人間《じんかん》　唯独尊《ゆいどくそん》。
禅老もし東海を渡ることなかりせば、
扶桑《ふそう》国裏《こくり》　暗昏々《あんこんこん》ならん。

看々仏日照乾坤
天上人間唯独尊

210 **東山**　五祖弘忍の東山法門。ここでは、一休が京都東山に建てた虎丘庵(山号は東山)をさすか。↓補　**茘支**…　兜率と共に茘支を食べた清素が「仏に入るべく、魔に入る能わず」と提示した故事。一飯から茘子素老に恩を移した(二七四頁前書参照)。謙翁の死と慈明の死。　**慚愧**…　風月の吟懐になずんで、仏魔に出入する自由の主となっていないことを愧じる。◇起・承句はこの窮乏を「昔若レ今」回想したと解するならば、標題は飢時一飯の昔を「喫偈」の形で回想した意となろう。東山を東山法門とみるならば承句は140・141偈の飢腸説食と呼応か。

211 **娘生**…　生まれたままの本分の眼が虚空を照らす。**天沢の児孫**　虚堂の児孫一休。**宗風**…　宗風を滅却する手ごわい松源三転語の。↓14偈注　**詞華**…　言葉の華、心の動きが松源禅をひとり荷担する一休の虚空を紅に染める。

212 **悪魔**…　殺仏殺祖の凄い眼が開く。**五逆**　↓9偈補　**臨済**…　印証のしるし几案を焚く。54偈前書「机案…」補参照。**衣を**…　松源が与えようとした伝法衣を運庵は受取らなかった。法系は松源崇岳―運菴普巌―虚堂智愚―南浦紹明。↓補◇転・結句は一休の印可証否定の思想と照応。

213 **禅老**…　禅者南浦紹明(大応)が海を渡って入宋、虚堂の法を嗣いで帰国

禅老如無渡東海
扶桑国裏暗昏々

214

賛二大燈国師一

画《えが》き出《いだ》す面門　覆蔵《ふくぞう》なし、
須弥《しゅみ》百億　露堂《ろどう》々たり。
徳山臨済　もし室に入らば、
螢火《けいか》まさに須《すべか》らく太陽に遇ふべし。

画出面門無覆蔵
須弥百億露堂々
徳山臨済若入室
螢火応須遇太陽

215

虚《き》堂《どう》和尚ノ三転語

竜門万仞《ばんじん》　碧波《へきは》高し、
天沢面前　誰か牢《ろう》を画《かく》す。
生鉄《さんてつ》鋳成《いな》す　三転語、
作家《さっけ》の炉《ろ》鞴《はい》　吹毛《すいもう》を煅《きた》ふ。

竜門万仞碧波高
天沢面前誰画牢
生鉄鋳成三転語
作家炉鞴煅吹毛

216

漁*父

学道参禅　本心を失す、
漁歌の一曲　価千金。
湘江《しょうこう》の暮雨　楚雲の月、
限りなき風流　夜々の吟。

学道参禅失本心
漁歌一曲価千金
湘江暮雨楚雲月
無限風流夜々吟

217

題シ二霊山ノ塔ニ一、贈ル二正伝庵ノ僧ニ一

看来れば真箇の正伝庵、
宗乗を説かず　ただ世談《せいだん》。

しなかったならば。
扶桑…　扶桑国(日本)は霊性の光なき暗闇であったであろう。
◇323偈大応国師賛に「大唐国裏没二禅師一、伝受明々東海児。一天法窟妙勝寺、天沢宗風更有レ誰」とある。

214　**画き**…　面目まる出しに画きだされているさまは。面門は口の意であるが、ここでは容貌、風丰、面目。
須弥…　百億の須弥山が露堂々とあからさま、というところだ。
螢火…　螢の光が太陽に遇ったようなもの。法華玄義一〇下「自知三螢火不レ及日光二」(正蔵三三―八〇八a)。

215　**竜門**　↓35偈補
天沢…　虚堂の前で竜門越えを妨げる囲いを作る者はあるまい。26偈前書参照。
生鉄…　虚堂の三転語は生鉄(なまがね)を鋳直し。
作家…　大力量者(作家)の炉と鞴(ふいご)が吹毛の剣(毛を吹きかけると忽ち毛が切れる鋭利な剣)をきたえ出す。
○**漁父**　屈原作「漁父の辞」にみえる漁歌、または黄庭堅が伝える張志和詞曲の漁父か。↓補

216　**学道**…　古則話頭を穿鑿する参禅学道は、本心を見失うもの。むしろ名利の路絶えたところで無心にうたう漁歌一曲こそ価千金というべきだ。↓補

217　**正伝庵**　霊山徳禅寺徹翁の塔所。
宗乗…　禅を説かずただ世間話ばかり。世の禅僧と一見同じだが。

凛々《りんりん》たる威風　人に逼《せま》つて冷《すさ》まじ、
当機覿面　誰《たれ》の参ずるあらん。

看来真箇正伝庵
不説宗乗唯世談
凛々威風逼人冷
当機覿面有誰参

218

題《ス》二白楽天像《ニ》一

勲業《くんぎょう》名高《なた》し　白楽天、
自然《じねん》流落して塵縁を絶す。
叢林　志《こころざし》を失す　山林の輩《ともがら》、
訝《いぶか》るなかれ双林寺裏の禅を。

勲業名高白楽天
自然流落絶塵縁
叢林失志山林輩
莫訝双林寺裏禅

*思旧斎　二首

219

山陽の長笛　子《し》雲《うん》の吟、
蜜漬《みつし》の茘支《れいし》　素老の心。
熟処《じゆくしよ》三生《しよう》六十劫《ごう》、
一声の望帝《ぼうてい》　月《つき》西に沈む。

山陽長笛子雲吟
蜜漬茘支素老心
熟処三生六十劫
一声望帝月西沈

220

昔年《そのかみ》の黄犬と蒼鷹《そうよう》と、
苦楽悲歓　地獄の能《はたら》き。
楊岐《ようぎ》を欺《あざむ》き得たり　吾が屋壁《おくへき》、
乾坤一鉢《ぱつ》一衣《え》の僧。

昔年黄犬与蒼鷹
苦楽悲歓地獄能
欺得楊岐吾屋壁
乾坤一鉢一衣僧

凛々…　凛然と犯し難い霊山の禅風に真正面から参ずる力量を誰が持つか。

218　**白楽天**　波瀾の生涯、老齢と共に中央から流落し香山居士と号す。↓補

自然流落　老境に入ると共に権勢社会を脱落して塵縁を絶した生涯を送った。その流落絶塵の生涯を賛す。

叢林…　五山と大徳寺の僧求道心なし。

訝る…　双林寺の非俗非僧の禅にも似た風狂禅が起るのも怪しむにたらぬ。↓補

○思旧斎　思旧は旧交を思う。↓51偈補

219　**山陽**…　山陽の笛声に亡友を偲んだ向秀(しょうしゅう)の孤独。揚雄(子雲)がその主、王莽との連座を恐れ身を投じて重傷した孤独の呻き。かれはどもり(吟)でもあった。51・65・105偈参照。

蜜漬…　「他日切に吾を嗣ぐ勿れ」と言った清素の孤独。↓二七四頁「納敗」補

熟処…　各人仏道の熟処に至る期間は或いは三生、又は六十劫と長短さまざま。

一声…　ともあれ杜鵑の一声と共に月はいま西に沈む。望帝は杜鵑の異名。↓補

220　**黄犬・蒼鷹**　栄達後誣にあい斬られた李斯は、処刑の前その次子に「せめて一度お前と黄犬を連れ東門を出て兎を追いたかった」と言った。王に頼まれた要離は、蒼鷹のように勇猛な王子を殺した。↓補

苦楽…　苦楽悲歓の地獄的な生きざま。

楊岐…　ところが風狂一休の住居は楊岐のそれかと見まごうあばら家。

乾坤…　天上天下一衣一鉢の行脚僧。

◇方内(世間)と方外(出世間)とのきわだ

った断絶面を詠じたもの。

221 紅塵… 埃っぽい世間の街中にしばらく自分は住しているが。「しばらく…」は、楊岐の示衆「楊岐乍住屋壁疎、満牀尽布雪真珠」を連想。

山舎… 黄葉の風渡る山の庵が懐しい。

○滅燈斎 師竜潭から徳山が受けとろうとした紙燭を吹滅した瞬間、徳山が大悟した故事につながる。(伝燈録一五)

222 真前… 祖師像前一盞燈(法燈明)の明歴々、祖師の霊光満天(太清)を照破。8偈起句参照。

徳嶠… 「会せず」の背景に、徳山の禅機を僧瓦棺が三度「不会」と言い、徳山の悟りを巌頭が「末後の句を会せず」と評した故事への連想がある。「不会」は対象的思惟の場に無いこと、「会」「不会」の境に居らぬこと。→補

223 小南泉 斬猫を弄した一休会下の僧。

公案… 公案処理の円熟さ(翻弄語)。「公案円かにし来って趙州に問う」(碧巌録六四)。→44偈「南泉…」補

錯来… 錯って猫を斬り(行斯令)、うとうと睡っている猫を驚起させる余計なことをやったものだ。

牡丹… 正宗賛方語に「牡丹花下睡猫児」とある。一般には、睡っているふりをしていて、飛んでくる蝶を捕えようと構えている猫のように油断ならぬ心の意であるが、この場合とはかかわりなかろう。

224 盧能… 盧能(慧能)はもと樵、馬箕(馬祖のニックネーム)は箕作りで、身分卑しい。

疎壁斎《そへきさい》

221
楊岐《ようぎ》は天下の老禅翁、
これより大いに興る　臨済の宗。
紅塵紫陌《しはく》　我れしばらく住す、
山舎半《なかば》は吹く　黄葉の風。

楊岐天下老禅翁
従此大興臨済宗
紅塵紫陌我乍住
山舎半吹黄葉風

*滅燈斎《めっとうさい》

222
真前の一盞《さん》　はなはだ分明《ふんみょう》、
乃祖《ないそ》の霊光　太清《たいせい》を照らす。
徳嶠《とくきょう》の悟道　我れ会《え》せず、
江湖の夜雨　十年の情。

真前一盞太分明
乃祖霊光照太清
徳嶠悟道我不会
江湖夜雨十年情

示《ス》二斬猫《ざんみょう》ノ僧ニ一

223
これ吾が会裏《えり》の小南泉、
手に信《まか》せて猫《みょう》を斬る　公案円《まど》かなり。
錯《あやま》つて自ら悔ゆ　この令《れい》を行《ぎょう》じて
牡丹花下の眠を驚起せしことを。

是吾会裏小南泉
信手斬猫公案円
錯来自悔行斯令
驚起牡丹花下眠

僧ニ無シ二尊卑一

224
盧能《ろのう》馬箕《ばき》　姓名拙なり、
教外《きょうげ》別伝　仏説を越ゆ。
杜撰《ずさん》の禅流《ぜんる》　井底《せいてい》の尊、
憐《あわれ》むべし皮下もと血なきことを。

盧能馬箕姓名拙

教外別伝越仏説
杜撰禅流井底尊
可憐皮下元無血

225 謹ンデ白ス二久参ノ人ニ一 二首

円頂方袍《ほうぼう》の婬奸《いんかん》、
威風鎮《つね》に人に逼《せま》って寒し。
古則《こそく》参得の家業、
愧づべし妄《みだ》りに我慢を長ずることを。

円頂方袍婬奸
威風鎮逼人寒
古則参得家業。
可愧忘長我慢

226
言ふなかれ公案即ち円成《えんじょう》と、
八角の磨盤《まばん》 心上に横《よこた》ふ。
邂逅《かいこう》知りがたし 自屎《じし》の臭《くさ》きを、
他人の敗闕《はいけつ》 鏡中に明《あきら》かなり。

莫言公案即円成
八角磨盤心上横。
邂逅難知自屎臭
他人敗闕鏡中明

*前年辱《かたじけの》ウスレ賜フコトヲ二大燈国師ノ頂相《ちんそう》ヲ一。予今更メテレ衣ヲ入ル二浄土宗ニ一。故ニ茲ニ奉ルレ還シ二栖雲《せいうん》老和尚ニ一

227
禅門の最上乗を離却《りきゃく》して、
衣を更《か》ふ浄土一宗の僧。
妄《みだ》りに如意《にょい》霊山《りょうぜん》の衆《しゅ》と成って、
嘆息す多年大燈を晦《くら》ませしことを。

離却禅門最上乗
更衣浄土一宗僧
妄成如意霊山衆
嘆息多年晦大燈

教外… 教外別伝・超仏説の宗にあって姓名の尊卑にこだわり、井底の尊を競う禅僧の死禅(皮下無血)のお粗末さ。↓補

225 **円頂**… 頭をまるめ、袈裟(方袍)をつけた、みだらな人間ども。

威風… 威風すさまじい此の老漢。

古則… 公案参得の家業、むやみに傲慢心を増長させる日々を愧じるがよい。

226 **言ふなかれ**… 現実のありのままがそのまま悟りの世界だなどと言うな。↓補

八角… 八角の石臼が空裏に走らず、心の上に横たわった儘の不自在。↓補

邂逅… 人に出会うと、相手の欠陥ばかり目について、自分の醜さにはとんと気がつかぬ。「東海児孫誰正師、正邪不レ弁尽偏知。狂雲身上自屎臭、艶簡封書小艶詩」(480偈)。

○**前年**… 自戒集の奥書に「寛正二年六月十六日、前徳禅塔主虚堂七世孫むかしは純一休いまは禅僧法華宗たちの念仏宗の純阿弥也(印)」とある。ただし、自戒集の別の箇所には「長禄元年(一四五七)冬至ノ日、始テ法華宗トナル」とあり、疑義がある。↓199偈補

227 **禅門**… 禅という最も勝れた法門を離れて。

妄りに… わが分際もわきまえず如意(言外)霊山(徹翁)の衆徒となって。

嘆息… 多年大燈の法を晦ましたことを嘆く(慚愧する)。

228 **波旬**　悪魔の名。**会裡**…　門下の僧修羅の如く敵対を激化している。**古則**…　古則公案が何の用にたつのか。徒らに辛苦を重ねて他人の財宝を数えるだけのこと。◇225・226偈と共に一休の公案禅への一見識。

229 **元字脚**　字句(古則公案)を弄し他を憎み他を妬む野狐の禅。225・226・228偈参照。↓134偈「昼夜…」注
口は…　言うことはしっかりしているようだが。
瞎禿　めくら坊主。瞎禿子(臨済録)。
無縄…　自縄自縛どころか無縄自縛。
虚廓　むなしくひろいこと。虚心。
直指…　言句によらぬ直示や人の為の問答や接化のはたらきといった禅話が溝や谷をうずめつくす。
刻削　手厳しい処置をする。
醍醐　醍醐味、仏法の最上味。乳より酪を出し、酪より生酥(しょ)、生酥より熟酥、熟酥より醍醐を出すという。牛乳を最上無比に精製した醍醐の美味。
○**霊山**　霊山徳禅寺開山、徹翁義亨。

228
狂雲は大徳下の波旬《はじゆん》、
会裡《えり》の修羅《しゆら》勝負嗔《いか》る。
古則話頭　何の用処《ゆうじよ》ぞ、
幾多の辛苦　他《ひと》の珍《たから》を数ふ。

狂雲大徳下波旬
会裡修羅勝負嗔
古則話頭何用処
幾多辛苦数他珎

229
謹《ンデ》白《もうス》二久参《ノ》人《ニ》一。崇宗蔵主《すしゆうぞうす》絶《ツ》レ交ヲ
一善行《ぎよう》ぜず　諸悪を作《な》す、
他を憎み他を妬む　元字脚。
口は堅勁《けんけい》にして見地は微弱なり、
瞎禿《かつとく》の禅宗の門零落して。
人は咲《わら》ふこれ無縄自縛《むじようじばく》なりと、
他の非を見て己《おのれ》が錯《あやま》りを知らず。
日用の工夫は禍《わざわい》の作略《さりやく》にして、
暫時も得難し　虚廓《きよかく》に住《とど》まることを。
直指《じきし》為人《いにん》　また機作《きさ》、
かくの如きの禅話　溝壑《こうがく》に填《み》つ。
勢《いきおい》を好み名《な》に耽《ふけ》るの卜度《はかりごと》、
ここに到りて誰人か与《ため》に刻削《こくさく》せん。
古則に参得して心いよいよ濁り、
醍醐の上味　毒薬となる。

一善不行作諸悪
憎他妬他元字脚
口堅勁見地微弱
瞎禿禅宗門零落
人咲是無縄自縛
見他非不知己錯
日用工夫禍作略
暫時難得住虚廓
直指為人又機作
如是禅話塡溝壑
好勢耽名之卜度
到此誰人与刻削
参得古則心弥濁

醍醐上味為毒薬

230

看《ル》ニ*霊山《ノ》行状《ヲ》一

宗門の極則《ごくそく》　また謷訛《ごうか》、

乃祖《ないそ》は霊山《りょうぜん》の前釈迦なり。

筆を採《と》つて誰人か鬼簿に点ず、

工夫《くふう》日用　俗塵多し。

宗門極則又謷訛
乃祖霊山前釈迦
採筆誰人点鬼簿
工夫日用俗塵多

231

*香厳撃竹《きょうげんきゃくちく》

潭水《たんすい》の北　湘水《しょうすい》の南、

竹枝の曲裏　口喃々《くちなんなん》。

樽前《そんぜん》爛酔す　豪家の客、

識らず愁人の夜雨に談《かた》るを。

潭水北兮湘水南
竹枝曲裏口喃々
樽前爛酔豪家客
不識愁人夜雨談

230 **極則**　至極の妙則。第一義。「若し教意是れ極則と道わば、世尊何が故に更に花を拈じ、祖師更に西来して作麼(なに)かせん」(碧巌録四〇)。「独脱無依なるも未だ極則となさず」(虚堂録)。

謷訛　甚深難測の処。極則と共に霊山の世界を讃仰。

乃祖…　汝の祖霊山は釈迦の再来である。

筆を…　日々の生きざまは塵々三昧どころか、俗塵だらけなのに、汝の祖の前釈迦徹翁に続いて、過去帳にやたらに名を連ねたがるが、一体誰が名を点ずるのか。

鬼簿…　死者の名を記す過去帳。転じて、詩文中に古人の名をむやみに入れる癖をいう。「楊(炯)好用ニ古人姓名一、謂ニ之点鬼簿一」(玉泉子)。

○香厳撃竹　香厳が大悟した投機偈による。↓49偈注

231 **潭水**…　香厳が潙山の下で修行した地方。「耽源云、湘南潭北」(虚堂録二)。↓補

竹枝…　唐の詩人劉禹錫(七七二—八四二)が沅水湘水の地方で作った流行歌竹枝新詞を歌う声にぎやか。

樽前…　酒樽の前で酔いつぶれている、豪家(豪族)の客たちは。

識らず…　香厳撃竹底の風光を会する者は一人もいない。唐の詩人戴叔倫(七三二—七八九)に「沅湘日夜東流し去り、愁人の為めに少時(しばらく)も住(とど)まらず」、別に碧巌録四〇に「愁人、愁人に向って説くこと莫れ。愁人に説向すれば人を愁殺す」がある。109偈および423—425偈参照。

参考

止大用庵破却　二首　寛正五年

232 破邪帰正識情　勝負人我無明　可羨出塵羅漢
青天月白風清

233 認定盤檐板漢禅　衲僧作略豈膠絃　殺活縦横悪手段
鋳消正印漢王前

題大徳寺動乱

234 禅者争禅詩客詩　蝸牛角上現安危　殺人刀矣活人剣
長信佳人独自知

235 伏虎将軍是我徒　英雄不失悪魔途　吹毛三尺掌握内
仏法南方一点無

訪養叟的子淵長老癩病

236 毒虵窟宅洛陽東　癩病深懼亨徹翁　紹淵養叟正伝子
学得天衣仏日風

237 病軽脉重咸淳禅　病重脉軽会昌禅　就中腐爛養叟輩
病脉並損今日禅

賀淵長老鷲尾新造寺以訪癩病

238 癩病脚跟毒気生　殿堂新造勢崢嶸　鋤頭畊破鷲峰頂
荒草山前無一茎

239 旃壇仏寺利名禅　公案纏腰十万銭　満目青山法眼境
鷲峰樵客蹈通玄

240 鷲峰建立大伽藍　普請崩山又砕岩　五臓敗壊成膿血
黄衣癩肉臭汗衫

241 妄参仏祖旧因縁　天道豈饒逢着膻　食淡志潔吾自業
志姦食美汝家伝

242 猢猻無尾出人前　乃祖弄嘲天下徧　拈棒下喝送一送
始看勾欄歌舞禅

243 大燈門下単于境　姦賊此時開法筵　厚面無慙唯畜類
古今無若此邪師

244 風流入室苾蒭尼　因憶慈明狭路時　腸断繊々呈露手
暗吟小艶一章詩

245 頤淵禅話太新鮮　呈露開拳又出拳　竜宝山中悪知識
言詮古則尽虚伝

246 得果投機多教人　青銅定価両三緡　休歌亡国伊州曲
栄衒乾坤天宝春

247 引伴集徒幾癩児　面門眼上総無眉　法中姦党自了漢
伝授無師話有私

題頤来的々付児孫

248 頤卦題名食食来　会中膾炙寵如梅　擢金手段機輪転
君子果然多愛財

謝人贈塩醬

249 胡乱天然三十年　狂雲作略這般禅　百味飲食一楪裏
淡飯麁茶属正伝

病中　二首

250 破戒沙門八十年　自慚因果撥無禅　病被過去因果々
今行何謝劫空縁

代断頭罪人　二首

251 美膳誰具一双魚　小艶工夫日用虚　婬色吟身頭上雪
目前荒草未曾耡

252 六条河畔断頭場　逼面殺人三尺鋩　伎窮情尽魔途失
空断春閨夢裏腸

253 或人瞠眼或低頭　各是波旬之道流　多年風月即今剣
大地山河満目愁

羅漢遊婬坊図　二首

254 羅漢出塵無識情　婬坊遊戯也多情　那辺非矣那辺是
衲子工夫魔仏情

255 出塵羅漢遠仏地　一入婬坊発大智　深咲文殊唱楞厳
失却少年風流事

涅槃像　二首

256 作仏披毛無主賓　春愁二月涅槃辰　有情異類五十二
混雑紫磨金色身

257 頭上北洲脚下南　前三々也後三々　逼塞乾坤釈迦像
看来恵日一伽藍

嘲熊野権現

258 垂跡三山榎本頭　百由旬瀑直飛流　室郡休道馬不進
徐福精神物外遊

閑工夫辱栄衒徒

259 金襴長老一生望　集衆参禅又上堂　楼子慈明何作略
風流可愛美人粧

正工夫示久参徒

260 機輪転処実能幽　臨済正伝名利謀　一枕春風鶏足暁
三生夜雨馬嵬秋

洛下昔有紅欄古洞両処、曰地獄、曰加世、又安衆坊之口、有西洞院諺所謂小路也、歌酒之客、過此処者、皆為風流之清事也、今街坊之間、十家四五娼楼也、淫風之盛、幾乎亡国、吁関雎之詩、可想乎哉不足嗟嘆、故述二偈一詩、以詠歌之云頌曰

261 同居牛馬犬兼鶏　白昼婚姻十字街　人道悉是畜生道
月落長安半夜西

262 仏交露柱一同途　邪法此時難得扶　栄衒徒似作家漢
仏法胸襟一点無

詩曰

263 婬風家国喪亡愁　君看雎鳩在彼洲　随例宮娥主恩夕
玉盃夜々幾春秋

俗人婬坊門前吟詩帰

264 楼子無心彼有心　婬詩々客色何婬　宿雨西晴小歌暮
多情可愛倚門吟

相国寺沙喝騒動

265 元来長久万年山　葉戦松杉風外間　済北蔭涼宗風滅
白拈手段活機関

童謡　二首

266 童謡逆耳野村謳　唱起家々亡国愁　十年春雨扶桑涙
稼穡艱難廃址秋

267 皇城山野々皇城　変雅変風人不平　骼皮秋痩山骨露
狂雲一片十年情

看杜詩　二首

268 古今詩格旧精魂　江海飄零亦主恩　仰叫虞舜一生涙
々痕濺洒裏乾坤

269 涙愁春雨又秋風　食頃難忘天子宮　詩客名高天宝事
寒儒忠義也英雄

示婬色人　三首

270 巫山雲雨夢中神　君子猶迷況小人　風流聖主馬嵬涙
亀鑑明々今日新

271 濮上桑間唱哇音　風流年少寵尤深　世界三家村裏客
重華不識二妃吟

272 所愛肉身湌食忠　心肝生鉄一天功　男児死処色何屈
悩乱楊花甲帳風

会裏僧与武具　二首

273 説禅学道本無能　乱世英雄一錫僧　覿面当機若行令
鋏囲百億棒頭崩

274 道人行脚又山居　江海風流簑笠漁　逆行沙門三尺剣
不看禅録読軍書

因乱　二首　詩

275 請看凶徒大運籌　近臣左右妄優遊　蕙帳画屛歌吹底
衆人日夜酔悠々

276 忠臣愁思在功勲　世上汗淋不識君　儒雅十年情寂々
貴遊一夜酔醺々

示会裏俗徒警策　詩

277 前車覆処後車驚　警策怠時禍必生　半酔半醒夜遊客
鳥啼月落夜三更

278 詩歌吟詠失全功　天上人間軍陣中　意舞酔歌休度日
飛揚跋扈為君雄

因乱寄坊城少納言　詩

279 当代菅儒少納言　詩文家業動乾坤　英雄乱世好風月

長剣大弓酬主恩

懺悔抜舌罪

280 言鋒殺戮幾多人　述偈題詩筆罵人　八裂七花舌頭罪
黄泉難免火車人

乱裏　二首

281 国危家必有余殃　仏界退身魔界場　臨時殺活衲僧令
君看忠臣松栢霜

282 独坐頻忙藹晦心　誰人忠義此時深　暁天一睡枕頭恨
朝日三竿夢裏吟

関東御上洛

283 虜軍万騎已東来　京洛凱歌一曲催　相坂関門征駒路
胡児性命馬蹄埃

婬坊頌以辱得法知識

284 話頭古則長欺謾　日用折腰空対官　栄衒世上善知識
婬坊児女着金襴

日用

285 日用正工夫　挽弓東射胡　殺仏殺祖令　波旬失却途

祝聖

286 海内太平便現前　清風明月碧雲天　万年七百高僧令
看々天竜正覚禅

徳政

287 賊元来不打家貧　孤独財非万国珎　信道禍元福所復
青銅十万失霊神

乱裏工夫

288 毎朝高叫太忙々　受敵機先当八方　観法坐禅休度日
但須勤跋扈飛揚

泉涌寺雲竜院後小松院廟前菊

289 衰竜錦袖碧雲天　叡信宗門列祖禅　生鉄鋳成黄菊意
秋香未老玉堦前

日課

290 如法如説衲僧眼　経呪読誦百千返　三百六十日課前
風雨雪月吟艶簡

太平正工夫

291 天然胡乱正工夫　昨日聡明今日愚　宇宙陰晴任変化
一回研額望天衢

乱世正工夫

292 丈夫須具正見　諸妄想随境現　馬問良馬麼無　人答
此刀利剣

小欲知足　二首

293 千口不多富貴愁　家貧甚苦一身稠　涓水鯉魚斗水望
明朝藹扇広河流

294 果満羅漢有三毒　純一願小欲知足　無衣貧病得相治

山堂一夜聞促織

悪行衆生賛

295 行悪衆生与悪亡　善人寿命自然長　十人七八箇滅却
長祝当今千歳昌

習心

296 一昼夜八億四千　念々不断自現前　閻王不許詩風味
夜々吟魂雪月天

自戒

297 罪過弥天純蔵主　世許宗門賓中主　説禅逼人詩格工
無量劫来悪道主

愛念盟　二首

298 婆子侍慈明老師　婚姻脚下結紅糸　驪山春色三生睡
千歳海棠花一枝

299 恩愛紅塵誰人掃　娘生赤肉父子道　羅睺羅箇歓喜丸
携来直授釈迦老

地獄　二首

300 十方世界尽乾坤　水火寒温人命根　看々米穀閑田地
是衆生之地獄門

301 黄泉境界幾多労　剣是樹頭山是刀　朝打三千暮八百
目前獄卒眼前牢

冬夜螢火和州紀州両国際山野充満、因禅詩二章
以祝之云

302 螢火争陽智与愚　衆生定業仏難扶　一天星斗皆朝北
帝業南方一点無

303 満山螢火諸人看　凶事南方也大難　可憐貴賤共自滅
廃址秋風冬夜寒

寒夜嘆雪山鳥

304 朝来公案晩来吟　求食忘巣前業深　昼夜人々雪山鳥
無間苦痛月沈々

嘆孤独老人多欲

305 千古無多富貴時　青銅十万譲阿誰　必定後生三悪道
老人何事不前知

相対

306 二月涅槃寂滅辰　一刀両段也心身　不生不滅仏難得
花約有無相対春

乱中大嘗会

307 当今聖代百王蹤　玉躰金剛平穏容　風吹不動五雲月
雪圧難摧万歳松

各見不動

308 水流四念不同心　仏界魔宮亘古今　寒窓風雪梅花月
酒客弄盃詩客吟

敬上　天子堦下二首

309 財宝米銭朝敵基　風流児女莫相思　扶桑国裏安危苦
傍有忠臣心乱糸

310 乾坤海内起烟塵　昨夜東風逼四隣　禍復美人身上事
栄華可悔馬嵬春

善悪未甞混、世為善者皆朋舜、而悪者皆党桀也、雉必為鷹所撃、鼠必為猫所咬、是天賦所前定也、一切衆生之帰仏善而免生死之淪没者亦猶若玆、因作偈以示衆云

311 鷹雉鼠猫元自然　威音劫来旧因縁　照看華清残月暁
明皇亀鑑馬嵬前

312 過現未誰人了達　悪人沈淪善者脱　風流可愛公案円
徳山棒兮臨済喝

313 風流脂粉又紅粧　等妙如来柰断腸　知是馬嵬泉下魄
離魂倩女謫扶桑

314 身心不定仮兼真　欲界衆生沈苦辛　愁夢三生六十劫
々空無色馬嵬神

君子財

315 詩人財宝是文章　儒雅乾坤日月長　窓外梅花吟興楽
腸寒雪月暁天霜

貴人財

316 龐老棄銭誰挙揚　曾撞玉斗亦何妨　庭有梅花窓有月
鋏繋紙帳五更霜

嘆日旗落地

317 錦旗日照動竜虵　聖運春長救国家　化雷踢殺五逆輩
誓為朝廷作悪魔

因乱

318 韓信昔年雲夢殃　人心真偽自然彰　安危不定箇時節
人畜難分荊棘墻

美人傾城

319 幽王上古見今時　一咲花顔燧火姿　八熱八寒鬼窟裡
馬嵬辱井劫空悲

山名金吾鞍馬毘沙門化身

320 鞍馬多門赤面顔　利生接物現人間　開方便門真実相
業属修羅名属山

婦人多欲

321 美人得寵美人祢　珠玉青鞋脚下塵　秋満驪山宮樹月
栄華可悔馬嵬春

東坡山谷同幢

322 海内文章汝面前　誰知鍛煉独天然　説法上堂法堂上
如来禅与祖師禅

大応国師賛　妙勝寺

323 大唐国裏没禅師　伝受明々東海児　一天法窟妙勝寺

天沢宗風更有誰

乙石御用人向妙勝寺真前髪置賀頌

324 三歳生年小女児　終吾門老比丘尼　寿筭婆裙綿延錦
孾孩垂髪白如糸

乙石御用人待知客帰寺

325 知客他行乙石愁　帰来日数在心頭　斫額天衢望晴雨
愛看昔日摘星楼

贈山徒

326 顕密天台妙楽途　分明伝教大師徒　山猿叫落西楼月
七社霊神鎮帝都

不殺生戒

327 李広将軍一片心　多年石虎識情深　殺人端的不眨眼
敢忍燈前夜雨吟

不偸盗戒

328 鵝鳥呑珠刑罰辛　分明曲直偽兼真　翠巌老漢眉毛話
保福豈非家裏人

不邪淫戒

329 婬坊年少也風流　嗹吻抱持狂客愁　妄闘樗蒲李群玉
名高虞舜辟陽侯

不妄語戒

330 一字不説不信道　大蔵経巻已落草　漚和元来截流機
怪哉父小而子老

不飲酒戒

331 痛飲三盃未湿唇　酔吟只慰楽天身　稜道者任念起処
宣明酒伴也誰人

南園残菊

332 晩菊東籬衰色秋　南山且対意悠々　三要三玄都不識
渕明吟興我風流

高野大師入定

333 生身大日覚王孫　出入神通活路門　迦葉恵持長夜魄
秋風春雨月黄昏

三毒

334 貪嗔根本自癡愚　人我無明名利徒　一箇無心閑道者
近年林下一人無

不殺生戒

335 全体作用迸鬼眼　勝負脩羅英雄念　望帝一声月三更
殺人刀与活人剣

不邪淫戒　三首

336 痛飲誰家楼上謳　少年一曲乱心頭　阿難逆行婬坊暁
妙解方便残月秋

337 逆行慈明婆子身　紅糸脚下絆婚姻　一曲楼頭緑珠笛
可憐昔日趙王輪

338 沙門何事行邪淫　血気識情人我深　淫犯若能折情識
乾坤忽変作黄金

自讃毀他戒　三首

339 魔王眷属没商量　得失是非幾断腸　前他後我如来願
前後工夫三会長

340 五逆聞雷臨済訣　大慈大悲太親切　活人剣兮殺人刀
欲汚人満口含血

341 誰共修皈正破邪　若非情識又何過　這般作略子細看
座主見知還作家

誹謗三宝戒

342 杜撰飯袋悪禅和　塞壑満溝亡国家　皈依仏法僧檀越
閑看世間残照斜

人境懐古

343 境無心燈籠露柱　人弁別珠玉塊土　一夜五十年前吟
青塚残月巫山雨

344 両片皮復一具骨　鳥虫馬牛更魔仏　混沌未分暗昏々
雲月知為誰風物

倭国以譬諭作実　二首

345 勘弁入邪毒気深　元非君子小人心　暗認譬諭作実会
苔衣雲帯楽天吟

346 今時日用誰人道　超越仏祖是野老　這般輩法中畜生
胸襟愚不鋤荒草

異類中行

347 異類馬牛中行途　洞曹潙仰正工夫　愚昧学者誤領解
看来正是畜生徒

井

348 高下互看打水輪　衲僧轆々転機輪　安禅出定清華暁
汲尽天辺月一輪

349 吸尽西江公案円　工夫不管溺深泉　不借寸縄千尺底
西来祖意為人禅

山居

350 孤峰頂上出身途　十字街頭向背衢　空聞夜々天涯雁
郷信封書一字無

示栄衒徒

351 人家男女魔魅禅　室内招徒使悟玄　近代癩人頤養叟
弥天罪過独天然

認喩作実

352 野老却来日用今　私車公案誤晴陰　昨夜打窓零落葉
蕭々聴作雨声吟

山中開薬圃

353 要銭売薬不修琴　度世工夫貪欲深　山堂夜雨風流榻
自絶松風閑道吟

示邪婬僧

354 銀燭画屛残月暁　錦茵甲帳落花春　生身若堕在火坑
花顔玉貟也何人

少年道心老来失　二首

355 五十年前大道心　来生未隔已忘今　朝得夕死立地仏
一旦廻心百煉金

356 失却悟徹揔閑事　去劫来劫又如此　金鍮正邪仏難分
聞説仏魔隔一紙

題黄檗礼仏示栄衒徒　二首

357 礼仏家風真作家　々々汝栄衒誵訛　奪食驅牛成伎倆
米銭名利賺過他

358 閻老面前尤苦哉　飯銭今日急還来　話頭古則商量価
棒喝邪師度世財

臨済曹洞座主各末後句　二首

359 大死底人心塊土　元来是燈籠露柱　変易分段只任他
新月黄昏五更雨

360 平生信施涅槃堂　暮往天台南嶽朝　公道世間唯病苦
貴人身上不曾饒

恵日有憎愛

361 一段多情栗棘愁　回光反照晦心頭　工夫長養不得怠
動静起居春又秋

賛法然上人

362 法然伝聞活如来　安坐蓮華上品台　教智者如尼入道
一枚起請最奇哉

作家　二首

363 臨済徳山非作家　棒頭喝下任師誇　堪笑伎倆与鼻孔
照看高低日影斜

364 忍辱仙人常不軽　道心須是尽凡情　恁麼白浄真衲子
可勤観法又看経

傀儡

365 抽牽者即主人公　地水合成随火風　一曲勾欄曲終後
本然大地忽為空

洛陽火後

366 寒灰充塞洛陽城　二月和花春草生　黄金宮殿依然在
勅下千秋万国清

嘲文章

367 人具畜生牛馬愚　詩文元地獄工夫　我慢邪慢情識苦
可嘆波旬親得途

368 傑作詩文金玉声　言々句々諸人驚　閻王豈許雅頌妙
鉄棒応惶鬼眼睛

元本無明

369 法塵習着柰想思　李杜蘇黄音律詩　弓影客盃元字脚

生身入地獄如矢

破譬喩示病僧

370 弓影膏肓在酒中　毒虵影落客盃弓　楓林黄葉蜀江錦
染得心頭満目紅

利欲忘名

371 利欲農夫商女情　絶交美誉与芳声　梅花雪月非吾事
貪着米銭忘却名

372 売弄深蔵貪欲心　々中密々要黄金　詩情禅味風流誉
秋思春愁雲雨吟

耽色喪徳

373 酒伴詩僧久絶交　独吟月影満松梢　楚台愁夢是吾業
杜牧味清婬色嘲

偶作

374 患是衆生良薬訣　祖病当機臨済喝　梁台暮雲茂陵吟
五十年来相如渇

375 我唯有一息出入　日面月面忘左右　釈迦老師大覚尊
祖病治得用牛乳

376 室内閑吟一盞燈　自然無道箇詩僧　愁人春興猶寒夜
袖裏花牋梅蕚氷

頌

377 暫時此地弄精魂　臨済後身興祖門　美誉芳声世間外
五雲天上月林孫

元日賀官軍敗凶徒

378 元正先破豪　処々凱歌高　百万朝廷卒　不能損一毛

偶作

379 恵命微々懸一糸　分明臨済正伝師　識情名利山林客
夜々秋風枕上吹

380 睡裏海棠春夢秋　明皇離思独悠々　三千宮女情難慰
更遂馬嵬泉下遊

懐古

381 愛念愛思苦胸次　詩文忘却無一字　唯有悟道無道心
今日猶愁沈生死

382 十年溺愛失文章　不是行天然即忘　翰墨再論近年事
輪廻断尽隔生腸

警策

383 苦哉色愛太深時　忽忘却文章与詩　不前知是自然福
猶喜風音慰所思

384 夢熟巫山夜々心　蘇黄李杜好詩吟　若将淫欲換風雅
価是無量万両金

迷悟

385 無始無終我一心　不成仏性本来心　本来成仏々妄語
衆生本来迷道心

題点頭石訝虎丘祖師
386 不信道石点頭　若点頭非石流　石有霊是妖怪　吾祖
師老虎丘
不行成仏
387 天然之釈迦弥勒　六々元来三十六　達磨九年仏六年
成仏作祖尽精力
示焚書籍僧
388 始皇自然弁邪正　波旬余殃如看掌　看々劫火洞然時
書籍金剛不壊性
389 樹下石上茅廬　詩文疏鈔同居　欲焚嚢中遺藁　先須
忘腹中書
390 腹中地獄成　無量劫識情　野火焼不尽　春風草又生
示耽名僧
391 南北東西不可量　扶桑粟散国封疆　耽名愚鈍畜生道
望帝一声聴断腸
392 金烏玉兎照籠中　百億須弥逼碧空　香水無辺四大海
畜生無始又無終
示弄業文筆僧
393 苦楽愛憎影与身　寒温喜怒境兼人　平生吟興黄泉路
地獄門前桃李春
吊戦死兵
394 赤面修羅血気繁　悪声震動破乾坤　闘諍負時頭脳裂
無量億劫旧精魂
偶作
395 我本来迷道衆生　愚迷深故不知迷　縦雖無悟若有道
仏果天然立地成
心随万境転
396 今日仏心猶未生　衆生界地獄先成　万機万境皆情識
転処能幽剣戟城
仏魔一紙
397 聖凡万里隔郷関　清浄沙門塵事間　残雪残梅窓外月
吟中猶剣樹刀山
以婬欲換詩文
398 衆寮及第大雄尊　著述佳名我命根　愁夢未修雲雨約
君恩猶喜費吟魂
頌
399 忘却万端詩未忘　半生半死涅槃堂　黄泉路上此吟興
閻老宮前後悔腸
看妙荘厳王品
400 妙荘厳昔日因縁　瞎禿道光輝我前　閻老不吟玉堦月
黄泉後悔碧雲天
礼常不軽菩薩

401 記得昔年常不軽　可惶血気衆生情　看々火宅脚跟下
満目無間獄大城

忍辱仙人

402 須成忍辱波羅蜜　是如来甚深秘蜜　心火焼尽菩提根
阿脩羅王滅仏日

円悟大病

403 涅槃堂裏絶言詮　棒喝機関法座禅　睡裏花顔猶酔眼
春風腸断海棠前

404 巫山夜々夢難驚　艶簡題詩対鉄檠　只為檀郎呼小玉
風流可愛美人情

405 狭路慈明色欲婬　庭前栢樹祖師心　悪魔臨済正伝境
雲暗姮娥落玉簪

406 娘生仏果已円成　大病苦中無識情　小艶詩情人不会
雞声茅店月三更

吊宗祐老僧

407 宗祐僧牛誰面門　本来心逼塞乾坤　独向真前謹乞命
要須吊祐老幽魂

和吊宗祐老僧頌韻

408 或作僧形或馬牛　曹溪滴水百川流　南山吟興東籬菊
花綻三玄三要秋

題江口美人勾欄曲

409 見色聞声吟興長　明心悟道没商量　愁人不識普賢境
歌吹樽前揺断腸

泉湧寺僧行棒

410 八稜八尺倚長天　拈起向秋山面前　衲子当機拱手処
洞山三頓徳山棒

偶作

411 餓鬼苦多也畜生　人家魔魅長凡情　飢渇病苦五噎患
邪師知識野狐精

鳩鹿狐懺悔

412 麑鹿生涯猶狨愁　鳩因淫欲苦心頭　四時難愕此愁夢
一枕西風夜々秋

除夜

413 金吾除夜死山名　従此黄泉幾路程　太平天子東西穏
九五青雲無客星

円相

414 誰参溈仰一宗禅　円頂沙門心豈円　剃頭外道長情識
定与魔王結悪縁

415 生死輪回恰似環　人々這末後牢関　寸歩不移脚跟下
生身堕二鉄囲山

416 円成公案愛風流　逆行機関溈仰響　愁殺樽前夜遊客
美人一曲玉楼謳

示礼仏祖禱福力僧

417 覊客恨多天地人　愚哉鬼窟旧精神　元来諸法従縁起
風月沈吟一箇貧

食籍

418 飯縁食籍聊茶湯　竹縛菊籬梅補墻　人間世諦尽餓死
地獄遠離安楽長

寄近侍美妾

419 淫乱天然愛少年　風流清宴対花前　肥似玉環痩飛燕
絶交臨済正伝禅

送僧行脚

420 参禅学道扣玄人　世界蒲鞋脚下塵　象骨老師三九旨
常成飯頭苦心身

見桃花図

421 見処風流悟道心　桃花一朶価千金　瑶池王母春風面
我約愁人雲雨吟

422 開陣玄沙法戦場　宗門議論老禅場　衲僧遊戯諸三昧
拄杖腰包桃李場

香厳撃竹

423 対面忽然尽識情　道人亀鑑太分明　娘生仏見南陽境
腸断黄陵夜雨声

424 携来苕帚動風塵　看々聞声悟道新　半夜千竿脩竹雨
南陽塔下弄精神

425 久響香厳一撃声　可憐悟道発佳名　蕭々逆耳竹扉雨
滴尽南陽塔下情

普明国師破百丈大智禅師法

426 破夏文殊宗旨勲　衲僧三昧似商君　祖師大用現前境
南岳巫山一片雲

霊山徹翁和尚百年忌

427 僧運酬恩妙勝薪　霊山昔日涅槃辰　二千四百年前境
梅雨流紅五月春

428 癩児牽伴出人前　魔魅人家常説禅　竜宝封疆幸滅却
霊山記莂瞎驢辺

陳蒲鞋　八首

429 老禅本鉄眼銅睛　不是北堂慈愛情　天下衲僧脚跟下
宗門潤色緑蒲青

430 唯有宗門零落愁　錯来末法幾禅流　春風桃李吟無酒
尊宿栄華蒲葉秋

431 黄衣尊宿事如何　不是当機信手拏　三家村裏野老業
棒喝商量豈作家

432 元来黄檗下之尊　臨済師兄不用論　仏法南方今落地
北堂寂寞苦吟魂

433 真正工夫任変通　達磨建立仏心宗　雲起南山北山雨

夜来吹過樹頭風

434 堪笑米山無米銭　誰参尊宿織蒲禅　衆生五欲八風起
看々正邪今現前

435 説道談禅長利名　工夫乱裏築愁城　門閫空折韶陽脚
折得江湖門弟情

436 無米々山名下空　宗門玄要老禅翁　七宝荘厳之富貴
平生氷雪又寒風

歇林紹休侍者、相攸構居、扁曰伝正、因作偈以
為証云

437 宗門滅却法筵開　狭路慈明顚倒来　墻外自然樵客迹
風流可愛断崖梅

再来隔生即忘

438 講経大士喚為誰　弥勒当来之導師　炉鞴鈍鉄出生鉄
利剣鈍刀鉄不知

自然外道

439 大道廃時人道立　離出智恵義深入　管絃歌吹人倫能
風雨世間之音律

440 聡明外道本無知　精進道心期幾時　天然無釈迦弥勒
万巻書経一首詩

地獄

441 三界無安　猶如火宅　箇主人公　瑞巌応喏

岩頭和尚

442 名風流面蛮胡　々鬚黒也赤鬚　舌頭絶勝文殊
脚下蹈断道儒　天下衲僧癡愚　邪法而今難扶
象骨老師小巫　臨済渡子同途　着々作様作模
頭々入細入麁　横棹一撥江湖　々々議論区々

確頌曰

443 世間種々鸁公図　道伴知音一箇無　夜雨篷窓江海燭
宗門零落尽工夫

学林宗参庵主水葬

444 参禅学道閑忽々　六十年来任変通　流水千江機輪転
閻浮樹下月如弓

題円悟大師投機頌後

445 新題小艶一章詩　々句工夫説向誰　残生白髪猶婬色
鬼眼閻魔決是非

四睡図

446 凡聖同居何似生　披毛作仏也分明　今宵極睡清風枕
空劫以来松有声

運庵還松源衣留頂相

447 這三転痛処針錐　看々宗門句裏機　争柰石渓肩上土
拾来脱屣号伝衣

弟子癖

448 従来臨済大人禅　元字脚頭心念前　即今若作我門客
野老風流美少年

自賛

449 分明画出許渾図　吟撚径山天沢鬚　嗜誉求名不愛利
風流寂寞一寒儒

臨済曹洞善知識貪欲熾盛

450 米銭膝下露堂々　辛苦沈淪万劫腸　賊智不妨過君子
徳山臨済没商量

癖

451 臨済徳山棒喝禅　睦州蒲葉蕆公船　左伝蠟屐一時忘
不是和嶠我愛銭

東坡像

452 竺土釈迦文殊師　即今蘇軾更看誰　黄竜禅味舌頭上
万象森羅文与詩

偶作

453 臨済門派誰正伝　風流可愛少年前　濁醪一盞詩千首
自笑禅僧不識禅

嫌抹香

454 作家手段執商量　説道談禅舌更長　純老天然悪殊勝
暗聻鼻孔仏前香

病僧与五辛

455 病僧大苦発傷風　死脉頻々命欲終　如来新病用牛乳
莫忌凡身薬草葱

示久参徒

456 看経看教無間業　応庵但許白浄業　参禅学道閑話頭
可懼身口意三業

薄氷

457 但看江海薄氷池　不管人々心上危　可憐極苦目前急
迷道衆生終不知

金春座者歌

458 唱得雲門王老禅　朝遊東土暮西天　震旦径山上堂後
建仁撃鼓法堂前

岐岳和尚竜宝山住院時請御所喝食、於看雲亭、夜々酒宴、因一休和尚相看、岐岳問一休和尚曰、汝於老僧境界、知耶不知、答曰知、問曰、試挙看、答曰、茂陵多病後、猶愛卓文君、岳大咲絶倒、随後打曰、請為老僧題無、休便題曰

459 竜宝禅翁活眼睛　孤明歴々藞苴名　黄金詞賦文君恨
師笑茂陵空薄情

460 高亭腸断夜参僧　歌舞花前酒若澠　長老雲門塔下逆
真前雲雨五更燈

画梅

461 目前春樹属孤山　上苑一枝無客攀　七実青黄蘤紅白
淡烟疎雨祖師関

自賛

462 大機大用捴絃膠　如法作家清宴餚　文君絞酒相如瑟
終奈薄情無頼嘲

脱鱗鯉魚庖中得活

463 活潑々時池水清　怪哉端的死中生　飛潜天地衲僧眼
雲暗竜門点額情

応無所住而生其心

464 祖師禅不是如来　接物利生尤苦哉　明歴々金剛正体
百花春到為誰開

警念起所

465 公案工夫暮与朝　山堂夜々雨蕭々　地獄猛火百万劫
満腹詩情幾日消

不嫌念起所　二首

466 平生贏得囂苴名　信口言詮群衆驚　自讃毀他長情識
乾坤江海我詩情

467 脚下紅糸妻子盟　驪山私語約三生　良宵共愛夢閨月
照看一声望帝情

心念所作

468 三十年来江海情　空吟野水釣船横　偶然我負子陵業
興在詩非勦絶名

末後涅槃堂懺悔　二首

469 風音気象頌兼詩　乗興邪慢吟撚髭　悪魔内外託吾筆
猛火獄中無出期

470 艶簡艶詩三十年　虚名天沢正伝禅　吟身半夜与燈痩
雪月風流白髪前

童子南詢図

471 知識華厳五十三　美人焦熱抱持談　南方仏法非吾事
腸断風流童子参

紹固喝食

472 四歳女児歌舞前　約深難誓旧因縁　棄恩入無為手段
座主作家誰是禅

賛欽山禅師　五首

473 佳名勦絶利貪稠　茶店美人誰好仇　争識洞山下尊宿
慈明狭路好風流

474 上堂茶話作家禅　点検将来新婦禅　錦帳香嚢風起臭
洞山仏法是何禅

475 羅漢出塵茶褐衣　欽山作略老婆機　重華不是風流主
湘水猶伝泣二妃

476 済家純老機生鋏　一条活路途与轍　雪峰岩頭無眼睛
千歳達磨宗敗闕

477 尿床鬼子大難心　定老当機恩力深　夜雨燈前渾即忘
風流茶店旧時吟

辞世

478 今宵拭涙涅槃堂　伎倆尽時前後忘　誰奏還郷真一曲
緑珠吹恨笛声長

嘆竜翔門派零落

479 扶桑国裏没禅師　東海児孫更有誰　今日窮途無限涙
他時吾道竟何之

480 東海児孫誰正師　正邪不弁尽偏知　狂雲身上自屎臭
艶簡封書小艶詩

481 或儒者或教家僧　不管人天大衆憎　飛来蝙蝠暮堂裏
怪長無明滅法燈

渡江達磨

482 去々来々随意行　乾坤万里俗塵生　西天此土姓名重
脚底脚頭蘆葉軽

三界

483 来往生霊六道衢　修羅闘諍没生涯　人間未得諸天楽
闕減娑婆事々乖

484 餓鬼畜生無菩提　劫空法習徹吾臍　無色衆生涙如雨
月沈望帝一声西

485 威音那畔本去劫　弥勒当来又来劫　依草附木旧精魂
可憐三生六十劫

486 須参最上乗之禅　等妙如来豈自然　三界無安猶火宅
三車不識在門前

示南坊　偵

487 勇巴興尽対妻淫　狭路慈明逆行心　容易説禅能忌口
任他雲雨楚台吟

制戒

488 貪着少年風流　々々是我好仇　悔錯開為人口　今後
誓縮舌頭

泉堺衆絶交　二首

489 耽利好名天沢孫　霊光失却大燈門　梨冠瓜履人疑念
伎倆当機報仏恩

490 参学之徒無道心　紅糸朱色似鍮金　忠言可逆人々耳
牛馬面前空鼓琴

松源和尚

491 松源霊隠老師禅　破法攀条省数銭　嚢中我没半文畜
狂客江山三十年

492 巡堂合掌又焼香　竪払拈槌坐木床　臨済正伝也何処
一休東海断愁腸

拾馬糞修斑竹

493 煨芋懶残旧話頭　不求名利也風流　相思無隙此君雨

拭涙独吟湘水秋

494 看々我養鳳凰心　燕雀鳩鴉山野禽　臨済栽松一休竹
三門境致後人吟

対臨済画像

495 臨済宗門誰正伝　三玄三要瞎驢辺　夢閨老納閨中月
夜々風流爛酔前

閻浮樹

496 閻浮樹逼塞乾坤　葉々枝々我脚跟　太極梅花紙窓外
暗香疎影月黄昏

剪妙勝寺竹木

497 在官忘却不容針　妙勝封疆剪樹林　立破商君胡乱法
去来没跡一身吟

退酬恩庵

498 雲水江山我脚跟　殿堂幸有一乾坤　常住物便私車馬
酬恩塔主不知恩

禅門宝訓云、円悟謂妙喜曰、大凡挙措当謹始終、謹終如始、則無敗事、故曰靡不有初、鮮克有終、昔晦堂老叔曰、黄蘗勝和尚亦奇衲子、但晩年謬耳、観其始得、不謂之賢云々、因作偈題後云

499 鐘楼讃兮猛虎途　衲子金言臨済徒　擡搦与奪弁邪正
諸祖当機非一模

500 晦堂老痛処針錐　隠去弥彰惟勝機　明眼非元来即是
一休是正本来非

501 但帰依積翠庵禅　慚愧狂雲名利前　一夕一朝日月蝕
終分明白日青天

賛杜牧

502 杜書記独朗天然　参得正伝臨済禅　欲隠弥彰狂語笑
多盃酔後紫雲前

戒参玄僧名利

503 迷道衆生劫外愚　人々涙不識窮途　謾官只願佳名発
真菩提心一点無

戒参玄僧智恵

504 大智元来迷道愚　未聞小智菩提扶　一千公案繋馿橛
学者江湖飯袋徒

毀破曹洞悪見

505 曹洞今時無分別　与臨済受用遙別　野老百姓真家風
曹洞臨済受用別

画　三首

506 参禅九到又三登　明白洞然無愛憎　橋上不通名利路
羨看一錫一閑僧

507 老漢知従何処来　高山境与塔崔嵬　水草心頭痩牛体
応身行脚出天台

508 潙山来也目前牛　戴角披毛僧一頭　異類如甘一身静
三家村裡也風流

四睡図

509 老禅饒舌笑中愁　虎尾搦来誇虎頭　月元不識寒山意
夢愕清光万里秋

聞声悟道、見色明心、雲門拈云、観世音菩薩将
銭来買胡餅、放下手曰、元来是饅頭

510 垂示韶陽三句禅　聞声見色話頭円　胡餅饅頭誰買得
観音三十二文銭

511 雲門拈見色聞声　衲子機鋒折識情　信口道着底食籍
念頭起処太分明

賛臨済和尚

512 喝々々々　当機得殺活　悪魔鬼眼睛　明々如日月

賛杜牧　二首

513 誰記慈明老漢婆　無能懶性甕呑蚫　工夫雪月吟魂冷
閑唱桑間濮上歌

514 宗門活句阿房宮　六国興亡六国風　筆海詞林何所似
青天万里月方中

洞山三頓棒

515 這棒頭宗門大功　慈明之子是黄竜　明皇不識風流道
今夜馬嵬千歳風

516 遭人罵辱長嗔情　是即真迷道衆生　無始無終黒山下
無明濁酒幾時醒

扶起東福寺荒廃盖因美少年之旧交　甲子十三

517 看々慈揚禅正伝　誰来純老面門前　宗門潤色風流道
旧約難忘五十年

518 大慈聖一是開山　建立魔宮救五山　東福分派南禅寺
千歳猶輝恵日山

慈楊塔

519 不是平生好境痕　任佗鶏足月黄昏　誰氏風流我盟約
馬嵬青塚旧精魂

大慧武庫曰、有俗士投演出家、自曰捨縁、演曰、
何謂捨縁、士曰、有妻子捨之、謂之捨縁、演曰、
我也有箇老婆、還信否、士黙然、演乃頌曰、我
有箇老婆、出世無人見、昼夜共一処、自然有方
便云々、余亦作頌記之

520 愛孫愛子対妻歌　滅却魔宮猶入魔　貪著風流年少境
自然無一点漚和

521 在僧眼白在妻青　対客唯言我薄情　花前酌尽一樽酒
半酔夜深猶半醒

522 酔郷藁屋我家山　燭影三更対玉顔　夜雨無愁歌吹海
姮娥須是堕人間

523 観法看経真作家　黄衣棒喝木床斜　蠧苴元是我家業
女色多情加勇巴
読冷斎夜話、有褒禅山石崖僧之一件事、感而題之
524 仏印重荷一百夫　佳名道価満江湖　石崖一箇野僧意
仏法南方一点無
525 玉帯咲欺如土泥　路頭喧吠犬兼鶏　天下老禅柰慚愧
獄中天沢世皆乖
526 百丈絶食無人学　薬山両粥黄菜麦　但居門外弊衣徒
金襴道光開法席
徳禅塔主自賛
527 平生爛酔倒金樽　老後住持塵事繁　莫恃栄華竟成苦
江山水宿又風飡
為悪知識警策
528 因憶玄都千樹桃　劉郎酔語許多豪　利名知識極驕巧
堯帝玉堦三尺高
吸美人婬水
529 密啓自慚私語盟　風流吟罷約三生　々身堕在畜生道
絶勝潙山戴角情
530 杜牧蠧苴是我徒　狂雲邪法甚難扶　為人軽賤滅罪業
外道波旬幾失途

盲女森侍者情愛甚厚、将絶食殞命、愁苦之余、
作偈言之
531 百丈鋤頭信施消　飯銭閻老不曾饒　盲女艶歌咲楼子
楚台暮雨滴蕭々
532 看々涅槃堂裡禅　昔年百丈钁頭辺　夜遊爛酔画屏底
閻老面前柰飯銭
森公乗輿
533 鸞輿盲女屢春遊　欝々胸襟好慰愁　遮莫衆生之軽賤
愛看森也美風流
婬水
534 夢迷上苑美人森　枕上梅花々信心　満口清香清浅水
黄昏月色柰新吟
美人陰有水仙花香
535 楚台応望更応攀　半夜玉床愁夢顔　花綻一茎梅樹下
凌波仙子遶腰間
喚我手作森手
536 我手何似森手　自信公風流主　発病治玉茎萌　且喜
我会裏衆
約弥勒下生
537 盲森夜々伴吟身　被底鴛鴦私語新　々約慈尊三会暁
本居古仏万般春

聞鴉有省

538 豪機嗔恚識情心　二十年前在即今　鴉笑出塵羅漢果
奈何日影玉顔吟

九月朔森侍者借紙衣村僧禦寒、瀟洒可愛、作偈
言之

539 良宵風月乱心頭　何奈相思身上秋　々霧朝雲独蕭洒
野僧紙袖也風流

看森美人午睡

540 一代風流之美人　艶歌清宴曲尤新　々吟腸断花顔靨
天宝海棠森樹春

住吉薬師堂并叙

文明二年仲冬十四日、遊薬師堂聴盲女艶歌、因
作偈記之

541 優遊且喜薬師堂　毒気便々是我腸　愧慚不管雪霜鬢
吟尽厳寒秋点長

542 憶昔薪園居住時　王孫美誉聴相思　多年旧約即忘後
更愛玉堦新月姿

右余寓薪園小舎有年、森侍者聞余風彩、已有嚮慕之志、余亦知焉、然因循至今、辛卯之春邂逅于墨吉、問以素志、則諾而応、因作小詩述之

謝森公深恩之願書

543 木凋葉落更回春　長緑生花旧約新　森也深恩若忘却
無量億劫畜生身

森公午睡

544 客散曲終無一声　不知極睡幾時驚　覿面当機胡蝶戯
誰聞日午打三更

夢閨夜話

545 有時江海有時山　世外道人名利間　夜々鴛鴦禅榻被
風流私語一身閑

如汲井輪略無停息、今既得出家、僧想円備、在三衣一鉢下、想是過去幾生修来、得如此乎、若是再入驢胎馬腹去、不知又経幾生帰来改修此錯、努力々々、切須今生了達、無如是殃過、念之思之

右霊山和尚法語、題其後云

546 互操高低汲井輪　威音弥勒一回春　三世諸仏歴代祖
泉声滴涙苦吟身

我病不及良薬効験、不及経呪霊験、逐日窮困有我情識、你等諸人縦雖刹那縦雖一念成真正工夫、窮決未了処到着実処、諸魔障頓除、老懐如意耳、衆無対

右霊山和尚因病示衆法語題其後云

547 不須経呪乱心頭　仏界伎窮魔界収　莫向愁人説愁意
相如雲雨渇望秋

拝大徳寺　勅請之頌呈広徳堂上柔仲和尚

548 *大徳大燈竜宝山　霊光天上又人間　焼香酬恩曇華叟
金色頭陀曾破顔

香厳撃竹

549 久響香厳撃竹声　玄沙未徹爛泥荊　蕭々逆耳竹扉雨
滴尽南陽塔下情

霊雲桃花

550 風流悟道話頭新　擡搦賢沙虚与真　劉郎毒気雌黄口
花綻玄都観外春

関山和尚垂示曰、本有円成仏、為甚成迷倒衆生

関山仏法此垂示以後爛卻了也

551 明眼衲僧不知　知音知更有誰　野干鳴邪禅輩　可惜
真獅子皮

賛臨済

552 毗尼手段也風流　喝下氷清猶棒頭　的々正伝更有孰
任他明月下西楼

偶作

553 看々木人又石女　天然独朗無言語　莫道寂寞身後名
我用千秋万歳誉

泉堺陽春庵滅亡

554 一生受用米銭吟　恥辱無知攫万金　勇色美尼倶混雑
陽春白雪也哇音

漁父

555 江頭日暮水悠々　糸線斜垂江漢秋　江海風流誰共説
乾坤丿乀一漁舟

556 簑笠眠寒夜々心　風流世外価千金　漁人不識二妃恨
似訴一蓑斑竹吟

557 笋笠簑衣吟興清　々時有味是浮生　苔磯夜々一竿雨
滴尽風流世外情

紹越侍者更衣号玉垣、因作偈以与之　文明三年厳寒日

558 *眼前珠翠綉簾棚　保寵藹苴活衲僧　々々作略無人識
室内霊光一盞灯

竜宝山大徳禅寺入寺法語　文明六年甲午二月廿二日

山門

559 一跳直入竜宝三門　門々有路逼塞乾坤

仏殿

560 古仏堂中露柱雲雨　作分破勢云　分破後如何雲門霧露

土地堂

561 上天是梵天帝釈　下天是多聞持国　護法神向何処見

新長老新長老齋　六々三十六

祖師堂

562 祖師何人我何人　咄　誰奪境奪人

拈衣

563 小艶平生心乱糸　慈恩先祖手中糸　順老明眼衲僧　擲
袈裟云　是甚脚下紅糸

拈帖

564 頂戴即是　放下即是　溥天之下是王土　頂戴云是々

室

565 明頭来明頭打　暗頭来暗頭打　四方八面来旋風打
虚空来連架打　新長老齋　乾坤一箇藞苴僧　喝一喝云
無人来問相如渇　敲破梅花一夜氷　打

退院

566 平生藞苴小艶吟　酒婬色婬詩亦婬　擲主丈云　七尺主
丈還常住　弄尺八云　一枝尺八少知音

文明甲午春、拝大徳寺住持、勅請門客交賀、吁
五十年簑笠淡如、勅黄捧照、無愧于懐乎、因作
詩泄之　同六年二月廿二日

567 大燈門弟滅残燈　難解吟懐一夜氷　五十年来簑笠客
愧慚今日紫衣僧

大徳寺住持偶作

568 紫衣長老面通紅　五欲現前生八風　先祖面門澆悪水
絶交順蔵主家風

大燈国師尊像　酬恩庵常住

569 古今仏祖師草鞋埃遊戯三昧　南嶽天台昼夜清宴　爛
酔多盃女色勇巴　馬腹駈腮児孫　純老大笑咍々　確
三尺竹篦掌握内　臨済徳山乞命来

又

570 誰人来弁得来風　春到梅花路未通　師若対他当面唾
徳山臨済面通紅

玄沙和尚

571 南台江上独吟秋　蒲葉蘆花零落洲　雨笠烟簑誰氏業
乾坤一箇也風流

白楽天

572 留得詞華百億春　千言万句与居新　古今独証之無老
世許出頭天外人

福禄寿星

573 南極箇老人星　何因出現異形　直指機関作略　人天
着々分明

魚籃

574 攤蜆撈蝦劫外心　将来点検愛河深　金沙灘上風流面
瀟洒衆生雲雨吟

*文殊大士

575 看画忽忘七仏師　雲鬟霧鬓少年児　手中経巻是何字
定有愁人小艶詩

普賢菩薩

576 徧吉境画難成　出現是什麼形　手裏持一巻経　蛾眉
月白風清　看来白々明々　象王争鬼逕行普　野火焼
不尽　春風吹又生

仏魔話

577 誰参臨済徳山禅　人我無明六欲天　知是誰人之好境
艶歌爛酔対花前

牛闌

578 一生疎懶事悠々　村裏平蕪任戯遊　南方仏法無一点
平臥安眠荒草秋

百丈野狐

579 転々迷来五百塵　娑婆来往八千辛　釈迦々葉幾回客
吟看百花開落春

題南嶽磨甎図

580 坐禅蒙昧滅宗風　面壁是那辺老翁　南嶽嶺頭雲外路
大円鏡智月方中

趙州和尚像

581 趙州古仏百二十年　眼光明白々日青天

竜翔天関和尚像

582 年代潜鱗蟄　即今已飛竜　宗門潤色漢　便坐断孤峰

卓然立禅師肖像　大梅庵常住

583 立忠両箇活禅流　続得霊山活舌頭　宗門一代好風流
一句分明截衆流　慈恩塔主令得酬　八方滅敵帷幄籌
道光扶桑六十州　海底螃呑明月秋　無限曲木山繁稠
雲水吟興独悠々　信之老漢純比丘

前住荘厳浄土寺胤如大徳肖像　住吉

584 戒持大乗太奇哉　動舌富楼那弁才　三界独尊今有執
荘厳浄土一如来

瞎驢軒種竹

585 香厳多福一模禅　愛杏風流公案円　自屎臭気仏法会
誰是瞎馿真正伝

苦行釈迦

586 苦行飢寒已六年　釈迦弥勒豈天然　輪廻三界知幾度
来往娑婆経八千

秘魔和尚

587 年代受用提杈　天下春在一花　截断幾人性命
威儀零落袈裟

普化和尚

588 議論明頭又暗頭　老禅作略使人愁　古往今来風顚漢

宗門年代一風流

観物初謗虚堂和尚云、妄悪無道、因作一偈示徒、

頌曰

589 虚堂老独歩丹霄　堪咲属車曾載橋　物初面目是管見
舜犬無端妄吠堯

大覚禅師嘲虚堂和尚曰、能学許渾詩不識禅、作
偈解之云

590 曾見無明直近前　松源三転下言詮　忠言覿面没逆耳
天沢詩僧不識禅

酬恩庵幷新造虎丘、寄進妙勝寺、一偈与紹鏡喝食

591 樹林脩竹閑家具　屋室封疆妙勝土　自己受用年来妻
夜々吟身対雲雨

五逆聞雷

592 一喝聞雷五逆人　賓中主也主中賓　明皇吟後更有孰
極睡海棠残夢春

邪淫僧因果

593 因果々因何日窮　輪廻三界獄囚中　夜来八億四千思
雲雨巫山枕上風

布袋

594 人間天上客　説尽十無益　若念者無分　生涯任落魄

賛玄要庵

595 深埋臨済作家名　玄要老禅無識情　現看出塵羅漢果
太陽葵向蔡州城

幻住祖門

596 接物利生従一玄　出塵羅漢幾機縁　中峰夜々一輪月
独朗天真幻住前

慚愧葛苴

597 山舎多年隣茂陵　生涯雲雨一閑僧　紙窓夜坐鉄檠下
一点寒燈照寂寥

題大団扇

598 咸陽客殿大風生　相撲行師羅刹城　滅却風流天上道
捴無宮女撲流螢

599 奇哉大扇興難窮　識得弄時一柄工　弁捐且歓他方国
大人境界起秋風

瑞広院開基春天本和禅師肖像

600 我見燈明仏本光　即照看仏日常光　建立一宇之山堂
傑出這衲子棟梁　人天才智与天長　徳山臨済没商量
接物利生通十方　是此芳声不得蔵　天然具足柔与剛
百花春到為誰香

好名懺悔

601 大開静喧鐘鼓声　烟簑雨笠我佳名　平生妄咲黄衣漢
流落江山長識情

題瓶原慈済庵
602 齎公作略渡頭船　万境現成公案円　窓外滹沱河畔月
主翁吟味正伝禅
文明二年七月廿二日避乱於木津、同廿五日移瓶
原慈済庵嘆乱世
603 民憂決定国家亡　士卒住居金玉堂　管絃礼楽詩歌道
野老不知天上腸
退瓶原赴奈良
604 行路難々知其幾　山是大宋水是謂　万里路兮万巻書
初知杜陵詩情味
605 或神仙境或天宮　家国凶徒路未通　因憶杜陵洒花涙
秋香黄菊地腥風
雲門庵賀頌
606 三頓棒頭親洞山　説禅曲彔木床間　勦絶祖門風俗境
万言一字韶陽関
無一字
607 趙州狗子百千言　三要三玄臨済門　太極梅花真面目
黄昏月色暗昏々
天明和尚自賛曰
608 天然異目堅固身　不厭心王六識塵　十弟根源無礙碍
閻浮界裏一閑人

和大空老和尚自賛韻　大空ハ天明和尚号一一
諱也
609 世用趙州老後身　一渓水截断紅塵　大空禅老出頭処
仰望閻浮天外人
文明乱後
610 長平四十万軍亡　今日扶桑仰聖王　枕頭閑夢北邙雨
夜々春閨涙万行
玄沙備禅師
611 平生苦行是頭陀　衲子大機知幾多　七百高僧不信道
不為仏界喚為魔
寄晩参僧吟詩
612 山閑一錫僧　影痩五更燈　禅熟欺臨済　詩成咲杜陵
自賛
613 八十窮僧大藞苴　婬坊興半尚勇巴　半醒半酔花前酒
臨済徳山何作家
又
614 倚天長剣光　骨骼露堂々　純一将軍誉　風流好色腸
傀儡
615 棚中境界地兼天　弄罷人間一睡眠　有時哭矣有時笑
憂喜分明共現前
題霊山徹翁正伝国師墨迹後

616 尽乾坤乃祖真前　一会霊山也儼然　紫野佳名純蔵主
一人透得徳禅々
横川和尚頌曰、人言不是面通紅、此意流来従劫
空、拈起洞山三頓棒、慈明老漢得黄竜、題曰
617 衆生毒気自然深　棒喝商量長信吟　看々宗門活手段
花澆愁涙鳥驚心
文殊維摩対談
618 不二法門労浄名　一点如雷大衆驚　新羅国裏暗放箭
夜半扶桑則太平
禅教一致
619 五逆衆生聴雷電　面前地獄如急箭　蓼径楊花是何禅
天下衲僧座主見
維摩居士賛
620 臥疾毗耶現成公案　排斥菩薩一刀両段　酒肆婬坊爛
酔　覊絆箭過新羅　消得治乱 背　木犀吹送香積風
金粟如来這俗漢
神農皇帝賛
621 中毒識取毒用　服薬覚得薬良　牛頭人身作略　仏祖
難為商量 噫　一天万国聖主　千秋百世豎王
牛欄斎
622 水草工夫出冷腸　薬山禅定没商量　東家驢也西家馬
昨夜三更月上床
維摩文殊同幅
623 不二法門　得魚忘筌　文殊薩埵　万端言詮　維摩居士
只是黙然　方丈敷座　三万二千　神通妙用　鑑在機先
竜尊金粟　大用現前　喚之為道　喚之為禅　風流可愛
公案未円　莫々　真師子児　師子吼一黙　雷声振旱天
龐居士
624 入得石頭馬祖門　来々去々弄精魂　近代宗乗容易用
難々一句是金言
草衣文殊 半身
625 大智正是大癡鈍　経巻言詮幾千万　看々室中現半身
五台山上元不遠
観音賛
626 塵々刹々是観音　千眼大悲慈愛深　一輪明月千江影
碧海青天夜々心
不動賛
627 牙剣樹眼日光一条索三尺鋋　忿怒面魔外亡伎倆底盃
八郎 拶　風吹不動天辺月　明王全躰露堂々
文殊賛
628 過去七仏師、現在菩薩身、賓中主、々中賓、水銀無
仮、阿魏無真、遊戯三昧、刹々塵々 拶、五台山上

雲蒸飯、好是竜尊谷精神

三教合面

629 看々西天老比丘　仲尼老子聚三頭　一玄門分作三要
花属春風月属秋

寒山拾得

630 路入国清塵事繁　携苕受用有誰論　詩人不解寒山意
吟断秋来月一痕

地蔵

631 肩上錫杖手裏宝珠　箇菩薩外諸仏也無

摩利支天像

632 観音大士現前　即是摩利支天　兵杖千百億卒　猪頭
眼睛凛然

扇面画牛

633 披毛戴角箇水牯牛　潙山来也今古風流

喝石岩図　三首

634 喝石巌頭坐要津　歴然分得主中賓　風流了角去何処
枯木枝頭花信春

635 正伝有味是無能　東海児孫独大燈　近侍髫年花醫面
径山知有断腸僧

636 看々愚明主与賓　不妨臨済正伝真　平生秀句寒哦出
了角風流侍老身

馬祖百丈野鴨問答図

637 馬師百丈瞥訛　野鴨何処飛過　忍痛声少林曲　為誰
短詠長歌

題一帆風後

638 南浦老禅帰海東　送行偈頌立全功　禅話奇哉没風韵
揮毫信口一帆風

寛正二年餓死　三首

639 寛正年無数死人　輪廻万劫旧精神　涅槃堂裏無懺悔
猶祝長生不老春

640 極苦飢寒迫一身　目前餓鬼目前人　三界火宅五尺躰
是百億須弥苦辛

641 尽十方乾坤衆生　嬌慢情識劫空情　仏魔人畜総混雑
天然業果始須驚

布袋

642 袋中家具嚢蔵、烏藤七尺甚長、弥勒尊、露堂々、人
間兜率忙々、遊戯三昧伴独、当来熟処難忘、朝遊閙
市魚行、暮帰酒肆淫坊、散聖風流、挙揚神通、妙用
霊光、禅道地老天荒、何処是你故郷音、接物利生雲
水客、百花春到為誰香

又

643 何時極睡何時醒　月色明々風又清　人間兜率捴不識

弥勒当来之下生

建仁寺開山塔　二首

644 華蔵世界幾重々　百万如来寸土中　照看千光一輪月
東山千歳祝長松

645 定中借問死耶生　来往娑婆何似生　我没截流之手段
精魂此地弄三生

十竹軒　東山智云伝老請之

646 寸土寸金等覚空　香厳多福一茎々　佳人到処清風動
密旨要津無客通

文正元年八月十三日諸国軍兵充満、京洛余門客不知平与不平、可謂是無心道人因作偈示之云

647 乱世普天普地争　太平普天普地平　禍事々々剣刃上
山林道人道難成

円悟大師住雲居時、有老娘来自西蜀、寓于寺門外、悟以一偈与之曰、三十年来共一頭、頭々夜々講風流、而今老矣全無用、君底寛兮我底柔

応仁改元秋、有二比丘尼、訪余於薪之山居矣、追懐円悟禅師之旧、因作詩示之云

648 円悟雲居約老娘　平生愧我笑鴛鴦　旧時話尽風流事
秋点夜来猶不長

元日賀官軍敗凶徒

649 元正先破豪　処々凱歌高　百万朝廷卒　不能損一毛

自賛

650 曲彔木床塵事稠　許渾詩興一風流　扶桑震旦旧禅話
一々在狂雲舌頭

長島山妙興禅寺起潜因公蔵主、来問余陋室、因挙平生閑工夫、与余商量之、遂袖帋需送行之語、一偈不兌賛成云　滅宗派

651 滅宗正法付誰人　々境奪来無主賓　他歳吾懐釣竿手
始知江海有潜鱗

如意庵和尚三十三年忌題瓶梅菊

652 三十三回愁又新　児孫如意百千人　祖師逆順我不会
黄菊白梅十月春

華叟和尚和韻

653 堂中古仏面門新　竜宝山中境与人　梅蕚菊花現成境
只愁祖意不回春

示会裏徒法語

654 凡参禅学道、須勦絶悪知悪覚而至正知正見也、悪知悪覚者、古則話頭経論要文、学得参得坐禅観法、労而無功者也、如是之輩、当代四百四病一時発、為人所辱、是情識之血気也、対閻老面前、有甚伎倆乎、獅子尊者断頭、白乳顕露分明也、正知正見者、日用

坐断涅槃堂底工夫、全身堕在火坑、子細看之、苦中有楽、若能見得、不昧撥無因果境、若見不得、永不成仏漢、可懼々々

花山院右府月溪円公居士、値先考幕下覚海大禅定門三十三白忌、衆善奉行、以償孝志、因出紙命予欲作之偈、固辞不獲、遂筆以塞責云

655 精魂三紀眼頭空　何用児孫留迹蹤　巨霊擡手無多子
分破華山千万重

羽林中郎将源公、与黄門侍郎菅君為忘年友、曾羽林父病、投書於黄門嗣子、招江薬一朶、供尊父門慰不予、亡何、羽林又羅疾而卒矣、天子失股肱、群臣逸師友、黄門無任慕哀、拾前求花之書、裏面印写法華寿量一品、贈其家翁、且欲使彼亡霊染指於会三帰一之教、予亦弗忍感泣、卒綴一偈、以附軸尾、翁出紙需特書、故云尒

656 寿量二十一年窮　墨迹風流猶未空　芍薬花開菩薩面
法縁駐得此経中

喝

657 瞿曇従説五千経　四七二三無眼睛　魔宮仏界機輪転
白日青天霹靂声

博奕布袋

658 惑出兜率居下界　秋山多古汝同参　負時振袋目無仏
挼賽高呼弥勒三

地獄門前鬼脱卯

659 活祖作略言詮巧　々妙工夫親長爪　捐鹿為馬趙高謀
地獄門前鬼脱卯

660 天下衲僧縮舌頭　江西湖北一生愁　三玄三要淵明境
吟対東籬黄菊秋

重陽題九々八十一　二首

661 重陽今日九月九　々々元来人境間　因憶陶潜目前事
東籬採菊対南山

662 九々算来幾日忘　今朝又是値重陽　菊花一点便佳節
三要印開賓主彰

鏡裏観音

663 円通三昧鏡中身　衲子面前終未親　若是当頭不撃砕
曹溪門下也埃塵

画梅

664 目前春樹属孤山　上苑一枝無客攀　七実青黄薔紅白
淡烟疎雨祖師関

逆

665 龐老維摩傅大士　出生随意竟無蹤　客船月落楓橋泊
半夜猶聞夜半鐘

順

666 金毛獅子豈為狗　一手左也一手右　下水船易上水難
強莫面南看北斗

動

667 風幡旧話老南能　業識忙々両箇僧　顚倒衆生迷已了
松杉風外碧層々

静

668 林下無明已十霜　客来自接自焼香　老禅住院想多事
仏殿山門又法堂

寒

669 乾坤滴水滴凍時　焼仏丹霞又是誰　雨笠烟簑能受用
錦茵繡帳未曾知

温

670 元無冷処鑊湯中　近傍何人安己躬　紫陌紅塵湧如海
汗淋学士鬧忽々

題床菜菴

671 徳山林際钁頭辺　衲子不嫌念起処　鐘楼念讃床脚機
秋雲朝兮春雨暮

*達磨

672 去来踏破幾緉鞋　信脚行兮信手挐　画出昔年梁魏境
不移寸歩越河沙

自賛

673 四十年前狂雲　画図今日驚群　倚天吹毛三尺　恰好
純一将軍

多香軒　住吉亭

674 数千修竹一叢々　軒下清遊慰老翁　六々元来三十六
天然疎壁動清風

面壁達磨

675 九年面壁是何功　梁魏山河与未窮　莫道西来無祖意
少林春雨又秋風

賛画図

676 孤峯頂上寺門前　小路青苔近碧天　静処胡為教犬吠
月沈半夜一篷船

唐墨図

677 頼朝大将秘荘騏　給事宇治川先陣時　生透非進你非
退　梶原源太一鞭遅

狂雲集　号

大機

678 棒喝不須行令時　笑中還有是非錐　風光一段画難就
懶織回文錦字詩

大用

679 現前境界独分明　丈六金身草一茎　我箇家中有規則
閻浮日午打三更

狂夫

680 痛飲佯歌永日消　大人須独歩丹霄　扶桑国裏風顛漢
家在成都万里橋

大偃

681 丈六金身是何物　西天一代喚為仏　宗門別有肘後方
換却眼睛不換骨

日頭

682 大地不戴天不覆　一点烏盆照宇宙　扶桑当午打三更
新羅夜半明於昼

無詮

683 一大蔵経尤苦哉　葛藤窟裏弄文才　世尊良久維摩黙
唖却舌頭声若雷

心径

684 這箇風光非目前　有誰透得体中玄　春来吹満莓苔雨
勦絶蹤由無大千

雪庭

685 玉堦夜色転分明　枯木枝頭花忽生　脱白相逢少林客
泊乎打破蔡州城

虚伝

686 玄旨須還他荘老　纔作実会早落草　記得胡乱三十年
仏語祖語不信道

西白

687 少昊行秋命素官　即今大地黒漫々　庭前栢樹祖師意
明月蘆花君自看

銕船

688 団圝全躰擘難披　一舸鋳成知是誰　逐浪随波若浮海
古帆不用逆風吹

雪香

689 満庭三尺無人掃　遼天鼻孔還落草　何似梅花路未通
象骨老師曾成道

海雲

690 昨夜無風波浪洪　巻舒有路為誰通　百川帰処若知足
膚寸横空滅却空

雲外

691 将謂湘潭蹤迹空　路従南嶽嶺頭通　大悲千眼看不見
万里青天月正中

大雄

692 仏界休時魔界収　八難消印漢王謀　為君滅却一天敵
独坐孤峰最上頭

燈室

693 一盞分明光影辺　竜潭吹滅薬山伝　詩人領略仏日暗
吟在寒窓夜雨前
嶽雲
694 峭峻孤峰誰出身　変通自在転機輪　欲参得後用前照
問取太行山下人
壮嶽
695 殺仏殺魔心未休　通玄一路在閻浮　巨霊擡手難分破
突出宗門最上頭
通霄
696 蒼々万里谷精神　管見徒難到要津　天外分明出身路
人間誰是我般人
笑渓
697 拈花迦葉破顔奇　派脉相分那裏帰　罔聖欺凡開大口
言鋒露出截流機
柴屋
698 枝蔓相牽如来禅　趙州老漢説真仏　稼穡艱難揔不知
瓊楼玉殿是何物
古磻
699 呂公昔日事何休　欲得金鱗在急流　雨笠烟簑吾富貴
一天風月一竿頭
南閣
700 善財行脚弄紅埃　弥勒楼台弾指開　要参諸仏出身処
入得克勤門下来
一機
701 滴水曹源万派流　韶陽関字忽相酬　看来棒喝落第二
今夜山堂蟋蟀秋
墨渓　画師
702 墨漆桶中誰敢盛　曹源一滴水光明　王維尽力画難就
華頂夜来風月清
伝翁
703 薬嶠挑燈何所為　怪哉天下老禅師　臨済宗風有誰嗣
嬰孩垂髪白如糸
月窓
704 玉兎推輪遶九衢　広寒宮殿是吾都　夜深吟断梅花底
仏法南方一点無
蜜伝
705 東土西天血脉通　黄梅消息付盧公　臨済門中有秘訣
瞎驢辺滅却宗風
祖関
706 高歌一曲起高楼　君若無心我亦休　銀鑰却収金鎖合
長門今夜不勝愁
寿庵

707 八千椿樹万年松　長生殿裏心身穏　大仙秘訣無人伝
乾峰法身笑文偃

芝庭

708 重々華蔵是天然　瑞気佳哉玉砌前　何用人随芳草去
趙州栢樹祖師禅

洞谷玄可首座韜晦日久矣、雅称曰、中庭就余需
偈、辞之弗獲、贅成云

709 三要印開臨済門　西来栢樹語言喧　正偏君位棄如土
夜々窓前月一痕

瓊窓

710 難酬一句祖師恩　曲彔木床誰称尊　八面玲瓏衲僧眼
夜明簾外月黄昏

大人

711 徳山臨済未曾親　丈六如来且退身　天外出頭君自看
三千刹界一微塵

大極

712 上絶攀縁下已躬　本然清浄尽虚空　南方仏法非吾事
一任寒梅花信風

古春

713 話到威音那畔辰　劫空風物即今新　々年仏法為誰説
看々梅花面目真

姤月子　表徳号

714 晦跡韜光是阿誰　狂雲門客少人知　愁腸断尽姮娥面
黒漆屛風盧老詩

尊林

余飼雀児愛甚、一日忽然自斃、哀慟倍恒、是以
瘞葬祭奠如人、初呼之曰雀侍者、後以雀代釈、
又字曰尊林、因以一偈証焉云

715 丈六紫磨金色身　娑羅双樹涅槃辰　脱出外道死活手
千山万木百花春

奕葉　大覚派

716 一株大樹太繁栄　済北蔭涼今現成　頼有西来門下客
何妨美誉又芳声

長江

717 一句分明截衆流　風浪水宿伴閑鷗　蒲葉秋深幾多興
随波逐浪蠡公舟

派渓

718 此土西天諸祖師　曹源滴水属吾時　臨済正法血脉断
漚和須負截流機

庸心

719 三要三玄何似生　六和合本一精明　過与不及総不是
万里無雲月正清

機関
720 玄中句也句中玄　曾説韶陽一字禅　邪法難扶悪魔境
長門鎖月五更天
銕樹
721 無根鋳作是誰人　万象森羅絶等倫　空劫以来々劫後
抽枝生葉幾回春
季三
722 臨済要玄明歴々　雲門体調露堂々　法報応身非我事
摩醯眼目没商量
勝瓊
723 傑出祖門霊光　明歴々露堂々　趙璧本無瑕類　相如
謾誑秦王
松嶽
724 琴瑟風声古曲秋　通玄峰頂絶蹤由　現成境界元霜後
誰蹈宗門最上頭
雪堂
725 一夜少林三尺深　鰲山成道店前心　老胡象骨非吾事
領略杜陵窓外吟
睦室
726 難吟尊宿一風流　孝属北堂情未休　掩門古寺無門客
草履蒲鞋売却秋

狂雲集　詩
杜甫像
727 天宝寒儒三十年　常呼虞舜仰蒼天　浣花渓水吟中涙
白髪江山夜雨前
杜甫騎驢図
728 漠々蜀江風色癯　不騎官馬只騎驢　残生七十吟髭雪
日短乾坤一腐儒
馬嵬
729 馬嵬何事促愁情　聞道唐朝元太平　因憶漢王青塚涙
銕腸断尽救蒼生
730 心肝銕石六軍忠　随帝眼前々代宮　鳳輦今無泉路信
長生殿上落花風
731 悲歓栄辱業無勲　昔日明皇本聖君　楊妃腸断海棠睡
天宝風流在六軍
732 千歳馬嵬残月魂　黄金用尽受君恩　海棠睡穏春風面
猶是詩人添涙痕
王昭君　十五首
733 一曲琵琶万里情　天涯夜雨築愁城　虜庭風物心如鉄
青塚年々春草生
734 君恩在枕夢魂残　出塞乾坤風色寒　唯有琵琶親伴妾

今宵一曲向誰弾

735 風流美誉救蒼生　不耐君王無限情　胡虜断腸壮心折
明妃未朽漢功名

736 別恨茫々出漢宮　君恩猶在涙痕中　塚頭春草長新緑
万里和親一夜風

737 青雲万里漢河間　一別明妃終未還　今在単于氈帳褥
翠鬢玉貌又何顔

738 風流聖主苦昭君　瀟洒靚粧羅綺裾　従此路程知幾許
漢宮残夢虜天雲

739 漢家明主最風流　万国平安換妾愁　弾月琵琶天上曲
々終只是虜庭秋

740 千歳声名春色芳　翠鬢霧鬢旧時粧　杜鵑休託五更月
泉下精魂柰断腸

741 明妃何事伴羌胡　涙洒琵琶馬上図　不耐詩人吟裏恨
塚頭千草不靡蕪

742 新緑春風衰色秋　漢宮一別思悠々　塚頭若是王孫草
鋤慰詩人千古愁

743 何作天涯万里人　眼前珠翠総烟塵　塚頭風露千年涙
猶是花顔芳草春

744 万国蒼生興与亡　琵琶曲裏写愁腸　明妃去後君王枕
夜々漢宮秋点長

745 明妃出塞路迢々　憔悴風流自細腰　馬上琵琶恨難慰
強弾一曲涙空澆

746 何事明妃塞外愁　胡城只聴角声稠　多年絃管玉堦月
今夜琵琶氈帳秋

747 家国安危妾一身　雨声風色涙痕新　君恩千歳深於草
胡虜和親青眼春

孤山和靖図

748 雅筵荒草又青苔　世上遊人総不来　秀句寒哦詩幾許
一生只是一心梅

749 寂寞孤山一老儒　吟身白髪与梅癯　先生春興儼然面
千歳清香満画図

750 新月清標一朶粧　寒窓吟罷五更霜　花元無語非無意
春入孤山塵亦香

751 孤山天地興悠々　唯有梅花無客遊　李及若吟香影月
帰舟白集亦風流

和靖梅下居

752 路入孤山風俗疎　誰知梅下一生居　清吟腸冷横斜月
照看茂陵封禅書

753 対客雖休鶴与琴　孤山梅樹価千金　芳声未朽風流士
疎影横斜一片吟

754 月色黄昏照冷腸　孤山富貴在春光　先生吟興梅花誉

世界乾坤千歳香

755 春意年々梅一朶　高風夜々月三更　孤山曾断利名路
慚愧詩僧吟未清

756 愛鶴横琴無客来　前村風露湿青苔　宋朝厚禄総閑事
換得孤山千樹梅

757 画出横斜吟裏腸　孤山風月在扶桑　先生可悔千秋誉
猶有梅花渡海香

和靖夜坐図

758 夜坐閑吟寂寞時　鉄檠紙帳独題詩　暘花何処春雲熱
月満寒梅雪一枝

759 咸平隠士誉難蔵　樹々梅花春興長　無酒吟魂夢猶冷
風飡残暁満頭霜

孤山梅雨図

760 梅子孤山青半黄　々昏無月雨声長　寒窓一夜暗聞滴
清浅吟魂流水香

智円和靖夜話図

761 月満孤山残暁燈　光明遍照智円僧　西方誘引美人路
銷破梅花一夜氷

孤山智円像

762 法恵風流仏智円　孤山雲月謝塵縁　称名観念梅花底
月照西湖十里蓮

梅

763 孤山春樹一枝花　月照寒窓疎影斜　昔日若無和靖愛
清香真箇在誰家

764 和靖清吟名未空　孤山春樹一叢々　今時唯有世人愛
可惜梅花零落風

765 暗香画出画図中　充満乾坤千樹風　可惜黄昏清浅月
嶺南芳誉属盧公

766 雪月今時無客甘　寒儒翰墨雅筵談　林逋春興孤山境
可惜芳声属嶺南

767 清標誰氏画図中　一夜春香花信風　是尽乾坤和靖境
惜哉芳誉属盧公

768 花発暗香新　清標誰氏人　窓前夜来月　雪底一枝春

769 芳声満一天　詩思孰三千　夜々無閑夢　新吟雪月前

泉涌寺雲竜院後小松院古廟春遊

770 三皇日月一乾坤　五十余年百帝孫　万里雲竜門下客
慈心深処似君恩

771 対僧清話忘清遊　花落鳥啼山更幽　新草古苔廟前雨
幾回春色幾回秋

772 定中唯有白頭僧　何記鑾輿鳳輦曾　天上風流泉下魄
松梢寒月廟前燈

773 古寺残僧忘是非　雲竜風月帯皇畿　庭前知有王孫草

猶到斜陽不得帰

774 梅檀仏寺幾楼台　出定一僧寒殿開　洞裏神仙也何処
黄昏疎影月中梅

梅殿四時画梅

775 四時春色最奇哉　正是玉梅非野梅　昔日清香満金殿
風流聖主断碑苔

夏梅々雨

776 和雨標時梅子黄　蕭々声裏断愁腸　玉簾疎影横斜滴
空湿衣襟涙亦香

秋梅

777 画梅殿上幾栄華　秋到黄昏月影斜　葉落香風満庭晩
不須春色一枝花

冬梅

778 丹青不識為誰工　写出寒哦和靖風　々雪臘梅林下寺
春香猶是満深宮

帰路聞笛

779 誰家風笛断愁腸　昔日明皇吹玉簧　満目仙宮天上曲
一声使我憶山陽

六代梅花

780 風流年少一枝梅　欲剪花顔尤惜哉　六代芳声也零落
満庭愁涙洒紅埃

781 一片花飛幾断腸　満庭吟興愛紅粧　眼前寿永春風晩
六代栄華猶未長

破戒

782 扶桑艶簡散文鮮　吟杖清高雲月天　流落江湖風雨枕
詩情自折十余年

783 飄零狂客也何之　十字街頭笛一枝　多病残生無気力
新吟慚愧老来詩

784 悪詩題取記吾曾　儒雅風流破戒僧　吟断十年樵屋底
山林暗夜対残燈

琵琶

785 帯雨春潮一曲声　楽天始識酔吟醒　秋風吹涙潯陽晩
添得昭君馬上情

屈原像

786 楚人離騒述愁腸　深吟湘南秋水長　逆耳忠言千歳潔
春蘭風露幾清香

菊

787 満庭瀟洒菊花叢　吹送秋香籬外風　因憶渕明無限意
南山吟興一籬東

雪

788 梅萼無香竹有音　天花盈尺夜沈々　風流自愛寒儒意
杜甫窓前西嶺吟

石竹

789 清香一朶幾花顔　誰縛疎籬芳草間　休愛吟中愁客苦
何人丹臉又青鬢

790 瀟洒倚籬三四茎　紅花緑葉慰人情　祇縁被杜陵題取
千歳麝香眠未驚

791 一茎瑤草作紅粧　睡熟麝香風露香　繍竹疎籬共瀟洒
細腰年少断愁腸

詩

792 李杜蘇黄情所之　乾坤花月述相思　風塵名利世間客
雅頌清吟焉得知

793 儒雅風流豈有邪　古今句法在詩家　彼洲夢冷雎鳩宿
濮上桑間残照斜

794 漢陽一火眼前原　金殿幾多珠玉門　廃址日⿰犭竈似秋興
春風桃李易黄金

795 士卒重論蓋代功　従前汗馬属英雄　万方一概角声徹
愁涙断腸吾道窮

笛

796 歌吹栄華天上遊　牧童樵客亦風流　不知今夜誰家曲
月落五更人倚楼

病中

797 多病難為安老身　世間世外共風塵　冷腸寂寞清高客
林下何曾見一人

客中

798 独吟雲水月千江　誰伴乾坤鶴一雙　流落終無塵外友
寒燈夜雨十年窓

799 吟髭霜白柰衰容　風過浮雲一片蹤　不識今宵何処宿
一声古寺暮楼鐘

客夢

800 吟杖青鞋孤枕中　暖坡胡蝶百花紅　十年楚水楓林雨
一夜驪山宮樹風

釣月斎

801 世外栄華是釣磯　天涯富貴也簑衣　利名路断一竿月
只恨白鷗乖我飛

秋江独釣図

802 清時有味是漁舟　水宿生涯伴白鷗　蒲葉蘆花半零落
一竿帯雨暮江秋

南禅寺鎖春亭喝食請詩

803 佳人曳袂問吾風　詩入愁吟句未工　門外春亭天上意
五雲深鎖百花紅

江山雲裏梅竹図

804 雪埋疎竹野梅叢　万里遠山紅日東　欲問楚雲湘水路
春香花信一枝風

宮鴉

805 閃々作群何処回　碧霞深鎖幾楼台　不堪日影昭陽晩
猶帯長門愁涙来

水仙華

806 香与梅花修約盟　風流瑶草両三茎　凌波仙子柰雲雨
碧海青天夜々情

海棠

807 上苑花開一朶新　不知詩客幾吟身　千秋未覚楊妃睡
天宝風流残夢春

探春宴　寛正辛巳春人多餓死

808 吟行処々是春香　清宴雅筵桃李場　遊客不憂亡国睡
海棠花下笑明皇

題頓阿弥尺八像

809 尺八吹来感鬼神　乾坤遊客更無倫　森羅万像只斯曲
画出扶桑笛裡人

徽宗花鳥

810 魏紫姚黄一朶粧　大唐王道在扶桑　野花也是月中桂
燕雀何妨鳳凰

鐘

811 日暮声揺遠寺楼　詩人入聴思悠々　楓橋旅泊夢驚後
月落長安半夜秋

滅燈斎崇宗蔵主絶交、綴野詩一章以贐行云

812 嚢中唯有画図円　此地優遊十五年　夜々秋風枕頭雨
不知何処滅燈前

東坡像

813 画図今日尚驚群　赤壁玉堂如片雲　海内先生広長舌
揮毫八万四千文

山谷像

814 煅煉工夫参晦堂　々々一句不曾蔵　詩情禅味風流士
昔日木犀今日香

815 詩情禅味自清高　千歳佳名子兎毫　桃李春風無限興
市朝江海一盃醪

816 客中道伴久参僧　人記宣州昔日曾　桃李春風江海雨
濁醪一盞十年燈

817 芳声在汝晦堂蹤　画出風流煅煉容　翰墨場中詩客耳
但聴沙塵暮楼鐘

雪橋騎驢図

818 乾坤風味画難成　万里江山暮雪晴　詩客蹇驢橋上路
不須騧馬立功名

渇焉夢水寒焉夢裘、夢閨房、乃余之性也、近古世有三夢之称、所謂夢窓、夢嵩、無夢和尚也、余頃以夢閨、扁吾斎焉、厥名雖践三夢之躅、而

実不同三夢之事、盖彼三師隆徳盛望、為人所推、
余則老狂薄倖、標吾所好而已、因題四詩以為夢
閨記云

819 茅廬話到寿陽宮　胡蝶優遊興未窮　枕上梅花窓外月
吟魂夜々約春風

820 寒哦秀句在三冬　酔後樽前盃酒重　枕上十年無夜雨
月沈長楽五更鐘

821 洞房深処幾詩情　歌吹花前芳宴清　雲雨枕頭江海意
鴛鴦水宿送残生

822 巫山雨滴入新吟　姪色風流詩亦婬　江海乾坤杜陵涙
鄜州今夜月沈々

愛僧軒　宗陳喝食幼名御福

823 閑看孤雲浮世空　静居夜雨在吟中　々々甚近東山寺
紫栢半吹山舎風

愛僧髫年歌舞

824 髫年瀟洒美名高　逢着僧房是鳳毛　清浄沙門奈雲雨
竹枝手舞鼓腰包

825 花顔舞罷送余香　新曲伴歌春興長　不用乾坤好風月
楚腰知断幾人腸

月婿　紹等蔵主

826 天上五雲修約盟　姮娥応羨我多情　深閨睡熟十年枕
二六時辰不夜城

827 風流多歳伴吟魂　旧約不空雲雨恩　莫怪愛僧窓外月
夜来半入影黄昏

花婿　紹印蔵主

828 洛陽三月百花叢　花有芳盟興未窮　禅榻吟魂静中動
長春苑外玉簾風

豪入婿

829 曾騎官馬握金鞭　昨夜豪吟玳瑁筵　珠翠豈吾家富貴
栄華紙帳鉄檠前

830 官客貴遊春興多　鳳笙吹起太平歌　暁天湘水楚山竹
来往乾坤唯一簑

移芭蕉

831 移得芭蕉価万金　有書無字断腸深　詩人窓外幾風味
白日晴天夜雨吟

盆池白蓮

832 昔日濂渓題賦情　風流宿鷺理芳盟　西湖十里花如雪
詩客吟中腸亦清

白躑躅

833 白花躑躅一枝新　吟断詩人寒食辰　昨夜三更小楼月
杜鵑緘口送残春

嘆一条殿飢渇

834 五車書籍入吟哦　摂録佳名知幾多　一滴我無金掌露
相如渇望竟如何

　楊柳春雨図

835 五柳風流陶宅門　多情心緒乱吟魂　晩来春雨相思樹
画出愁人幾涙痕

　槿斎

836 一日人生也百年　疎籬誰縛草庭辺　空愁零落秋風暮
愛看栄華朝露前

　梅下西浄

837 暗香不汚我心頭　清浅横斜月影幽　吟識冷腸和靖浄
前村雪隠亦風流

　鶯宿梅

838 寒梅枝上嬾鶯遊　知是孤山和靖仇　人慕尋常桑下宿
約花春夢幾風流

　一休老頃染気痢之患、愈而又発者両三次、皆曰、危矣、蓋事忤於心則気為之泄焉、昨偶失所蓄之墨百計、捜索而不獲矣、果気不快、痢亦欲下、左右皆失其色、遂述失墨之詩一篇、以為顧命之訓、写詩未満紙、墨忽見焉、其喜不在言也、吁今挙世、珎貨奇宝是嗜、一笏之墨、不啻弊屣、而一失及死、彼多欲之人如或聞此詩、以少愧于其心乎哉、左右因命、印作叙冠詩、書寘于座右云詩曰

839 暗世今無翰墨風　々流情思又何空　三生此地吟魂苦
万杵霜華々頂東

　愛憎庭前唐芋

840 懶残昔日好風光　芋在扶桑名大唐　不是緑荷承玉露
詩僧吟裏幾清香

841 美名路断玉墀前　公案大難煨芋禅　々榻残燈雨瀟洒
愛僧愛処馥於蓮

842 芋葉風流夜雨時　芭蕉滴尽執相思　一封誰道本無字
定有愁人小艶詩

843 北園野菜野僧鋤　葉似芭蕉有巻舒　夜々愁情難得述
呈君無字一封書

844 北園瑤草易黄昏　誰氏野僧移芋根　暁露朝来金掌滴
多年渇望柰君恩

　恋法師純蔵主辞世詩

845 平生長詠短歌中　嗜酒婬詩永日空　身後精魂何処去
黄陵夜雨馬嵬風

　華清宮

846 六竜車碾玉門中　稼穡艱難帝業空　珙樹西風瑤草雨
驪山秋色満深宮

847 暗世明君艶色深　峥嶸宮殿費黄金　明皇昔日成何事
空入詩人風雅吟

848 空歌万歳又千秋　不老長生廃址秋　月照良宵人不見
六軍駐馬々嵬秋

849 明皇婬色貴遊工　玉殿金門廃作空　長生不老馬嵬涙
一睡海棠春夢中

賀嶽山敗北

850 万国蒼生柰苦何　風流聖主々恩多　凶徒破竹暫時命
明日都門奏凱歌

文夾燈籠

851 翰墨場中暗世賢　今宵白日又青天　五車書籍一枚紙
々帳鉄檠風月前

筆管竹林

852 不用七賢招翰林　鳳鸞留得此君心　却疑下有詩人魄
一陣清風々韻吟

懺悔儲開徳禅席銭詩二章

853 黄金殿閣俗塵深　露宿風飡江海吟　従絶梅花春夢信
真人白水洒胸襟

854 風流自是約家貧　夢裏梅花骨肉親　五貫青銅徳禅主
香魂変雅変風春

余小時僑東山之寺、有詩僧示余曰、鼎鐺猶有耳子、不曾聞乎、秋風白髪三千丈、夜雨青燈五十年、乃洞春翁膾炙人口之佳句也、況翁不啻熟詩、伝陽州古仏之道禅亦熟矣、〔余〕聞而眼膺、倒指于今六十余年也、今玆癸未十月聞洞春設百年之忌斎、不覚犁然、青燈白髪之句、復往来于懐遂題一詩述懐古之情云

855 秀句寒戦五十年　愧泥乃祖洞曹禅　秋風忽洒小時涙
夜雨青燈白髪前

竹管者書生之筆也、器様朴質頗非金銀管之比也、余曾過北山之麓、覩貧筆匠之剪管、而被竹主之呵罵不可忍也、竊意謂、余他日若得一席之地、則栽此賑貧工也、而今所廬之処種菜之余、少有隙地、則栽以培養一両茎、或四五百竿、護笋縛籬清風颼々、酬素志也、等也能書人也、侍余翰墨日久矣、昨卒剪余所愛之竹、以修泥斎之壊牆矣、晨出視之、牆雖能補竹最可惜也、凝立徘徊且嗔且感、殺余之所愛是不可不嗔也、脱子之所執亦不能無感也、等曾司大蔵々主之任今不当也、自今宜称直歳因作一偈以贈等直歳、且誓後来剪竹之人云、尒寛正六年七夕

856 斫来筆管補籬牆　還感風流翰墨場　書籍腹中今日曝

雨声風色也文章

恋法師一休自賛

857 生涯雲雨不勝愁　乱散紅糸纏脚頭　自愧狂雲妬佳月
十年白髪一身秋

寒鴉

858 璚楼金殿自崢嶸　閃々群飛容易鳴　今古詩人吟裏涙
昭陽日影玉顔情

紗籠　蟋蟀籠

859 眼前珠翠碧紗籠　喞々工吟瑤草中　正是開元真富貴
深秋竟不識秋風

860 蟋蟀今宵在玉堂　開元遺事見明皇　沈吟稼穡艱難恨
喞々衆人聞断腸

861 誰家金殿又瓊楼　不意歓中猶有愁　促織沈吟似憐我
無衣九月一身秋

開籠放虫

862 珠玉工成金屋粧　漢朝風月汝封疆　莫恨夜来空失寵
乾坤今古有興亡

寄鶱竹閣髫年御共申勢高休侍者

863 因憶驪山宮裏曾　風流挑起夜来燈　鸞輿鳳輦温泉路
七尺長身供奉僧

愛紅菊淵明像

864 赤心片々約秋風　西晋風流議未空　応是淵明皮下血
東籬衰色晩花紅

酔楊妃菊

865 盟深黄菊約三生　世愛楊妃爛酔名　只見馬嵬風露底
洒花愁涙也多情

太白菊

866 一天風味一枝頭　李白精魂花下遊　不是東籬西晋寵
杜吟残月屋梁秋

春衣宿花　周建喝食甲子十五歳

867 吟行客袖幾時情　開落百花天地清　枕上香風寐耶寤
一場春夢不分明

献菊太子

868 天王々子少年児　腸断風流珠玉姿　為献残花一枝菊
又題艶簡寄新詩

瀟湘八景　次第不同

洞庭秋月

869 洞裏明々月一輪　広寒宮殿属吟身　姮娥偸薬知何処
良夜中庭秋色新

870 一輪明月洞庭秋　不夜城中幾夜遊　腸冷西楼独吟客
青天碧海事悠々

山市晴嵐

871 山頭紫陌俗塵紅　鬧市忽々嵐際風　商女休歌亡国曲
愛財家業興難窮

872 街頭十字在山頭　風外晴嵐富貴秋　万貫銭無一天米
市人商女好風流

江天暮雪

873 水天万里雪霏々　何処寒風動酒旗　行人無路湘江暮
樹々開花白玉枝

874 安心二祖少林禅　名遍江湖象骨前　月満梅花春信底
嶺南消息旧因縁

遠浦帰帆

875 浦遠流沙葱嶺辺　岩頭公案古帆前　雲間天外一篷雨
老杜門留万里船

876 声名嚴老未曾埋　走過古帆雲外梯　夜々篷窓一痕月
越山呉地隔天涯

遠寺晩鐘

877 山幽寺遠暮楼鐘　只看顰眉彭沢容　十年客夢今宵愕
楚水楓林長楽蹤

878 不識鐘声何処山　寺隣万里白雲間　夢冷姑蘇城外客
楓橋月落宿星湾

漁村夕照

879 簑衣水宿満身霜　漁屋苔磯富貴長　白髪空吟江海志
一竿吟興帯斜陽

880 抛竿罷釣水村潯　筍笠緑簑風雪深　漢家残照無人見
風促桐江波上吟

此一冊
祖心越禅師墨痕也
是ハ児ノ三字
一休和尚真蹟、謹拝証之

宗賢

注

548 底本、この偈を567偈のあとに重出。

558 底本、偈の後に貼紙で「玉垣一首　一休和尚筆」とあり。

575 底本、「文殊大士」の上に「是ハ児〈此三字和尚筆〉」と書入れあり。下に貼紙で「三字　一休和尚筆」とあり。

672 底本、「達磨」の下に貼紙で「此六首　一休和尚筆」とあり。(672―677偈を指す)

補　注

見出し項目の下の（　）内は、本文の頁と上下段・行数を示す。
たとえば、（一〇2）は、一〇頁2行目であることをあらわす。
ただし、狂雲集は偈番号で示した。

興禅護国論

跋（八2）　東晙は、「一本に述に作る」といっているが、かれの見た一本の所在を明らかにし得ない。伝本はすべて跋である。跋という言葉に、抜萃もしくは鈔録の意味をあたえたのは、おそらく日本においてのことであろう。応永頃の成立とみられる観経玄義分伝通記糅鈔二に、つぎのようにいっているのが参考となる、「凡章等者、有人云問(ママ)、何人師章疏撰号、置㆓造製跋字㆒耶。答、人師釈撰号置㆓此字㆒、未㆑考。但造製是作義、跋是鈔義。故用㆓此義㆒、可㆑無㆓其妨㆒歟云云。或人云、僧宝伝有㆓序引跋義㆒。広述云㆑序、略序云㆑引、略引云㆑跋云云〈已上有人〉。今私云、正説之因由、是名為㆑序。志之所㆑引、曰㆑之名㆑引、結㆓正説蹟㆒、故称云㆑跋。如㆓彼序破急㆒云云」（浄土宗全書三－七九b）。

大いなる哉…（八3）　契嵩の壇経賛にいう、「大哉心乎、資始㆓変化㆒、而清浄常若。凡然聖然、幽然顕然、無㆔所㆑処而不㆓自得㆒之。聖言乎明、凡言乎昧、昧也者変也、明也者復也。変復雖㆑殊、而妙心一也」（鐔津文集三、正蔵五二－六六三c）。もと易の乾の象に「大哉乾元、万物資始、乃統㆑天、雲行雨施、品物流形、大明㆓終始㆒云云」とあるのによる（中国古典選一－八）。周敦頤の通書や朱子の語類に盛んに論ぜられ、金の李屏山の心説にも、「大哉心之為㆑物也、強名㆓真宰㆒、而字曰㆓真君㆒。渾々淪々、自本自根。天地以㆑之生、鬼帝以㆑之神、絪々絪々、万物化醇、生々化々、精気遊魂、原㆑始反㆑終、知㆓死生之説㆒」（鳴道集説、赤松本六四b）。

一真法界（八9）　起信論にいう、「心真如者、即是一法界大総相法門体。所㆑謂心性、不生不滅、一切諸法、唯依㆓妄念㆒而有㆓差別㆒。若離㆓妄念㆒、則無㆓一切境界之相㆒。是故一切法、従㆑本已来、離㆓言説相㆒、離㆓名字相㆒、離㆓心縁相㆒、畢竟平等、無㆑有㆓変異㆒、不㆑可㆓破壊㆒。唯是一心、故名㆓真如㆒」（正蔵三二－五七六a）。又、澄観の演義鈔一にいう、「含㆓衆妙㆒而有㆑余者、法界相大也。謂㆓杳冥之内衆妙存㆒焉。…然衆妙両字、亦老子意。彼道経云、道可㆑道非㆓常道㆒、名可㆑名非㆓常名㆒。無名天地之始、有名万物之母。常無欲以観㆓其妙㆒、常有欲以観㆓其徼㆒。此両者、同出而異名、同謂㆓之玄㆒。玄之又玄、衆妙之門。釈曰、然彼意以㆓虚無自然㆒、以為㆓玄妙㆒、復払㆓其迹㆒、故云㆓又玄㆒。此則無㆑欲㆓於無欲㆒、万法由生、故云㆓衆妙之門㆒。今借㆓其言㆒、而不㆑取㆓其義㆒。意一真法界為㆓玄妙体㆒、即㆑体之相為㆓衆妙㆒矣」（同三六－二a）。

正法眼蔵（八10）　根源的真理の自己表現。経律論の根元になることばの意。眼は、正法の眼目で、もっとも大切なところ。蔵は三蔵の蔵を意味する。涅槃妙心といい、実相無相といい、以心伝心、教外別伝というのも同じところを指し、三蔵の教えの中心として、単に心法ともいわれる。こうした考え方は、禅宗の教理的な根拠として重要であり、唐の中期に書かれた宝林伝にはじまり、その度衆付法章涅槃品第三に、「（世尊）毎告㆓弟子摩訶迦葉㆒、吾以㆓清浄法眼、涅槃妙心、実相無相、微妙正法㆒、将付㆓於汝㆒、汝当㆓護持㆒云云」（花園大学油印本三）とあり、第十脇尊者章預感金地品第十四に、つぎのようにいっている、「尒時脇尊者、告㆓富那夜奢㆒曰、如来以㆓大法眼㆒付㆓嘱迦葉㆒、加葉展転相伝而至㆓於我㆒、我今将㆓此正法眼蔵㆒付㆓嘱於汝㆒、汝可二流布無レ令二断絶一」(同―一四八)。ただし、如来が迦葉に正法眼蔵を伝えた事情については種々の説があって一定しない。本文第五門(五一頁)で栄西がみずから語るところによって知られるように、すでに霊山と多子塔前との二説があり、宋初の天聖広燈録巻一に、「如来経行、至二多子塔前一、命二摩訶迦葉一分レ座令レ坐、遂告云、吾以二微妙正法眼蔵一密二付於汝一、汝当二保護一云云」(続蔵二乙―八―三〇六a)といい、同書巻二に「如来在二霊山一説法、諸天献レ華。世尊持レ華示レ衆、迦葉微笑。世尊告レ衆曰、吾有二正法眼蔵、涅槃妙心一、付二嘱摩訶迦葉一、流二布将来一、勿レ令二断絶一。仍以二金縷僧伽梨衣一付二迦葉一、以俟二慈氏一」(同―三〇六c)といっている。これが人天眼目巻五(正蔵四八―三二五b)や無門関第六則の拈華の話(同四八―二九三c)に発展するのである。なお、迦葉が世尊より与えられた金襴の袈裟を身につけて雞足山に上って禅定に入り、弥勒の出世を待ってその法と衣を伝えんとしたというのは、やはり唐中期の神会の説(胡適校「敦煌本神会和尚遺集」民国五十七年版二八四)から出発し、伝燈録巻一(正蔵五一―二〇五c)や前記の天聖広燈録巻二などを経て、先の拈華の話と一括されて、仏国惟白の大蔵経綱目指要録巻八は、「原自二鷲峯授手、雞嶺笑顔一、花綻二千枝一、源分二万派一、普伝二竺国一、大播二華夷一」(昭和法宝総目録二―七七〇a)といっている。栄西が最後の書によっていることは確かである。

三輪八蔵(八11)　三輪は、法華経の立場より一代の経典を総括したもので、嘉祥大師吉蔵の法華遊意につぎのようにいっている、「欲レ説二三種法輪一、故説二此経一。言二三種一者、一者根本法輪、二者枝末之教、三者摂末帰本。根本法輪者、謂二仏初成道・花厳之会一、純為二菩薩一開二一因一果法門一、謂二根本之教一也。但薄福鈍根之流、不レ堪三於聞二一因一果一。故於二一仏乗一、分別説レ三、謂二枝末之教一也。四十余年、説二三乗之教一陶二練其心一、至二今法花一、始得下会二彼三乗一帰中於一道上、即摂末帰本教也。問、此経何処有二三輪文一耶。答、信解品云、長者居二師子坐一、眷属囲遶羅二列宝物一、即指二花厳根本教一也。喚レ子不レ得故、密遣二二人一、脱二珍御服一著二弊垢衣一、謂二隠レ一説レ三、謂二枝末教一也。如下富長者知二子志劣一、柔二伏其心一、乃教中大智上、謂二摂末帰本教一。又譬喩品云、如二彼長者一雖二復身手有一レ力、而不レ能レ用レ之。但以二慇懃方便一、済二諸子火宅之難一、然後各与二珍宝大車一。初句謂レ隠二根本一、次句謂レ起二枝末一、後句謂二摂末帰本一。即三輪分明之証也」(正蔵三四―六三四c)。また八蔵というのは、胎化蔵、中陰蔵、摩訶衍蔵、戒律蔵、十住菩薩蔵、雑蔵、金剛蔵、仏蔵の八つで、菩薩処胎経巻七の出経品に、仏陀の教法をその出生の順序に譬えて説明している(同一二―一〇五八b)。僧祐の出三蔵記集一の菩薩処胎経出八蔵記第三にもこれを引く(同五五―四b)。また、声聞蔵と菩薩蔵にそれぞれ経律論および雑蔵の四蔵があるとして、合わせて八蔵を数えることがあり、大乗法苑義林章巻二の諸蔵章に見える(同四五―二七一b)。

雞貴象尊の国…(九3)　雞貴は高麗、象尊は印度。金隣玉嶺は明らかでないが、前者はインドシナ半島の海上、後者は西域の玉門関あたりにあった古代国家であろうという。義浄の南海寄帰内法伝の序によるもので、その注をあわせ引くとつぎのようである、「或時大啓二三乗一、広開二百座一、布二制底於八沢一、有識者咸悉帰心。散二伽藍於九宇一、迷途者並皆廻向。皇皇焉、農歌二畎畝之中一、済済焉、商詠二舟車之上一。遂使下雞貴象尊之国、頓二顙丹墀一、金隣玉嶺之郷、投中誠碧砌上、為無レ為事無レ事。斯固無二以加一也。〈雞貴者、西方名二高麗一、為二倶倶吒䃜説羅一、倶倶吒是雞、䃜説羅是貴。西方伝云、彼国敬レ雞、神而取レ尊。故戴二翎羽一而表レ飾矣。言二象尊一者、西国君王、以レ象為レ最、五天並悉同然〉」(正蔵五四―二〇六a)。又、慈雲飲光の南海寄帰内法伝解纜鈔巻一之一にいう、「金隣者金洲、玉嶺者玉門関。有部出家事鄔波底沙、倶哩多倶侍二珊逝移病一。珊逝移臨二命将一レ終、乃怡然微笑。二士乃問二所以一。答曰、衆生愚癡、由二欲所一レ牽、受二斯苦悩一。謂金洲有レ王曰二金主一、命終欲レ焚、其妻悲悩、亦自焚レ身。今案此応二室利仏逝一。彼洲又名二末羅遊一。語勢有二金義一。求法伝下、三蔵倶貞固再往二室利仏逝一詩、為二我良伴一、共届二金州一、是歟。又漢西域郡、西魏改二金州一等、瓜州北五十里、下有二瓠𧆛河一、上置二玉門関一、即西境之喉襟也」(日仏全一一四―五三a)。

我にあらざるもの…(九9)　荘子秋水篇第十七の故事による。「荘子与二恵子一遊二於濠梁之上一。荘子曰、鯈魚出遊従容、是魚楽也。恵子曰、子非レ魚、安知二魚之楽一。荘子曰、子非レ我、安知二我不一レ知二魚之楽一。恵子曰、我非レ子、

固不レ知レ子矣。子固非レ魚也。子之不レ知二魚之楽一全矣。荘子曰、請循二其本一。子曰女安知二魚楽一云者、既已知二吾知一レ之而問レ我。我知二之濠上一也」(中国古典選八-四二八)。

抑また叡岳の…(九10)　元亨釈書二の建仁寺栄西伝にいう、「初己酉歳、有二能忍者一、聞二宋国宗門盛一、遣二其徒一附レ舶、扣二問育王仏照光禅師一。照憐二異域之信種一、慰誘甚切、寄以二法衣及賛二達磨像一。忍詑二光之慰寄一、謾唱二禅宗一。已乏二師承一、亦無二戒検一。都下鄙レ之。迄三西演二心宗一、搢紳士庶欲レ混二忍而擯一。又筑前筥崎有二良弁者一、嫉二西之禅行一、誘二叡山講徒一、訴レ朝竄逐。〔建久〕六年詔二藤相国一、召二西府裏一、以二主当令仲資一徵問、尚書左丞宗頼預聞。西排二斥偽党一、挙二唱真乗一、詞弁渙然、冠纓聳聴。西曰、我禅門者、非二特今始有一レ之。昔叡山伝教大師嘗製二内証仏法相承血脈一巻一。其初乃我達磨西来之禅法也。彼良弁昏愚無知、引二台徒一誣レ我。禅宗若非、伝教若非、台教不レ立。台教不レ立、台徒豈拒レ我乎。甚矣其徒之闇二其祖意一也。于レ時台宗有識之者、以二西言一為レ善。因レ是叡衆輔二西禅化一」(日仏全一〇一-一三六b)。また本文第三門の第三問答をあわせ見よ(二八―三〇頁)。

涌泉の義(九15)　華厳経疏演義鈔五にいう、「修多羅に五義あり、一つには出生、諸の義を出生するが故に。二つには涌泉、義味無尽なるが故に…」(正蔵三六-三六a)。

四十二章経(一四3)　漢訳経典の最初とされるが、その史実には疑問が多く、とくに、後代一般に用いられるテキストは、唐代中期の宝林伝巻一に収められるもの、もしくは宋代に遺教経および潙山警策とあわせて、仏祖三経とよぶものであり、その本文は高麗版大蔵経に収める古態のものと大いに異る。ここに引くのは、宝林伝一(花園大学油印本八)、もしくは仏祖三経(続蔵一-五九-三六a)の文で、それぞれ第十一章に当る。四十二章経全体の本文研究については、常盤大定氏の「四十二章経の課題」(印仏研六-二四五)を見られたい。また、ここに引く一段は、すでに唐代の語録にも引かれて、種々の解釈が加えられている。たとえば、祖堂集六(花園大学油印本二-五四)、伝心法要(正蔵四八-三八〇a)。

無念無住(一四10)　古い四十二章経にはなく、唐代のテキストではじめて附加された句。敦煌本六祖壇経に、「善知識、我自法門、従上已来、頓漸皆立二無念一為レ宗、無相為レ体、無住為レ本。何名二無相一、無相者於レ相而離レ相、無念者於レ念而不レ念、無住者為二人本性一。念念不レ住、前念今念後念、念念相続、無レ有二断絶一。若一念断絶、法即是離二色身一。念念時中、於二一切法上一無住。一念若住、念念即住、名二繫縛一。於二一切法上一、念念不レ住、即無レ縛也。以二無住一為レ本」とあり(正蔵四八-三三八c)、禅宗の基礎を無念無住において。ただし、右の敦煌本六祖壇経のテキストは、かなり混乱があって読みにくい。鈴木大拙氏の校訂本(森江書店発行、一三頁)、および明本六祖壇経(正蔵四八-三五三a)をあわせ見る必要がある。

無修無証(一四10)　臨済録の示衆にいう、「約二山僧見処一、無仏無衆生、無古無今、得者便得、不レ歴二時節一。無修無証、無得無失。一切時中、更無二別法一。設有二一法過一レ此者、我説如夢如化。山僧所説皆是」(正蔵四七-四九八b)。「向レ你道、無仏無法、無修無証。祇与麽傍家、擬レ求二什麽物一」(同-五〇〇c)。

般怛羅呪(一四15)　一般に楞厳呪と称するもの。悉怛多般怛囉の略。訳して白傘蓋呪。大仏頂の三徳秘蔵の心呪である。長水子璿の首楞厳経義疏注経七に、つぎのようにいっている、「悉怛多般怛囉、云二白傘蓋一。即指下蔵心不中与二妄染一相応上、故云レ白、遍覆二一切法一、故云レ蓋。従レ此流二演秘密神呪一、故云二呪心一。又是一切呪中所レ総レ要故、無レ有下一仏不レ因二此呪一而成中正覚上。制二諸魔外一、応二諸国土一、転二大法輪一也」(正蔵三九-九九c)。

なお、白傘蓋呪のみを訳したものに、元の沙囉巴の仏頂大白傘蓋陀羅尼経その他がある(正蔵一九-四〇一a)。

心仏(一四16)　原典では無為心仏とあり、銭謙益の大仏頂首楞厳経疏解蒙鈔七之一に引く融室の注によると、「世尊頂上化仏、不レ異二法身一、故曰二無為心仏一。心仏無相、何頂可レ見」(続蔵一-二一-四一三a)とされて、元来は法身仏の意である。

大品の…(一八17)　摩訶般若波羅蜜経一に、「復次舎利弗、菩薩摩訶薩欲レ住二内空・外空・内外空・空空・大空・第一義空・有為空・無為空・畢竟空・無始空・散空・性空・自相空・諸法空・不可得空・無法空・有法空・無法有法空一、当レ学二般若波羅蜜一」（正蔵八-二二九c）とあり、智顗の法華文句九上に、前引の文につづいて、つぎのようにいう、「如実相即第一義空。不顛倒即内空。内無二六入我我所一、不二顛倒一。不動即外空。外不下為二六塵一流動上也。不退者即内外空。十二入空故、故言二不退一。不転即空空。空破二諸法一、諸法是所破、空是能破。無二復諸法一、唯有二空在一。此空亦空、故言二空空一。空既空故、無二復能転一、故言二不転一也。如虚空即是大空。執レ方計破、故言二如虚空一。無所有性即畢竟空。諸法無二遺余一故、名二畢竟空一、以二畢竟空一故、無二所有性一也。一切言語道断即一切空。一切空不レ可レ説、故言語道断。不生即有為空。有為是因縁和合、既不レ合即不生。不出即無為空。無名出離、出離法空、故名二不出一。不起即無始空。求二原初一不レ可レ得、故無レ起。無名即性空、可レ解。無相即相空。実無二所有一即不可得空。無量即有法空。有法即有量、有量既空、故言二無量一。無辺即無法空。無法則是辺表、今空故則無レ辺。無礙即有法無法空、二不レ可レ得、故言二無礙一。無障即散空。妨障不レ可レ得、故言二無障一。十八空皆是中道正慧、皆名為レ空。随二十八種境一、故言二十八一耳」（正蔵三四-一三一a）。

伝教大師の譜（一九17）　後に第三問答のところに引くように、詳しくは内証仏法相承血脈譜（一八頁）といい、その第一に達摩禅の系譜を述べた達摩大師付法相承師師血脈譜を指す。伝教が自己自身の出自を述べるところに見える（伝教大師全集一-一六）。

牛頭山の法門（二〇4）　金陵東南の牛頭山を中心に栄えた達摩禅の分派で、伝教入唐のころは、その六—七代に当る。伝説によると、はじめ三論宗から出た牛頭法融（五九四—六五七）に、禅宗の四祖道信が法を伝えたといわれ、法融には、絶観論の著があって、伝教はこれを日本に将来している。天台法華宗牛頭法門要纂（日本大蔵経、天台宗顕教章疏一）はその伝承によるものらしい。また、近年に発見された敦煌文書の絶観論（ペリオ二〇四五、二〇七四、二七三二、二八八五号、北京本閏字八四号、積翠文庫旧蔵本）は、そのうちに達摩和尚の名を冠する本もあって、その作者について異論を呼んでいるが、この系統の主張であることは確かである。また、牛頭法融その人の伝記は、明本続高僧伝二六（正蔵五〇-六〇三c）、祖堂集三（花園大学油印本一-一〇二）、伝燈録四（正蔵五一-二二六c）などにあり、本書でも後に宗鏡録による逸話の一つを引いている（三三頁）。

二十部（二二5）　文殊師利問経下に、先の引用につづいていう、「文告二文殊師利一、初二部者、一摩訶僧祇〈此言二大衆一、老少同会、共集二律部一也〉。二体毘履〈此言二老宿一、淳老宿人同会、共出二律部一也〉。我入二涅槃一後一百歳、此二部当レ起。従二摩訶僧祇一出二七部一。於二此百歳内一出二一部一、名二執一語言一〈所レ執与二僧祇一同、故云レ一也〉。於二百歳内一、従二執一語言部一、復出二一部一、名二出世間語言一〈称讃辞也〉。於二百歳内一、従二出世間語言一出二一部一、名二高拘梨柯一〈是出レ律主姓也〉。於二百歳内一、従二高拘梨柯一出二一部一、名二多聞一〈出レ律主有二多聞智一也〉。於二百歳内一、従二多聞一出二一部一、名二只底舸一〈此山名、出レ律主居レ之也〉。於二百歳内一、従二只底舸一出二一部一、名二東山一〈亦律主居也〉。於二百歳内一、従二東山一出二一部一、名二北山一〈亦律主居也〉。此謂下従二摩訶僧祇部一出中於七部上、及二本僧祇一是為二八部一。於二百歳内一、従二体毘履部一出二十一部一。於二百歳内一、出二一部一、名二一切語言一〈律主執二三世有一故、一切可レ厝二語言一也〉。於二百歳内一、従二一切語言一出二一部一、名二雪山一〈亦律主居也〉。於二百歳内一、従二雪山一出二一部一、名二犢子一〈律主姓也〉。於二百歳内一、従二犢子一出二一部一、名二法勝一〈律主名也〉。於二百歳内一、従二法勝一出二一部一、名レ賢〈律主名也〉。於二百歳内一、従二賢部一出二一部一、名二一切所貴一〈律主為二通人所レ重也〉。於二百歳内一、従二一切所貴一出二一部一、名二芿山一〈律主居也〉。於二百歳内一、従二芿山一出二一部一、名二大不可棄一〈律主初生、母棄二之於井一、父追二尋之一。雖レ墜不レ死、故云二不可棄一也。又名二能射一〉。於二百歳内一、従二大不可棄一出二一部一、名二法護一〈律主名也〉。於二百歳内一、従二法護一出二一部一、名二迦葉比一〈律主姓也〉。於二百歳内一、従二迦葉比一出二一部一、名二修妬路句一〈律主執二修妬路一義也〉。此謂三体毘履部出二十一部一。及二体毘履一成二二十部一」（正蔵一四-五〇一a）。この説は、真諦訳の十八部論（同四九-一七b）および部執異論（同-二〇a）、玄奘訳の異部宗輪論（同-一五a）にも見え、それぞれの教義の相違について説く。

八敬法（二二11）　道宣の四分律刪繁補闕行事鈔四下の尼衆別行篇第二十九に、尼衆の要行としてつぎのようにいう、「一者百歳比丘尼見二初受戒比丘一、当三起迎逆、礼拝問訊請令レ坐。二比丘尼不レ得レ罵二謗比丘一。三不レ得下挙二比丘罪一、説中其過失上。比丘得レ説二尼過一。四式叉摩那已学二於戒一、応下従二衆僧一求中受二大戒一。五尼犯二僧残一、応下半月在二二部僧中一、行中摩那埵上。六尼半月内、当下於二僧中一求中教授人上。七不レ応乙在下無二比丘一処上夏安居甲。八夏訖当下詣二僧中一、求中自恣人上。如レ此八法、応二尊重恭敬讃歎、尽形不レ応レ違」(正蔵四〇—一五四c)。また、仏が女人を度してはじめに正法五百年を減ぜんとした話は、宝林伝一の度衆付法章涅槃品第三(花園大学油印本二九)に詳しい。

十六大国王(二七1) それぞれの国名については、仁王般若経下受持品につぎのようにいう、「大王、吾今三宝付二嘱汝等一切諸王一。憍薩羅国、舎衛国、摩竭提国、波羅㮈国、迦夷羅衛国、鳩尸那国、鳩睒弥国、鳩留国、罽賓国、弥提国、伽羅乾国、乾陀衛国、沙陀国、僧伽陀国、揵拏掘闍国、波提国、如レ是一切諸国王等、皆応レ受二持般若波羅蜜一」(正蔵八—八三a)。ただし、経典のテキストに異同があり、経典によって異説が多い。

比丘戒は…(二八4) 僧祐の出三蔵記集三、新集律分為五部記録第五に、出二毘婆沙一と注してつぎのようにいう、「仏泥洹後、大迦葉集二諸羅漢一、於二王舎城一安居、命二優波離一出レ律。八万法蔵有二八十誦一。初大迦葉任持、第二阿難、第三末田地、第四舎那波提、第五優波掘。至二百一十余年一、伝授不レ異。一百一十余年後、阿育王出世、…還興二顕仏法一、請二諸羅漢一誦二出経律一。時有二五大羅漢一、各領二徒衆一弘レ法、見解不レ同。或執レ開随制、共相伝習、遂有二五部出一焉。十六大国、随用並行、競各進レ業、皆獲二道証一。自レ非二聖道玄通一、孰能使二之然一乎。後時五部異執、紛然競起。阿育王言、皆誦二仏語一、我今何以測二其是非一。問二僧仏法断事云何一、諸僧皆言、法応レ従レ多。阿育王即集二五部僧一、共行レ籌。当二尓時一、衆取二婆麁富羅部籌一多、遂改二此一部一、為二摩訶僧祇一。摩訶僧祇者、大衆名也。若就二今時一此土行レ籌、便此十誦律、名二摩訶僧祇一也。大集経仏記、未来世当レ有二此等律出一レ世。与二今事一相応、立レ名不レ異也。又有二因縁経説一、仏在世時、有二一長者一、夢見二一張白畳一忽然自為二五段一。驚詣二仏所一、請二問其故一。仏言、此乃我滅度後、律蔵当三分為二五部一」(正蔵五五—一九c)。右につづいて、僧祐は新集下律来二漢地一四部序録上第七として、薩婆多部十誦律〈六十一巻〉、曇無徳四分律〈四十巻、或分四十五巻〉、婆麁富羅律〈四十巻〉、弥沙塞律〈三十四巻〉、迦葉維律〈未知巻数〉の由来を述べ、「右五部、其四部至二中夏一、凡一百有八十巻、部巻已入二経録一最限」といっている。

胎蔵…(二八16) 天台密教の系譜を述べたもの。胎蔵曼荼羅毗盧遮那如来と金剛界毗盧遮那如来より、善無畏・金剛智三蔵を経て、最澄自身に至る二つの曼荼羅相承の次第を述べる。ただし、内証仏法相承血脈譜によると、右の外に更に雑曼荼羅相承師師血脈譜一首がある(伝教大師全集一—一九九)。栄西はこれを略したらしい。

三蔵おのおの…(三〇9) 弘決一之一にいう、「法付二商那和修一。修造二般遮于瑟一、於二曼陀山一立二精舎一。二十年因至二毱多所一、坐二毱多床一。多諸弟子不レ識。乃挙二手空中一而雨二甘露一、現二五百法門一、多皆不レ識。語言、仏入目連不レ識、目連入諸比丘不レ識、我入毱多不レ識。我得二七万七千本生諸経、八万毘尼八万毘曇一、汝皆不レ識。我若去者、法門随去。諸弟子始覚二神異一、悉得二羅漢一。度二弟子一已、而入二涅槃一」(正蔵四六—一四六a)。もと、付法蔵因縁伝二の説によるもの(同五〇—三〇四b)。

油を…(三一14) 北本涅槃経二二にいう、「譬如下世間有二諸大衆一、満中二十五里上。王勅二一臣一、持二一油鉢一、経二由中一過、莫レ令二傾覆一、若棄二一渧一、当レ断二汝命一。復遣二一人一、抜レ刀在レ後、随而怖レ之。臣受二王教一、尽レ心堅持、経二歴爾所一。大衆之中、雖レ見二可意五邪欲等一、心常念言、我若放逸、著二彼邪欲一、当三棄レ所レ持、命不二全済一。是人以二是怖因縁一故、乃至不レ棄二一渧之油一。菩薩摩訶薩、亦復如レ是。於二生死中一、不レ失二念慧一、以レ不レ失故、雖レ見二五欲一、心不二貪著一云云」(正蔵一二—四九六b)。この話は、他に南本涅槃経二〇(同一二—七四〇a)のほか、修行道地経三(同一五—一九六a)、雑阿含経二四(同二—一七四b)などに見え、やがて中国では油鉢の語を生むに至る。例えば、弘決二之三(同四六—二〇一b)をみよ。

六群比丘(三一17) 仏弟子のうち、とくに悪行で知られる六人の比丘。つねに群をなして横行し、かれらの非行が戒律の制定の動機となった。その名と悪行については、薩婆多毘尼毘婆沙四につぎのようにいっている、「六群比丘者、一難途、二跋難陀、三迦留陀夷、四闡那、五馬宿、六満宿。云下二人得二漏尽一入中無余涅槃上、一迦留陀夷、二闡那。二人生二天上一。又云三二

人犯二重戒一、又云二不犯一。若犯レ重者、不レ得レ生レ天也。一難途、二跋難陀。二人堕二悪道一生二竜中一」（正蔵二二―五三五c）。

太公（三二11）　周書二三の蘇綽伝にいう、「若必待二太公一而後用、是千載無二太公一。必待二夷吾一而後任、是百世無二夷吾一云云」（芸文印書館本一六三a）。

半偈（三二12）　北本涅槃経一四にいう、「爾時釈提桓因、自変二其身一、作二羅刹像一、形甚可レ畏。下至二雪山一、去レ其不レ遠而便立住。是時羅刹、心無レ所レ畏、勇健難レ当。弁才次第、其声清雅。宣二過去仏所レ説半偈一、諸行無常、是生滅法。説二是半偈一已、便住二其前一。所レ現形貌、甚可二怖畏一。顧眄遍視、観二於四方一。是苦行者、聞二是半偈一、心生二歓喜一。譬如下估客於二険難処一、夜行失レ伴、恐怖推求、還遇二同侶一、心生二歓喜一、踊躍無量上。亦如下久病未レ遇二良医瞻病好薬一、後卒得上之云云。善男子、我於二爾時一、聞二是半偈一、心中歓喜、亦復如レ是。即従レ座起、以レ手挙レ髪、四向顧視、而説二是言一、向所レ聞偈、誰之所レ説。爾時亦更不レ見二余人一、唯見二羅刹一。即説二是言一、誰開二如レ是解脱之門一、誰能雷二震諸仏音声一、誰於二生死睡眠之中一、而独覚寤、唱二如レ是言一云云」（正蔵一二―四五〇a）。又、南本では巻一三（同―六九三a）。

皮嚢…（三二17）　智顗の修習止観坐禅法要の棄蓋第三のうち、疑蓋について説くところに、つぎのようにいっている、「疑者有二三種一。一者疑レ自、而作二是念一、我諸根闇鈍…。二者疑レ師、彼人威儀相貌如レ是、自尚無レ道、何能教レ我。作二是疑慢一、即為二障定一。欲レ除レ之法、如二摩訶衍論中説一、如二臭皮嚢中金一、以レ貪レ金故、不レ可レ棄二其臭嚢一、行者亦爾。師雖二不清浄一、亦応レ生二仏想一云云」（正蔵四六―四六四c）。なお、摩訶衍論は大智度論九六を指す（同二五―七三三b）。

彭城王…（三二17）　宗鏡録一五に、つぎのようにいう、「如下昔有二彭城王一問中諸大徳等上、貴若証果即得レ成二聖者一、与レ我左腋出レ水、右腋出レ火、飛二騰虚空一、放レ光動レ地。我即礼二拝汝一為レ師。牛頭融大師答云、善哉善哉、不レ可二思議一。今若責二我如レ此証果一者、恐与レ道乖。審二如レ是成仏者一、幻師亦得レ作レ仏。且与二諸大徳及諸人士一証者、昔釈迦在二於僧中一、演二無上道一、与レ僧不レ異。維摩在レ俗、説二解脱果一、与レ俗不レ殊。…即知証是心証、非二是形遷一、悟是智変、非レ関二相異一」（正蔵四八―四九七a）。ただし、この話は続高僧伝その他の牛頭伝にみえず、彭城王の何人たるかも明らかでない。

四十二章経（三六5）　すでに三九一頁補注に述べたように、唐代に改編されたテキストの序分に当る部分。ただし、引用の句にもっともよく相当するのは、宋の真宗の四十二章経御註（続蔵一―五九―一六a）である。詳しくは、常盤大定氏の「四十二章経について」（支那仏教の研究、九二および一〇一頁）をみよ。

六即（四〇10）　伝燈録二七の天台智顗の章に、つぎのようにいう、「慮下学者昧二於修性一、或堕中偏執上故、復創二六即之義一、以絶二斯患一。一理即仏者、十法界衆生、下至二蜣蜋一、同稟二妙性一、従本以来、常住清浄、覚体円満、一理斉平故〈執二名相一者、不レ信二即心即仏一、覩レ此而生レ信也〉。二名字即仏者、雖二理性坦平一、而随レ流者、日用不レ知、必仮二言教外熏一、得レ聞二名字一、生レ信発レ解故〈起信論云、以レ有二妄想心一故、能知二名義一。自レ此已下、簡二暗証者一〉。三観行即仏者、既聞レ名開レ解、要仮二前之三観一、而返レ源故〈円教外凡也。円観二五陰一、為二不思議境一、即五品位。大師示レ居二此位一。別教十信及蔵通教、皆資糧位〉。四相似即仏者、観行功深、発二相似用一故〈内凡也。円伏二無明一、入二十信鉄輪位一、不レ断二見思惑一、至二七信以去、見思惑自隕一、得二六根清浄一。如二経云一、父母所生眼、悉見二三千界一云云。思大禅師、示レ居二此位一。若別教、乃地前三十心也。蔵通皆名二加行位一。楞厳経・唯識論、三十心後、別立二四加行一。名位雖レ同、詮旨迥異。惟通悟者、善巧融会〉。五分真即仏者、三心開発、得二真如用一、位位増勝故〈発円初住、即銅輪位也。如二竜女一念成仏、現二百界身一。従レ此転勝、至二等覚位一。凡四十一心、尽目二真因一。分位雖レ殊、円理無レ別。若別教、即名二十地一、蔵通皆言二見道位一〉。六究竟即仏者、無明永尽、覚心円極、証無レ所レ証故〈妙覚也。起信云、始本不二、名二究竟覚一。仁王名二寂滅上忍一也。別教権仏摂、対二円教第二位一耳。蔵通二教仏可レ知〉。如上六位、既皆即仏〈不レ屈不レ濫〉」（正蔵五一―四三三b）。なお、六即説は天台の創見として深くその行位論に関連する。四〇〇頁「五品…」補注をあわせみよ。また、止観一下（正蔵四六―一〇b）、弘決一之五（同―一七九a）に詳しい。

円頓止観（四一2）　摩訶止観を指す。すなわち、その巻一上にいう、「円頓者、

初縁二実相一、造レ境即中、無レ不二真実一。繋二縁法界一、一念法界、一色一香、無レ非二中道一。已界及仏界、衆生界亦然、陰入皆如、無二苦可一レ捨。無明塵労即是菩提、無二集可一レ断。辺邪皆中正、無二道可一レ修。生死即涅槃、無二滅可一レ証。無レ苦無レ集、故無二世間一、無レ道無レ滅、故無二出世間一。純一実相、実相外更無二別法一。法性寂然名レ止、寂而常照名レ観。雖レ言二初後一、無レ二無レ別、是名二円頓止観一」(正蔵四六‐一c)。

達磨宗(四一10)　平安朝以来の叡山の禅宗。ここでは、とくに大日能忍の系統を指してよぶ。能忍のことは、すでに三九一頁「抑また叡岳の…」補注に引く元亨釈書二に見えるが、叡山で禅宗のことを達摩宗とよんでいた事実は、光宗の渓嵐拾葉集九の禅宗教家同異事の条下に見える(正蔵七六‐五三〇c)。

行無く…(四一11)　六度万行を用いず、自心の本来是仏なることを了ずる立場。達摩のものという少室六門の破相論に、「問曰、若復有レ人志二求仏道一、当下修二何法一、最為中省要上。答曰、唯観心一法、摠摂二諸行一、最為二省要一…。問、菩薩摩訶薩、由下持二三聚浄戒一、行中六波羅蜜上、方成二仏道一。今令三学者唯持二観心一、不レ修二戒行一、云何成レ仏。答曰、三聚浄戒者、則制二三毒心一也。制二一毒一、成二無量善一。聚者会也、以三能制二三毒一、即有二三無量善一、普会二於心一、名二三聚浄戒一。六波羅蜜者、即浄二六根一。胡名二波羅蜜一、漢言二達彼岸一。以二六根清浄一、不レ染二世塵一、即是出二煩悩一、便至二彼岸一也。故名二六波羅蜜一…。故知、所レ修戒行不レ離二於心一。若自心浄、一切衆生皆悉清浄」(正蔵四八‐三六六c)。なお、少室六門は、室町時代になってから一冊にまとめられたものらしいが、そのうちの破相論・悟性論・血脈論の三本は、すでに平安時代に叡山に伝えられて、達摩宗の拠りどころとされていたことが、経豪の正法眼蔵抄、画餅の注に見える(曹洞宗全書註解一‐五三b)。

本より…(四一11)　宗密の中華伝心地禅門師資承襲図に、達摩門下三人の弟子の悟りの浅深をのべて、尼総持は断煩悩・得菩提で得肉、道育は迷即煩悩・悟即菩提で得骨、慧可は本無煩悩・元是菩提で得髄とする(続蔵二‐一五‐四三四c)。又、真禅融心義下に、大明録によってこの句を引き、煩悩を悪み菩提を愛するものとする。

寧ろ…(四一18)　この句は、別に入楞伽経五に、余経中の説として引かれ(正蔵一六‐五四二b)、また無上依経上にも見える(同‐四七一b)。とくに後者は、すでに往生要集上に引かれる(本大系六‐一〇二)。

奝然(四四2)　伝記は、元亨釈書一六(日仏全一〇一‐三三五b)に見えるが、入宋のことは、別に宋史四九一の日本伝(芸文印書館本五八六四b)、および仏祖統紀四三(正蔵四九‐三九九a)に見え、また近年にいたって嵯峨清凉寺の優塡王栴檀瑞像の胎内より、この像を将来した奝然が雍熙二年に台州で封蔵しておいた願文・経典・版画・古銭などが発見されて、かれの入宋の事情とその背景について新しい報告がなされている。詳しくは、塚本善隆氏の「清凉寺釈迦像封蔵の東大寺奝然の手印立誓書」(仏教文化研究四号、一九五四年七月)、および「融通念仏宗開創質疑—清凉寺をめぐる融通念仏聖の活動—」(日本仏教学会年報二一号、昭和三一年三月)をみよ。

智者…(四九6)　智顗が法華経によって大悟した事実は、続高僧伝一七(正蔵五〇‐五六四b)、天台智者大師別伝(同‐一九一c)、弘決一之一(同四六‐一四七c)などに詳しいが、ここにあげるのは、宋の大慧の正法眼蔵二の記載であり、つぎのようにいっている、「天台智者大師、在二南岳一誦二法華経一、至二薬王品一云二是真精進是名真法供養如来一、於レ是悟二法華三昧一、獲二旋陀羅尼一、見二霊山一会儼然未散一」(続蔵二‐一一八‐一七a)。最後の「霊山一会…」の一句は、禅宗で加えられたものらしい。

七仏(五〇12)　禅における伝燈の根源を過去七仏に求めたのは、敦煌本六祖壇経(正蔵四八‐三四四b)が最初で、ついで祖堂集一、伝燈録一にいたって決定的となる。たとえば、後者は、まず叙七仏にはじまって、「古仏応レ世、緜歴無レ窮、不レ可二以周知而悉一レ数也。故近譚二賢劫一、有二千如来一。曁二于釈迦一、但紀二七仏一」(同五一‐二〇四b)といっているが、明本六祖壇経では、その付嘱第十のところで、この句がそのまま六祖恵能のことばとされる(同四八‐三六一b)。なお、七仏の由来については、祖庭事苑八に宗密の説があり(続蔵二‐一八‐一二三b)、古くは、長阿含経一の大本経(正蔵一‐一b)や、別訳の七仏父母姓字経(同‐一五九a)があり、また律蔵の戒本には多く七仏戒経が説かれ(同二二‐一九九c・二二三c・五五五b・五六四c・一〇二三b・一〇三〇a・一〇四〇

b）、宋訳に七仏讃唄伽他がある（同三二―七六九a）。

吾れ…（五一6）　宝林伝一の句。すでに三八九頁「正法眼蔵」補注の条に引いた。栄西以後、この言葉はさらに増加されて、「吾有正法眼蔵、涅槃妙心、実相無相、微妙法門、不立文字、教外別伝、付嘱摩訶迦葉」となる。たとえば、無門関第六則（正蔵四八―二九三c）、会元一（続蔵二乙―一一―四a）。

我が滅後…（五二16）　滅後二百年は六祖恵能以後を指す。伝衣の説は、もともと恵能の後継者荷沢神会の創唱である。ところが、やがて六祖恵能の後継者が数派に分れたため、伝衣のみを強調できぬこととなり、南岳懐譲―馬祖道一の系統では、伝衣に代るものとして伝法偈の伝統を主張し、南岳とならぶ青原行思の系統では、伝燈録五につぎのようにいっている、「一日祖（恵能）謂レ師曰、従上衣法双行、師資遞授。衣以表レ信、法乃印レ心。吾今得レ人、何患二不信一。吾受レ衣以来、遭二此多難一、況乎後代。争競必多、衣即留二鎮山門一。汝当下分二化一方一、無上レ令二断絶一」（正蔵五一―二四〇a）。栄西のときは、その師懐敞の語にあるように（五五頁）、日本からの最初の嗣法者として、伝衣の問題が再確認されていたらしい。入宋しなかった大日能忍の系統に対して、栄西がとくに伝衣と戒法を強調したことを考えあわせてよい。

知死期の偈（五三18）　渓嵐拾葉集八六（正蔵七六―七七九c）、および東晙の鼇巌三（三五a）につぎのようにいう、「相伝、達磨大師預知二死期一偈曰、纔覚二玉池無一滴瀝一、次於二波底一取二神光一、無常須レ聴二髑頭鼓一、得レ数方知二幾日亡一。本宋時船頭法号範勝者、持二此法一来、伝二之鎮西陽尋上人一。爾来的的秘伝云。玉池者口也、波底者眼也、聴二髑頭鼓一者、以二除夜子時一、展二二手一掩二二耳一打レ頭、如二来歳月日数一、若到レ無レ音、即以二其日一為二死期一、更有二修法一、玆不レ能レ載」。

八塔（五四13）　宋初に法賢が八大霊塔名号経を訳してから、仏陀の遺跡に対する関心が高まったらしい。第一迦毗羅城竜弥你園、第二摩伽陀国泥連河（?）菩提樹下、第三迦尸国波羅奈城転大法輪処、第四舎衛国祇陀園現大神通処、第五曲女城従忉利天下降処、第六王舎城声聞分別仏為化度処、第七広厳城霊塔思念寿量処、第八拘尸那城娑羅林内大双樹間入涅槃処の八箇所で、八相成道の説に準じて選定され、そこを巡礼するのが趣旨であり、それぞれに霊塔のあったことは、すでに西域記の各所に記される。

敞禅師（五五1）　懐敞の伝記は、日本で編せられた黄竜十世録がもっとも詳しい（五山文学新集三―二〇八）。中国側の古い僧伝にはこのことを記したものがなく、わずかに栄西との関係から、楼鑰の攻媿集五七に収める天童山千仏閣記（武英殿聚珍版書本六b）と、陳祥の日本国千光法師祠堂記（続群書類従二二五）などにその名が散見するにすぎぬ。

本来無物（五五16）　衣は心法のシンボルであり、心法は外から伝えるものではない。衣を伝えるのは、もともと伝える物が何もないことを表わすにすぎぬ。すなわち、伝燈録三の達摩の章に、恵可を印可して正法眼蔵を伝え、「乃顧二慧可一而告レ之曰、昔如来以二正法眼一…、幷授二汝袈裟一、以為二法信一。各有レ所レ表、宜可レ知矣。可曰、請師指陳。師曰、内伝二法印一以契二証心一、外付二袈裟一以定二宗旨一。後代澆薄、疑慮競生。云二吾西天之人一、言二汝此方之子一。憑レ何得レ法、以レ何証レ之。汝今受二此衣法一、却後難生、但出二此衣幷吾法偈一、用以表明、其化無レ礙云云」（正蔵五一―二一九c）とあるのにもとづく。また、本来無物の句は神秀が弘忍に呈した心偈に対して、恵能がみずから作ったという偈の第三句「本来無一物」（同―二二三a）にもとづく。

伝法の偈（五五18）　黄竜十世録に、つぎのようにいう、「不レ露二鋒鋩一意已彰、揚レ眉早落二識情郷一、著衣喫飯自成現、打レ瓦鑽レ亀空著忙、若信二師姑元女子一、無レ疑二日本即南唐一、一天月色澄二江上一、底意分明不二覆蔵一」（五山文学新集三―二〇九）。ただし、格調すこぶる低く、おそらくは後人の捏造であろう。

言語有ること…（五七11）　完全に同一の句は見出し得ないが、巻五三一の妙相品の句がこれに近い、「如二諸如来応正等覚一、於レ法善巧、於レ字善巧。以下於二諸法諸字一善巧上、於二無字中一亦得二善巧一。由二善巧一故、能為二有情一説二有字法一、説二無字法一、為二無字法一説二有字法一。所以者何。離レ字無レ字、無二別仏法一、然超二諸字一、名二真仏法一」（正蔵七―七二七c）。

論に…（五九10）　大智度論の原文は、「若し般若を見ざれば、是れすなわち為めに縛せらる、もし人般若を見れば、是れまた縛せらるると名づく。もし人般若を見れば、是れすなわち解脱を得、もし人般若を見ざれば、是れまた解脱を得、是の事を希有とす、甚深にして大名有り」(正蔵二五‐一九〇c)とあり、摩訶止観はこれを要約して、「もしくは見、もしくは般若を見ざれば、みな縛みな脱す、文もまた例して然り」(同四六‐三a)としている。栄西はこれをさらに要約している。

六十部を…(六二6)　林間録下にいう、「予嘗游二東呉一、寓二於西湖浄慈寺一。寺之寝堂東西廡、建二両閣一甚崇麗。寺有二老衲一、為レ予言、永明和尚以二賢首・慈恩・天台三宗互相氷炭不一レ達二大全一、故館下其徒之精二法義一者於両閣上、博閲二義海一、更相質難、和尚則以二心宗之衡準一平レ之、又集二大乗経論六十部・西天此土賢聖之言三百家一、証二成唯心之旨一、為二書一百巻一伝二於世一、名曰二宗鏡録一。其為二法施之利一、可レ謂博大殊勝矣。今天下名山、莫レ不レ有レ之、而学者有下終身未二嘗展一レ巻者上、唯飽食横眠、游談無根而已。謂三之報二仏恩一乎、負二仏恩一乎」(続蔵二乙‐二一‐三三b)。また、仏祖統紀四三にもこのことを記す(正蔵四九‐三九五a)。

禅門(六二18)　教より禅を呼ぶ名称。宗鏡録に多く用いられる。大蔵経綱目指要録八の末尾に、禅教五派宗源述と題して、賢首・慈恩・天台・南山の四教に並列して禅の立場を叙し、つぎのようにいう、「且如来在二多子塔前一、分二半座一而授二手金色頭陀一、便伝二正法眼一、令三教外別行、付二上根輩一。而天竺継レ之者二十七世、達磨入二于中国一、伝二乎可祖一、至二於六代一、曹渓門下、分レ枝列レ派。以レ之今日諸宗師共所二提唱一者、謂三之直指悟心見性宗一、乃曰二禅門一也」(昭和法宝総目録二‐一七〇c)。また、別に禅門宗とよぶ例があり(同‐一七一a)、さらに宝林伝、伝燈録以下の書を、禅門伝録とよんでいる(同‐一六八b)。

仏法は…(六三2)　伝燈録三〇の末尾に、つぎのようにいっている、「魏府華厳長老示レ衆、仏法事在二日用処一、在二你行住坐臥処、喫茶喫飯処、言語相問処一。所作所為、挙心動念、又却不レ是也」(正蔵五一‐四六六b)。

動はすなはち…(六三4)　禅林僧宝伝四の福州玄沙備禅師の章に、つぎのようにいう、「仏道閑曠、無レ有二途程一、無門為二解脱之門一、無見作二道人之見一。不レ在二三際一、豈有二昇沈一。建立乖レ真、不レ属二造作一。動即渉二塵労之境一、静則沈二昏酔之郷一。動静双泯、即落二空亡一、動静双収、即漫二汗仏性一云云」(続蔵二乙‐一〇‐三六d)。

箭すでに…(六三7)　禅林僧宝伝四の福州玄沙備禅師の章に、つぎのようにいう、「所以云、一句当レ機、八万法門、生死路絶。直似丙秋潭月影、静夜鐘声、随二扣撃一以無レ虧、触二波瀾一而不乙散甲、猶是生死岸頭事。道人行処、如三火銷レ氷、箭既離レ弦、無二反回勢一。所以牢籠不二肯住一、呼喚不レ廻レ頭云云」(続蔵二乙‐一〇‐三九a)。

一禅人に…(六三10)　大慧の正法眼蔵五に、つぎのようにいっている、「太原孚上座、在二楊州孝光寺一講二涅槃経一。有二禅者一、阻レ雪在レ寺。因往聴レ講、至二三因仏性三徳法身一、広談二法身妙理一。禅者失笑。孚講罷、請二禅者一喫レ茶、白曰、某甲素志狭劣、依レ文解レ義、適蒙レ見レ笑、且望レ見レ教。禅者曰、実笑二座主不一レ識二法身一。孚曰、如レ此解説、何処不レ是。曰、請座主更説一徧。孚曰、法身之理、猶若二太虚一、竪窮二三際一、横亘二十方一、弥二綸八極一、包二括二儀一、随レ縁赴レ感、靡レ不二周徧一。曰、不レ道二座主説不一レ是。只是説二得法身量辺事一、実未レ識二法身一在。孚曰、既然如レ是、禅徳当三為レ我説一。曰、座主還信否。孚曰、焉敢不レ信。曰、若如レ是、座主暫輟レ講旬日、於二室内一端然静慮、収レ心摂レ念、善悪諸縁、一時放却。孚一依レ所レ教、従二初夜一至二五更一、聞二鼓角声一、忽然契悟。便去扣レ門。禅者曰、阿誰。孚曰、某甲。禅者咄曰、教下汝伝二持大教一、代レ仏説上レ法、夜来為二甚麼一酔レ酒臥レ街。孚曰、禅徳、自来講経、将二生身父母鼻孔一扭捏。従レ今已去、更不二敢如一レ是。禅者曰、且去、来日相見。孚遂罷レ講、徧二歴諸方一。久在二雪峯一、有二大声誉一。後帰二楊州一、被二陳尚書留一、在レ宅供養。一日謂二尚書一曰、来日講二一徧大涅槃経一、報二答尚書一。書致二斎茶一畢。孚遂陞座良久、揮レ尺一下云、如是我聞。乃召二尚書一。書応諾。孚云、一時仏在。便乃脱去」(続蔵二‐二三‐六一a)。

古人(六三17)　禅門拈頌集一六にいう、「睦州示衆云、大事未レ弁、如レ喪二考妣一、大事已弁、如レ喪二考妣一」(花園大学油印本六‐六二)。

五千四十八巻(六四5)　大蔵経の巻数。唐の智昇の開元釈教録で、漢訳された経律論の三蔵のすべてを検討し、五千四十八巻を正当な大蔵経とし、これを入蔵と称した。すなわち、開元釈教録一九の入蔵録上に、つぎのようにいっている、「合二大小乗経律論及聖賢集伝一、見二入蔵一者、総二千七十

六部一、合二五千四十八巻一、成二四百八十帙二」（正蔵五五-六〇a）。

水を…（六四5）　続燈録一〇の東京法雲円通禅師の章にいう、「上堂云、説得盛レ水不レ漏、未レ免二衲僧取一レ笑。向上更有二一竅無孔鉄鎚不一レ到。良久云、為二什麼一不レ到、可知礼也」（続蔵二乙-九-七九c）。

針芥…（六五7）　北本涅槃経二の寿命品の偈につぎのようにいう、「仏如二優曇花一、値遇生レ信難。遇已種二善根一、永離二餓鬼苦一。亦復能損二減、阿修羅種類一。芥子投二針鋒一、仏出難二於是一」（正蔵一二-三七二c）。又、神会の南陽和上頓教解脱禅門直了性壇語のはじめに、右についての涅槃経の故事を引いて、極めて詳細であるが、目下出所を検し得ない（鈴木大拙全集三-三〇八）。

剡渓に…（六五8）　晋の王徽之が夜の興に乗じて、友人の戴逵を訪わんと思い、剡渓に舟をこぎだしたが、門に至って引返した故事。王徽之は王羲之の子。晋書八〇に次のようにいう、「徽之、字子猷、…嘗居二山陰一、夜雪初霽、月色清朗、四望皓然。独酌レ酒、詠二左思招レ隠詩一、忽憶二戴逵一。逵時在レ剡。便夜乗二小船一詣レ之。経宿方至、造レ門不レ前而反。人問二其故一。徽之曰、本乗レ興而来、興尽而反、何必見二安道一邪」（芸文印書館本二-一〇二九a）。

性に任せて…（六五11）　伝燈録一四の澧州竜潭崇信禅師の章に、崇信が天皇道悟に参じた時のこととして次のようにいっている、「一日問曰、某自レ到来、不レ蒙レ指二示心要一。悟曰、自二汝到一来、吾未二嘗不一レ指二示汝心要一。師曰、何処指示。悟曰、汝擎レ茶来、吾為レ汝接、汝行レ食来、吾為レ汝受、汝和南時、吾便低首。何処不レ指二示心要一。師低頭良久。悟曰、見則直下便見、擬思即差。師当下開解、乃復問、如何保任。悟曰、任レ性逍遥、随レ縁放曠。但尽二凡心一、無二別勝解一」（正蔵五一-三一三b）。

青林和尚（六五13）　引用は、大慧の正法眼蔵五による、「青林虔和尚示レ衆云、祖師門下、鳥道玄微、功窮皆転、不レ究難レ明。汝等諸人、直須下離二心意識一参、出二凡聖路一学上、方可二保任一。若不レ如レ是、非二吾子息一」（続蔵二-一二-三-六八d）。

鳥道玄微（六五14）　青林の師に当る洞山良价のことばによる。すなわち、洞山録に次のように見える、「師示レ衆云、我有二三路一接レ人、鳥道・玄路・展手。僧問、師尋常教三学人行二鳥道一。未審如何是鳥道。師曰、不レ逢二一人一。云、如何行。師曰、直須三足下無レ私〈一本作糸〉去一。云、祇如レ行二鳥道一、莫二便是本来面目一否。師曰、闍梨因レ甚顛倒。云、甚麼処是学人顛倒。師曰、若不二顛倒一、因二甚麼一却認レ奴作レ郎。云、如何是本来面目。師曰、不レ行二鳥道一」（正蔵四七-五二一a）。足下無私は、無自性空の意。空にもとどまらぬこと。無糸ならば、靴をはかないで歩くこと、足なしに歩くこと。これが鳥の道を行く所以であり、玄微なるところである。

もし行人…（六五18）　坐禅の仕方を成文化したのは、おそらく天台智顗の修習止観坐禅要法が最初であり、ついで宗密の円覚道場修証儀は、ほとんどこれを継承したものであるが、後代の禅宗では、禅苑清規八に収める坐禅儀（続蔵二-一六-四六〇c）によっている。元代に重修された勅修百丈清規五に収めるもの（正蔵四八-一一四三a）はこれと多少異ったところがあり、時代によって変化したことが知られる。全文の対照は、関口真大氏の『天台止観の研究』（昭和四四年・岩波書店、三二八頁）にくわしい。なお、禅苑清規の坐禅儀は、嘉泰二年（一二〇二）の重雕のときに加えられたものであり、栄西が実際に見たテキストは、大蔵一覧集三に収める別行の本であったようである。

珠を採るは…（六六10）　広燈録一二の鎮州三聖院然禅師の章に、次のようにいう、「師離二仰山一到二洞山一、上二一頌一、何代隠二荒丘一、茆堂独寝レ幽、随レ縁三事衲、頓覚万縁休、良古因二持戒一、身貧為二少求一、吾師登二鳥道一、物外絶二追遊一。洞山却荅二一頌一、詩詠人間事、空門何不レ刪、探レ珠宜二静浪一、動レ水取応レ難、名利心須レ剪、非レ明不レ用レ攀、捨レ邪帰二正道一、何慮レ不二閑閑一。師乃将二笠子一揮三転、便出」（続蔵二乙-八-三五三c）。

十種得戒（七四2）　摩訶止観四上に、止観の前方便として五縁を具足せよといい、その第一の持戒清浄のところに、小乗の根本律儀によって具足戒を得た十人の例をあげて、つぎのようにいっている、「根本十種得戒人者、如三仏自言二善来比丘一、自然已得二具足戒一。如二摩訶迦葉一、自誓因縁、得二具足戒一。如二憍陳如一、見レ諦故受二具足戒一。如二波闍波提比丘尼一、以二八敬法一受二具足戒一。如二達磨提那比丘尼一、遣レ信受二具足戒一。如二須陀耶沙弥一、論レ義受二具足戒一。如二耶舎比丘一、等二善来一受二具足戒一。如二跋陀羅波楞伽一、加三三帰一

受㆓具足戒㆒。如㆓辺地㆒、第五律師受㆓具足戒㆒、中国、十人白四羯磨受㆓具足戒㆒」(正蔵四六-三六a)。

十利(七四4)　仏陀が弟子たちのために戒律を定めた十箇の理由。各律蔵の不婬戒の因縁を説くところに見える。摩訶僧祇律一の文を挙げるとつぎのようである、「仏告㆓舎利弗㆒、有㆓十事利益㆒故、諸仏如来為㆓諸弟子㆒制㆑戒、立㆓説波羅提木叉法㆒。何等十、一者摂㆑僧故。二者極摂㆑僧故。三者令㆓僧安楽㆒故。四者折㆓伏無㆑羞人㆒故。五者有㆓慚愧㆒人得㆓安穏住㆒故。六者不信者令㆑得㆑信故。七者已信者増㆓益信㆒故。八者於㆓現法中㆒得㆓漏尽㆒故。九者未生諸漏令㆑不㆑生故。十者正法得㆓久住㆒、為㆓諸天人㆒開㆓甘露施門㆒故。以㆓是十事㆒、如来応供正遍知、為㆓諸弟子㆒制㆑戒、立㆓説波羅提木叉法㆒」(正蔵二二-二二八c)。その他、五分律一(同-三b)、四分律一(同-五七〇c)等。

乗戒倶緩(七五7)　摩訶止観二下に大経の句を引いて、「応㆘具明㆓緩急四句㆒、合㆗上根遮義㆖也云云」(正蔵四六-二〇a)と述べるところについて、弘決二之五につぎのようにいっている、「大経云下、引㆓乗戒四句㆒、釈㆓成根遮四句㆒。(大経)第六云、若無㆓清浄持戒之人㆒、僧則損減。若有㆓清浄持戒之人㆒、則不㆑失㆓本戒㆒。善男子、於㆑乗緩者、乃名為㆑緩。於㆑戒緩者、不㆓名為㆒㆑緩。菩薩於㆓此大乗㆒、心不㆓懈慢㆒、是名㆓奉戒㆒。経文先列㆓事戒㆒。次善男子下、挙㆑乗況㆑釈。若無㆓大乗㆒、雖㆑有㆓事戒㆒、不㆑名㆓奉戒㆒。若有㆑乗者、雖㆑云㆓戒緩㆒、不㆓名為㆒㆑緩。正意欲㆑令㆓乗戒倶急㆒。今家乗㆑此、開為㆓四句㆒、以対㆓根遮㆒。根遮是果、乗戒是因。是故有㆑遮由㆓戒緩㆒、根鈍由㆓乗寛㆒。倶急則根利無㆑遮、倶緩則根鈍有㆑遮、戒急乗緩、則根鈍無㆑遮。乗急戒緩、則根利有㆑遮」(同-二四a)。

提婆達多(七五9)　弘決二之五に、「経云㆓寧作等㆒者、引証㆑乗也。故梁武発願文云、寧作㆓提婆達多㆒長淪㆓地獄㆒、不㆘作㆓欝頭藍弗㆒暫得㆗生天㆖」(正蔵四六-二四b)とあり、以下は、直接には梁武帝の文にもとづくが、さらにその本は、雑阿毘曇心論九より出たものらしい。提婆達多は、五逆を犯して生きながら地獄におちたとされ、とくにその破僧すなわち教団分裂と、出仏身血すなわち仏陀殺害の罪は、仏教史上最大のものと伝える。今は、その持戒主義が再評価されるのである。雑阿毗曇心論九は、右の文につづいて次のようにいっている、「調達雖㆘造㆓三逆㆒、断㆓諸善根㆒滅㆓善種子㆒、入㆗無間地獄㆖、地獄罪畢、於㆓四万歳寿人中㆒、得㆓辟支仏㆒、証㆓諸根猛利㆒、勝㆓舎利弗等㆒。欝頭藍子、雖㆘離㆓八地㆒生㆗第一有㆖、於㆑彼報尽、命㆓終来生㆒、於㆓法林中㆒、作㆓著翅飛狸㆒、残㆓害一切水陸衆生㆒、死堕㆓無間地獄㆒」(同二一八-九九c)。

藍弗(七五9)　欝頭藍弗、欝頭藍子、欝陀羅伽仙人などともいう。大智度論一七に、つぎのようにいっている、「如㆓欝陀羅伽仙人㆒、得㆓五通㆒日日飛㆓到国王宮中㆒食。王大夫人如㆓其国法㆒、捉㆑足而礼。夫人手触、即失㆓神通㆒。従㆑王求㆑車、乗㆑駕而出、還㆓其本処㆒、入㆓林樹間㆒、更求㆓五通㆒、一心専至、垂㆓当㆑得時㆒、有㆔鳥在㆓樹上㆒、急鳴以乱㆓其意㆒。捨㆑樹至㆓水辺㆒求㆑定、復聞㆓魚闘動㆑水之声㆒。此人求㆑禅不㆑得、即生㆓瞋恚㆒、我当㆔尽殺㆓魚鳥㆒。此人久後思惟得㆑定、生㆓非有想非無想処㆒、於㆑彼寿尽、下生作㆓飛狸㆒、殺㆓諸魚鳥㆒、作㆓無量罪㆒、堕㆓三悪道㆒。是為㆓禅定中著心因縁㆒云云」(正蔵二五-一八九a)。藍弗のことは、止観四上にも見え、「不㆑識㆓苦集㆒、報尽還堕㆒」(同四六-四〇c)とされ、弘決四之二に右の大智度論を引いて、その無戒の禅が批判される。なお、非有想非無想定を得た仙人としては、仏陀が出家して最初に師事したのが欝頭藍弗であったというが、今はその同異を問わぬ。

眼前の…(七五14)　毒矢にうたれたときは、その矢の来所や理由を問う前に、まず毒矢を抜きとることが大切だとして、苦集を除く実践を形而上的な論議に先行するとする仏教の基本的立場を示したもの。中阿含六〇に収める箭喩経(正蔵一-八〇四a)がその根拠。

諸戒は…(七七10)　以下すこぶる難解であるが、しばらく原文のままとする。南海寄帰内法伝の本文もまた異同はない。

浮嚢(七七13)　大海を渡るには瞬時も救命具を身から離さぬように、生死のうちにあっては持戒を忘れるなとするもの。北本涅槃経一一の聖行品にいう、「譬如㆘有㆑人帯㆓持浮嚢㆒、欲㆑渡㆓大海㆒。爾時海中有㆓一羅刹㆒。即従㆓其人㆒、乞㆓索浮嚢㆒。其人聞已、即作㆓是念㆒。我今若与、必定没死。答言、羅刹、汝寧殺㆑我、浮嚢叵㆑得。羅刹復言、汝若不㆑能㆓全与㆒㆑我者、見㆑恵㆓其半㆒。是人猶故不㆑肯㆑与㆑之。羅刹復言、汝若不㆑肯㆑恵㆓我半㆒者、幸願与㆓我三分之一㆒。是人不㆑肯。羅刹復言、若不㆑能者、当施㆓手許㆒。是人不㆑肯。羅刹復言、汝今若復不レ能レ与ニ我如ニ手許一者、我今飢窮衆苦所レ逼。願当ニ済レ我如ニ微塵許一。是人復言、汝今所レ索、誠復不レ多。然我今日方当レ渡レ海。不レ知ニ前途近遠如何一。若与レ汝者、気当ニ漸出一。大海之難、何由得レ過、脱ニ能中路没レ水而死一。善男子、菩薩摩訶薩護ニ持禁戒一、亦復如レ是、如ニ彼渡人護ニ惜浮嚢一」(正蔵一二-四三一b)。「脱能」を、南本は「能脱」とす。

十仏名(八三12)　十仏の名を唱えるのは、食前のそれが一般で、この風習は東晋の道安にはじまり、宋代まで受けつがれていたらしい。宗鑑の釈門正統四の興衰志に仏図澄の弟子道安のことを述べるところに、つぎのようにいっている、「澄有ニ弟子一曰ニ道安一。秦符堅伐ニ襄陽一得レ之、礼為ニ国師一。初沙門各呼ニ其姓一。安令ニ咸以レ釈為レ氏。…又令ニ僧食時念レ仏。取ニ法報見未摂摂及二十四大弟子一為ニ十声一、余為ニ結句一也。或者昧レ之、溺ニ於数一而欠ニ其所レ念、過矣」(続蔵二乙-三-四〇六d)。また、宋代の禅院で念誦に十仏名を唱えたことは、禅苑清規二の念誦の項が資料となる、「三八日、堂司行者、斎後稟ニ覆住持人一訖、然後掛レ牌、至レ時堂中大殿土地堂打畳洒掃、安ニ排香火一、鳴レ鐘集レ衆。…住持知事以下、上間立。首座以下、下間立。維那斂レ鐘念誦。初三、十三、二十三、念ニ皇風遠扇、帝道遐昌、仏日増輝、法輪常転、伽藍土地、護レ法安レ人、十方施主、増レ福増レ慧。為ニ如レ上縁一、念ニ清浄法身等一、云云。初八、十八、二十八、念白ニ大衆一、如来大師入ニ般涅槃一、至ニ今皇宋元符二年一、已得ニ二千四十七年一〈以後随レ年増レ之〉。是日已過、命亦随減、如ニ少レ水魚一、期レ有ニ何楽一。衆等当下勤精進、如レ救ニ頭燃一、但念ニ無常一、慎勿中放逸上。伽藍土地、護レ法安レ人、十方施主、増レ福増レ慧。為ニ如レ上縁一、念ニ清浄法身等一、云云」(続蔵二-一-六-四四三b)。

自然の…(八九5)　宝林伝二の第三祖商那和修の章に、つぎのようにいっている、「爾時商那和修尊者、摩突羅国人也。亦名ニ舎那婆斯一。姓毗舎離。父名林勝、母字憍奢耶。於ニ母胎中一、六年始生。亦云ニ商諾迦一、此云ニ自在服一。是西天九枝秀草名也。商諾迦者、初生有ニ自然胎衣一、随レ身而長、及ニ後出家一、化為ニ九条之衣一。彼国秀草、生ニ於浄地一。若有ニ羅漢出世一、化為ニ九枝一。和修出家、感ニ斯瑞応一」(花園大学油印本八五)。商那和修の自然衣については、別の因縁が付法蔵伝二にあり(正蔵五〇-三〇三b)、玄奘もまたこれを伝えること、すでに本文にいう通りである(八九頁)。

五品…(九一16)　天台の独創とされる行位論の一つで、五品弟子位と六根清浄位(十信)を指す。すなわち、法華経の分別功徳品第十七と随喜功徳品第十八に、滅後の行者がこの経説を聞いて随喜し、読誦し、説法し、兼ねて六度を行じ、さらに正しく六度を行ずれば、すべて六根清浄を得るに至ると説くのによって、これを凡夫弟子位として外凡と内凡に配し、従来の行位論が十信位よりはじめて、十住、十行、十回向、十地、等覚、妙覚の七位にとどまったのに対して、十信を六根清浄位の銅輪として更にその前に五品弟子の鉄輪位を設け、法華行者として最も切実な反省を表明せんとしたもの。ただし、右にいう八段の行位論は、後代に整理された高遠な体系にすぎず、智顗その人は晩年に至ってその最初の行位にすら達し得ぬという深い悩みを懐いていたようである。たとえば、天台大師別伝(正蔵五〇-一九六b)や続高僧伝一七の智顗伝によると、門人智朗が師は一生のうちに何れの行位に至ったのかと問うのに対して、「吾不レ領レ衆必浄ニ六根一、為レ他損レ己、只是五品内位耳」(同五〇-五六七b)と告白しているし、摩訶止観七下には、「武津(南岳慧思)歎曰、一生望レ入ニ銅輪一、領レ衆太早所レ求不レ克」(同四六-九九b)と言っている。天台と南岳の述懐については、後に仏祖統紀六(同四九-一八〇b・一八四c)に説あり、また三九四頁「六即」補注をあわせみよ。

皇慶…(九一16)　皇慶は平安中期の台密僧で、一般に谷阿闍梨とよばれる。天人地神を驚かした事実については、大江匡房の作った谷阿闍梨伝に、つぎのようにいう、「延暦寺阿闍梨伝燈大法師皇慶、俗姓橘氏、贈中納言相孫也…。於ニ肥後国背振山一、一夏修練。延殷法橋者、顕密優長之偉器也。初蔑ニ闍梨一、名ニ但真言師一。後感ニ其徳一、委レ質為ニ弟子一、相共行レ法。及ニ闍梨誦下驚ニ発地神一偈上、以レ手按乙地甲、地大震動。謂ニ延殷一曰、至ニ於成仏一、慎勿レ語レ人云云」(続群書類従二一四)。なお、宗性の日本高僧伝要文抄二(日仏全一〇一-五九a)、元亨釈書五(同一-九六a)にもその伝がある。又、延殷はすでに右の伝中に見えるが、元亨釈書五につぎのようにいう、「釈延殷、姓橘氏、但州人。年十六上ニ台嶺一、礼ニ慈仁一受レ戒。…後於ニ景雲闍梨処一、借ニ皇慶一受ニ両部密法一。寛仁末厭ニ憒閙一、居ニ多武峯一、三学該練云云」(同一-一九七b)。

伊賀の州…（九一18）　本朝高僧伝一二の賀州往生院沙門覚弁伝につぎのようにいう、「釈覚弁、不レ詳二何許人一。早登二睿山一、研二覈台教一。賀州山田郡開二往生院一、為二第一世一。人欽二其徳一。弁毎歳春分、招二国内時彦一、挙二五部大乗経要文一、輪次講説、結二縁四衆一。始二於華厳一、終二於涅槃一。謂二之五時講一也。建久之末二月修レ講、十四日弁膺講二法華一、十五日次位応レ講二涅槃一。弁謂レ之曰、我欲レ講二涅槃一、願公代レ我、我代レ公。其僧唯諾。至二十五日一、弁剃髪沐浴、著二新衣一登レ座、説二忍死菩薩之因縁一、辞義哀婉。講説方訖、告二四衆一曰、支那生師講二涅槃経一、即レ座取レ滅、将レ追二芳塵一。瞑目低頭。就見レ之、已逝矣」（日仏全一〇二―二〇三b）。

仏法不言（九五5）　真禅融心義下に、高野大師の語として、「法本無レ言、非レ言不レ顕、真如絶文、得レ文乃悟」とあり、敦煌古籍の無心論（スタイン五六一九号）に、つぎのようにいう、「夫至理無言、要仮レ言顕レ理、大道無相、接レ麁而見レ形」。また同じく華厳経三（スタイン二七二四号）にも、「夫妙旨無言、故仮レ教以通レ理、円体非形、必藉レ相以表レ真」（敦煌遺書総目索引一六二a）とある。

日出でて…（九六5）　南天竺婆羅門僧正碑のはじめにいう、「夫仏日西沈、遺風東扇。十地開士、住二菩提一而播レ形、八翟応真、逼二機縁一而演レ化」（日仏全一一三―八三b）。

中正子

以為へらく…（一二五9）　「雄見二諸子一、各以二其知一舛馳、大氐詆二訾聖人一、即為二怪迂一、析二弁詭辞一、以撓二世事一。雖二小弁一、終破二大道一而或レ衆、使丁溺二於所レ聞而不丙自知乙其非甲也」（漢書楊雄伝）。

子雲の禄位…（一二六1）　「時大司空王邑、納言厳尤、聞二雄死一、謂二桓譚一曰、子常称二楊雄書一、豈能伝二於後世一乎。譚曰、必伝。顧君与レ譚不レ及レ見也。凡人賤レ近而貴レ遠、親見二楊子雲禄位容貌不一レ能レ動レ人、故軽二其書一」（漢書楊雄伝）。

上下常なきは…（一二六14）　易の乾卦、文言伝「九四曰、或躍在レ淵、无レ咎、何謂也。子曰、上下无レ常、非レ為レ邪也。進退无レ恒、非レ離レ群也。君子進レ徳脩レ業、欲レ及レ時也。故无レ咎」。竜が淵にいて天に飛び上がろうとしたり、また淵の下に止まったりして常がないのは、別によこしまごとをしようというのではない。時を待っているのだ、という意。

徳を進め…（一二六14）　易の乾卦、文言伝「君子進レ徳修レ業、欲レ及レ時也」。然るべき進出の時期に備えて、その時を失わぬように、修養を積んでおく、という意。

聖人すら…（一二六15）　論語子罕篇「子、九夷に居らんと欲す。或るひと曰く、陋(いや)しきこと之を如何せん。子曰く、君子これに居らば、何の陋しきことかこれあらん」。

潜るべきの時にして潜る（一二六17）　法言の問神篇に「或曰、竜必欲レ飛レ天乎。曰、時飛則飛、時潜則潜」。「時潜則潜」とは、竜は水中に潜んでいるべき時は、天に飛び立つことはせずに水中に潜むということ。そのように、君子は世に出るべき時が来ぬうちは潜み隠れて、おのれの徳を外に発現しないという喩え。易乾卦の「初九、潜竜勿レ用」に基く。

用ふるときは行ひ…（一二七2）　おのれの道が用いられる時は世に出るが、**捨てて用いられぬ時は隠遁する。**論語述而篇「之を用ふれば則ち行ひ、之を舎つれば則ち蔵る」。

在るときは人…（一二七6）　法言吾子篇に「或曰、人各是二其所一レ是、而非二其所一レ非、将誰使レ正レ之。曰、万物紛錯、則懸二諸天一。衆言淆乱、則折二諸聖一。或曰、悪覩二乎聖一而折レ諸。曰、在則人、亡則書、其統一也」。汪栄宝の義疏にいう、「与二聖人一並レ世、則親就二其人一而正レ焉。生二於聖人既没之後一、則正レ之以二其書一」。

近きを賤しめ遠きを貴ぶ（一二七12）　上記のように、もと桓譚の語であるが、晋の葛洪《かつこう》の抱朴子外篇（文行篇）にも、「世俗は率《おおむ》ね古昔を貴びて当今を賤しめ、〔昔の〕聞く所を敬いて〔今の〕見る所を黷《いや》む」のはまちがいだと批判している。

覆瓿の譏（一二七15）　楊雄の友人の劉歆《りゅうきん》が、「後世の人は太玄経の難解さをもて余して、味噌甕の蓋《ふた》にその紙を使うのではないか」と言ったこと。（漢書楊雄伝）

子思の誠明（一二七17）　孔子の孫の伋《きゅう》、字は子思。その中庸二十一章に「誠なるよりして明らかなる、これを性という。明らかなるよりして誠なる、これを教という。誠なれば則ち明らかなり。明らかなれば則ち誠なり」。

聖人の道は大なり…（一二九11）　ここで初めの主題に帰る。さきに墨翟・楊朱の仁義を持ち出したのは、それらが聖人の大いなる仁義の道に対して何もプラスするものでないことの証明として、つまり、それらが聖人の道の偉大さを逆に立証するマイナス価値のものでしかないことを示すためであった。

惟れ天の春秋や…（一二九13）　天道と人道との対応（天人相関）の思想は、漢代から更に精密になるが、ここは直接には、礼記の楽記「春作夏長、仁也。秋斂冬蔵、義也」に基く。宋の理学でもこれを巧妙に利用し発展させる。一例を朱子の語から挙げる。「若将二仁義礼智一説、則春仁也、夏礼也、秋義也、冬智也。仁礼是敷施出来底、義是粛殺果断底、智便是収蔵底」（朱子語類六）。

仲明（一二九14）　外篇の終りに「白氏仲明・叒華子、みな寓言なり」（一七八頁下）とあるように、仮りに立てた人の名。荘子に先例がある。仲明はおそらく中庸の中（仲）と、そこに説く「誠明」の明から取ったのであろう。後文の白はその姓。

仁あつて生じ…（一三〇7）　朱子文集六七元亨利貞説「元亨利貞、性也。生長収蔵、情也。以レ元生、以レ亨長、以レ利収、以レ貞蔵者、心也」。朱子語類六八「元亨利貞、其発見有二次序一、仁義礼智在二裏面一、自有二次序一」。同上六「只如二四時一、春為レ仁、有二箇生意在一。夏則見三其有二箇亨通意在一。秋則見三其有二箇成実意在一。冬則見三其有二箇貞固意在一」。

知（一三一5）　董仲舒の春秋繁露に「必仁且智」という一篇があって、仁と智（知）とは兼ね備えられねばならぬことを精細に論じている。円月もここで論点を知に指向しようと試みて、「仁義之道、推而移レ之、可レ謂レ知レ之而已矣」とまで言い切ってはいるものの、その論述はいささか密度に欠けて、説得力に乏しい。恐らく彼は董仲舒の右の一篇を読んではおらず、また朱子にも知を重視する発言があって語類その他に散見することを考慮に入れてはいないようである。

方なるものは定まつて…（一三三2）　文中子の阮逸の注にいう、「天円動、地方静、人動静之中也。中也者、心可レ見矣」。

執して偏す（一三三15）　文中子周公篇「通二其変一、天下無二弊法一。執二其方一、天下無二善教一。…安得二円機之士一、与レ之共言二九流一哉」。

中人なり…（一三四4）　論語雍也篇「中人以上には以て上を語るべし。中人以下には以て上を語るべからず」。中人とは、なかほどの人間。ただ、ここで円月が方を上智と下愚に配する論理は、よく分らない。また中人が「もって下（下愚）なるべし」という可能性も、右の孔子の語からは直接には出てこない。

天をもつて自然となす（一三四5）　強いて挙げれば、漁父篇の「真者、所三以受二於天一也、自然不レ可レ易也。故聖人法レ天貴レ真、不レ拘二於俗一」であろうか。これも、もとは老子の「天法レ道、道法二自然一」に源を発する。

仁義の教へを搥提す（一三四6）　法言問道篇「老子之言二道徳一、吾有レ取レ焉耳。及下搥二提仁義一、絶中滅礼学上、吾無レ取レ焉耳」。汪栄宝の法言義疏によれば、挹も提もともに放擲の意。

水を取り山を舎てて…(一三四7)　法言学行篇に「…是以君子貴レ遷レ善。遷レ善者。聖人之徒与。百川学レ海、而至二于海一。丘陵学レ山、不レ至二于山一。是故悪二夫画一也」。百川は絶えず流れ進んで海に到達する。しかし丘陵はじっと止まったままで前進せず、そのため自ら山にまでなることはない。だから、その丘陵のような、自らを画(かぎ)って止まったままでいるものを私(楊雄)は嫌うのだ。善に遷ろうとして川の流れのように絶えず前進する者、それが君子のあり方だ、というのが楊雄の本意。それを円月が、「専ら円に循ひて正直方大の理を知ら」ぬ者に対する批判として規定するのは、いささか牽強である。なお、「画」(劃)は、論語雍也篇に「力足らざる者は中道にして廃す。今女(なん)は画(かぎ)れり」とあるように、初めから自分の限界をきめてかかって腰をすえてしまうこと。

その君にあらざれば…(一三四17)　孟子万章下に「伯夷は…その君に非ざれば事えず、その民に非ざれば使わず。…郷人と処(お)ることを思うに、朝衣朝冠を以て塗炭に坐するが如し」。同上公孫丑上「郷人と立つことを思うに、その冠正しからざれば、望々然としてこれを去る」。望々は恥じる表情。

同に立つ(一三四18)　論語衛霊公篇「子曰、臧文仲、其窃レ位者与。知二柳下恵之賢一、而不二与立一也」。

舜禹は匹夫にして…(一三六10)　孟子万章上「匹夫而有二天下一者、徳必若二舜禹一、而又有二天子薦レ之者一。故仲尼不レ有二天下一」。

権なるものは…(一三七11)　文中子の魏相篇に「元経有レ変也、所レ行有レ適、於レ是乎見レ権」。阮逸の注には公羊伝を引いて、「反レ経合レ道為レ権」としていて、ここの円月の文と合う。なお、荘子秋水篇の「理に達する者は、必ず権に明らかなり」や、孟子梁恵王篇上の「権して然る後に軽重を知るは、…物みな然り」なども、時に応じ機に臨んでの権変の理を説くもの。契嵩の輔教編中の広原教では、実(実教)と権(権教)との相互補完を説いていて、円月はこれからもヒントを得ているかも知れない。

革解(一四〇1)　文中子の述史篇にいう、「子(＝文中子)讃レ易、至二于革一歎曰、可矣、其孰能為レ此哉(此とは隋に対する革命)。至二初九一曰、吾当レ之矣、又安行乎」。円月は或はこれに触発されて、この一篇を書いたかと推察される。

離は火なり…(一四〇4)　漢書律歴志上に「易、金火相革之卦曰、湯武革命、順二乎天一而応二乎人一」。顔師古注「離下兌上。故云二金火相革一」。

これを改更し…(一四〇4)　洪範の孔伝に「金可二以改更一」。王先謙の孔伝参正にいう、「従革者、言下金可二従順一、又可中変革上。史記集解引レ馬云、金之性従レ人而更可二銷鑠一。説文、金従革不レ違。亦以二従革一為二従レ人而更一、則従与レ革当二分訓一。按説文段注、従革謂下順二人之意一以変更成レ器、雖二屢改易一而無レ傷也」。

春は生じ…(一四〇7)　楽記「春作夏長、仁也。秋斂冬蔵、義也」。春秋繁露の四時之副篇「天之道、春煖以生、夏暑以養、秋清以殺、冬寒以蔵」。

沿の道…革の道(一四〇8)　沿は踏襲・保守の意で、因と同じ。革は変革。楊雄の太玄経、玄瑩篇には因(＝沿)と革との相関の理を説いていう、「夫道有レ因有レ循、有レ革有レ化。因而循レ之、与レ道神レ之。革而化レ之、与レ時宜レ之。故因而能革、天道乃得。革而能因、天道乃馴。夫物不レ因不レ生、不レ革不レ成。故知レ因而不レ知レ革、物失二其則一。知レ革而不レ知レ因、物失二其均一。革レ之匪レ時、物失二其基一。因レ之匪レ理、物喪二其紀一。因革乎、因革国家之矩範也。矩範之動、成敗之効也」。同じく楊雄の法言、問道篇にもいう、「或問、道有レ因無レ因乎。曰、可則因、否則革」。なお本文「沿」を、両足院本と竜華院本が「治」とするのは非。

已日にして…(一四〇11)　天命が已(す)に自分に至った日こそ、革命を起こす条件が完成する。中国では古くから己・已・巳の三字は区別せずに書かれ、已も巳も已と書かれる(印刷体でも同じ)。ここの易の原文も巳と書かれていたに違いなく、そこで、これを已と読むか、巳と読むか、またはそのまま已と読むかで、諸説が分れることになる。円月はこれを巳と読んでいる。というのは、後文に「人心已(す)にこれを信ずるの日」云々とパラフレーズしているからである。宋の程子と朱子も、「已日」を「天命已に至るの日」と解し、現体制を変革して新体制の樹立者となるべく天命がおのれにくだった日の意としている。

晏日の庚に継ぐや…（一四〇15）　庚（変革）の過程を経て安らかな日をもたらすには辛苦を要する。この原文はいささか不安定な措辞で、そのため諸本に異同が多い。竜華院本は「晏日之継庚之日也」とするが、意味は不明晰。両足院本には「為二継レ庚之日一也辛」という校記が加えられ、明和刊本は「継庚之日也」と改めている。このような混乱の因は、円月が革の理を説くのに、四季と五味の対応のほかに、辛を十干における辛(かのと)にも通じさせて、庚（変革）を継ぐものと説く論旨の未整理な複雑さにある。ここに〈秋〉を持ち出したのは、秋は収斂・断罪の季節であり、義を行うべき時であるという前提があってのことである。それを変革へ結びつけて説くのは、その限りでは首肯できるが、それを更に辛へ二重の意味（十干のそれと、辛艱の意と）で敷衍したのは、やや筆の走り過ぎの感がある。

兌を口舌となす（一四一3）　説卦伝の文。ただし兌は悦・説(えつ)、つまり喜悦が本義であり、ここの口舌を批判的言辞という意に解するのは牽強であろう。

革めてこれを信ず（一四一9）　革の卦の彖伝の文。既出。以下の引用文はこれに続くもの。この引用文のあとに、原典には「湯武命を革めて、天に順いて人に応ず」という句があり、そこで次節はその湯王・武王の革命の叙述に移るわけである。

汝、誓言を聴かざれば…（一四一12）　湯誓の文。孥に及ぶとは、お前の子までも殺してやるという意。「赦すところあるなけん」までが湯王の語。

前徒は戈を倒まにし…（一四一13）　武王が紂を滅した時の声明「武成」の文。紂の軍の前衛の歩兵たちは戈を味方に向け変え、後衛の隊伍を攻めて敗走した。戦場には杵が漂い浮かぶほどの大量の血の流れだった。

書は一戎衣に作る（一四一14）　武成では「一戎衣、天下大定」となっている。「一戎衣」を「ひとたび戎衣（軍服）を着け（て討伐を行う）」意に解するのは、中庸第十八章の「壱戎衣而有二天下一」に対する朱子の注。しかし古注では、「戎衣」を「戎殷」と読み替え、「殷を討つ」意に解する。というのは、武王が戎衣を着けたのは、これが一度目ではないから、「一たび」とは言えぬという理由と、尚書の康誥に「天乃大命二文王一、殪戎レ殷」という句があるからである。「殪戎レ殷」を孔伝は「殺兵レ殷」（殺もて殷に兵す）とパラフレーズする。つまり、誅殺の理によって殷に軍事行動を起こしたという意に解する。左伝宣公六年の「殪戎殷」も、古注ではその意味である。円月は古注に従っているが、ただし孔伝のように「殺兵レ殷」の意に読んでいるのでなく、「戎（野蛮人）の殷を殪す」と解しているらしい。「書は一戎衣に作る」という割注は、円月の自注ではなく、後人の付記であろう。

周公の六爻に…（一四二10）　卦は六本の棒から成る。それが六爻。そのそれぞれの爻についての説明が爻辞で、周公の作と伝えられる。円月が「以あるかな」という爻辞は、もちろん革の卦のそれについてであるが、彼の論旨はよく分らない。文才では改革できぬという意味は、その爻辞からは出てこない。

下体の中に征いて…（一四三2）　下体・上体は、円月は下卦・上卦の意に用いている。革卦の下体の中は六二⚋、この時に征いて革める。革めた結果、上体の中の九五⚊に変ずる。つまり九五の爻辞にいう「大人虎のごとく変ず」（秋に虎の毛並が美しく一変するように、変革の新体制は面目一新する）のである。

上六（一四三7）　その爻辞は「君子は豹のごとく変ず、小人は面を革む。征けば凶、居れば貞(ただ)しくして吉」。ここで上六の「任」というのは、改革完成者（上記の大人）に仕える君士（士大夫）としての任をいうらしい。

三は上体の三位を言ふ（一四三9）　論旨に飛躍があって分りにくい。ここの「三」は「三たび」の三のことらしいが、上体の三位とは、その第三位つまり九三のことだとしても、結局どういうことになるのか不明。

伊摯（一四三15）　夏の賢者。のち殷の湯王の聘を受け、王を輔佐して桀を討ち、天下統一の大業を成さしめた。伊尹ともいう。

箕子（一四三16）　殷の紂王の一族。紂王を諫めたが聞き入れられなかったので、狂人のふりをして奴隷になった。武王が紂王を滅ぼした時、招かれて王の下問に答え、「洪範」を作った。

中正子対へて曰く（一四五3）　諸本みな原文は「対曰、中正子」。いま竜華院本に従って改める。もし「対曰、中正子」であれば、その下の「四十九也哉」(明和刊本のみ「哉」の字なし)と続いて、「中正子は四十九なるかな」と読まれることになり、文意がはっきりしない。強いて解すれば、「中正子は四十九歳になったわい」(しかし彼が中正子を著わしたのは三十五歳の時である)。また、そう読めば、下の「自レ乾至レ革四十九卦」という注とも合わない。円月の論旨によれば、四十九という数は暦数の基本数の一つであり、易において革の卦が四十九番目に配されているゆえんを、この一篇は細かに分析し論証しようとする。治歴篇の終りで、「ここをもって革の叙たる四十九なり」と結ぶのも、彼の意図を明白に示している。従って本篇の冒頭で「四十九なるかな」と言ったのは、先ずその結論を提示したものに他ならない。それを「中正子は四十九なるかな」と読んでは、全く意味をなさないのである。

二十八宿(一四五4)　全天の星座のうち、赤道に沿った二十八宿は、日月などの天体の位置を表示するための基礎になるので、中国ではこれの観測は相当古くから行われてきた。(能田忠亮・藪内清『漢書律暦志の研究』一四一四三頁、藪内清『中国の天文暦法』一四一四九頁参照)

四分暦(一四五5)　つまり一日の四分の一まで観測計算できたということであり、かくてこの四という分母の数が重要な意味をもつ。太初暦を改良して成ったという三統暦(漢書律歴志)では、一月(一朔望月)を $29\frac{43}{81}$ 日とするが、これが「八十一分法」と呼ばれるのも、この分母の数によるわけである。

推してこれを参へて…(一四五6)　右のような食いちがいを修正するため、計算によって調整をはかり、十九年に七回の閏月を置くことにすると、十九年間の平均で一年の長さは太陽年とほぼ合致する。つまり、この周期を経て冬至合朔が循環するわけである。

十二月の積日…(一四五8)　上述の十九年七閏の法では、十九年間の月数二二八に、更に余分の七箇月を加えて二三五月となる。ということは、一回帰年の日数に十九を乗じて得た日数と、一朔望月の日数に二三五を乗じて得た日数とが等しくなることである。そこで四分暦によるならば、一朔望月の日数は、$365\frac{1}{4}$日$\times 19 \div 235 = 29\frac{499}{940}$日となる。この一朔望月の日数を一回帰年(十二朔望月)に直すと、$29\frac{499}{940} \times 12 = 354\frac{348}{940}$日になる。干支が一巡するのは六〇日だから、この三五四日を六〇で除すると五を得、余りは五四日となる。この54が、史記の歴書にいう「大余」であり、上記の日の端数の分子348が「小余」である。漢書律歴志下に「推二正月朔一、以二月法一乗二積月一、盈二日法一得レ一、名曰二積日一。不レ盈者、名曰二小余一。小余三十八以上、其月大。積日盈二六十一、除レ之、不レ盈者、名曰二大余一」。なお「促なり」とは、上文の「朔趣」の「趣」に入声という注があったのに照応する。趣を入声に読めば促となり、おしつまる・縮まるという意になる。四分暦の一年$365\frac{1}{4}$日という建前に対して、上記の計算では十一日余り短縮して$354\frac{348}{940}$日となるから、「促」というわけである。従って各年末ごとに端数の日が重なっていくことになる。以上の暦算法については、上述の能田・藪内両氏の『漢書律暦志の研究』のほか、中国古典文学大系中の『史記』上のうち、吉田光邦氏の担当された「暦書」の部分を参照されたい。

四分にしてその十九を…(一四五9)　四分暦では一章の日数は、$365\frac{1}{4} \times 19 = 6939\frac{3}{4}$となって、$3/4$という端数が生ずる。日の端数が出るということは、地球と月と太陽の関係が暦元(暦計算の起点となる年月日時)と同時刻に復帰しないことを意味する。そうさせるためには、この日の端数が消えるようになる方法を考えねばならぬ。その方法として、四分暦では十九年を四倍して四章(七十六年)とし、これを第二段の単位として「一蔀」と呼ぶのである。一蔀は27759日となり、これで地球・月・太陽の関係が暦元と同じ日時に復帰する計算になる。後の長い注は、以上のことを説明したものである。「全からざるの日」とは、上述の端数(奇)の日をいう。

且つ四十を九累ぬれば…(一四五11)　以下、円月が四十九を治暦の定数の一つにしようとする議論は、相当な牽強ぶりである。第一、四十を九倍すること自体の暦数的意義は全く説かれず、ただ、その結果の三百六十という数がほぼ一年の日数に合うということの形而上的な意味づけをするだけである。

その十九を四にし(一四五11)　19×4=76. 上述の一蔀の年数。ただし、これは一章19年を4倍することにこそ意味があり、49という数とは何の関係もないはずである。次も同様。

四十九策…（一四五13）　易繋辞上に「大衍の数五十、その用は四十有九。…これを揲するに四を以てす」。偉大なる天地の働きを象徴する五十本の筮竹、その一本を除いて四十九本を両手で二つに分け、その左右の筮竹を四本ずつ数えていく、というのが本義。円月はいきなりこの49を4で割る意に敢えて解している。$\frac{49}{4}=12$ 余 1.

十九年をもつて…（一四六1）　漢書律歴志上に「易窮則変、故為二閏法一」。孟康注「天終数九、地終数十。窮、終也、言下閏亦日之窮余、故取二二終之数一以為上義」。

天統は甲子…（一四八1）　劉歆は、「その立場は天に順いて以て合を〔　〕むという治暦者のそれではなく、経文を疑わずにそれをいかに巧妙に説明するかにあった」（藪内清『中国の天文暦法』二七頁）。ここの夏殷周三代についての「三正説」に関しては、詳しくは狩野直喜「五行の排列と五帝徳について」続編（『読書籑余』所収）、および能田忠亮・藪内清「三統暦の成立」（『漢書律暦志の研究』所収）を参照。

六律（一四八4）　史記律書「王者、事を制し法を立つるに、物度軌則は、壱に六律に稟く。六律は万事の根本たり」。中国では古くから八度音程を十二等分して十二律と呼び、それを陰陽に二分して、陽六（六律）と陰六（六呂）に分ける。ここの六律は両者の総称。

一月二十九日…を得（一四八16）　$29\frac{499}{940}=\frac{27759}{940}$. この27759は上述の一蔀（一章十九年の四倍）の日数。十九年の四倍は七十六年。この七十六年周期が四分暦で重要な単位であることは上述したが、円月はここではそのことを議論の外に置く。四分暦では一章十九年の日数は、$365\frac{1}{4}$日$\times19=6939\frac{3}{4}$日となって端数が残るが、これを四章（＝一蔀）単位にすると、$6939\frac{3}{4}$日$\times4=27759$日となって端数は消える。つまり、暦元と同日同時刻に地球・月・太陽の関係が復帰するという計算になる。しかし、暦元の日の甲子（干支）は復帰しない。というのは27759は60で割り切れないからである。そこで「大余」「小余」というものが生ずることになる。詳しくは、藪内清『中国の天文暦法』二六五―二六六頁参照。

十二月をもつて…（一四八17）　$27759\times12=333108$. 丹は単と同じ。一連の整数のなかで一桁の数が〇であるとき単という。なお底本は丹を卅に誤る。

分ちて二となすは…（一四九3）　易繋辞上に「大衍の数五十、その用は四十有九。分ちて二となし、以て両に象る」。両は両儀。天地のこと。

掛けてもつて三に象る（一四九4）　易繋辞上「一を掛けて、以て三に象る」。（四十九本の筮竹を両手に二分した上で）右手の一本を左手の小指に掛ける。これで三才（天地人）に象る。

これを揲するに四をもつてす（一四九5）　易繋辞上に「これを揲するに四を以てし、以て四時に象る」。左右の筮竹を四本ずつ数え取っていく。これで四季に象る。

魯の歴に庚子を用ふ（一四九7）　漢初に残っていた前代の六種の暦は、すべて四分暦に属するが、それぞれ違った暦元（起算点）を立てていた。そのうち魯暦は庚子を暦元としていた。（後漢書律歴志）

楽記（一五〇6）　この条の「正義」にいう、「言人初生、未レ有二情欲一。是其静稟二於自然一、是天性也。其心本雖レ静、感二於外物一而心遂動。是性之所二貪欲一也」。なお、引用文の末句「情之欲也」の「情」は、楽記の原文では「性」であるが、円月の論旨そのものには影響がないから、強いて改めない。

いはゆる中は静なり（一五〇9）　これは円月の独自な解釈として提出されているが、実は朱子に左のような同趣旨の解釈が見出される。「人之一身、知覚運用、莫レ非二心之所一レ為、則心者固所三以主二於身一、而無二動静語黙之間一者也。然方二其静一也、事物未レ至、思慮未レ萌、而一性渾然、道義全具。其所謂中是。乃心之所二以為一レ体、而寂然不レ動者也…」（朱子文集三二、答二張欽夫一書）。もっとも朱子は心について、その「静」なる時の状態を中庸にいわゆる「中」であるとしており、円月は性について、その「静」なる在り方を「中」としているのではあるが、円月の論旨においては、心と性は明らかに等置されているので、両者の趣旨は実質的には相等しいものだと言える。但しこれは、円月が朱子のこの語を知っていたということではなく、結果的にそれと偶合したということであろう。

霊明沖虚（一五〇10）　例えば荘子庚桑楚篇の「明なれば則ち虚」や、同じく人間世篇の「道は虚に集まる」など。また朱子においても、大学章句第一章に明徳を説明して「虚霊不昧」といい、中庸章句の序に「心の虚霊知覚は一なるのみ」というのなどは、やはりこの趣旨の展開であるが、そこにはまた唐の澄観の「無住の心体は霊知不昧なり」（伝燈録三〇）という立言と深く通ずる発想がある。ここで円月がこの霊知の性を直ちに「覚」へ結びつけるのも、恐らく右の澄観の語が一つの契機となっていよう。

子に建す（一五〇14）　十二支を方位に配当して、子を北とし、順次に時計の針の動く方向に三〇度ずつ間隔をとる。「建す」とは、いわゆる斗建の法により、北斗七星の先端の二星を連ねた斗柄が指す向きの変化をいう。「子に建す」とは、冬至夜半に斗柄が真北を指すこと。淮南子の天文訓に「斗指レ子冬至」、また「正月指レ寅、十一月指レ子、一歳而匝、終而復レ始」。

動は…（一五〇15）　復☷☳は十一月、冬至の卦である。陰の下に一陽が微かに来復した象。このような時には、その微陽を養ってやるために努めて安静にしている必要がある。「動息二地中一」は、復卦の象伝の「雷在二地中一」に基く。雷は地中にひそんで、まだ発動せぬが、すでに陽のきざしは芽生えている。このような冬至の日には、国内の関所を閉ざして、行商人や旅行者の通行を禁じ、后（君主）は四方の巡視を中止する。

和して…（一五一17）　「性に帰す」は、宋儒のいう「復性」または「復初」の意。その本は、唐の李翺（七七二―八四一）が「復性書」に説いた議論に出る。詳しくは、伊藤東涯「古今学変」巻中を参照のこと（本大系「伊藤仁斎・伊藤東涯」四〇六頁以下）。

孟軻氏より…（一五二6）　「性には善悪混ず」という説を明確に立言したのは、むしろ漢の楊雄であろう。その法言の修身篇にいう、「人之性也善悪混。修二其善一、則為二善人一。修二其悪一、則為二悪人一」。しかし円月は、本書の叙篇において、この楊雄に対して深い傾倒ぶりを示している以上、少なくともこの論点に関する限りでは、彼の批判の対象には楊雄は入っていないとすべきであろう。

或ひは上とし…（一五二7）　韓愈の原性にいう、「性也者、与レ生倶生也。情也者、接二於物一而生也。性之品有レ三、…曰、何也。曰、性之品有二上中下三一。上焉者善焉而已矣、中焉者可レ導而上下一也、下焉者悪焉而已矣」。なお、伊藤東涯「古今学変」巻中、四〇五頁以下を見よ。

吾に帰す（一五二13）　宋の大慧宗杲（こう）禅師（一〇八九―一一六三）の大慧武庫巻下に載っている張文定公（名は方平）の語を用いたもの。曰く、「王荊公、一日問二張文定公一曰、孔子去レ世、百年生二孟子一。亜聖（＝孟子）後、絶無レ人、何也。文定公曰、豈無レ人、亦有下過二孔孟一者上。公曰、誰。文定曰、江西馬大師・坦然禅師・汾陽無業禅師・雪峯・巌頭・丹霞・雲門。荊公聞レ挙、意不二甚解一、乃問曰、何謂也。文定曰、儒門淡薄、収拾不レ住、皆帰二釈氏一焉。公欣然歎服」。この話は陳善の捫蝨新話巻三にも見え、また朱子語類巻四第94条でも、かなり深刻な話題になっている。なお、右に「孔孟を過ぎたる者」として挙げられている七人がすべて禅家であり、しかもみな唐代の人ばかりであることは、意味深長である。円月が「…ことごとく吾に帰す」と言うのも、その点をちゃんと踏まえての発言であろうと思われる。

死は固より…（一五六2）　鐔津文集巻一の輔教編上、原教「万物有二性情一、古今有二死生一。然而死生性情、未三始不二相因而有一レ之。死固因二於生一、生固因二於情一、情固因二於性一。使三万物而浮二沈於生死一者、情為二其累一也」。

覚す…知る（一五六5）　覚知は生理学的な意味よりも、むしろ認識論的な意味に用いられていることは言うまでもないが、ただこの二字を熟する場合、宋儒は「覚知」とは言わず、「知覚」と言うのが常であることに注意したい。例えば、張横渠の正蒙、太和篇には、「性と知覚とを合わせて、心の名あり」といい（朱子はこの定義を「性のほかに別に知覚というものがあるみたいで、語弊がある」と批判する―朱子語類五66条）、また朱子語類五24条には、「理は未だ知覚せず。気聚まって形を成し、理が気と合して、便ち能く知覚す」といい、また同じく朱子の中庸章句の序に「心の虚霊知覚は一なるのみ」というのなどみなそうである。さらに朱子は張欽夫に答えて仁を論じた書簡で（文集三二）、程子が知覚を論じた語を引いて、「知是知二此事一（原注、知二此事当一レ如レ此也）、覚是覚二此理一（原注、覚下此事之所二以当一レ如レ此之理上也）」と述べている。しかし釈家とくに禅家は、維摩経不思議品の「法は見聞覚知すべからず」を始めとして、「知覚」でなくて「覚知」と言うことが多い。とくに円月はここでは大乗起信論の本覚と始覚の義を論述の背景に置いているので、先ず覚から説き起こすのが必然であった。本覚とは、心の本性そのものが本来的に清浄な覚体であることをいう。後の本文で「覚は性なり」といい、また性の覚知を説くのも、その意味においてである。性と覚のこのような結びつきは、同時に禅家のいう「霊覚の性」(伝心法要)や、「覚性」(宗密「答史山人十問」―伝燈録一三)などとも響き合うものである。そのことは知についても同様であり、例えば「霊知」(牛頭法融「心銘」、澄観「答皇太子問心要」など)という語をここに思い合わせるとよい。

内に誠にして正す(一五九2)　契嵩にもほぼ同じ趣旨の説がある。輔教編中の広原教に「夫僧也者、出二於戒定慧一者也。夫正也者、出二於誠明一者也。僧非二誠明一、孰能誠戒誠定誠慧也。不レ誠二乎戒定慧一、則吾不レ知三其所二以為一レ正也」。ここにいう「誠明」とは、もとは中庸第二十一章に基く理念であるが、むしろ張横渠の「正蒙」誠明篇にいうところの、性と天道との合一、すなわち天と人との一体化の境地に、彼の発想の本があるようである。

禅の別を…(一五九11)　中国でこの三者の対立ないし対抗意識がはっきり出てくるのは、達摩禅の興起からであり、とくに六祖慧能の活躍の時期(七世紀後半―八世紀初頭)から、そのことが頻りに記録に現われるようになる。といっても、それは必ずしも三者の鼎立といった形ではなくて、新興の禅宗に対して他の二者、とくに教家の側からする反撥が特徴的であった。律とは戒律に通達し、それを暗誦し実践することを旨とするもの(その人たちを律師・知律などという)。教は経典を研究し講義することを旨とする一種の講壇派(その人たちを法師という)。大珠慧海和尚語(伝燈録二八)にいう、「夫律師者、啓二毘尼之法蔵一、伝二寿命之遺風一。洞二持犯一而達二開遮一、秉二威儀一而行二軌範一。牒二三番羯磨一、作二四果初因一。若非二宿徳白眉一、焉敢造次。夫法師者、踞二師子之座一、瀉二懸河之弁一。対二稠人広衆一、啓二鑿玄関一。開二般若妙門一、等二三輪空施一。若非二竜象蹴蹋一、安敢当レ斯。夫禅師者、撮二其枢要一、直了二心源一。出没巻舒、縦横応レ物。咸均二事理一、頓見二如来一。抜二生死深根一、獲二見前三昧一。若不二安禅静慮一、到二這裏一総須二茫然一。随レ機授レ法、三学雖レ殊、得レ意忘レ言、一乗何異」(祖堂集一四、および頓悟要門にも載せる)。これは、これら三学が究極においては一乗法の根本義に帰一するものであり、その間に優劣の差はないと説くものであるが、しかし中唐の頃になると、歴代法宝記の記載に見られるように、律師と法師の側から禅宗に向けられた攻撃は、単に法論においてだけでなく、政治的な抗争にまで発展した。円月の当時における日本仏教でも、ほぼ似たような状況が見られた。なお、偽経である像法決疑経には、律師・法師・禅師のそれぞれについて「十過」(十箇条の誤ったやり方)を指摘している。(宗鏡録四四に引用)

その心を信にす(一五九12)　円月のこの主張は、実は契嵩に基く。その輔教編上の勧書第一は、「自ら其の心を信ず」べきことを主題とした論説である。曰く、「古之聖人有レ曰、仏者先得二乎人心之至正一者、乃欲推レ此与二天下一同レ之。而天下学者、反不レ能三自信二其心之然一、遂毅然相二与排仏之説一、以務二其名一。吾嘗為レ其悲レ之」(鐔津文集一)。また、輔教編中の広原教にいう、「心也者、聡明叡智之源也。不レ得二其源一、而所レ発能不レ繆乎。聖人所四以欲三人自信二其心一也。信二其心一而正レ之、則為二誠常一、為二誠善一、為二誠孝一、為二誠忠一、為二誠仁一、為二誠慈一、為二誠和一、為二誠順一、為二誠明一。誠明則感二天地一、振二鬼神一、更二生死変化一而独得。是不下直感二天地一動中鬼神上而已矣、将又致二乎聖人之大道一者也。是故聖人以レ信二其心一為レ大也」。

変を知る(一六〇3)　荘子天運篇に「変化斉一、不レ主二故常一」。文中子の周公篇「通レ変、之謂道」、また「通二其変一、天下無二弊法一」。同上魏相篇「元経有レ常也、所レ正以レ道、於レ是乎見レ義。元経有レ変也、所レ行有レ適、於レ是乎見レ権」。

これを三にす(一六〇9)　この表現は、法華経方便品にいう「十方仏土中、唯有二一乗法一、無レ二亦無レ三」という有名な言葉に、その語気を通わせて用いている。

心は身の主なり(一六〇10)　大学第一章「欲レ修二其身一者、先正二其心一」。朱子章句「心者、身之所レ主也」。朱子語類五60条「性是心之道理、心是主二宰於身一者」、同上44条「天之付二与人物一者為レ命、人物之受二於天一者為レ性、

主二於身一者為レ心」(これは弟子の質問の中の語であるが、巻一四では朱子自身の語として出ている)。なお、朱子文集六七の「観心説」をも参照。

仏の無上妙心(一六四3)　契嵩の壇経賛にいう、「壇経者、至人之所三以宣二其心一也。何心邪。仏所レ伝之妙心也。…夫妙心者、戒定慧之大資也。以二一妙心一而統二乎三法一、故曰レ大也」(鐔津文集三)。

妄なし(一六四8)　伝心法要「汝若識二心是仏一、仏本無レ妄、那得三起レ心更認二於妄一」。

那裏に…(一六五3)　上文「恁地ならば…」以下の四例、および次条の「却って些子に較れり」は、中国の禅家語録に極めて普通に見られる語なので、特に典拠を挙げるほどの必要はないが、この一条には出典とすべきものがある。それは趙州禅師語録の次の一段である。訳文を掲げる。「問い、根本に帰って究極のところをつかむとしたらどうでしょうか。答え、たいへんな慌てようだな。問い、何のことか分りません(不審)。答え、その〈分りません〉は一体どこから出たのだ(不審従二何処一起)」。なお底本の朱点と、竜華院本・明和刊本の句読では、この句を一句として続けて読まずに、「那裏得箇」(どこからそれを得たのか)と、「不理会得」(分りません)の二句に分けている。しかし「…得箇」という言い方は語録では用いられることはなく、「箇」の後に名詞が続くか、または「…得這箇」というのが普通である。ここは趙州禅師の例もあることだし、やはり一句として読むべきである。

却つて些子に較れり(一六五4)　意味は頭注の通りであるが、「較些子」または「較些」(較は校とも書く)には二様の用法がある。一、「まあまあのところだ」という許容。二、「もう一息のところが足らぬ」という不認可。ここは上に「却つて」が付いた言いかたなので前者の意。

文字を離るるを…(一六五10)　いわゆる「以心伝心、不立文字」である。この二句は宗密の円覚経大疏鈔巻三下に、ダルマの言として、「我法以心伝心、不立文字」と引用してあり、同じくダルマの著という血脈論にも見えるが、更に神会禅師(六七〇—七六二)の壇語に、「六代祖師、以レ心伝レ心、離二文字一故」という。更に遡れば、維摩経弟子品の「…文字性離、無レ有二文字一、是則解脱」を大乗経典中の一例として挙げることができる。

爾はその羊を愛しむ…(一六七2)　論語八佾篇の孔子の語。羊を愛しむために告朔の儀式を廃するよりも、こういう儀式のもつそれなりの意義を重んじたいという意。「子貢欲レ去二告朔之餼羊一。子曰、賜也、尓愛二其羊一、我愛二其礼一」。

その情に適はざるは…(一六七5)　文意不明確。ここの情は性に対しての情ではなく、衆生すべて仏性あることを悟らしめんとする仏の真情をいうらしい。それに応じない者は縁なき衆生である(が、それらをも救わんがために、「故に…」)と続くのであろう。

偏円半満の教(一六七6)　円教という術語はあるが、偏教という術語はない。従ってここは「偏円と半満」という二種ではなく、むしろ「偏円」を「半満」の修飾語と解してよい。或いは、この二語を同義語と見なしても差支えない。半字・満字は、もと北本涅槃経巻五と巻八に見える喩えで、子弟に字を教えるのに先ず半字を教え、それを修得せしめた後に満字を教える(半字・満字については諸種の解釈がある)。そのように基礎的・初級的な段階の教えと、より高次な完成態の教えとの二様の説き方があるとして、仏教をこの二種に大別する。後世はこの二種の別を小乗と大乗の別に対応せしめて理解する。その対応は権(権教)と実(実教)との分け方にもコレスポンドするので、仏教のことを総称して「半満権実」ともいうことがある。

変に適ふ(一六七7)　底本および諸写本は「適」を「起」に作る。明和刊本は「赴」に改める。「赴」でも通ずるが、後文に二回用いられている「適変」に従って、「適」に改める。「変に適ふ」とは、多様な対象(状況)の変化に適応すること。「適変」の語は契嵩の文にも愛用されている。例えば「巽説」「人文」。

梁王に対するに…(一六七14)　碧巌録第一則「梁武帝問二達磨大師一、如何是聖諦第一義。磨云、廓然無聖。帝曰、対レ朕者誰。磨云、不レ識。帝不レ契。達磨遂渡レ江至レ魏」。

文中子(一六七16)　文中子中説の周公篇に「詩書盛而秦世滅、非二仲尼之罪一也。虚玄長而晋室乱、非二老荘之罪一也。斎戒修而梁国亡、非二釈迦之罪一也」。

徳山氏（一六八6）　徳山宣鑑（七八二?―八〇五）。その機鋒の峻厳さは「徳山の棒」と称された。

臨済氏（一六八6）　臨済義玄（?―八六六）。臨済宗の祖。前者と並んで「臨済の喝」と称される険峻な宗風が特徴。

雲門氏（一六八6）　雲門文偃《ぶんえん》（八六四?―九四九）。その雲門宗は宋代には臨済宗と並んで栄えた。

洞山氏（一六八6）　洞山良价《りょうかい》（八〇七―八六九）。その弟子の曹山本寂と共に曹洞宗の祖。

分つに三句をもつてし（一六八7）　いわゆる雲門三句。弟子の徳山円密が三句に要約した雲門の宗旨。人天眼目巻二によれば、函蓋乾坤・截断衆流・随波逐浪の三句。

列ぬるに五位をもつてす（一六八8）　いわゆる洞山五位。禅の弁証法の五つのパターン。正中偏・偏中正・正中来・偏中至・兼中到。

円悟氏（一六八8）　円悟克勤《こくごん》（一〇六三―一一三五）。碧巌録の編集者。

大慧氏（一六八8）　大慧宗杲《そうこう》（一〇八九―一一六三）。円悟の弟子。北宋の臨済禅（楊岐派）の中心人物。

応菴氏（一六八9）　応菴曇華《どんげ》（?―一一六三）。円悟から二代目の禅師。大慧と並んで重きをなした。鎌倉室町期の日本禅は、大慧よりも応菴の法系を継ぐものの方が格段に多い。

塩山和泥合水集

如来清浄ノ禅（一八八9）　如来所伝の禅。もと禅宗の正統性を含意する語。楞伽経三は愚夫所行禅、観察義禅、攀縁真如禅、如来清浄禅の四をあげているが、圭峰宗密（七八〇―八四一）の禅源諸詮集都序は、「若頓悟下自心本来清浄元無二煩悩一、無漏智性本来具足、此心即仏、畢竟無ㇾ異、依ㇾ此而修者、是最上乗禅。亦名二如来清浄禅一、…此是一切三昧根本…達磨門下展転相伝者是此禅也」と述べている。後世、圭峰によるこの如来禅のとらえ方もなお理に堕ちたものであり、達磨正伝の禅をとらえていないとして、新しく祖師禅をこれに対置した。伝燈録一一の仰山慧寂章に香厳に対する仰山の批判「汝只得二如来禅一、未ㇾ得二祖師禅一」がある。撃竹の声で大悟した潙山霊祐の法嗣香厳智閑に、仰山が老潙山は君の禅境をほめておられたが、わしに言うてみよと求めた。これに対して香厳は「去年貧未二是貧一、今年貧始是貧。去年貧猶ㇾ有二卓錐之地一、今年貧錐也無」と答えた。仰山これを評して、君は如来禅は会得しているが「祖師禅未二夢見一在」と言った。そこで香厳は「我有二一機一、瞬目視ㇾ伊、若人不ㇾ会別喚二沙弥一」と言った。仰山、書を潙山に送り「閑師弟《すて》会二祖師禅一也」とした（会元九香厳智閑章）。

祖師禅の創始者は南嶽懐譲の法嗣馬祖道一（七〇九―七八八）といわれる。後世、如来禅と祖師禅の同異、教意と祖意との同異について問答がくりかえされた。「此の心便ち如来清浄の禅なり」というように、抜隊は「修」を語らず、いきなり心そのものを如来清浄の禅とみた。これはつぎの馬祖の見地に通ずる。「本有今有、不ㇾ仮二修道坐禅一、不ㇾ修不ㇾ坐、即是如来清浄禅」（馬祖録）。祖師禅の発端といわれる馬祖の立場はこれであった。

抜隊がくりかえし引用する永嘉玄覚の証道歌に「頓覚了如来禅、六度万行体中円」の語がある。永嘉の当時、祖師禅の語―唐末宋初に盛んとなる―はまだなかったのであるが、祖師禅の規定を達磨正伝の禅とするならば、永嘉もまた祖師禅の系譜にある。しかし祖師禅が如来禅から区別されるのは、後者が静的な理法を取扱う傾向がめだつのに対して、前者の性格は、馬祖にみられるように、動的・日常的な機用を主とするところにある。

「達磨は教法に依らずして悟道す、これ祖師所行の心切なるを以て祖師禅と名づく。如来禅は経教に依て禅行を起すをいう」（七帖見聞）。

抜隊は禅と経教とを対置し、見性と説性とを区別するが、それは祖師禅と如来禅との区別ではない。かれは祖師禅と如来禅とを意識的に区別してはいない。禅宗史上この区別が生れるには十分の理由があったが、祖師禅を強調するあまり、如来禅を排するならば、それはみずからを固陋にするものであろう。「如来禅、祖師禅、豈有二両種一」（円語心要上）。「僧云、如何是如来禅。師云、鶏足山前、風悄然。僧云、如何是祖師禅。師云、少室峰下、雪猶寒」（大応、崇福寺語録）。「祖師禅といえば即ち第二頭、言わざる先は何と会すべき」（道元）。狂雲集187偈参照。

向上ノ一路（一八八11）　「向上一路、千聖不伝」（祖堂集一五盤山宝積章）。「仏味祖味ニ染汚セズ、向上ノ一路ヲ踏過シ」というのだから、来時の路を忘却し（寒山詩）、悟迹の休歇（道元）、悟りの意識も消えはてた独脱無依の自由といえよう。碧巌録三の垂示に「大用現前不レ存二規則一。且図レ知レ有二向上事一」という。公案を三つに類別して、理致・機関・向上とする場合があり、第三の向上は、仏味祖味を洗い落した無仏法の平常底といわれる。抜隊の「向上…」を三分説の第三に配置する必要は、必ずしもあるまい。聖一国師弁円円爾《べんねんえんに》（一二〇二—八〇）の語録、大応国師南浦紹明《なんぽじょうみょう》（一二三五—一三〇九）の法語に、「理致・機関・向上」の説がみられる。

野干（一九四15）　栄西の円頓三聚一心戒に鴦掘経の句として引く。「大論云、寧起二悪癩野干心一、不レ生二声聞辟支仏意一」（摩訶止観二之四）。ただし織田「仏教大辞典」によれば、大智度論にこの語なしという。

毛端ニ…（一九五7）　「其室広博悉苞二容三万二千師子之座一。…若菩薩住二是解脱一者以二須弥之高広一、内二芥子中一無レ所二増減一。…又以二四大海水一入二一毛孔一」（維摩経不思議品）

一鉢ノ飯…（一九五8）　居士維摩詰がかれの丈室に集まった八万四千の聖衆に、香積如来から受けた一鉢の香り高い香積飯を供養したところ、その飯無尽にして尽きることがなかったという。維摩経香積品（正蔵一四－五五二）に「大悲所レ薫、無下以二限意一食レ之使上レ不レ消也…四海有レ竭此飯無レ尽」とある。

照用同時（一九五11）　照は相手の機を見ること、用はその機に応じて接化の活動をすること。先ず働いて機を見ることもあり、照と用と間髪を容れぬこともあり、その間に時間をおく場合もある。照用同時は臨済の接化の方法「四照用」、すなわち先照後用、先用後照、照用同時、照用不同時の一。照用同時について「耕夫の牛を駈り飢人の食を奪い、骨を敲き髄を取り痛く鍼錐《しんすい》を下す」（臨済録示衆）とある。人天眼目一の四照用参照。

一喝ニ…（一九五15）　「是の日、両堂の首座相見、同時に喝を下す。僧、師に問う、還って賓主ありや。師云く、賓主歴然」（臨済録上堂）。

大千ヲ…（一九五15）　「拋二大千於方外一、納二須弥於芥子二」（五祖録）。「小参。目前無二一法一。森羅万法歴然。格外立二千機一。権実照用廓爾。其権也、納二須弥於芥子一、擲二大千於方外一。其実也、上是天、下是地、山是山、水是水。僧是僧、俗是俗」（円悟録一一）。

権《ごん》は客体的条件・状況に応じての接化の自在なはたらき。実は諸実相の現成底。大千は三千大千世界。方外は人間界の外。

大通智勝仏（一九五18）　羅什訳、法華経の化城喩品にみる仏。三千塵点劫の昔に出現して法華経を説く。この仏の神通は三世十方に通ずるゆえ大通といい、その智は一切を覚了して三乗の智に勝れるゆえ智勝という。十劫の間、道場に坐して仏道を成じ（臨済録および無門関九は、化城喩品の偈「大通智勝仏、十劫坐二道場一、仏法不二現前一、不レ得レ成二仏道一」を引く）、法華経を十六王子に説いたのち、入定すること八万四千劫。釈尊はその第十六王子という。

「大通者是自己、於二処々一達二其万法無性無相一、名為二大通一。智勝者、於二一切処一不疑、不レ得二一法一、名為二智勝一。仏者心清浄光明透二徹法界一、得二名為レ仏」（臨済録示衆）。

なお、正法眼蔵の出家功徳参照。

沙弥…（二〇〇11）　宝慶記に、天童如浄の語として「薬山の高沙弥、比丘具足戒を受けざるも、また仏祖正伝の仏戒を受けざるには非ず」とある（大久保道舟編「道元禅師全集」下三八七頁）。「師（高沙弥）乃ち薬山を辞して住庵す。山云く、生死事大なり、何ぞ受戒し去らざる。師曰く、是の這般の事を知りなば、什麼を喚んでか戒と作さん。薬、咄（つと）、這（こ）の饒舌の沙弥、近処に入り来って住庵せよ」（伝燈録一四）。高沙弥は薬山惟儼の法嗣。

正戒ノ相…（二〇〇17）　曹洞宗学僧万仞道坦（ばんじんどうたん　一六九八―一七七五）の禅戒本義に「梵網経に云く、…又云く、正戒の相をも取らず亦邪念の心も無き、是れを清浄戒と名づく」とある。ただし梵網経菩薩戒経の菩薩戒序の偈として伝えられるこの一節（来馬琢道編「禅宗聖典」所収）は疑品に属するとして、大蔵経には収められていない。

演若達多（二〇六6）　梵語の音訳。一般に人間実存のありかたを示唆する名辞。楞厳経四に「汝豈不レ聞、室羅城中演若達多、忽於二晨朝一、以レ鏡照レ面、愛二鏡中頭眉可一レ見。嗔二責己頭不一レ見二面目一。以為二魑魅一、無状狂走。於レ意云何。此人何因無レ故狂走。富楼那言、是人心狂、更無二他故一」。同経一〇に「乃至虚空、皆因二妄想之所一レ生起一。斯元本覚妙明真精、妄以レ発二生諸器世間一。如二演若多迷一レ頭認一レ影」とある。「古人云、演若達多失二却頭一、求心歇処即無事」（臨済録示衆）。

三種ノ滲漏（二〇九16）　洞山録に、「師又曰、末法時代人多二乾慧一。若要レ弁二験真偽一、有二三種滲漏一。一曰、見滲漏、機不レ離レ位、堕二在毒海一。二曰、情滲漏、滞二在向背一、見処偏枯。三曰、語滲漏、究レ妙失レ宗、機昧二終始一、学者濁智流転於二此三種一。子宜レ知レ之」とある。伝燈録一五・会要二〇・正宗賛。

珊瑚枝枝…（二一二15）　雲門文偃の法嗣、巴陵顒鑒（こうかん）の三句・三転語の一。狂雲集二七四頁「大燈三転語」補注参照。六朝時代の小説「海内十洲記」に、「珊瑚は南海底に生じて樹の如く、高さ二三尺、枝あって皮無く、玉に似て紅潤。月に感じて生じ、凡そ枝頭にはみな目暈あり」とある。

滴水…（二二二12）　抜隊がくりかえす滴水難消の語は、馬祖道一の法嗣帰宗智常ないし百丈懐海の法嗣黄檗希運にみられる。「帰宗云、作二這箇語話一、滴水也消不レ得」（会元三）。「汝千日学レ慧、不レ如二一日学一レ道。若不レ学レ道、滴水難レ消」（伝心法要）。

おそらく馬祖や百丈にも同じ発想があったであろう。抜隊語録から二例をひくならば、「若未レ会、滴水難レ消、争二奈檀施一何。光陰可レ惜、時不レ待レ人」「即今一切音声誰恁麼聴。纔有二義味一生死之路頭也。若又不二徹証一、滴水難レ消、閻老子之鉄棒、作麼生免得。光陰可レ惜、時不レ待レ人」（抜隊語録五）。

「於戯（ああ）、仏子一衣一食、莫レ非二農夫之血、織女之苦一、道眼未レ明、如何消得」（退隠休静編「禅家亀鑑」）。

癡福…（二二七17）　大慧書の答湯丞相に「教中に説く、痴福を作（な）すは、是れ第三生の寃なりと。何をか第三生の寃と謂う。第一生には痴福を作して性を見ず、第二生には痴福を受けて慚愧なければ、好事を做（な）さずして一向（ひたすら）に業のみを作す。第三生には痴福を受け尽して好事を做さざれば、殻漏子（こくろうす　肉体）を脱却する時、地獄に入ること箭を射るが如し。人身は得難く、仏法には逢い難し、此の身、今生に向って度せずんば、更に何れの生に向ってか此の身を度せん」とある。一本に「教中とは、未祥、金剛経刊定記」とあり、一本には「八十華厳経第六十三入法界品、解脱長者の条に出づ」とあるが、見あたらない。

香厳…（二二九6）　投機（大悟）の偈、「一撃忘二所知一。更不レ仮二修治一。動容揚二古路一。不レ堕二悄然機一。処処無二蹤迹一。声色外威儀。諸方達道者、咸言上上機」（伝燈録一一・会元九・会要八）。悄は静。

霊雲…（二二九6）　投機の偈、「三十年来尋二剣客一。幾回落レ葉又抽レ枝。自三従一二見桃花一後、直至二如今一更不レ疑」（伝燈録一一・会元四・会要一〇）。

玄沙…（二二九7）　祖堂集玄沙章に、「恰去到二嶺上一、踢二著石頭一、忽然大悟、云、達摩不二過来一、二祖不二伝持一云々」とある。宋の無垢居士張九成、蛙鳴を聞いて投機の偈に、「春天月下一声蛙。撞破乾坤共一家。正与麼時誰会得。嶺頭脚痛有二玄沙一」という。結句は飛猿嶺において石につまずき脚を傷つけた刹那に大悟した玄沙を詠じた。宋の虚堂智愚（きどうちぐ　一一八五―一二六九）の偈、賛玄沙和尚に「不レ出二飛猿一、皮下有レ血」の起・承句がある。

修多羅…（二三三14）　楞厳経二に「如二人以レ手指レ月示一レ人。彼人因レ指当二応看レ月。若復観レ指為二月体一、此人豈唯亡二失月体一。亦亡二其指一。何以故。以三所レ標指為二明月一故」とある。

瓦ヲ…(二四七5)　伝燈録五南嶽章に「沙門道一〈馬祖〉有り、伝法院に住して常日に坐禅す。師、是れ法器なるを知って、往って問うて曰く、大徳坐禅して什麽(なに)をか図る。一曰く、作仏を図る。師乃ち一甎(瓦)を取って、彼の庵前の石上に於て磨く。一曰、甎を磨いて作麽(なに)かせん。師曰く、磨いて鏡と作す。一曰く、甎を磨して豈(あに)鏡と成すことを得んや。師曰く、甎を磨して既に鏡と成らず、坐禅して豈成仏を得んや。一曰、如何(いかん)が即ち是ならん。師曰く、牛の車に駕すが如し、車行かざれば、車を打つや即ち是か、牛を打つや即ち是か。一、対無し。師又曰く、汝坐禅を学ぶとやせん、坐仏を学ぶとやせん。もし坐禅を学ばば禅は坐臥に非ず、もし坐仏を学ばば仏は定相に非ず、無住の法に於て取捨すべからず。汝もし坐仏せば即ち是れ仏を殺す、もし坐相を執せば其の理に達するに非ず。一、示誨を聞いて醍醐を飲むが如く、礼拝して問うて曰く、如何が用心して即ち無相三昧に合(かな)はん。師曰く、汝心地の法門を学ぶこと、種子を下すが如し、我れ法要を説かん」とある。なお、祖堂集三にも載る。

猪頭(二五一8)　断橋撰の禅林口実混名集上につぎの記述がある。「婺州の沙門志蒙、姓は徐氏、常に錦衣を衣、猪頭を食することを喜ぶ。人の災祥を言うに、験あらずということ無し。人を呼んで小舅(しょうきゅう)（母の弟）となし、自ら徐姉夫(じょしふ)と号す。一日、三衢の吉祥寺に坐化す。遺言すらく、吾れは是れ定光仏（然燈仏のこと）なりと。ここに至って真身を奉じて祈禱して歇(や)まず。世に目(なづ)けて猪頭和上と曰う」。なお、釈門正統四に「宋、真宗皇帝景徳三年、猪頭和尚志蒙顕化二衢婺二郡一」とある。広辞苑に「猪頭（画題）盤山和尚が猪の頭を手にして大悟する図」とあるのは、正確でない。盤山宝積(ばんざんほうしゃく)（七二〇―八一四）は馬祖道一の法嗣であり、猪肉を食った記録はない。ただしつぎの伝がみられる。「盤山嘗て市肆に於いて行く。一客人の猪肉を買うを見る。屠家に語って云く、精底（最上等の部分）一斤を割き来れと。屠家、刀を放下し叉手(さしゅ)（両腕を胸の前で重ねあわせる）して云く、那箇か是れ精底ならざると。師、言下に大悟す」（禅林類聚五悟道門・伝燈録七・会元三）。

尽十方界…(二五二6)　伝燈録一八玄沙章に「僧問う、承る、和尚言えること有り、尽十方世界是れ一顆の明珠、学人如何が会することを得んと。師曰く、尽十方世界是れ一顆の明珠、会することを用いて作麽(なに)かせん。師来日却て其の僧に問う、尽十方世界是れ一顆の明珠。汝作麽生か会す。対えて曰く、尽十方世界是れ一顆の明珠、会することを用いて作麽かせん。師曰く、知る、汝、山鬼窟裏（会元には「山」の字なし）に向いて、活計を作することを」とある。

雑用心(二五四3)　「老僧行脚時。除二二時粥飯是雑用心処一。除外更無二別用心処一。若不レ如レ是大遠」（会元四趙州章）。「老僧四十年不二雑用心一、除二二時粥飯、是雑心処一」（趙州録）。「然能自検二点二六時中一、学二仏法一、已是雑用心。則去二却仏法一、乃真浄界中行李矣」（円悟心要下）。

鑊湯炉炭(二五六3)　地獄的痛苦のほかに自由の場はない、という意味に用いられる場合が多い。「鑊湯炉炭清涼界、剣樹刀山遊戯場」（禅林句集）。地獄の痛苦そのままに解脱ということ。「心頭滅却火自涼」「念二彼観音力一、火坑変成レ池」というのも同じ。火が熱くない、客観物としての火坑が客観物としての池に変る、ということでは、もちろんない。「鑊湯炉炭ヲ吹テ滅セシメ、剣樹刀山ヲ喝シテクダカシム」（一九五頁）もまた同じ視座から見られよう。

「所以韶国師云、如来於二一切処一成二等正覚一。於二刀山剣樹上一成二等正覚一。於二鑊頭炉炭裏一成二等正覚一。…然雖レ如レ是、如三人飲レ水冷煖自知二」（大慧録一八）。

正法無不思議は仏教の建前である。それゆえ「神通並妙用、運レ水搬レ柴」という。「曹山問レ僧、恁麽熱、向二什麽処一廻避。僧云、鑊湯炉炭裏廻避。曹山云、鑊湯炉炭裏如何廻避。僧云、衆苦不レ能レ到」（碧巌録四三評唱・曹山録上）。

黙照の邪禅(二五七13)　宋代における看話禅の礎立者大慧宗杲(だいえそうこう)（一〇八九―一一六三）の大慧書下「答宗直閣」につぎの一節がある。「しかるに今黙照邪師の輩、ただ無言無説をもって極則となし、喚んで威音那畔の事となし、また喚んで空劫已前の事となし、悟門あることを信ぜず、悟をもって誑となし、悟をもって第二頭となし、悟をもって方便の語となし、悟をもって接引の詞となす。かくのごときの徒は、人を謾じ自ら謾じ、人を誤り自ら誤る、また知らざるべからず」。また同書の答厳教授には「昔、薬山、坐禅する次で、石頭問う、子、這裏に在って甚麽（なに）をかなす。薬山云く、一物も為さず。恁麽ならば則ち閑坐なり。薬山云く、閑坐ならば則ち為すなり。石頭これを然りとす。看よ、他の古人、一箇の閑坐もまた他を奈何ともすることを得ず。今時学道の士、多くは閑坐の処に在りて打住す。近日叢林、無鼻孔（祖師の気脈を欠く）の輩、これを黙照と謂う者これなり」とある。

黙照は曹洞系の宏智正覚（わんししょうがく 一〇九一―一一五七）の禅風。臨済系の大慧と並んで宋代の禅界に大きな影響を与えた。宏智は「黙照」の二字を正伝の宗風を示すものとして、「黙照銘」一篇を作った。「黙」は兀坐の正定（しょうじょう）を示唆し、「照」は正定の照用を指す。体（定）と用（慧）の不二を説き、「黙は至言、照は普応、応じて功に堕せず、言うて聴に渉（わた）らず」（黙照銘）、「事に触れずして知り、縁に対せずして照す」（坐禅箴）、「機に当って準あり、大用勤めず」（黙照銘）。要するに体用兼帯、定慧円明の宗風を唱えた。遺偈「夢幻空華、六十七年。白鳥煙没して、秋水天に連なる」。道元が宏智の「坐禅箴」を承けて、同じく「坐禅箴」を頌したことは有名である。

しかし黙照の禅風は、ともすれば、黙坐に執して寒灰枯木の死禅となるおそれがあり、亜流の場合、当時すでにその萌しが見られた。この萌しを大慧は見て、宏智の門流を「黙照の邪禅」と痛撃した。宏智はこれに対して、看話禅は古則公案を数えて梯子登りに悟りに近づこうとするもの（大慧禅の面目は一斬一切斬。一了一切了であったが）、一超直入の祖道を逸するもの、と難じた。いずれも相手の病弊を衝いたのであり、両師は対立しながら、たがいに深くうけがっていた。そうであればこそ両者には親交があり（狂雲集159偈参照）、宏智は後事を大慧に託して示寂した。大慧語録五につぎの語がみられる。「天童覚和尚の遺書至る。書を受けて云く、古人道（い）う、末後の一句始めて牢関に到り、要津を把断し凡聖を通ぜず、と。書を挙起して云く、這箇は是れ天童和尚、末後要津を把断して全提する底の消息、還って委悉すや。もし未だ委悉せずんば、却って請う維那、分明に説破せよ。宜し了って遂に陞座して云く、法幢摧け法梁折れ、法河乾き法眼滅ぶ。然も是の如くなりと雖も、正に是れ天童真実の説、且らく道へ、説底の事作麽生、知音知る後更に誰か知らん」。感銘深い道交である。

未得底…（二六二17）　碧巌録一〇〇の評唱につぎの語がある。「浮山遠録公云、未透底人、参レ句不レ如レ参レ意。透得底人、参レ意不レ如レ参レ句」。浮山遠録公は浮山法遠（ふざんほうおん 九九一―一〇六七）、葉県帰省（せっけんきしょう）の法嗣。上記、円悟の評唱が「浮山遠録公云、未透底人…」として引いたのを、夢窓疎石（一二七五―一三五一）は夢中問答集で「古人の云く、未得底の人は…」として引用している。抜隊はこれをうけたものと思われる。解説「法の邪正と見解の邪正」参照。

○大燈国師三転語…　大燈国師語録巻末の春作禅興選述(応永三三—一四二六年)「大燈国師行状」(正蔵八一-二二四a)と、続群書類従九の伝部二三〇「大燈国師行状」(選述者同じ)は、承句を「我何似」に作って「生」を欠く。昭和十九年鈴木大拙刊の大燈百二十則(大東出版社。原本、石井光雄氏蔵)に掲げる「宗峰国師三転語」には、「朝結㆑眉夕交㆑肩、我何似生、露柱尽日往来、我因㆑甚不㆑動、若透㆓得箇両転語㆒、一生参学事了畢」とあって、狂雲集に同じ。何れにせよこれは大燈とその法嗣花園上皇との応酬に関連があるとみられる。大燈国師年譜の建武二年(一三三五)条に、宗峰次の語を上皇に送った、「億劫相別れて須臾も離れず、尽日相対して刹那も対せず。此理人々之有り、如何が是れ恁麼の理。伏して一言を聞かん」。上皇これに答えて紙尾に「昨夜三更、露柱、和尚に向って道(い)い了れり」と書した。上皇投機の偈「二十年来辛苦の人、春を迎えて換えず旧風烟。著衣喫飯恁麼にし去る、大地何ぞ曾て一塵あらん」に「弟子箇の悟処あり、師何を以て朕を験せん」と記して呈したところ、大燈これを印証して「老僧已に恁麼に験す𪜈」と記した(𪜈は「に」「にい」、それ、そのまま。否定・反問を含んだ肯定の接尾辞)。「億劫相別れて須臾も離れず、尽日相対して刹那も対せず」の句は、晩年西田幾多郎が宗教的真理(真実)の論理構造を語るとき、好んで引用した。

「結眉交肩」は見地・境涯が親しい、同一、禅者相互の肝胆相照。「…只者の無字、乃ち宗門の一関なり。…透得過する者はただ親しく趙州に見(みま)ゆるのみにあらず、便ち歴代の祖師と手を把って共に行き、眉毛厮(あい)結んで同一眼に見、同一耳(に)に聞くべし。豈慶快ならざらんや」(無門関一評唱)。159偈「眉毛相結眼睛同」と相応、「結眉交肩…」は、個がどこまでも個であって、しかも互いに一つという生きざま。「平生の肝胆、人に向って傾く、相識は渾て不相識の如し」(虚堂「顕孝語録」)。「露柱と同参せず、燈籠と交肩せず」(正法眼蔵身心学道)、露柱は露柱の全機現、燈籠は燈籠の全機現、前後際断のゆえ(29偈承句と比べよ)。「露柱…」、大燈が終日往来する生活は、露柱が永久不動なのと同一、それは何によってなのかということを、このように提示した。

「転語」は、禅者が学人の見地、境涯を飛躍深化させる関門として創出する句。大燈の三転語は両転語だともみられる。157偈「趙州三転語」(碧巌録九六趙州三転語)もまた「三」とする根拠が薄弱である。たとえばこれを親鸞の「三願転入」の構造・作用論理にくらべるならば、そのちがいは明らかである。但し「参学事了畢」を、透過底の脱落、「悟迹の休歇」(正法眼蔵現成公按)すなわち休歇なる悟迹の長々出はここに始まるとみるならば、三転語の態がととのう。三転語という術語は会元一五の巴陵顥鑒(雲門文偃(八六四—九四九)の法嗣)の条にみえる。「師住後、更不㆑作㆓法嗣書㆒、祇将㆓三転語㆒上㆓雲門㆒。僧問、如何是道。師曰、明眼人落㆑井。問、如何是吹毛剣。師曰、珊瑚枝枝撑㆓著月㆒。問、如何是提婆宗。師曰、銀椀裏盛㆑雪。門曰、他後老僧忌日祇消㆑挙㆓此三転語㆒、足㆓以報㆑恩」。

「結眉交肩」を一休は風流情事にも用いた。

○納敗　大慧武庫の清素首座条および続伝燈録二二の兜率従悦条に次の記述がある。「…後に鹿苑に出世するに、清素なる者あり、久しく慈明に参ず。一室に寓居して未だ始めより人と交らず(3偈起句参照)。悦、一日蜜漬茘枝(支)を食す、偶(たま)素の門を過るを見て呼んで曰く、此老人郷果也。同食㆑之、素曰く、自㆓先師亡㆒後、不㆑得㆓此食㆒久矣。悦曰く、先師為㆑誰。素曰く、慈明也。某忝執侍十三年耳。悦、疑駭して曰く、十三年堪㆑忍㆓執侍之役㆒、非㆑得㆓其道㆒而何。遂に饋(おく)るに余果を以てし、稍(ようや)くこれに親しむ。素問う、所㆑見者何人。曰く、洞山克文。素曰く、文見㆓何人㆒。曰く、黄竜慧南。素曰、南匾頭(へん)(ず)見㆓先師㆒、不㆑久法道大振如㆑此。悦、益(ますます)疑駭し、香を袖にして素に詣(いた)り、礼を作す。素、起て之を避けて曰く、吾以㆓福薄㆒、先師授記不㆑許㆑為㆑人(65偈起句参照)。悦、益恭うす。素曰く、憐㆓子(なん)(じ)之誠㆒、違㆓先師之記㆒、子平生所㆑得試語㆑我。悦、具さに所見を通ず。素曰く、可㆓以入㆑仏而不㆑能㆑入㆑魔(65偈参照)。悦曰く、何謂也。素曰く、豈不レ見古人道(いわく)、末後一句始到二牢関一。是の如く累月にして、素乃ち印可し、仍て戒めて曰く、文示レ子者皆正智正見、然子離レ文太早、不レ能レ尽二其妙旨一。吾今為レ子点破、使三子受用得二大自在一、他日切勿レ嗣レ吾也」(正蔵四七‐九五〇)。

兜率従悦(一〇四四―九一)は真浄克文(一〇二五―一一〇二)に参じてその法を嗣いだ。

清素に対する一休の深い関心は狂雲集の処々にみられる。清素が生涯、首座(修行僧の首席)という世に目立たぬ分際で一貫したことは、中世室町期における栄衒の徒を怒り、得法の安売りを恥じぬ風潮を難じてやまなかった一休にとって、親愛を深めるものであった。その彼を失望させた一事は、清素が悦に呼びとめられて、共に茘子を食べたばかりに、「慈明に依ること十三載…年八十…未だ始めより人と交わらず、人これを知るなし」(大慧武庫)といった孤絶をすて、「人の為にするを許さず」という先師の戒めに背き、世俗的な結レ眉交レ肩の世界で悦との交友を続け印可まで与える始末となり、また思い返して、「吾を嗣ぐ勿れ」などと言う破目となった。このような清素の始終は、安易な渡世禅と印可証明への否定的見識に立つ一休から見て、敗闕であり「惜乎有始而無終」であった。

1 **茘支**　茘支・茘枝・茘子は、狂雲集のなかに、世間と仏法と、事実と象徴との交錯において、くりかえし出てくる。玄沙師備(八三五―九〇八)に茘子に関する長い拈弄がある(玄沙語録)。

「茘子の樹は、高さ五六丈、桂樹の如く、緑葉蓬々として冬夏栄茂す。青華朱実、実の大さ鶏子の如く、核黄黒にして熟蓮に似たり。実白くして肪(あぶら)の如く、甘くして多汁、安石榴に似て、甜酢の者有り。日将に中せんとするに至って、翕然として倶に赤きときは、則ち食う可し。一樹の下子(実)百斛(こく)あり。漢の武帝の元鼎六年、南越を破りて、扶茘宮を建つ。扶茘とは、茘子を以て名を得たり。交馳(南シナ)より百株を庭に移植せしも、一も生ずる者なし。其の実は則ち歳ごとに貢す。郵伝の者道路に疲斃す。極めて生民の患と為る」(稽含撰「南方草木状」)。その果実を竜眼肉とよぶ場合もあるが、厳密には同じではない。「竜眼は閩、広、蜀道、茘枝を出す処皆之有り。樹は茘子に似、葉は林檎に似て、冬を凌いで凋まず。春末夏初に細白花を開き、七月果熟す。実極めて繁くして穂をなすこと葡萄の如し。毎穂五六十個なり」(羣芳譜)。茘枝奴の別称ありと。28偈補注参照。

2 **慈明の狭路**…　「一日明(慈明＝石霜楚円)たまたま出づ。雨忽ち作(おこ)る。師(楊岐)これを小径に偵(うかが)う。既に見て遂に搊住して曰く、這(こ)の老漢、今日、須らく我がために説くべし、説かずんば你を打ち去らんと。明曰く、監寺(かんす)楊岐の役名)是般(これつら)の事を知らば便ち休せよ。語未だ卒(おわ)らざるに師大悟、即ち於泥(おでい)の途に拝して問うて曰く、狭路に相逢う時如何と。明曰く、你且(しばら)く躲避(たひ)路をよける)せよ、我れ那裏に去るを要すと。師、帰りて来日威儀を具(ととの)えて方丈に詣(いた)って礼謝す。明、呵して曰く、未在(まだ不十分)…」(会元一九)。

痛処の錐　楊岐省悟の機縁となった前補注引用の慈明の語か、6偈補注aの慈明引錐の故事をさすか。

慈明狭路は情事にもかかわる(6偈「慈明を笑ふ」補注b参照)。

3 **工夫**…　1偈「納敗」補注所引の大慧武庫参照。

4 **名は成都**…　成都には男女の愛をめぐる故事遺跡が多い。司馬相如が愛人卓文君と住んだのがかれの故郷成都であり(16偈補注)、唐の玄宗が安禄山の乱によって楊貴妃の死を招き、落ちのびて貴妃を悼んだのが成都であった。杜甫に玄宗への思慕をうたった杜鵑の詩がある。

杜甫(七一二―七七〇)もまた成都の万里橋辺に草堂をしつらえ、妻子と共に暫くここに住んだ。自賛「狂夫」に「万里橋の西、一草堂…自ら笑う狂夫老いて更に狂するを」。

唐の詩人劉禹錫(りゅううしゃく)(七七二―八四二)の竹枝新詞(男女の情事または土地の風俗などをうたう楽府(がふ)の一態)に「日出でて三竿、春霧消ゆ。江頭の蜀客、闌橈(らんとう)を繋ぐ。狂夫に寄せんと欲す書一封、家住す(家をかまえてそこに住まう)成都の万里橋」。蜀からきた旅人が川べりに舟をつないでいる。その人に頼んで、旅に出たまま帰って来ない夫に一通の手紙をとどけようと思う。夫(夫を怨んで狂夫とよんだ)は成都の万里橋のほとりに家をかまえて住んでいるらしい。

狂雲集の680偈「狂夫」に「痛飲佯歌永日消す、大人は須らく丹霄に独歩すべし。扶桑国裏の風顛漢、家在り成都万里橋」。以上のような故事により、成都はやがて「大道通二長安一」の長安のように禅家において象徴的に用いられた(「休歇」補注参照)。

百年東海… 大徳開創後百年にあたる応永三一年(一四二四)一休数え年三十一歳の条(年譜)に、「岐嶽周和尚…住二竜山一日、招二官寺少年一、而看雲亭上置レ酒、放浪一日、問レ師曰、汝識二老僧境界一否。答曰、茂陵(司馬相如療病の地)多病後、猶愛二卓文君一。嶽領レ焉。乃請レ師題二無頭牓一。国師(大燈)讖曰、吾滅後一百年住二此山一者。乃吾後身也…」。この4偈は起・承句において一休の風狂禅を歌ったのであろう。この風狂を更に大胆に吐露したのが6偈。男女の交情に関する世俗の故事を詠じ、転・結句において大事了畢した一休の風狂禅を歌ったのであろう。

休歇 虚堂智愚「人の成都に之(ゆ)くを送る」の起・承句「智不到の処、一句を道え、一句機に当れば便ち家に到る」の注に「智不到の処に向って一句を道い得て諦当ならば、則ち帰家穏坐を得て、成都に之くを労せず」(江湖集略註上)。この場合の転・結句が「東海独休歇」と響き合うか。

6 **大燈忌**… 大燈の「朝結眉夕交肩」への逆説的呼応か。「…老僧行脚の後(歿後)…或は誦経諷呪、長坐不臥、一食卯斎(朝食)、六時行道、直饒(たと)恁麼にし去ると雖も、仏祖不伝の妙道を以て胸間に掛在せずんば、忽ち因果を撥無し、真風地に墜つ。皆是れ邪魔の種族也。老僧世を去ること久しくとも、児孫と称することを許さず」(興禅大燈国師遺誡)。

承句「経呪耳に逆らう…」は、密参帖などで得法をやりとりする僧共の読経の声は耳障りだ、の含意。

雲雨… 神女の美称、転じて男女の交情。楚の襄王が高唐に遊び、昼寝の夢に巫山の女と契ったという巫山の夢の故事に由来。文選一〇「高唐賦」(宋玉)に「夢見二一婦人一、曰、妾巫山女…旦為二行雲一、暮為二行雨一、朝夕暮々、陽台之下」とあり、注に「李善曰、朝雲暮雨、神女之美也、良曰、朝行雲、暮行雨、皆神女美称」とある。

なお武部注「李白」上(岩波「中国詩人選集」7)一七五頁、襄王雲雨の注参照。一休は「結眉交肩」を雲雨の意にも転用している。

「雲となり雨となりても身に添はば空しき空を形見とや見ん」(新勅撰恋三、小侍従)。

「月もはや影傾きて明け方の雲となり雨となる、この光陰に誘はれて月の都に入り給ふ」(世阿弥「融」)。

夢閨の私語 「夜半無レ人私語時、在レ天願作二比翼鳥一、在レ地願為二連理枝一。天長地久有レ時尽、此恨綿々無二尽期一」(白居易「長恨歌」)。

慈明を笑ふ a「慈明(石霜楚円)、志在二於道一、暁夕不レ忘、夜坐欲レ睡、引レ錐自刺。後嗣二汾陽一。道風大振。号二西河師子一」(禅関策進三)。

b狂雲集に298偈「婆子侍二慈明老師一、婚姻脚下結二紅糸一」(愛念盟)、337偈「逆行慈明婆子身、紅糸脚下絆二婚姻一」(不邪婬戒)、405偈「狭路慈明色欲婬、…悪魔臨済正伝境」(円悟大病)、473偈「茶店美人誰好仇…慈明狭路好風流」(賛欽山禅師)、487偈「狭路慈明逆行心…任他雲雨楚台吟」(示南坊偵)、513偈「誰記慈明老漢婆」(賛杜牧)とある。

この場合aかbまたは双方、いずれにかかるかによって、「笑ふ」の内容が定まる。bの「狭路」を後世「狭斜の巷」の意にもじったのか。「婆」を老婆とみて、狂雲の相手は若い、とするか。

9 **五逆**… 無間地獄におちる五大重罪、即ち父を殺す、母を殺す、阿羅漢を殺す、仏身より血を出す、僧団を破壊する、の五道が元来禅僧にあるというのは、仏教の伝統的倫理・秩序の徹底的破砕。五逆の全く異質な見方が楞伽経四の百丈広録等にある。この系譜にあると思われる臨済義玄の場合、父とは無明、母とは貪愛、出仏身血とは清浄法界の中に向って妄分別を生ぜず、天地未分の本然に徹する、破和合僧とは空をも空じた自在に生きること、要するに五逆とは、「随処に主となれば立処みな真」(臨済録)の大自在である。ここに至っては臨済の喝も閑破具、聞雷の葛藤も無用といえよう。承句は五逆の通念による禅者の自己反省と、別の知見における五逆の大自在との双方にまたがり、後者は転・結句の風流へつづく。転・結句は衲僧五逆の遊戯三昧、浅き夢見し酔いもせず、幾ら飲んでも(煩悩の業海に入っても)主体性を失わぬ境地か。613偈「半醒半酔花前酒、臨済徳山何作家」(自賛)、「不レ酔二三昧酒一」(七巻楞伽経三)、「生死ノナガレヲコヘテ、涅槃ノ酒ニエハザル」(和泥合水集—本書二〇一頁)。277偈「半酔半醒夜遊客」(示会裏俗徒警策)、自戒集「半醒半酔」(一休会裏五種行)と対照。陶淵明の飲酒第十三に「一士長独酔、一夫終年醒」とある。

10 **一字の関**…　雲門は機に応じて往々一字を以て応酬した(例えば、「普」「露」「鑒」「顧」「咦」「関」など)。これを禅林では一字関と呼んだ。三句は雲門が接化の手段として用いた三句、函蓋(かんがい)乾坤・目機銖両(もつきしゅりょう)・不渉万縁(ふしょうまんえん)。これはのちに徳山縁密により函蓋乾坤・截断衆流(せつだんしゅう)・随波逐浪(ずいはちくろう)の形で雲門の三句とよばれた(人天眼目二)。

後の三句はほぼ前の三つに相当する。第一句は天地一枚のところ、または賓主冥合の境。第二句は妄想ことごとく切断。第三句は相手の個性、力能、あり方に応じて自在に接化するはたらき。要するに禅を行ずる三つの主要な眼目。

曹洞宗について「馳書不レ到レ家」の答があるが、一休はこれを省いた。

11 **恵寂は釈迦**…　潙山霊祐(七七一―八五三)―仰山慧寂(八〇七―八八三)。伝によれば、空中から一人の僧が現われ恵寂のもとへ来た、来処を尋ねると、印度から文殊を拝するために来て、却って小釈迦に遇ったといって拝をなし再び空中に去った、そこで恵寂は小釈迦と号した。(会元九)

また、潙山の示衆「老僧百年の後、山下に向って一頭の水牯牛となり、左脇に五字を書して云く、潙山僧某甲と。この時喚んで潙山僧となさば、又是れ水牯牛、喚んで水牯牛となさば、又云く、潙山僧。喚んで什麼(なん)となさば即ち得てん」(伝燈録九・会元九・禅林類聚四)。

披毛　別の見方では煩悩、罪業のまっ只中に入って、衆生と共に仏道を成ずる生きざまを意味する。曹山本寂(八四〇―九〇一)に禅僧が具すべき披毛戴角など三種の堕―安住する境涯の三相―の説がある。「問う、披毛帯角これなんの堕ぞ。師曰く、是れ類堕。曰く、不断声色これなんの堕ぞ。師曰く、是れ随堕。曰く、不受食これなんの堕ぞ。師曰く、是れ尊貴堕」(会元一三)。曹山録上では、上記の㈠を沙門堕、㈡を随類堕、㈢を尊貴堕とする。

黄葉　伝燈録一一仰山章に「師上堂、衆に示して曰く、汝等諸人各自に回光返顧せよ。吾が言を記すること莫れ。汝無始劫来より明に背き闇に投じ、妄想の根深うして卒に頓に抜き難し。所以に仮りに方便を設けて、汝が麁識を奪う。黄葉を将(も)って啼を止むるが如し」とある(仰山の俗姓は葉氏)。会元九は、この次に「甚麼(なん)の是処(ぜしよ)か有らん」と記す。祖堂集一八仰山章にも記載。

「嬰児行とは、彼の嬰児啼哭の時、父母即ち楊樹の黄葉を以て之に語りて言く、啼く莫れ、啼く莫れ、われ汝に金(こがね)を与えんと。嬰児見已りて真金の想を生じ、便ち止(や)めて啼かざるが如し」(大般涅槃経巻二〇嬰児行品九)。「黄葉秋風共一楼」(13偈)、「黄葉一枝誑小児」(186偈)。

12 **曹源**…　「一日法眼(法眼文益 八八五―九五八)陞座(しんぞ)す(説法の座にのぼる)。僧有り問う、如何なるか是れ曹源の一滴水。法眼云く、是れ曹源の一滴水。其の僧惘然(茫然)として退く。韶(天台徳韶 八九一―九七二)衆に在って之を聞き、忽然として大悟す。後出世して法眼に承嗣す。頌有り、呈して云く、通玄峯頂、是れ人間にあらず。心外無法、満目青山と。法眼印して云く、只這(こ)の一頌、吾宗を継ぐべし」(碧巌録七評唱・会元一〇)。

家醜…　美人西施が胸の痛みのために両手で胸をかかえて顔をしかめたのを見た醜婦が、これを美しいとみて、おなじく胸をかかえて顔をしかめた故事。「西施病レ心而矉二其里一、其里之醜人見而美レ之、帰亦捧レ心而矉二其里一」(荘子天運)。

法眼の物まねをするとは、例えば法眼の「汝是慧超」「丙丁童子来求火」「是曹源一滴水」などの活句をまねて死句とすること。(碧巌録七評唱)

16 **相如**…　司馬相如(?―一一八BC)は前漢の賦の作者。蜀郡成都の人。字は長卿、少時書剣を好み藺(りん)相如(戦国時代趙の相)に私淑して相如と改めた。景帝のとき武騎常侍となったが、渴(喉の渇く病、糖尿病?)を病んで免ぜられた。蜀に帰り臨邛の富豪卓王孫の女、文君に琴を弾じて挑み、夜、共に馳せて成都に帰ったが、家が貧しいため臨邛にゆき文君に酒を売らせた。父これを恥じて文君に財を与えて両人を成都に帰らせ田宅を買わせた。のち相如また渴を病んで茂陵(陝西省興平県)の地に寓居し病を養った。この地の女を妾としようとした時、卓文君は「白頭吟」を作り、相知の二人が白頭に至るまで情誼を尽しえないことを嘆き離別の志をのべた。相如は為に思い止まった。白居易に「反白頭吟」あり。「渴を話る」は、相如の渇病をめぐる女性との葛藤と女性への相如の渇愛との双方を含むか。

琴台　成都万里橋の近く浣花谿の北に相如と卓文君との情事で知られる遺跡琴台がある。但し琴の名手伯牙が知音鍾子期の死によって絃を断った伯牙台(浙江省海塩県)をも琴台と称する。

17 **陳蒲鞋**　黄檗希運の法嗣、睦州陳尊宿(七八〇—八七七)。請われて睦州の竜興寺に住したが、やがて迹を晦まし小房に仮寓し蒲鞋を編んで母を養った。人呼んで陳蒲鞋と称した。伝によれば、修行中の臨済に指示して三度仏法の大意を問わせ、大悟の機縁を作った。陳尊宿の語句峻嶮、常軌を脱するもの多く、伝は詳かでない。(伝燈録一二・会元八)

18 **杜鵑**　見聞録に、宋の邵康節が天津橋上に杜鵑の鳴く声を聞き、天下のまさに乱れんとするを知った故事がある。また杜鵑啼いて血を吐くに至るの説がある(29偈)。この18偈の杜鵑は、会昌の排仏と、黄巣の乱のとき岩頭が群盗におそわれ、神色自若、大叫一声して斬殺された事実(伝燈録一六・会元七)とにかかるであろう。

20 **道宣**…　伝法宝記(開元元(七一三)年成立)・伝法正宗記・伝燈録等は断臂説(二祖慧可が臂を断って雪中に坐した熱意により達摩が入門を許したとの説)をとる。南山道宣の続高僧伝は、賊の為に臂を斬られたが観法を以て心を御し、火を以て断所を焼き帛を巻いて常の如く行乞を続けたと記し、同じく賊の為に臂を失った林法師との問答を伝えている。この道宣の記述を紹介し、かつこれを反駁したものに洪覚範の林間録がある。但し達摩の伝記全体がどこまで史実であるのか、甚だ疑わしい。柳田聖山「初期の禅史」三六五頁以下参照。

21 **周家**…　五祖弘忍(六〇二—六七五)の前身についての後人の虚構。「五祖弘忍大師は蘄州黄梅の人。先に破頭(はず)山中に栽松道者たり。嘗て四祖に請うて曰く、法道聞くを得べきや。祖曰く、汝已に老脱して聞くことあり。其れ能く化(け)を広めんや。儻若(もし)再来せば、吾なお汝を遅(ま)つべし、と。酒(すなわ)ち去って水辺に行く。一女子の衣を浣(あら)うを見て揖して曰く、寄宿し得んや否や。女曰く、我に父兄あり、往いて之を求むべし。曰く、諾。我即ち敢て行かん。女これを首肯す。遂に策(つえ)を回らして去る。女は周氏の季子なり。帰って輙(すなわ)ち孕む。父母大いに悪(にく)んで之を逐う。女帰る所無し。日(ひる)は里中に傭紡し、夕は衆館の下に止まる。已にして一子を生む。以て不祥となし、因って濁港中に抛つ。明日之を見るに流に泝(さかのぼ)って上る。気体鮮明なり。大いに驚いて遂に之を挙ぐ。童と成りて母に随って乞食す。里人呼んで無姓児となす。…後、信(四祖道信)大師に遇い、得法して化を破頭上に嗣ぐ」(会元一五祖章)。

22 **鬼窟**…　「黒山之下有二大地獄一」(倶舎論世間品)。黒山は鬼神の窟宅する所、また地獄におちて自由のきかぬこと、空見に堕すること。「知んぬ、汝が黒山鬼窟裏に向って活計をなすことを」(伝燈録一八玄沙師備章)。

24 **紅糸線**　唐の郭元振が妻を選ぼうとした時、相手の家では五人の娘に五色の糸の一つをもたせて帷のかげに隠した。郭は紅糸を引いて第三の娘を得た故事による(開元天宝遺事)。128偈「初生孩子婚姻線」。

銭に…　和嶠は晋の西平の人。字は長輿。官は太子太傅として高給をはんだ。かれ高給の官位におごり、荀勗と共に車に乗って入朝するとき、意気昂然として車を独占して坐したゆえ、「和嶠専車」の語が生まれた。武帝についで恵帝即位、帝は和嶠の振舞を悦ばず、両者疎隔をきたしたが、結局和嶠の執拗な強弁によって、「ついに金紫光禄大夫を贈り、金章(金製の印章)紫綬、本位を加うること前の如し。…嶠の家産豊富にして、王者になぞらう。しかも性至って吝(お し)む、ここを以て譏(そし)りを世に獲たり。杜預(二二二—二八四 晋の武将・学者)おもえらく、嶠に銭癖有りと」(晋書四五和嶠伝)。

和嶠にみられるおごりと名利欲とは、明眼の衲僧においても、ひとごとではない。紅糸線不断の謙虚な利他即自利の活動、「娘生脚下血淋漓」の世界へとびこんでゆく大慈心を詠じた。この転語への大燈の著語は「草鞋露重し」。

27 **山僧が**…　白隠の遠羅天釜に次の語がある。「此故に真珠庵主(一休)偈あり、曰く、天台五百阿羅漢、身著二法衣一出二入間一、神通妙用は可レ還レ你、仏祖不伝の妙は難々と。庵主は即ち息耕(虚堂)東海七世の孫にして、其の知見斯の如く痛快なり。貴ぶべし、此時真風尚未だ落ちざりし事を」。

28 荔支… 「一騎紅塵妃子笑、無三人知二道是荔枝一」(杜牧「華清宮詩」)。楊貴妃、荔支を好み、南支那の諸侯が毎歳これを進貢した。暑さのため腐敗し易く、馬を馳せて交る交る七日七夜をもって長安に達した。ために人馬多く路に斃れ、百姓甚だ苦しんだという。(唐書)

蘇東坡(一〇三六—一一〇一)に、楊貴妃をかりて時代の悪政を諷諭した「荔子の歎」がある(古文真宝前集)。1偈「荔支」補注参照。

29 銭に霊神… 晋の魯褒(ろほう) 字は元道)は好学多聞、清貧に安んじたが、世をあげて金銭の威力に隷従するを憤り、姓名を隠して「銭神論」を作り、これを譏った。貨幣の支配力を神に喩えたもの。(晋書隠逸魯褒伝)

この句は唐の張延賞が銭十万貫のために裁判を停止した故事。「知二一大獄一、…厳訊レ之、…明旦視レ事、案上有二一小帖子一、曰銭三万貫、乞不レ問二此獄一、公大怒、更捉レ之、明日帖子来、曰銭五万貫、公益怒、命両日須レ畢、明日復見二帖子一、曰銭十万貫、公曰、銭至二十万一、可レ通レ神矣。無二不レ可レ回之事一、吾懼レ及レ禍、不レ得レ不レ止」(幽閒鼓吹)。

この偈の「霊神」は287偈「青銅十万失霊神」(徳政)の人間の精神、主体性を意味する「霊神」とは意味を異にする。双方の霊神にかかるものが、239偈の「公案纏腰十万銭」である。

31 正法眼蔵… 「世尊、霊山会上に在って、華を拈じて衆に示す。是の時、衆みな黙然たり。ただ迦葉尊者のみ破顔微笑す。世尊曰く、吾れに、正法眼蔵・涅槃妙心・実相無相・微妙の法門あり。不立文字・教外別伝なり。摩訶迦葉に付嘱すと」(会元一釈迦牟尼仏)。

児孫… 別に530偈「…狂雲邪法甚難レ扶。為レ人軽賤滅二罪業一…」(吸二美人婬水一)の語あり、金剛経を背景に懺悔を含む。

「大小の虚堂、松源の毒に中(あた)り、亦人を害せんと欲す。果して我が東海の第一祖(大応国師南浦紹明)を煩わすことを致して、殃(わざわい)児孫に及ぶ」(東嶺円慈「宗門無尽燈論」力用第七)。

33 栄衒… 一休自筆の「徹翁和尚示栄衒徒法語」(真珠庵蔵)は、現存の徹翁録には無い。この法語の存否について一休は法兄養叟と激論している。「東海一休和尚年譜」六十一歳の条参照。

35 桃花浪… 三秦記に「河津、一名二竜門一、桃花浪起、鯉躍而上レ之、過者為レ竜、否則点額而退」とある。碧巌録七・六〇参照。

竜門 「三秦記曰、河津、一名二竜門一、巨霊跡猶存、去二長安一九百里、水懸レ船而行、旁有レ山、水陸不レ通、亀魚之属、莫二能上一、江海大魚、集二門下一数千、不レ得レ上、上即為レ竜、故云下曝二鰓竜門一、垂中耳轅下上」(太平御覧、鱗介、竜)。

36 千古… 屈原(三四〇—二七八BC)の死後約百年、漢の賈誼(賈生、洛陽の人。二〇一—一六九BC)は文帝に召されて博士となったが、のち大臣に忌まれ長沙王の太傅となった。史記の屈原賈生列伝二十四「弔二屈原一賦」は、誼が配所に行く途中、湘水を渡る時の作であり、詞意沈欝、俗を疾み世を傷んで「仄(ほの)かに聞く、屈原は、自ら汨羅に湛(しず)めりと。造(いた)って湘流に托して、敬(つつし)んで先生を弔う」の詠嘆を以て始まる(古文真宝後集)。

37 法中の王… 「挙す、世尊一日陞座、文殊白槌(びゃくつい)(槌を鳴らして大衆にことを報告)して云く、諦観法王法、法王法如是。世尊便ち下座」(従容録一世尊陞座)。

41 西来意… 「竜牙(りゅうげ)、翠微に問う、如何なるか是れ祖師西来意(達摩が西方印度から中国へ来た真意・使命、仏法の真髄)。微云く、我がために禅板を過し来れ。牙、禅板を過して翠微に与う。微接得して便ち打つ。牙云く、打つことは即ち打つに任す。要且つ祖師西来意無し。牙又臨済に問う、如何なるか是れ祖師西来意。済云く、我がために蒲団を過し来れ。牙、蒲団を取って臨済に過与す。済、接得して便ち打つ。牙云く、打つことは即ち打つに任す。要且つ祖師西来意無し」(碧巌録二〇)。この末尾に「賊過ぎて後弓を張る」の著語がある。

42 空しく… 一休は大燈百年忌に一女子を伴って参拝している。「師四十三歳。是の年、開山国師百年遠忌にあたる。師往いて塔下を拝す。一女子衣嚢を戴いて後に随う。乃(よ)って偈を述べて以て斎供に当つ。祖師遷化已百載。空拝二婆年一婆子裙。等の句有り」(年譜)。

「進んで云く、時に香厳至る。潙山前話を挙す。厳云く、某甲偏に昔の話を答得ん。潙また問う。厳亦近前叉手して立つ、如何領略せん。(注—この前に、「仰山近前叉手而立意旨如何」の語あり）師（大燈）云く、婆が裾子（くんず）を借りて婆年を拝す」（槐安国語一）。最後の一句は、長寿の人にあやかりたいために婆の裾（もすそ）を着ること。

この語、大応録や夢窓録にもある。本物でない物真似では駄目だという意。これを一休自身に適用して大燈百年忌に捧げたのである。

43 **児孫**　南浦紹明（大応国師）が虚堂の法を嗣ぎ咸淳三年（一二六七）径山を辞して帰国の際、虚堂が与えた別離の偈に「東海の児孫日に転（うたた）多からん」という結びの句があった。

上頭の関　公案に理致・機関・向上があるという。いわゆる「山上なお山あり」。槐安国語二には「師（大燈）云、且（しばら）く須らく上頭の関を蹈むべし」とある。

白雲…　五台山（山西省五台県）は六朝ないし唐宋時代仏教の一大霊地であり、文殊菩薩の浄土として内外僧徒の巡拝者を集めたばかりでなく、護国仏教の中心として歴代皇帝、大臣等の捨身、供養の霊場であり、大斎会場でもあった。慈覚大師円仁の「入唐求法巡行記」、E・O・ライシャワー「世界史上の円仁」（田村完誓訳）は、大斎会をめぐる諸情勢をくわしく伝えている。伝説によれば、無著文喜（八二〇―八九九仰山慧寂の嗣）が五台山にあって典座（てんぞ食事係）をつとめていた時、粥鍋の上に文殊菩薩が現われた、無著は即座にこれを打って「たとい釈迦老子来るも我れ亦打（た）せん」と言ったという。

「劉鉄磨（潙山下の老尼）潙山に到る。山云く、老牸牛（ろうじぎゅう老いぼれの牝牛）汝来也。磨云く、来日台山（五台山）に大会斎あり、和尚還って去るや。潙山身を放って臥す。磨便ち出で去る」（碧巌録二四・従容録六〇・会元九）。

「五台山上の雲の湧くさま、堂前に犬の尿するさま。又本分の機語」（柴山全慶「訓註禅林句集」）、洞山守初の「五台山上雲蒸レ飯、古仏堂前狗尿レ天」（禅林類聚六祖偈門）に由来するか。

狂雲集の70偈に「狗尿栴檀古仏堂」の結句がある。

44 **古帆未掛時**　この問答は、虚堂がその師運菴普巌から最初に与えられた公案であり、虚堂が大応に与えたそれでもあった。（葛藤集四一）

一二三…　「意到って句到らず、句到って意到らず、一二三四五六七、七六五四三二一。忽然として意句倶に到る時、又作麼生（そもさん）。良久して云く、花の開くことは栽培の力を仮らず、自ら春風の伊（かれ）を管待する有り」（大燈竜宝山語録）。

南泉…　「南泉和尚、ちなみに東西の両堂猫児を争う。泉すなわち提起して云く、大衆道（い）い得ば即ち救い得ん。道い得ずんば即ち斬却せん。衆、対（こた）うる無し。泉、遂に之を斬る。晩に趙州外より帰る。泉、州に挙似（あげしめす）す。州、すなわち履（くつ）をぬいで頭上に安じて出づ。泉云く、なんじ若し在りしならば即ち猫児を救い得ん」（無門関一四）。

45 **小姑・彭郎**　小姑は江西省彭沢県の北、安徽省宿松県の東にあり、長江中に屹立する山。彭蠡湖の大孤に対して小孤と称し、俗に小姑と言う。

「江南に大小の孤山あって江水中に在り。巍然として独り立つ、而して世俗、孤を転じて姑となす。江側に一石磯あり、これを彭浪磯と謂う、遂に転じて彭郎磯となす。彭郎と謂うは小姑壻なり」（帰因録二）。

また水神の名に彭郎がある。

「紹興の初、張魏公、湖湘より還り、嘗て営葺を加う。碑ありその事を載す。また別祠あって澎浪磯に在り、江州彭沢県に属す。三面江に臨み水中に倒影す、また一山の勝を占む、舟、磯を過ぐるに風無しと雖もまた浪湧く、けだし此を以て名を得たるなり。昔人の詩に、舟中の估客漫りに狂すること莫れ、小姑前年彭郎に嫁すの句あり。伝者、因みに謂う、小孤廟に彭郎像あり、澎浪廟に小姑像ありと。実は然らざるなり」（入蜀記）。

朝に…　天台山は天台大師智顗によって天台宗の根本地となり、隋の煬帝が智顗のために建てた国清寺を中心に護国仏教の霊地となった。南岳は智顗の師南岳慧思が禅および竜樹の中論思想を挙揚してここに在った。のち六祖の法嗣懐譲も此所に住した。

46 **苦中楽**　前偈の雲門古仏露柱の公案の頌（碧巌録八三）に「南山雲、北山雨。…苦中楽、楽中苦」とあり、この後半を承けたのが一休の46・47偈である。なお654偈「示会裏徒法語」に「…正知正見者、日用坐ニ断涅槃堂一底工夫、全身堕ニ在火坑一。子細看レ之、苦中有レ楽。若能見得、不レ昧ニ撥無因果境—…」とある。

酒三盃…　無門関一〇の清税孤貧の則に、「曹山和尚、因(ちな)みに僧問うて曰く、清税孤貧、乞う賑済したまえ。山云く、税闍梨。税応諾す。山曰く、青原白家、酒三盞、喫し了って猶道(い)う、未だ唇を沾(うるお)さずと」。曹山録上参照。曹山は洞山良价の法嗣。

48 **百丈野狐**　大悟徹底した人でも因果に落ちるか、と問われた禅僧が「不落因果」と答えたために、五百生野狐身におちた、この野狐身が百丈懐海の「不昧因果」の一句によって大悟したという故事。

「無門云く、不落因果、甚(なん)としてか野狐に堕す。不昧因果、甚としてか野狐を脱す。若し者裏に向って一隻眼(一如不二の道眼)を著得せば、便ち前百丈(曾て百丈山に住して野狐に堕した禅者)贏(か)ち得て、風流五百生なることを知得せん。頌に曰く、不落不昧　両采一賽　不昧不落　千錯万錯」(無門関二)。

野狐の風流を情事と見、その五百生を一休の五十余と対照し、枕上云々をこれにかかわらせることができるかも知れぬ。「残生白髪猶婬色、鬼眼閻魔決是非」(445偈)。

49 **淵明**…　字(あざな)は元亮、一説に名は潜。中国東晋の詩人(三六五?—四二七)。酒と菊を愛し貧に甘んじ田園生活を送った。その「飲酒二十首」「帰去来辞」は有名。偈の「眉を顰む」に関連してつぎの一節が読まれる。「仏教については、遂にこれに帰依することはなかったようである。しかし廬山にあった僧俗の文化人の集まり〃白蓮社〃との近しい関係から、仏教にも知的な興味はもっていたにちがいない。…ただ次のエピソードを信ずれば、その団体については皮肉な見方をし、かれらの言動には腹にすえかねるものがあったらしい。—ある時淵明も白蓮社への入社をすすめられた。〃もし酒を飲んでもいいということなら…〃と淵明は返事した。この高名な隠者を加盟させるために、厳格なるべき禁は破られて、淵明に限り飲酒自由ということになった。かくてようやく廬山を訪ねた淵明は、何が気に入らなかったか、忽ち眉をひそめて帰ってしまった(「蓮社高賢伝」)」(一海知義注「陶淵明」—岩波「中国詩人選集」4)。

伝説では、廬山の戒酒鐘を聞いて眉をひそめて去ったという(虚堂録「淵明聞レ鐘皺レ眉」)。

50 **見色明心**　「僧問う、古人道(いわ)く、色を見て便ち心(しん)を見ると、禅牀は是れ色、請う和尚、色を離れて学人の心を指(しめ)せ。師(仰山)曰く、那箇か是れ禅牀、指出し来れ。僧、語無し」(伝燈録一一仰山章)。

寒山、月を見る　「吾が心は秋の月に似たり。碧潭清くして皎潔。物の比倫するに堪うる無し。我れをして如何が説かしめん」(入矢義高注「寒山」—岩波「中国詩人選集」5)。

51 **満目**…　「満目山陽笛裏人」は唐の詩人竇牟「奉誠園聞レ笛詩」の結句にある。晋の文人向秀(しょうしゅう)字は子期、竹林七賢の一人)は、彼と深交のあった嵆康(けいこう)が誅せられるに臨み琴を弾じたが、その後、向秀が山陽の康の旧宅を過ぎたとき、隣人の吹く笛声に、昔を追想して「思旧賦」を作った。

53 **黄檗**…　「檗云く、仏について求めず法について求めず衆について求めず、ただ礼することかくの如し。大中云く、礼することを用いて何かせん。檗便ち掌す。大中云く、大麁生。檗、這裏什麽(なん)の所在にしてか麁と説き細と説くといって、檗又掌す。大中後に国位を継ぐ。黄檗に賜うて麁行の沙門と為す」(碧巌録一一・会元四・正宗賛)。

商君　秦の孝公に仕え、富国強兵をはかること一〇年、秦の宰相として峻厳な法治主義を行なって民の恨みを買い、恵文王が立つに及んで讒せられ車裂の刑に処せられた。

54 **机案**…　臨済録の行録に「師一日、黄檗を辞す。檗問う、什麽(いずれ)の処にか去る。師云く、是れ河南にあらずんば便ち河北に帰せん。黄檗便ち打つ。師、約住して一掌を与う。黄檗大笑して、乃ち侍者を喚ぶ、百丈先師の禅版机案を将(も)ち来れと。師云く、侍者、火を将ち来れ」。師黄檗が印可証明として禅版机案を与えようとしたのを、臨済が無用な物として焼く意思を示したこと。一休の印可証否定の立場に照応。

劫火…　「劫火洞然、大千倶壊。須弥巨海、磨滅無レ余」(仁王経下)。碧巌録二九に「僧、大隋に問う、劫火洞然として大千倶に壊(え)す。未審(いぶかし)這箇(法性法身、真の自己)壊か不壊か。隋云く、壊」。この「壊」はもちろん「不壊」の対概念ではない。著語に「無孔の鉄鎚当面に擲つ」。手脚のつけ処がない。安心立命の当体。正法眼蔵の菩提分法参照。

55 **翠岩**… 「一夏以来兄弟(ひんでい) 法の兄弟)のために説話す。看よ、翠岩が眉毛ありや。(おしゃべりの罰でライ病になったらしい。) 保福云く、賊となる人、心虚(うつろ)なり。(飢人の食を奪う大泥棒は、内心びくびくものだ―偉大な宗匠は、戦々兢々として大法に謙虚だの含意?) 長慶云く、生ぜり。(眉毛脱落し尽して生。長慶、刻々新たな脱落身心。) 雲門云く、関。(意味・無意味の境透脱の、関!)」(碧巌録八)。

56 **賓中主**… 臨済録の四賓主は客看レ主、主看レ客、主看レ主、客看レ客の四であり、正宗賛は汾陽善昭(九四七―一〇二四)の四賓主として賓中賓、賓中主、主中賓、主中主を挙げ、人天眼目は風穴延沼(八九六―九七三)の四賓主として同じ四つを挙げている。曹洞系では宏智(わんし)広録にみられるが、それぞれ多少趣がちがっている。

関字銭… 碧巌録八の頌に「翠巌徒に示す。千古対無し。関字相酬ゆ。失レ銭遭レ罪…」とある。唐朝の頃、銭を失う者は罪科に処する法律があった。失銭遭罪、すなわち銭を失った上に罪科に処せられるとは、災難の上に災難に逢うこと。「損の上塗り」「泣き面に蜂」。雲門の「関」は災(わざわい)の上の災、長慶の「生」は親切に見え、保福の「賊」は捕えることもできぬ、四人のうち真向から迫る曲者(くせもの)は誰なのか。

57 **梅子熟** 大梅法常(七五二―八三九)は明州襄陽の人。姓は鄭氏。馬祖道一に参じ、馬祖の「即心即仏」の言下に大悟、明州の大梅山に隠棲。

馬祖の法嗣塩官斉安(―八四二)門下の僧が、大梅に「和尚は此の山にきて何年になりますか(和尚在此山来多少時也)」と問うた。大梅「ただ見る四山の青うして又黄なることを(只見四山青又黄)」と答えた(57偈結句「青已黄」はこれに呼応。なお夢窓疎石「山居」に「青山幾度変二黄山一」の句がみられる)。のちに馬祖は、僧を送って「和尚そのかみ馬祖にまみえて何を得て此の山に住するか(和尚見馬師、得箇什麼便住此山)」と問わせた。師前話を告げたところ、僧云く、「馬師の仏法近来別である(馬師近日仏法又別)」。師「どのように別か(作麼生別)」。僧「近来又道う、非心非仏」。大梅云く、「此の老漢、いつまで人をまどわすのか。馬祖は非心非仏であろうと、わしはただ即心即仏(這老漢惑乱人、未有了日、任汝非心非仏、我只管即心即仏)」。僧帰ってこの由を告げると、馬祖云く、「梅子熟せり(梅子熟也)」。(伝燈録七・会要四)

59 **払を**… 「一日師(百丈)衆に謂って曰く、仏法は是れ小事にあらず。老僧、昔、馬祖に再参し、大師に一喝せられて、直(じき)に得たり三日耳聾し眼暗むことをと。時に黄檗挙を聞いて、覚えず舌を吐く」(伝燈録六・会元三・正宗賛百丈章)。↓133偈注

60 **霊雲答へず**… 「長生問う、混沌未分の時、含生何よりか来る。師(霊雲)曰く、露柱懐胎の如し。曰く、分れて後如何。師曰く、片雲太清に点ずるが如し。曰く、未審(いぶか)し太清還って点を受くるや。師答えず。曰く、恁麼ならば則ち含生来らざるや。師亦答えず。曰く、直(じき)に純清絶点を得る時如何。師曰く、猶是れ真常流注」(会元四)。

真常流注は真如常住の境に達しても微細の煩悩が流れ出てやまぬこと。「明眼衲僧盲聾瘖唖…尽大地是箇解脱門」(大慧語録九)。

玄沙三種病 玄沙師備(八三五―九〇八)の問題提起。諸方の宗匠がたはいずれも衆生接化を語っていられるが、もしここへ三種の病人が訪ねてきたなら、どのように接化なさるのか。

「玄沙衆に示して云く、諸方の老宿尽く道う接物利生と。忽ち三種の病人来るに遇はば作麼生(そもさん)か接せん。患盲の者、拈鎚竪払、他(かれ)又見ず。患聾の者、語言三昧、他又聞かず。患唖の者、伊(かれ)をして説かしむるも、又説き得ず。且(しばら)く作麼生か接せん。若し此の人を接し得ずんば、仏法霊験無からん。僧、雲門に請益(しんえき)す。雲門云く、汝礼拝著(らいはいじゃく)せよ。僧礼拝して起つ。雲門柱杖(しゅじょう)を以て拄(つ)く。僧退後す。門云く、汝是れ患盲にあらず。また近前来と喚ぶ。僧近前す。門云く、汝是れ患聾にあらず。門乃ち云く、還って会(え)すや。僧云く、不会(ふえ)。門云く、汝是れ患唖にあらず。僧ここに於て省あり」(伝燈録一八・会元七・碧巌録八八)。

61 **釣台** 秀州華亭に小舟を浮べて求法の士を待った船子に「三十年来釣台に坐す…金鱗に遇わず空しく力を労す…」の偈があり、船子を尋ねて来た

夾山に問うた語に「垂糸千尺意在㆓深潭㆒」の句がある(会元五)。古人釣台の遺跡は甚だ多く、子陵垂釣の処もその一つ。

漢の厳光、字は子陵、余姚の人、後漢の光武と遊学し、光武即位の後、諫議太夫に召されたが受けず、姓名を変え羊裘を被り、富春山に耕し、沢中に釣る。後人その釣した処を厳陵瀬と呼んだ。そこに釣台がある。夾山は船子の法嗣夾山善会(ぜんね)(八〇五―八八一)、澧州夾山に住した。「如何なるか是れ夾山の境」と問われて、その禅境涯を示した句は「猿は子を抱いて青嶂の後えに帰り、鳥は花を銜(ふく)んで碧岩の前に落つ」(祖堂集七)。

62 舟翻り…　会元五では、夾山に法を伝えみずから船をくつがえして入水したと記す。

船子の偈は「千尺糸綸直下垂、一波纔動万波随。夜静水寒魚不㆑食、満舡空載㆓月明㆒帰」(会元五)。

船子が夾山に法を付嘱する前後の消息を、「師曰く、江波を釣り尽して金鱗始めて遇う。山乃ち耳を掩う。師曰く、如是如是と。遂に属して曰く、汝向去直(じき)に須らく身を蔵する処、没蹤跡、没蹤跡の処、身を蔵することなかるべしと云々。山乃ち辞して行き頻々に回顧す。師また喚んで曰く、闍梨と。山首を回らす。師橈を挙げて云く、汝将に謂えり、別に更に在る有りと。言い訖って乃ち船を蹈翻して水に入りて逝く」(江湖風月集略註取捨下)と記している。

逆流　楞厳経四「今欲㆘逆㆓生死欲流㆒、反㆓窮流根㆒、至㆗不生滅㆖」。初めて生死の流に背いて涅槃の道に入る義。

但し、この場合は、俗間の伝説、孔子が死んで泗水(洙水―江湖風月集略註による「在㆓華亭㆒」は泗水の支流)の岸に葬られた時、河水が逆流したという説を転用し、生死切断の急を問い迫る勢を示した。但し前後の両義を兼ねるとみられぬでもない。

63 春風を…　この一句は柳に託していう。唐末の詩人羅隠の「柳」と題する詩に「明年更有㆓新条在㆒、繞㆓乱春風㆒卒未㆑休」とある(甲乙集九)。この「繞乱」は後世「悩乱」として引用されることが多い(入矢)。

大慧宗杲(そうこう)(一〇八九―一一六三)は好んでこの句を用いた。例えば「雲門一日拄杖を拈じて云く…ただ衲僧分上に於て害を為し寃を為して行かんとすれども行くことを得ず、坐せんとすれども坐すことを得ず。一歩を進むるときは則ち拄杖子に路頭を迷却せられ、一歩を退くときは拄杖子に鼻孔を穿却せらる。只今甘(よろこ)ばざるの底有ること莫しや。試みに出で来って拄杖子と相見せよ。如(も)し無くんば来年更に新条の在る有り、春風を悩乱して卒(いつ)に未(いま)だ休(や)まず」(大慧語録七)。春が来ればおのずから新条(柳の芽)が生ずるように、願心と精進が続くならば、悟りは、時節因縁の成熟により、自然(じねん)に現ずるのだ。

64 杜牧　晩唐の詩人杜牧(八〇三―八五二)は剛直奇節の士、宦官の専横と朝臣の党争に明け暮れた時代、地方官を歴任し、最後に中書舎人として不遇の中に歿した。「阿房宮賦」は著名。詩は豪放であり、文は軍事に関するものが多い。卒するに際し自ら墓誌銘を作り、平生作るところの文章を悉く焚いたという。水村山郭酒旗風(江南春)、商女不㆑知亡国恨(泊秦淮)の句法は狂雲集にも影響している。壮年好んで天下の大事を論じ兵学を語ったが、晩年青楼薄倖の名を博し、唐末乱世の中、むなしく名君唐の太宗(昭陵はその陵)の往時を思うのみであった。

晩年不遇の杜牧に、「将に呉興に赴かんとして、楽遊原に登る」の詩「清時、味わい有るは是れ無能、閑(かん)は孤雲を愛し、静(せい)は僧を愛す。一麾(いっき)を把って江海に去らんと欲し、楽遊原上、昭陵を望む」(三体詩)がある。一麾は太守として地方に赴くこと。名君のほまれ高い太宗をしのんだもの。太宗の治世は貞観(じょうがん)の治とよばれ、太宗と賢臣との問答録「貞観政要」十巻は、為政者の範といわれた。杜牧は結句のなかに、当代の政治に対する不満をふくめた。

なお杜甫にも、「行(ゆく)昭陵に次(やど)る」「重ねて昭陵を経たり」の二篇がある。(唐詩選)

65 恩深…　仏魔の話については二七四頁前書「納敗」補注参照。

王莽は漢の平帝を殺し、ついで帝位を奪って国を新と号したが、その苛政ゆえに民心を失い在位十五年にして亡びた。はじめ王莽に仕えた揚雄は漢代第一級の儒者にして哲学者。訥弁でどもり、黙して思いを凝らすを好む。「太玄」「揚子方言」「揚子法言」等の撰著あり、その著「太玄」は虚堂智愚の愛読するところであった。虚堂の「頌古百則」の跋文には揚雄への言及が見られる。

「揚雄莽大夫」は、普通の漢詩の句法から読めば「揚雄(という)莽(なる)大夫」という意に一気に読まれる。「莽」とは「ガサツな」「荒っぽい」の意。しかし一休は恐らく「王莽の大夫」というつもりであろう。(入矢)

王莽が前漢を奪取すると、揚雄はこれを賛美する美文「劇秦美新」を作った。宋以後の道学者は、これを無節操とみた。朱熹は通鑑綱目に、揚を酷評して「莽の大夫揚雄」と記した。

66
沈吟… 小艶詩は圜悟克勤(えんごこくごん)(一〇六三—一一三五)開悟の機縁となった詩。克勤はじめ五祖法演(一〇二四?—一一〇四)に参じたが不遜の辞を以て五祖と合わず、去って金山に到り傷寒の大疾にかかって苦悩し、よって再び五祖のもとに帰って侍者となった。時に陳提刑五祖に参じて道を問うた。五祖曰く、君は曾て小艶の詩を読んだことがあるか、その中の二句に吾が家風を示唆するものがある、すなわち「頻りに小玉を呼ぶ、元より事なし、ただ檀郎が声を認得せんことを要す」(頻呼小玉元無事、祇要檀郎認得声)というのがそれだ。これを子細に見るがよい、と。克勤この一件を聞いて、「和尚の小艶詩の提示によって提刑は会得しましたか」と問うた。演「かれはただ声を認得しただけだ」。勤「ただ、檀郎が声を認得せんことを要す、すでに声を認得したのです、どうしていけないのです」。演、いきなり問うた「如何なるか是れ祖師西来意。庭前の柏樹子、聻(に)」。克勤は忽ち大悟した(会元一九・会要一一)。五祖法演によれば、経論・祖語・公案などは、いわば恋人の檀郎(一切衆生の仏性)を招くための間接的な「小玉(腰元の少女)を呼ぶ手段」にすぎない、手段に繋縛されてはならぬ、という。

夢窓疎石(一二七五—一三五一)はこの消息を次のように説いている。「此の詩は是れ女人の作なり、檀郎とは此の女人の忍びて申しかよはせる男なり。有る時彼の男、此の女人のすみける洞房の辺に来たりてあそびけり。此の時、女人、我は此の洞房の内にありとしらせたく思へども、外聞もつゝましく覚ゆる程に、めしつかふ小玉をしきりによびて、障子あけよ、簾おろせなんどいへども、其の意すべてかやうの用事にはあらず。ただ偏に、彼の男の、此の声を聞きつけて、此の女房は此の内にありけりと、しらんことを要するなり。五家の宗風も亦かくのごとし。皆是れ小玉を呼ぶ手段の、其の言句体裁のかはれるについて勝劣得失を批判するは、宗師の本意を知らざる人なり」(夢中問答)。

小艶詩への言及は96・99・125・244・406・575偈等。

須弥… 従容録四四に「須弥座下の烏亀子、重ねて額を点じて痕せしむることを待つこと莫れ」(須弥壇の脚下の烏亀(めくらがめ)も同様、たまたま這い出しても額を打って痕を作るだけのこと、思量をやめてうろつかないがよかろう)とある。

67
数を… 虎丘下の虚堂智愚に「若し是れ我が虎丘直下ならば、積世の富児の一銭も乱り使わざるが如くにして、箇々生々獰々(せいせいどうどう)、局々促々たり」(虚堂録一瑞岩録)。生々獰々は生き生きとたけだけしくて近づきがたいこと。局々促々は孤危悪辣でひとを寄せつけぬこと。

これに対して大慧派の禅を足陌(そくはく)という(足は足る、充分、陌は百)。虚堂録九に「松源の省数を使わず」とある。竟陵海首座「東洲出二世定水一」の「銭陌是れ誰か省数を知らん」について「銭陌は或いは云う、百二十文を足陌とし、百文を省数とすと。或いは云う、百文を足陌とし、百に足らざるを之を省数と謂うと。大凡江湖に大恵派の仏法を称して足陌と云い、虎丘下松源派の禅を称して省数銭と云うなり。蓋し松源の仏法を省数銭となすは、真正挙揚の謂いか。…長沙岑大虫、衆に示して云く、若也(もし)一向に宗乗を挙揚せば、法堂前草深きこと一丈ならんと」(江湖風月集略註下)。

要するに、大慧派の禅風は言葉を尽して宗旨を明らかにしようと努めるのに対して、松源派は百文の銭を百文使うのでなく、残しておき、簡潔に直截根源に迫る趣きがある、ということ。ただし語句文章多くて足陌と見えるものも、語句嶮峻にして本質的には省数という場合もあろう。

68
魚籃観音 馬郎婦観音をいう。馬氏の男郎の婦となり、魚籃を携えて陝右の地に彷徨したという。稽古略につぎの説がみえる。「馬郎婦、元和年中、陝右を化せんとし、美女子となってその所に示現す。人その姿貌風韻を見、配たらんことを欲す(丹臉青鬟慈愛深)。女曰く、我れ能く一夕に普門品を誦する有らんにはこれにとつがん(自疑雲雨夢中心)。黎明廿輩徹誦す。女曰く、一身あに衆に配せんや、金剛経を誦すべし、旦に至って誦者十数人、女更に授くるに法華七巻を以てし、三日夜を約す。期に至って馬氏の子のみ能く誦す。女礼を具して姻を成さしむ。馬氏これを迎う。女曰く、たまたま体中不安と。しばらくありて客未だ散ぜざるに女すでに死爛して葬る。のち老僧あり来って女の所由を問う。馬氏相引いて葬処に至る。僧、錫を以てこれをあばく。屍、化してただ黄金骨のみ存す。僧、衆に謂って曰く、此は聖者汝等の障重をあわれむが故に方便を垂れて化するのみ、宜しく善く思を思い、苦海に堕つるを免るべし。語りおわって空に飛び去る」。

69
竜宮…　海竜王が霊鷲山に詣でて仏の説法に信心歓喜し、仏を大海の竜宮に請ぜんとして、大海中に宮殿を化作した。仏はもろもろの比丘菩薩と共に竜宮に入り諸竜に大法を説いた(海竜王経請仏品)。「竜樹菩薩、竜宮に往いて此の華厳大不思議解脱経を見る」(賢首「華厳伝」一)。

73
異類中行　異類中行には、(イ)人間と異る生物に生れ代って、かれらを済度する、(ロ)見方生き方の甚だしく違った人々の中に入って、彼らと共に仏道を成就する、の意がある。なお「異類馬牛中行途、洞曹潙仰正工夫。愚昧学者誤領解、看来正是畜生徒」(347偈「異類中行」)参照。

結句は11偈における潙山水牯牛(↓「恵寂は釈迦…」補)の因縁につながる。「年譜」永享元年(一四二九)三十九歳の条に、「師一日檀家に入る。欄に老牛有り。戯れに一偈を書いて、其角端に掛けて云く」として73偈が記され、続いて次の一節がある。「其夜牛斃る。翌日、牛主師に戯れて、吾が牛を頌殺せりと。師一咲せり」。

出生…　寒山詩「十年帰ることを得ず、来時の道を忘却す」。彼はもう十年も家へ帰れぬままに、来た時の道はもはや忘れてしまっている(入矢「寒山」)。碧巌録三四の頌にこの語がある。長年修業して悟ったら、その悟りも忘れてしまえ(柴山「訓註禅林句集」)。

74
泥沙…　碧巌録三八に「穴云く、鯨鯢を釣って巨浸を澄ましむるに慣れて、却って嗟す蛙歩の泥沙に蹍(まろ)ぶことを」とある。

天下の…　「是の時、公孫述、帝を蜀に称す。囂(ごう)は援をして往いて之を観せしむ。素(もと)より援と述とは里閈(かん 村里の門)を同じうして相善し。…此の子は何ぞ久しく天下の士を稽(たくわ)うるに足らんやと。因って辞して帰り、囂に謂って曰く、子陽は井底の蛙のみ。而も妄りに自ら尊大なり」(後漢書馬援伝)。自戒集に「大胆厚面禅師賀頌　養叟ガ禅師号也」と題して「洒水不傷癩蛙面、妄称尊大井本中。…」とある。

75
一枝…　783偈に破戒と題して「飄零の狂客、これをいかんせん、十字街頭笛一枝。多病の残生気力無く、新吟慚愧す老来の詩」とある。

胡笳塞上の吟　岑参(しんじん 七一五—七七〇)胡笳の歌、「君聞かずや胡笳の声最も悲しきを。紫髯(しぜん)緑眼、胡人吹く。之を吹いて一曲猶未だ了らざるに、愁殺す楼蘭(地方名)征戍の児(地方の守備に遠征する兵たち)。…秦山遥かに望む隴山(ろうざん)の雲、辺城夜夜愁夢多し。月に向って胡笳、誰か聞くを喜ばん」(唐詩選)。

76
癡人…　南泉普願嗣長沙景岑(八六八寂)の偈に「学道の人、真を識らざるは、祇(ただ)従来の識神(たましい)を認むるがためなり。無始劫来生死の本、癡人は喚んで本来の人と作す」とある(会元四・伝燈録一〇・無門関一二)。

「棚中境界地兼レ天、弄罷人間一睡眠。有時哭矣有時笑、憂喜分明共現前」(615偈)。

「平生俗漢像二僧形一、全体半身何似生。一棚頭上異二傀儡一、換二却天下人眼睛一」(一休像自賛)。

77
天台五百　「天台五百阿羅漢、身著二法衣一出二人間一。神通妙用可レ還レ你、仏祖不伝妙難々」。一休の偈として白隠の「遠羅天釜」に引用のもの。

78
応身…　高祖が彭城に敗れたとき、西楚は太上皇呂后を取って質とした。そのとき食其(いき)は呂后に侍していた。後、項籍を破って辟陽侯に封ぜられ、陳平とともに相となり、呂后に幸せられた。(史記五六)

80
徳嶠…　「師凡そ住院するや、仏殿を拆却して独り法堂を存するのみ」(正宗賛徳山章)。

「問う、万機倶に尽くる時如何。師(雲門)曰く、我がために仏殿を拈却し来れ、汝のために商量せん」(伝燈録一九)。

「天上天下唯我独尊、我当時若見、一棒打殺、与二狗子一喫却、貴図二天下太平一」(雲門録下)。

鱣　「師(岩頭)云く、雪峰若し汝に岩頭近日何の言句かあると問わば、汝かれに向っていえ、岩頭近日湖辺に在って只だ三文銭をもて箇の妻子を娶り、毎日蝦(えび)を撈(と)り蜆(しじみ)を攡(と)って、しばらく時を過す、と」(禅門拈頌集二〇)。

81 **黒老婆**　「沙汰に値うて湖辺に於て渡子と作(な)る。両岸におのおの一板を挂く。人あって渡を過ぐるに、板を打つこと一下す。師曰く、阿誰(た)ぞ。或いは曰く、那辺に過ぎ去らんと要す。師乃ち棹を舞わして之を迎う。一日因みに一婆、一孩児を抱き来って乃ち曰く、橈を呈(あ)げ棹を舞わすことは即ち問わず、且(しばら)く道(い)え、婆が手中の児、甚(いず)れの処よりか得来る。師便ち打つ。婆曰く、婆、七子を生むに六箇は知音に遇わず、ただ這(こ)の一箇もまた消得せずと。便ち水中に拋向す」(会元七・正宗賛・拈頌集二〇)。

82 **多福**　「杭州の多福和尚、僧問う、如何なるか是れ多福一叢の竹。師曰、一茎両茎は斜なり。曰く、学人会(え)せず。師曰く、三茎四茎は曲れり」(会元四・伝燈録一一)。

「年譜」の文明九年(一四七七)条には、「師八十四歳。春夏恙無し。牀菜庵南畔、脩竹、林を成す、納涼に宜し。毎夏苦熱甚だし。師、竹間に小亭を搆う。芦を刈りて葺となし、竹を編んで牀となす。…多福香厳の風流慕うべし。乃ち偈を作って以て亭の側に題す」とある。

84 **校割**…　永享一二年(一四四〇)六月請われて如意庵に住し、華叟和尚十三回忌を営んだ。集まる参詣者達は香銭を携えて一休の住庵を祝ったので、その騒然とした日々に驚き、数日後如意庵を去る際の偈。

常住物　出家人の四種の受用物を四種僧物(そうもつ)または四種常住という。

一、常住の常住。寺院の田園雑具など住僧の受用するもの。

二、十方の常住。施主が街路において十方往来の僧に施す粥飯など。

三、現前の現前。施主が寺に行き在住の僧のみに分つ施物。

四、十方の現前。施主が寺に行き十方の僧を招いて、彼等に分つ施物。

86 **南江**　美濃、臨済宗の僧、漁庵と号した。相国寺玉竜庵に於て雪渓支山(一山―雪村―雪渓)に参じ、建仁寺江西竜派に従って詩文を学び、瑞渓周鳳、心田清播、のち一休宗純に参じて親交、各地に転住、和泉に漁庵を構え、また新庄に妙樵庵を作った。晩年万里集九と共に禅教団に絶望して還俗した。詩文集「漁庵小稿」(鷗巣集)。連歌師心敬の「ひとりごと」にも一休・南江への言及あり。

二喬…　三国時代呉の英雄周瑜(孫権に従い曹操を赤壁に破る)が孫権の兄孫策に従って皖城を攻め、喬公の両女を得、策は自ら大喬を納れ、瑜は小喬を納れた。

杜牧之「赤壁」の詩に「折戟沙(すな)に沈んで鉄半ば銷す、自ら磨洗を将って前朝を認む。東風周郎が与(ため)に便ぜずんば、銅雀春深うして二喬を鎖(とざ)さん(あのとき東風が周瑜に都合よく吹かなかったなら、春ふかい銅雀台に、喬氏のふたりの美女はとざしこめられ、曹操に仕える身となったであろう)」(三体詩)。周瑜は曹操の船陣を東から火をかけて、これを破った。銅雀は魏の曹操が築いた銅雀台、河南省臨漳県の西南、鄴城内の西北隅。

自戒集に「寄南江三首」があり、その中に、「…流落嚢中無二一銭一」「不レ持レ銭也不レ失レ銭」「…頌二略天王道悟禅一、漁庵三昧人不レ識」の句がある。天王(皇)道悟(七四八—八〇七)は石頭希遷の法嗣。唐代の禅匠、天皇寺に住し、簡素な平常禅を挙揚した。

88 **山路**　嘉吉二年(一四四二)四九歳、如意庵の雑沓を捨てた(四七歳)かれが初めて丹波の譲羽山に入り民家を借りて住む、その時の偈である。のち尸陀寺を建てたが久しからずして荒廃した。尸陀林は印度摩伽陀国の死者を葬った幽邃寒冷の林。

「寒林に骨を打つ、霊鬼泣く泣く前生の業を恨み…万箇目前の境界、懸河渺々として巌峨々たり」(謡曲「山姥」)の境をよむ。

91 **帰宗**…　「僧辞するに、師(帰宗)問う、甚麼の処にか去る。曰く、諸方に五味禅を学す。師曰く、諸方に五味禅あり、我が這裡には祇だ一味禅あり。曰く、如何なるか是れ一味禅。師便ち打つ」(会元三)。

浄名…　「化菩薩満鉢の香飯を以て維摩詰に与う。…時に維摩詰、舎利弗ら諸の大声聞に告ぐらく、仁者は如来甘露味の飯を食うべし。大悲の所薫なり。限意を以てこれを食して消せざらしむるなかれ。異の声聞ありて、念うらん、この飯少くして此の大衆の人々まさに食すべきやと。化菩薩曰く、声聞の小徳小智を以て如来の無量福慧を称量すること勿れ。四海尽くることあるも、此の飯尽くるなし、一切の人をして食揣せしむと」(維摩経香積仏品)。

92 **三要**…　「一句語に須らく三玄門を具すべし。一玄門に須らく三要を具すべし」(臨済録)。

三要印は標題の「書」(墨跡)の落款にちなむとともに、「印消」は臨済録の「三要印開して朱点側(そばだ)つ」と対照し、かつ三要の契機が役割を果し終えて血肉化したことを示唆するのであろう。

意はざりき…　臨済が学人を接化する一方法として用いた三玄すなわち体中玄・句中玄・玄中玄の第三を、ここでは玄中有玄路としたか。あるいは洞山良价の唱えた手段「鳥道・玄路・展手」の第二ともみられる。

95 **寒毛**…　不明。参考として「吾が教意は塗毒鼓の如し、撃つこと一声すれば遠近聞く者倶に喪す」「老漢去らん時、大叫一声し了って去ると。一日賊大いに至る。…遂に刃(やいば)をさしはさむ(腹を刺す)。師、神色自若、大叫一声して終る、数十里に聞ゆ」(正宗賛・会元七)。

96 **万杵**…　華頂峰は製墨の地でもあり、木蘭多く、これを焼いて墨に合わせる。率菴梵琮の「送レ墨与レ人」に「月明華頂風清の夜、万杵の霜花、毳袍(僧衣)に落つ」(江湖風月集上)。

何ぞ…　前引「送レ墨与レ人」の前半に「一点雲生ず秋兎毫、将(も)って容易に離騒を写すこと莫れ」とある。承句「莫三将容易写二離騒一」の意は、転・結句の「月明華頂風清夜、万杵霜花落二毳袍一」に示すように、華頂月明の寒夜に辛苦を重ねてつくられたものゆえ、容易の看をなしてはならぬ、仏典祖録でも写すに用うべきである。屈原の離騒は格調高いものではあるが、離騒を写すぐらいでは到底だめだという。

一休の偈は、この見地に対する批判となっている。なお天台山華頂峯の拝経台は、智者大師智顗(ぎ)が経を拝した処という。

偈の「知蔵」は、馬祖道一の法嗣西堂智蔵の故事を連想する。智蔵は教相の学に精通し、馬祖から「経は蔵に入る」と評された。

「僧、馬大師に問う、四句を離れ百非を絶して、請う師某甲に西来意を直指せよ。馬師云く、我れ今日労倦す。汝が為に説くこと能わず。智蔵に問取し去れ。僧、智蔵に問う。蔵云く、何ぞ和尚に問わざる。僧云く、和尚来り問わしむ。蔵云く、我れ今日頭痛す。汝が為に説くこと能わず。海兄(百丈懐海)に問取し去れ」(碧巌録七三)。

102 **囚に**…　「師、宝祐戊午六月十四日、難に罹る…」(虚堂録三)。「呉制相、讒を信じ、隙(反感)を懐いて師を辱しめ、其の徳を損ぜんと欲す。師怡然として自若たり。始終拒抗すれども色を変うるなし。聖旨宣諭して釈(と)き放(ゆる)す」(同一〇行状)。

103 **眉間**…　「昭覚元禅師出レ衆問云、眉間に剣を挂くる時如何。師曰く、血を梵天に濺ぐ」(会元一九宗杲章)。法を求めるために身を裂き血を梵天に献じた故事を引いたもの。

106 **漢王**…　鋳印は、漢の高祖が韓信を将軍に命ずる時、壇を築いて韓信を招き印(将軍の符契)を鋳てこれに与えたこと。禅修行の場合、公案を授けて妄想の魔軍を打破する功勲辺(有功用の建立門)に喩える。消印は、漢の高祖凱旋の後、韓信の軍職を解いて不用になった印綬をとり返し印章を銷滅したこと。禅における無功用・掃蕩門。悟り忘れた閑道人の洒脱自在に喩える。虚堂録七に「鋳印」「銷印」の偈、江湖風月集上に「鋳印」「銷印」の偈がある。

107 **折脚**…　「或は儻(も)し一人有り、野外に綿蕝し、一把茅底、折脚鐺内に野菜根を煮て喫して日を過すとも、専一に己事を究明する底は、老僧と日々相見報恩底の人也」(大燈国師遺誡)。

109 **一句**…　「龐居士坐次に、霊照に問うて曰く、古人道(いわ)く、明々百草頭、明々祖師意。你(なんじ)作麼生。照曰く、老々大々、這箇の語話を作(な)す。士曰く、你作麼生。照曰く、明々百草頭、明々祖師意。士乃ち大いに笑う」(龐居士語録上)。

114 **南方**…　「人に南北有りと雖も、仏性もと南北なし」(六祖壇経)。「只如㆓五祖会下四百九十九人㆒、尽会㆓仏法㆒。惟有㆓盧行者一人㆒、不㆑会㆓仏法㆒、只会㆑道」(南泉録)。

120 **子胥**…　子胥、楚に入り、平王の墓をあばいてその屍を三百回鞭うった(「求㆓昭王㆒既不㆑得、乃掘㆓楚平王墓㆒、出㆓其尸㆒、鞭㆑之三百、然後已」)。その非道をなじった友人の語をきいて、子胥は「吾日暮塗遠、吾故倒行而逆㆓施之㆒」と言ったという。(史記列伝六)

子胥は伍子胥。春秋、楚の人。父兄ともに楚の平王のために殺された時、彼は呉に奔り、呉を佐けて楚を討ち、のち太宰嚭に讒せられ、死を賜わる。

121 **芋を**…　河南府衡山石室に住して、唐の徳宗の招きにも応ぜず、牛糞を焚いて芋を焼いてふりむかず、寒洟(みずばな)が流れるのを拭おうともしない。徳宗の使者に拭うてはどうかと言われて「俗人のために寒洟を拭うひまなどない」といった。「天子に朝せず、あに王侯を羨まんや。生死慮(おもんぱか)ることなし、更にまた何をか憂えん。…兀然(ごつねん)として無事にして坐す。春来って草自ら青し」(伝燈録三〇)と歌っている。

122 **端師子**　羅湖野録上につぎの記事がある。

「湖州西余の浄端禅師(首山省念下)字は表明…年二十六にして始めて僧服を獲たり。既にして獅子を弄するを観て頓に心法に契(かな)う。…時に斉岳禅師、杭の竜華に住し道価東呉に照映す。端往いて参礼し、機縁相契い、覚えず奮迅翻身して、狻猊の状を作(な)す。岳因って之を可(か)す。是れより叢林雅号して端獅子と為す」。

また「…心要を発明す。則ち綵帛の皮をかたどるを以て常に之を着く。因って端師子と号す。雪の朝毎に綵衣を着けて城に入る。小児争うてかまびすしく之を逐う。人に随って銭を乞う。得れば則ち以て飢寒の者に散ず。常に法華を誦す。又好んで漁父の詞(民間の唄)を歌う」(禅林口実混名集下)とあり、別書につぎの記述がある。「銭を得ば悉く以て飢寒の者に施す。…法華経を誦して功あり、湖人争うて之を迎う。経を開き数句を誦して則ち銭を携えて去る。好んで漁父の詞(俗謡)を歌う。月夜には之を歌うて且に達す(「漁歌一曲五更吟」)」(林間録上)。さらに羅湖野録上には、「湖州甘露寺の円禅師に漁父の詞二十余首あり。世の盛んに伝うる所のものは一のみ」として「「もと是れ瀟湘の一釣客。東よりし西よりし、南北よりす。ただ孤舟を把って屋宅となす…浮名浮利、誰れか拘得せん」。遂にこれをもって名を叢林に得たり。けだし放曠自如の者、藉(か)って以て情を暢べ、道を楽しんで、水雲影裡に謳(うた)う。真(まこと)に解脱遊戯のみ」とある。216偈補注参照。

不托・回頭　林間録の巻上には、右に掲げた「端師子」補注の記述に続いて浄端と狂僧との逸話がある。「時に狂僧あり、回頭和尚と号す。流俗を鼓動す、士大夫亦其の妄に安んず。潤の守呂公と肉を食するにあたりて、師ただちにはしり至り、之を指さして曰く、正当与麼の時、如何なるか是れ仏と。回頭窘(きわま)って対(こた)うることなし。師、その頭を打ち推倒して去る。また狂僧不托と号する者あり、秀州に於て説法す、聴く者城を傾く。師、搊住して問う、如何なるか是れ仏と。不托擬議す。師、之を趯(お)って去らしむ。師、初め開堂す。兪秀老(僧官の名)疏(祭文)を作り、その事を叙して曰く、回頭を推倒し、不托を趯翻(てきほん)す。七軸の蓮経未だ誦せざるに、一声の漁父先ず聞くと。師、僧官の宣して此に至るを聴き、手を以て耶揄して曰く、止みねと。乃ち座に登り、倡(とな)えて曰く、本(もと)是れ瀟湘の一釣客、東よりし西よりし南北よりすと。大衆雑然として善と称す。師顧視して笑って曰く、我れ法王の法を観ずるに、法王の法如是と。下座ただちに去る」。

漁歌…　五更の琵琶湖畔に大悟「昭陽日影玉顔の吟」と詠じた一休の経験と、月淡き五更に「一曲の漁家傲」(漁歌の名)を吟ずという「漁父」の詩偈(江湖集上)に呼応するかと思われる。漁歌は民間の艶歌のこともあった。216偈参照。

127 **棒頭**…　「師(臨済)…幼にして穎異なり、長じて孝を以て聞ゆ。落髪受具するに及んで、講肆(こう)に居し、毗尼を精究し」「山僧の如きも、往日曾て毘尼の中に向って心を留め、また曾て経論に於て尋討す」(臨済録)。しかし大悟ののち、臨済は六度万行、六時行道を造地獄の業と評し、持斎持戒を無益の雑行といい、「仏法は用功(ゆうこう)の処無し。ただ是れ平常無事、屙屎送尿、著衣喫飯、困じ来れば即ち臥す。…随処に主となれば、立処みな真なり」(同)と強調した。

桃李…　二十五歳の青年一休は「祇王失レ寵」の琵琶を聞いて、「洞山三頓棒」(127偈は黄檗三頓棒)の因縁をさとり、師華叟から「一休」の号を受けたが、二十七歳投機の偈は「十年以前識情心、嗔恚豪機在即今。鴉笑出塵羅漢果、昭陽日影玉顔吟」。投機偈の転・結句はさきの祇王と同じく皇帝の寵を失った班女を詠じた王昌齢の長信秋詞「玉顔不レ及寒鴉色、猶帯二昭陽日影一来」(三体詩)に由来する。

「桃李…」の二句は9偈の「桃李春風清宴夕、半醒半酔酒如澠」、222偈の「江湖夜雨十年情」とともに、黄庭堅(一〇四五—一一〇五)の「…桃李春風一杯酒、江湖夜雨十年情」(黄幾復に寄す)と呼応する。

131 **一日**…　「師(百丈懐海)、凡そ務を作し労を執るや、必ず衆に先んず。主者忍びず密かに作具を収めて之を息むることを請う。師曰く、吾れ徳なし、…既に徧く作具を求めて獲ず、而してまた湌を忘る。故に一日作さざれば一日食せずの語あり」(会元三)。

「一日不二力作一、一日食不レ足、慘澹歳云暮、風雪入二破屋一」(趙孟頫「題二耕織図一十二月詩」)。農夫が一日でも耕作に力めないと、たちまち一日分の食が不足する。

「粛侯、大陵に游んで鹿門より出づ。大戊午、馬を扣いて曰く、耕事方(まさ)に急なり、一日作さざれば百日食わず。粛侯、車を下って謝す」(史記四三趙世家)。「一日稼せざれば百日食わず」(説苑建本)。農夫が一日耕作を休めば、百日間の食物を失う。

百丈の念頭には、古代農夫の宿命的な農耕の苦役が焼きつけられていたはずである。

「今、俗語に一日作さざれば一日食わずと謂う、而も趙世家すでに一日作さざれば百日食わずと曰う」(野客叢書)。農夫のばあい「食わず」は「食(くら)えず」である。

なお偈の標題「百丈餓死」は次の記事に由る。「百丈云、老僧無福、坐(いなが)らにして信施を消す、遂に食を絶して殂す」(虚堂録四立僧納牌普説)。

133 **臨済**…　「山僧が説処も皆な是れ一期の薬病相治、総に実法無し。若し是の如く見得せば是れ真の出家なり。日に万両の黄金を消せん」(臨済録)。

昔日…　「一日師衆に謂って曰く、仏法は是れ小事にあらず。老僧、昔、馬祖に再参し、大師に一喝せられて、直(じき)に得たり三日耳聾し眼暗むことを、と。時に黄檗聞挙して、覚えず舌を吐く。師曰く、子(なんじ)、已後、馬祖に承嗣し去ることなしや。檗云く、然らず、今日師の挙(こ)するに因って馬祖の大機の用を見ることを得たり。然れども且つ馬祖を識らず。若し馬祖に嗣がば、已後、我が児孫を喪(うしな)わん、と。師云く、如是、如是、見(けん)師と斉(ひと)しければ師の半徳を減ず。見、師に過ぎて方(まさ)に伝授するに堪えたり。子、甚だ超師の見あり」(伝燈録六・会元三百丈章)。

钁頭…　松を栽(う)えていた臨済に、黄檗が商量をいどんだとき、臨済が鍬の頭で地面を打ち、ヨイショと作務のさまをなしたこと。「師松を栽(う)うる次で、黄檗問う、深山裏に許多を栽えて什麼(なに)か作(せ)ん。師云く、一には山門の与(ため)に境致と作し、二には後人の与に標榜と作さん、と道(い)い了って、钁頭を将(も)って地を打すること三下す。黄檗云く、然も是の如くなりと雖も、子(なんじ)已に吾が三十棒を喫し了れり。師又钁頭を以地を打すること三下、嘘々の声を作す。黄檗云く、吾が宗、汝に至って大いに世に興らん」(臨済録)。

法系は馬祖道一—百丈懐海—黄檗希運—臨済義玄。

136 **血を**…　人に血を吹きかけようとすれば、先ず自分の口を血で汚さねばできぬ。他(ひと)を傷つける言葉を吐けば、それ以前すでに自分の口を汚している。諺であろう。転じて、師家が学人を接するには、自家の醜を厭うていてはできない。また来問に(相手の妄執を奪う。相手の力量を検する)賊意あること。語の示唆するところ、それぞれの状況、コンテクストによって同じではない。「衆に示して云く、血を含んで人を噴く、自らその口を汚す」(従容録七一)。黄竜祖心の嗣雪峰慧空の百丈野狐の頌に、「血を含んで人に潠(は)く、先ずその口を汚す云々」(羅湖野録上)、松源三転語の「開レ口因レ甚不レ在二舌頭上一」への宗峰妙超の著語に、「含レ血噴レ人、先汚二其口一」(大燈百二十則十九)とある。

137 **誓心**…　南天竺に鉄塔があり、仏滅後これを開く者がなかった。竜樹その前に於て大日如来の真言を誦し、七粒の白芥子を以て塔門を打つと扉が開いた。併し塔内の諸神怒ってかれを阻止した。竜樹更に至心懺悔、大誓願を発すると、始めて中へ入ることができ、金剛頂経を得たという。(不空「金剛頂義」)

長信…　漢の成帝の寵をうけた班女は、讒せられ退いて長信宮に太后に侍し、賦を作って自ら傷んだ。これを詠じたのが王昌齢の長信秋詞二篇等。いまひとつの長信秋詞の語が、一休大悟の偈にとりこまれている。王昌齢の長信秋詞に「真成の薄命か久しく尋思す、夢に君王を見て覚めて後疑う。火は西宮を照らして夜飲を知る。分明なり複道恩を奉ずるの時」(唐詩選)。夢で見るのではだめ、覚めて現に見得しなくてはならぬ。この一句に爽明な禅境を示唆したものか。許渾の秋思詩に「琪樹西風枕簟(ちんてん)の秋、楚雲湘水同遊を憶う」。

138 **寒灰**…　「大慧已に一炬に之を丙(や)く矣。嵎中の張煒明遠、死灰を燃してまた板行す。亦所謂老婆心切なる者か」(碧巌録序)。138偈は碧巌集復刊とその序を手厳しく難じたもの。しかし結句「宗乗滅却老婆心」には臨済末期の句の「滅却」とやや似て、復刊の老婆心を是認する含意がある。

139 **黄竜の三関**　「一、我手何ニ似仏手一。二、我脚何ニ似驢脚一。三、人々有ニ箇生縁一(生まれた因縁・生まれた土地)、上座生縁在ニ什麼処一」(正宗賛・葛藤集)。

140 **虎丘**…　大慧武庫に「師云く、円通の秀禅師、雪の下るに因んで云く、雪の下るに三種の僧有り。上等底は僧堂裏に坐禅す。中等は墨を磨り筆を点じて雪の詩を作る。下等は炉を囲んで食を説くと。予丁未の年冬、虎丘に在って、親しく此の三等の僧を見て、覚えず失笑す。乃ち知んぬ、前輩の語虚ならざることを」(正蔵四七―九五六)。

　なお天竜寺開山夢窓疎石(一二七五―一三五一)の偈「雪中下山」に、「庵内不レ知庵外雪、休下将ニ三等衲僧一論上」とある。その遺誡「我有ニ三等弟子一…」は、上記三等僧の説と関連をもつであろう。夢窓が「もしそれ心を外書に酔わしめ、業を文筆に立つる者、此は剃頭の俗人也。以て下等となすに足らず」と述べた箇所に、一休の転句「剃頭の俗」は由来する。

141 **禅者**…　「禅者詩人みな癡鈍」というのは、140偈結びの「飢腸、食を説くもまた風流」にいう下等僧に対する評価の一休による逆転―「宗乗を説かずただ世談のみ」(217偈)の知見を承けて、上等僧を「学道参禅は本心を失す」(216偈)のたぐいとし、中等僧を「嘲ニ文章一」の二偈にみる「詩文はもと地獄の工夫」(367偈)、「閻王あに雅頌の妙を許さんや」(368偈)の対象にまでひきおろし、「三等議論多し」と続けたのであろうか。

香積飯　維摩経香積品第十に次の語がみられる。「四海は竭くることあるもこの飯尽くること無けん。一切の人をして揣を食せしむること須弥のごとくし、乃至一劫すとも猶尽ること能わざる所以はいかん。無尽の戒・定・智慧・解脱・解脱知見の功徳具足するもの所食の余なり、終に尽くべからずと」。

148 **一箇**…　一休は養叟一派をしばしば猢猻と呼ぶ。自戒集は「三箇の猢猻、夜、銭を簸(ひ)る」(三匹の猿が夜半にバクチをうつ)の句をもって養叟の利名禅を酷評している。この句は、洞山守初の法身偈の結句であり、義解をゆるさぬ機語。これを一休は文字どおりに使ったのである。

149 **荒草**…　「座主有り、問う、三乗十二分教、あに是れ仏性を明かすにあらずや。師云く、荒草曾て鋤かず」(臨済録)。

　大意は、声聞・縁覚・菩薩の三乗の行道も、すべての経典(十二分教)も仏性を明らかにしているのではないか？　そのような道具で無明の荒草が鋤き返されるものでない。

涅槃…　霊鷲山における釈尊の、摩訶迦葉への付法語「吾に正法眼蔵・涅槃妙心・実相無相の法門あり。汝に付す」に由来する語法。正法山妙心寺。

杜鵑…　真珠庵本は「誰人吟落関山月、五夜漏声暁箭前」を消して「杜鵑叫落関山月、風痩花園春雨前」とし、成簣堂本も同じく消したのち「杜鵑叫落関山月、誰在花園躑躅前」としている。伊藤敏子氏校訂「狂雲集」(大和文華41号)による。

154 **端なく**…　徹翁録下の行状に「松源又云…臨済正宗至レ我平沈。苦哉苦哉。言訖示寂。師亦有二無レ付レ人語一。由レ是観レ之。臨済正宗両次滅却、諸方皆謂此事至レ師断絶。嗟乎、為レ合如レ是、不レ合如レ是。…吹滅大燈之焔争…」(正蔵八一—二七〇a)。この論争のため一休が言外の印証を書くという変則が起った(解説参照)。

曇華… 竜宝山五祖伝に「外(言外)大いに称賞して華叟の号を授く。常に侍者明遠に語って曰く、拈華微笑の機に於て深く淵原に徹するは古今に曇書記一人のみ」(一句分明言外語)とある。

157 **趙州**… 「鑪鞴裏を透過して金仏となれり、大海裏を透過して泥仏となれり、火焔裏を透過して木仏となれり」(本大系「道元」上三〇四頁)。

160 **道ふ**… 「勝地本来無二定主一、大都(おおむね)山属二愛レ山人一」(白居易)、「江山風月本無二常主一、間者(風流人)便是主人」(蘇軾)。ちなみに上記白居易の詩の題には「…三十六地主に贈る」とある。景勝の地や江山風月には特定の所有主無しという自然観は、風雅の世界での発想である。正法眼蔵の山水経参照。

160偈の内容は、政治と宗教との関係における一事件である。宗教は政治(権力)の圏外にどこまで立ち得るか、という現代的な問題を喚起する底の一事件だともみられよう。結句は王道徳治に関する「普天下無非王土」(小雅北山)に響かせて、時の官僚政治への諷刺を兼ねたものか。

163 **傍出**… 正伝傍出の語104・142・164偈にみられる。当時、大徳寺内の争いのほかに、正伝庵徹翁系と妙心寺関山系との間に争いがあり、養叟・一休もこれに捲きこまれた。当時の大徳寺世代は次の通り。(妙は妙心寺系)

大徳寺三六世日峯宗舜(妙)—三七世足菴宗鑑—三八世惟三宗叔—三九世義天玄承(妙)—四〇世春浦宗凞—四一世雪江宗深(妙)…四六世景川宗隆(妙)—四七世一休宗純……五三世東陽英朝(妙)

166 **窺基三昧** 慈恩大師窺基(単に基が正しいという)は唐の貞観六年陝西省長安に生まれた(六三二—六八二)。仏典翻訳の大家かつ「大唐西域記」の著者玄奘の席をついで、長安大慈恩寺の座主となった。法相唯識宗の祖。著作に「成唯識論述記」二〇巻、「唯識枢要」四巻、「大乗法苑義林章」七巻、「法華経玄賛」一〇巻等。師は容貌魁偉、身長八尺、頂に玉枕あり、気概豪邁、神悟精爽といわれる。一説に、師、初め玄奘の命を拒み、世欲を断ぜず、葷肉を茹(くら)い過中食(戒律に反する正午過ぎての食事)を得ば即ち出家せん、と言った。奘はそこで先ず欲鉤をもって誘い、のち仏智に入らしめようと考え、佯(いつわ)ってこれを許した。かくて基は外出のたびに前車に経論を載せ、中車に自ら乗り、後者に妓女・僕婢・食膳を載せた。よって時の人呼んで「三車法師」と言ったという(おそらく虚伝)。師玄奘から瑜伽論を受け、大般若経を訳した。日に菩薩戒一偏を誦し兜率天に生まれることを願い、法華経を講じ、その疏を作った。唯識における有・空・中の三観を「慈恩三観」ともいう。

169 **江湖**… 江湖は江西湖南の略、唐の馬祖道一は揚子江西に、石頭希遷は洞庭湖南にあって禅風を挙揚したゆえ、雲水僧の集まる場所をゴウコと呼んだ。コウコと読む場合は、世間、世の中もしくは隠士の住む場所を意味する。江湖としたゆえ厳子陵・岩頭・船子などと対照するために漁舟をもってきた。

湘楚の竹… 「虚堂和尚漁夫(父)頌云、祇有一竿湘楚竹…」(自戒集)。「菰蒲葉冷暮天低、断岸舟横水四囲。祇有二一竿湘楚竹一、未三肯容易下二漁磯一」(虚堂録七漁父)。具眼の禅者は学人に接する手段を持ちながら、安易にこれを行使しないことを頌したもの。

171 **毘耶・摩竭** 頭注は睦庵の祖庭事苑一にみる通説によった。一休もこれを信じていたと思われる。しかしこの通説は、江戸末期の学僧無著道忠(一六五三—一七四五)によって、その誤りが指摘された。(柳田聖山「無著道忠の学問」—禅学研究55号二五頁)

174 **密菴** 「病起上堂、一葉空に飄る万木の秋。…山僧数日来、病に似て病にあらず、安きに似て安きにあらず、死に似て死にあらず。方丈裏屎を撒し尿を撒す。大いに眼を開いて狂言寐語す。直きに是れ東西弁ぜず、南北分たず、生を求むるに得ず、死を求むるに得ず…」(密菴禅師語録一)。

177 **鳥窠** 「秦望山の長松の枝葉繁茂し、盤屈して蓋の如き有るを見る。遂にその上に棲止す。故に時の人、これを鳥窠禅師と謂うと。また鵲(かささぎ)あって其の側に巣くい、自然に馴れ狎る。人また目(なづ)けて鵲巣(じゃくそう)和尚と為す。…元和中に白居易出でて玆郡に守たり、因って山に入って礼謁して乃ち師に問うて曰く、禅師の住処甚だ危険なりと。師曰く、太守の危険尤も甚だし。曰く、弟子の位、江山を鎮す(玆郡の太守)、何の険なることかこれあらんと。師曰く、薪火相交って識性(妄分別)停らず、険に非ざることを得んや。又問う、如何なるか是れ仏法の大意。師曰く、諸悪莫作、衆善奉行。白曰く、三歳の孩児もまた恁麽に道(い)うことを解す。師曰く、三歳の孩児も道い得と雖も、八十の老人も行うことを得ずと。白遂に礼をなす」(伝燈録四・会元二・正法眼蔵諸悪莫作)。

178 **大用**… 結句「崢嶸…」は養叟と対比して、一休自身の境涯をさすともみられるが、しかし、前の偈で養叟をもちあげ、後の偈でこれをひきおろしたとみるのが妥当か。養叟の法嗣宗㵎に関する賀㵎長老鷲尾新造寺以訪癩病十首には、殿堂の偉容をのべて「殿堂新造勢崢嶸」(238偈)とある。

183 **棒喝**… 「徳山、一日托鉢して堂に下る。雪峰問う、この老漢、鐘未だ鳴らず鼓未だ響かざるに、托鉢していずれの処に向ってか去ると。山、便ち方丈に回る。峰、岩頭に挙似す。頭云く、大小の徳山、未だ末後の句を会せず」(無門関一三・正宗賛徳山章)。

185 **夢中**… 「師夢に弥勒の内院に入る。堂中の諸位皆足る、惟(だ)第二座空ず、師就いて坐す。一尊者あり、白槌して曰く、今当第二座説法せよと。師起って白槌して曰く、摩訶衍の法は四句を離れ、百非を絶す、諦聴々々。衆皆散じ去る。覚むるに及んで潙に挙似す。潙曰く、子(なん)已に聖位に入ると」(正宗賛、仰山の条)。弥勒の内院は弥勒菩薩が常在して説法しつつある兜率天の内院のこと。

耽源… 「のち潙山に問う、山すなわち慧寂と呼ぶ。山応諾す。潙云く、出で了れりと。仰山此に因って大悟して云く、我れ耽源の処に在って体を得、潙山の処に用を得たりと」(碧巌録一八・宋高僧伝一三)。

「普請して茶を摘む、師(潙山)仰山に謂って曰く、終日茶を摘む、ただ子(なん)が声を聞いて、子が形を見ず。請う、本形を現ぜよ相見せん。仰山、茶樹を撼(うご)かす。師云く、子ただ其の用を得て其の体を得ず。仰山云く、未審(いぶか)し、和尚如何。師良久す。仰山云く、和尚ただ其の体を得て其の用を得ず。師云く、子に二十棒を放(ゆる)す」(伝燈録九)。

186 **枕子**… 「僧問う、法身還って説法を解すや無(ない)や。師曰く、我れ説くことを得ず、別に一人有り、説くことを得。曰く、説き得る底の人、什麽の処にか在る。師、枕子を推して出す。潙山聞いて云く、寂子剣刃上の事を用う」(伝燈録一一・仰山録・会元八)。

黄葉 「嬰児行とは、彼の嬰児啼哭の時、父母即ち楊樹の黄葉を以て之に語(つ)げて云う、啼く莫れ、啼く莫れ、我れ汝に金を与えんと。嬰児見已って真金の想を生じ、便ち啼くを止む。然れども此の楊葉は実に金に非ず」(涅槃経嬰児行品九)。

「江西和尚(馬祖)即心即仏と説く、しばらくこれ一時間(さしあたり)の語、これ外に向って馳求(ぐ)する病を止む、空拳黄葉、止啼の詞のみ。ゆえに言う、不是心・不是仏・不是物と」(祖堂集一六南泉章)。

189 **竹篦背触** 「首山和尚、竹篦を拈じて衆に示して云く、汝等諸人、若し喚んで竹篦と作さば則ち触れ、喚んで竹篦と作さざれば則ち背く、且(しば)らく道(い)え、喚んで甚麽(なん)とか作さん」(葛藤集・無門関四三)。

190 **葉を擁す** 天秀道人「江湖風月集略註」巻上、清叟寧一の偈「擁㆑葉」の注に「南陽忠国師曾与㆓青銼山和尚㆒在㆓白崖山㆒隠居。一夜天寒、各擁㆑葉坐」とあり、同巻下、松坡憩蔵主の「擁葉」と題する偈「黄葉平鋪両膝金、誰云返蟻穴難㆑尋。夜深宿火炉灰冷、添得南陽寒上㆑心」の注に、「毎㆓寒暁霜夜㆒共擁㆑葉自煖、青銼略覆㆓趺足㆒而已。南陽意在㆓推聚㆒。青銼罵曰、汝他日必作㆓帝者師㆒。如㆓其言㆒」とある。青銼和尚は僅かに葉を以て趺坐の足を被うのみ、南陽は葉をうず高く積み重ねて身を温めようとした。そこで青銼が罵って、君は他日俗界に降りて王者の師となるだろう、と言ったという。なお注は「或曰、銼罵曰、汝以後為㆓王者師㆒、魔㆓魅人家男女㆒去」と付記している。「青銼和尚…常に国師を名に耽り利を愛し、人間に恋著すと罵(の)る」(碧巌録一八)。

結句の「半身暖気半身寒」は、世間性と出世間性との矛盾・共存の象徴であろうか。南陽の娑婆気をけなしたのだろうか。202偈参照。

前記松坡憩蔵主の偈「擁葉」の結句は「添得たり南陽の寒、心(胸部)に上ることを」となっている。

198 **一盞…**　狂雲集に「室内閑吟一盞燈」(376偈)、「室内霊光一盞灯」(558偈)の句がある。「僧問二大随一。如何是室中灯。随曰、三人証レ亀成レ鼈」(空谷集)。

「問、如何是室内一盌灯。師曰、三人証レ亀成レ鼈」(会元一五香林澄遠章)。

199 **擯出…**　この二偈(199・200)は自戒集の次の記述につながると思われる。「寛正二年(一休六八歳)六月十六日、大燈国師ノ頂相ヲ本寺ヘカエシテ念仏宗トナル、其ノ頌狂雲集ニアリ(227・228偈)、ソノ意趣ハ、我門弟ニ、我ガ印可ト云テ、年来久参ダテヲシテ、一休ノ後ハ我ニ仏法ヲ問ヘト、会裡ノ人々ニ申シアエリ、コレガ大欲心、大我慢、大胆虚言ナル事、ヲヨソ世界ニモカクレナキスグレ者ナリ、長禄四年六月十一日ニ、コノヌス人ヲ、衆僧ニ命ジテ擯出セシム。総ジテ僧俗ニ印可ヲノゾム者アマタアリ、又、印可トナノル者モアマタアリ」。

203 **大風洪水**　後鑑一九五に、「義政将軍記十八上、寛正元年八月項。八月廿九日癸酉僧徒参賀。此日大風。蔭涼軒日録云、御相伴衆為二左大臣転位御礼一参賀也。狂雲集云、長禄庚辰八月廿九日、大風洪水衆人皆憂…讃岐国大日記云、寛正元年旱魃。同八月晦日大風。由レ是無二稲実一。立川寺年代記云、八月廿九日之夜。大風吹大雨降、洪水出。天下一等損亡」の記事がある。

劫に増減　劫は梵語の音訳、劫波・時の義で極めて長い時間。人寿八万四千歳の時から百年毎に寿一歳を減じて人寿十歳の時に至り、更に百年毎に寿一歳を増して人寿八万四千歳の時に至る。この一減一増の間を一小劫といい、二十小劫を一中劫と称し、四中劫を一大劫と名づける。

205 **須らく…**　「大機は須らく酔吟の中にあるべし」(177偈)と結ぶ一休が、単なる文人墨士の風流ないし詩禅一味の風流にとどまるものでないことは、この偈の前書が善悪の不二一如に酔うことを戒めている事実によって証される。なお218偈「白楽天」補注参照。

210 **作偈**　「詩を作るよりも田を作れ」をもじった句か。「師…因插レ田次、見レ僧乃問、従二甚処一来。曰、南州。師曰、彼中仏法如何。曰、商量浩々地。師曰、争如二我這裏栽レ田博レ飯喫一」(会元八羅漢桂琛章)。

なお398偈「以二婬欲一換二詩文一」および384偈「警策」の「若将二淫欲一換二風雅一、価是無量万両金」参照。

東山　「年譜」二十一歳の条に、師謙翁の死に絶望、清水寺に詣でて大津駅へ出たとき、駅人から胡餅の施しを受けて飢をしのいだ。また華叟に師事していた頃(二十三歳)、禅興庵の貧窮甚だしく衣食の資を得るため香包や人形の衣を作り、京へ出てこれを売った。このような青年時を「昔如今」と思い起して、この偈を作ったのかも知れぬ。

212 **衣を…**　運菴禅師行実に「寧宗嘉泰二年壬戌秋八月、松源示寂に臨み、所伝の白雲端禅師法衣、再(また)頂相を以て授与す。師、衣を却し像を受く。破菴師叔に請うて賛を請う。江湖、其の識に伏す」(運菴普岩語録)。

216 **漁父**　「屈原既に放(はな)たれて江潭に遊び、行くゆく沢畔に吟ず。顔色憔悴し、形容(なりかたち)枯槁せり。漁父見て之に問うて曰く、子(し)は三閭大夫にあらずや、何が故に斯(ここ)に至ると。屈原曰く、世を挙げて皆濁り、我れ独り清(す)めり。衆人皆酔い、我れ独り醒めたり。是(ここ)を以て放たれたりと。漁父曰く、夫れ聖人は物に凝滞せずして、能く世と推し移る。挙世皆濁らば、何ぞ其の泥(いで)を淈(にご)して其の波を揚げざる。衆人皆酔わば、何ぞ其の糟(かす)を餔(くら)いて其の釃(り　糟汁)をすすらざる。何が故に瑾(きん)を懐き瑜(ゆ)を握り(高邁な天分をいだきながら。瑾・瑜は美玉)、自ら放たれしめしかと。屈原曰く、吾れ之を聞く、新たに沐する者は必ず冠を弾(はじ)き、新たに浴する者は必ず衣を振うと。安(いず)んぞ能く身の察々たるを以て、物の汶々(ぶんぶん　きたなくよごれた)たる者を受けんや。寧ろ湘流に赴き、江魚の腹中に葬らるるとも、又安んぞ能く皎々の白(潔白)を以て、世俗の塵埃を蒙らんやと。漁父莞爾として笑い、枻(えい)を鼓して(船ばたを叩いて)去る。歌いて曰く、滄浪の水清(す)まば、以て吾が纓(えい　冠のひも)を濯(あら)うべし。滄浪の水濁らば、以て吾が足を濯うべしと。遂に去って復(また)与(とも)に言わず」(楚辞「漁父」第七)。

漁歌を漁歌子(ぎょかし)とすれば、詞曲の名。唐、代宗の太暦年間、張志和(烟波釣徒と号す。七七五年?卒)、「漁父」五首を作るという(唐書一九六隠逸伝。宋の黄山谷これに言及)。その一は「漁家子—西塞の山辺、白鷺飛び、桃花流水、鱖魚(けいぎょ 魚の名)肥ゆ。青き箬笠(じゃくりゅう)、緑の簑衣(さい)。斜風細雨、帰るを須(もち)いず」。この歌は詞の一調として、とくに宋以後に普及した。

別に「漁父」三首、555偈「江頭日暮水悠々、糸線斜垂江漢秋。江海風流誰共説、乾坤ノ〵一漁舟」、556偈「簑笠眠寒夜々心、風流世外価千金。漁人不レ識二妃恨、似レ訴一叢斑竹吟」、557偈「笋笠蓑衣吟興清、清時有レ味是浮生、苔磯夜々一竿雨、滴尽風流世外情」がある。

216
学道… 「凡そ参禅学道は、須らく悪知悪覚を勦絶(そうぜつ)して、正知正見に至るべき也。悪知悪覚とは、古則話頭、経論要文、学得参得、坐禅観法、労して功無き者なり。かくの如きの輩(やから)、当代四百四病一時に発し、人の為に辱しめらる。是れ情識の血気なり」(654偈)。

漁歌を屈原の「漁父」とすれば、この偈は潔癖な当為癖の屈原の否定道(255偈「出塵の羅漢、仏地に遠ざかる」)よりも、むしろ時処に応じて生きる無碍自由な積極道への讃歌。湘江は「屈原放逐せられて江湘の間にあり」(漁父まえがき)にかかり、楚雲は屈原の故国楚を暗示か。170偈「楚雲湘水十年の情」。

218
白楽天　二九歳進士に及第、昇進して高官を歴、四四歳上役に抗して左遷され、中央に復帰後もかれの正義感がしばしば確執を生んだ。七一歳老齢のため政界を退き、仏を信じ香山寺の僧と交わり、香山居士と号して詩酒を嗜み悠々自適の生活に入った(鳥窠道林との問答は有名。↓205偈前書)。

かれの本領は「諷諭詩」にあるといわれ、人民に代ってその苦しみをうたい当代の政治を諷刺した。左拾遺在任時代の作「采詩官」に「君の耳はただ堂上の言を聞き、君の眼は門前の事を見ず、貪吏は民を害いて忌む所なく、奸臣は君を蔽いて畏るる所なし」とある。政治を諷刺した「秦中吟」十首、「新楽府」五十首は代表作。詩文集「白氏文集」七一巻。杜甫の影響が大きかった。(旧唐書および新唐書の白居易伝、伝燈録一〇・会元四)

訝る…　善慧(ぜんね)大士(傅大士)の禅をいう。善慧大士は居住の所を双林寺と呼んだ(のち虚堂智愚これに住す)。婺(む)州義烏県の人、斉の建武四年五月八日双林郷宣慈の家に生まれた。本名は翕(きゅう)、姓は傅(ふ)。梁の天監十一年、歳一六にして劉氏の女妙光を納れ普建・普成の二子を挙げた。松山の頂に二樹を栽えて双林と呼び、昼は耕作し夜は行道、みずから「双林樹下当来解脱善慧大士」と称した。また魚をとり街に出てこれを売った。梁武帝はかれの道誉を聞き、招いて金剛経を講ぜしめたという(碧巌録六七傅大士講経)が、史実ではなかろう。また武帝が一日大士を訪ねたところ、大衆みな起立してこれを迎えたが、かれは端坐して動かなかった。近臣これをとがめ「聖駕在レ此、何不レ起」と言ったところ、かれ曰く「法地若し動ずれば、一切安からず」と。また大士一日、衲衣・頂冠、靸履を着けて帝に会見した、「帝問う、是れ僧か。士、手を以て冠を指さす。帝曰く、是れ道か。士、手を以て靸履を指さす。帝曰く、是れ俗か。士、手を以て衲衣を指さす」。大士の非僧・非道・非俗の家風を語る伝説である。(会元二)

林間録下では、仏教に関して香山居士白楽天が済上人に送った「精確高妙」な長文の質疑を引いて、「未だ嘗て巻を置き長嘆して、其の人と為りを想見せずんばあらず、恨むらくは済公の所答を見ざることを」と記している。なお会元三の興善惟寛章に、白楽天と興善寺惟寛との、修証に関する注目すべき問答がみえる。

219
一声…　「周綱紀を失す、蜀王杜宇、帝と称し望帝と曰う。蜀の為に水患を除いて功あり。のち位を禅(ゆず)り、西山に升って隠る。時にたまたま二月子規鳴く、因って子規と名づく、杜宇と曰い、望帝と曰う」(華陽国志)。「杜宇望帝となる、その臣鱉霊が妻を淫(かん)す、乃ち位を禅(ゆず)って亡じ去る。時に子規鳥鳴く、故に蜀人、鵑鳴くを見て望帝を悲しむ、その鳴くや不如帰去と曰うが如し」(蜀本王紀)。

220
黄犬　秦、楚の上蔡(後段参照)の人李斯は、始皇が天下を定めるや丞相となる。郡県の制を定め、禁書の令を下し、小篆を為(つく)った。始皇の崩ずるや趙高の計を聴き、太子扶蘇を廃して二世を立てた。趙高その間に事を構え、斯の子由が盗と通ずと中傷し、捕えられて咸陽市中に腰斬された。「斯出レ獄、与二其中子一倶執、顧謂二其中子一曰、吾欲下与レ若(なんじ)復牽二黄犬一倶出二上蔡東門一、逐中狡兔上、豈可レ得乎」(史記李斯伝)。

蒼鷹　戦国策の景閔王章に「秦王怫然として怒り、唐且に謂って曰く、公も亦嘗て天子の怒を聞きしかと。唐且対えて曰く、臣未だ嘗て聞かずと。秦王曰く、天子の怒は伏屍百万、流血千里なりと。唐且曰く、大王嘗て布衣(無位無官の者)の怒を聞きしかと。秦王曰く、布衣の怒は亦冠をぬぎ徒跣にして頭を以て地を槍(つ)くのみと。唐且曰く、此れ庸夫の怒のみ。士の怒に非ず。夫れ専諸(公子光のために呉王僚を刺す)の王僚を刺さんとするや、慧星、月を襲い、聶政(じょうせい)の韓傀を刺さんとするや、白虹、日を貫き、要離(呉王闔閭のために王子慶忌を刺す)の慶忌を刺さんとするや、倉(蒼)鷹、殿上に撃たる。此の三子は皆布衣の士也。怒を懐いて未だ発せざるに、休祲(きゅうしん)感応祥瑞)天より降れり。臣とともに四(四人)たらんとす。若し士必ず怒らば、伏屍二人(王と士)流血五歩(五歩の内に殺す)…今日是れ也と。(秦王ここで唐且に陣謝した)」とある。

222 **徳嶠**…　「虚堂雨滴声、作者酬対し難し。若し曾て流に入ると謂わば、依前として還って不会。会不会。南山北山うたた雱霈(ほうはい)」(碧巌録四六)。
　結句の「江湖夜雨十年情」は、この「南山北山転雱霈」と響き合うであろう。

224 **教外**…　経文の言語によらず、仏法の真髄をじかに人から人へ伝える禅の宗風。経論を排除するというよりも、これを超えてその根源に直参する宗風。皮下無血は仏法の血脈がないこと。「徳山棒、皮下無レ血底不レ痛」(一山録上)、「血脈不断」(碧巌録二)、「眼裏無レ筋、皮下無レ血流(たくい)」(大慧武庫上)、「皮下云々とは方語に、恥を知らず」(同上注)。

226 **言ふなかれ**…　この一句は、225偈「古則参得の家業、愧づべし妄りに我慢を長ずることを」、228偈「古則話頭何の用処ぞ、幾多の辛苦、他の珍を数ふ」とつながり、また虚堂の「ただ一竿湘楚の竹あり、未だ嘗て容易に漁磯に下らず」を背景とする169偈「我れに一竿の湘楚の竹なし」に呼応し、さらに一休自身の印可証授受の伝統否定にも通ずるであろう。一休の公案禅観。

八角…　宋、浦城の人楊億(九六四—一〇二〇)、字は大年、広慧和尚の下で大悟したときの偈に、「八角の磨盤、空裏に走り、金毛の師子、変じて狗と作(な)る。身を北斗に蔵せんと擬欲せば、応に須らく南辰の後に合掌すべし」(会元一二)という。「八角磨盤空裏走」とは一切の情識分別を超脱するすさまじい自由を示す機語。

231 **潭水**…　虚堂録二の宝林禅寺語録に「上堂挙す、粛宗皇帝、忠国師(南陽慧忠)に問う、百年の後、所需何物ぞ。国師云く、老僧が為に箇の無縫塔を造れ。帝云く、請う、師塔様せよ(塔の形を示されよ)。国師、良久して云く、会(え)すや。帝云く、不会。国師云く、吾に付法の弟子耽源というものあり、却って此の事を諳(そら)んず。国師遷化の後、帝、耽源に詔(みことのり)して之を問う。源云く、湘の南、潭の北、中に黄金ありて一国に充つ。無影樹下(むようじゅげ)の合同船、琉璃殿上に知識無し。師云く、粛宗当時(そのかみ)、若し国師良久の処に向って一喝を下(だく)し得ば、耽源の坑(きょう)に堕ち塹に落つることを致すを免れん。無縫塔を見んと要すや。拄杖(しゅじょう)を卓して、君に勧む此の一杯の酒を尽せ、西のかた陽関を出れば故人無からん」。(伝燈録五・碧巌録一八・従容録八五にも記す)
　正法眼蔵の一顆明珠にみられる「潭水の北、湘水の南」は、香厳撃竹底の境を詠じている。湘水は零陵の陽海山から発して北に流れ、潭水は武陵の成玉山に発して南に流れるところから「南のはて、北のはて」つまり究竟底、いま此処の超時空底または到る処の意。風光明媚な彼処此処の意にも用いられる。

解説

栄西と『興禅護国論』の課題

柳田聖山

一　『興禅護国論』の輪廓

1　定まらぬ評価

『興禅護国論』という本は、ほとんどこれまで真面目に読まれたことがないようである。はなはだしきは、ときに極端な国家主義のプロパガンダにすぎぬかのような扱いさえ受けた。そうした偏見は、今日もなお根強い。率直にいって、道元の『正法眼蔵』や親鸞の『教行信証』に比して、この本に魅力を見出すことはむつかしい。特にたのまれでもせぬかぎり、この本の注釈など書くことはあるまい。『興禅護国論』にかぎらず、栄西に対する人物評価は一般にきわめて低い。この本が国家仏教を主張したものだという偏見を別にして、栄西はみずから大師号の下賜をもとめたとか、晩年に鎌倉幕府の御用祈禱師になりさがったとか、東大寺や法勝寺の再建事業に見られる土木事業家にすぎなかったとか、それらのデータはおよそ一宗の祖師としてのイメージを欠く。人々は、そうした負の側の先入観を抱いてこの本を開く、あるいは、はじめから読もうとはしないのである。『興禅護国論』という書名が、だいいちそうした嫌悪の情をかきたてる。道元門下の孤雲懐奘がまとめた『正法眼蔵随聞記』にうかがわれる清潔な高僧栄西のイメージと、『興禅護国論』の題名は容易に調和しがたい。

かつて、『興禅護国論』は偽書であり、栄西の所撰でないと言った人がある。すなわち、江戸中期の学僧義諦の『禅籍志』に、つぎのようにいうのがそれだ。

興禅護国論、巻数四冊。建仁開祖明庵栄西千光国師之所撰。余曾て護国論を読むに、文章太だ拙にして、理趣深からず。けだし、後人の偽作、名を国師に誣うるならん。（日仏全一―三―七a）

『禅籍志』の序は、元禄癸酉（一六九三）に書かれている。義諦が読んだ本は、寛文六年（一六六六）の刊本であろうが、当時は四冊に分けられていたのだろうか。すでに冊数に問題があるうえに、「文章太だ拙にして理趣深からず」というところをみると、義諦もまた嫌悪の情に負けて読み通さなかったかも知れぬ。一宗の祖と仰がれる栄西の主著として、この書がはなはだしい異和感をあたえたことは容易に推察できる。個性ゆたかな中国の禅録や、わが五山時代の語録に比して、『興禅護国論』がきわめて異質の構成をもっていることは争われない。さらに後に詳しく検討を加えたいが、この書は右にいう寛文の開版までいちども版になったことはない。栄西がこの本を撰したという、建久九年（一一九八）よりおよそ四七〇年、その間の流伝はまったく不明である。あれだけ禅録の出版に熱心であった五山の禅僧たちが、この本を無視した理由を推することはむつかしい。さらに、寛文の版本はおびただしい誤刻と脱文で、この本の通読を一層困難にしている。しかし、ただそれだけの理由で、この本を栄西の作にあらずとするのは説得性を欠く。大蔵の経律論をふまえて、それらの要文の集録に終始するこの作品は、引用文のもとづく原典と建久九年という時点にもどして理解しなければならない。

とにかく、『興禅護国論』という本は、かつて正当に評価されたことがないのである。ゆがめられた栄西の人物評価と、逆に日本における禅宗の初祖という高すぎる期待のために、この書は長く敬遠され、ついに完全に忘れさられた。中世禅林における長い忘却と寛文版の不備を改めて、この書の本文を新しく決定したのは、ほかならぬ建仁寺両足院の高峰東晙（一七二六―一八〇一）である。

安永七年(一七七八)に東晙が自から出版した『興禅護国論』は、文字通りこの書の定本といってよいものである。東晙は『興禅護国論』の定本を作るとともに、そこに引用される大蔵の文を一つ一つ原典に当って確かめた『興禅護国論鑿竅』四巻を編し、栄西の伝記を研究して『建仁開山千光祖師年譜』や、『霊松一枝』などの著作をまとめている。栄西の『興禅護国論』が、一般読書人にとってとにかく読めるものになったのは、東晙の功績としなければならぬ。かれが五山文学の資料のうちから採り出した撰者不明の序文は、とにもかくにも江戸以前におけるこの書の存在を証拠だてるたった一つの貴重資料だ。さらに降って、大日本校訂大蔵経や大正新修大蔵経は、いずれも東晙の校訂したテキストによって『興禅護国論』を入蔵している。国訳とよばれるものもすべて同じである。

さらに、そうした東晙の献身的な研究と別に、栄西とその行蹟を、日中交渉史の立場より、あらためて史学的な照明をあたえたのは、明治政府の大事業であった『大日本史料』、および新しい仏教史研究の基本資料として大正年間に計画された『大日本仏教全書』である。前者におさめられる栄西の真蹟資料についてはのちに考えるが、『大日本仏教全書』の遊方伝叢書四冊は、唐よりインドに渡った人々のうち、玄奘や義浄のように著名ならぬ中国僧慧超の記録をはじめ、奈良時代に来朝した婆羅門僧正の碑文や鑑真の『東征伝』につづいて、我が国よりインド・中国に赴いて彼の仏教を伝えた霊仙三蔵の事蹟、および慧運・宗叡・常暁・真如親王・円行という入唐五家の伝記、そして円仁の『入唐求法巡礼行記』、円珍の『行歴抄』といった平安時代の入唐記より、天竜寺妙智院策彦の『入明記』にいたる、日中交流の記録を集成したものである。

栄西については、「入唐取経願文」一篇と『喫茶養生記』二巻が、遊方伝叢書第三冊に収められた。前者は『大日本史料』四編十三に収められた今津誓願寺文書の一つ、後者は、かつて『群書類従』に収められていたのを寿福寺所伝の古写本と校合したもの。いずれも、入唐求法者としての栄西の基本資料である。『興禅護国論』が除かれたのは、旅行記の趣旨に合しないためであろうが、『喫茶養生記』もまたかならずしも旅行記とは言えないから、『大日本仏教全書』の編者は、やはりすでに大日本校訂大蔵経の露帙に、先にいう東晙の安永版の『興禅護国論』が入蔵しているのを顧慮したのであろう。

2　栄西の歴史意識

辻善之助氏の『日本仏教史』は、栄西を日宋交通の先駆者とする近代研究の成果を集約している。すなわち、第二巻第七章の第三節に、鎌倉初期における仏教の革新について述べるところで、著者は当時の日宋交通の動きを重視し、重源・栄西以下約六十名の日本僧と、蘭渓道隆・兀庵普寧以下の来朝宋僧の名をつらね、さらに第十節の臨済宗の項では、奈良朝以来の禅宗伝来の事実について述べる。栄西以後における日宋交通の事実が、栄西みずから予想するところであったことは、すでにかれの「未来記」に徴して明らかである。奈良朝以後、栄西に至る禅宗伝来の記録もまた実は栄西みずから『興禅護国論』のうちに集大成したものである。いうならば、禅の伝来を軸とする日中交流の歴史は、栄西を介してその前後を一貫することとなるのである。栄西の『興禅護国論』は、入宋の経験を通して、あらためて日本仏教の伝統を反省し、その将来を予見しようとする新しい歴史の書であった。

栄西に後れること五十年、東大寺の凝然は『八宗綱要』と『三国仏法伝通縁起』を編する。鎌倉新仏教について語ることのない凝然の著作は、鎌倉新仏教を通過したのちの日本仏教が、すでに総体として冷静に客体化されていたことをものがたる。凝然につづいて、日本仏教史をさらに集大成するのが、虎関師錬の『元亨釈書』であり、栄西の歴史意識はこの書にいたって一往の帰結をみせるといってよい。

いったい、虎関の『元亨釈書』三十巻は、最初の日本仏教通史として注目すべき著作である。それは、虎関みずからいうように、中国の経書と史書の体にならう歴史哲学を軸とし、梁・唐・宋の三代高僧伝の編集態度を批判的に補正し、独自の日本仏教史論を展開するところに特色をもつ。たとえば、「伝智」より「願雑」にいたる十科の分類は、三代高僧伝の分類に呼応しつつ、経典翻訳の事実のない日本仏教の特色を、六波羅蜜もしくは十波羅蜜の精神に則る般若波羅蜜の伝来に求めて、とくに智慧の立場を強調するのであり、開巻第一の「伝智」の項では、まず日本仏教の源流を求めて、菩提達磨より栄西にいたる十人の列伝を収める。菩提達磨が日本に来朝したという伝説は、すでに奈良朝にはじまり、聖徳太子に対する信仰とともに発展するが、やがて天台宗における円戒思想の展開を導く。虎関がこの話を本書の巻頭にとりあげるのは、栄西の禅宗伝来を権威づけようとする意図にほかならないが、「伝智」の目にあげられる十人の高僧は、達磨にかぎらず、すべてあわせて台密禅律の伝来者としての意味をもつ。虎関の『元亨釈書』は日本仏教通史というよりも、多分に禅宗一派の歴史を語るものという譏りを免れないが、虎関が栄西とその『興禅護国論』を強く意識していることは、栄西が意図したインド・中国仏教の全体的な総括という視点を継承した結果であり、宋代仏教の大勢がほとんど禅によって占められていたことの反映といってよいであろう。しかも、さらに注目すべきは、虎関の意識のうちには、今日、鎌倉新仏教の随一と考えられる親鸞の浄土教も日蓮の活動も入っていなかったらしい。この点は、先にいう凝然も同じである。もともと、栄西にも虎関にも、かれらが拠った宋代仏教の体質としての大蔵経を踏まえた綜合の意識が強い。かれらは、選択よりも綜合をとる。「伝智」は、訳経に代る大蔵経の根本精神、つまり仏心もしくは正法眼蔵を伝えた人々の意である。そうした「伝智」の目は、のちに卍元師蛮の『本朝高僧伝』にもそのまま踏襲される。しかも、中国における三代高僧伝が、高僧の列伝のみに限られるのに対して、虎関は先にいう大乗の十波羅蜜の立場から、広く王臣・士庶・尼女・神仙を含む日本仏教者の事蹟を集めるのであり、さらに十科に分類される仏教者の列伝のみならず、『史記』以来の中国正史の体である「表」と「志」の目を設けて、欽明朝より順徳朝にいたる日本仏教年表たる「資治表」と、学修・度受・諸宗・会儀・封職・寺像・音芸・拾異・黜争・序説の十科にわたる記録を集めて、これをとくに「志」とよんでいる。

「資治表」は、単に附属的な年表ではない。虎関によれば、それは経書に含まれる『春秋』の体によるのであり、そこに記載される事実は、いわゆる「春秋の筆法」によって取捨され、政治的批判を受けている。ここに、宋朝のはじめに出現した『資治通鑑』の哲学が意識されていることはいうまでもないが、排仏を基調とする宋学の歴史論を虎関は認めない。そのことは、かれがとくに「志」とよぶ日本仏教のさまざまの記録の部分に表明されていて、かれはここで大乗仏教国日本の特色を、十種の角度より評価せんとするのである。

こうして、虎関の『元亨釈書』は栄西の歴史意識を継承しつつ、つねに大陸の学問と思想の動きを反映している。だいいち、元亨という年号を書名に冠し、脱稿と同時に朝廷に上進して、入蔵の勅許を願っているのは、宋初の景徳元年に完成し、真宗の勅によって大蔵の一部として開版された『景徳伝燈録』の例に倣わんとしたのであり、元来が宋代仏教の発想である。上奏と入蔵の勅許を求める先例は、かれが尊敬してやまぬ契嵩にもある。そうした中国の学問と思想の先例を、そのまま自己のものとして疑わぬ中世日本仏教者の新しい態度は、やはり栄西よりはじまるといってよい。

ところで、『元亨釈書』巻二十より二十六に収める「資治表」が、欽明朝にはじまって、順徳朝に終っていることは、今の場合、さらに重要な問題を含んでいると思われる。先にいうように、「資治表」は「春秋の筆法」を用いて、古今の史実を取捨するのであり、欽明朝における仏教の初伝に筆を起すのは当然であるが、それを順徳朝で結ぶのは、栄西の入寂に終る意を潜めているようにおもわれる。すなわち、順徳天皇即位五年の条に、虎関はつぎのようにいっている。

五年春、夏。秋七月壬戌、中使、釈栄西の寂を問う。冬。

建保三年六月の晦、西公、衆に語りて曰く、孟秋初五、我れ当に行くべし。都下、喧く伝う。帝これを聞して、七月五、中使を遣して之を問う。西、宮使に対えて曰く、然り。然れども西、恙無し。中使帰りて未だ宮に入らざるに、西寂す。

（日仏全一〇一-四六一b）

『吾妻鑑』によると、栄西は六月五日に鎌倉で入寂している。『元亨釈書』と『吾妻鑑』と、何れの記載が信頼に価するかは別として、「資治表」は右の記載ののち、次で承久の改元の事とその三年の条、つまり順徳十一年のつぎのような譲位の記事をもって擱筆する。

十有一年春。夏四月甲戌、天皇、皇太子懐成に禅《ゆず》る。秋、冬。

承久三年四月二十、太子、譲《ゆずり》を受く。曷為《なんすれ》ぞ位を書せざる。六月、東兵、都を陥る。七月初九、之を廃す。即位の儀無し。受禅久しからずして廃す。皇図に列せず、故に名を書す。

（同書-四六二a）

「資治表」は、有名な承久の変の失敗について語ることはなはだ簡である。承久より元亨二年の執筆まで約百年をへだてる。虎関は、どうしてここで筆を擱いたのであろう。かつて、孔子は獲麟の記事をもって『春秋』の筆をとどめた。虎関が栄西の入寂の記事につづいて、東兵の帝都侵寇をもって「資治表」を終るのは、やはり深意ありとしなければならぬ。鎌倉幕府は、栄西晩年の大檀越である。虎関の時代はすでにその末期に当るけれども、かれが住した東福寺は九条道家の創するところであり、九条家は鎌倉幕府の将軍職を出している。はじめ鎌倉幕府の庇護のもとに、この国に定着した宋の禅宗は、やがて鎌倉より王城の地にその中心を移す。虎関の東福寺および王室の勅願所として出発した南禅寺は、すでに新しい時代の学問のよりどころであった。承久以後の「資治表」を書きつぐとすれば、やはり筆硯を改めなければならぬ。

もともと、虎関の「資治表」はさらにもう一つの意図をもっていた。かつて栄西の好敵手であった天台座主慈円の『愚管抄』に対する配慮である。慈円は九条兼実の俗弟であり、東福寺の檀越九条家の遠祖である。『愚管抄』巻一―二の両巻にわたる「皇帝年代記」が、承久二年十月で一往の擱筆を見せるのは、この書の含む複雑な成立事情をものがたるが、今そのことは別として、天台座主慈円の歴史意識は、その出自である摂関家藤原氏と山の仏法との、一体不二の原理を前提している。一体不二の原理は、台密のよってたつところだ。栄西が『興禅護国論』を書いたのは、みずからの主張に対する、かれら摂関家と山の仏教者たちの誤解を解くためであった。第二回目の入宋より帰った栄西の活動と著述のもっとも重要な動機は、慈円を意識してのことであったとおもわれる。栄西は、慈円の『愚管抄』を読む機会なくして寂したが、慈円はつねに栄西を意識していたであろう。栄西が晩年にその信頼を得た鎌倉幕府は、兼実にはじまる九条家とは密接不離の関係にあった。すくなくとも、虎関は慈円の『愚管抄』を知っていた。虎関の「資治表」は、「春秋の筆法」によって『愚管抄』の「皇帝年代記」を取捨し、新たに宋の仏教を伝えた栄西の功績を記録して、承久以後の仏教の動向を見通すことに意図があった。

栄西とその『興禅護国論』は、慈円の『愚管抄』に見えざる影響をあたえ、虎関の『元亨釈書』は『愚管抄』を明らかに意識している。『元亨釈書』は、わが国における最初の仏教通史であるが、その全体が九条家の菩提寺東福寺の先史でもある。東福寺の名は東大寺と興福寺の二字をとったものであり、開山円爾弁円は、栄西の台密の法系に属する入宋の禅者であった。東福寺の創建は、藤原の栄華の再興を夢みるものであった。虎関が栄西伝の賛に、孔子没して千年の後に現われた周濂渓に栄西を比し、これにすぐること鮮《すくな》からずとする所以であろう。

二　栄西の伝記と思想

1　伝記資料

栄西の伝記は、すでに前章に述べた虎関の『元亨釈書』のそれを随一とする。虎関は栄西伝を書くために、『元亨釈書』を編したとも言える。しかし、特殊な編集意図をもつ『元亨釈書』は、史書というよりも経典である。とくに、その編集は、栄西の入寂より百年を経ている。時代的に栄西その人にもっとも近いものは、何といっても寂後十一年に書かれた「日本国千光法師祠堂記」(続群書類従二二五)にしくはない。この記録は宋人の筆になり、栄西の弟子明全が、若き道元を伴って入宋し、不幸にして天童山で寂したので、その霊骨を祠堂に収めるに際して、かつて千光法師栄西が天童山の千仏閣を修造した功績をしのび、その由来を述べたものである。大宋宝慶元年(一二二五)八月九日に、修職郎監臨安府都税務虞樗が筆をとり、陳祥が刊して天童山の祠堂におさめた。

栄西が天童山の千仏閣を修造したことは、楼鑰の「天童山千仏閣記」(攻媿集五七)に見える。楼鑰は嘉定六年(一二一三)に卒しているから、栄西の入寂に先立つこと二年であり、ほぼ同時代の人とみてよい。栄西の天童山における活動と禅宗相承の事実は、すでに宋人の認めるところであった。

道元が天童山で如浄と相見したとき、かつて日本で千光禅師の室に入り、初めて臨済の宗風を聞いたが、今、全法師に随って炎宋に入り、和尚の法席に投ずるを得たとのべ、その感激を『宝慶記』に書き記しているのは、千光法師の名がすでに広く宋僧のうちに知られていた事実を反映する。また、虞樗が栄西の二度の入宋を混同しているのも、それが昨日のことのように意識されていたためであろう。「天童山千仏閣記」を書いた楼鑰の伝は『宋史』三九五、『宋元学案』七九にある。「祠堂記」の虞樗と陳祥とについては、その伝を明らかにし得ないが、当時、わが入宋者の行動は、宋人の注意をひいたらしい。あたかも時を同じくして、羅大経の『鶴林玉露』は、一切経の暗記に青春の情熱を燃し尽した無名の日本僧安覚のことを印象的に語る。羅大経もまた無名の下級役人であった。

さらに中国では、明の永楽二年(一四〇四)、銭塘上天竺講寺前住山沙門釈如蘭が「洛城東山建仁禅寺開山始祖明菴西公禅師塔銘」を書いている(続群書類従二二五)。この「塔銘」は、栄西の伝記としてはもっとも詳細であるが、その材料は『元亨釈書』の域をいでない。如蘭のいうところによると、栄西寂してすでに五伝してなお塔銘なく、天竜の密禅師が塔銘の文を請うたので、これに応じたものだという。五伝というのは、栄西—栄朝—朗誉—寂庵上昭—竜山徳見—一庵一麟の系統を指し、天竜の密は天竜三十六世堅中圭密で、入明に際して一庵の依頼をうけたのである。もともと右の系図に見える竜山徳見は、入元して彼の地にあること五十年に近く、竜興府の竜安山兜率寺その他に住した人で、栄西の法孫としては日本よりも彼の地で知られた。とくに竜安山兜率寺は、かつて黄竜慧南の法をついだ兜率従悦が開創したところであり、黄竜宗発祥の地である。徳見は栄西の法孫として、黄竜の古道場を再興したのである。さらに、竜山徳見は晩年に日本に帰り、建仁・南禅・天竜の三大刹に住して黄竜の法を広めた。如蘭が栄西の「塔銘」を書いたのは、栄西寂後二百年にわたる日中交流の歴史を集約するものであった。

ところで、右にいう竜山徳見の弟子としては、一庵一麟のほかに無等以倫があり、黄竜慧南より虚菴・栄西を経て竜山徳見にいたる十代の祖師の伝と語を集めて『黄竜十世録』を編している。この書は分量的にはその大半が竜山に当てられるが、それは一たび日本に伝えられた黄竜の禅が、竜山によってふたたび中国に興ったことを記念するものであり、栄西の黄竜宗伝法を高く評価するものといってよい。ただし、『黄竜十世録』の栄西伝は、ほとんど『元亨釈書』によっていて、この場合もまた栄西伝が『元亨釈書』によって決定したことを、あらためて確認させることとなる。

ここでさらに注意してよいのは、高峰東晙が安永版『興禅護国論』の巻首に附した撰者不明の序文である。この序は、楼鑰の「太白名山千仏閣記」と虞樗の「日本国千光法師祠堂記」のことを知っているが、虎関の栄西伝を知らぬようである。東晙によると、この序は南叟竜朔の手記中に写されていたといわれる。竜朔は先にいう一庵一麟の二世であり、竜山徳見の三世に当るが、この人もまた宝徳三年(一四五一)に入明してついに日本に帰ることはなかったようである。撰者不明の「興禅護国論序」は、虎関や如蘭以前の説を多く含んでいるところを考えあわせると、竜山徳見もしくはそれ以前の人の手になるもので、栄西の伝記としては資料価値の高いものということができる。

ついで江戸時代に入ると、卍元師蛮(一六二六—一七一〇)の『延宝伝燈録』および『本朝高僧伝』が出て、日本臨済禅の祖としての栄西の歴史的地位はいよいよ確かなものとなる。『延宝伝燈録』は巻第二の栄西伝のほかに、巻六にその第一世として栄朝・行勇・明全の三人と、さらにその二世より八世に及ぶ人々の伝をおさめ、『本朝高僧伝』には巻第三の栄西伝のほか、巻十九には明全・行勇・栄朝・朗誉などその法系に属する人々の伝と、摂州三宝寺能忍伝を収める。師蛮の栄西伝は、内容的には虎関の『元亨釈書』の域を出るものとは言いがたいが、これらの大日能忍や、栄西門下の資料があわせ揃うことによって、栄西伝の視野が拡充されることはいうまでもない。

また、江戸末期になると、先にいう高峰東晙が、『興禅護国論』の定本と注釈のほかに、栄西の伝記資料として、左のような多くの著述を出している(いずれも未刊の草稿、建仁寺両足院蔵)。

建仁開山千光祖師年譜　一巻

日本禅宗始祖千光祖師略年譜附録　一巻

霊松一枝　二巻(前二著につづく史料集成)

千光祖師塔銘拾遺抄　一巻

東晙はこうして古来の資料を網羅し、一つ一つ綿密な本文批判を加えて、日本禅宗始祖としての栄西の人間像を画きだそうとする。かれが住した建仁寺両足院は竜山徳見が開創した栄西直系の古道場である。栄西が晩年にまとめたという自伝「入唐縁起」もまたこの寺の利峰東鋭が写し、『出家大綱』の末に収めていたものである。禅宗始祖としての栄西伝は、両足院の歴代の住持、とくに東鋭・東晙の努力によって、ほぼ完成の域に達したとみてよいであろう。

さいごに、栄西の伝記資料として注目すべきものは、栄西みずから記した文章である。義堂の『空華日用工夫略集』によると、栄西の日記があったといっている。『興禅護国論』の第五宗派血脈門は、入宋の記録としては第一資料であり、その前年に書かれた「未来記」もこれに関連する。また、かつて今津の誓願寺で第二回の渡宋の機会を待っていたときに記した「入唐取経願文」は、中期の栄西の行動と思想を知るうえに、もっとも重要な資料である。とくに、この文章は自筆真蹟が現存し、地文様のある中国製の色替りの紙をつぎあわせた料紙に、宋朝風の見事な筆力を見せる。書蹟としても、道元の「明全戒帖」や「普勧坐禅儀」、俊芿の「幹縁疏」の真蹟とともに有数の絶品である。

いったい、今日に存する栄西に関する資料のうちで、禅関係以外の著作は、のちにかれを葉上流の祖と仰ぐ台密の弟子たちによって伝持されたために、後代の加筆がかなりあり、資料としては吟味を要するものが多い。しかし、近年続々と発見される栄西関係の資料は、すべてが密教系のものであり、栄西伝の謎の部分を次第に明らかにし、かれの全体的な人間像の修正と再評価をせまるものがある。栄西には、鎌倉初期の他の祖師には見られぬ未整理の部分が多く、それがまた魅力の一つにもなっている。いうならば、これまで知られた禅の初祖としての栄西伝は、ほとんど氷山の一角にすぎない。それらの隠れた資料の発掘によって、禅の初祖としての栄西像もまた再検討を余儀なくされるはずである。たとえば、先にいう『興禅護国論』の第四古徳誠証門にあげられる古代禅宗史のごときは、客観的な歴史資料というよりも、栄西その人の禅宗研究の過程を示し、栄西における密教より禅への思想展開を語るものといってよい。

2　葉上流台密の祖としての栄西

栄西は、二度入宋した。第一次は仁安三年(一一六八)、二十八歳の夏より秋にいたる六カ月であり、第二次は文治三年(一一八七)より建久二年(一一九一)までの前後五カ年、かれの四十七歳より五十一歳のときに当る。

栄西の七十五年の生涯は第二次入宋を期として、大きく変化する。いうならば、前期は台密僧の時代であり、後期には入宋の禅者もしくは律師としての意識が強まる。あたかも、前期は平安末期に当り、新興武家を代表する平家一門が、異常の栄華を誇ったのもつかのまで、安徳天皇を奉じて壇ノ浦で全滅したのは、栄西四十五歳の年であり、後半生は源頼朝の創した鎌倉幕府がわずか二代で北条氏の手に移りゆくころ、公武の対立が表面化する承久の変の前夜である。栄西は、そうしためまぐるしい時代に生きた。

はじめに、前半生の主な事歴をみると、その出生は崇徳天皇の保延七年(一一四一)四月二十日のこと、父は備中吉備津の賀陽氏、母は田氏である。『元亨釈書』以後、薩州刺史貞政の曾孫とするが、古くはむしろ孝霊天皇六十二世で、母田氏は吉備津宮の宗社楽神祠に祈って栄西を生んだという。吉備津宮の楽神については、『古事談』や『十訓抄』に記事があり、当時はその霊験が知られた。要するに、備中の賀陽氏の出ということ以外、栄西の家については何もわからない。幼名千寿丸というのも、古伝には見えぬ。

ついで、幼より倶舎・婆沙の学に親しみ、十四歳で出家して、叡山で大戒をうける。のちに入寂の記事をみると、寿七十五臘六十二とある。十四歳の大戒は叡山の伝統によるのであり、栄西という僧名はもちろんこのときのものである。のちに、道元がその弟子理観に授けたつぎの戒脈を溯ると、栄西のこのときの受戒の師を推することができる。

道邃大師─┬─義真和尚─智証大師─尊意─慈慧─慶命─覚尋─澄義─顕心─┬─智心─千命─┬─栄西─明全─道元─理観
　　　　　└─伝教大師─┬─光定大師─┐
　　　　　　　　　　　└─慈覚大師─┴─長意─┬─慈念─慈忍─源心─禅忍─良仁─┘
　　　　　　　　　　　　　　　　　　　　　└─玄昭─智淵─明靖─静真─皇慶─頼昭─行厳─聖昭─基好─┘

(大久保道舟氏編・道元禅師全集下―二八九)

これによると、栄西は三井寺を開いた智証大師の流れをくむ千命と、伝教大師の系統に属する基好とから、天台の大戒をうけたことになる。基好は伯耆の大山にいた台密僧で、栄西の台密相承についてはもっとも重要であり、台密の灌頂がそのまま戒脈の相承とされたらしいが、この人のことは後にゆずる。

『元亨釈書』の栄西伝は、かれの受業師を備中安養寺の静心とし、この人は栄西の父と三井寺での同学であったといい、静心は栄西の十七のときに亡じ、その遺命で法兄千命に師事したといっている。してみると、右の道元の戒脈で、千命の師とされる智心は、おそらく安養寺の静心であろう。この人は、三井寺系統の戒のほかに、叡山の戒をもうけていたのである。いずれにしても、十四歳で受戒してから二十八歳で入宋するまで、栄西は、郷里の安養寺と叡山、および伯耆の大山で、これらの人々について天台の教観を修めるのだが、入宋ののち、布教活動の中心地となる備前の日応山や金山寺(現岡山市)にも早くより出入りしていたとおもわれる。撰者不明の「興禅護国論序」によると、栄西は二十二歳で叡山を下り、日応山で絶穀して三摩耶の行を修し、斎戒と律儀に精励している。

若き栄西を育てた人として、『元亨釈書』は安養寺の静心と千命、叡山の有弁と顕意、大山の基好の名をあげる。いずれもほとんどその伝記を明らかにし得ないが、栄西の台密を考えるうえにもっとも重要なのは基好と顕意である。

まず、基好は、すでに右の戒脈に見えるように、慈覚大師円仁の流れを汲む谷流の祖師皇慶に発する穴太流聖昭の印信をうけた人である。栄西の密教は、やがて葉上流として一派をなすが、かれが穴太流に属したことは、『渓嵐拾葉集』廿三にも記事があり、栄西がはじめ仏舎利を求めて入宋したことと、この系統の特色が舎利礼の法にあったことを明らかにしている(正蔵七六-五七九a)。また、皇慶は大江匡房が撰した「谷阿闍梨伝」(続群書類従二一四)によると、東寺景雲の密教をあわせ受けている。今日、東福寺に伝える「東寺天台大血脈図」は、栄西の弟子栄朝より円爾弁円に伝えられた葉上流台密の血脈であるが、そのうちに基好と顕意の名を見出すことができる。重要な部分のみをとりだすと、おおよそつぎのごとくである。

景雲―皇慶―頼昭―薬仁┬覚厳―顕意┐
　　　　　　　　　　　└兼慶―基好┴栄西

（大日本古文書 家わけ二十之一‐七三、大屋徳城氏・日本仏教史の研究三‐三六四）

さらに顕意と栄西の関係については、東福寺栗棘庵に現存する円爾自筆の「聖一国師密授阿忍流記」に、円爾が阿忍より栄西の台密三部の秘印をうけ、これを白雲恵暁に付する次第を述べて、つぎのように記している。

自二彼延暦廿四年一至二于万(永)三年一、合二百四十五年之間、伝教・慈覚等諸大師、並諸阿闍梨等、師資相承、行二件大事一、其後末葉弟子伝燈大法師、為二有縁之輩一於二処処一行二此法一矣。栄西宿因多事(幸)、随二顕意之辺一、以二仁安二年九月三十日一、備州安養寺蒙二三部印可一、其後経二数年一矣。爰栄西為二無縁修行者一、建久三年〈壬子〉正月廿九日〈己丑〉、於二筑前香椎報恩寺一、勤二行此法一矣。其後円爾宿因多幸、随二阿忍之辺一、以二安貞二年十二月十八日一、相州寿福寺蒙二三部印可一云云。

（白石虎月編・東福寺誌一七a・一四三b）

仁安二年は、栄西第一次入宋の前年である。三部印可とは、金胎両部と雑密のそれを指す。栄西は叡山を下ったとはいえ、みずからその法脈を断つことはないのであり、そうした態度は生涯持続する。栄西の血脈とよばれるものは、これら以外に、さらに建仁寺をはじめ、金山寺や書写山その他の各地に存する（山口光円氏「栄西禅師」南都仏教一六号三一頁）。いったい、栄西の皇慶に対する敬意は、『興禅護国論』の第九大国説話門にうかがわれる（本書九一頁）。また現存する栄西の著述のうち、もっとも早期の『胎口決』は、「丹州私記幷大原次第口決也」という副題がついていて、丹州は皇慶、大原はその弟子長宴を指す。基好は、この系統の印信をもあわせうけているようであり、栄西その人の台密の綜合的な性格を知ることができる。

さらに、多賀宗隼氏の『栄西』（吉川弘文館・人物叢書一二六）によると、栄西は建久九年正月十一日にいたって、両部不二八五付属とよばれる台密最後の秘法を受けている（二七九頁）。八五は、『大日経』真実智品と『瑜祇経』に説く八字布字の法、および五字厳身観である。建久九年は、『興禅護国論』成立の年である。栄西は、虚菴懐敞の法を伝える入宋の禅者であるとともに、依然として叡山の台密僧だったのである。

さらに、青年時代の栄西は台密の学匠五大院安然に対して、特別の敬意をいだいていたようである。『興禅護国論』にも数次にわたってその名を見出す。安然は、叡山における密教の大成者であり、禅にも律にも深い理解をもっていた。安然を学ぶことは、伝教以来の日本天台をわがものとすることになる。栄西が三十六歳のとき、今津誓願寺で編した『教時義勘文』は、そうした少時以来の成果である。今は、『渓嵐拾葉集』四六に伝えるつぎのような断片に注意したい。

教時義云〈五大院〉、如来内証、寂照無言者、是顕教所レ説。彼教未レ知ニ如来内証甚深義一故。今不レ爾、理聿(事)倶密云云。義釈云〈二行〉、妄見ニ有為生滅一増ニ心垢一、非ニ如来本意一云云。小僧某生年十八始入ニ秘教門一、至ニ于三十七歳一、敢無ニ倦情一。雖ニ愚鈍一亦所レ聞不レ廃。已(以)ニ僅所レ逮レ見名目記一、為下初学ニ秘宗一者上集レ之。是偏(約二十字欠)小分ニ名利一。何況為ニ多貪一乎。(約五字欠)有ニ訛謬一者、覧者可レ添ニ削之一。于時安元三年〈丁酉〉六月〈丁未〉十五日矣。末《ママ》於ニ鎮西太宰府筑州怡土荘、今津誓願寺僧房一、無言念仏之次、自筆ニ記之一云云。

（正蔵七六―六五七b）

この断片は署名部分を欠くけれども、今津誓願寺で書かれているうえに、十八歳ではじめて秘教を学び、安元三年三十七歳といえば、栄西の筆であることは明らかである。不明の「末」字は栄西の栄の訛であろう。この文章は欠字が多くて判読しにくいが、五大院安然の『真言宗教時義』によって、台密の名目集のようなものを作ったときの序文である。おそらくは、前年にできた『教時義勘文』につぐ仕事である。『真言宗教時義』四巻は、安然の主著の一つである。台密の諸宗にすぐれる理由を、三百四十番の問答によって明らかにするもので、それは一種の教相判釈であるが、空海の思想を巧みに綜合し、自己の立場を真言宗とよんでいるところに、安然の抱負がうかがわれる。若い栄西が前半生をこの書の研究に没頭したことの確認は、『興禅護国論』の思想を理解するためにも重要である。『教時義勘文』に附せられる謝誓のことばに、栄西は渾身の至情を吐露する（日仏全一二六―三七一a）。そうした心情がそのまま第二次入宋によって、中国禅に向けられるのである。

総じて栄西の仏教学の関心は、諸宗を綜合して是非を分たぬところにあった。真言は諸宗の外にあるのではない。すべての諸宗が、そのまま真言であった。無住がのちに栄西を評して、「真言ヲ面トシテ、禅門ハ内行ナリキ」(沙石集十末、日本古典文学大系八五-四五三)というのは、禅の場合をいうのであり、かれは生涯諸法の是非を揀択することはなかった。たとえば、真言によって『法華経』を解した栄西の『法華経入真言門決』は、この時代の栄西の関心をものがたる。この書もまた今津誓願寺における仕事であり、治承二年戊戌初冬の序がある。栄西は同じ年に今津の道俗たちとともに盂蘭盆の供養のために『法華経』を一品ずつ書写している。道俗の書写した経文について、栄西があらためてそこに多年没頭してきた真言の宗意を見出したのは当然であろう。今日、建仁寺及び両足院に存する四本の真蹟は、『法華経入真言門決』を理解する手がかりとなろう。

3　三国の仏法

栄西が入宋を考えはじめたのは、おそらく叡山においてである。『興禅護国論』の宗派血脈門で、「予、日本仁安三年戊子の春、渡海の志有り、鎮西博多の津に到る」(本書五三頁)といっているのは、入宋が具体化したことを意味するもので、おそらくは後代の回想である。撰者不明の「興禅護国論序」によると、栄西はすでに二十二歳で叡山を下って備前の日応山に往き、穀を断って摩耶行を修すること年あり、久しく入宋の志を懐いていたという。

中国は、日本仏教の源流である。若くして叡山に上った栄西は、天台の学行に親しむにつれて、そのことを痛感したにちがいない。この山の開祖最澄をはじめ、円仁・円珍ともに親しく勅許を得て入唐している。五大院安然も谷阿闍梨皇慶もともに入唐の志を懐いていた。しかるに、菅原道真が遣唐使の制を廃してから、日中の公式交流は絶えて久しい。私的に入唐したものも十指にみたない。日本仏教はすでに偏向し、とくに戒律と台密は祖国のそれと違ったものになりつつあった。

栄西は、のちに元久元年(一二〇四)の四月、『日本仏法中興願文』を草する。遠く仏法東漸の歴史をふりかえり、上宮太子以後、道璿・鑑真・伝教・弘法という日域仏法の先蹤をたどって、かれはあらためて持律の仏法を中興すべしと訴え、つぎのようにいっている。

求法渡海絶えて三百余年、遣唐使停まりてまた二百余年なり。ただ古実の漸く訛謬するのみにあらず、また墜文を復することも永く得ざるか。わがくにたとい法蔵に富むとも、何ぞまた一句の墜ちたるを悲しまざらんや。いわんや深法は時を逐うて漸く浅近となり、広学は人に随ってやや薄解となる。たとい分に随って解するものあるも、みな名利に随って永く大事因縁の為めにせず。あるいは自ら智人と称するも、道心において亡きがごとくなる有り……。小比丘栄西、この陵退を救わんが為めに、身命を忘れて両朝に遊び、如来の戒蔵を学び、菩薩の戒律を持つ云云。

(日仏全一二五―三七二a)

ここには、末法の実情が、ことこまかに語られる。夜郎自大と偏狭な独善の横行を、若き栄西はまのあたりに見た。日本仏教はこれでよいのか。念仏無間、禅天魔、真言亡国、律国賊という日本仏教の総括は、かならずしも日蓮のみではない。絶えたるを継ぐには、どうしてもその源流にかえらねばならぬ。まず、仏教のふるさとに、じっさいに自らの足を印し、仏陀の言葉のすべてに通じなければならぬ。

墜文を復せんとする栄西のねがいは、第一回の入宋によって、ある程度までは達せられた。『元亨釈書』によると、栄西は帰朝に際して天台の新章疏三十余部六十巻を座主明雲に献じている。しかも、第一回の入宋によって、栄西その人に芽生えたものは、叡山の伝統に対する愛情であった。三国仏法の自覚は、まず足もとより起った。第一回入宋の後、円仁・

円珍以来の最初の入宋比丘として、栄西の感動は高ぶる。重源をはじめ、かれ以前に入宋した人が全くないわけではないが、栄西は叡山の伝統を顧みるにつれて、そうした自覚を深めたとおもわれる。かれは、郷里の備中をはじめ、備前の日応山や金山寺で、新しい宣教活動をはじめる。台密僧としての栄西の自覚は変らないが、人々のかれに寄せる関心は入宋にあった。栄西はしだいに第二次入宋をこころざす。第二次入宋では、中国より陸路をインドに行こうという、周到な計画が立てられた。仏教を通して、アジアは古くより一つであった。インドの土を踏まずして、日本仏教の絶えたるを継ぐことはできない。どうしても、牟尼の八塔を拝しなければならぬ(本書五四頁)。この間に、栄西は法顕三蔵の『仏国記』や玄奘の『西域記』、義浄の『南海寄帰伝』などを研究する。このことが栄西の仏教の視野を拡めたのはいうまでもない。それらの文献を収める大蔵経にも、栄西はやがて新しい眼を開いてゆく。かれはすでに第一回入宋によって、宋版大蔵経のことを知っていた。それは、宋朝の高い印刷技術を誇示するものである。このころ、中国の福州では、東禅寺と開元寺で二度も大蔵経の開版が行われていた。宋初に蜀地ではじめられた勅版につぐ寺版である。それらの要文を集めた『大蔵一覧集』十巻の成立は、紹興二十七年(一一五七)で、わが保元二年に当る。栄西がこの本に注目していたことについてはのちにのべよう。

いよいよ第二次渡海の決意がかたまると、栄西は備前より九州に移って、今津の誓願寺で便船をまつ。時に安元元年(一一七五)、栄西はちょうど三十五歳である。この寺のことは、「誓願寺創建縁起」(上村観光氏・禅林文芸史譚九頁)にくわしい。「誓願寺創建縁起」は、菩薩僧寛智五十五歳と仲原太娘三十九歳との六年ごしの誓願により、新たに丈六の弥陀像を彫り、大般若経六百巻を写し、法華持者千人を供養せんとするもので、その満願にあたって、備前州日応山入唐法師栄西が請ぜられ、金胎両部合行の斎席をのべた事情を詳細に記す。以後、栄西はこの寺に留まり、さらに完全な宋版大蔵経を請来せんとして、その渡海を待つのであり、これがやがて第二次入宋の機縁となる。それから三年の後、治承二年(一一七八)に書かれた「入唐取経願文」は、その原名を「娑婆世界南閻浮提霊山東北外海孤絶大日本国鎮西太宰府筑前州島県今津誓願寺盂蘭盆一品経縁起」といい、先の「創建縁起」とともに、ここにはすでにインドの霊鷲山より日本太宰府今津の誓願寺を眺めた栄西の壮大無比な気宇が感ぜられる。先にいうように、この「入唐取経願文」は真蹟が現存し、その地文様のある中国の色紙をつないだ美しい色替りの料紙と中国風の雄渾な書体に、三十八歳の栄西の自信のほどがうかがわれる。

ここに一沙門あり、名は栄西、備州に生れて少年に出家し、志、秘密の教にあり、多年苦行して、去んぬる戊子の歳に渡海の後、宋朝の蔵経を請ぜんと願って、心もっとも切なり。これに依りて丙申の歳は仲秋より、戊戌の歳は仲秋にいたるまで、当寺に住して一切経の渡海を待つの間、徒然なお勧進していう、七月十五日は広大善根の日なり、盂蘭盆の善根の為めに法花一品経を写し奉り、開講演説して、七世の四恩ならびに法界の恩を報ぜしめんと云云。

（日本高僧遺墨一－三、日仏全一一五－五〇三a）

これによると、安元元年以来、誓願寺に留まって宋版一切経の到着を待っていた栄西は、あたかも治承二年戊戌の歳七月十五日の盂蘭盆の日に当って、先亡の恩に報いんがために、荘内の官民同心に『法華経』二十八品を一品ずつ分ち写すことをすすめ、大檀那大法師寛智と女檀那仲原太娘とともに、あえて勧縁沙門となるのである。

今津誓願寺の開創と、盂蘭盆供養の問題は今しばらく措く。栄西が誓願寺に留まって、宋版大蔵経の到来を待ったのは、おそらく彼の関心が先に得た漢家の大般若経六百巻につづいて、これを含む大蔵経そのものへと発展していたためであり、すでにこの寺には、先にいう大檀那寛智と仲原太娘をはじめとする官民の協力によって、宋版大蔵経を迎えんとする大運動が起っていたのであろう。二人の檀那の伝歴は知られないが、九州は平家の根拠地であり、平家はすべて日宋貿易に熱心であった。『元亨釈書』によると、栄西はかねて門下侍郎平頼盛の信を得ていて、頼盛はかれの西遊の計画を聞いて常にこれをとどめたので、ついに出発の機を得ないでいたところ、文治元年（一一八五）に平家が亡び、侍郎もまた死んだので、栄西はついに文治三年(一一八七)をもって入宋したといっている(日仏全一〇一—一五五a)。これが事実だとすると、たとえ頼盛は栄西の入宋をとどめたにしても、その入宋の背後には、今まで平家が推進してきた日宋貿易の巨大な経済力がひかえていたとおもわれる。栄西は天台山でも天童山でも、大がかりな山門の改修工事に尽力している。天童山の場合は、帰朝ののちに日本より木材を送ってこれを助けたらしい。そうした経済力と輸送の便宜は、九州の貿易商の広汎な動きなしに成就しない。もともと、インドへの旅程そのものが、そうした巨大な経済力を前提している。台密僧栄西は、仏国への旅程を具体化できる実力をもっていたとおもわれる。

4 『出家大綱』

第二次入宋で、栄西は天台山で虚菴懐敞にあい、かれに随侍して天童山に移り、ここで遂に黄竜宗九世の法脈をつぐ。この間の事情は、『興禅護国論』の宗派血脈門にくわしい(本書五四頁)。

『元亨釈書』は、虚菴と栄西の問答をつぎのように伝える。

菴問うていう、「伝え聞く、日本は密教甚だ盛なりと。端倪宗趣の一句如何」。対えていう、「初発心のとき、すなわち正覚を成じ、生死を動ぜずして、涅槃に至る」。

菴慰誘していう、「子の言のごとくば、我が宗と一般なり」。(日仏全一〇一—一五五b)

栄西が幼少より親しんできた台密の教えを、虚菴はそのまま認めた。栄西の台密は、すでに完全に熟していたのである。かれが解纜をまえにして今津誓願寺で書いた『金剛頂宗菩提心論口決』は、台密の著作としては最後のものであるが、内容的には禅の書といってよい。栄西にとって、台密すなわち真言宗と、虚菴の禅すなわち臨済宗黄竜派の禅とは、内容的に一つであった。栄西が虚菴の説くところをほとんど何の抵抗もなしに受けいれたことは、容易に推することができる。

むしろ注目すべきは、栄西がみずから『興禅護国論』の宗派血脈門にいうように、虚菴より禅の血脈とともに四分戒および菩薩戒をうけたことである(本書五五頁)。先に引く道元が理観に授けた戒脈は、栄西が台密の千命および基好より受戒したのとあわせて、敞禅師―栄西―明全―道元の戒脈をあげる。特にその奥書には虚菴が栄西に授けた印証を写して、つぎのようにいっている。

東林敞(敞)和尚在二天台一日、於二維摩室一示曰、菩薩戒禅門一大事因縁。汝航レ海来問二禅於予一。因先授二此戒一、法衣、応器、座具、宝瓶、拄杖、白払、不レ遺二一物一授畢。于時大宋淳熙己酉歳九月望日、懐敞(敞)記

(大久保道舟氏編・道元禅師全集下―二九〇)

第二次入宋以後の栄西にとって、禅宗とは要するに持戒持律の生活を意味した。『興禅護国論』は、始めから終りまで、令法久住の法として、具体的には外に持戒持律を説く。暗証の禅・文字の法をいましめるものは、戒律のほかにはない。大綱勧参門の終りに、「この故に、この宗は強いて持戒を勧む、一生に弁じて現益を期すべきなり」(本書八〇頁)といっているのは、何よりもそのことをあらわす。栄西は、『涅槃経』の扶律説常を宗とし、戒緩よりも乗緩をすすめる(七四頁)。たとえ乗緩を許すとも、戒緩を認めることはないのである。のちに、日蓮もまたこのことを強調する。それが時代の仏教の正統であった。

正治二年(一二〇〇)正月に脱稿された『出家大綱』は、そのはじめに建久六年(一一九五)の序があり、内容的には在唐の時の執筆であるという。この書は、当時の栄西の心情をうかがうにもっともふさわしい。

それ仏法は斎戒を命根とす、その命根を識らざるべからず。かの五千巻の経巻を仏法と号す、読誦して教を行ぜざらんや。六十巻の章疏を円宗と称す、論談して理に従わざらんや。当に知るべし、仏法は仏の妙儀なり。その義を知りその理を弁じ、その儀を行ずる人にして、方に仏法者という……。ここに栄西在唐の日、聖教を伺い律略を録し、日

本に帰りて即ち時を知り機宜を視、方に斎戒を勧むるに、勧むるに随って皆なこれに応ず、喜ばしい哉、千万なり。はじめ二十一歳より満五十歳に至るまで、両朝に斗藪すること三十余年、その感応を得ざりしも、今すでに感応を得て群機皆な従う。仍て在唐の記録に続いて、併せて書して以て末に貽す。若し斎戒を持せんと欲せば、宜しくこの勧めに従うべし、出家の要はかくのごとし云云。 (寛政版一a)

『出家大綱』は、まさしく第二次在唐の記録である。五千軸の経巻も六十巻の章疏も、斎戒によってその妙理をあらわす。第一次入宋の成果であった天台の新章疏六十巻も、誓願寺に備えられた宋版大蔵経も、これを生かすものは斎戒である。栄西は、虚菴の下でそのことを実感した。黄竜宗がそれを宗としたのではない。中国では当り前のことだが、栄西にとって、禅とはすなわち持律であったのだ。『源平盛衰記』が、持律第一葉上房といっているのは、単なる世評ではなくて、やはりかれの本領をつたえている。のちに『正法眼蔵随聞記』で、道元が感激をもって語るのも、すべて栄西の持律持戒の側面である。『栂尾明恵上人遺訓』の所伝も同じい(日本古典文学大系八三-六九)。もともと、『興禅護国論』の大国説話門にあげられるインド・中国仏教の見聞は、大半が戒律の問題である。栄西の在唐の記録は、単なる旅行記ではなかった。それは、古く法顕・玄奘・義浄以来の伝統をつぐものであり、いずれも戒律の記述を中心とする。

『出家大綱』は、衣食と行儀、すなわち日常生活に関する細かな規定を内容とする。注目すべきは、栄西が小食と中食の二食を説くところで、かつての自説を改めていることである。

このごろ、ある人いわく、「未だ食せずんば、中を過ぐといえどもこれを食すべしと云云」。この事、予、むかしかくのごとくこれを謂えり。悔いん哉、今よりのち、この法を謂うことなかれ。仏在世のとき、仏ならびに諸比丘、あるいは失食すること有り。みなこれ中を過ぐるの故なり。予の門弟にして、持斎するもの此の悪儀を存するは、為さざるにしかず。予、むかし持斎のものを多く破せしめ、断酒の者を多く飲せしむ。悔いん哉、その時は他の意に随ってこれを為すといえども、全く自からの罪たり、願わくは仏、消除したまえ。今正に仏に対して過を悔ゆ。今より已後、これを為すべからず。舎利弗問経に曰く、「比丘、非時に食を請わば、事食の比丘は時を待ってこれを与えよ、もし非時に与えて食せしめば重罪を得と云云」。（寛政版六a）

事はきわめて些細のようであるが、第二次入宋を機として、栄西が徹底した持戒持斎を主張したことは重要である。乗はたとえ緩であっても、戒は緩とすることはできぬ。かつて寛大に解した二食の制を、かれは仏制の通りにもどそうとするのである。元久元年（一二〇四）に書かれた「斎戒勧進文」は、「斎とは非時に食せざるなり、戒とは菩薩戒なり」といい、「仏言く、斎戒を念ぜざるは我が弟子にあらず、と。他門の他人すら猶おこの言を恥ずべし、況んや一門の徒衆をや。俗家に在りてすら尚お欣求すべし、何ぞ況んや出家の道人をや」といい、さらに道俗によって持戒の年数を区別し、「六十州の同門の知識、おのおの署名を加えて、具さに限数を注せんのみ」（同上一四b）といっている。「斎戒勧進文」は、一種の起請文であるが、それは栄西の晩年におけるもっとも強い関心をものがたる。同じ年に書かれた『日本仏法中興願文』にも、「日本国六十六州に、小比丘栄西の門徒の散在するもの二千人におよび、乃至孫業は一万ならんか。そのうち、何ぞ一千人のおのおの広大随喜心に住するものをして、清浄梵行を修せしむべきこと無からんや」といっている（日仏全一一五―三七三b）。栄西後半生の関心が、戒律の問題に終始していることは、大いに注目すべきである。すでに『興禅護国論』の第八建立支目門にみえるように、それは仏弟子の継ぐべき道であった（本書九二頁）。

5　伝教の別授菩薩戒

建久二年（一一九一）の秋、虚菴の法を得て帰国した栄西は、依然として今津の誓願寺に留まっていたようである。すくなくとも翌建久三年十二月まで、この寺で『法華経』を書写していたことが、現存する写本の奥書で知られる（上村観光氏・禅林文芸史譚一七頁)。『元亨釈書』によると、栄西が帰着したのは平戸の葦浦で、このとき戸部侍郎清貫が小院を創してかれを迎えたので、秋八月八日にはじめて禅規を行じたところ、はじめはわずかに十数輩であったが、幾《いくばく》もなくして満堂となったといっている。清貫の伝は不明だが、『尊卑分脈』によると清實という人が数人ある。禅規は、おそらく『禅苑清規』を指すが、栄西のねらいは、その戒律にあったとおもわれる。今日、北九州の地には栄西が開いたという寺院がかなりある。かりにこの時代のものとすれば、それらはかならずしも禅院ではなくて、宋朝風の戒律生活による新しい道場であったとおもわれる。建久六年の開創という博多の安国山聖福寺もまたその一つで、後に『興禅護国論』の建立支目門に見える生活を、かれはこれらの道場で行ったのであろう。

栄西が禅僧として知られはじめるのは、かれの行うそうした禅規が、叡山の注目するところとなったためである。有名な筥崎の良弁による非難がきっかけで、やがて朝議による禅宗停止に進み、栄西がこれに対して弁明した『興禅護国論』の成立となる。建久九年(一一九八)、栄西は九州の地を去る。この年に、『興禅護国論』を書きおわると、かれは鎌倉に降るのであり、やがて北条政子の帰依によって正治二年(一二〇〇)にはこの地に寿福寺が建ち、ついで建仁二年(一二〇二)には源頼家の帰依で京都に建仁寺が建つ。寿福寺は、すでに幕府の帰依僧であった退耕行勇が、栄西の門人として管領し、建仁寺は台密禅の三宗をあわせた天台の末寺であった。建仁寺は、やがて官寺として認められる。このころから、栄西はその入宋時の見聞をかわれて、東大寺や法勝寺九重塔改修の幹縁比丘として活動するようになる。その背後には持戒持律の清僧としての朝野の信頼があったとおもわれる。当時、入宋者は人々の注目を集めていた。

ところで、第二次入宋以後、鮮明となる栄西の持戒持律の主張は、かれが年少より親しんできた叡山の円頓戒とどう調和するのであろうか、問題はむしろこの点に存した。伝教の円頓戒は奈良以来の小戒を捨てて、『法華経』と『梵網経』による菩薩戒のみをとるものであった。小戒との両立はあり得ない。『興禅護国論』に引かれるように、声聞の持戒は菩薩の破戒であった（本書七三頁）。

栄西は『出家大綱』でみずからこの問題にふれて、つぎのようにいっている。

このごろ、ある大徳みずから戒蔵を看読して、「山門別授の菩薩戒は正に非ず」と云い破して云う、「遠く七仏の遺流を截る、等云云」と。親しくこの言を聞いて、哀慟すること極まり無し。その人すでに魔網に堕す、千仏も能く救うこと無からんか。その人、般若を生ぜんと欲して還って般若の種子を燋《や》く、尤も悲しむべし。……伝教大師の別授菩薩戒に、何の過失か有らん。我が大師もし別授菩薩戒を建立せずんば、此土末代に持律の人無からん、何によってか戒縁を結ばん。いわんや彼のとき、賢人明匠、その人に乏しきをや。いかにいわんや別授の菩薩戒は特に由有るをや〈口訣は別に在り〉。庶幾《こいねがわく》は一門の同袍、かれが謗を憚る莫からんことを。……ただし、大師の元意は全くこれを示すべからず。それ菩薩究竟の道理は、ただ互いに相い是非せざるのみなり。もし別授菩薩戒不正ならば、その戒を授けその戒を行ずる人の苦なり、汝なんぞ苦とせん。道を損じて悪道に堕せば、汝代って苦を受くるか。汝もしこの自ら是とし他を非とするの業によりて悪道に堕せば、我れ能く汝を救わん。穴賢穴賢。今よりのち、ただ汝の自情を守って、伝教大師の別授菩薩戒の正否を説くこと莫かれ。大師すでに逝す、誰か汝が謗難を会せん。（寛政版二b）

栄西の解説は、論理的な分析を欠く。これだけで別授菩薩戒の正当性を知ることはできぬ。おそらくは、『興禅護国論』の第七大綱勧参門の後半で、如何なる戒によって参禅するかと問うところがこれに答えたものであろう（本書七三頁）。しかし右の文によって判ることは、栄西にとって、叡山の円頓戒と天童山で虚菴より授けられた四分および菩薩戒が、けっして矛盾するものではなく、むしろ声聞の二百五十戒を行ずることこそ、梵網の八万の威儀を完うするものであり、伝教の元意に則るものだった点である。伝教の当時においては、強く別授を主張する必要があった。しかるに今や「其の情を取らず只だ其の戒を取る」のみとなった。末代道人には、むしろ「過を離れ非を防ぐ」ことが必要である。栄西は第二次入宋によって、とくにそのことを痛感したにちがいない。かれは、宋土の仏教徒の厳粛な威儀作法を見聞した。それはすべて、末法のわがくにに見られぬところであった。かれは、名字の比丘を師とせよという伝教の『末法燈明記』を、あらためて想起した。破戒無慚が当然となってしまった日本では、形だけでも仏制を守るものを尊ばねばならぬ。『末法燈明記』は問題の書であるが、その引用は栄西が最初である。

もともと、第二次入宋より帰った栄西が、そうした持戒持律を強調したのには、さらに重要な動機があった。第一はおそらく法然の浄土教であり、第二は謂うところの達磨宗の動向である。つぎに、その点を考えよう。

6 『日本仏法中興願文』

栄西は、『出家大綱』の斎戒つまり時食を説くところで、出家して長斎せざるは仏法を損ずるものであり、在家にして六斎・三長斎をつとめぬのは四部の数にあらずとして、当時これと反対の風潮があったことを、つぎのように伝えている。

世間に俗人の出家する者あり、これを入道と名づく。入道と名づくと雖ども、この仏法に入らざるがゆえに、不入道と名づくべし。世間に僧人の遁世する者あり、これを聖人と号す。しかれどもこの聖法を習わざるがゆえに、非聖人と名づくべし。およそ仏法とはこれ長斎なり。およそ聖法とはこれ持戒なり云云。（寛政版一〇a）

俗人の出家と言えば平清盛、僧人の遁世といえば法然の名を想起せしめる。栄西はそのことを明言しないが、『平家物語』その他には、これに類した事例が多い。栄西によれば、長斎持戒なくして仏法はない。斎とは非時食であり、戒とは菩薩戒である。入道も聖人も、まったく別な意味に使われているのである。かれは、元久元年（一二〇四）、『日本仏法中興願文』を草していう、

近世以来、比丘は仏法に順わず、唯だ口に能くこれを語るのみ、学者は仏儀を習わず、只だ形状これに似たるのみ。

高野大師云く、「能く誦し能く言うは鸚鵡なり、能く言いて行ぜざるは、何ぞ猩猩に異らんや云云」と。この言に恥ずべきか。その行を縦《ほしいまま》にして軽《かろがろ》しく哢せしむる勿れ。しかるに近代の人これを翻して持戒を咲い、梵行を蔑にす。これを如何せん。
（日仏全一二五‐三七二b）

『興禅護国論』より『日本仏法中興願文』にいたって、栄西の戒律再興運動は最高潮となる。もともと、栄西の日本仏法中興の理念は、王法と仏法の調和を柱とする。かれによれば、仏法は先仏後仏の行儀であり、王法は先帝後帝の律令であった。しかるに当時、比丘の行儀も国家の律令も、ともに陵夷の一途をたどりつつあった。どうしても絶えたるを継がねばならぬ。宋朝の仏教と文化がその典型である。栄西が大陸に新たに起りつつある宋学のことを知っていたかどうか明らかでないが、絶えたるを継ぐという新しい気運は、もっともよく両者に共通する。すくなくとも、宋学とともに起った宋朝仏教側の国家理想について、栄西はすでに知悉していたはずである。格調たかい『興禅護国論』の自序は、明らかに契嵩の思想を前提する。契嵩の『輔教編』は、国家の政治を助ける仏教の役割を弁証したものとして、宋代仏教徒のひとしく拠るところであった。それは、やがて栄西以後の日本仏教の理念ともなる。

栄西によれば、王法は仏法の主、仏法は王法の至宝である。三宝は、ひっきょう国宝である。ここから興禅護国の論理が生れる。かれの『興禅護国論』、とくにその鎮護国家の主張については、厳密な分析と批判を要するが、それが栄西の第二次入宋以後の説であることに注目したい。『興禅護国論』より『日本仏法中興願文』にいたって、栄西の国家意識はいよいよ鮮明となるのである。

おもうに、栄西の国家意識は、つねに持戒持律の問題と表裏する。かれは宋朝の仏教とその背後にある国家体制を見聞するにつれて、国家の律令と仏法の戒律との対比を実感したにちがいない。『興禅護国論』の第九大国説話門に引く当時のインド・中国仏教についての見聞は、国主に関する事項を多く含んでいる。そのとき、かれはおそらく叡山の開創者伝教の鎮護国家の理念を、あらためて想起したであろう。もちろん、平安朝の初期、伝教の仏教の背後にあった律令制と、その典型となった唐朝の国家理念は、君主独裁による宋代封建制のそれと質的にちがう。栄西がもし宋朝の国家理念をただちに日本に応用せんとしたとすれば、それは時代錯誤というほかはない。日本の天皇と宋朝の皇帝とは、もともとその性質がちがうからである。とくに、栄西が理想とする聖天子は、あまりにも古典的であった。かれは『興禅護国論』の第三世人決疑門で、禅宗の興行に宣下を求める理由を、『涅槃経』金剛身品に見える有徳王と覚徳比丘の故事に譬えて論ずる(本書三八頁)。この故事は、日蓮もまた注目している。道元もまた「弁道話」の終りに、正法眼蔵の興行は王勅によるべきであるとする。かれらの脳裏には、つねに仏法を保護し、仏法のために命終したインド・中国の有数の天子の姿が理想化されていた。栄西は破戒の比丘に対して、国家の律法による苦治をもとめ、駆遣羯磨を行うことを夢みている。かれのユートピアは、のちに日蓮が国立戒壇を主張するのに通ずるようだ。皮肉にも、栄西も日蓮もともに政治権力によって逆に駆遣される破目となるところをみると、かれらの夢みた理想国家は、もともと律令下の宗教として出発した日本仏教のそれと、体質的に相い容れぬ関係にあったのである。

しかし、栄西の戒律復興運動を考えるうえで、もっとも注目すべきは達磨宗との対決である。栄西の国家意識は、宋朝仏教を先取することによって、幻想に走りすぎたが、達磨宗の批判を通して即今の現実に立ちもどる。

栄西は、『興禅護国論』の第三世人決疑門に、第十一番目の質問として、かれの主張する禅宗と達磨宗とのちがいをとりあげる。結論からいって、かれは達磨宗をもって「空見」の人であり、「悪として造らざること無き類」であり、「共に語り、同座すべからず」、「百由旬を避くべし」とするのだが(本書四一頁)、達磨宗の現実遊離と戒律無視が、もっとも大きい論議の中心となっている。達磨宗の史実は、なお明らかならぬところが多いが、かれらの動きに対してもっとも鋭敏だったのは、やはり栄西その人であったようである。『元亨釈書』によると、栄西の活動が中央から達磨宗と同一視されたことが、そもそも『興禅護国論』という本の書かれる動機であった（補注三九一頁「抑また叡岳の…」参照）。『百錬抄』第十の禅宗停止の記事もまたそのことを証する（新訂増補国史大系一一－一三五）。

大日房能忍は、おそらく天然の禅者であった。かれは古く叡山に伝えられた達磨の語録によって無師独悟し、のちに摂州三宝寺に住して一派を創した。経豪の『正法眼蔵抄』によると、達磨宗は『破相論』『悟性論』『血脈論』に拠ったという（曹洞宗全書注解一－五三b）。近代の研究によると、これらの書はいずれも達磨その人の親作ではないけれども、日本では古来『達磨三論』もしくは『小室六門』の一部として重視されている。源信に帰せられる『真如観』もまた『破相論』の一句を引いている。

いずれにしても、大日房能忍が自己の悟りの証明を求めて、練中・勝弁という二人の弟子を育王山の拙菴徳光の下に送ったことは確からしい。文治五年（一一八九）の夏のことである。『元亨釈書』がいうように、拙菴は異域の信種を憐れみ、法衣とみずから讃を附した達磨像および自己の頂相を二使に託して、大日房能忍の悟りを証明した。これが、達磨宗の起りである。拙菴徳光は大慧宗杲の法をつぎ、宋朝禅林に重きをなした人である。孝宗の信を得て仏照禅師の号を受け、淳熙三年に入内奏対したときの記録は、のちに『古尊宿語録』四十八に収められる。達磨宗の実体は、臨済宗楊岐派に属するのである。能忍以来、弟子たちはその印可状を次第に相伝し、のちに加賀大乗寺を開創した徹通義介は能忍の四世として、道元下の法脈とともにこの血脈を重視した。かれは、弟子紹瑾に与える付法状に、つぎのように言っている。

大宋淳熈十六年、日本文治五年、育王仏照禅師徳光和尚引二仏在世之生主法寿例一、遙付二中・弁二使一、以二臨済家嗣書・祖師相伝血脈・六祖普賢舎利等一、遠授二摂州三宝寺能忍和尚敕諭深法禅師一、為二釈尊五十一世祖一。此印信心印文、依有二速《ママ》請官裁一、師命即在二皇居一開レ之。雖レ為二八宗講者一、進以為二達磨正宗初祖一、蒙二宣下一。自レ尓日本国裏、初仰二達磨宗一。其法授二東山覚晏上人一、晏附二越州波著寺覚禅和尚一、禅附二義介一。此書并六祖普賢舎利〈一粒〉、同寄二紹瑾長老一、以可レ為二当家洞下嗣書之助証一。能忍和尚信牒、仏照禅師返牒、練中・勝弁在唐記、委在レ之。嘉元四年丙午仲冬三日、加州大乗寺開闢義介授レ之　花押

(日本高僧遺墨一―一〇九)

達磨宗が道元の教団に合流したいきさつは、今の問題ではない。栄西が達磨宗を認めなかったのは、先にいうようにこれらを「空見」の徒と考えたからである。『元亨釈書』は、かれらに戒検なきためとする。要するに戒律の問題がもっとも大きい理由である。のちに日蓮は『開目鈔』の末尾で、大日を法然とならべあげて非難する。

建仁年中に、法然・大日の二人出来して、念仏宗・禅宗を興行す。法然云、法花経は末法に入ては、「未有一人得者、千中無一」等云云。大日云、「教外別伝」等云云。此両義、国土に充満せり。天台・真言の学者等、念仏・禅の檀那をへつらいをそるゝ事、犬の主にをゝふり、ねずみの猫ををそるゝがごとし。国王・将軍にみやつかひ、破仏法の因縁、破国の因縁を能《よく》説、能かたるなり。

(日本古典文学大系八二―四〇九)

日蓮の非難は、能忍が『法華経』を捨てて教外別伝を提唱したためであり、『安国論御勘由来』にもほぼ同じ理由をあげて増上慢だと批判する(昭和定本日蓮聖人遺文四二三頁)。抜隊の『塩山和泥合水集』がまず「教外別伝」の問題からはじまっているのも、あわせ注意してよい(本書一八八頁)。さらに、達磨宗は当時の歌壇にも影響して、一種の新体の名となっていたようで、伝統派からはすこぶる非難せられた。たとえば鴨長明の『無名抄』は、「近代歌体事」の項に、或る人の質問として、「この比の人の哥ざま、二面に分れたり、中比の躰を執する人は今の世の哥をばすゞろごとの様に思ひて、やゝ達磨宗など云ふ異名をつけて譏り嘲ける。又、この比様を好む人は、中比の躰をば、『俗に近し、見所なし』と嫌ふ。やゝ宗論の類にて、事切るべくもあらず。末学のため是非に惑ひぬべし」といっている。このことについて、日本古典文学大系本の編者は、その補注につぎのような「拾遺愚草員外」の文を引く。

自二文治建久一以来、称二新儀非拠達磨哥一、為二天下貴賤被一レ悪、已欲二弃置一。

(日本古典文学大系六五―三〇b)

文治・建久は、まさしく大日能忍が二弟子を宋に遣した頃であり、栄西の第二次入宋の時期に当る。当時、宋朝との交流が進むにしたがって、大陸文化の新しい動向を象徴する禅宗は、漸く人々の関心を引きつつあった。そこに、上代の俗を超える期待が寄せられたのである。

達磨宗に対する人々の関心が高まったのは、大日能忍一派の動きのためのみではない。栄西の第一次入宋につづいて、杭都霊隠寺の仏海に参じて印可を得、叡山に禅を伝えた人に覚阿がある。

覚阿の伝記は、大陸で編せられた『嘉泰普燈録』二十に収められ（続蔵二乙―一〇―一四a）、『仏海瞎堂禅師広録』三に「日本国覚阿に示す」法語があり、同書四にも「日本国覚阿・金慶二禅人の天台に遊ぶを送る」語がある（同二―二五―四八二c・四八九c）。『元亨釈書』六の伝は、ほとんどそれらによるもので、覚阿はわがくによりも大陸でその名を知られていたらしい。日本僧にして、中国撰述の仏教史書にその伝をとどめるものは、覚阿をもって最初とする。仏海は円悟克勤の法を嗣いだ人で、南岳や天台山に歴住し、特賜をもって霊隠寺に住した当代一流の名僧であった。『広録』二は、乾道八年（一一七二）より淳熙二年（一一七五）にわたり、孝宗の勅によってしばしば入内説法した記録を収め、その序は仏照禅師拙菴徳光の筆である。徳光といい、仏海といい、当代一流の名僧であったことは大いに注意を要する。

大日能忍と覚阿の禅宗について、見逃すことのできぬのは、栄西の「未来記」である。この書の成立は建久八年（一一九七）のことで、『興禅護国論』のそれよりも一年早い。栄西の「未来記」は、自分の寂後五十年にして禅宗の大いに起るべきことを、霊隠寺の仏海および仏照の言に託して予言したものだが、栄西は、仏海とも仏照とも直接には交渉がなかったので、建久八年に博多の張国安がやって来て、二人の予言を彼に告げたという形をとる。張国安の実在と、仏海・仏照の予言を疑う必要はないが、その暗示するところは、おそらく覚阿と能忍への批判である。この二人がはじめて宋の禅宗を伝えたことは、おそらく人々の耳目に新しかった。栄西は、仏海・仏照の暗示するところは自分を除いて他にその人なしとし、覚阿と能忍を退けるのである。「好人は海を越えず、愚人は到れども何ぞ要せん」（本書九七頁）というのは、明らかに二人に対する反感である。栄西がそれほどまでに自他を区別しようとした動機は、かならずや戒脈の有無に存した。「未来記」につづいて、『興禅護国論』の第五宗派血脈門に、栄西が虚菴より四分戒および菩薩戒を受けたことを特筆する所以であり、『興禅護国論』はその始終を通じて持戒の問題を強調する。のちに徹通義介が、洞下の嗣書の助証として達磨宗の血脈を重視するのも、おなじ動機からにほかならぬ。

いずれにしても、栄西が『興禅護国論』を草したのは、自分の立場を達磨宗と区別し、宋朝の禅と戒の血脈をみずから伝持するものであることと、それが伝教の別授菩薩戒の精神と矛盾するものでないことを弁証せんがためであった。叡山の仏法が国家によって公認されている以上、みずからの禅宗興行について、宣下のあるべきは当然であった。『興禅護国論』が何処で何人に読ませようとして書かれたかは、すこぶる興味ぶかい問題である。『元亨釈書』の記載を認めるならば（補注三九一頁「抑また叡岳の…」参照）、建久六年に藤相国すなわち九条兼実に詔して栄西を府裏に召し、その主張を徴問することがあった。栄西は、自分の立場を一書にまとめて時哲に示し、後昆に貽す必要を感じたにちがいない。当時あたかも東大寺の再建成り、幕府と九条兼実の関係には、すこぶる微妙なものがあった。栄西は、九州より京都にその本拠を移す。九条兼実を介して、栄西と鎌倉との通路はすでに開かれていたであろう。今、そうした史実の穿鑿に入る必要はない。栄西にとって意外というほかはない種々の誤解と妨難に処して、この時期の自己の立場を弁明した『興禅護国論』が、はからずも生涯の主著となったことを確めておけば足るであろう。

7　『興禅護国論』と『大蔵一覧集』

『興禅護国論』は、栄西みずから言うように、三篋の大綱を蘊めて時哲に示し、一宗の要目を記して後昆に貽さんとしたものである(本書九頁)。「跋して三巻とし、分って十門を立つ」というのは、源信の『往生要集』に前例がある。跋という字は見なれないが、抜萃、抄録のことらしい。それは、経律論の三蔵を踏まえた仕事であることを暗示する。

『興禅護国論』が後人の偽作でないかと疑われるのは、この書が一般に禅録の通例となる上堂や示衆を欠くためである。栄西は博多の聖福寺・鎌倉の寿福寺・京都建仁寺の開山だが、かれの開堂や上堂語は伝えられぬ。開堂の最初は、嘉禎二年(一二三六)道元の宇治郡興聖寺のそれを待たねばならぬ。栄西にはその事実がなかったらしい。

いったい、栄西の仏教の特色は、その綜合性にあるといってよい。栄西は生涯、禅宗という一派を開く意図をもたなかった。かれの関心は、どこまでもインド・中国・日本の仏教そのものにあった。かれが確かに読んだと判る禅録は、『宗鏡録』と『禅苑清規』である。二書ともに大蔵経の抄録が中心で、経律論を我が身に生きた人々の記録である。

栄西が宋版大蔵経の将来につとめたことはすでに述べた。晩年もまた鎌倉で大蔵経の供養をしている。周知のように福州版大蔵経は、折本である。このときに、巻子本より折本に変ったのである。折本は通読に便利である。大蔵経の通読は、これまでの仏教学を一変させる。『元亨釈書』は、栄西が大蔵経を三度読んだといっている。『興禅護国論』のさいごのところで、栄西はこの書に引く経律論の文は、すべて暗誦によるものだといっている。当時、安覚という無名の日本僧が入宋して、大蔵経の大半を誦じていたという『鶴林玉露』の記事のことは、すでに述べた。この時代の日本僧の大蔵経に対する執心は、まさしく異常なものがあった。

もともと、宋代の仏教は、大蔵経とともに出発した。それは、広く宋代文化の特色につながる。宋初にできた『太平御覧』一千巻、『冊府元亀』一千巻といった類書や、『資治通鑑』二九四巻のような編年の通史は、やがて新しい宋学の発生をうながした。古典にもとづく該博な知識の綜合は、学問を広く士大夫のあいだに解放し、そうした万人参加の国学は、おのずからにして遠大で整然たる哲学体系を生みだす。もともと、類書の編集は、存在の秩序を重視した中国的宇宙論を前提する。学問は綜合され、現実の国家社会の実践に供される。宋代の仏教もまたそうした新しい問題意識とともに発達した。それは、大蔵経を踏まえた広い知識と、具体的な持律の生活を二本の柱とする。

『宗鏡録』百巻は、すでに『興禅護国論』の第七大綱勧参門にいうように、「六十部を引き、三宗の妙義を蘊め、三百余家の語句を注して、もって宗旨を釈する」ものであった(本書六二頁)。『禅苑清規』十巻は、「参禅問道は戒律を先とす」(一一頁)るにある。それは、日常生活のよって立つもっとも具体的な倫理を明らかにする。言うならば、『宗鏡録』は経論の要文を集成し、『禅苑清規』は時代に即した小律蔵である。二つの禅録は、じつは宋代仏教一般の聖典であったのである。

ところで、折本大蔵経の普及によって、その通読は容易になったが、何といっても五千四十余巻のすべてを座右に具えることは望めぬ。とくに宋版大蔵経は、前記の『宗鏡録』をはじめとする多数の禅宗文献を含んでいる。それらは、五千四十余巻以外の入蔵に属する。こうして、宋版大蔵経の普及は、おのずからにしてその抄録書の出現を導く。まず、『大蔵経綱目指要録』十三巻がつくられ、つづいて『大蔵一覧集』十一巻があらわれる。今は、これら二つの大蔵の抄録書に、栄西が深い関心をもっていたこと、おそらくはそれらをわが国に伝えた最初の人であることを注意して、栄西の仏教と学問の一側面をうかがうことにしよう。

『大蔵経綱目指要録』は仏国惟白の撰で、その成立は崇寧二年(一一〇三)である。あたかも『禅苑清規』の成立と同年である。『禅苑清規』は、一名『崇寧清規』ともいう。崇寧前後は、禅宗の最盛期であった。『大蔵経綱目指要録』の編者惟白は、さらに『建中靖国続燈録』三十巻の編で知られる。この書は、宋初に編せられてすでに入蔵していた『景徳伝燈録』三十巻、および『天聖広燈録』三十巻のあとをつぐ第三の禅宗史書として編せられ、完成と同時に徽宗皇帝の御製序を賜わり、勅によって入蔵を許された。『大蔵経綱目指要録』もまた同様である。もともと、この書は元豊三年(一〇八〇)にはじまって、今漸くにして完成した福州東禅寺版大蔵を本体とする、解説つき内容目録の意味をもつ。大蔵経の整理番号である千字文の順序に配列されているのはそのせいである。とくに、その最終巻の末尾に、禅門伝録共一百巻の項目を設けて、唐の『宝林伝』以後、みずから編した『建中靖国続燈録』にいたる禅宗史書四種の内容目録と、さらにそれらの禅宗史書成立の事情についての解説を附し、大蔵による教宗諸派と教外別伝の禅門との異同を論ずるのは、編者の意図を推せしめる一段である。

栄西の『興禅護国論』に『大蔵経綱目指要録』の文を引くところは、わずか二カ所にすぎない(補注三八九頁「正法眼蔵」および本文五〇頁注「禅宗興由」参照)。しかし、栄西がこの書をつねに座右においてその暗引を助けたことは容易に推することができる。とくに注目してよいのは、かれがこの書の名を挙げぬことである。この書はあくまで工具であった。そのことは、次の『大蔵一覧集』の場合にいたって、よりいっそうはっきりしてくる。

『大蔵一覧集』十一巻は、大隠居士陳実の編で、その成立は紹興二十七年(一一五七)である。巻首には陳実の自序にさきだち、超然居士安定郡王令衿の序がある。編者陳実の伝は明らかでないが、安定郡王令衿は、『宋史』二四四に附伝される宋室の一族で、姓は趙氏、壮年で安定郡王に封ぜられたが、靖康の変ののち、秦檜に憎まれて封を絶たれること十年という から、慨世の人であったに相違ない。先にいう楼鑰の『攻媿集』五六に収める「清芬堂記」にも記事があり、仏教関係では、『緇門警訓』二に超然居士の撰になる「南嶽法輪寺省行堂記」を伝える。

ところで、『大蔵一覧集』もまた福州東禅寺版の大蔵経によって、その出所を千字文で標示する。ただし、『大蔵経綱目指要録』が、千字文の順序に従う内容目録であるのに対して、『大蔵一覧集』は大項目主義の類書である。それは、「先王品」とよぶ天地開闢の説にはじまって、仏陀の出生より教法の流布への順序で六十品の項目を設け、大蔵経の要文を類集するのであり、見出し語はすべて各項目毎に七言二句の偈の形をとって、内容細目の検索にそなえる。注目すべきは、この書が『景徳伝燈録』や『禅林僧宝伝』をはじめ、『宗門統要』『宗鏡録』などの禅録を縦横に駆使して、それらの書を経律論の三蔵とまったく同格に扱うことで、それらの禅録のうちには、公式に入蔵していないものも含まれるから、『大蔵一覧集』の標題はかなり広義に用いられているうえに、どちらかと言えば禅録の比重が大きい。

栄西が大蔵経の検索に『大蔵一覧集』を利用したことは、おそらく『大蔵経綱目指要録』を上まわるであろうが、かれは今の場合もまたその書名をあげることはない。栄西は新しい知識人として、宋土の類書を最大限に利用している。たとえば、もっとも晩年の著作に属する『喫茶養生記』にしても、茶に関する古代文献の引用部分は、ほとんど『太平御覧』八六七の飲食部二五「茗」の項によっていることを、森鹿三氏は指摘されている（茶道古典全集二―四三）。『興禅護国論』と『大蔵一覧集』との関係は、その引用度数のうえで『喫茶養生記』と『太平御覧』との場合には及ばないが、栄西がつねに大陸製の類書を座右にそなえていた事実は、栄西の仏教を考えるうえに、きわめて示唆的であるといわねばならぬ。

ところで、栄西が、直接に『大蔵一覧集』によったとおもわれるのは、『興禅護国論』の第七大綱勧参門の後半で、「坐禅儀」につづいて『禅法要』の文を引き（本書六五―六頁）、さらに「有る偈」につづいて『雑宝蔵経』を二度引き（七〇―一頁）、『起信論』および『入印法門経』の文を引く部分である（七二頁）。これらはすべて『大蔵一覧集』三の「禅定品」第二四のうち、「坐禅儀式要須レ知、浄観摂心亦当レ習」と「定中兀坐真枯木、頂上容レ巣待二産雛一」、「戯言欺罔伝二他法一、静坐承当証二厥功一」、「衆生為レ何不レ見レ仏、古鏡埋レ塵曷覩レ容」、「既心清浄如来現、譬水虚明日月彰」の五則に相当し、順序もまた完全に一致する。『興禅護国論』に引く「坐禅儀」が崇寧初版の『禅苑清規』に欠けている事実は、栄西が『大蔵一覧集』を用いたことをいよいよ確かならしめる（補注三九八頁「もし行人…」参照）。ただし、栄西の引用がすべて『大蔵一覧集』のみによったのでないことはいうまでもない。たとえば、かれは頻りに『四十二章経』を引くけれども、その拠るところはすべて別本である。『大蔵一覧集』が用いている『四十二章経』のテキストは、先にいう福州東禅寺版大蔵経の辞字号の本であり、それは、唐の『開元釈教録』で入蔵が決定し、歴代の大蔵経がつねに用いてきたものである。ところが、唐代以後の仏教徒が実際に用いてきたのは、『宝林伝』にはじめて収められた別本である。栄西もまたこの本によっている(補注三九一頁「四十二章経」参照)。『大蔵一覧集』は先にいうように、『宗鏡録』以後の禅宗系統の書に特別の配慮を加えているが、大蔵経の要文抄録という趣旨により、入蔵の本をとったのであろう。栄西はつねに『大蔵一覧集』を座右においていたとおもわれるが、その引用文のすべてをとってはいない。その辺に、またかれの暗引の実力が発揮されたのかもしれぬ。

いずれにしても、栄西は、禅宗をもって「諸教の極理、仏法の摠府」とする(本書二八頁)。それは単なる抽象のことばではなかった。栄西の『興禅護国論』の説得力は、隠された名著『大蔵一覧集』によるところが大きい。この書は、まもなく五山で覆刻されるが、その後は次第に忘れさられたようである。たいていの図書目録は、明版の刊記によってそれを明代の書としている。栄西がこの書を利用していたことは、単に一部の『大蔵一覧集』のことにとどまらぬ、種々の問題を含んでいるといってよいであろう。

8　入滅と弟子たちの動向

栄西の入滅については、すでに注意したように、その場所を鎌倉とするものと京都とするものとの二説がある。年は同じだが、月日もまた異る。すなわちまず『吾妻鏡』巻二十二は、建保三年(一二一五)六月の条に、つぎのように言っている。

六月小五日癸亥。霽。寿福寺長老葉上僧上栄西入滅。依㆓痢病㆒也。称㆓結縁㆒、鎌倉中諸人群集。遠江守為㆓将軍家御使㆒、莅㆓終焉之砌㆒云云。(新訂増補国史大系三二―七一六)

『吾妻鏡』は、鎌倉幕府の公式記録である。それが幕府の立場で一貫されていることは当然で、舞文曲筆も予想されるが、栄西の入滅について疑義を入れるべき理由はない。むしろ、先に引く『元亨釈書』の「資治表」が、建保三年七月五日の事とする方に問題があろう。わずか一ヵ月の差であるが、『元亨釈書』は栄西の入滅を安居あけの布薩の行事に関連させ、とくに勅使の見舞について記す。それが、将軍家御使に対するものであることは言うまでもない。大げさに言えば、そこに公武の対立がみられるのである。

今、両説の真偽を決する必要はないが、問題は第二の京都入滅説が、栄西の弟子たちの活動と関係していることである。京都入滅説は、すでに虞樗の「日本国千光法師祠堂記」にその片鱗が見え、やがて無住の『沙石集』にその全貌をあらわす。前者は滅後十年、栄西—明全—道元の系統に属し、後者は栄西—栄朝—円爾—無住の系統で、六十年頃の成立である。とくに無住は、栄西入滅の記事を「建仁寺ノ門徒ノ中ニ臨終目出事」の題下に収めて、それが一つの伝統をなしていたとする。円爾の入滅については、遺偈がその特色をなす。それは、宋より伝えられた禅宗独自のものであるが、臨終の目出たさはかつて密教より禅への展開を可能にした重要な契機の一つだ。日本に伝えられていた達磨の「知死期の偈」について、栄西は虚菴に真偽をただしている（本書五三頁）。ところが、今や栄西はみずから死期を知っていた不思議の人として、その弟子たちの尊敬をあつめる。かれは、人々にそのことを知らせるために、入滅を前にわざわざ鎌倉より京都に帰ったとされる。それが、栄西その人の本意であったかどうかとは別にである。

さらに、かつて滅後五十年を予言した栄西の「未来記」もまたその本意と違った課題を孕みはじめる。鎌倉幕府の招きによって来朝する宋僧たちと、日本仏教の内包する諸矛盾を負う日本僧とは、互いにちがった道を歩みはじめる。鎌倉と京都、中央と地方の相違も複雑化する。もともと、栄西がめざした日本仏教の中興は、王城の地を中心とするものであった。そこに、栄西の仏教の特色と限界があったともいえよう。『興禅護国論』は、やはり日本仏教史を画する著作であった。栄西滅後四十年、円爾が開創した東福寺の場合について見よう。

はじめ、東福寺の開創は九条家の氏寺として計画された。東大寺の再興は、すでに朝野の協力で完成したが、氏寺の興福寺は藤原氏一門の手に残された。かれらは、新しい氏寺を求めたのである。建長二年(一二五〇)、九条道家が草した「総処分」、すなわち東福寺の建立趣意書は、つぎのように言っている。

右当寺者、恋二慕釈尊在世之遺跡一、欣二求如来滅後之値遇一、奉下顕二五丈之聖容一、建中立数箇之堂宇上也。是以偏模二天竺・震旦叢林開堂之風俗一、殊定置二一食長斎之衲僧一。可下令レ受二学戒定恵之三門一、以二大小顕密戒律一為二惣体一、以二真言・止観宗門一為中専宗上、是伝教大師素願也。所謂安然和尚教時諍論云、夫我日本国有二九宗教一、揚レ已貶レ他、未レ謂二弘道一。今依二仏説一、八宗皆道。検二伝教大師所レ承血脈内証仏法一、乃有二三譜一、一達磨付法、二天台相承、三真言血脈。宝林伝列二禅門付法次第一、以加二八宗一、今為二九宗一。禅門・天台・真言、備二此三法一、唯我一山、印度斯那、未レ聞二斯盛一者也(已上)。加二之於禅宗一者、慈覚・智証門人、尤可二習学一者歟。即山王院大師教相同異云、問、彼禅門宗、為是何家。答、自有二其宗一、非二八宗摂一也。問、其宗教相如何。答、未レ見下立二教相一者上、唯以二金剛般若経・維摩経一而為二所依一、以二即心是仏一而為レ宗、以二心無所著一為レ業、以二諸法空一為レ義。始自二仏世衣鉢授受一、師々相承更無二異途一、具出二伝記一者也。

(東福寺誌七二a、辻善之助・日本仏教史三ー一一三)

道家が安然の『教時諍論』と智証の『教相同異』の文を引くのは、おそらく『興禅護国論』を承けてのことである(本書二八ー三〇頁)。直ちに安然・智証の書によったとも見られるが、それらの同じ部分をつづいて引くのは、やはり栄西の意によっている。何よりも、天台・真言・禅門の三法を備える東禅寺の創建趣旨そのものが、栄西より来ていることは明らかである。それは、三国の仏法を一貫するものでありながら、三国の仏教史にいまだかつて無きところであった。

栄西が鎌倉幕府の帰依によって京都に開創した建仁寺は、伝教の延暦寺につぐ日本仏教の根本道場であり、すでに『興禅護国論』の建立支目門に述べられる清規によるものであった。止観院・真言院の規定もそこに見られる(本書八四頁)。しかし、幕府の京都探題的性格をもつ建仁寺は、栄西の入滅とともに本来の精神を失ったかも知れぬ。栄西滅後の建仁寺には、すこぶる明らかならぬところがある。宋より帰朝した道元が、しばらくここに身を寄せながら一年あまりで離れ去るのも、単なる法系のちがいによるのではあるまい。栄西が理想とした「諸教の極理、仏法の総府」としての禅院は、支持者と指導者にその人を得るのでなければ実現は難い。何よりも、叡山の理解と摂関家の支持を要する。新しい武家政権の成立によって、しばらくは大きい打撃をうけた藤原氏は、東福寺造営の頃にいたって、その実力をとりもどしたと見られる。摂関家の内部事情については、承久の乱に前後する各派の緊張関係を細かく分析しなければならぬが、東福寺の開創を眼前にして、道元が弟子たちとともに北越に移っているのも、その支持者の内部に何かの変化のあったことを想像させる。そうした複雑な社会事情の下に、かつての栄西のユートピアを実現したのが、円爾弁円による東福寺である。

円爾弁円(一二〇二―一二八〇)は入宋して径山に上り、無準師範の法をついだ人であるが、帰朝後の行動は栄西と同じように台密の域を出でない。密教と禅の綜合という、三国の仏教史に先例のない運動はこの時代独自のものである。栄西より円爾にいたる台密禅の正確な理解と評価なしに、中世禅家の思想を云々することはできない。思想としての日本禅は、ここから出発するのである。円爾の三世に虎関が出て、栄西を日本禅宗始祖として位置づけたことはすでに述べた。『元亨釈書』の栄西伝に、栄西の示衆として引かれるのは、すべて『興禅護国論』の典拠増信門(本書五六頁)および大綱勧参門(本書六三頁)の文章である。虎関が、それらのうちより密教色を除こうとしていることは容易に看取される。時を同じくして、道元とその門流の人々が、只管打坐の実践に傾いて行ったことも考えあわせてよい。

今、栄西より円爾の時代に至る中世禅家の思想の評価の一つを、同じく円爾に学んだ無住の『雑談集』に見ることによってこの章を終ろう。

中比、建仁寺ノ本願入唐シテ、禅門・戒律ノ儀伝ラレシモ、只狭床ニテ事々シキ坐禅ノ儀無リケリ。国ノ風儀ニマカセテ、天台・真言ナドアヒナラベテ、一向ノ禅院ノ儀式(脱文カ)。時至テ仏法房ノ上人、深草ニテ大唐ノ如ク、広牀ノ坐禅始テ行ス。其ノ時ハ坐禅メヅラシキ事ニテ、信有ル俗等拝シ貴カリケリ、其ノ時ノ僧ノカタリ侍シ。其ノ後、東福ノ開山度宋シ、径山ノ下ニ久住シ、坐禅等ノ作法行ハ被ケリ。コトニ隆老唐僧ニテ、建長寺ハ宋朝ノ作法ノ如ク行ハレショリ後、天下ニ禅院ノ作法流布セリ。時ノ至ルナルベシ。

(延宝七年刊本八—一〇b)

三　栄西の著述と年譜略

1　著述

栄西の著作について、虎関は『興禅護国論』三巻、『日本仏法中興願文』『一代経論捴釈』『不二門論』『三部経解題』各一巻の五部をあげ、「そのほか密部甚だ多くして尽く記さず」(日仏全一〇一—一五九b)と言っている。又、『日本禅林撰述書目』によると、右のほかに『菩提心論口訣』『師子浄敵論』『法華入真言門訣』『出家大綱』『円頓一心戒和解』『喫茶養生記』の名が見えるが、これらのうちには今日その所在を明らかにし得ないものがある。

栄西には、かなりの数にのぼる台密系の著作があった。『興禅護国論』の正当な評価は、それらの著作全体の研究と表裏する。ここには、今までに知られているものを、著作年代順に概観しておく。

〔一〕胎口決　一巻

承安五年(一一七五)正月の作。胎口決・金剛界口決・両部大要の三部より成る。未刊。実蔵坊真如蔵蔵。上杉文秀『日本天台史』附録「比叡山古蔵書目集」を参照。

〔二〕出纏大綱　一巻

承安五年(一一七五)正月の作。日本大蔵経(天台宗密教部章疏三)に永仁二年(一二九四)の写本を収める。

〔三〕教時義勘文　一巻

安元二年(一一七六)正月の作。日本大蔵経(天台宗密教部章疏三)に正応三年(一二九〇)の写本を収める。又、序文と謝誓の言葉のみを、天台霞標三編に収める(日仏全一二五—三七一a)。

〔四〕法華経入真言門決　一巻

治承二年(一一七八)正月の作。未刊。東寺宝菩提院三密蔵・叡山文庫等に蔵。建仁寺に真蹟の序一幅、両足院にその断片三幅を蔵する。

〔五〕菩提心別記　一巻

治承三年(一一七九)七月の作。日本大蔵経(天台宗密教部章疏三)に文永四年(一二六七)の写本を収める。

〔六〕結縁一遍集　一巻

治承四年(一一八〇)四月の作。未刊。曼殊院に延文四年(一三五九)の写本を蔵す。

〔七〕秘宗隠語集　一巻

治承五年(一一八一)五月の作。未刊。大東急記念文庫蔵。

〔八〕金剛頂宗菩提心論口決　一巻

文治三年(一一八七)正月の作。元禄十六年(一七〇三)、中野五郎左衛門刊。日本大蔵経(真言宗密教論章疏下)、大正新修大蔵経七〇に収める。

〔九〕釈迦八相　一巻

建久二年(一一九一)十二月の作。未刊。西本願寺・松ケ岡文庫等に蔵す。

〔一〇〕出家大綱　一巻

正治二年(一二〇〇)正月の作。寛政元年(一七八九)両足院の高峰東晙刊。末尾に「斎戒勧進文」を附す。木宮泰彦氏の『栄西禅師』(大正五年、丙午出版社)に収める。別に両足院に利峰東鋭の写本を蔵し、「入唐縁起」を附している。現存最古のテキストである。

〔一一〕日本仏法中興願文　一巻

元久元年(一二〇四)四月の作。昭和十年(一九三五)に両足院で刊行したもののほか、天台霞標三編(日仏全一二五-三七一b)、高僧名著全集十八等に収める。

〔一二〕喫茶養生記　二巻

承元五年(一二一一)正月初稿、建保二年(一二一四)正月再治。前者は、茶道古典全集二(昭和三三年)に寿福寺および多和文庫蔵の二写本を校合して出版され、後者はかつて元禄七年(一六九四)に小川多左衛門が刊行したもののほか、群書類従三六五の刊本その他があり、別に大日本仏教全書(遊方伝叢書三)がこれを永仁五年(一二九七)の古写本の影写(東大史料編纂所蔵)と校合したものあり、前記の茶道古典全集二にそのすべてを綜合している。

〔一三〕円頓三聚一心戒　一巻

著作年代未詳。三光国師孤峰覚明が瑩山紹瑾より相承したもの。宝暦十一年(一七六一)に面山瑞方、高峰東晙の序跋を附し、銭屋三郎兵衛が円頓三聚一心戒和解と題して刊行した。両足院所蔵の本には和解の二字がないが、内容は全く同じである。

以上のほか、古来栄西の作とされる真禅融心義二巻があり、両足院に利峰東鋭が元和八年(一六二二)に東武の古刹で写したという一本を伝え、天台霞標にその序を収めているが、弘長三年(一二六三)の作で、明らかに栄西門流の筆であり、すでに『日本禅林撰述書目』にも疑を存している。又、栄西が入滅の年にまとめたという入唐縁起一巻は、今日のところ、利峰東鋭が出家大綱の末尾に写しているものが最古の本で、残念ながらその後半を欠く。

〔一四〕興禅護国論　三巻

a　写本

(1)　両足院蔵・利峰東鋭本　三巻一冊

寛文版以前の唯一の写本であるが、残念ながら、下巻建立支目門第八の夏冬安居の「安居せずして夏臘の」(本書八三頁六行目)のところで断たれている。巻首の栄西の自序ともに44葉、毎半葉11行・20字である。

(2)　寿福寺蔵本　三巻一冊

寛文六年刊本を、原本通り写したもの。筆写の時代は不明であるが、末尾に別筆で左記の識語がある。

享保十七壬子稔閏五月八日、主塔丘《ママ》法山宗演置焉。

b　刊本

(1)　寛文六年(一六六六)、八尾六兵衛刊本　全三巻三冊。今回、訳注の底本としたもの。序文2葉を含んで上巻21葉、中巻19葉、下巻は未来記とも18葉。毎半葉10行20字、全文に訓点があり、中巻の最後に刊記がある(本書六八頁)。無刊記のものもすべて同版でおそらくは後刷である。延宝三年(一六七五)の増続古今本朝彫刻書籍題林大全の禅宗部に、興禅護国論三巻同抄三巻の名が見える(江戸時代書林出版書籍目録集成一―一七一c)。八尾六兵衛は不明であるが、慶長以来書賈集覧(大正五年、彙文堂)によると、はじめ三条寺町誓願寺前にあり、後に本能寺前に移った八尾助左衛門、同勘兵衛その他が、同時代に活動している。六兵衛もまたその一族であろう。後刷はたいてい小川源兵衛の製本発行。

(2)　安永七年(一七七八)、両足院刊本

高峰東晙の校訂で、巻首に南叟竜朔の手稿より発見された撰人不明の序文を新加、末尾に跋語と助刻名簿を附す。全体にわたって寛文版の誤脱を訂し、重要な校異を欄外に記し、版型を毎半葉9行20字に改める。両足院に東晙浄書原本と版木を存する。

c　叢書本および訳注

(1)　大日本校訂大蔵経(露八)、明治十七年、弘教書院刊。

(2)　禅学大系(祖録部四)、明治四十五年、一喝社刊。

(3)　大正新修大蔵経第八十巻(続諸宗部十一)、昭和六年、大正新修大蔵経刊行会刊。

(右、いずれも安永版による原文の収録)

(4) 禅宗聖典(来馬琢道編)、明治四十四年、無我山房刊。

(5) 昭和新纂国訳大蔵経(臨済宗聖典)、昭和四年、東方書院刊。

(6) 国民思想叢書(仏教篇上)、昭和四年、大東出版社刊。

(7) 世界大思想全集第五十二巻、昭和四年、春秋社刊。

(8) 国訳禅宗叢書(第二輯第八巻)、昭和五年、国訳禅宗叢書刊行会刊。

(9) 高僧名著全集第十八巻(栄西禅師篇)、昭和六年、平凡社刊。

(10) 日本哲学全書第一巻(仏教篇上)、昭和十一年、第一書房刊。

(11) 日本精神文献叢書第十二巻、昭和十三年、大東出版社刊。

(12) 国訳一切経(和漢撰述部二十三)、昭和十三年、大東出版社刊。

(右、いずれも安永版による訓読を本文として若干の語注を加え、あるものは原文を附す)

(13) 興禅護国論、竹田頴川著、昭和十三年、文化時報社刊。

(14) 興禅護国論、古田紹欽訳注、昭和十八年、明世堂書店刊。

(右、安永本による訓注もしくは講話)

(15) Sources of the Japanese Tradition, Columbia University Press, 1958)

角田柳作氏による栄西自序の部の英訳と解説を収める。

(16) 興禅護国論鑿竅、四巻 高峰東晙編、文化十年(一八一三)、東緝刊。

(17) 興禅護国論和解、一巻 高峰東晙編。

(後者は未定稿で未刊であるが、前者以後の労作。今回の訳注は、その大半を前者の恩恵に浴したことを明記しておく)

(18) 興禅護国論鈔、三巻。

(江戸時代書林出版書籍目録集成に見えるが、存欠は不明)

2 栄西年譜略

1 年号は、元年のところに改元の月を漢数字で小さく記す。

2 資料に異説あるものは、一方を参考として二字下げて掲げる。

3 資料の略符はつぎのごとし。

血 興禅護国論宗派血脈門 建久九年(一一九八)　塔 洛城東山建仁禅寺開山始祖明菴西公禅師塔銘 明の永楽二年(一四〇四)

祠 日本国千光法師祠堂記 宋の宝慶元年(一二二五)　序 興禅護国論序 年代不明

釈 元亨釈書二、同資治表 元亨二年(一三二二)　譜 日本禅宗始祖千光祖師年譜 東晙(一七三六―一八〇一)編

他に、黄竜十世録、入唐縁起を参考したが、いちいち明記しない。

又、大日本史料、白石虎月氏の禅宗編年史、伊藤古鑑、森鹿三、多賀宗隼氏らが発表された年譜を参考した。

西暦	年号	年齢	事蹟	関連事項
一一四一	保延7 永治七	1	備中に生る。孝霊賀陽氏六十二世の孫(祠) 四月二十日誕、薩州刺史貞政曾孫、母田氏(釈) 幼名千寿丸(譜)	西行二十四歳、法然九歳。
一一四八	久安4	8	父に従って倶舎頌を読む(釈・序)	
一一五一	久安7 仁平一	11	延暦寺に剃髪(祠) 安養寺静心に師事す(釈・塔)	
一一五三	仁平3	13	大戒を受け、天台の教観を習う(祠・序)	鴨長明生る。
一一五四	仁平4 久寿一〇	14	剃髪して叡山戒壇に登る(釈・塔)	
一一五七	保元2	17	静心亡じ、法兄千命に従う(釈・塔)	久寿二年(一一五五)、慈円生る。
一一五八	保元3	18	千命より虚空蔵求聞持法を受く(釈・塔)	
一一五九	保元4 平治四	19	京都に赴き、叡山有弁に従う(釈・塔)	平治の乱。
一一六一	永暦2 応保九	21	入宋を志す(祠)	
一一六二	応保2	22	安養寺千命・伯耆大山基好・叡山顕意より台密の灌頂を受く(釈)。備前の日応山に赴き、穀を絶し三摩耶行を修すること数年、入宋を志す(序)	宋の隆興元年(一一六三)、大慧宗杲寂(七十五歳)。
一一六七	仁安2	27	伯耆大山にて夏を修め、唐本法華経を得(序)	永万二年(一一六六)、俊芿生る。
一一六八	仁安3	28	一月、博多に至り、二月、両朝通事李徳昭に遇い(血)、四月、商船に乗じて入宋(血・序) 五月、天台山に登って重源と相知り、九月、共に帰国、天台の新章疏を座主明雲に献ず(釈・塔) 海に航して四明に達し、天台山万年寺に遊ぶ。虚菴に従って天童山に移り、千仏閣を再興す(祠)	承安元年(一一七一)、覚阿入宋。 承安三年(一一七三)、明慧・親鸞生

一一七五	承安5 安元七	35	正月、胎口決、出纏大綱を著す 十月、誓願寺創建縁起を草す(真蹟)	る。
一一七六	安元2	36	正月、教時義勘文	宋の淳熙三年(一一七六)、仏海慧遠寂(七十四歳)。十一月、仏照入内奏対。
一一七八	治承2	38	七月、入唐取経願文(誓願寺蔵真蹟) 十月、法華経入真言門決(建仁寺蔵真蹟序文)	
一一七九	治承3	39	七月、菩提心別記	
一一八〇	治承4	40	四月、結縁一遍集	東大寺炎上。
一一八一	治承5 養和七	41	五月、秘宗隠語集	
一一八三	寿永2	43	十二月、往生講私記奥書(誓願寺蔵真蹟)	
一一八五	寿永4 文治八	45	二月、観普賢経を書写す(誓願寺蔵真蹟) この頃、後鳥羽帝の勅によって神泉苑に請雨の法を修し、葉上の号を賜わる(序)	
一一八六	文治2	46	七月、菩提心論口決の稿を起す	
一一八七	文治3	47	正月、菩提心論口決の稿を終る 三月、入宋、インドに赴かんとして果さず、天台山万年寺に虚菴懐敞に参じ、ついで天童山に随侍してその印可を受け、四分および菩薩戒を受く(血・釈・塔)。帰国に際して天童山千仏閣の再建を約す(塔・祠)。 在宋五年、大蔵経を読むこと三度(序・塔)、孝宗の勅によって疫を払い、千光法師の号を賜わる(序・塔)。	文治五年(一一八九)、大日能忍、弟子を宋に派す。 建久元年(一一九〇)、西行寂(七十三歳)。
一一九一	建久2	51	七月、帰国(血)、平戸葦浦に着し、八月、はじめて禅規を行ず(釈・塔) 十二月、釈迦八相	
一一九二	建久3	52	正月、筑前香椎報恩寺で三部秘法を行ず(東福寺栗棘庵文書) 十二月、誓願寺で法華経を書写す(真蹟)	鎌倉幕府開く。
一一九四	建久5	54	七月、達磨宗停止(百錬抄一〇)	

一一九五	建久6	55	十月、喪孝窓裏に出家大綱の稿を起す この年、博多聖福寺建つ。又、上京して相府に禅宗の事を弁ず（釈・塔）	東大寺再建成る。
一一九七	建久8	57	八月、未来記を草す。	
一一九八	建久9	58	正月、基好より台密の八五付属を受く（四五三頁） この年、興禅護国論成る（血）	法然、選択集を著す。
一一九九	建久10 正治四	59	九月、幕府にて不動尊供の導師となる（吾妻鏡）	俊芿入宋。源頼朝卒。
一二〇〇	正治2	60	正月、出家大綱の稿終る。二月、鎌倉に寿福寺起工（吾妻鏡）	道元生る。宋慶元六年、朱子卒。
一二〇二	建仁2	62	六月、京都に建仁寺起工、宣旨によって、真言・止観・禅門の三宗を置く（釈・序）	宋の嘉泰三年（一二〇三）、仏照徳光寂（八十三歳）。
一二〇四	建仁4 元久二	64	四月、斎戒勧進文、日本仏法中興願文	嘉泰普燈録成る。
一二〇五	元久2	65	三月、建仁寺を官寺とす（釈・塔）	新古今集成る。
一二〇六	元久3 建永四	66	九月、東大寺幹事職となる（釈・序）	重源寂（八十六歳）。
一二〇七	建永2 承元一〇	67	六月、東大寺華厳会に唐墨・唐筆を献ず（真蹟）	九条兼実卒。
一二一一	承元5 建暦三	71	正月、喫茶養生記の初稿成る 三月、法勝寺塔六重の功成る、言上状（真蹟） 十月、鎌倉永福寺で宋本一切経を供養す（吾妻鏡）	俊芿、宋より帰る。
一二一二	建暦2	72	正月、法印となる（業資王記）	法然寂（八十歳）。方丈記成る。
一二一三	建暦3 建保一二	73	四月、法勝寺九重塔落慶し、大師号の議あり（明月記二八・愚管抄六・百錬抄一二）。僧正となる（釈・塔）	宋の嘉定六年（一二一三）、楼鑰卒。
一二一四	建保2	74	正月、喫茶養生記再治本成る	
一二一五	建保3	75	正月、入唐縁起を草す（譜） 六月五日、寿福寺に入滅（吾妻鏡） 七月五日、建仁寺に布薩して入滅、護国院に塔す（釈・塔）	

中巌と『中正子』の思想的性格

入矢義高

一 『中正子』の思想的性格

中巌円月が『中正子』を著わしたのは、そのみずから撰した「自歴譜」によれば、建武元年の春、鎌倉の円覚寺に滞在中のことである。時に彼は三十四歳。その前々年の元弘二年に、彼は七年余の中国留学を了えて帰国したのであった。いま、本書の冒頭に置かれているみじかい跋文は、十年後の康永三年に書かれたものであるが、そこにみずから「この書の作は、もって一時の感激に出づるのみ」と言っているのは、彼のこの著述が、帰国後一年余を経た後とはいえ、長期の大陸留学を経験したあとの、或る種の昂揚した気分のなかで書かれたものだったことを物語る。もっとも右の跋では、「十年たってこれを読むと、みずから肯定もし、また否定もする点がないわけにはゆかぬ」と言っているから、「一時の感激に出づるのみ」というのは、一種の照れ臭さの表白でもある。しかし同時に、十年前の当時の熱っぽい客気を想起して、それをなつかしんでいるらしい気分も、ここから読み取られるのである。激動の時期にあっての回想であればこそ、そこにはなお複雑な心情が揺曳していることであろう。しかし、何よりも先ず、この書がそうした高ぶった情念でもって書かれたものであることを、われわれは常に念頭に置いて読むことが必要であろう。そのような「高ぶり」が、実はまた彼の論述のしかたに微妙に反映している点もあるからである。

書名の『中正子』とは彼みずからの号であるが、その名のいわれについて、彼は「中正銘」の序に、次のように述べている。

道の大端は二あり、曰く天、曰く人。天の道は誠なり、人の道は明なり。それ惟《た》だ誠明の体に合すれば、中なり、正なり。正なるものは道に遵って邪ならず。中なるものは道に適《かな》って偏せず。適うが故に能く通ず。遵うが故に失せず。失せざるものは理に徹にして正し。能く通ずるものは事に精にして中《あた》る。中正なるものは道の大本なるのみ。予の居《す》むところ、みな「中正」を以て扁す(扁額に掲げる)。「道は須臾も離るべからざるなり」の訓《おしえ》に庶幾《ちか》からんとてなり。

「誠明」は、『中庸』第二十一章に説かれる天人一貫の理念であるが、それを円月は「中正」と即応させる。その「中正」とは、もとは『周易』の乾《けん》の卦の彖伝に、「大なるかな乾や、剛健中正、純粋にして精なり」と説かれる乾の徳なのであるが、直接には、おそらく宋の周濂渓の『太極図説』に、聖人の道を定義して「中正仁義」と要約しているのに本づく。さらには張横渠の『正蒙』中の「中正篇」や、さらにまた、彼が常に深く崇敬してやまぬ宋の学僧契嵩《かいすう》にも「中正篇」があり、またその「皇極論」の「天下これを同じうする、これを大公といい、天下の中正なる、これを皇極という」という立言にも触発されていよう。

この「誠明」と「中正」との結び付けかたに見られる円月の巧みな鎔鋳ぶり——中国思想の手際のよい取りこみかた——は、本書の各篇の至るところに特徴的に見られるのであるが、さらに補説すれば、上述の『太極図説』の文が「聖人これを定むるに中正仁義を以てし、しかして静を主として人極を立つ」と続く文脈であることを、円月はおそらく見落してはいない。というのは、内篇第一の「性情篇」に展開される彼の性論は、『楽記』の「人生れて静なるは天の性なり」という〈静〉の概念を基本にすえているからである。しかも、周濂渓においてはこの〈静〉の概念が性論としては展開されていず、また朱子の性論においてもこの概念が用いられていないことを、円月はちゃんと見て取っているようであり、その隙《すき》をついて——というのは、いささか語弊はあるが——彼独得の性論の展開、というよりは新たな解釈学を、呈示しようと試みている。さきに「手際のよい」と言ったのは、このような点をいうのである。それは、厳しく言えば、必ずしも一家言の定立とはいえない。宋儒の性論そのものに対する彼独自の批判的立場が明確に打ち立てられた上での立論ではないからである。しかしながら、これほどの知見の広さと、それらを巧みにアレンジしての立言の危げなさは、当時としては刮目すべきものであった。誤解を避けるために一言しておきたい。以上のことは決して彼が要領のよい学僧だったということなのではなく、例えば上述の「性情篇」に見られる彼の性論にしても、その後半は一転して、孟子から宋儒に至るまでの性論に対して、はっきりと仏教の立場にみずからをすえた反措定が見られ、そこに彼なりの独自な見解が裏打ちされている。朱子の仏教排撃論を批判する当時の禅僧たちは、たいていは朱子の仏教理解の浅さや偏《かたよ》りを、単に仏教の次元からだけで指弾するにとどまるが、円月の場合はそうではない。彼は先ず儒家の世界に身を置いて、儒家思想の個々の問題に則しつつ彼なりの理解を確かめながら整理してゆくという手順を取る。上述の「性情篇」の前半部分がそうである。それだけに彼の立言は、一種の公正さと説得力を帯びるものとなっている。円月の人柄は理想主義者的タイプに近かったと思われるのではあるが、彼の言説を通じて言えることは、かたくなな一方的発言は彼の忌むところであったということであり、またそのような一方的発言と見られる恐れを彼は常に警戒して、慎重な分析的立論と、一句一句を畳み上げるような文体とを、彼は好んで用いている。

『中正子』は外篇六篇と内篇四篇とから成る。外篇は仏教とは全く関係なく、もっぱら儒家の世界観、倫理説、経世論、さらに暦術にまで及ぶ。内篇は一転して仏教の問題をあつかうが、そのうちの第一篇「性情篇」は、いわば外典《げてん》の儒から内典の仏へと議論を橋渡しする結節点になっている点で重要な一篇であることは、上に述べた通りである。彼は「叙篇」

のなかで、こういう構成を取ったことの理由を述べて、

中正子は釈をもって内とし、儒をもって外とす。ここをもって、その書たるや、外篇前に在って、内篇後に在り。けだし外より内に帰するの義を取るなり。

と言う。この説明だけから見ると、本書の眼目は内篇にあるということになりそうであるが、必ずしもそう割り切れないことは、上述したところでも分っていただけよう。外篇は必ずしも内篇への導入部たるに終るのではなく、その個々の一篇が、多かれ少なかれ、独自の提言を含むエッセーになっている。ただ、冒頭の「叙篇」は、これが「外篇一」と副題されるのはいささか体例にそぐわないのであって、これは外内篇を通ずる本書全体の「叙」であることは、読まれる通りである。

以下、一篇ずつについて個別に詳説することは、紙幅の関係上やめることにし、特に注目すべき重要な点だけを取り上げることにしたい。

先ず「叙篇」を読んで強く印象づけられることは、漢の楊雄と、隋の王通に対する円月の全面的な傾倒である。それは、この二人の学問や識見に対する尊敬というよりは、むしろ人間的な共感に発するものといえよう。楊雄は漢代の思想家として最も異色のある人物。どもりであった上に、おのれを持すること堅く、しかもユニークな発想と構想力をもった天才肌の人物であった。その文才は万人のひとしく認めるところではあったが、彼の余りにも個性的に深遠な哲学は世人に理解され難く、その人柄とも相俟って知友を得ることも少なかった。円月が心を牽かれたのは、まさにその点にあった。「或問」という仮空無名の質問者を立てて、それに答えるというスタイルを円月が用いているのも、まさに楊雄の『法言』の体裁に倣ったものである。王通は隋・唐の変革期に出た骨っぽい儒者であり、いわゆる河汾の学の正統を固持した素朴主義者であった。円月は言う、

王氏は夫子に後るること千載にして生る。然れども甚だ俏《に》たり。その徒はこれに過ぐ。亶《まこと》に夫子の化は愈〻遠くして愈〻大なり。

しかし、この王氏(文中子)に対する円月の傾倒は、実は契嵩を媒介とするものであった。契嵩の「文中子碑」(鐔津文集一五)にいう、

仲尼を去ること千余年にして、陳・隋の間に生れて文中子と号する者、初め十二策を以て時主の志を探りしも、与《とも》に為すべからざるを視るや、乃ち(その献策を)巻いてこれを懐《ふところ》にし、汾北に帰って、大いにその教えを振う。雷一たび動いて四海その声を尋ね、来たる者三千の徒。仲尼に肖《に》たる者なり。……文中子の弟子は天子の相将となり、その教えは播《し》いて今に及ぶ。何ぞそれ盛んなるや。

さきの円月の文は、この契嵩の碑文の要約である。文中子を一足とびに孔子に亜《つ》ぐものとさえする契嵩の評価は、宋代には他に類を見ないが、円月はそれをストレートに継承するのである。ということは、彼の契嵩に対する傾倒の深さを端的に示すものでもある。右に引いた円月の文の前に、孔子以後の道統についての問答があり、それは子思―孟子―荀子―揚雄、そして文中子という系譜になっているが、これもまた子思を除けば完全に右の「文中子碑」におけるそれを襲ったものである。のみならず、上述の「或問」形式の問答スタイルが、やはりすでに契嵩の『輔教編』その他の著述に愛用されている。さらに、細かい挙例は省くが、この『中正子』全体の文体が契嵩のそれに酷似していることも、併せて指摘しておこう。「叙篇」の終りに、「釈氏の文を能くする者」について、「潜子(＝契嵩)より以降、吾言うことを欲せず」云々というのは、彼の正直な告白と見てよいのである。

次の「仁義篇」は、その墨翟と楊朱に対する批判にせよ、仁義礼智を元亨利貞や春夏秋冬に配する説きかたにせよ、伝統的な儒家の論調から出てはいないが、しかしそれは、一部の論者が説くように、宋学の上に立った演繹でもなければ、

祖述でもない。例えば、「仁は天生の性なり」は、仁義礼智を性または性の徳と規定する朱子の定理には合うけれども、続けて「義は人倫の情なり」というのは、惻隠・羞悪・辞譲・是非の四端を、仁義礼智の性が情として発現したものと見る朱子の見解(孟子、公孫丑上注)とは合わない。しかし、仁を親への孝へ、義を君への忠へ方向づけて「天人の道」を説くその論旨は、それなりに一貫性をもっている。

また、この篇の最後の一段に、「仁の弊」と「義の弊」を説くのも、口を開けば仁義を説く孟子にはもちろんのこと、宋儒にも絶えて見られない論調であって、アプリオリに至高の道徳とされる仁義そのものに「弊」の可能性を言うことは、中国の儒家にあっては考えられないことである。しかし円月が「教化の弛むは、仁義の弊なり」とまで極論するのは、彼としては敢えてこのような政治的発言をせざるを得ないものがあってのことだった。元弘三年に書かれた献策「原民」にいう、

今、国朝を観るに、民は甲を衣《き》て兵(武器)を手にせざる者なく、百姓はみなその業を怠って、互いに相侵兇して以て利をなす。かの出家断髪する者の若《ごと》きも、亦た堅甲利兵を以て相誇りて、その本業を廃す。禍乱の大なる、これに過ぐるものなし。

このような当時の弛廃した情況を目のあたりにした彼の、いささか激した発言としてこれは読まるべきであろう。以下の方円・経権・革解の三篇も、それぞれ問題の取り上げかたの視点は異ってはいても、みな何らかの意味で彼なりの政治的提言として読まれてよいし、また同時に、そこに彼自身の現実対処の心構えが語られてもいることが看取されるであろう。

次の「方円篇」は、おそらく頭注で示したように、『文中子』天地篇の「円なるものは動き、方なるものは静かなり」に発想の端緒を得て書かれたものであろう。ということは、後文の「不仁者の方は執して偏す」という言葉が、明らかに

『文中子』周公篇の「その変に通ずれば、天下には弊法なし。その方に執すれば、天下には善教なし」を踏まえたものであり、しかもこの一文が彼の「上二建武天子（後醍醐天皇）一表」に『文中子』の語として引用されていることからも確められる。この変ぜざる方と停まらざる円とを、彼は仁者と知者のありかたに照応させつつ、それを『中庸』に説く〈中〉と〈和〉のパターンへ巧みに結合させる。円月の得意とするレトリックのうまさである。しかし、このあとの主題の展開は、導入部の手際のよさに似ず、論述の焦点が揺れ動いて、人物評論的な興味へ流れてしまったままで終っている。

これに比べると、次の「経権篇」は論旨明快、その一分の隙もない雄弁術の展開は、終りまで緊張感に満ちている。それも、烏何国の君の包桑氏に対する遊説という場面設定のために、論旨の単純化による説得力の効果が最初から意図されている。経（経常の道）と権（権変・変通の術）との宜しきを得た行動は、道に達した人のみが能くするところであるとは、儒家に限らず、例えば『荘子』秋水篇にも「理に達する者は必ず権に明らかなり」とあるように、中国古来の普遍的な理念であるが、円月はこの問題を文徳と武略というパターンに転化させて、論題を単純化してしまう。しかも、彼の言わんとすることは、文徳を修めることが根本だという点にある。この一篇は、おそらく上述の「方円篇」の政策論的な展開として書かれたものと言ってよかろうが、それにしては、レトリックの巧みさは別として、余りに単純化された論旨の運びかたである。もっとも、「今は文を修むる者は寡《すくな》く、武を講ずる者は衆《おお》し。武を講ずる者は達し、文を修むる者は窮す」という時勢に対する、これは彼なりのアンチ・テーゼであり、さればこそ経権論をストレートに文武論に転置してしまったのだと言えるかも知れない。

次の「革解篇」は、ひとくちで言えば革命の論理の展開である。しかしそれも、易の革卦からの、むしろ律義なくらい忠実な演繹である。そして、これは程子や朱子の易説に拠っているのではなく、全体としては古注を適宜に取捨折衷しての演繹であるが、そのなかに円月の独自な解釈が鏤められている。例えば、六二の爻について「革の道は、宜しく疾速なるべからず」というのは、先ず革命のための基礎的条件を固めることが先決であって、あせって急いではならぬというのであるが、これは初九の爻辞と象伝との関連から、極めて自然に導き出される解釈である。しかし、なかには一種の論理の飛躍かと思われる部分もあって、理解に困難を覚えるところがある。例えば、「濁悪をもっての故に革むべし。文才をもってすれば、改むべからず」という発言と、その上文の「文明の才をもって、穢濁の悪を除く。亦た革ならずや」という発言とが、どのような論理関係で照応するのか、残念ながら、このままでは明確にならない。

彼の「上二建武天子一表」は、積年の旧弊を今こそ大英断をもって改革すべきことを強調した熱っぽい進言であるが、この一篇はその改革のための心構えと方法論を易の理によって説いたものと見てよい。しかしそれにしては、彼の学殖をいささか過度に自己顕示した嫌いがあり、そのことはまた、外篇の各論文全体についても言えることである。つまり、彼自身はおそらく気付いてはいまいと思われるが、彼における昂揚した情念が、おのずとこのような一種のペダントリーの気味を醸し出すことになったのであろう。このことは、彼の学問がその一代のみに終って、然るべき継承者を得るに至らなかったことと、おそらく無関係ではあるまい。

「治暦篇」になると、彼の暦数の学殖は遺すところなく発揮される。もっとも、彼の暦学の素養は、『漢書』律歴志と『史記』暦書を中心とした、いわば古典暦学のそれであって、少なくとも本篇に述べられた各種のデータに関する限り、朱子の暦学とは無縁である。「自歴譜」によれば、彼は十二歳の時、道慧《どうえ》和尚に就いて『孝経』『論語』を学び、また算術の代表的古典の一つである『九章算法』を授けられたという。いま、東京大学史料編纂所本『東海一漚集』の第二冊に載せる「一漚集綱目」には、彼に「觿耑算法」という著述があったことが記録されている。暦術と算数に対する円月の素養は、当時としては他に類のない稀なケースである（日本学士院編『明治前日本数学史』第一巻、一〇—一一頁参照）。

中国の伝統的な政治理念によれば、天命を受けて革命を成就した天子は、暦を改めて新たな体制の基礎づくりを行うことが、その重要な新事業の一つである。この意味で、この「治歴篇」は前の「革解篇」のあとを承けて、やはり建武新政に向けての一つの提言ないしは寄与という意味を荷うはずのものである。しかしその内容からすれば、そのような政治的効用という面はむしろ稀薄であり、そこに展開されているのは、彼の緻密な暦数術の知識と易理との綜合である。そこには、頭注でも指摘しておいたように、革の卦が乾の卦から数えて四十九番目の卦であることの意味を暦数の立場から意義づけようとする試みがなされている。それが古典暦学についての新たな解釈として、一体どういう意味をもつものなのか、遺憾ながら筆者には分りかねるのであるが、右の〈四十九論〉の論証過程において提出されている四分暦・三統暦についての精細なデータが、すべて右の論証にとって必要十分な条件として取り出されたものなのかといえば、必ずしもそうとは認められない。そこには、ペダントリーとまでは言わないにしても、知識の遊戯をみずから楽んでいるといった趣が多分に感ぜられる。そこに私は、一つの時代のなかで孤立した学問の姿を見るのであり、そのような孤立した学僧としての彼が、あの漢の楊雄に対して深い共感と傾倒を示したことも、うなずけるように思うのである。円月も、その生涯を通じて、深く心を許し合える理解者をもつことは殆んどなかったのである。

内篇の第一である「性情篇」については、すでに先廻りして言及したが、その根幹をなす彼の性論について、さらに補説することにしたい。

性についての円月の主旨が最も明晰に語られているのは、「性の本は静なり。静の体は虚なり。虚なるが故に霊あり。霊なるが故に覚あり。覚なるが故に知あり」という一節であろう。性と静の結び付けは朱子の性論には見られぬ観点であるが、彼はそれを『楽記』の「人生れて静なるは天の性なり」に根拠づけ、さらに『中庸』の「天の命ずる、これを性と謂う」でもって補強する。すなわち「性の静なるは、天に本づくなり」という断定が導かれることになる。その〈静〉がさらに虚―霊―覚―知と敷衍されるのは、朱子においても『大学』の明徳を説明して「虚霊不昧」といい、また『中庸章句』

の序に「心の虚霊知覚」を説くのと、この限りでは揆を一にしているかに見える。しかし、円月の性論が朱子のそれと明確に異る点は、後者が常に倫理ないしは価値の概念を伴って論ぜられるのに対して、円月のそれは厳しくそれを断つ点にある。従って、彼は性について善悪を言うことは決してない。そのような善悪の次元を超えた天生の性を絶対のものとする。そのように性を理解することが孔子・子思の本旨にかなうのだと彼は主張し、孟子の性善説以下、韓愈に至るまでの性説を、彼はすべて誤りだと断ずる。朱子は性を「渾然として至善、未だ嘗て悪あらず」(孟子、滕文公上注)とし、仁義礼智を性の徳と規定するが、円月はそれらを「性の変」であるところの情の善きものであるに過ぎず、本ではなくて末であると断ずる。このように、性から一切の倫理概念を奪い去るという思弁は、彼みずからが、孔子の性情説は「吾が仏の教えと相睽《そむ》かず」と言っていることからも分るように、明らかに仏教における仏性や心性の考え方から来ている。そして私の見るところ、彼のこうした思弁を直接導き出した契機は、やはり契嵩にあったと思われる。例えば契嵩の「非韓」第三にいう、

若夫《そもそも》性なるものは、即ち物に在って霊にして知あるものなり……豈に上下の別あらんや。……孔子の性を言うや曰く、「人生れて静なるは、天の性なり。物に感じて動くは、性の欲なり」と。また曰く、「寂然として不動、感じて遂に天下の故《こと》に通ず」と。それ「人生れて静なる」と、「寂然として不動」なるとは、これ豈に人の性の唯《ひとえ》に寂、唯《ひとえ》に静なるに非ずや。何ぞ嘗て善あり悪あり、その品(ランク)あらんや。それ「物に感じて動き」「性の欲なる」と、「感じて遂に天下の故に通ずる」とは、豈に外物に接して乃ちその善悪の情を成すに非ずや。

同じく契嵩の「中庸解」第四にいう、

善悪は情なり、性に非ざるなり。情には善悪あって性には善悪なきは何ぞや。性は静なり、情は動なり。善悪の形は動に見《あらわ》るるものなり。

ここまで見てくると、円月の性情論が基本的に契嵩に負うていることは歴然としている。先きに円月独自の発想らしく見えた性—静の結び付けにせよ、性と善悪との引き離しにせよ、すでに契嵩がその端を発していたわけである。

韓愈に対する彼の批判は、すでに「叙篇」にも出ていたが、本篇では特にその「原性」における性論を衝いている。しかしそれも、すでに契嵩の「非韓」第三に詳細に論じ尽されているため、彼はその性論が「本を舎《す》てて末を取り」、孔子・子思の性情説からさえも遠いものであることを指摘するにとどめる。ところで、実は朱子にも韓愈の性論に対する批判がある。『朱子語類』巻四92条には、韓氏が仁義礼智を性とし、喜怒哀楽を情と規定した点は荀子・楊子よりも勝っているが、その論証過程で気が欠落していると言い、また同じく巻五43条では、彼が性を三品(上中下三段階の品等)に分けたのは実は気についての議論に過ぎず、性についての議論ではないと断じている(巻五九55条も同じ)。もし円月がこの朱子の韓愈批判を知っていたら、彼自身の韓愈批判は単に契嵩のそれに乗っかっただけに終らずに、直接に朱子の性論そのものへの批判として展開されたはずである。また、朱子の韓愈批判を媒介とせずとも、円月の性論は更に下って朱子その人の、更に広くは宋学一般での性説を取り上げて然るべきであるのに、彼が一言もそれに説き及ばないのは、いささか不可解である。それとも、彼は最初から無視してしまったのであろうか。

このことは、朱子の仏教批判に対する正面切った反批判が本書には全く見られぬという事実とも関連する。いかにも「問禅篇」には、「伊洛の学、張程の徒」が禅家の常用語と同じ言葉をもてあそぶことへの嘲弄めいた発言が見えるけれども、ただそれだけのことでしかない。彼の崇敬してやまぬあの契嵩は、儒家の排仏論に対して、あれほど熱烈かつ精審に仏教存立の正当性をその『輔教編』で論弁した。その契嵩の百年余り後に生れた朱子にあっては、やはり仏教との対決がその学問形成のための重要な関鍵であった。その朱子の排仏論に対して、円月はなぜ本書で先輩契嵩の遺志を継ぐことをしなかったのか。彼と同時の代表的学僧虎関《こかん》はそれをやっている(もっとも、彼の宋学に対する素養はそれほど深いものではなかったが）。円月が本書だけでなく、ほかの著述においてもそれをやっていないのは、一体どういうことなのか。「ただ潜子（契嵩）の書を用いて、もってその人を屈すべくして足れり」というつもりだったのかどうか。彼と宋学との関わりあい方について考える場合、これは一つの示唆的な事がらであると思われる。宋学に対する彼の素養は、当時にあっては第一級であったとは言えるが、しかし彼は決して宋学の祖述者ではなかったし、といって、宋学に対する批判者として自分の学問を形成し得るほど主体的ないし個性的に宋学自体に参到したのでもなかった。そのことは、すでに彼の性情論について分析したところからでも理解されるであろう。従来書かれた日本漢学史ないし日本宋学史関係の論著は、とかく円月の学問や思想を過度に宋学へ傾斜せしめて性格づけようとする傾きがあったが、この点については多分に修正を要すると思われる。

次の「死生篇」は、再び契嵩の語がその発想を導く端緒となっている。そこから、すでに「仁義篇」で展開された性―静―覚―知という論旨へすべりこんで、宋学の重要なテーマである「格物致知」へ短絡する。しかし、そのあとの論述は、このテーマの宋学的演繹でもなく、まして『易』繫辞伝の「始めを原《たず》ねて終りに反る、故に死生の説を知る」への脈絡もない。いきなり業《ごう》の論理が提出されて、そこから生死輪廻の因果の理が説明される。それを超脱して〈聖〉の境界《きょうがい》に入るには、性への覚醒が必要である、という論旨のようである。しかし、覚性と業との論理的対決は試みられてはおらず、因果の理の説きかたさえも極めて常識的なものに過ぎない。全体として甚だ厚みに乏しく、緊張性にも欠けていて、決して成功した論文とは言えない。

「戒定慧篇」は、首尾一貫して理路整然とした論文になっている。ここでは、禅の基本精神を〈心に信ずる〉ことに求めて、それが儒家の「仁義の道」の根本である〈誠〉の理念と深く響き合うものであることを強調する。この論旨も、実は契嵩の説にその発想の端緒を得ていると思われるが（「その心を信にす」の補注参照）、契嵩のそれも、唐代以来の禅の中心課題であった心法の解明・証悟をその究極とする立場である。円月もその伝統を継ぐものであり、とかく定型化の弊に陥りがちな禅の流風を、その本来の在りかたに復《かえ》そうとする意図を、この論文の背後に秘めている。戒と律を禅に包摂せしめる論理もそこから出てくるものであるとともに、一切法を心法に帰一せしめて、心地の開発、心源の探究を目ざすことを禅の根本とする立場で貫かれている。まさにオーソドックスな篤実の論であって、それはまた同時に、次の「問禅篇」で、当時の日本禅の宗派的セクショナリズムの愚劣さを激しく批判する彼の立場を明示するものでもある。

最後の「問禅篇」は、本書のなかで最も長篇であり、しかもその文体は他の諸篇と趣を異にして、きわ立って濶達であり、奔放でさえある。「禅とは何か」というのが本篇の主題ではあるが、その論述内容はむしろ論争的と言ってもよいほど、当時の日本禅に対する現実的な問題提起となっている。ここでは、もはや儒家の教説をそのレトリックのなかに援用することは全くない。それどころか、「仁義礼譲の心」も情であるに過ぎず、「我が謂うところの心にあらず」として、あっさり棄却される(それが「情にして善に之《ゆ》くもの」だというのも、実は契嵩「原教」の「仁義は乃ち情の善なるものなり」に本づく)。彼のいう心とは仏心――おのれの本性に具有する本来心――であり、それを信じ証することが禅にほかならぬという。まさに臨済禅師のいう「心地の法」であり、いわゆる「見性」である(ただ彼は「見性」の語を用いず、「自らの本来心を徹見す」と言うのが常である。臨済も見性を言うことはない)。ここから彼の議論は一転して、日本禅のセクショナリズムと硬直性を鋭く衝くことになる。つまり、「爾《なんじ》が師もしくは祖の言うところ示すところの迹に膠して、仏に原《もと》づかず、心に証せざる」似て非なる日本禅への批判がここから始まる。「いまこの邦《くに》の禅を称する者は、仏に原づかず、心に証せず。ただ師をのみ尚び、ただ宗にのみ党《くみ》す。固《まこと》に憫れむべき者なり」。「この邦の」という言いかたが本篇では彼の口癖になっているが、そう言う時の彼の口調は常に暗く、そして冷たい。それは「性情篇」にいう「この海外の鬼方」、また本篇にいう「この海外鬼方の洲」という、どきりとさせられる言葉の響きと相通ずる。第三者的な目で冷たく言い放った言葉である。その冷たさは、同時に彼自身の心の冷えをも伝えるものであり、本篇の最後に投げ出された彼の「ああ、天か。聖を去ること時遙かに、人物蕭寥たり」という歎息の、裏返しの冷厳さでもある。彼の「与二戸部藤公(上杉憲顕)一書」にはいう、

今時多く、凡輩の者の但《た》だ只だ邪見に執著し、邪師の示す見聞覚知《けんもんかくち》の法をもって究竟《くぎょう》安楽の処となし、更に去《ゆ》いて真正底《の》人に参見せず、游々漾々として空しく時光を過ごすを見る。

このような邪見の禅者を、本篇では「むしろ土や木になぞらえて然るべきだ」とまで痛言しているが、とかく当時の禅の世界から冷眼視され、真の理解者を得ることも少なかった彼の状況を思えば、このような憤激や冷言は、むしろその孤独さそのものの真率な表白として読まれてよかろう。

なお、本篇のなかで、さきにも言及したように、「伊洛の学、張程の徒」が禅家と同じ常套語を用いていることを揶揄的に取り上げているが、それは、一部の論者が誤って説くように、宋学に対する彼の批判として読まれてはならない。そのことは、彼が続けて「これらの語は禅にあらざること審《あきら》かなり」と言っていることからも明らかである。つまり、宋学一般について、これを安易に禅との親近性において理解するという傾向、というよりは雰囲気が、当時かなり一般的に存在していたのであって、円月はそれを厳しく断とうとするのである。もっとも、ここでは「恁地ならば便《すなわ》ち是れ恰も好し」などといった用語の点だけを取り上げているに過ぎないが、それも、こうした言語や文体(宋学と中国禅の両方について)の一風変った新しさが、当時の日本禅にとって先ず直接的な興味ないしは魅力であったことを反映している。ということは、日本に伝えられてまだ年も浅い宋学について、当時まだ一般には決して深い研究も理解もなされていなかったということである。そのなかで、円月は宋学について相当な素養を積んでいたことは明らかであるが、それを個性的に身につけることによって一家の見を具えるに至っていたかどうかは、上述したように実は甚だ疑問である。その点については、次節でも更に触れるであろう。

二　中巌の生涯

中巌円月（一三〇〇―一三七五）の伝記については、漢文で書かれた自撰の年譜「自歴譜」があって、六十八歳までの行履のあらましを知ることができ、六十八歳以後については、弟子の建幢の補記によって知られる。また最近では、玉村竹二氏の『五山文学新集』第四巻に収められた「中巌円月集」の解題中に詳細な伝記があって、委曲を尽くしてあるので、詳しくは玉村氏による詳伝を参照していただきたい。

彼の俗姓は平《たいら》氏。土屋氏の一族で、鎌倉の人である。正安二年一月六日に生れたが、その翌月、父はどういう地位にあったのか分らないが、或る事件に連坐して西国に左遷されたため、彼は乳母に伴われて武蔵の鳥山に引取られた。やがて八歳の時、祖母の手で鎌倉の寿福寺に預けられて僧童となり、翌年には天台宗の大慈寺に移った。父の不運が彼を孤児としただけでなく、彼の伯父も叔父も路傍に窮死せんばかりの落魄ぶりだったという。しかし寺に入れられた彼は、その暗い宿命にいじけてしまうことはなかった。その晩年の作と思われる「偶《たまた》ま杜詩を看て、感ずるありて作る」という詩には、「我れ本《も》と勇夫子、地に堕つるや（この世に生れると）爺《ちち》は横《わざわい》に罹り、祝髪して西仏を学び、心空に是れ基を立つ」と詠じている。生れつき意志の強い少年だったようであり、恐らく母をも知らなかった不幸な生い立ちが、却って彼に孤峻な気性を育くんでいったと推察される。すでに十二歳の時、彼は道恵和尚について『孝経』『論語』のほか『九章算法』を学び、翌年、梓山律師に依って剃髪すると、三宝院で密教を学んだが、一方で禅家の語録を読み始め、そして、どうやらこのあたりから禅に心を傾ける機縁が熟し始めたようである。

正和三年、十五歳のとき万寿寺に移り、翌年、円覚寺に掛搭《かた》して東明慧日を師として随侍した。東明は元《げん》の曹洞宗の禅僧で、宏智《わんし》正覚の法系に属し、北条貞時の招きで来朝してその厚遇を受け、当時鎌倉では高い声名を博していた。しかし円月は「予の心粗にして、その密意に達する能わざりき」と告白している。

十九歳の時、彼は円覚寺を辞して博多に行き、江南に渡航しようとした。彼をその決意に駆りたてたものが何であったかを彼は語ってはいないが、少なくとも師の東明との接触を通じて、その宗旨を理解できなかったことへの一種のもどかしさがその発奮の契機としてあったのではなかろうか。と同時に、彼の年少気鋭の客気、というよりはむしろ性来の独立不羈の気性が、彼を「本地の風光」へ駆りたてたのでもあったろう。後年、彼が最も尊敬していた梵僊竺仙(やはり元から渡来した禅僧)に呈した書簡のなかで、彼は自らを次のように語っている。

僕は素性愚魯にして不佞、且つ褊急《かたいじ》にして言辞を優柔にする能わず。故に平生毎々《つね》に尊長乃至平交(同輩)の間において、纔かに一語を出だせば、輒ちその諱に触れ、その耳に逆らう。この故に時輩は僕をもって狂者となす。これすなわち天の吾に命ずるに交わりを一世に絶って、独立して懼れざるをもってせしむるものなり。……願うゆえんのものは、志立ちて屈せず、気養いて餒《う》えず、信を守りて失わず、義に適《かな》って偏せざることなり。むしろこの身を百千(に砕かれて)、もって粉齏《こなごな》にせらるべきも、決して己れを枉げて自ら辱め、もって立身揚名の捷径に媒をなすべからず。

これは、数々の波瀾を経たあとの後年の感慨であるだけに、いささか激昂した表白になってはいるが、それだけに却って彼の人となりの内実があらわにされていると言える。

しかし彼の渡航は官の拒否に会って果されず、やむなく引き返す途中、京都の万寿寺に寓し、その冬、越前の永平寺に赴いて、義雲禅師に参じて再び曹洞の宗旨を叩いた。その翌年の元応元年、鎌倉に帰って再び東明禅師に謁し、その住する建長寺に留まり、東明の引退のあとを継いだ霊山《りんざん》道隠(やはり元からの来朝僧)にも参禅を続けた。

元亨元年、二十二歳となった彼は、同門の親友不聞《ふもん》と共に上京して、栄西の法孫に当る闡提正具《せんだいしょうぐ》に謁しようとしたが果さず、そのとき南禅寺の済北庵に寓していた虎関師錬を訪れた。虎関はこの時『元亨釈書』の撰述に没頭して、門を閉じて一切の客を謝絶していたが、円月と不聞の二人にだけは面謁を許し、その稿本をも見せてやるほどであった。その後も虎関は彼にとって常に敬愛する師父であったし、虎関の方も彼の求道者としての真摯さと、その文才とを認めていた。三年、彼は再び建長寺に帰り、書状侍者(住持の秘書係)をつとめた。

正中二年(一三二五、元の泰定二年)の九月、彼は遂に博多から乗船して江南に達し、まっすぐに浙江の四明連峰にある雪竇《せっちょう》山に赴いた。ここは『雪竇頌古』(碧巌録)の撰述によって知られる雪竇重顕(九八〇—一〇五二)が雲門宗を中興した由緒のある道場である。ここから彼の七年余に及ぶ旺盛な研鑽が始まる。彼は浙江・江蘇・江西の主な禅刹をめぐって、古林清茂や東陽徳輝など令名高かった多くの禅匠に参謁した。特に東陽徳輝は百丈山の大智寿聖禅寺の長老で、のちに勅旨を蒙って『勅修百丈清規』を編訂したほどの尊宿であったが、至順元年(一三三〇)に円月が百丈山に参じた時、この長老に請われて記室となった。外国の留学僧がこのような一流の禅院(いわゆる甲刹)の名誉ある職位に任ぜられることは異例のことであって、彼の文才が並々でなかったことを物語る。

彼は至るところで好意をもって迎えられたようであり、多くの応酬の詩文をものしている。その交わった人々は僧侶のみに限らず、一般の士人とも広く接している。例えば、「贈二張学士一」詩の序によれば、彼はこの張氏から詩稿を示され、かつ「太極無極の義」や「一貫不二の道」について語り合ったという。円月が張氏に贈った詩によると、この人物はまだ科挙には登第していない青年だったと推察されるが、その話題となったのが宋学の重要テーマと、三教帰一の論であったというのは興味深い。元代の儒学は、世祖フビライによって朱子学者の許衡や姚枢らが重く用いられて以来、特にその実践倫理としての有効性が政治的にも評価され、仁宗の時には、いわば国学として公認されるに至った。しかしそれは決してリゴリスティックな国教と化したのではなく、例えば英宗の時に経筵講官に任じた呉澄などは、朱子学だけでなく陸象山の学説をも折衷的に取入れていた。元の為政者は、一般的に言って宗教についても学問についても寛容な方針を採ったのであり、ただそれらが政治次元の問題にコミットした場合にのみ不寛容であったに過ぎない。宋学の知識はこの時代の士人にとっては、むしろ普遍的な教養であった。右の張氏に限らず、円月の接した当時の士人たちから、彼はおそらく多くの宋学知識を学び取ったことであろうし、契嵩の『輔教編』を知ったのも、おそらくこの留学中のことであったろう。それに、元代の禅僧はやはり宋代の余風を引いて、士大夫と交渉をもつものが多かった。元初の創業の功臣耶律楚材《やりつそざい》(湛然居士)と万松老人との交わりはその最も早くかつ顕著な例であった。現に円月が上述の張氏と邂逅したのは、廬山の落星寺においてであった。このような状況のなかで留学を了えて帰った彼の著作に、朱子の排仏論に対する直接的な言及も批判も皆無なのは、むしろ当然のことと言えるであろう。まして元代には、儒家の側からする排仏論の提起は全くなかったし、従って第二の契嵩が生れようはずもなかったのである。また、もし彼が深く宋学に参到したのであったら、そして独自の理解に達していたのであったら、特に朱子における仏教との対決の問題は、当然重要な課題として正面に立ち現われるはずであった。しかしそれとのコミットは彼に見られない。ということは、彼にとって宋学は結局は知識の枠内のことでしかなかったということになろう。例えば、彼の得意とした易学に関して言えば、「弁二朱文公易伝重剛之説一」という論文があり、また「復初説」「温中説」などの易論もあって、程子と朱子の易説に対する彼なりの関心の深さを示しているが、しかしこれらの論説を綜合することによって、そこに彼独自の易学の体系を見出そうと試みても、それは甚だ困難である。のちに藤原惺窩が、『中正子』の「革解」「治暦」の二篇を読んで、「渠《かれ》は夫れ易を知る者か。然れども、終日易して未だ嘗て易せざる者か否か」(惺窩文集一二、答正意)と批評したのは、円月の易に対する素養の豊かさに感歎しつつも、彼がいささか易に著《じやく》し癖《へき》し過ぎる嫌いがあること、言い換えれば、それが生々《なまなま》しくて、まだ枯れた老熟の学に至っていないことを暗に諷したのである。

至順三年（一三三二）の夏、円月は浙東に出て、日本船に便乗して博多に帰着、そのまま顕孝寺に滞留して年を越した。翌年は元弘三年、その五月に鎌倉幕府は滅び、後醍醐天皇の新政が始まることになる。彼はさっそく「原民」「原僧」二篇を草し、「上二建武天子一表」を添えて天皇にたてまつった。

今や天下は関東の伯（＝覇）するところとなってより、百数十年の弊積もる。斯民は悪俗に漸漬し、貪饕諛誕なり。故に朝より暮に至るまで、獄訟は庭に満ち、また沙上に偶語する者も亦た多し。……陛下の覇を除き王を興すは、乃ち万世鴻業の始め、固《まこと》に斯の時に在らざらんや。旧法の弊、革めざるべけんや。（上表）

彼が『中正子』十篇を撰したのは、翌建武元年に鎌倉の円覚寺に帰ってのことであるが、そのなかの「革解篇」は、まさに建武新政に向けて改革の理を説いたものであった。もっともその変革論は、「原民」「原僧」が具体的な政策の献言であったのとは違って、すこぶるアカデミックな論説ではあったが、帰朝早々にこの転変に際会して、大いに為すところあらんとした彼の自己顕示的な気概は、どちらにも共通するものであった。

翌二年、円覚寺の東明慧日が建長寺の住持に移ったのに随って彼もそこへ移り、命ぜられて同寺の後堂首座《しゅそ》に任じた。その後、かねてからの有力な檀那であった大友氏泰に請われて藤谷の崇福庵に住したが、さらに大友氏がその領邑であった上野の利根庄に、円月のために吉祥寺を創建した時、彼はその開堂に際して、みずから東陽徳輝の法を嗣ぐものであることを表明した。東陽は上述のように、彼が在元中に江西の百丈山大智寺で参禅した師であり、その法系は次表のように臨済宗の大慧派に属する。

大慧宗杲―拙庵徳光―敬叟居簡―物初大観―晦機元熙―東陽徳輝

彼の当初からの師父であった東明慧日は、上に述べたように曹洞宗の宏智《わんし》派の人である。かくて彼は決然と東明から自らを断ったわけであり、吉祥寺を臨済宗の禅院として決定したことになった。このことから、彼は曹洞系の徒衆の怨みを買うことになり、危害を加えられかけたことも両三度に及んだ。康永元年に再び中国に渡航しようと試みたのも(禁によって果せなかったが)、実はそのような状況からの脱出のためであった。その後、彼は下総、豊前、京都の各万寿寺に歴住し、延文六年には京都万寿寺の一隅に庵を作って「妙喜世界」と名づけた。妙喜とは大慧宗杲のことである。康安二年、詔によって建仁寺の住持となり、ついで等持・建長の二寺にも住したが、この年九月に妙喜世界を建仁寺に移して、ここに永住するつもりだったのが、暗殺を図られて安住できず、貞治元年に近江の杣庄に竜興寺を起して、京都との間を往来しながら余生を送った。応安八年正月、この妙喜世界で示寂した。朝廷からは仏種慧済禅師という諡号を賜わった。

三　中巌の著作

中巌円月の遺稿集を『東海一漚集』という。生前にこの書名でまとめられたものと、その後に書き貯められて遺稿として残ったのをも并せて弟子たちが集大成してこの書名を題したものとがある。それらの細目と諸写本の状況については、玉村竹二氏による精細な書誌があるので(『五山文学新集』第四巻、解題一二二三頁—一二五三頁)、その恩恵によりつつ、以下要約して述べる。

現存の写本のうち、最良のものの一つである丹波法常寺所蔵の『東海一漚集』は、残念ながら欠冊が多くて完本ではないが、その巻首に次のような総目録が残っている。

一漚集綱目

自歴譜　賦　詩　記　表書　論　説　雑著　序　題跋　疏
祭文　銘共二十二巻　中正子　藤陰瑣細　文明襍譚　觽耑算法
語録吉祥　語録相万寿豊万寿　竜沢崇福　語録京万寿建長　建仁秉払　語録陞座小仏事　拈香
語録法語歌　頌古真賛　偈頌自賛　共十六冊

法常寺本の第三冊巻末に載っている那波道円の跋によれば、彼は元和六年に、経師の家で故紙の中から、この全集稿本を発見したと言う。それまでは、この書物は全く埋没して世に知られていなかったわけである。もっとも、『中正子』だけは単行本として、かなり多く転写されながら早くから世に知られていた。

『東海一漚集』の書誌については、玉村氏の詳密な記述に譲って、以下先ず『中正子』の写本と刊本について略記する。

イ　妙心寺竜華院蔵本　元禄の時の学僧無著道忠（飯田利行氏「学聖無著道忠」参照）の手鈔本。彼の元禄丁丑の跋と、那波道円と伊藤宗恕の識語がある。いかにも道忠らしい端正な筆蹟で、全文に訓点が施されている。異本との校合を行っているが、校語はなくて、ただ異同の部分に旁線を引いてあるだけである。全体として配慮の行きとどいた信頼できる写本である。

ロ　内閣文庫蔵本　昌平坂学問所の旧蔵。早くから所在が知られて利用された写本であるが、本文には誤字や脱字が散見する。

ハ　建仁寺両足院本　竜華院本と同じく、校訂の迹を示す旁線があり、本文は完全に一致する。跋・識語も同じ。竜華院本の祖本と同系統のものと思われる。

ニ　群書類聚所収本　その巻四九八、雑部五三に収められている。誤字や脱字が極めて多く、その用いた写本が粗悪な転写本であったことを示している。

ホ　東京大学史料編纂所本　底本。その『東海一漚集』第三冊所収のもの。玉村竹二氏の『五山文学新集』第四巻所収の「中巌円月集」は、先ずこの東大本の『東海一漚集』を底本として用いられたので、『中正子』もこのテキストによって収められている。『東海一漚集』には、玉村氏も解題に述べておられるように、東大本よりも勝る写本があるが、『中正子』に関する限りでは、今のところこれが最も良い。今回はその写真に拠り、幷せて玉村氏の校訂テキストを参照しつつ、適宜に修訂した。

ヘ　明和元年（一七六四）刊本　やはり『東海一漚集』巻四所収のもの。播磨大蔵院蔵版、京都小川源兵衛発行。全文に返点と送り仮名が付いているが、上述の無著道忠のそれとは異る。恐らく校訂者の桂州道倫の手に成るものか。その校訂はかなり綿密に行われており、なかには意をもって字を改めたり、和習句法を修正したりしたところがある。それだけに読み易くなっているが、本来のテキストの原形が幾分損われるという結果になっている。上村観光氏『五山文学全集』所収。今回は両足院所蔵本を拝借して校合に用いた。

東海一漚別集　建仁寺両足院蔵写本　高峰東晙の編集かつ自筆。明和刊本にない円月の遺文を集めて分類編集してあり、巻末の附録には、円月と応酬した人々の詩文がまとめられている。

一漚餘滴　同前。玉村氏によれば、前者よりも古い筆写で、江戸中期か、初期の終り頃までさかのぼるかも知れぬという。晩年に近いころの詩と、「鯤鵬論」「道物論」を収める。

東海一漚余滴　上村観光氏編『五山文学全集』所収。疏・祭文・書・序あわせて十篇を収める。

藤陰瑣細集・文明軒雑談　東京大学史料編纂所蔵謄写本。もと上村観光氏蔵写本。その体裁は、全く宋代の学者の〈筆記〉と同じで、いわば筆のすさびではあるが、読書ノート的なものから、異聞、逸話、紀行、詩文評のたぐいまで、多様な内容を含む。特に唐宋の詩人についての批評は、いわゆる〈詩話〉風な淡々とした記述ではあるが、円月の詩人としての資質をよく反映している。

中巌禅師語録　播磨大蔵院蔵写本。大解宗脱の手写。

中巌和尚語録　明和元年刊本。同じ刊本の『東海一漚集』とは別の単行本。

中巌和尚語録　五山版。成簣堂文庫旧蔵。嵩福禅庵語録・相州万寿寺語録・竜沢禅寺語録・豊州万寿寺語録のみを収める。

抜隊禅の諸問題

市川白弦

一　三世思想と抜隊

抜隊《ばっすい》得勝《とくしょう》(一三二七—一三八七)が生きた南北朝の乱世において、六道輪廻、三世因果の信仰と呼応する死後の恐怖は、われわれの想像もつかぬ実感をもって人びとを捉え、神話的な世界苦をなしていた。初め少年抜隊を捉えたのは、霊魂とは何か、地獄の苦患をどうして免れるか、という問題であったという。霊魂の問題と輪廻の問題とは同じではないが、多くは不可分のかたちで問われてきた。世にいう霊魂は、肉体とは別の存在として、対象的に観念された個別的、心的実体である。このような実体がこれを思惟している主体とひとつづきのものとして、これの滅・不滅が問われているのである。抜隊はこの心的なものを、唐僧長沙景岑(?—八六八)に従って識神とよび生死の本とみなした。かれはこの見地から大慧宗杲の一霊皮袋・皮袋一霊の頌をひいたのである(本書二六八頁)。霊魂不滅論は先尼外道の見とされるものである。「仏法にはもとより身心一如にして、性相不二なりと談ずる、西天東地おなじくしれるところ、あへてたがふべからず。いはんや常住を談ずる門には、万法みな常住なり、身と心とをわくことなし。寂滅を談ずる門には、諸法みな寂滅なり。性と相とわくことなし」(正法眼蔵、弁道話)。たしかにその通りである。しかしここには用語のすれ違いがありはしまいか。道元のいう常住と寂滅は、霊魂の不滅と滅とはまったく違うのではないか。その違いが放置されてはいないか。霊魂不滅論は霊魂の常住を主張しているのではない。滅と一如の不滅を主張しているのではない。常住は無常、寂滅の単なる反対ではない。常住と無常とは一如である。「されば悟人の所見に約すれば、たゞ心のみ常住なるにあらず、身も亦常住なり」(夢窓、夢中問答)である。心も常住、身も常住の常住が、霊魂の不滅と無縁であることは言うまでもない。道元は同一律の地平(霊魂不滅論)における主張に対して、この主張と似て非なる概念を、同一律否定の地平から対置したのである。「生死の本因をおこして生死をはなれたりとおもはん」という指摘は、仏教にいう生死を離れることを夢想もしていない霊魂論と対話の場をもっていない。そこでは、生死と涅槃の二見をはなれることこそが人間にとって最大の問題である所以を説き勧めることが、対話の開始であろう。先尼外道の見は、むしろ世間の信仰通念である。

抜隊は『塩山和泥合水集』で一霊皮袋・皮袋一霊の句につづいて、つぎの問答に入りこむ。

曰、若《もし》実ニ無心ヲエタラン人ハ、直ニ空ニ帰シテフタタビ生ヲウケザルベシヤ。

答、是外道《げどう》二乗ノ断見ナリ。若シカラバ得道ノ人、ナニノ利益カアラン。実ニ是狗野《いぬや》干《かん》ニモヲトルベシ。

曰、シカラバ得道ノ人ハ、不生不滅ヲエテナガク人ヲ度シテ、ソノキハマリナカランヤ。

答、コレハ是外道ノ常見ナリ。仏説ノ不生不滅ノ義ハ、カクノゴトクナラズ。若コノ断常ノ二見ヲハナレヌレバ、生死ニソマズ、去住自由ニシテ、意生化身シ、縁ニ応ジテ衆生ヲ度スルコト、所願力ニ随テ自在ナリ。

(本書二六九―二七〇頁)

この文脈を考えよう。身心不二ならば、四大分散の後は、誰が成仏し誰が流転するのか、という問いに対して、「今生ノ身口意ノ三業ノ軽重ニ依テ、滅後ノ昇沈アリ。カルガユヘニ古人ノイハク、業ニ依テ身ヲウケ、身又業ヲツクルト。ココヲ以《もって》シルベシ、今生ノ身ヨリ来生ノ身ヲ相続スルコトヲ」(本書二六九頁)という答えを得たところで、問者は、善悪の業根をたちきった見性の人は再び生を受けることがないのか、と問うたのである。問者にしてみれば当然の問いである。この問いに対して抜隊は、そのような発想は外道二乗の断見だ、と斥ける。再び生を受ける業因が断たれた以上、もはや生を受けることはなかろう、と念を押すのは自然のみちすじである。これを断見として斥けるのは、右の「……来生ノ身……」の答えとおなじく認識の限界外の問題を断定しようとする独断であろう。この断定は、つぎの問いをひきだす装置なのかもしれない。しかしつぎにくる問いは奇妙である。得道の人、たとえば抜隊が、無際限の不老長寿を得て、永久に済度を続けるといった発想が問者のなかに生まれるはずはない。これはつぎの常見の批判をひきだす準備であろう。つづいて必要なことは、「意生化身」を語る前に、抜隊が別の箇処で行なったように、輪廻ということの非神話化、その意味でのこの言葉の純化である。輪廻は抜隊においても三世と不可分のかたちで説かれているが、まず『大燈法語』をたずねよう。

生まれざる以前と死して後とは一つなり。生まれざる以前を知らば、死して後をも知るべし。生まれざる以前は、地獄もなく極楽もなし。只本来の面目のみ有つて異物無し。本来の面目と云へばとて、形などの有るべき物にあらず。能々《よくよく》工夫して見給ふべし。肉身死すれども渠《かれ》は死せず、肉身生ずれども渠は生ぜず、故に不生不滅の物なり。彼の本来の面目は生死輪廻無し。然るに彼の面目をば生死を截る利剣とも名づくるなり。真仏とも云ふなり……唯一心即ち是れ仏なり。……真仏に逢ひ奉らんと欲せば、見性すべし。……たとひ今生にて悟らずと雖も、命終の時に臨んで悪業に引かれず、悪道に堕せずして、来世出世して、必ず一を聞いて千を悟り、千を聞いて万を覚るべし。疑ひを生ずる事なかれ。　(萩原法皇の后に示す)

生まれる以前と死して後とそして今生と来世とが説かれている。空海(七七四—八三五)が「三界の狂人、四生の盲者」について「生の始めに暗く、死の終りに冥し」(秘蔵宝鑰)といった語法を連想させる指示である。尤も生まれざる以前、死して後という言葉の意味は、必ずしも明らかでない。生まれるとか死ぬとかいうこと、以前とか以後とかいうのは、どういうことなのか。いわゆる生と死なのか、時間上の先後なのか、または前世と後世なのか。死して後の後が時間的な後ならば、生まれる以前の前もまた時間上の前であろう。そうだとすれば、自分の時間上の出生前は、時間上の死後とともに、自分にとっては認識の限界外の事である。歴史的、時間的な前ではなくて、一念不生前、父母未生前といった形而上の非時空的な前であるなら、死して後の後もまた非時空的な形而上の後であるはず。そのような後がなんであるか、明らかでない。いわゆる「大死」の後ということならば、この後は父母未生前の前と照応する。この照応において、空海の生の始めと死の終りを見る、と大燈はいうのであろうか。尤も空海の生の始め、死の終りということが、よくわからない。しかし大死の後を知るという文章があるなら、それは奇異な文脈である。いずれにせよさきの『大燈法語』は、素朴な三世信仰のなかへ非神話的な禅思想をもちこむという方便を用いたようである。さきの『大燈法語』に「たとい今生にて悟らずと雖も……来世出世して……」とあったが、同じことを抜隊はじめ多くの禅者が述べている。この言葉は、求道者への励ましとみることができよう。

夢窓疎石(一二七五―一三五一)が素朴なまたは通仏教的な三世を認めたことは、各所に見られる。たとえば「今生には正法を行ずれども、いまだ練磨の功もつもらず、前世の業障はいまだつきざる故に、解脱自在の分なし」(夢中問答)、「この口の過《とが》によりて九十一劫の間、生まれかはる度ごとに、婬女の腹にやどりて捨子となれり」(同上)。俗典は三世をいわぬため現世の父母主君への報恩を説くにすぎぬが、仏典は生々世々にわたる恩を説くといい、「痴福は三生の怨」の語をひいて三世にわたる人倫を説いている(同上)。抜隊も同じ言葉をひいて同じ趣旨を説いている(本書二二七頁)。善悪の超越的根源である自性を悟ることを第一義の事として強調するとともに、見性以前の有漏の善を限定づきで勧めた点において、夢窓も抜隊も同じであった。声聞の持戒は菩薩の犯戒の見地に立ちながら、行は大小乗の両戒を兼ねることを説いた栄西の場合も同様である(本書七五頁)。抜隊には、たとい此の愛見の罪すなわち染汚の慈悲の罪によって地獄に堕ちようとも、衆生に代って苦を受けようという覚悟(仮名法語、第六項)すらあった。輪廻の苦、地獄の苦患を免れようとして出発したかれは、いまやたとえ地獄におちようとも衆生に代って苦を受けようという境地に到達したのである。当時の庶民にとって、輪廻するのは霊魂か業かの問題は、重要ではなかった。いずれにせよ輪廻と応報の思想は、個人の意志から独立した不合理、不正義の現実に対して、来世における正義の回復という幻想を与えた。イデオロギーとしての三世説は、治者の設定した善悪のカテゴリーによる勧善懲悪の道徳形而上説であり、道徳的には無記《ニュートラル》な身分差別と吉凶禍福を、多少とも倫理的に序列づける結果をもたらした。「貧苦は慳貪の業因によれり、短命は殺生の業報なり、形容の醜陋なるは忍辱ならざる故なり、種姓の下賤なるは他人を軽劣したりしむくいなり、と(仏は)説き玉へり」(夢中問答)。抜隊のばあい、ここにみられるような応報の論理による人間差別を強調したことはなかった。地獄の苦患について広長舌が用いられることはあっても、かれの主眼はどこまでも一心不生、万法咎無しの立場から人びとを三世不可得、輪廻寂滅の境地に到達させることにあった。

二　自性の見窮

抜隊の透徹した禅境と浅俗な地獄ばなしとは、一見断絶していて、後者を前者へ還元解消する苦心と手続がとられていない。しかしながら、『塩山和泥合水集』の全体に目を通すならば、かれは心生法生、心滅法滅の原理によって、三世因果・六道輪廻・地獄・浄土等の宗教的表象の形成と消滅を説いて、方便を真実に還元する非神話化に努めている。このばあいの心=妄分別意識と三世・六道などとの関係は、内面的、必然的ではない。こんにち大半の知識大衆は分別意識の世界にありながら、上記の宗教的表象をもっていない。三世・六道等の信仰が生起する社会的条件が欠けつつあるからである。しかし同じ心生法生の原理によって、種々の相をもつ種々の法が、依然として、もしくは新しく生じつつある。大燈も抜隊も、『大乗起信論』の「一切の諸法は唯だ妄念に依りて差別あり。若し心念を離るる時は、則ち一切境界の相無し」の見地に立っている。

ここで注目されることは、「若離二心念一時、則無二一切境界相一」ということである。これは僧璨(?—六〇六)「信心銘」の「一心不レ生、万法無レ咎。無レ咎無レ法、不レ生不レ心」に通ずる。無心が無法であり無法が無心である。大応の「一念未起以前」、大燈・抜隊の「一念不生」のところ、抜隊はこれを自性、本源とよんだ。夢窓の「主なき法界」、一休の「虚空」である。それは虚無ではなく、すべての牛が黒くなる闇でもなくて、「生は生、死は死、花は花、水は水、草は草、土は土」(一休『水鏡』)の世界である。花は花、水は水というのは、絶対客観の世界である。「遠山無限碧層々」ただそれだけ、心も無く法もなく禅もない。絶対無の一心、主体こそ、あらゆる非神話化の論理が成りたつ原点である。すべて神話的なものは、三界唯一心の心にまで還元解消される――このようにして、仏教にいう「心」に二相があることが知られた――。「信心銘」の信心の心はこのような心であり、抜隊の自性がこれである。羅漢(地蔵)桂琛(八六七—九二八)の法嗣清涼(法眼)文益(八八五—九五八)につぎの挿話がある。「雪霽れて辞し去る。蔵(地蔵)之を門送して問うて曰く、上座尋常《ひごろ》、三界唯心・万法唯識と説く。すなわち庭下の片石を指して曰く、且《しば》らく道《い》え、この石心内に在るか、心外に在るか。師曰く、心内に在り。蔵曰く、行脚人、甚麼《なん》の来由を著けてか片石を安じて心頭に在《お》くや」(会元一〇)。抜隊の立つところは文益のそれではなく桂琛のそれである。抜隊の自性は原理的には、観念論の神話と唯物論の神話と、いわゆる物心一如という名の観念論の神話とを還元解消する基点である。「若ヨク自心ヲ覚了セバ、マサニハジメテ諸仏ノ所説ハ、只タトヘヲ以テ衆生ノ心ヲサスヨリホカニ余事ナシトシルベシ」(本書二〇五頁)。親鸞ふうに言うならば、弥陀仏は諸法の実相を悟らせる手だて、ということであろう。

神話と偶像と教条を還元解消する源を究めることが肝要である。看経よりも看経の主を見ることが唯一の大事である——三時の勤めは、蒙古来襲のさい、官の要請をいれて始めたことにすぎぬ——。看経の主を見ることは、一切経を一時に読むにひとしい。一切の語言みな自己に帰すといわれる所以である。自己とは自性である。自性は諸仏の根源である。この自性は生ぜず滅せず、有に非ず無に非ず、善でもなく悪でもなく、空に非ず不空に非ず、苦を受けるのでもなく楽を受けるのでもない。女性の身にあっても女性の身ではなく、男子の身にあっても男子の相がない。卑しい身分にあっても卑しくはなく、尊い身分にあっても尊くはない。あらゆる相を離れてあらゆる相をとることができる。見聞覚知を超えて、しかも見聞覚知の主である。このものこそ「教外別伝・不立文字の全体」である。この無相の自性を悟れば、己れに迷うて物を逐うことがなく、仏味祖味に汚染されず、善悪の業縁にひかれて生死に輪廻することなく、生死にあって生死に染まぬ自由となる。これを禅と名づける。禅とは自性の別名にすぎない。

自性の見窮こそ始めであり終りである。仏法を学ぶよりも、仏法を学ぶ主を見窮《みきわ》めるのである。悟りを求めるのでなく、悟る主に帰るのである。ただいま色を見、声を聞き、善悪を思い、手をあげ足を動かす主は何ものか、あらゆる思いと働きの根源に向って、深く疑うのである。「一切時中、肺肝に入る音声何の聴く所ぞ」(抜隊語録五)。見聞覚知の主を見聞覚知の底に徹して疑うことを工夫といい坐禅という。坐禅工夫のとき、是非善悪を思うことなく、念の起こるのを厭うことなく愛することなく、念は起こるまま止むままにして、二念をつがず相手にならず、念の起こる源は何かと、疑う念を後に返して、その源を見窮めるのである。内に退く疑いを窮めに窮めて、世法が来れば世法を切り、仏法が来れば仏法を切り、坐して坐を忘れ、行くに歩むことを忘れ、食べて味わいを知らず、疑団一片となって窮めるのである。そのうちに念は次第に収まり、心が澄み渡り、空々寂々として我無く人無く仏も無く法も無く、一物も無い境が現われる。そのところを悟りだと思うならば、それは悟りの迷いである。無心の境もなお窠窟である。また胸中空然として内外の隔て無く、明るさ全身に透ることがある。法性の現前する時節であるが、未だ真の悟りではない。古人はこれを解脱の深坑《じんきょう》とよんだ。法性も法身も光影でしかない、「古人(臨済)の云く、……光影《こうよう》を弄ずる底の人を識取する、是諸仏の本源也、と」(抜隊仮名法語)。

昭々霊々の境は自性のようであるが、似て非なる主体、識神ないし阿頼耶識であり、最も微細な人我の心であり、これこそ生死の根本である。ここに留まることなく、疑いの底を尽くして窮めゆくとき、ついに心の行方が窮まり、如何ともせられぬ処に至って、突如、疑い破れ、桶底抜けて水が流れ去ったとでもいうところ、忽然として自性現前して大解脱が成就する。水を踏むこと地の如く、地を踏むこと水の如く、十方世界に全身を現じ、終日説いて一語も説かず、南山に雲起こって北山に雨降るといった、無礙自在が出生する。「吾今カクノ如クニ説ケバ、諸人カクノ如クニキク、只此説法聴法底ノモノ、急ニ自ラ看取セヨ、那箇カコレ即今キク底ノモノ」(本書二五八頁)、「問、一切ノヒビキヲキク時ハ、キク底ノモノヲ見窮スベシ。若一音ナカラン時ニアタツテハイカン。答、キカザルモノハ、是ナンゾ」(本書二六一頁)。

三　公案観

三世因果と輪廻の信仰が、古代インドから現代にいたる民族信仰の底流をなしている。仏教も例外ではない。大蔵経は因果応報、六趣輪廻を説くおびただしい数の経を収めている。同じ信仰が仏教渡来後の日本の上代から中近世に普及していたことは、知られる通りである。不思議・不条理な天災や人災による生前・死後の恐怖と不安に触発された六趣輪廻の苦悩は、絵巻、草紙などによる説話の伝播によって、神話的な世界苦となった。こうした不安・恐怖を情緒的にうけとめ、のりこえようとしたのが浄土系信仰であり、知的にうけとめ、のりこえようとしたのが禅宗である。事実はさほど截然と区別されていないのだが。抜隊はいう、「生死輪廻の苦をまぬかれんと念はば、情識を尽すべし。情識をつくさんと念はば、心を悟べし。心を悟らんと念はゞ、坐禅をすべし。坐禅は工夫を宗《むね》とすべし。工夫といふは、公案を深く疑ふべし。公案の根本は自心なり」(仮名法語)。

抜隊は少年の頃、のちの白隠慧鶴(一六八五—一七六八)と同じく、三塗地獄の苦患を怖れ、これを免れようとしたが、剃髪の頃この苦患はその私的性格をこえたという。すなわち出家求道の発端に、生物・人類の苦悩、歴史の苦悩の共同主体性の自覚があったのである。そこで三塗の苦を免れるにはどうすればよろしいか。さしあたり勧められることは、諸悪をなさず衆善につとめ自らその意《こころ》を浄めるという実践倫理にはげむことである。抜隊もまたこれに努めた。しかしこの努力は成功するであろうか。成功しない。善に鋭敏になることによって、これまで見えなかった自分の悪が、ますます見えてくるからである。人はここで善意志の悪無限・悪循環にまきこまれる。その意味での輪廻の苦患に直面する。このような内面化した輪廻の苦悩に目ざめた場合、同時に、いったい六趣なるものが客観的に実在するのか、死後の個我の世界が実在するのか、という疑いがおこりがちである。

抜隊が求道のはじめ、「我とは何か」「主とは何か」と疑ったのは、輪廻の苦をどうして抜け出すか、何が輪廻するのか、輪廻を突破する主体は何か、という実存的共同主体的な疑いであった。ほかならぬかれ自身の疑い、かれ自身の苦悩であって、しかも同時に、人間存在＝人類が、そこで疑い、そこで悩んでいる、という普遍的本質・性格が事実上そこにあった。こうした事態の問いを、問いの志向のうしろへ、純一無雑に究めることが坐禅であり、坐禅における工夫のさしずめの手がかりにして軸であるものが、公案であった。「千七百則の公案は皆一心の異名なり」(大応法語)は『大燈法語』の見地でもあり、公案禅の通則である。しかしながら、抜隊の公案観の核心は、「自ら本性を公案となし」(仮名法語)というように、自性を公案とすることにある。ここに白隠系公案禅との微妙な、しかし重要なちがいがある。かれが「吾が自心未だ明らかならず、いかでか他の言句に就いて求めんや」(抜隊語録)と言う所以がここにある。『合水集』の巻頭に「俗人来問、……教外別伝ノ直旨如何。師便居士ト喚。彼即応諾ス。師曰、何レノ教ヨリカ這箇ヲ得タル」(本書一八八頁)とある。抜隊の見地は遠く馬祖、百丈、臨済のそれに直接するかに思われる。公案を見るということは、特定の公案をつぎつぎに見て進むことではない。公案を突き抜けて、公案出生の本《もと》である悟る主を見ることである。「幾度も悟らるゝ悟をばうちすてて、悟る主に還る」(仮名法語)ことである。江戸時代の禅匠沢水長茂(?—一七四二)が工夫の眼を開かれたのは、抜隊のこの一語であった(沢水仮名法語)。

千七百則の公案は皆一心の異名といった大応は、言葉を転じて「総て公案一千七百なりと雖も、山河大地、草木樹林、目に触れ耳に聴くもの、皆公案ならずと云ふことなし」とも示している。抜隊も変りはないが、しかしこのあたりから抜隊とニュアンスを異にする禅主流の脈絡が見えてくる。唐僧夾山善会《かっさんぜんね》(八〇五—八八一)が自己の境界を問われて「猿抱レ子帰ニ青嶂後ニ、鳥銜レ花落ニ碧巌前ニ」と答えたのは有名であるが、この句について清涼文益は「我れ二十年、祇《た》だ境の話会《わえ》を作《な》す」と告白している(清涼文益語録)。見色明心、聞声悟道ではあるが、抜隊が説くのは何よりもまず、そしてあくまで、本源の見窮である。「見色明心」と題する一休の偈は「洛陽三月貴遊客、閃爍紅旗残照西」(50偈)で結ばれている。吟詠される詩境である。盤山宝積(七二〇—八一四)の「三界無法、何処求レ心」の垂示(碧巌録三七)に対する大燈の頌は「千峰雨霽露光冷、月落ニ松根蘿屋前ニ。擬レ写ニ等閑此時意ニ、一渓雲鎖水潺々」であった。まことに絶唱である。室町時代の臨済禅は、審美的な『碧巌録』の禅風に支配されていた。要するに抜隊禅は盤珪永琢(一六二二—一六九三)の不生禅に似て、詩に乏しい。この点において寂室元光(一二九〇—一三六七)——抜隊がその清高な禅風を慕って道を問うたこの宗匠——の詩境と、抜隊の禅風とは対照的である。一法の人に与うる無し、とくりかえす抜隊は、「すべて一句の君に呈すべきなし、月は空山を照して秋寂莫なり」(寂室録)という寂室の詩境へは出てこないのである。

法語はつづけて言う、「生死大事ノタメニ自心ヲアキラメムト欲シテ、志ノ熟スル時、自然ニ色ヲミテ心ヲアキラメ、物ニ附シテ道ヲ悟ルコトアリ。然ルヲ始メヨリタダ万象森羅ヲミテ自己ヲアキラメムト欲セバ、度ヲウシナツテ、カナラズ邪路ニ入ベシ。タダ自心ヲアキラメント要セバ、直ニ一切ノ声ヲ聞底ノ本源ヲ見窮シテ、心路絶シ命根断ズル処」(本書二六三頁)がなくてはならない。一休がくりかえし慚愧したところであるが(狂雲集)、五山禅林の友社・詩文サークルには、「度を失うて邪路に入る」風流ディレッタントが少なくなかった。山水の庭造りの事に関して、夢窓疎石はさまざまな場合を評価しているが(夢中問答)、その「道歌集」に、つぎの二首が読まれる、「なほも又あまた桜をうゑばやと花見るたびに見せん庭かな」「誰もみな春はむれつゝあそべどもこゝろの花を見る人ぞなき」。ここに、造園の達者疎石の風流と悔いとの共存がみられる。「こころの花を見る」は、抜隊にあっては、自性の見窮である。もしも禅文化が日本の風流文化の中軸をなすとみるならば、そうした禅風流と異質の世界をなすものが、抜隊禅である。どこまでも本源の見窮を提唱し、本源の見窮の徹底を勧める禅風は、風流へのゆとりをもたないのかもしれぬ。碧巌の風流は『禅林句集』の編者東陽英朝(一四二八—一五〇四)の「少林無孔笛」において一波頭をみせた、「夾山勝境話方円、誤二殺清涼一二十年。如《もし》問二這箇何処別一、鳥銜レ花落二碧巌前一」。碧巌の審美的禅の本流に属しないのが抜隊、盤珪および鈴木正三(一五七九—一六五五)である。

一般に大慧宗杲に帰せられている「大悟一回、小悟その数を知らず」という語は、近世日本の公案禅のなかに生まれたものかとも思われるのだが、自性の見窮を建前とする抜隊禅が、幾度も悟らるる悟りをすてて悟る主に還り根本に還ることを提綱とするのは、当然であり必然である。夢窓のように「ただ善悪をなす源一つを明らむべし」と示しながら、「至二于千経万論及世間麤言細語一、靡レ非二祖師公案如来所説一」(西山夜話)といった包容性を、抜隊は示さないのである。かれは修行者が仏書詩書を見ることを、かたく禁じている。幾度も悟らるる悟りを捨てる、という抜隊禅の本領は、近世の白隠系公案禅にみられる階梯的な修為法と省悟の階層性にたいする批判の意味をもつ。少なくとも学人接化の具体方法としては、実質と趣を異にする。抜隊の「千句万句タダ自性ノ一句」(本書二六二頁)の提示は、近世公案禅の根本精神でもあるが、よりいっそう大慧の「千疑万疑只だ是れ一疑」「一了一切了、一斬一切斬」の公案観に近い。もっとも大慧のばあい、万疑を破るものは任意の一話頭であり、抜隊のばあい万句（話頭）を決するものは、自性の徹見である。大慧における一了の一は任意の一話頭であるが、抜隊における一句の一は自性にほかならぬ。もとより、「意句モトフタツニアラズ」（本書二六二頁）であるが、個々の公案を見ようとするのと、自性を見ようとするのとでは、参究の態度情相を異にする。仏教において枝末三昧と王三昧とを区別する事情と似通っている。したがって抜隊が自性を公案とせよ、というばあいの公案と、自性は公案の根本であるとか、自性を見窮すれば一切の公案自然に透得すべしとかいう場合の公案とは、いちおう秩序・境位を異にする。このようにして、自性は悟る主であり話頭の根源であり、幾度も悟らるる悟りの内容でないという意味において、いわゆる公案は敲門の瓦子（自性体認の手段）であり、自性を公案なりと会すれば当面に蹉過す、ということになる。

自性を見証すれば万象森羅自己にあらざるなく、松色渓声主人公の姿にほかならず（本書二六三頁および仮名法語第八項）、そうであればこそ万象森羅は公案として学人に現成するのであるが、これを公案として受けとるのは自性見窮の願心であるというのが、かれの見地であり、このことが直ちに自性は話頭の根本だという見地に通ずる。生死を脱却せんとするものは任意の一話頭を見よ、というのが大慧の示唆とするならば、抜隊にあっては、脱却せんとする主を見よ、という風に説く。「コレ古人ノ公案ヲアタフルニアラズ、直ニ你ガ即今ノ自心ヲサス」（本書二六三頁）。疑いを強調する点において、かれは公案禅の大慧ないし無門慧開（一一八五―一二六〇）と呼応し、したがって疑団と公案を否定する盤珪永琢と対照をなし、盤珪が直下無心・無事を説く臨済を受けつぐとすれば、抜隊は見聞覚知の主、聴法底の人を見よという臨済に直接する。かりに識情・妄執を奪う道を大別して、人（個我への執着）を奪う道と、境（外境への執着）を奪う道とするならば、主として前者をとるものに盤珪があり、後者をとるものに抜隊がある。人を奪う道は、盤珪において倫理的色調をおび、境を奪う道は、抜隊において形而上的、倫理的色調をもつ。

くりかえしになるが、臨済における「即今聴法底の人を識取せよ」という提示を、疑団の徹底による自性の見窮として提唱したものが抜隊だとするならば、「儞が今の用処、什麽をか欠少し何れの処をか修補せん」「無事是れ貴人、唯だ造作すること莫れ」の指摘を、「即今不生で居よ」と示して、「疑団のなきものに疑団を担はせて、仏心を疑団にしかへさせる」公案禅を、脇ぜんさくとして全的に否定したのが盤珪である。抜隊は臨済における修の面をあげて証をこれに融化させ、盤珪は証の面を強調して修をそれに会入《えにゅう》させたとみられる。抜隊におくれること三世紀半、盤珪におくれること半世紀に、公案禅の堕落と、わけても無為無事の禅、その身そのまま悟りの禅の時代に、再び修の面を厳しく仔細におさえて、階梯的な、そして疑団を修為の軸とする日本公案禅を大成したのは白隠慧鶴であった。抜隊は公案禅の否定者盤珪と公案禅の組織者白隠との半世紀を隔てる鋭い対決前の、比較的平穏な場所に位置すると考えられる。しかしかれの公案観は、つづいて現われる一休時代の公案禅堕落に対する、本格的な警告の意味をもった。

さて、かりに抜隊の説示の一面、すなわち「古人ノ話頭ヲトヲリ得ズンバ、自己イマダ徹悟セズト知ベシ」(本書二六二頁)という点を、抜隊禅の基調からきり離して強調したとしよう。そしてここからの帰結として、悟りの真偽を検証する規準は古則公案であるというマキシムが成立したと仮定しよう。その場合には、抜隊の根本精神をはずれて、自性の見窮は、近世公案禅における見性のように、参究楷梯の初関ということになりかねないであろう。もちろんこれは抜隊禅の顚倒であり、むしろ抜隊禅の否定である。このようにみるならば、幾度も悟られる悟りを捨てて自性を見窮せよ、と力説した抜隊禅は、白隠に遙かに先だって、事実上、白隠系公案禅の批判になっていた、といえるかもしれぬ。

四　法の邪正と見解の邪正

夢窓の『夢中問答』は法の邪正について、抜隊の『合水集』は見解の邪正について論じている。法の邪正は主体に即していえば見解の邪正である。正見と邪見はどうして見分けられるかという問題になる。見解の邪正は学者の胸中にあって言句にあるのではない。その人に直接会ってみないと、見分けることはできない、と抜隊は言う。法の邪正を語る『夢中問答』の見地は、半ば問者の問いのたてかたの批判になっている。教相判釈に深入りせず、諸法門への寛容と、法に関するレラティヴィズムの傾きをみせている。そして正法は語言上にはないという見地は、抜隊のそれと同じである。

抜隊は、正見と見えるものが邪見にほかならない事態を列挙することによって、真正の見解をネガティヴに暗示する方法をとっている。正見は主体のあり方・生き方にあるとする禅では、正見をその意味内容で見分けたり、言葉の意味をもってポジティヴに示すことはできないからである。正見をネガティヴに暗示するための長広舌は、当時の禅界の教相学化の種々相を伝えるとともに、法と機に対する抜隊の傾倒と深切を示している。そして見解の邪正を知るには、正師の証明をもつ正師に参ずることが不可欠だと強調される。この勧告は正統的だが、疑問がないわけではない。正邪を知るには正師を選べというのは、トートロジーではなかろうか。師家の邪正を勘破する眼を、誰がもっていよう。何を尺度に見分けるのか。論理と倫理を超えたものを、論理と倫理（しかもこれが一様ではない）をもって判別はできまい。太陽は太陽の光で見られる。正師のみが正師を知る、ということになろう。しかしそれでは正師は永久に現われないことになる。最初の正師は、自分を証明してくれる正師をもたないからである。ここに「古教照心」すなわち古人の教えを学んで自己を試し自己を磨くことのほかに、行脚・歴参の問題が生まれる。自分の見解は独善でないか、どこまで正しいかを、さまざまな人と場合について検証するのでなければ、揺がぬ確信は得られぬからである。抜隊の長年月の行脚が思い起こされる。行脚には行脚の眼が大切だ、「本色行脚人須下具二行脚眼一始得上」と聖一国師円爾弁円（一二〇二—一二八〇）は教えている（聖一録）。

大別するならば、見解《けんげ》と見解《けんかい》との二類がある。前のものは、表現の意味内容とは直接かかわりをもたぬ、その場の表現主体のありかた、としての見解《けんげ》である（ひいてはそれを聴く主体のありかたとしてのそれ）。『夢窓語録』巻上にいう、「五祖演和尚云く、如今《いま》の禅和家、挙話もまた会《え》せず。如何なるか是れ祖師西来意。庭前の柏樹子と。恁麼に会せば便ち不是。如何なるか是れ祖師西来意。庭前の柏樹子。恁麼に会せば便ち是、と。竜山（夢窓）は則ち然らず。如何なるか是れ祖師西来意。庭前の柏樹子。恁麼に会して始めて得べし」。この境地からやや離れて、社会への禅の伝道の方法の当否が問われる見解《けんげ》がある。これは前述の見解につながる領域をもつであろう。

つぎに、禅者もまた見解《けんかい》をもっている。右の見解《けんげ》は、最狭義の見解《けんげ》と広義の見解《けんかい》との中間・媒介の位置にある。禅者の見解《けんかい》といえば、かれの世界観、歴史観、思想・文化観などがあげられる。いうなれば、禅者のイデオロギーである。このイデオロギーは中間者・媒介者としての見解《けんげ》につながり、そのつながりにおいて、一種の教相学的領域の構成要素となる場合があり得よう。あるいはむしろ積極的な必然性をもつ、といえるかもしれぬ。最初にあげた厳密かつ本来的な狭義の正見が、いま述べた広義の謬見・誤まった見解《けんかい》・イデオロギーと結合する場合、それの自他に及ぼす禍害は、時として深大である。善意の慈悲が善意のゆえに禍害を増幅する場合がないとはいわれぬ。四弘誓願にいう学ぶべき法門は、伝統仏教の枠内の無量ではないであろう。いわゆる所知障は、その枠内の法門への無知に限られてよいはずはない。まとめていうならば、見解の邪正は人間・世界の竪軸における邪正（狭義）と横軸における邪正（広義）との切り結び・矛盾的統合として、いわば力学構造をなすといえよう。ひとまずこのような想定に立って、禅における狭義の見解の邪正に直結する「死句」「活句」の問題をたずねよう。

見解《けんげ》の邪正が問題になったのは、「日面仏、月面仏」の句を残した、祖師禅の祖といわれる馬祖道一（七〇九―七八八）の頃からであろうか。禅匠たちがとりあげている見解の邪正は、殆んどすべて語句の意味内容には直接かかわらぬ地平での事であった。語句が自性の自己表示・自己限定である場合、これを「活句」とよび、そうでないとき「死句」という。活句を活句たらしめている自性を「祖意」、略して「意」という。「未得底の人は句に参ずるよりも意に参ぜよ」（夢窓、抜隊、白隠）といわれる場合の意がこれである。句は衆生接化の手段をいう。意・句の関係を、夢窓は葉県帰省《せっけんきしょう》（宋初、生没年未詳）に従って四つをあげる。㈠自性に契当したものの、活祖の手段を明らめない者は、化他の方法を欠き、善知識とはいい難い。これを意到句不到の人という。㈡古人の手段を察知することができても、自性を明らめていないならば、善知識ではない。これは句到意不到である（葉県では㈠と㈡の順序が逆）。㈢見性達成ののち長養の工夫熟して、自在の妙用が生まれるならば、接化も無碍自在となる。これは意句倶到の人。㈣道眼明らかならず禅門の宗風手段にも暗いのは、意句倶不到である（夢中問答）。

未得底の者は句に参ずるよりも意に参ぜよ、というならば、初心者が話頭を看るのは誤りではないか。この問いをうけて、抜隊は問者は今どんな話頭を看ているかと尋ね、「父母未生前本来の面目」と答えたのに対して、それはまさしく君の自性である。君は己れに迷うて話頭を他人の句としているのだ、と指摘する。私は即心即仏の公案を貰っています。これは初心者に対する師家の誤りではないか、という問いに、それは君の即今の自性をさしている。師家の誤りではない。君自身が誤って古人の言句にしているのだと示し、百丈懐海（七二〇―八一四）の「一切語言宛転して、皆自己に帰す」をひいて、「死句に参ぜず、活句に参ぜよ」の古語をあげている。そして請われるままに自身の頌や句を述べている（本書二六三―二六四頁）。その抜隊の頌や句はすべて活句なのか。そうではない。ここで死活をきめるのは、それを聞く主体の死活である。この主体の死活によって、活句も死句となり、死句も活句となる。一休とほぼ同時代の大休宗休（一四六八―一五四九）はのべている、「正人、邪法を説けば、邪法、正法となる。邪人、正法を説けば、正法、邪法となる」(見桃録一)。

意味把握、意味伝達、意味交流に依って成りたっている現実の世界は、おおまかにいえば死句の世界である。活句は遊びであると共に、死句を活句に生かそうとする願いでもある。この願いゆえに、活句は孤高自受用の場から死句の世界にまじわり働きかけて、これを活句の地平に高めるために、腐心せざるをえない。語録、法語が生まれ問答商量が始まる。活句と死句との格闘・往還がくり返される。「意が句を削り、句が意を削る」意句交馳の運動、悲と智との往還ないし螺旋運動がすすむ。「句中に句なき」活句の大智は、その座を離れることなしに、「句中に句ある」死句の相をとって、現実界に働きかけ、この世界を超意味の実相に入らせようとして、意味否定の意味、分別否定の分別、文字否定の文字といった自己矛盾の発条《ばね》を創り出す。

世界史における禅のユニークな宗教性が、「死句から活句へ」ということに示されている。この独自の宗教性をもって、禅は東洋の思想と芸道とに、深大な影響を与えてきたし、現に与えつつある。禅のこのような独自性は、しかしその半面、別の問題性をはらんではいまいか。言葉の意味内容、意味の志向するところを重要視せず、このものの執拗な追究に情熱をもたぬということは、言葉の思想性を思想の地平において追究しないということである。思想は社会の歴史的、物質的基盤とのなんらかのつながりをもち、思想としての力をもっている。哲学は大衆を捉えるとき、ひとつの物質的な力となる、といわれるような体質が、思想にはある。例えばナチズムや日本ファシズムがそうであった。禅における死句軽視・思想軽視の思想は、その功罪をあわせもっているのではなかろうか。禅者が、活句至上主義者となり、死句の世界において死句として受けいれられた自分の言行に、責任をもたぬということがあってはならない。死句の重量をおそれなくてはならぬ。活句・死句の二元論をのりこえなくてはならぬ。自性の自由はそのように開かれてはいないか。

五　即非の倫理

抜隊の戒思想は、栄西の円頓一心戒とおなじく、いわゆる達摩の一心戒を源流とする。一心戒は自性を戒体とみるゆえ、戒は自性の自《みずか》らにして自《おのずか》らな発動である。したがって戒の前に自性の見窮がある。自性の見窮が達成されぬ前の戒は、真実の戒ではない。声聞の持戒は菩薩の破戒といわれる所以である。『抜隊語録』巻一は言う、「汝自己妙心本来円成。而不レ労レ仮二修証一。……急著レ眼看。……若又直不レ会、以二持戒一為レ墨、以二禅定一為レ筆、以二智慧一為レ燈、還二心地之白紙一、直下廻光返照」。このばあい「若又直不会」以下の言葉は、自性の見窮が成就しないかぎり、持戒は虚仮不実であり、むしろ無用の事という見解にたいする、事実上の批判になっている。声聞の持戒は、自性の見地からすれば虚仮不実である、虚仮不実ならばやめるがよい、といえそうである。では、その虚仮をやめることによって真実が現われるであろうか。持戒をやめることによって禅戒が生まれるなどという発想は、成りたたない。さきの抜隊の言葉は、広義の禅戒の重層構造を示唆している。いうならば Sollen の倫理と勝義の Wollen の倫理との矛盾構造、前者から後者への転身の消息を、示唆するともみられよう。いずれにせよ、水に溺れる者にとって、ほしいのは有能な救い手であって、救い手が声聞か菩薩かなどは、問題ではない。

しかしながら、自性見窮の唱道を一途に貫こうとするかれにおいて、有漏の社会倫理が殆んど顧みられなかったのは、当然であろう。問題は持戒と見性とどちらを先にするか、どちらに重点を置くかということである。これについて抜隊は、自性見窮の工夫を続けながらも、持戒に精進して開悟する道と、まず自性を悟り、見性の力によって妄執を離れた生活を行なう道とがある、趣きを異にするが、先の漸悟の道も後の頓悟の道も、悟り終れば一つである、とした。かれの本領はもちろん後者にあった。戒体が自性であるということは、厳密にいうならば、真の持戒は見性によって、初めて現成するということである。見性しない者は情識によって心仏を殺す。これが最大の殺生である。見性すれば一切の戒律を一時に円持し、仏性が生々自在にはたらく。これが根源の不殺生戒である（本書一九九―二〇〇頁）。持戒は当為というよりも事実である。五戒、十戒ないし無尽の戒は自性に帰一し、自性のおのずからの流露となる。この見地は、いわゆる達摩の「一心戒文」の「自性霊妙於二本来清浄法中一、不レ生二無明一、名為二不飲酒戒一。……自性霊妙於二平等法中一、不レ説二自他一、名為二不自讃毀他戒一」の見地に相応する。自性霊妙というのは、自性清浄心の妙用の面を示す言葉である。清浄は空＝無相ということ、心に迹をとどめぬということである。洒脱自由ということである。いわゆる倫理的ではなくて、超倫理的である。自性が戒の体であり根源だということは、禅倫理が超倫理と倫理との矛盾的一において現成するということである。倫理が倫理の相をもたぬということである。無戒の戒すなわち即非の倫理ということである。戒が有相でないということは、教条的な徳目主義のそれではないということでもある。そこには、人の子は安息日にも主たるなり、といった随処作主の自由がある。諸悪莫作の莫作は当為的であるよりも事実的である。「正当恁麼時の正当恁麼人は、諸悪つくりぬべきところに住し往来し、諸悪つくりぬべき縁に対し、諸悪つくる友にまじはるにたりといへども、諸悪さらにつくられざるなり」（正法眼蔵、諸悪莫作）ということになる。己れの欲する所にしたがって矩をこえず、倫理の風流化といえるかもしれぬ。倫理から詩へといえるかもしれない。「非レ凡非レ聖一法不レ修。本有妙用天真風流」（抜隊語録五）という境地である。「はなを風にまかせ、鳥をときにまかするも、布施の功業なるべし」（正法眼蔵、四摂法）。

注　見性すれば一切の戒を一時に円持するという一心戒の透徹と簡明は、しかしながら、サブジェクティヴィズムにおちいるおそれがないとはいえぬであろう。

抜隊における即非の、無所得・無功徳の倫理はおよそこのようであった。しかし仔細にみるならば、別の厳しさがあった。「酒は起罪の因縁なり」の戒文を正面に立てて、飲酒を破戒の根本とみなし、罰酒神を祀って鎮守とし、一滴の飲酒も処罰した。「於㆓当庵㆒不㆑可㆑入㆓酒一滴㆒。設雖㆑為㆓良薬㆒、以㆓酒類㆒不㆑可㆑喫。……於㆓門前在家㆒不㆑可㆑沽㆓酒肉五辛㆒」(遺誡)。また比丘尼・女性との交渉に厳戒を設け、「於㆓庵中㆒不㆑可㆑置㆓俗典詩書一字一点㆒。……学問為㆑宗、欠㆓行道㆒者便可㆑擯㆑之」(同前)とも指示した。このことは、かれの禅風が狂雲子一休のそれと、殆んどすべてにおいて対照的であったことを示している。かれの禅戒は戒定慧三学のうち、前二者に重点をおいた。酒を厳禁したのも、飲酒が定心をみだす最大の因縁とみたからである。かれの個性がこのような家風を生んだとみられるが、他方それはかれの眼に映じた当時の禅界の弊にかかわるのかもしれず、かれが接した曹洞禅の影響があったのかもしれない。

なお、さきに引用した『正法眼蔵』の「諸悪さらにつくられざるなり」の知見は、禅戒の基本的視座である。そしてこれと対照的な言葉が、必然的に想いおこされる。それは「わがこころのよくてころさぬにはあらず。また、害せじとおもふとも、百人千人をころすこともあるべし」という『歎異抄』の洞察である。

注　抜隊の師孤峰覚明(一二六七—一三六一)は『栄西円頓一心戒和解』の重編者にして心地覚心(一二〇七—一二九八)の法嗣であり、瑩山紹瑾(一二六八—一三二五)にも師事した。心地は無門慧開の法を嗣ぎ、道元(一二〇〇—一二五三)に菩薩戒を受け、密教を修めて禅密兼修の風をなした。なお『興禅護国論』につぎの言葉が読まれる。「戒によって禅を生じ、慧を生ず」(本書三六頁)、「戒をもって初めとし、禅をもって究《おわり》とす」(本書三七頁)。

六　仏法と王法　——禅経験と禅イデオロギー——

禅思想の根柢には禅の原経験がある。この原経験が禅思想として世界のなかに座を占めるのには、原経験を反省し、世界とのかかわりにおいてその意義と位置を明らかにする仕事――このことが原経験を鍛えもする――がなくてはならない。この仕事の主体は、抽象的な意識一般とか認識主観といったものではなくて、固定してはいないが、特定の気質・個性・人生経験をもっている。したがってここに形成される思想も、個性・特殊性をおびることになる。すなわち思想に人名がつくゆえんである。しかし思想の個的主体は、特殊と一般の統一として、その社会における物質的な生産様式に条件づけられた、歴史的、社会的な存在という基本的性格をもっている。そうした存在が意識を規定する点において、思想は歴史的、社会的制約をもつと考えられる。この制約をイデオロギー的制約とよび、そして階級社会のイデオロギーに階級性と部分性、したがって虚偽の意識の意味をみるとするならば、禅思想についても、それのイデオロギー性が問題となるであろう。

俗人来問、……教外別伝ノ直旨如何。
師便居士ト喚。彼即応諾ス。
師曰、何レノ教ヨリカ這箇ヲ得タル。
彼便点頭シテ礼《らい》ヲナス。　　（本書一八八頁）

この場合の呼応関係そのものはイデオロギーを含まぬといえよう、問答者の作法に反映する人倫の詮索を保留するならば。抜隊は自心を見ることをつぎのように勧める。

自ら心を見に虚空の如し。形も無し。此中に耳に声をきゝ響を知る主は、さて是何物ぞと、少もゆるさずして深く疑ふばかりにして、更に知るゝ理、一つもなくなりはてゝ、我身の有ことを忘れはつる時、先の見解は断はてゝうたがひ十分になりぬれば、悟の十分なること、桶の底の出る時、入たる水の残らざるが如し。　　（仮名法語）

この叙述は、いわゆる思想構成の地平ではなく、いわゆる思想の地平でさえもない。このばあいの疑いは、コギト・エルゴ・スムの原則をうちだして、近代の個人主義・合理主義・物心二元論を展開する基点としての、デカルトの知的懐疑ではない。そうでなくて、むしろそれは脱思想の退歩であり、形而上的な下への超越である。上層のイデオロギーの領域へ進み出るのではなく、思惟以前の根柢へ還るのである。

心=自性の超時空性を境に仮託して述べるならば、次のようである。

上代と雖も火はあつく末世と雖も水は冷に、上代と雖も天は高く末世と雖も日月地におちず。ここを以て知るべし、上代末代差別なきことを。（沢水法語）

境=自然をかりて心の超歴史性を示そうとしたのである。古代も現代も天は高く火は熱いという事実・記述は、それだけではイデオロギーではない。このばあい、人間は自然の一部であり、自然から生まれて自然に帰る、自然は人間の根源であり、人間はもともとこの根源と一つである、とされている社会では、根源的自然の不易性が人倫の不易性のモデルとされ、人間を覆載する天地の秩序と運行の永久性を、人倫の秩序と営為の永久性のモデルとみなす治者のイデオロギーが形成され、自然に対する人間の畏怖・畏敬・親愛・憧憬を介して、大きな摩擦なしに庶民にうけいれられることになる。「天尊地卑、乾坤定矣。卑高以陳、貴賤位矣」（易繫辞上伝）。天地の布置が無媒介に——しかしこのばあいの天地は、近代合理的知性の前の自然ではない——尊貴と卑賤の身分の上下と価値の高低に転移される。この宇宙論=人倫論の原則を日本風に構成したものが、かの「十七条憲法」である。「君則天、臣則地……」および「随㆔天神之所㆓奉寄㆒、方今将㆑修㆓万国㆒」（大化元年詔）という国体標示を軸として、刑・政・礼・楽すなわち力（外）から教（内）への王道原則を十七条に配置した王法における一君万民の統制規範である。これは和国王法的自然法ともいうべきイデオロギーであり、『礼記』のカテゴリーをかりた王法と仏法の統合理説でもあった。十七条憲法の「故承㆑詔必慎、不㆑謹自敗」という結びは、王法・仏法体制下における安全の生き方と安心《あんじん》の生き方との一体性の提示でもあり、日本仏教はおおむねこの路線において、諸悪莫作・衆善奉行の個人・社会倫理を自浄其意の安心の智慧との和合のうえに構成し展開した。同じ和合の理説を、臨済禅は宋代公案禅の礎立者大慧宗杲の宇宙＝国家観に、その根拠を見いだしていた。「肇法師云……上則在レ君、下則在レ臣。父子親二其居一、尊卑異二其位一、起教叙二其因一。然後、国分二其界一、人部二其家一、各守二其位一。豈非下是法住二法位一、世間相常住上耶」（大慧普説一八）。中国古代の宇宙論を背景とする臨済禅の倫理即安心の実相観の根柢には「心」があった。抜隊の「烏飛兎ハシリ、日ノボリ月クダリ、風アヲギ雲ユク、万物ノ遷転スルコト、各々自性本有ノ正法輪」（本書一八八―一八九頁）というのも同じ基調である。この基調はやがて仏法・王法のイデオロギーとして展開するのであるが、栄西の『興禅護国論』はこう始めている、「大いなる哉、心や。……天地は我れを待って覆載し、日月は我れを待って運行し……」（本書八頁）。そして心への讃歌は、突如として、または「自然」に、王法へのそれに転じて「我が朝は聖日昌明にして、……緇侶は出世の道を弘む」（本書九頁）と、一君万民制への景仰となる。仏法は、前世に仏法を護った功徳によって王者に生まれた国王に付嘱するという論理は、仏法・王法・三世因果・勧善懲悪説の血縁を示すものである。

大慧・栄西・抜隊に通ずる法界観は、抜隊において「仏日増輝、皇風永扇」（抜隊語録一）の祈念に結実する。この術語は、宋初葉県《せっけん》帰省の上堂語以来、禅林の常套語であるが、抜隊のばあい注目されるのは、大応、大燈ないし白隠に至る殆んどすべての禅匠とちがって、仏日増輝が皇風永扇の前に置かれていることである。抜隊は「仏法王法コトゴトク仏祖ノ威光、悟ノ一法ヲ以テ立スルモノ」といい、「一切ノ世法仏法コトゴトク見性悟道ノ恩力」（本書二二七頁）と示している。この引用語に関するかぎり、王法と世法に仏法を優先させていることにおいて、大半の禅匠と趣を異にする、とみられるであろう。このばあい抜隊の見地は「弁道話」の道元の護国思想に近いといえよう。栄西がその護国論に引用している護国の諸経典は、呪術的要素を含みながらも、国の主権者と支配者層を仏法によって教化し、仁政徳治を実現することによって、国民の福祉と平和を増進すること、その意味における仏法による統治を期する建前のものであった。例えば大燈の法嗣花園上皇(一二九七—一三四八)は、皇室のための呪術祈禱を斥け、道理による徳治に専念しようとした治者層のひとりであった。道元も抜隊もほぼ同じ王法観をいだいていたと考えられる。しかしながら、仏法の護国性が強調されることと、仏法の庇護を王法に請うこととの兼合いの歴程は、王法への仏法の臣従をあらわにした。「十七条憲法」においても、篤敬三宝と承詔必謹との、そして建前と本音との、区別と連関の論理は、必ずしも明らかではなかった。この論理の曖昧は、その後の歴史過程がこれを克服したのであった。興禅即護国の建前は、護国即興禅の建前に転倒したのである。いずれにせよ、「もし……正法を毀るもの有らば、国王・大臣、四部の衆は、応当に苦治すべし」(興禅護国論、本書二七頁)という護国仏教のテーゼは、すべての国家宗教がもつ問題性を予示していよう。

ここで考えられるのは、王法が仏法に参じ、天子が禅匠の法嗣となるという事実である。中国では六祖慧能の法嗣南陽慧忠(?—七七五)の印可証を得たものに、宋の皇帝粛宗(玄宗の子)と代宗があったが、中世日本では大燈の法嗣となったのが花園上皇であった。

花園上皇を印可する直前の大燈の問いは、「億劫相別而須臾不レ離、尽日相対而刹那不レ対、此理人々有レ之、如何是恁麼之理」であった(狂雲集補注四一五頁上参照)。このばあい「相別」「相対」というのは、もちろん大燈と花園と、ふたりの禅者の間柄だけにかかわるのではない。「此理人々有レ之」というのである。此理=絶対無的主体と個己との不可逆的一の原事実をどう見ているか、という応酬の場において、大燈から花園上皇へ印可証が渡されたのである。中世の臨済禅における大燈と花園帝との印可の授受という事実は、仏法・法統と王法・血統に関する、原理的本質的な課題を残したといえよう。

七　抜隊の略伝と著作

1　抜隊略伝

抜隊は号、諱は得勝、俗姓は藤原氏。鎌倉末期、嘉暦二年(一三二七)、相模国中村に生まれた。南北朝発足の九年前である。六歳、亡父三年忌に、その供物を亡父がどうして喫することができるのかと尋ね、霊魂が来て受けるのだと言われて、霊魂とは何かと疑い、疑いは年と共に深まった。八、九歳のころ地獄の話を見聞して、三塗の苦患に動転し、霊魂への疑いを深めると共に、やがて今このように見聞覚知するのはいったい何か、という疑問にとりつかれた。そして身を忘れて坐する時、胸中洞然として明らかになり、霊魂として捉えるべき何物も無いことを知って、身心軽安を覚えた。のち俗書に「心は是れ主、身は是れ客」とあるをみて、再び疑念を生じ、心が主であるならば無い筈はない、いま見聞覚知するものこそ主である、この主は何なのか、と重ねて疑ったが明らかならず。二十歳のころ相模治福寺の広衡に師事して工夫を続けた。

二十九歳の一月に落髪した。しかし法衣を着けず出家の威儀を習わず一法一行を修めず、到る処に閑坐して飢寒を忘れ、工夫に専念した。山居の得瓊侍者(その師明極楚俊の寂後、山に隠れた人)を訪ねて方外の友となった。得瓊から僧衣を着けぬ理由を問われ、剃髪は生死を明らめるためであって衣のためではない、といった。また、古人の話頭を看るのかと問われて、自分の心性すら明らかでないのに、他人の言句をとりあげる暇はないと答え、心性の疑団を畢竟空、空また不可得の方向に究めたが、確信は得られなかった。なおも坐禅工夫を重ねるうち、暁に渓声の肺肝に入るを聞いて悟り、鎌倉建長寺に肯山聞悟禅師を訪ねて所見を述べたところ、師は深くこれを愛した。その後、諸方の善知識に参ずるよう勧められ、三十一歳二月初めて僧衣を着けた。

三十二歳、出雲の雲樹寺孤峰覚明の会下に入った。孤峰は無本覚心の法嗣である。無本は無門慧開の法を嗣ぎ、真言密教を修めて心地房とも称し、また道元から菩薩戒を受けた。孤峰も曹洞宗の瑩山紹瑾に参じている。さて孤峰下の抜隊は、ある日、「趙州什麼に因って箇の無字を道うや」と孤峰に問われ、声を励まして

「山河大地草木樹林尽く参得す」と言った。孤峰「汝、情識を以て道うか」と叱咤した。言下に所知を忘じ桶底脱するを得た。偈に言う、「六窓撈開一輪寒、雲樹還責眼中屑。当下撃砕手裡珠、従他《さもあればあれ》黄金成二頑鉄一」。孤峰から抜隊の道号を受けた。時に三十二歳。

三十五歳の四月、孤峰を和泉大雄寺に見舞い（六月孤峰寂）、江州永源寺の寂室元光に相見、紀州須田に至って山居した。翌年春、加賀総持寺に峨山紹碩を訪ねて、曹洞禅の宗要について相語り、のち再び峨山を訪ねたが、その際の感懐を述べて、「曹洞の宗旨、理に背かずと雖も、会下久参の上士皆理路に落つ。臨済の玄旨は夢にも見ざるあり。山、若し之を証明せば、曹洞宗旨底を払って尽きん」と言った。山は「我れに証明の小師ありと雖も、未だ曾て一人の我が脚下に至るなし」と答えたという。のち遠江、相模、駿河、伊豆、武蔵の各地にそれぞれ二年ないし三年庵居し（合計約十六年）、五十二歳、甲州竹森（今の塩山市竹森）に庵居、道俗多数集まる。約二年後、宝珠寺住持松嶺昌秀奔走して、領主武田信成（信玄から九世の祖）に塩山の地の寄進をうけ、天授六年（一三八〇）一庵を建てて師を請じ向嶽庵と号した。嶽は富嶽の意。時に五十四歳。

ついに寺号を用いず（没後向嶽寺と改称された）、至徳四年（一三八七）二月二十日、六十一歳にして示寂。南北朝合一の五年前である。後奈良天皇天文十六年（一五四七）慧光大円禅師と勅諡。

2 抜隊の著作

『塩山和泥合水集』には、抜隊入寂の前年刊行の至徳三年版がある。この一部三巻が細川家の所蔵であったが、現在は散佚している。この版は、下巻のみ日本大学図書館にある。至徳版に次ぐものに、本書で底本とした寛永三年版があり、ほかに慶安二年版があるという。最も流布しているものに元禄の版と思われる刊行年月未詳の書林古川参郎兵衛の刊記のものがある。詳細は、鈴木大拙・古田紹欽編校『抜隊禅師法語』（昭和十八年、田辺宗英発行）を参照されたい。

仮名法語には、『塩山和泥合水集』のほかに、『塩山仮名法語』（抜隊法語、塩山仮字法語ともいう）がある。「寛永癸未中春吉辰中野氏是誰新刻」と刊記のある寛永二十年版が最も古いといわれる。また、慶安二年版、享保十二年版（昭和四十七年、向嶽寺より覆刻）がある。まえがきに続いて、僧俗の信者に与えた説示の書十項を収めている。

以上の著作は、前記の鈴木・古田編校書のほか、『合水集』は禅門法語全集四、禅学大系祖録部四、高僧名著全集一七に、『法語』は禅門法語全集一、垂井正太郎校訂『沢水抜隊仮名法語』(昭和四十六年、みづほ書房)などに収録されている。

語録(漢文)には、慶安四年中野是誰刊の『抜隊和尚語録』六巻がある。大正新修大蔵経第八十巻に収める。内容は巻一・二　拈香仏事、巻三・四　秉炬仏事、巻五　法語・偈頌、巻六　問答・垂示・遺誡・行録(門弟明道誌)である。巻四に癩者を弔う偈あり。

本書に収めた『塩山和泥合水集』の諸本校合その他については、加藤正俊氏を煩わした。

一休とその禅思想

市川白弦

一　投機の偈

1　投機の偈

投機の偈は、見性経験の文字による表白である。言語道断の原体験を、言葉でとらえるという自己矛盾をあえて行なう苦吟の過程において、原体験の解放の悦びと、それの世界人生における持つ意義と位置をみずから確かめるとともに、人びとをこの境地に招請しようとする訴えでもある。したがってその表現は他者との認識の共同を可能にする工夫を必要とする。多くのばあい、投機の偈はそうした条件をそなえていて、読む者に感動を与え、追体験の志向をそそるような魅力をもっている。例えば、

一回透二過《シ》雲関《ヲ》一了《リ》、南北東西活路通《ズ》。夕処朝遊没《なシ》二賓主一、脚頭脚底起《ル》二清風一。

宗峰妙超（大燈国師）（雲関は雲門文偃の関字公案）

二十年来辛苦人《ノ》、迎《エテ》レ春《ヲ》不レ換《エ》旧風烟。著衣喫飯恁麼《ニシ》去《ル》、大地何《ソ》曾《テ》有《ラン》二一塵一。

花園上皇

つぎの偈はどうか。

八角《ノ》磨盤空裏《ニ》走《リ》、金毛《ノ》獅子変《ジテ》作《なル》レ狗《くト》。擬二欲《セバ》将《チ》レ身《ヲ》北斗《ニ》蔵《セント》一、応《ニ》三須《ラク》合二掌《ス》南辰《ノ》後《ニ》一。

楊大年（226偈「八角…」補注参照）

これには手がつかぬ。コミュニケートの道が杜絶している。しかしここには奇態な拒絶ゆえの緊張が、読む者に探究の意欲を目ざめさす契機がある。一休の投機偈（『東海一休和尚年譜』二十七歳の条）をみることにしよう。

十年以前　識情の心、　　十年以前識情心
嗔恚豪機　即今に在り。　　嗔恚豪機在即今
鴉は笑う出塵の羅漢果、　　鴉笑出塵羅漢果
昭陽日影　玉顔の吟。　　昭陽日影玉顔吟

言表は、さほど難解ではない。しかし、隔靴搔痒の感がある。その理由の一つは、一休の原体験の性格がオリジナルであろうということ、その二は転句・結句が、現代日本のわれわれには縁遠い、中国の故事をふまえているということである。

悟りによって嗔恚傲慢の根が断ち切られた、というのであれば納得できる。一休自身、識情をくりかえし否定している（狂雲集379・406・423偈。以下、本書の偈番号を示す）。ところがここではこれまでの妄分別や我慢私憤がそのまま現前している、という。悟りの機能と意義はどうなっているのか、十年以前と見性の即今が同じだというのは、どういうことであろう。断絶も飛躍もなしにひと続き、という表現である。起句と承句は、いうなれば色即是空の表白を省いた空即是色のなまなましい吐露である。風狂者の自恃と懺悔の菩提即煩悩・仏界即魔界の名乗りである。「即今」は出塵体験の直前だといわれるかもしれぬ。しかし、この見方があたらないことは、十年後の修正句が、「豪機嗔恚識情の心、二十年前即今に在り」（538偈）であることからも知られよう。

転句「鴉笑出塵羅漢果」は、その背景に、虚堂智愚の「若し一念未だ興らざる已前に向って、輪廻生死を照破して聖凡の情量に落ちざれば、便ち是れ出塵の羅漢なり」(虚堂録四)がある。問題は、「鴉笑」がそのまま「出塵羅漢果」なのか、それとも「出塵羅漢果」は「鴉笑」の目的語なのか、という点である。その両者だと見たい。鴉笑と出塵羅漢果とは無媒介に一である。しかも同時に、出塵羅漢果が鴉笑において、のりこえられている。

そして結句「昭陽日影玉顔吟」は、唐詩人王昌齢(六九八―七五五)「長信秋詞」の「玉顔は及ばず寒鴉の色の、昭陽の日影を帯び来るに」(三体詩)からの翻案である。「昭陽」は、漢の成帝の愛人、趙飛燕姉妹が天子から賜わったつぼねの名である。「長信秋詞」は、おなじ成帝の愛人班婕妤《はんしょうよ》(婕妤は官名)の失寵を詠じたもの。班女は漢の女流詩人であり、趙飛燕姉妹の誣告によって、太后の長信宮に退いてそこに仕えた。そこでの作に「怨歌行」(文選)がある。この王昌齢の二句は、玉顔を班女の才色兼備に、寒鴉を趙姉妹に、日影を天子の恩寵にたとえたという。

注 『狂雲集』の「寒鴉」に「昭陽日影玉顔の情」(858偈)、「鴉毛帚」に「玉顔衰色寒鴉の色」(異本所収の偈)、「長門懐古」に「寒鴉日影金門に入る」(異本所収の偈)、「宮鴉」に「堪えず日影昭陽の晩、なお長門の愁涙を帯びて来るに」(805偈)がみられる。長門は漢の武帝の寵を失い長門宮に退いた皇后の悲しみを、皇后に請われて司馬相如がものした賦の名でもある。この賦によって皇后は帝のもとに帰った。

投機偈の結びにかえろう。初めの疑いは、古代中国の愛の葛藤の故事を下敷にして、自己の見性経験を語るのは、迂遠ではないか、どうして自己の身ぢかの事象をもって示さないのか、ということである。

さきに「昭陽日影」について、われわれに縁遠い故事といったが、しかし室町時代の知的大衆にはそうでなかった。班女の事は平安朝『本朝文粋』巻八にみえる大江匡衡の詩、『源氏物語』東屋の巻、鎌倉期『東関紀行』などにみられ、内容は全くちがうが、世阿弥の謡曲「班女」も知られていた。班女の事は、あの時代には縁遠くはなかったのである。

ここで一休の母と一休との数奇な運命が想い起こされる。一休の母が側近の中傷によって禁裡を追われ、洛西の民家に世を忍んだことは、班女失寵の筋書と同じである。宮仕えしたことからみて、一休の母も才媛だったと推測される。違う点は、田舎の民家に身をよせたことである。ともあれ班女の運命は、少年一休を感動させた祇王祇女失寵の物語と同じく、身につまされる事件だったに相違ない。だが事柄の中心は、愛欲、むしろ愛欲の破局である。そしてこの破局を色即是空の否定にまで浄化することである。問題の核心は、愛欲の全的否定を経歴したのちの愛欲の大肯定である。情念《パッション》が底の底まで無化された無底において、直ちに新しい情念として、鮮烈に蘇る地平の創見である。「淫犯若し能く情識を折《くじ》かば、乾坤忽ち変じて黄金とならん」(338偈)。この地平こそ「鴉笑出塵羅漢果」であり、「嗔恚豪機在即今」という、自己矛盾ともみえる実存構造をふまえた歓声「昭陽日影玉顔の吟」であろう。ここに近世の日本文学に通ずる風流風狂禅の出生がみられる。この投機偈にみる明るさ・輝かしさは、ただの明るさ・輝かしさではなく、地底深く、怒り、情欲、怨憎、そして倨傲と自嘲といった魔的地獄的な闇《くら》さを踏まえたそれであり、その是非はともあれ、このことにおいて、師華叟はもちろん大燈、大応、臨済にさかのぼる禅の伝統を破る底のものである。「愛念愛思、胸次を苦しむ、詩文忘却して一字無し。唯だ悟道有りて道心無し、今日猶愁《うれ》いて生死に沈む」(381偈)。なお、後出「四　風狂」の3を参照。

2　悟りと印可証

応永二十七年(一四二〇)五月夜、鴉鳴をきいて大悟した一休は、師華叟が渡そうとした印可証を受けず破り捨てた。のちに弟子が糊づけして保存していたのを知った一休は、怒ってこれを焼かせた、さらに華叟が晩年その印証を、自分の死後渡すよう第三者に託したが、一休はこれをも焼きすてた、と『東海一休和尚年譜』は記している。

この記述は、一休の印証拒否の態度を浮き彫りにするための、年譜記者の工作であろうか。一休が最後に焼却したという印証の添え書き全文が伝えられているが、華叟あるいは第三者が、その写しを保管したのであろうか。また一休の法兄養叟が華叟から受けた印可証は、大徳寺に現存する。養叟の「叟」は華叟にさずけられた一字である。その養叟が印可証の安売りをしたという。そうであったなら、華叟自筆の印可証も、その程度のものということになるであろうか。

『年譜』六十一歳の条によれば、霊山和尚「示栄衒徒法語」(一休自筆、真珠庵蔵。狂雲集33偈前書参照。『徹翁語録』は別の「示癸衒徒」をのせている。これは一休の代筆であろうか)の存在を養叟が否認したことから、一休と激論になり、ふたりの不和がこの頃から公然化した。

この時の論争は、ふたりの券(印可証)にまで及び、「叟作レ色曰、吾手有レ券、公何漫議乎。師曰、余(一休)亦有レ券。非二公券比一。叟曰、吾不三敢保二公無レ券。師大咲而出去。従此法券之義永絶焉。師已焚レ券。於レ此称レ券、則蓋弗レ違二先師曩昔之一約一也」と記されている。見解の正邪を印可証の有無によって論議し、悟りを物象化する倒錯に堕していることに、両師は気づかなかったのか。このばあい、印可証焼却の一事が一休を救っている。ただし一休の遺誡はこう結んでいる、「一箇不レ可レ有二印証一者、縦又雖レ不レ為レ人、而道三我会二仏法一者、告二外護官人一、速可レ加二降伏一」(真珠庵蔵)。自分は門弟に印可を与えずと断言し、自分の死後、一休の印可を持つと称して禅を説く者が現われないために、禅宗を出て法華宗に入る(自戒集)とまで言った一休が、「印証有るべからざる者」というのは、印証に値しない者というのか、印証を持たないはずの者というのか明確ではない。外護の官人(朝倉氏か)に報告して処理してもらえ、というのも多少気にかかる言葉である。ところが『自戒集』は、「華叟和尚ハ言外和尚ヨリノ印可ナシ。宗純又華叟ヨリノ印可ナシ」、「得法ト云事ハ言外和尚マデニテ、紫野仏法今ハナシ」と記している。得法というのは、印証を得て師の法を嗣ぐことである。当時霊山徳禅寺をめぐって、徹翁義亨の法嗣言外宗忠には、徹翁の印可証が無かった、という論議があった。

注　『自戒集』はまた付記して「尚々申候、華叟和尚言外ヨリノ印可ノ状ハ、御入滅ノ時、江源院ニテ、山崩テウセヌトモ承及ヌ」

とも記している。徹翁が言外に与えた道号「言外」の真蹟が大徳寺に現存する。

大燈および徹翁の行状筆録者禅興の言葉をかりるならば、「吹滅大燈之焔争」である。事の起りは、禅興編『徹翁語録』が徹翁から言外への印証のことを直接には明記していないこと、「徹翁行状」にみる末後之垂示「正法眼蔵、人に付する無し。自ら荷担して弥勒下生に至る」(31偈前書)等に関する曲解または悪用にあった。問題の浅慮な世評について「徹翁行状」は「師亦有二無レ付レ人語一。由レ是観レ之、臨済正宗両次滅却。諸方皆謂、此事至レ師断絶矣」と記し、「嗟乎」と付記している(正蔵八一-二七〇a)。この紛争に対して一休はみずから先師言外の印証をつぎのように書いている。「大機大用又大徹、脚頭歩々一条鉄。天然言外眼睛開、到処須二抽レ釘抜一レ橛。徳禅東堂霊山正伝国師大和尚証明。言外和尚之頌」(真珠庵蔵)。この証明は、「養叟行状」の筆者実伝宗真による「言外和尚行状」にみえている。宗真(一四三四—一五〇七)は養叟の法孫にあたり一休より約四十歳年少である。

印可証にたいする一休の基本的態度はなんであったか。一休は公案禅の堕落、養叟一派の得法の密伝、印可の商品化をいきどおり、これを破砕して印可制の純潔を護るという覚悟に立っていたものか、それとも印可証を原理的に否定する見地にあったのか。決定的な言葉はきかれないが、印可証そのものの原理的否定に立っていたと信じられる。先師言外の印証を一休が書くということは、印証の有無が本質的に重大だと考えたからではなく、むしろその逆であったとみたい。一紙の存否が天下の重大事ならば、紛失し、盗まれ、焼けて無くなったらどうするのか、印証信者輩が、その一紙が無くては立つ瀬が無いと言うのであるなら、作って進ぜよう、ということではなかったか。それは「狂客時に来って百雑砕」(79偈)の狂雲子による、悟りを物象化する伝統への、逆説的な参加ではなかったか。さもなければ、「風顛大妖怪」の底が見えた、というものであろう。

印可証にたいする一休の態度は、印可証としての几案を焼いた臨済、おなじく伝法衣を拒否した運庵を頌した偈(54・

212偈)が、決定的に明証している。一休の道号は印可証ではなかった。抜隊の号も同様であろう。鈴木正三・盤珪永琢は無師独悟であった。無師独悟した雲居希膺・大愚宗築は、「明師跡を絶ち、邪正を弁ずる者無し」と言い、盤珪は法が甚深、智慧が甚深ゆえに、一生一言の許可も与えずと言った(盤珪禅師語録)。いったい伝法衣の最初の作者は誰であろう。『六祖壇経』(流通本)の行由第一につぎの記述が読まれる。

　祖(五祖)また曰く、昔達磨大師初めて此の土に来るや、人未だ之れを信ぜず、故に此の衣を伝えて以て信体と為して、代々相承す。法は則ち以心伝心、皆な自悟自解せしむ。古《いにしえ》より仏々惟だ本体を伝え、師々密に本心を付す。衣は争《あらそい》の端なり。汝に止めて伝うること勿れ。……慧能三更に衣鉢を領得し……大庾嶺《ゆれい》に至る。……後を逐うて数百人来り衣鉢を奪わんと欲す。

中国禅の礎立者六祖慧能が、真夜中に伝法の衣鉢を受けて、五祖のもとを去るというのは、一休の場合にくらべて不徹底である。正法の受者が、この事実を周囲に信じさせるために、伝法の衣を所持した、という。伝法衣が伝法衣であることを、どうして明らかにするのか。「大師むかし衣を伝えて法信とし、本来無物なることを表わす。しかるに六祖に至って、衣は止めて伝えずと云々」(興禅護国論、本書五五頁)、伝法衣が物であるならば、偽作が可能であろう。衣は争の端である、所持すれば狙われる危険があるというのは、娑婆世界の沙汰である。上記の伝衣説は、「自悟自解」の本来無一物が、物象によって証《あかし》されるという顚倒を否定するための文脈であろうか。さきに印証をめぐって養叟と一休との不和が公然化したことをみたが、争の端は一休二十六歳の時にあった。応永二十六年、養叟が華叟に師の頂相の賛を請うたとき、華叟の語に「頤来的的付二児孫一」とあったのを、養叟は印可証と誤解して吹聴していると聞いて激怒した華叟を、一休がとりなして事なきを得たという(年譜、自戒集)。これが事実とすれば、ここにも悟りと名利心との宿業的な血縁が見られる。

注　さきの頂相の賛について『自戒集』には「頤来的々付児孫ト云語ヲウリ……華叟和尚云、道号斎名ナンドノ頌ハ、縁語ツクリナレバ、褒美スルハ仁義也、印可ニハアラズ」とある。頂相と印可証との関係は、虚堂と大応との間にもみられる。大応が帰国にあたって師の頂相に賛を請うたところ、「紹《つ》ぐこと既に明白……」にはじまる紹明の名をたたえる偈が記されてあった。紹明（大応）これを熟読して、お前の禅はまだ抜け切っていないという含意ありと反省して、さらに修行をかさねた、という。

しかしこれには再考の余地がある。虚堂が大応に請われて賛を記したのは、印可証のつもりであったのかもしれない。頂相に賛を記して印可証とすることは、栄西の時代に始まっていたとみられるからである。当時摂津の三宝寺に「達磨宗」を標榜していた大日房能忍は、知人から、禅宗は嗣法を尊ぶのに、誰からも印証を受けておらぬとは、となじられたため、二人の弟子を宋に送り、育《い》王山《おうざん》の拙庵《せったん》徳光（大慧宗杲法嗣）に自分の所悟を示して印可を請うた。拙庵は自賛の頂相と達磨像（拙庵賛）を印可の証として与えた。養叟はこの慣習にしたがったのであり、華叟の賛もまたこの事情を心得たうえでの事であったに相違ない。華叟の行状を伝える「大機弘宗禅師行実碑銘」には「法嗣一人、養叟宗頤和尚是也」とある（「一休略伝」の項参照）。春浦宗熙の法嗣実伝宗真の撰「養叟行状」はこう記している、「遂承二印証一為二叟之的嗣一。叟乃授二師道称一曰二養叟一。……師写二叟之寿像一需レ賛。語曰、口呑二仏祖一、眼蓋二乾坤一。手裡竹箆天魔喪レ魂。一句語提二三要印一。頤来的々付二児孫一。叟乃付二法衣壱領一云、吾道至レ爾大行レ于レ世」（竜宝山五祖伝）。この「行状」の記事は『一休年譜』二十六歳の条にみえる前記の内容と矛盾する。

『狂雲集』巻首の前書は「大燈国師三転語曰……」に始まっている。この前書の核心は「遂納敗一場、惜乎有レ始而無レ終」であり、つづいて「感懐之余、作二五偈一記レ之。偈曰」となっている。7偈「賛虚堂和尚」が巻首に置かれている異本が三種ある。この配置は、一休が虚堂の再来といわれたこと、また一休自身「虚堂七世孫」と称していることからして妥当である。しかし大徳寺開山大燈国師の三転語を最初に置いたことも、また別の見方として適切である。本書で底本とした奥村本は最も整備され、一休が一覧している点で、この配置に重要な意義があると考えられる。その理由には、大徳寺開山の三転語だということのほかに、巻首の前書にいう「惜乎有レ始而無レ終」があると思う。この一群の偈を巻首に配置した主たる理由はこれである。清素に対する一休の心境には、一休の師謙翁宗為の影響がある(「一休略伝」二十歳の項参照)。つぎに1—5偈と全く異質ともいえるセックスにかかわる6偈「大燈忌宿忌以前対美人」をこの位置においたことには、二つの理由が考えられる。その一は一休禅の特質をなす性愛の肯定ともみえる多数の偈のうち、その代表的な一偈を大燈国師関係の五偈の次に置くことによって、一休禅の他の面目をまず示すためである。その二は、大燈国師遺誡の「或は寺門繁興、……多衆鬧熱、或は誦経諷呪……」を受けて、にせ印可を持ち、得法を売り、又買おうとする僧衆たちの読経は耳障りだ、わしの雲雨風流の方が大燈禅に近いのだ、と当時の商売禅を痛撃した一偈を置いたとみられる。つまり当時の参禅学道や公案禅にたいする痛撃と、風狂禅の自己主張との両面を併せもつのである(なお「一休略伝」二十九歳の「貶二贋緇之牛裾一也」の語参照)。そして印可証に対する一休独自の見識が、さきの前書と6偈の底流をなすといえよう。

「只だ参ず栄衒世間の禅」「印可証状、犬も亦取る」(自戒集)といった栄衒心、名利欲にたいする風狂者の激越な言葉が、たんに養叟一派の古則、印証に向けられたものとみるならば、それは風狂者一休を矮小化するものであろう。一休の怒りと絶望は、五山、林下に出入する世情の頽廃につながるのであり、その否定と批判とは、もとより中世室町の世界にかぎられるものではない。「この秘訣を記したものを密参録という。……口訣伝授化したのである。……連歌師・医者・能楽師などという新興の知識層や、戦国の群雄のような新興の下級武士などが、いずれもこの林下密参の禅に帰依し……(密参は)大体養叟の時代に独自の体系が出来上った」(玉村竹二「大徳寺史」、秘宝一一『大徳寺』所収)。

中世の宗教、学問、芸能の諸道において「面授」「口訣」「口伝」といわれるものがある。仏法、神道、和歌、茶の湯、花道、香道、音曲、武芸などにおける秘事・作法などを師から直接伝授されることである。平安末期に始まったこの慣習が形式化するのは室町時代である。「面授」は仏教語「面授口訣」に由来する。中世室町期に至って創造的精神、学究的精神の衰退、経済生活の窮迫などの事情から、すべての学芸を通じて面授口伝が一般化した。一休と同時代の東常縁(一四〇一―一四九四)による「古今伝授」は、その代表的なものである。この種の伝授は、歌学のことさらな神聖化、秘密化によって自己の無学を蔽い、些末な事柄をも秘事口伝と称して密授し印可証・免許皆伝証を授けることによって、伝授料をとる作法であった。秘事口伝は『伊勢物語』『源氏物語』『つれづれ草』にまで及び、茶道、花道、武道などにおける擬似の権威は、近世国学者によってその仮面をはがれるまで、野狐の愚昧を拡散しつづけた。密参、密授、得法の売買にたいする一休の執拗激烈な攻撃が、たんに当時の公案禅にだけ痛みをあたえるものでなかったことが、知られるであろう。江戸時代、「一休ばなし」に見る一休の「口授」愚弄は、一休の印可証否定がその源流である。

さいごに、堺の街を、木刀を腰にして歩いたころの一休、「今日の禅僧は、見かけは堂々としているが、中味のお粗末はこの木刀にひとしい」と言った一休を回想しつつ、かれの自賛を読んでおこう。「天に倚る長剣の光、骨骼露堂々。純一将軍の誉、風流好色腸」(614偈)。

二　名利心

生きものの世界を成りたたせているものは生きようとする欲求だといわれる。この欲求は、まわりの状況に応じて、ある部面では相互協力的に、べつの部面では競闘的にはたらく。生存の必要条件が稀少なところ、厳しいところでは、協働が倍加されるばあいもあるが、反対に協力よりも抗争が優位を占めることが多い。そして対抗関係が反覆継続する過程のなかで、生存意志の個体中心性と競闘性が、生存意志の底に定着してエネルギーを増すことは、知られるとおりである。人間の排他的主我性は、個我の意識が支配的となるにつれて、自己顕示性と支配欲(権力意志)を増長する。一休好みのことばでいえば、「栄衒心」すなわち人間関係における名誉心、虚栄心、支配欲の連合または競闘の領域がひろがってゆく。これが現実の娑婆世界である。もちろん栄衒心、名利心だけが現実の世界を形成しているのではない。しかし栄衒心、名利心なしには、とくに中・近世以降の歴史は成立も展開もできなかったことは、疑問の余地がない。宗教も例外ではない。教団、宗派の成立事情と新宗教の発展過程をみるがよい。教祖や宗祖その人はともかくも、この人びとの伝記・行状のうち、門弟の栄衒心、名利心による誇張と捏造に汚されていないものは、ほとんど無い。宗教を含めて業感縁起の真理性がここにあるといえよう。

栄衒心、名利心の拡大は、よい意味でもわるい意味でも個我の自覚によって裏づけられる。わが国においても、個我の自覚は、社会の基礎構造の変動、主として生産力の増大による農業の発達、経済の広域化と交通の発達を挺子《てこ》とする商品経済、貨幣経済の発展に伴なう地方武人層ならびに町衆文化の擡頭、欲望の拡大によって促された。いわゆる婆佐羅風流は新興武人層における栄衒心の形象化にほかならない。旧仏教に拠る公家に対して、別な教養と精神的支柱を求めた武士は、新興の禅宗に近づいた。「莫妄想」「驀直進前」「随処作主」といった簡易直截、自律的実践的な生き方と、適度の祈禱性、慰霊性、権威主義を併せ備えた臨済禅が、武人層の要望にかなったのである。京・鎌倉ないし地方の禅院は将軍、守護、地頭の外護をもつに至った。外護の領主は、領民宣撫の精神的基地をここにおいたわけである。南北朝の戦乱によって宮廷は実力を失ったとはいえ、いぜん神話的権威をもって、京都五山内外の禅匠との交わりをつづけていた。五山十刹諸山の制度法規は足利幕府に至って完成し、幕府のもとこれらの禅院を統轄する初代の官職たる僧録に、足利義満によって夢窓疎石の法嗣、天竜寺春屋妙葩(一三一一—一三八八)が任命された。朝廷の権威を背景とするこの官寺制度は、禅院を保護し管理しその堕落を防止する建前のものであり、官寺昇格、住持補任などの公帖下附による官銭の収入は、幕府財政の一支柱であった。しかしながら、鎌倉五山と京都五山また京都五山相互のあいだに、その位次をめぐる紛争がくりかえされ、官権と教権、官権と禅匠との癒着が深まり拡がった。次第に全国に及んだ五山十刹諸山の制度は、禅林内の栄衒名利の心を鼓舞することになった。「人多く大燈の門に入得す、這裏誰か師席の尊を損つる」(176偈)が具体的に何を意味するのか明らかでないが、「諸山入院禁制」(一三六八年)は、印可証を住持たるものの必須条件としている。参禅学道が名利欲を払拭する道ではなく、反対に、増長させる道だと一休は強調している。「官に諛って只だ願う佳名の発するを」(503偈)。法兄養叟の「利名禅」に対する一休の攻撃は、いっそうむき出しであった。「堺は繋ぐ養叟が布施の船、一句商量す市町の禅。垂示参禅又入室、一生の工夫、米銭に在り」、養叟は大徳寺山内に建てた大用庵に続いて、堺に陽春庵を建てた。上記の偈は、堺の納屋衆の貿易船の布施によって豪華な生活を営み、参禅する居士大姉に「密参帳」を与えて公案の意味と扱い方を教え、印証を授けて謝礼をとっているとみた一休が、これを罵った『自戒集』の語である。「栴檀の仏寺利名の禅、公案腰に纏う十万銭」(239偈)とも書いている。「金襴の長老一生の望み」(259偈)、「日用腰を折って空しく官に対す。栄衒世上の善知識、婬坊の児女金襴を着く」(284偈)。坐禅提唱は栄衒の徒を集めての名利の家業であり、「久参の士」とは「霊性」の選良にほかならぬ。参禅学道の最後まで残るものは「名利の修羅」を肥大さす地獄の業である。一休は「学道参禅、本心を失す」(216偈)とまで言い切る。公案禅と栄衒心、名利欲との相互関係を、これほどあからさまに抉《えぐ》りだした例は外にない。抜隊の公案観と一休の公案禅観との異同、両者の時代と性格の相違がみられよう。別の項で辿ったように、室町時代は、僧・俗両界を通じて、上に向って自己を売り外に向って自我を張り、権勢と実利を追う位階追求・出世主義の時代であった。「今時仏法淡薄、諸方皆名利闘争の場となる」(義堂周信、空華日工集)。

神仏に、神社仏閣に位階がある以上、大師、国師、禅師等々の階級もまた不思議ではないかもしれぬ。禅文化につながる華道、茶道、書道等々の諸道における新流派、新機軸の創造は、栄衒心、名利心の刺戟なしには可能でなかった。公案と悟り、禅院と墨蹟とが商品化するにつれて、いわゆる茶禅一味の茶道もまた脱俗を売り、貧乏を売り、わび、さびをもてあそぶ風雅、風流の道をひらくに至った。北山文化、東山文化の清逸といやらしさとが矛盾の統一をかたちづくった。

政治家のいやらしさ、とひとは言う。政治家がいやらしいのは、われわれ自身のいやらしさを目のあたりにみるからである。いやらしさの実態は名利心と権勢欲である。名と利と権の三位一体が人間のいやらしさを構築し、このいやらしさのうえに文化が花ひらき、歴史が「進展」している。一休の面目は、かれが自分の虚偽、虚栄、名誉心をまともに見すえて、たじろがなかったところにある。一休は自分の嗔恚、情欲、嫉妬をおし隠そうとはしなかった。むしろ偽悪的、露悪的にあからさまにした。それは時弊を警策するための、毒をもって毒を制する「逆行《ぎゃくぎょう》」でもあったが、そのことがすでにひとつの自己顕示であることを一休自身知っていた。かれの自嘲または懺悔がそこから生まれたというていい。かれが他者のいやらしさのうちに自分を見るのでなかったならば、栄衒心、名利の欲をあれほど執拗に攻撃することもなかったであろう。しかもそのことじたいが、しばしば自己の栄衒心の組みひしがれた亡霊であった。「是非人我一生喧《かまびす》し」「血を喞んで人に噴けばその口汚る」というのは、ひとり「会裏の徒に示す」言葉ではなかった(134・136偈)。そうであればこそ、「糸線一たび通ず名利の路、子陵は咲《わら》うべし夾山の禅を」(61偈)という、この厳しすぎる批判が吐かれるのだ。これは一休の自己内返照である。それは根柢において、僧最澄の「願文」にみる「愚が中の極愚《ごくぐ》、狂が中の極狂《ごくきょう》、塵禿《じんとく》の有情、底下《ていげ》の最澄」に通ずるものがある。

さて、人間の、否、自分自身のいやらしさ、たとえば嫉妬心、名誉心、権勢欲によるいわば無縄自縛の不安と焦躁から解放されようとする願心が、この不安と焦躁ゆえに、却って消えることがなく、むしろ自分を促し続けるという事実は、この不安と焦躁を不断に生みだし、苦悩を深め、従って解放への願心を生みだし深める所以の、より根源的な事実を、逆接的に暗示する。そうした不可思議な、驚くべき断絶の連続がなくてはならぬことを暗示する。否、なくてはならぬという想い以前、すでに名利欲、栄衒心が空ぜられているという驚くべき、疑い得ぬ原事実のなかに、無始以来われわれが置かれているという事態を見る。この事実は、少数の宗教的達人の叡智的直観の事ではなく、原理的、本質的に万人に直証の事実である。しかしこの原事実と日常とは、いわば死の淵によってひき裂かれている。われわれの自己が疑いの余地なく、弁護の余地もなく名誉、利得、権勢への意欲に汚染された主体だということ、この汚染の浄化は絶望的に困難だという原状況をみとめざるをえない。しかしながら事態が絶望的のゆえに、これを断念することで、決してことが収まるのではない。原状況に根ざすわれわれ自身の不安、疼きが有無をいわさずこのことを証している。この意味ではシジフォスの試みが繰り返されざるをえない。オプティミストの禅者は、この試みがシジフォスの努力であることを忘れる。一休の地獄はこの人びとほどに明るくはなかった。かれはおのれの栄衒心、おのれの名誉欲を見のがしはしなかった。「慚愧す狂雲、名利の前、一夕一朝、日月蝕す」(501偈)、「猛火獄中出期無し」(469偈)とかれは告白する。このような地獄図絵を見ていないのが、凡百の祖師伝、教団史だというべきかもしれぬ。

三　現実への関心

1　世相批判

「悪知識のために警策す」(528偈)という偈の転・結句に、「利名の知識、極めて巧に驕《おご》り、堯帝の玉堦三尺高し」とある(玉堦は別本に土堦。中国では堯帝の質朴な生活を「土階三等、茅茨不レ剪」とたたえた)。転句は負《ふ》の評価を発条《ばね》としての人間倫理を示唆し、結句は支配者の政治倫理、ひいては利名を求めず策を弄しない僧団の社会倫理を示唆している。一休がくりかえし戒めた栄衒の徒は養叟に代表される五山内外の僧衆であり、これと関わりをもつ京都、堺の豪商たち、ひいては人間全体である。ここに一休の名利欲を批判軸とした人間観、歴史観の基調がある。そして名利的人間の対角点に一休が見るのは「自然」である。「山寺の長松、風颯颯、水亭の脩竹雨瀟瀟《しょうしょう》。利名路《みち》断えて人の渡る無し、閑に看る梅楊独木橋」（異本所収の偈）。また「野渡の客船渡頭に横たう、江南江北水悠々。晩来風静かなり春潮の雨、滴《したた》り尽す松窓竹閣の秋」（異本所収の偈）。この自然観照から、「世上に奔馳して、あに官に諛《へつら》わんや。江山の風月、我が茶飯、自ら咲《わら》う一生吟味寒きことを」（204偈）といい、「淡飯麁茶、我れに客なし、酔歌独り倒す濁醪の樽」（176偈）というさわやかな自負と自嘲が律動しはじめる。おなじ基調が当時の公案禅をとらえるとき、攻撃は矢つぎ早となる。「勢を好み名に耽るの卜度《はかりごと》、……古則に参得して心いよいよ濁り、醍醐の上味毒薬となる」（229偈）、ないし「竜宝山中の悪知識、言詮の古則尽《ことごと》く虚伝」（245偈）など、すべて名利欲、栄衒心を衝《つ》いた臨済禅批判である。淡飯麁茶の日々の智慧は、簡素寂寥を独り楽しみつづけることができない。おのが時世の腐敗と動乱が禅者を落ち着かせない。現実の苦渋への凝視が禅者の想像力をゆり動かす。「大風洪水、万民憂う、歌舞管絃、誰が夜遊ぞ」（203偈）、「樽前爛酔す豪家の客、識らず愁人の夜雨に談《かた》るを」（231偈）——「利名の知識、巧に驕り」という禅批判、「堯帝の玉堦三尺高し」という政治理念、「滴り尽す松窓竹閣の秋」の自然観照、「麁茶淡飯、我れに客無し」の平常心の哲学からの、時世にたいする歎きと憤りが、響いている。この憂愁が孤独な禅者をとらえて離さない。「唱起す家々亡国の愁」（266偈）、「変雅変風、人平らかならず」（267偈）という頽廃・不安の世相への憂いは、しかし時あって、「山舎半《なかば》は吹く黄葉の風」（221偈）といった禅風流に転じてゆく。そして風流はふたたび現実の世界にひきもどされて、その時々の響きをあげる。養叟の法嗣、春浦宗熙の伽藍新築への感懐「青銅定価両三緡《みん》、歌うことをやめよ亡国伊州の曲、栄衒の乾坤、天宝の春」（246偈）は、禅僧の栄衒と在家信者のそれとを、玄宗・楊貴妃の傾国の栄華にからませた憂愁である。「華清宮」と題する詩偈は、風流将軍足利義政、その母日野重子、妻日野富子らの、苛斂誅求による邸宅造営と豪奢な日々を、諷諭したものである。「暗世の明君、艶色深し、崢嶸たる宮殿、黄金を費やす。明皇（玄宗）昔日何事をか成す、空しく入る詩人風雅の吟」（847偈）、「阿房宮賦」の作者杜牧を賛する「宗門の活句、阿房宮、六国の興亡、六国の風……」（514偈）

というのも同じ諷諭であろう。

これまでの文脈に関するかぎり、在家の倫理と出家の倫理、個人倫理と社会・政治倫理とのあいだに、原理的なちがいはみられず、いずれも「修身斉家治国平天下」の線上にある。現実にたいする一休の関心は、おそらく儒教＝宋学の五山文学への影響につながり、私淑した杜甫、陶潜、蘇轍、黄庭堅らの社会的・政治的関心にまなんだであろう。ただしその関心は、官僚僧のそれではなく、在野僧のそれであった。

しかしながら五山を中心とする禅林が、公家武家に近づいたことは、世間の通念上、不思議ではなかった。権力の庇護によって開宗し教線をひろげる伝統が、武家時代の臨済禅において受けつがれ開拓されるのは、当然といえば当然であった。天災・人災にたおれた死霊集団への権力者の恐怖は依然深刻であった。鎮魂慰霊、罪業消滅のための造寺、造塔、祈禱、写経、法要は、禅林の僧衆が権力者に近づく機縁であることにも変りはなかった。そうした情勢のなかで、禅僧たちの政治的手腕もまた発揚されたわけである。

在野の僧一休の反骨精神は、遠く堯舜の政治理念と、奈良平安の王朝文化への思慕を底流として、下剋上的足利政権の無気力と放漫にたいする憂国の憤りを、おのが吟魂の熱力とした。『狂雲集』に収められた玄宗と楊貴妃をめぐる詩偈のかずかず、それはかれの詩心、文学精神のすさびにとどまるのではなかった。当時の知的大衆に熟知されていた、この種の悲劇と破局への追憶と感傷をとおして、大衆とともに幕府と権勢層の栄華を諷諭する魂胆でもあった。かれの世相批判は、歴史を鑑《かがみ》とし、奢れるものは久しからず、という観相的倫理史観である。「風流聖主（玄宗）馬嵬の涙、亀鑑明々今日新たなり」（270偈）という史眼である。馬嵬の涙は遠い異国のことではない、「亀鑑明々今日新たなり」というのである。「乾坤海内烟塵起る……栄華悔ゆべし馬嵬の春」（310偈）、「風流の脂粉また紅粧、等妙の如来断腸を奈《いかん》せん。知んぬ是れ馬嵬泉下の魄、離魂の倩女、扶桑に謫せらる」（313偈）、いずれも日野富子一党への諷刺であろう。

つぎは京洛における淫蕩の風潮である。「今街坊の間、十家に四五は娼楼なり。淫風の盛んなること、亡国に幾《ちか》し……」(261偈前書)。また別の大胆な見解は「逆行の沙門、三尺の剣、禅録を看ずして軍書を読む」(274偈)。また「観法坐禅、日を度《わた》ることを休《や》めよ。ただ須らく勤めて跋扈飛揚すべし」(288偈)という。徳政について「賊は元来、家の貧しさを打たず、孤独の財《たから》、万国の珍に非ず。道信《しん》ず、禍はもと福の復《かえ》る所と、青銅十万霊神を失す」(287偈)という。起句は禅語でもあるが、結句は貨幣による人間疎外の指摘である。応仁の乱も間近い寛正四年、畠山義就の拠る河内嶽山《だけやま》城の陥落をよろこんで「賀嶽山敗北」(850偈)を詠じている。「万国の蒼生、苦を奈何《いかん》せん」、一休はむしろ平和の回復を祝ったのであろう。ほかにも「嘆日旗落地」(317偈)、「乱中大嘗会」(307偈)、「婦人(日野富子)多欲」(321偈)など激しいものがある。「美人傾城」(319偈)は応仁の乱を前にした慷慨であろう。乱の主役山名宗全を鞍馬毘沙門の化身になぞらえて、「方便門を開く真実相、業は修羅に属し名は山に属す」(320偈)とほめあげている。「寛正二年餓死三首」(639―641偈、洛中の死者八万二千人という)、「代断頭罪人二首」(252・253偈)などの偈は、今日の世相とほとんど変ることのない中世末期の悲惨と苦悩に心を痛めた、ひとりの禅僧の激情をつたえている。

これと対照されるものに、一休がついに住持することのなかった大徳寺の、開山宗峰妙超がある。一休が「風飡水宿人の記する無し、第五橋辺二十年」(8偈)と頌した大燈国師である。大燈が五条橋畔の乞食行のなかで多年身ぢかに見てきた、世の底辺の窮民群の苦渋と不安は、天子の要請に答えて大徳寺に住し、天皇と対坐して仏法・王法の問答を残した、雄勁深彩なこの宗匠の禅思想のなかに、どのような重量をもって位置づけられたのであろう。やがて応仁の大乱に通ずる幾春秋に、畿内の山河が見つづけてきた天災・人災の酸鼻は、「大燈百二十則」の古則話頭のなかに、どのような影を落したであろう。空＝平等の体認と、色＝差別の現実界とが別ではないというならば、この秀抜な禅匠における王法と一如の仏法は、自然の破壊と人間の破壊、後年一休を風狂と化したこの歴史の苦悩を、どのように受け止めたのであろうか。超現実と現実とは、あの百二十則において、切り結ばなかったのであろうか。「第五橋辺二十年」の経験の積み重ねのその後の全貌が、よくわからないのである。大燈禅の雄勁が、あの孤危嶮峻な家風と一つである以上、大燈においては、歴史の超越的批判こそがまことの批判だとされたのかもしれぬ。ともあれこうした超現実と現実との悲劇的な切り結びが、多感の禅者一休を風狂化した一因だと考えられる。

注 河原乞食の群のなかに韜晦していた大燈は、花園天皇の勅使が甜瓜を差出して「脚なくして来る者に与えよう」と言ったのに対して「手なくして渡せ」と応じて見つけられ、禁裡に参上したという、『槐安国語骨董稿』が伝えるこの挿話は、「ひいきのひき倒し」であろう。狂雲子の筆法をかりるならば、「具眼の衲僧」が、官人の禅問を勘破できぬはずはあるまい。

2 否定と肯定

一休の『骸骨』の思想はつぎの背景と構造をもっている。まず「惜しむべし髑髏に眼睛なきことを」(72偈)にみる、正見の眼《まなこ》がないことへの批判がある。それは眼をあいていても盲に等しいという人間の明盲《あきめくら》=無明への批判である(碧巌録四二評唱)。かような人間は、大死(「髑髏識尽《つ》く」181偈)を経歴した人=髑髏の前で幽霊に憑かれているようなものだ、と批判される(碧巌録、同上)。このような批判の眼から、一休の『骸骨』は諸行の無常を強調し、この事理を見て生死を離れる道を志していない人間の世界を薄氷の池にみたてて「憐れむべし極苦、目前に急なるに、迷道の衆生終に知らず」(457偈)と批判し、このような世界は嬌慢の妄情から生まれた万機万境に外ならないとみるのである(396・641偈)。まとめていうならば、世界は無常であって空しくならぬものはない、その世界は妄情から生まれた虚妄、「いつわりの世」に外ならぬ、という批判がここにみられるのである。この批判の主体は、「目なし」=無我=髑髏裏の眼睛(碧巌録二評唱)ともいわれ、「髑髏識尽きて眼《まなこ》初めて明らかなり」(曹山本寂)ともいわれる真実の眼である。

ところで、「目なし」は『水鏡』にいう「目なしどちどち声についてましませ」の目なしでもある。この目なしは、世法に暗いことと仏法に暗いこととの両面をふくんでいる。仏法からは現実への絶対批判が生まれ、世法からは相対批判が生まれる。そして仏法世法不二という一休の見地から、絶対批判と相対批判とが矛盾の統一をなすところに、たとえば、当時の禅僧に対する「衣を着たる名聞」という現実批判が生まれるわけである（骸骨）。このような重層構造の眼は「柳桜をこきまぜて」の審美観照の眼であるだけではなく、一歩を進めて、具体的な現実批判の眼でもあった。一休のあのような熱情の言葉と行動は、人間現実に対するたんなる絶対的批判ではなくて相対的批判、たんなる全面否定ではなくて部分否定・部分肯定の足場なしには、成り立つべくもない。一休に、「意在㆑革㆑弊」(207偈前書)という覚悟が肚の底になかったら、かれの「風狂」さえ生まれなかったであろう。革弊への個人の情熱とその情熱の挫折こそが、個人の「風狂」の前提だからである。

一休の後半生は、京都の五山、林下の内外にわたって動乱がくりかえされたばかりか、そうした紛争が多かれ少なかれ公家相互、武家相互、公家対武家、朝廷、幕府、管領のあいだの対立抗争とからまりあっていた。『狂雲集』は内外の動乱をつたえる多くの詩偈を収めている。五山と林下と、それをとりまく畿内の動乱のなかで、一休が選んだ生きざまを思うならば、日常的、非日常的な現実―非究竟的な現実における人間の見かた生きかたの原理的な重層構造を、その場その場において、適切にはたらかすことは、容易ではなかったと想像される。尤も、『正法眼蔵随聞記』における道元ふうに、出家の見方・生き方と在家の見方・生き方とは事と事とすべて違背する、というように截断して、一途に前者を選び護るというのであれば、ことは簡単であろうけれど、一休の場合は単純ではなかった。「昨日の聡明、今日の愚、宇宙の陰晴、変化に任《まか》す」(291偈)。風飡水宿と酒肆淫坊、遊蕩の風流と孤絶の風流、社会的暴力の否認と是認、養叟への憎悪と森女への熱愛、亡国的風潮への怒りと自然と人間への実相観入、「嫌仏閣」(80偈)と大徳寺再建など、人間一休の巨大な振幅のなかで、あれこれに応接する鮮やかさと拙《まず》さが錯綜するといった情況である。したがって「好境雲は遮る三万里、長松耳に逆らう屋頭の風」(89偈)といった風流・無風流の錯綜は、臨済、道元、大燈とは無縁の世界であった。「中間もまた無し」は一休の常套語であるが、かれのばあい、それはたとえば維摩詰の中間即究竟、仏界即魔界といった豁然たるものではなかった。しかし一休が自己の経歴と教養、個性と生活圏による多くの制約にもかかわらず、ほかの誰よりも禅林的伝統感覚の囲みをこえて、率直な開かれた知性と情熱をもって、現実の問いかけを避けようとしなかった生きかたは、今日のわれわれにとっても示唆であり、反省の糧である。「われわれはすべて幸なる生活を欲す。しかも達し得ざるを望むものは悩み、望むべからざるに達せんとするものは誤まり、達すべきを望まざるものは病めり」(アウグスチヌス)。人生のこのような叡智をふまえながら、奔放赤裸々であったのが一休宗純、「傍若無人閑逸の心」(異本所収の偈)であった。

3 倫理と詩

一休が生まれたのは北山文化の象徴金閣(義満)が成る四年前、没したのは東山文化の象徴銀閣(義政)が成る前年である。義政の時代、将軍の権力は守護大名の実力の強大化によって地に落ちた。このような政治・経済の激動は霊山徹翁の南北朝時代すでに始まっていた。これを意識形態に移していえば、旧権威への不信、諸価値の葛藤、個我の恣意と頽廃、刹那主義、虚無主義的傾向などが、多かれ少なかれ旧い秩序と世代への造反のかたちにおいて現われた。「秩序」のがわにとって、破壊と混乱の時代である。『狂雲集』205偈前書に、徹翁の言葉として、「若し鳥窠の一語(諸悪莫作、衆善奉行)無くんば、我が徒尽《ことごと》く本来無一物および不思善不思悪、善悪不二、邪正一如等の語に泥《なず》んで、以て因果を撥無し……」と引用している。この文脈は、一休のばあい、「要兄コレヲ接得シ、得法ヲヲシエテ云、仏モナク神モナシ、本来無一物ト参ヅレバ、イカナル悪行モ大事ナシ、トナレバ……」(自戒集)と響きあうのかもしれず、さきの頽廃と混乱の時流が、禅林の内外にも感知されそうである。頽廃と混乱は好ましいものではない。しかし時としてそれらは、現体制の深く大きな老化と頽廃の別の表現である。反秩序的、反人倫的な諸状況が、虚無と頽廃もしくは撥無因果のかたちにおいて、歴史の転換期を予示する場合がないとはいえぬ。いま一休が共感をよせる徹翁の憂慮と警告にたちかえるならば、われわれはまずここでの発想が、教団経営の秩序を樹立し防衛しようとするがわからの当然の憂慮と警告という印象をうける。事実、徹翁は大徳寺第一世として、草創期の大徳寺教団の経済的、法制的および精神的基礎をかため、霊山徳禅寺の経営を安泰ならしめた功労者であった。教団の物心両面のオルガナイザーとして、かれが反秩序的な動きを未然に除こうとするのは、大燈下禅林の責任者として、当然の道理である。このばあい「本来無一物」の問題は、徹翁のいわゆる「泥《なず》む」こと、すなわちこれを実体化し、主義とすることであって、本来無一物、不思善不思悪の定・慧ではない。この定・慧は世の倫理道徳から禅をわかつ、まさに本質である。それは、諸悪と衆善の地平を、その底に突破して、そこからこれまでの諸悪と衆善を根柢的に批判し、自律的な行動原理を新しく創造する、ラディカルな主体である。もしもひとがこの根源的主体と倫理との非連続の連続、「這箇は目前に非ず、目前は這箇に非ず」(徹翁語録下)という断絶の垂直軸と、諸悪莫作、衆善奉行の水平軸との交点の緊張を見ず、道徳の地平しか見ないならば、それは禅の自己疎外となろう。また竪軸が横軸と切り結ぶ場に、葛藤がありうるならば、そこでの課題性に目をつむって、踏みなれた禅倫理の既定コースをとるならば、惰性的な御用倫理ないし風流道徳となりかねない。道元のように、仏法の倫理と世法のそれとは全く違背する(正法眼蔵随聞記)と突きはなすならば、さしあたり無事であるかもしれぬ。西田哲学は、宗教が「道徳を超越して而もこれを内に含む」という。宗教が超越的に内在する道徳とは、現実においてどのような道徳であろう。われわれの先達とわれわれとは、鳥窠が指摘した行なうことの困難よりも前に、知ることの困難の前につまずいた。この事実のにがい回想のなかで、徹翁の垂示を読み返すべきだろう。そのばあい、不思善不思悪、善悪不二、邪正一如とあるのだが、それは撥無因果の「不浄の邪師」を、教団秩序の視座から難詰するターミノロジーである。この文脈のなかに、たとえば善くかつ正しきものの破壊を説くニイチェや、善悪のふたつ存知せずという親鸞にみる精神の苦闘の跡を探りえないのは、当然である。205偈前書にみるように、白居易と鳥窠のばあい、諸悪と衆善とは自明の事として前提されている。したがって問題は、いわゆる知行合一の事として終っている。

撥無因果の語をうけた一休の偈は205偈にみる通りである。その起・承句は当時の禅林の頽廃に対する憂慮とみられる。そしてわれわれは耳馴れた諸悪莫作の成句を読んで、結びの「須らく先生酔裏の吟に在るべし」に到達する。徹翁の厳しい垂示を追うてきて、はからずも酒と歌の世界に迎えられる。「賛鳥窠和尚」もまた「大機は須らく酔吟の中に在るべし」(177偈)と結んでいる。徹翁のリゴリズムの途上で一休の風狂に出会った思いである。『論語』の君子道徳の途上、「莫春には春服すでに成り……」という吟遊に出会ったように。われわれはここで、事実上、宗教と倫理、宗教と文学、文学と倫理との対立と統一、もしくは断絶と連続といった、いわば三角形の困難な構造・作用連関の場におかれている。風流人一休の吟魂は結句のなかで、いいかえるならば、この三角形内の葛藤と交響のなかで苦吟し、または吟遊しているのであろうか。いずれにせよこの風流禅はニイチェやオスカー・ワイルドにみられるように、その撥無因果をつきつめて旧道徳を破砕し、新しい人類倫理を創建するための無道徳主義《アモラリズム》に踏み出しはしなかった。さきの三角形が内蔵する課題性は、一休のばあい、持続する課題として形をとるまえに、かれ特有の禅風派へ流れ去るのである。

さきの三角形内の困難な葛藤の一つは、倫理と宗教との間にあった。この問題がさほど困難ではないかにみられるとするならば、それは風狂者一休がそうであったように、政治権力(体制の別なく)との基本的な相剋の論理を見ようとしないからである。つぎに禅(宗教)と詩(文学)についていうならば、さしずめそれは五山内外の禅の衰頽と詩文の問題であり、偈と詩との矛盾と連関の問題である。この問題が一休を悩ましたであろうことが、『狂雲集』の所々に散見される。一休は幾度も苦吟する。その苦吟の根は、この問題にあったのではなかろうか。「文筆詩歌は詮なきなり、捨つべき道理左右に及ばず」(正法眼蔵随聞記)とした道元のように、一休もまた「詩文はもと地獄の工夫」(367偈)と文筆を自嘲し、「生身地獄に入ること矢の如し」(369偈)と警告し、「悪魔内外吾が筆に託す」(469偈)と懺悔しながら、「地獄の猛火百万劫、満腹の詩情幾日か消せん」(465偈)と自ら歎き他を警《いまし》めるのである。

撥無因果ということが人倫の世界で語られるばあい、それは倫理道徳からの逸脱またはそれの否定の傾向に対する警告の意味をもつ。中世身分社会の倫理道徳は、分限道徳として一種の階級道徳である。一般には上層身分の者には有利に、下層身分には不利な徳目体系である。上層者は倫理道徳の実践と道徳教育の重要を強調し、下層民はこれを怠りかき乱す傾向をはらんでいる。下剋上の時世は、すべての慣習的惰性態が愚弄され無視される時代であり、そうした時代環境にあって、教団の経済的、精神的基礎をかため、法燈の護持をまっとうすることは、容易ではなく、事業の主導者は自己の見地からみて撥無因果ともいうべき逆縁に出会わざるをえなかった。「悪僧」の横行もそのひとつである。このような情勢のなかで、良心的な仏法者たとえば一休の立場は、微妙であり困難であった。その微妙と困難とは、かりに一休が一揆への動因をはらんでいる土民・非人に出会ったとして、そのさいの戸惑いに似ていたかもしれぬ。この場合、さような推測は、「賛鳥窠和尚」の偈の場合にあてはまるものでなく、また徹翁による諸悪莫作の提起は、無戒の戒ともいうべき洒脱底のそれであった、と言われるかもしれぬ。しかしそれにもかかわらずこの転句「諸悪莫作、善奉行」(205・177偈)と「須らく先生酔裏の吟に在るべし」(205偈)、「大機は須らく酔吟の中に在るべし」(177偈)の結句との距離はやはり大きい。倫理道徳が当為ではなく、義務や責任の事であるよりも詩であり、「美しき魂」のことがらだといわれるなら、それは興味ふかい智慧ではあるが、上記の距離をうずめる作業が見あたらないことに、変りはない。社会的現実の課題性は、一休のばあい、容易に苦悩、悲愁という情念に変容され、酔中吟のカタルシスをうけて忘却され、回避される。「夜々の吟魂雪月の天」(296偈)、

「限りなき風流、夜々の吟」(216偈)、「渕明の吟興我が風流」(332偈)というように、禅は人生の詩となり芸術となる。

容易に詩になりにくいもの、風流化しにくい百般の事は、一休にはなじまない問題なのかもしれない。さきにみた白楽天と鳥窠道林との問答が、好んで倫理道徳の話題にされてきたのは、鳥窠の答えが端的に教訓的であり、支配者層に有利な境位にあったからであろう。しかし考えてみれば、「諸悪莫作……」と語るその人は、官僚ではなく道学先生ではなくかたわらに鵲の巣のある風狂人である。この風狂者が心学道話師の共鳴しそうな人倫を語る筈がない。凡百の修養談を一笑しているのでなければ、鳥窠和尚であるわけがなかろう。「八十老人行不得」(205偈前書)を言葉どおり受けとって退去するのだったら、白楽天の面目はないといえよう。このようにみるならば、177・205偈結句は、鳥窠の境涯と響き合うのであり、その転句との距離は、ただの外見となるであろう。この両者間のエピソードが、いつの時代に生まれたのか明らかでないが、全体の表現に関するかぎり、あまりの簡明さが、さまざまな問題をよびおこす、といえるようである。なお「酔裏の吟」の背後に、「酒三盃を喫して……直に身を火宅の中に横えて看れば、一刹那間万劫の辛」(46偈)の「苦中楽」の視座があるとみるならば、新しい問題がひらけるであろう。さらに、さきの撥無因果を、大燈国師遺誡の「撥無因果」(6偈「大燈忌…」補注参照)との呼応のなかで、見直すこともできるであろう。

四　風狂

1　風狂と病い

風狂の風は風子(狂人)の風であり、風流の風でもある。狂は常軌を逸する、熱中し陶酔する、小事にこだわらぬ、一事にうちこむなどの意味をもつ。松尾芭蕉に風狂の語がある。「風雅の一筋につながる」ことである。いずれのばあいも、平均的常識人の「正常」にてらして、異常、奇矯、異端とみられる生きざまをさす。このような狂気が、風流の風(自由)のおもむきを含んだのが、逸民ないし禅者の風狂といえよう。風狂の語は唐僧盤山宝積(七二〇―八一四)の法嗣、普化《ふけ》の伝にみられる。盤山が臨終のさい、「わしの真像を画くことができる者があるなら、出て来るがよい」といった。弟子たちが師を描いてさしだしたが、盤山はゆるさなかった。さいごに促されて普化が進み出たが、いきなりさか立ちをして出ていった。これを見て盤山が「お前はこんご風顚ぶりを発揮するだろう」といった(祖堂集一五盤山章。伝燈録七では「風狂」となっている)。一休もみずから風顚、風狂と称した。風狂の禅者といえば、まず普化と一休が思い起こされよう。

普化の風狂ぶりは『臨済録』勘弁にくわしい。「一日普化、僧堂の前に在って生菜《さんさい》を喫す。師(臨済)見て云く、大いに一頭の驢に似たり。普化便ち驢鳴《ろみょう》を作《な》す。師云く、這の賊。普化云く、賊々。便ち出で去る」「臨済わがために直裰《じきとつ》(僧衣)を做《つく》り了れり。われ東門に往いて遷化《せんげ》し去らん、と。市人競って随ってこれを看る。普化云く、われ今日未だし。来日、南門に往いて遷化し去らん。かくの如くすること三日、人みな信ぜず。第四日に至って、人の随い看るもの無し。独り城外に出でて、自ら棺内に入り、路行く人に倩《たの》んでこれに釘うたしむ。即時に伝布す。市人競って往いて棺を開くに、すなわち全身脱去せるを見る。ただ空中に鈴の響きの隠々として去るを聞くのみ」。また、「普化常に街市に於て、鈴を揺《ゆりうご》かして云く、明頭《みょうとう》に来れば明頭に打し、暗頭に来れば暗頭に打し、四方八面に来れば旋風《せんぷう》打し、虚空に来れば連架打す、と。師(臨済)侍者をして去らしめ、纔かにかくの如く道《い》うを見て、便ち把住《はじゅう》して云う、総《そう》に与麽《よも》に来らざる時、如何、と。普化托開して云く、来日大悲院裏に斎有り」といった風である。

一休による普化の賛は「坐脱立亡敗闕多し、和鳴隠々たり宝鈴の声」(126偈)、「議論す明頭又暗頭、老禅の作略、人をして愁えしむ」(588偈)となっている。普化に比べるならば、後梁の風狂布袋《ほてい》は人間的である。氏族未詳。つねに袋をにない、これに日用品・施物などを入れ、空腹になると街頭でこれを開いた。内には魚肉菜類が雑然とあった。みずから「凡に非ず聖に非ず」と称し、「一鉢千家の飯、孤身万里に遊ぶ、青目、人を観《み》ること少《まれ》なり……」と歌った。当時弥勒の化身といわれたという(塩山和泥合水集、本書二五一頁頭注参照)。廓庵「十牛図頌」の第十入鄽垂手のうち、布袋を連想させる句に、「酒肆魚行化して成仏せしむ」がある。一休の布袋賛は「人間天上の客……生涯落魄に任《まか》す」(594偈)、「朝に闇市魚行に遊び、暮には帰る。酒肆淫坊散聖の風流……地老い天荒れて何れの処か是れ你《なんじ》が故郷……百花春到って誰が為めにか香る」(642偈)と詠じ、「博奕布袋」の賛偈すらみられる(658偈)。普化と布袋のちがいは明らかである。普化の風狂には象徴性、神異性がいちじるしく、人間性、大地性が稀薄であり、一休の賛も抽象的である。したがって普化は画題になりにくい。布袋には肉体があり土の臭いがある。布袋の画が無数にあるのは不思議ではない。

われわれの意識のなかで、普化の表象が抽象的だということは、その風狂の性格を示すといってよい。かれの風狂は人間的現実、人間的常識の全的否定であり、そうした否定精神の機用である。狂態と神異性をもってする、歴史世界の全的否定であり、禅匠たちの家風に対する超越的批判ですらある。「僧問う、普化は仏境界の人と承る。何ぞ度人なきや。師曰く、なかなかさつさつとしたる活境界にて、度人も何もあるようの機にあらず。……普化はたしかに仏境界の人と覚えたり」(鈴木正三、驢鞍橋)。あらゆる権威を相対化し矮小化し滑稽化して、おのれ自身をも愚弄する巨大な「否」である。超越者の自由である。我と汝との対話や弁証が成りたつ場は、ここには無い。したがって、地上的なもの、人間的なもの、現実的なものにたいする遠近法《パースペクティヴ》を、それは持っていない。遠近法を設定する足場がないからである。狂僧普化は、しかし、何物でもないがゆえに、何物にもとらわれず、何物をも真にラディカルに批判しえたのだ。ただし論理的にはそうであるが、あらゆるばあい果してこのように言いきることができるであろうか。あまりに究竟的、根源的な批判は、最善のばあいですら、ある意味では無批判にひとしい。普化の生活を支えた信施の浄財は、その来所を辿るならば、業感縁起の密林に入りこむはずである。何人ものがれがたいこのような地獄の連帯と負い目が、狂僧普化にあったかどうか、即答は困難だが、狂僧一休には実在したと考えられる(前出「世相批判」「否定と肯定」および後出「地獄と魔界」の項参照)。

数え年七十四歳で没した風狂の禅者良寛(一七五八―一八三一)に、「六十有余多病僧」に始まる「偶作」がある。「嵓根欲レ穿深夜雨、燈火明滅古窗前」で終る古寂な調べである。数え年八十八歳まで生きた一休が病身だったとはいえぬかもしれないが、病中に関する偈がかなり多い。「狂雲の臥病は相如が渇」(164偈)、また、「多病の残生気力無く、新吟慚愧す老来の詩」(783偈)というのがあり、「病中作」の一つに「破戒の沙門八十年、自ら慚ず因果撥無の禅」(250偈)がある。大愚良寛の「病中」には、一休の煩悩無尽が見られぬ。一休の「病中」にいう「破戒」は、酒肆淫坊の逆行《ぎやくぎよう》と同じたぐいである。『狂雲集』は半ば逆行の表白でもある。禅林の擬似の権威を逆行によって暴露し、人間関係の乱世の中で、個人の乱行をもって持戒と破戒の二元を突破する自由を生みだそうとする賭であり、自由と頽廃とを分つ稜線を歩もうとする試行錯誤でもあった。逆行という言葉は初唐の禅者永嘉玄覚(六六五―七一三)の「証道歌」にみられる。戒を犯し(逆行)戒を守る(順行)無礙自在な慈悲の妙用をたたえた「逆行順行、天も測ること莫し」(伝燈録三〇)がそれである。逆行を臨済義玄の「随処に主と作《な》る」のひとつとみるならば、これは大乗戒の独自性だというてよい。古くは『維摩経』の「非道を行ずる」自由がそれである。「若し菩薩、非道を行ずれば、これを仏道に通達すとなす」(仏道品第八)。非道を行ずる境涯について『経』は、「五無間を行じて而も悩恚なく、地獄に至って諸の罪垢なく、畜生に至って無明憍慢等の過あることなし」と説いている。われわれは『狂雲集』に見る「仏界入り易く、魔界入り難し」(巻首前書「納敗」補注参照)の語を思いおこす。「仏道」を行ずることよりも、「非道」を行ずることが、道人にとっては困難だという指摘である。仏界と魔界、仏道と非道の厳正批判という仏教的良心の、破家散宅を経歴することなしには、無戒の戒の洒脱自在は、生まれようがないからであろう。一休自身、このような無礙自由な逆行非道の主体でありえたのか。「病中作」の二、三の例が必ずしもそうでなかったことを示唆していないだろうか。「狂雲が身上自屎臭し、艶簡封書小艶の詩」(480偈)、「今日窮途限り無き涙、他時吾が道竟《つい》に何《いず》にか之《ゆ》かん」(479偈)。このような人間くさい調べは経典の維摩の語調とは異質である。「婬色吟身頭上の雪、目前の荒草未だ曾て耡《す》かず」(251偈)といった病室の実感は、病中の維摩からは、聞くべくもない。「是の身は焰の如し、渇愛より生ず」(維摩経方便品)と指摘する維摩が、「慚愧す一生相如が渇を」(146偈)、「人の為めに軽賤せられて罪業を滅す」(530偈)などと慚愧したり告白する筈もない。一休の病室は現実であったが、維摩の病室は形而上的、華厳的であった。

「一切衆生病むを以ての故に、我れ病む」というのが『維摩経』の基調である。しかしながら維摩は衆生と同じ病を病んでいるのではない。「若し一切衆生の病滅すれば、則ち我が病も滅せん。所以は如何。菩薩は衆生の為めの故に生死に入ればなり。生死有れば則ち病有り。若し衆生、病を離るることを得ば、則ち菩薩もまた病むこと無けん」と説かれている。維摩は病んでいるのではない。それゆえ「我病無レ形、不レ可レ見」といい、「唯有二空病一、空病亦空」という。病んでいないものの病である。無病息災でありながら、慈悲ゆえの病である。衆生の病の中に入って、その病に感染するような無病ではない。病と無病の対立を絶した無病である。「非道を行ずる」ということも、菩薩が魔界に入り魔業に感染して非道を行ずるのでは、菩薩の自己否定でしかない。魔界、非道に自由に出入しながら、そのことによって魔界、非道を浄化するのでなければ、「道法を捨てずして、凡夫の事を現ず」(弟子品)とはいわれまい。維摩の病は、そうした自由無礙な主体の無礙自由な非道逆行である。

狂雲子一休は風狂を病んでいる。その風狂は、病むことなき病であろうか。狂僧普化の風狂は、維摩の空病にひとしいといえるかもしれぬ。狂雲子の風狂は、泥に染まらぬ蓮華の清浄だとは見られそうもない。『狂雲集』の随処に響く告白と懺悔と自嘲とは、維摩にみる絶対主体の遊戯三昧ではない。狂雲子は深く般若を見た人として魔界に入り、風狂を演ずるなかで、もちろんわれわれのたぐいではないが、みずから傷つき、病に侵されたのではなかろうか。風狂のあの泥臭さと生々しさとは、そのことに由来するのではないか。それゆえの古聖の道への一途な情熱ではなかったのか。維摩の経歴の広さ豊かさは経典の示すところではあるが、しかしみずから酒肆淫坊に入って濁酒に酔い、女犯をなすのではなく、法敵を罵倒するのでもなかった。「恋法師純蔵主」(845偈)のように、恋愛と性愛に身を焦がしたわけでもない。相手は錚々たる菩薩たちであって政僧、町人、傾城遊女ではなかった。みずから長者である維摩が、一休のように、貨幣と商品による人間疎外を嗟歎する筈もなかった。人間の諸悪業の歴史的、物質的連関を離れた華厳の丈室に静臥する維摩の手は、汚れるにも汚れようがなかった。「酒肆魚行」は維摩において観念の「酒肆魚行」であり、「非道を行ずる」ことも、理の世界の事柄でしかなかった。「空病も亦空」の維摩の洒脱よりも、「好境雲は遮る三万里」(89偈)と告白する一休の率直が、われわれには親しい。

維摩の自由と普化の風狂には、もちろん、近世的自我の自恃と怒りと良心の痛みがない。時世の支配的大勢《たいせい》にたいする正義感がみられず、したがってそれの挫折もない。これが両者の徹底性である。ここにあるのは、肉体なき非時空的な霊性の空狂であり空病である。だがしかし、維摩や普化よりも、一休がわれわれに身ぢかで親しい、維摩や普化よりも一休がわれわれを甘えさせてくれる、というのでは、むなしい話である。

維摩や普化の自由は歴史ばなれの自由だ、といわれるかもしれぬ。しかしそのように歴史と断絶していることが、かえってわれわれの真実の自己のありかたではないのか。「億劫相別れて、須臾も離れず」(巻首前書「大燈国師三転語…」補注)とは、まさにこのことである。徹底的な現実離れこそ、このものの真の現実的な意義であり関わりなのである。しかしながら、維摩における自由の超越性は、そうした断乎たる超越性であったか。「方便品」はこう説いている。

若し長者に在っては長者中の尊として勝法を説き、若し居士に在っては居士中の尊としてその貪著を断じ、若し刹利に在っては刹利中の尊として教うるに忍辱を以てし、若し婆羅門に在っては婆羅門中の尊としてその我慢を除き、若し大臣に在っては大臣中の尊として教うるに正法を以てし、若し王子に在っては王子中の尊として示すに忠孝を以てし、若し内官に在っては内官中の尊として化して宮女を正し、若し庶民に在っては庶民中の尊として福力(世福をつくる生産力)を興さしむ。

要するに、これは既成の体制秩序のなかでの教化である。維摩の「教化」と対照して、一休の「風狂」が考えられるのだが、この場合、あえて言うならば、そのような風狂にそれるのでなく、なに故かれは正攻法をとらなかったのか、という批判があろう。一休の後輩南江宗沅(86・92偈)は、禅僧でありながら禅林に絶望し、ついに還俗してしまったが、この方が生き方としては徹底している、という見方もあり得よう。しかしながら、南江における還俗の徹底ぶりと、禅林を捨てなかった一休の風狂と、どちらが現実的、批判的であったのか。問題は単純ではない。体制内における教化者が体制の病毒から無垢であり、体制との共犯者であることから完全に自由であることが——例えば「聖戦体制」下のわれわれの実態を回想しよう——はたして可能なのか。意識する、しないにかかわりなく、ここに風狂者一休の苦渋の根があったのではないか。ここに維摩の空病でなく、一休の実病の半醒半酔があったのではなかろうか。

2 地獄と魔界

一休は妙心寺開山関山慧玄の垂示「本有円成仏、甚《なん》としてか迷倒の衆生となる」をとりあげ、「関山の仏法、此の垂示以後爛郤し了る」と評し、「野干鳴、邪禅輩」とすら極言している(551偈)。一休のばあい、これは不当な誹謗ではない。かれには「無始無終我が一心、不成仏の性、本来の心。本来成仏、仏の妄語、衆生本来迷道の心」(385偈)という見地がある。関山批判はこの見地からのものである。関山の問いを認めぬのではない、力点をそこに置かぬのである。「豪機嗔恚識情の心、二十年前即今に在り」(538偈)とかれは言う。われわれはここで抜隊得勝が『因縁僧護経』をひいて、地獄の有様をつぶさに語るのを思いおこす(塩山和泥合水集、本書二三八頁)。しかし抜隊の本領はそこにはなく、かれの見地は『楞伽経』『起信論』等にみる「心生則種々法生、心滅則種々法滅」であることを、同じ法語の各所に示している(同、本書二〇一・二〇四・二〇七頁)。「浄土穢土……悉皆心の内に具足せり」(大応法語)、「別に地獄とて世界の有るべきと思ふは迷なり」(大燈法語)。見られるとおり、南浦紹明も宗峰妙超も、そして夢窓疎石も同じ見地であった。「一心不生、万法無咎」という「信心銘」のそれである。けれども、一休は、少なくとも『狂雲集』の一休は、そのようには言わぬのである。投機の偈がすでにこのことを暗示していた。一休の居る此処が地獄だと言うのである。地獄はわが心の内に在る、というのではない。一休に言わせるならば、「衆生本来仏なり」などと言うのは、そら言にすぎぬ。あきらかに偽りである。偽りでないと言うなら、その証拠を見せるがよい。このように一休は問うであろう。「一切の法はみな我心より造りなすものなり。善を思へば善人となりて、世界国土みな安楽のうつはものとなる。悪に随へば悪人となりて、世界国土皆苦悩の境となる。地獄も畜生も我心の内の苦なり」(慈雲法語、日本古典文学大系八三―四一三)。国師よ、尊者よ、あなたがたは高邁である、一休はこのように言うかもしれない。

室町時代、商業と交通の発達は、貨幣の支配力を農民にまで及ぼした。「カネは天下のまわりもの」といわれ「おあし」という言葉が普及し、それの威力が時代を風靡した。領主、守護、地頭らによる税の銭納への強制が、農民の窮乏をひどくした。われわれはここで禅匠の「一日不作、一日不食」に対する農民の「一日不作、百日不食」を思わざるをえない(131偈補注)。一休はいう、「看よ看よ米穀の閑田地、是れ衆生の地獄門」(300偈)。また、貨幣経済の発達は、人身売買を一般化した。『閑吟集』に「人買い舟は沖を漕ぐ、とても売らるゝ身を、たゞ静かに漕げよ、船頭殿」という小唄がみえる。観阿弥系謡曲「自然《じねん》居士」にも遊女虐待の状況が「口にはわだの轡《くつわ》(綿で作った猿ぐつわ)を嵌《は》め、泣けども声が出でばこそ」と描かれている。一休はべつの実情「寛正二年餓死三首」を残している。「寛正の年、無数の死人、万劫を輪廻する旧精神。

涅槃堂裏、懺悔無く、なお祝《いの》る長生不老の春を」(639偈)、「極苦《ごっく》飢寒一身に迫る、目前の餓鬼は目前の人。三界の火宅、五尺の躰、これ百億須弥の苦辛」(640偈)など。三界の火宅、万劫を輪廻する旧精神ということでは、一休の時世とわれわれの世紀とは、同じ地平にある。「残るも地獄、去るも地獄」ならば、地獄ならぬ処は無い。「地獄」と題する偈は、「黄泉の境界、幾多《いくばく》か労す、剣はこれ樹頭、山はこれ刀《とう》。朝打《ちょうだ》三千、暮《ぼ》八百、目前は獄卒、眼前は牢」(301偈)という。黄泉の境界・死者の世界というのは、たとえば寛正二年でいえば「奈良の百姓神木犯穢。洛中飢饉、乞食数万人。悪疫流行、人々相食《は》み、骸骨路上に満つ。全国に餓死者多し」といわれるこの娑婆世間である。山野の樹木はそのままに剣樹地獄の剣であり、山脈の峰々はそのままに地獄の刀である。目前は獄卒、眼前は牢、われわれは日々内外の鬼に魔王に打着されている。それなのに禅者たちは涅槃堂・悟りの境に安座し、不老長寿を祈って懺悔の色もみえぬ。こうした世界全体が地獄だという。「腹中地獄成ず、無量劫《ごう》の識情。野火《やか》焼けども尽きず、春風草又生ず」(390偈)である。わが内なる地獄がわが外なる地獄、内の地獄がなくなれば外の地獄もなくなる、といえばすじは通るようであるが、勘定合って銭足らずにならないとはかぎらぬ。「餓鬼畜生菩提無し、劫空《こっくう》の法習(無始からの執着・仏法執)吾が臍に徹す。無色《しき》の衆生、涙《なんだ》雨の如し、月は沈む望帝一声の西」(484偈)。無色の衆生は、三界のうちの無色界(受・想・行・識だけの世界)に住む衆生(一休自身)であり、望帝はほとときすのこと。要するに、地獄すなわち現実界が、一休自身の「苦中楽」――「直に身を火宅の中に横えて看れば、一刹那間万劫の辛」(46偈)、辛酸佳境に入る修行《さとり》の道場だ、というのである。

ここから「仏界入り易く、魔界入り難し」という命題が語られる。とはいえ、仏界に入ることが「仏魔に縛せられる」(臨済録)ことであれば、「劫空の法習吾が臍に徹す」ということにもなろう。難易のけじめも分らなくなる。また、もしも魔界＝修羅場を土一揆、一向一揆などの現場とみるならば、禅録や古則公案への出入はたやすくとも、暴動の現場へ灰頭《かいとう》土面、すなわち灰をかぶり泥まみれとなって出入することは、一休にとって、否、われわれにとっても性《しょう》に合わぬ事というほかあるまい。一休には、地獄共同態における業苦の連帯と責任をどのように負うかという問題があった。

つぎの偈は、密参・密授をもって「得法を売る」当時の禅者たちを罵ったものであろう。「活祖の作略《さりやく》、言詮《ごんせん》巧みなり、巧妙の工夫、親《みずか》ら長爪《ちょうそう》。鹿を捐《す》て馬と為《な》す趙高が謀《はかりごと》、地獄門前、鬼卯《ぼう》を脱す」(659偈)。長爪は爪長《つめなが》、いいかえるならば鞘《さや》取《と》り、すなわち、取引きする同一物件を時、所、相手などをちがえる工夫作略によって、そのあいだに生ずる利鞘《りざや》を手に入れることである。趙高は秦代の宦官の名。かれは丞相のとき帝に叛乱するたくらみをいだき、群臣の反抗を恐れ、まずかれらを試してみようとして、秦の二世胡亥に鹿を献じて馬だといった。二世が左右にたずねると、或る者は鹿といい或る者は趙高をおそれて馬といった。趙高は鹿といった者たちを処刑した(史記、始皇本紀六)。偈はこの故事をひいたのである。鬼脱卯は、地獄門の前で閻魔王の吟味からのがれた幽鬼の意味である。官吏は毎朝卯の刻(午前六時)に出勤して、出勤薄に署名(画卯)する。これを上司が点検(点卯)するさい、うっかり見落された(脱卯)死者を意味する。いうなれば鹿を馬として、えせ仏法を売りつける禅者をからかったのであろう。なお一休は、詩文の魅惑からぬけでられぬ日々の自分を、堕地獄の存在として、苦吟をつづけた(「倫理と詩」の項参照)。

3　王孫の美誉

一休の実子と伝えられる岐翁紹偵に禅を学んだ少納言兼侍従菅原和長の『東坊城和長卿記』明応三年(一四九四)八月一日の条に、「秘伝に云う、一休和尚は後小松院の落胤の皇子なり。世にこれを知る者無し」とある。岐翁紹偵について『和長記』は同年八月三日の条に「今此和尚は当年六十七、云々、摂津桜塚に居住す。之を伝うるを秘す」と記している。一休皇胤説に関する『和長記』の「秘伝に云う……世にこれを知る者無し」は、『一休和尚行実』および『年譜』の「世無レ有ニ識者一」によったのであろう(あるいはその逆であるかもしれぬ)。われわれはここで一休没後十三年にあたる、この『和長記』

の記述に注目したい。

つぎに注目したいのは、文明三年（一四七一）一休が森侍者と邂逅したときのつぎの一偈である。「憶う昔薪園居住の時、王孫の美誉聴いて相思う。多年旧約即ち忘じて後、更に愛す玉堦新月の姿」（542偈）。ここにいう「王孫」は森女をさすという説もある。しかし私はこの偈の詞書にいう「風彩」を人品の意味に読み、「余寓二薪園小舎一有レ年、森侍者聞二余風彩一已有二嚮慕之志一、余亦知レ焉《これ》」という文脈からみて、「王孫」は一休を指すのであり、一休が森侍者の一休にたいする思慕の情を察しての措辞だとみたい。一休が後小松天皇の廟に詣でたときの偈に「庭前に王孫草有るを知る、なお斜陽に到って帰ることを得ず」（773偈）という感懐が読まれる。王孫草は草の名（つくばねそう、百合科の宿根草）でもあるが、民草を意味する蒼生という語もある。この二句は後小松院にたいする一休の思慕の情を述べたもの、と考えたい。ついでながら「鶂庭前当帰忘憂二首」と題するものに、「愁情充満す尽乾坤、涙を拭う山僧、面門を奈《いか》ん。旧約此の生一休の恨、蘼蕪今日也《また》王孫」（異本所収の偈）、「処々梅花片々として飛ぶ、残春の吟興未だ曾て微ならず。蘼蕪も亦是れ忘憂の草、好し清香を送って客衣に入るを」（異本所収の偈）。「蘼蕪」は香草の名、おんなかずら。後者の転・結句は「蘼蕪亦是王孫草、莫下送二春香一入中客衣上」（孟遅、閑情詩）を背景としたものである。

さらに思いおこされるのは、伝一休筆のつぎの歌である（真珠庵蔵）。

天の沢《さわ》東の海を渡り来て後の小松の梢とぞなる

「後の小松の梢」といい、「王孫草」といい、「王孫の誉」といい、やはり一休の意識には「王孫」の自恃が、底流にあったのではないか。しかし「王孫」の事は、「秘伝」であり「世無有識者」である。すなわち王孫の事実は、口外することを許されぬ実情、状況にあった――一休三十歳のとき幕府は南朝の遺臣を斬り、五十歳の年南朝の皇族・遺臣が謀反して殺された――。その「美誉」は抑圧された美誉であり、下意識に沈澱する「美誉」であった。このことは、一休の意識深層には「王孫」の自恃・自尊がひとつのゆるがぬ根柢《ラディクス》をなしていた、といえぬだろうか。かれの栄衒心、名誉欲が抑圧されまたは克服されたすがたにおいて、そこに横たわっていたのではないか。『年譜』応永十六年、十六歳の条を見よう。「師年十六歳。結制日、聞三秉払僧喜記二氏族門閥一、掩レ耳出レ堂。乃作二二偈一呈二慕喆翁一」。一休は後年、当時を回想して、前書をそえて二偈(207・208偈)を記している。その前書に、「ああ、これなんするものぞや、即乃《すなわ》ち耳を掩うて出づ。……亦た何の貴冑望族の有らんや。今の世山林叢林の人を論ずる、必ず氏族の尊卑を議す。是を忍ぶべくんば、孰れか忍ぶべからざらんや」とあり、偈に「法を説き禅を説いて姓名を挙ぐ、人を辱《はずか》しむるの一句、聴いて声を呑む」とある。「即乃掩耳而出矣」「辱人一句聴吞声」は、純真率直な少年のはげしい反撥である。少年一休の純真にして率直な激情に共感しつつも、「耳を掩うて即乃ち出づ」「人を辱かしむるの一句、聴いて声を吞む」という印象的な語調に注目させられる。玉村竹二氏は一休の幼時にふれて、南北朝合一の後は、南朝の息のかかっている者は何かにつけて「世を忍ばなくてはならなかった」こと、「一休もその例にもれず」前記問答の場で「自己の弱点に触れられた衝撃を受け耳を掩うて五山叢林を脱出し」と記していられる(前出、大徳寺史)。ここに世を忍ぶ抑圧された名誉心の問題が考えられる。一休じしんも、「誉を嗜み名を求め」(449偈)と告白し、「慚愧す狂雲名利の前、一夕一朝日月蝕す」(501偈)と懺悔してある。狂雲子の、あの偏執狂的な怨憎の客体である法兄養叟は、もしかすると、意識下の狂雲子自身ではなかろうか。名誉欲の焔にもえる下意識の自己が、法兄と二重映しになっているのではなかろうか。あの執拗きわまる養叟への怨念・嘲罵の言葉は、同時に意識深層の狂雲自身に向けられたそれではなかろうか。養叟が癩病になった、「眉鬚漸々ニ堕落」し、「全身フチヤウランマン」し、「口ヨリノドヨリ膿血昼夜間断ナクナガレ」出て、ついに死んだ、という『自戒集』にみられるユーモアの微光をおびた一休の創作は、風狂人一休の分身の末期ではないだろうか。ひとはここに、死に至る「風顚大妖怪」の自戒自虐の呻きを聴かないであろうか(一休と森女との出会いは、養叟の死後約十年であった)。もちろん一休が繰り返し難詰し痛罵しつづけたのは、養叟一派の栄衒心、名利欲であり、この栄衒心、名利欲が仏法を渡世の謀とし、得法を売りつつある、と一休がみたことは、言うまでもない。ともあれ一休の心理深層には、王孫の自負、または王孫の自負をも克服したという自負があり、この自負自尊があのように奔放な、傍若無人の生きかたを可能にし鼓舞したのであり、極端から極端への振舞いのなかに、強烈な自己顕示欲が生動する瞬間があった。王宮から疎外されて民家に生まれ民家に育った少年、この少年期以降一貫した反骨精神＝反幕府精神は、自己顕示欲と無縁ではなかったとするのは、穿ちすぎであろうか。

格のなかに破格の内容を盛った『狂雲集』の一休は、いわゆる思想の人ではなかった。一休は想像力の人であった。かれ自身に関する詩偈のばあい、事実と虚構との別が明らかでない。酒肆淫坊の逆行は、大乗経典に珍しくはなく、『楞厳経』は性《セックス》に関する誇大な話を幾つものせている。宏智《わんし》正覚(一〇九一—一一五七)の頌古による『請益《しんえき》録』第一則「文殊三処過レ夏」に「一月在二淫坊酒肆一」とあり、『虚堂録』にもその提唱がみえる。室町時代は「国中に侍あらしむべからず」といった、一揆頻発の時代、狂気の時代である。こうした狂気に同調し得ない一休の歩んだ道が風狂であった。

坐禅と名利心、印可証そのものの否定、愛欲の積極的肯定、政治の悪を、一休ほどあからさまにとりあげた禅僧はいない。一休への評価は、大燈と、夢窓・白隠の場合のように単純化できない。自分の禅は自分一代限り、という趣旨を一休は述べているが(遺誡・自戒集)、それは切れて続く禅の本質でもある。

一休の修為工夫に関する見解は、他の禅者と大差ない。従ってその考察は、本書の性格にてらして、省略した。

五　一休の略伝と著作

1　一休略伝

一休宗純(一三九四―一四八一)は室町時代の禅僧。京都大徳寺の住持第四十八世。諱《いみな》は宗純、道号は一休、狂雲子、夢閨、瞎驢《かつろ》などと自称した。母は南朝方公家花山院某の子といわれ、北朝系後小松天皇の側室として仕えたが、「かの女は南朝方に志があり、帝を害しようとして、剣を袖にして窺っている」と後宮から中傷され、宮中をでて洛西嵯峨の民家で宗純を生んだといわれる。南朝系亀山天皇が神器を後小松帝に渡して、南北朝合一が実現した約二年後である。

六歳のとき京都安国寺長老、象外集鑑の侍童となり周建とよばれた。十二歳、壬生の宝幢寺において清叟仁に維摩経の講義をきき、翌十三歳、建仁寺友社(詩文サークル)の慕哲竜攀に詩文を学び、十五歳のとき「春衣宿花」の詩を作り名をあげた(867偈)。十六歳、当時の僧侶の俗物性を怒り二偈を作った(207・208偈前書)。

この事件で衝撃をうけた少年一休は、五山叢林を脱出して十七歳、林下妙心寺、関山系の謙翁宗為に師事し宗純と改名。二十歳のとき師はかれに「わしの蘊蓄はお前に傾け尽くした。だが、わしは師の印証を受けておらぬ、それゆえお前を印証することもしない」と言った。一休は深い感銘をうけた。師は妙心寺の無因宗因(一三二六―一四一〇)の印証を謙遜して受けず、無因から謙翁の道号を以ってよばれた。二十一歳謙翁寂す。謙翁はつねに門を閉じて出でず、妙心寺の招きにも辞して受けなかった隠士であり、葬儀の金も残さぬ清貧の中に世を去った。謙翁の人柄は『狂雲集』にみられる一休の清素首座への視点につながる。

師の寂後、石山寺観音に参籠七日に及んだ。この時自殺をはかったが果さず。二十二歳、近江堅田の大徳寺派禅興庵(今の祥瑞寺)華叟宗曇《そうどん》(一三五二―一四二八)に師事、猛修行を続けた。二十五歳、盲法師の平家琵琶祇王失寵の段をきいて、「洞山三頓棒」(無門関一五則)の因縁を悟り、師から道号「一休」を受けた。二十七歳、五月の闇夜に鴉の鳴くをきいて大悟(「投機の偈」の項参照)。師華叟から印証を授けられたが受けず、のち人を介して届けられたが、これを焼却したという。その印証の終りに、つぎの一節がそえてあったという。

純蔵主悟徹の後、一紙の法語を与えしに、是れ甚麽《なん》の繋驢《けろ》橛《けつ》と道《い》いて、払袖して去る。謂《いい》つべし瞎驢辺に滅するの類《たぐい》なりと。正法もし地に堕ちなば、汝出世し来ってこれを扶起せよ。汝はこれ我が一子なり。これを念《おも》い、これを思え。応永二十七年五月　華叟

二十九歳、華叟の師、言外宗忠の三十三回忌に粗衣草履で出頭し、華叟にたずねられ、「ニセ坊主(贋緇《がんし》)の仲間入りはご免です」と答え、華叟から「風狂」と評された。華叟を開山とする祥瑞寺に現存の「大機弘宗禅師(華叟)行実碑銘」には、「法嗣一人、養叟宗頤和尚是也」とあり、「以二印証之語一帖法衣一領一付二嘱頤首座一曰、吾道至レ爾大行二乎世一」と記し、一休には言及してない。

一休の法兄養叟宗頤《そうい》(一三七九―一四五八)は初め五山に入り聖一派東福寺正覚庵の九峰韶奏に学んだが、五山の詩文主義にあきたらず、のち禅興庵の華叟に参じ、華叟の晩年、師に随って高源庵に移る。華叟歿後大徳寺二十六世として再住し復興につとめ、幕府の干渉をさけるため十刹制を脱し、宗峰門流の「一流相承……他門勿レ住」の花園院遺詔の原則を守る林下の寺院とし、後花園天皇に請うて、南禅寺と同じ紫衣勅許の出世道場とした。存命中に宗慧大照禅師の号を特賜されたが、この措置を一休は激しく難詰した(175偈)。養叟の法嗣に春浦宗熙がある。養叟の頃から大徳寺の分裂が始まり、養叟系が正統派として栄えるに至った。大徳寺山内に正系傍出の紛争が絶えず、後には霊山系と関山系との間にも起った。『狂雲集』にこれを評した偈が散見される(105・142・163偈)。

一休の厳しい修行生活は華叟の死と共に転機を迎え、諸方巡歴が続いた。堺の街を木刀を腰にして歩き、理由をたずねられて、今の禅匠は外見は立派だが、中身は本物でなく、ものの役にたたぬこと、この木刀と同じだ、と答えた。その間に社会各層の人々、武士、庶民、町人、農民、遊女、文人、茶人、演芸者などとの交友・道交をもった。この前後に門人となった僧俗には「紹」の字を用いる者が多かった。例えば実子岐翁紹禎、一休肖像で有名な画家没倫紹等(墨斎)、祖心紹越(奥村本『狂雲集』筆者)など、一休の南浦紹明(大応)追慕による影響である。

四十七歳、請われて大徳寺如意庵に住し、華叟十三回忌を営んだ。参詣人が香銭をたずさえて雑沓し住庵を賀する騒々しさを嫌い、住庵九日にして庵を去り、養叟への一偈を残した。一休が「婬」の字を頻繁に用い始めたのは、この頃からである(85・89偈)。五十四歳、大徳寺内の派閥争いによって自殺者・下獄者が出たのを痛恨、譲羽山に入り食を断った。後花園天皇の親書「和尚決有二此挙一、仏法王法倶滅。師豈舎レ朕乎哉。朕豈忘レ国乎哉」

に感激して思いとどまり九偈を述べた(100―108偈)。

六十二歳、『自戒集』を編む。この年妙心寺再興者日峰宗舜(一三六八―一四四八)の法孫、妙心寺中興開山雪江宗深(一四〇八―一四八六)と一休との問答が土佐藤氏家において行われた。「一休年譜」(没倫紹等)では一休が雪江をたしなめたことになっている。ところが、東陽英朝撰の『雪江語録』および「行状」では、雪江が一休を完敗させて一座の人達を感動させ、それ以来、檀施にはげませた、となっている。六十三歳、薪村の妙勝寺を修築し、大応国師の像を安置。長禄二年六十五歳、養叟没(八十三歳)。養叟はかねて寺中に寿塔(生前に造る墓所)大用庵をたてたが、一休も後年、寿塔慈楊塔を造り、偈をなした(519偈)。寿塔造営は平安中期以後盛んになった逆修《ぎゃくしゅう》(生前に自分の仏事を行うこと。『抜隊語録』には逆修の法語がおびただしい)の一形態か。

七十八歳、盲目の森女(四十歳前後か)を知る(542偈)。『狂雲集』にはかの女との情愛・性愛の詩偈がみられる(529偈以後多数)。八十一歳、後土御門天皇から大徳寺住持の勅請をうけ、応仁の乱に再度炎上した大徳寺の再興を命ぜられ、二偈をもって答えた(567・568偈)。やむなくこれを受けたが、内心喜んでいなかったことは、「五十年来簑笠客、愧慚今日紫衣僧」、「紫衣長老面通紅……絶交顒蔵主家風」によって知られる。けっきょく大徳寺に住しなかった。『狂雲集』は入寺法語と退院法語を並記している(559―566偈)。かれが罵倒しつづけた春浦宗熙が再住したあとに、大徳寺住持になることも、不快だったに相違ない。

一休に私淑していた堺の豪商尾和四郎左衛門(宗臨)によって、文明十年、一休八十五歳にして方丈落成、翌十一年法堂が落成した。尾和氏の寄進受諾に対する一休自筆の礼状が真珠庵にある。文明十三年(一四八一)八十八歳、持病の瘧《おこり》が悪化し、十一月二十一日酬恩庵に没した。遺偈「須弥南畔《しゅみなんぱん》、誰会我禅。虚堂来也、不直半銭」(一休和尚行実)。須弥南畔は須弥の山の南、要するに此の世界。転・結句は唐僧百丈懐海(七二〇―八一四)のつぎの見地に由来する。「見《けん》、師と斉しきときは、師の徳を半減す。見、師より過ぎて、方《まさ》に伝授するに堪えたり」。

2 『狂雲集』について

『年譜』八十八歳の条に「平日述ぶる所の頌古偈賛等、編して狂雲集となづけ、すでに人の為に伝称せらる」とある。恐らく初めは雑然と集められたノートであり、偈頌的・法語的なものと、詩的な作品とを類別して、狂雲集・続狂雲(詩)集としたものであろう。そして「賛虚堂和尚」を冒頭においた『狂雲集』の成立後、大燈三転語に関する五偈と「大燈忌宿忌……」の6偈を巻頭に配置した別本が成立したと想像される。ほかに江戸時代、妙心寺鉄山宗鈍(一五三二―一六一七)の作品と一休のそれとを集めた編者未詳『山林風月集』がある。編集の意図未詳。このようにさまざまな時期に、異った視点による異本が生まれた。本書で底本に用いた奥村重兵衛氏蔵の写本(以下「奥村本」という)は最も整備されたものである。

イ　奥村本　全一冊をなし、内容は、狂雲集六六九首、続狂雲集一五四首、法語八首、号類四九首、総収録数八八〇首である(但し、本書では548偈と全く同じものの重出を省いた)。奥書に「此一冊　祖心越禅師墨痕也　是ハ児ノ三字　一休和尚真蹟謹拝証之　宗賢」とあって、真珠庵十五世普岩宗賢(一六五一―一六九七)の極め書があり、祖心紹越(一四四四―一五二九)の筆写になることを明らかにしている。そのうち三箇所にのみ一休の自筆を加え、いずれもその箇所に「一休和尚筆」とこれを証する別紙が貼付され、また宗賢の奥書にも証している。酬恩庵第二本以外の他本とは書写系統が異り、校合によって他本にない多数の詩を収録していること、また極めて誤写が少なく『狂雲集』古写本中特に貴重な資料であるとともに、終始謹直なその書写は高僧紹越禅師の人柄を伺わせる。

本書では奥村本の231偈までに訓読を行い注を施した。この区切りは寛永十九年版本を参考にした。奥村本巻首の「大燈三転語」は寛永版では下巻の巻首にあり、次に「止大用庵破却」が置かれているのに対し、奥村本では231偈「香厳撃竹」の次にこれが置かれ、寛永版にみるそのあとの法語類は、まとめて後半へ移されている。この点を考慮して紙数の関係上231偈をもって区切ることにした。

ロ　酬恩庵本(第一本)　内容は、狂雲集上・下集二七一首、号類四八首、総収録数三一九首。終始一筆の筆写になり、本文筆写と同一の筆によって訓点の朱が加えられている。筆蹟からみて転写本であると思われ、若干の誤字がみられる。

ハ　酬恩庵本(第二本)　内容は、狂雲集上・下集五五四首、号類四七首、総収録数六〇一首。第一本とは系統を異にし、奥村本の書写順に殆ど同じである。書写は室町末期と遠くは隔てぬものと思われる。

ニ　真珠庵本　内容は、狂雲集上・下集三四四首、号類四八首、法語八首、総収録数四〇〇首。表紙の題箋「狂雲集頌古」は一休自筆と称されている。巻頭より二七一首迄は酬恩庵第一本と全く同じでしかも一筆に成り、酬恩庵第一本の誤字の箇所はすべてそのまま書写されている。なお片仮名書きによる「一休法華宗ニナル」の『自戒集』のなかの一文なども加えられている。

ホ　蓬左文庫本　内容は、狂雲集上・下集五三三首、号類五〇首、総収録数五八三首。名古屋市蓬左文庫蔵、一休没後二十二年を経た文亀三年(一五〇三)の写本である。

ヘ　藤田美術館本　内容は、続狂雲集二九〇首、号類四八首、総収録数三三八首。

ト　お茶の水図書館本(成簣堂本)　内容は、狂雲集上・下四五六首、続狂雲集二五一首、号類四六首、法語八首、総収録数七六一首。徳富蘇峰の成簣堂文庫に旧蔵された古写本である。書写順は他本とかなり大きく相違しているが収録数は奥村本について多く、殊に奥村本以後の続狂雲集は藤田美術館本と成簣堂本の二写本にのみ収録されている。

チ　なお、文明四年奥書の沖森真三郎氏蔵本、江戸初期の写本(内閣文庫蔵)などがある。

リ　刊本には、寛永十九年版(刊記に「西村又左衛門」「石田治兵衛」など書林の異るものあり)、群書類従本(続群書類従十二輯下)のほか、一休和尚全集、国訳禅宗叢書一輯九、高僧名著全集十六、などに収められている。また森大狂校訂の『一休和尚狂雲集』(「東海一休和尚年譜」を含む、明治四十二年民友社刊、昭和四十六年晩晴堂文庫より覆刻)、中本環氏による「酬恩庵本『狂雲集』付自戒集」(昭和四十二年、広島大学文学部国文研究室・広島中世文芸研究会)、がある。

以上諸本の照合は『大和文華』四十一号(一休特輯)の伊藤敏子氏による狂雲集諸本についての概説を摘記した。伊藤氏に厚く感謝したい。

3　その他の著作

イ　仮名法語　婦人に与えたもの。道歌をまじえ、公案をひいて禅仏教の要旨を説いている。慶安元年版、明暦二年版などがある。明暦本は巻末に六一首の歌(一休作の歌もある)をそえている。禅門法語集、一休和尚全集、禅学名著集、禅学大系祖録部第五、有朋堂文庫禅林法話集に収められている。

ロ　骸骨　骸骨の図絵と歌をまじえ、平易な文章で諸行無常と無生死の自性に還ることをすすめたもの。延宝三年版、元禄五年版及び文化二年・文政八年版があり、天保二年に元禄本が覆刻されている。また、室町時代の刻本が竜谷大学出版部から大正十三年、西光義遵氏によって刊行。ほかに禅門法語集、一休和尚全集、禅学名著集に収められている。前記竜大版の骸骨図絵の縮写を拙著『一休』に収めている。

ハ　水鏡　「目なしどちどち」という言葉に始まり、和歌・狂歌をまじえた法語。「目なし……」は、南北朝ごろから庶民にひろまった目かくし遊び、「目なしどち、軒の雀遊ぶ、童の手ざしゅびさし笑う」からきたもので、この遊びを「目なしどちどち」とよんだ。これを法語の始めにもってくるというのはほかに例がなく、一休の庶民性がうかがわれる。慶長古活字版、寛永九年版などがあり、続禅門法語集、一休和尚全集に収められている。また、注釈を付した『水鏡目なし草』『目なし草』などが版行されている。手島堵庵（一七一八—一七八六）の注釈書『水鏡目なし用心抄』は、心学への影響を示すものとして注目される。

ニ　二人比丘尼　二人の比丘尼の仏法問答である。慶長古活字・正保四年・慶安四年版などがあり、一休和尚全集に収録。江戸時代の居士鈴木正三（一五七九—一六五五）に内容のちがった同名の法語がある。

ホ　あみだはだか物語　後人が一休の禅浄一致思想をまとめたものという。小笹少将為忠という人物が、一休に浄土教義について尋ねた物語。明暦二年版があり、一休和尚全集に収録。

ヘ　摩訶般若波羅蜜多心経解　『般若心経』の和文抄解である。天明版、天保版（絵入）あり。一休和尚全集、日本大蔵経般若部に収められている。

ト　仏鬼軍　絵入の平易な法語。阿弥陀如来と大将軍として諸菩薩が、大日如来の援軍をまって地獄をそのまま浄土にする物語。元禄十年版、文政六年版、天保五年版などがあり、国文東方仏教叢書文芸部、一休和尚全集、有朋堂文庫禅林法話集に収められている。

チ　自戒集　酬恩庵蔵。異本なし。以上の著作とは性格を異にし、一休六十二歳から六十八歳までの間に、かれ自身および弟子たちの筆になるものを整理したものと思われる。内容は、養叟とその法嗣春浦宗熙らに対する嘲罵の言葉と共に、無住榜本韻三首と和韻一二一首が含まれる。前記中本氏の「酬恩庵本『狂雲集』付自戒集」に収められている。

なお、『狂雲集』（抄）ほか、『仮名法語』『骸骨』（図を欠く）『仏鬼軍』（図を欠く）『二人比丘尼』『摩訶般若波羅蜜多心経解』の諸篇は古田紹欽氏『一休』（昭和十九年、雄山閣）にも収められている。この項は、古田氏の著を参照した。厚く感謝したい。

〈**訂正**〉奥村本の偈数について
本文及び解題において奥村本の総偈数を八八〇首としていますが、本文中で省略した548偈と重複している偈のほかに、378偈と649偈、461偈と664偈が重複しており、また608偈としているものは609偈の前書きとなるべきものでした。したがって狂雲集の実偈数は六六六首、総数は八七七首になります。

主要参考文献

栄西

佐賀東周　東山建仁略寺誌　建仁寺　大正二年

木宮泰彦　栄西禅師　丙午出版社　大正五年

上村観光　禅林文芸史譚　大鐙閣　大正八年

大屋徳城　日本仏教史の研究(三)　東方文献刊行会　昭和三年

白石虎月　禅宗編年史　観音堂(酒井繁一郎)　昭和十二年

林　岱雲　日本禅宗史　大東出版社　昭和十三年

諸岡　存　校注喫茶養生記　法蔵館　昭和十四年

伊藤古鑑　栄西禅師(禅哲叢書)　雄山閣　昭和十八年

伊藤東慎　栄西禅師とその史伝の権威高峰東晙(三十六回大蔵会展観目録)　大蔵会　昭和二十五年

伊藤東慎　黄竜遺韻　両足院　昭和三十二年

古田紹欽　日本仏教思想史の諸問題　春秋社　昭和三十九年

荻須純道　日本中世禅宗史　木耳社　昭和四十年

多賀宗隼　栄西(人物叢書一二六)　吉川弘文館　昭和四十年

古田紹欽　禅思想史論(日本禅)　春秋社　昭和四十一年

柳田聖山　臨済の家風(日本の仏教9)　筑摩書房　昭和四十二年

今枝愛真　中世禅宗史の研究　東京大学出版会　昭和四十五年

今津洪嶽　栄西禅師著述考　禅宗一七二号　明治四十二年

上村観光　栄西禅師年譜　禅宗二一八号　大正二年

奥村玄道　建仁開山千光栄西禅師研究資料蒐集　禅宗二三三号　大正三年

八木　昊　栄西禅師著の『釈迦八相』に就いて　竜谷史壇一三号　昭和九年

林　岱雲　東大寺再建と栄西禅師　禅学研究二六号　昭和十一年

藤岡大拙　禅宗の日本的展開　仏教史学七巻三号　昭和三十三年

川崎庸之　鎌倉仏教　岩波講座日本歴史5(中世1)　昭和三十七年

石田瑞麿　栄西—その禅と戒との関係　宗教研究一七二号　昭

和三十七年
竹田益州　開山を語る・栄西禅師の遺蹟巡拝　禅文化三二号　昭和三十九年
荻須純道　栄西禅師の生涯　同右
古田紹欽　興禅護国論について　同右
山口光円　栄西禅師　南教仏教一六号　昭和四十年
永島福太郎　栄西禅師と南都の茶　同右
多賀宗隼　栄西の密教について　同右
高橋秀栄　鎌倉初期における禅宗の性格(序)　宗学研究一三号　昭和四十六年

中巌

井上哲次郎　日本朱子学派之哲学　冨山房　明治三十九年
西村天囚　日本宋学史　杉本梁江堂　明治四十二年
足利衍述　鎌倉室町時代之儒教　日本古典全集刊行会　昭和七年
安井小太郎　日本儒学史　冨山房　昭和十四年
和島芳男　日本宋学史の研究　吉川弘文館　昭和三十七年
和島芳男　中世の儒学　吉川弘文館　昭和四十年
上村観光　五山詩僧伝　民友社　明治四十五年
北村沢吉　五山文学史稿　明治書院　昭和十六年
王村竹二　五山文学　至文堂　昭和三十年
芳賀幸四郎　中世禅林の学問及び文学に関する研究　日本学術振興会　昭和三十一年
玉村竹二　五山文学新集第四巻　東京大学出版会　昭和四十五年
辻善之助　日本仏教史 中世篇之三　岩波書店　昭和二十四年
古田紹欽　日本禅宗史—臨済宗　講座禅第四巻(筑摩書房)　昭和四十二年
西尾賢隆　元朝の江南統治における仏教　仏教史学一五巻二号　昭和四十一年

抜隊

伊藤英三　禅思想史大系　鳳舎　昭和三十八年
関口貞通　向嶽寺史　向嶽寺　昭和四十二年
古田紹欽　禅僧の生死　春秋社　昭和四十六年
荻須純道　抜隊禅師の菩薩道　印度学仏教学研究一三巻一号　昭和四十年
荻須純道　抜隊禅師の家風　禅学研究五五号　昭和四十一年

一休

高島米峯　一休和尚伝　丙午出版社　明治三十七年
古田紹欽　一休（禅哲叢書）　雄山閣　昭和十九年
芳賀幸四郎　東山文化の研究　河出書房　昭和二十年
岡崎義恵　日本芸術思潮二ノ上　岩波書店　昭和二十二年
芳賀幸四郎　近世文化の形成と伝統　河出書房　昭和二十三年
辻善之助　日本仏教史　中世篇之四　岩波書店　昭和二十五年
玉村竹二　五山文学　至文堂　昭和三十年
村田太平　人間一休　潮文社　昭和三十八年
唐木順三　中世の文学　筑摩書房　昭和四十年
古田紹欽　禅思想史論（日本禅）　春秋社　昭和四十一年
秋月龍珉　禅門の異流（日本の仏教12）　筑摩書房　昭和四十二年
笠原伸夫　中世の美学　桜楓社　昭和四十二年
桜井好朗　中世日本人の思惟と表現　未来社　昭和四十五年
市川白弦　一休—乱世に生きた禅者　日本放送出版協会　昭和四十五年
中本　環　狂雲集と続狂雲詩集　国語教育研究八号（広島大学教育学部光葉会）　昭和三十八年
伊藤敏子　狂雲集諸本の校合について　大和文華四一号　昭和三十九年
衛藤　駿　一休宗純の画像　同右
岡松和夫　狂雲集の思想闘争的性格　国語と国文学四二巻八号　昭和四十年
岡松和夫　狂雲集について㈠—㈣　関東学院女子短期大学論叢二八—三三号　昭和四十一—四十三年
平野宗浄　一休　講座禅第四巻（筑摩書房）　昭和四十二年
森　龍吉　一休宗純　日本と世界の歴史第一二巻（学習研究社）　昭和四十四年
市川白弦　一休風狂の側面観　印度学仏教学研究一九巻一号　昭和四十五年
中本　環　一休論成立の前提　熊本大学教育学部紀要二〇号　昭和四十七年
岡松和夫　一休宗純における「風流」の構造　中世文学の研究（東京大学出版会）　昭和四十七年
平野宗浄　大燈から一休へ　花さまざま（春秋社）　昭和四十七年
市川白弦　一休の「反動」と「頽廃」　同右
森　龍吉　一休と蓮如　同右

日本思想大系 16
中世禅家の思想

1972 年 10 月 25 日　第 1 刷発行
1984 年 5 月 4 日　第6-2刷発行
1991 年 3 月 8 日　新装版第 1 刷発行
2017 年 7 月 11 日　オンデマンド版発行

校注者　市川白弦《いちかわはくげん》　入矢義高《いりやよしたか》　柳田聖山《やなぎだせいざん》

発行者　岡 本　厚

発行所　株式会社 岩波書店
〒 101-8002 東京都千代田区一ツ橋 2-5-5
電話案内 03-5210-4000
http://www.iwanami.co.jp/

印刷／製本・法令印刷

ISBN 978-4-00-730632-7　　Printed in Japan